譯註 續日本紀 上

연민수 延敏洙

동국대학교 사학과 및 동 대학원 석사과정 졸업
九州大學 대학원 일본사학과 수사·박사과정 졸업, 문학박사
전 동북아역사재단 역사연구실장

논저 | 『일본고대국가와 도래계 씨족』(학연문화사, 2021)
『고대일본의 대한인식과 교류』(역사공간, 2014)
『고대한일관계사』(도서출판혜안, 1998)
『고대한일교류사』(도서출판혜안, 2003)
『일본역사』(보고사, 1998)
『역주일본서기』 1~3(공역, 동북아역사재단, 2013)
『新撰姓氏錄』 上·中·下(공역, 동북아역사재단, 2020)
『일본고중세문헌속의 한일관계사료집성』(공편, 도서출판혜안, 2005) 등 다수

譯註 續日本紀 上

연민수 역주

초판 1쇄 발행 2022년 4월 25일

펴낸이 오일주
펴낸곳 도서출판 혜안

등록번호 제22-471호
등록일자 1993년 7월 30일

주소 04052 서울시 마포구 와우산로 35길 3(서교동) 102호
전화 02-3141-3711~2 / **팩스** 02-3141-3710
이메일 hyeanpub@hanmail.net

ISBN 978-89-8494-678-1 93910

값 40,000 원

譯註 續日本紀 上

연민수 역주

혜안

서문

『속일본기』는 文武 원년(697)에서 桓武朝 延曆 10년(791)에 이르는 9대 95년의 역사를 다루고 있다. 공간적으로는 藤原京, 平城京, 長岡京이 존재했지만 주무대는 평성경을 중심으로 전개되었다. 이 시대는 大寶·養老律令의 제정으로 율령법에 기초한 국가의 운용이 충실히 시행되고 있었고, 본격적인 문서행정으로 수많은 공문서가 산출되었다. 『속일본기』 편찬 자료는 각 행정관청에 소장되어 있는 문서군을 기초로 하였고, 그만큼 생생한 현장의 사건, 소식들을 담은 사실적 역사서라고 할 수 있다. 나아가 당대 일본국가의 운용 시스템을 제도적으로 잘 보여주고 있다는 점에서 이른바 '律令國家'의 구조, 실태를 이해하는 데 근간이 되는 사료이다. 율령제를 규정짓는 요소인 중앙집권적 관료제를 근간으로 하여 개별적 인민 파악을 위한 호적과 계장, 반전수수에 의한 구분전, 租庸調의 수취체제, 신분제로서의 良賤制, 군단병사제 등이 성립되어 기능하고 있다. 여기에 천황의 조서, 칙지를 비롯하여 태정관부, 지방국사의 상주문 등 중앙과 지방의 문서전달체계는 중앙집권화된 율령사회의 모습을 잘 보여주고 있다. 한편으로는 이러한 율령국가의 구조와 체제가 8세기 전체를 관통하면서도 내부적인 모순에 의해 점차 변질, 붕괴되어 가는 현상도 『속일본기』에서는 말하고 있다.

『속일본기』의 핵심 사상은 천황주의이다. 이 이념은 이미 『일본서기』에 의해 확립되어 『속일본기』에 그대로 계승되고 있다. 율령을 기반으로 한 중앙집권적 지배체제는 천황이라는 절대인격이 그 정점에 자리하고 있다. 무엇보다 천황가라는 혈통의 절대성, 신성성은 기타 씨족이 넘볼 수 없는 영역이었다. 천황 1인만은 율령법에 명시되어 있지 않듯이 법적 규제를 받지 않는 초법적인 존재였고, 조칙을 통한 천황의 명령권은 그 자체가 법적 효력을 발휘하였고, 관인의 任免權, 賜姓 정책을 통해 관료사회를 지배해 나갔다. 여기에 천황 권력의 사상적 이념은 公地公民制에 기초한 王土王民思想이고, 중국적 예제주의를 수용한 천명사상과 덕치주의였다. 신격화된 천황의 통치는 천명에 의해 좌우되고 덕치에 의해 유지된다는 논리였다. 따라서 상서와 재이가 교차하고, 자연재해나 사회적 모순에 의해 발생하는 모든 현상들을 천황의 부덕으로 받아들이고 하늘이 내린 징벌이라는 사고가 생겨났다. 이를 극복하기 위한 수단으로서 구휼, 사면 등의 조치가 내려지고, 神佛에 기원하는 종교적 의식이 거행되고 있다. 이 시기가 되면 전통적인 신사의식과 국가불교로서 발전해 가는 불교는 습합되어 융화되는 현상을 보여주고 있다.

권력의 구조는 천황을 정점으로 한 5위 이상의 관인층이 세습적 특권을 갖고 권력을 공유해 나갔다. 음서제에 의한 관인층의 특권적 족벌세력의 재생산은 이전 호족연합정권 시대의 私地私民制의 산물이지만, 율령시대에는 제도화된 특권이었고, 특히 왕실과의 혼인관계를 통해 확립된 藤原家의 독점적 권력은 많은 정치적 갈등과 모순을 드러내었다. 文武 이후 벌어지는 황위계승의 문제는 누가 권력을 차지하느냐는 문제와도 직결되어 있어 이를 둘러싼 음모와 암투가 전개되었다. 누가 황후가 되고 어느 씨족 출신의 후궁이 낳은 황자가 천황이 되느냐에 따라 권력의 핵심부는 바뀌게 되는 것이다. 여기에는 등원씨가 중심이 되고 있지만, 등원가 내부에서도 대립이 있고, 나아가 왕실의 원로격 인물과도 충돌을 피할 수 없었다. 長屋王 일가의 반역음모 사건은 등원가의 모략이었고, 藤原仲麻呂의 반란은 독신 여제의 즉위와 측근 道鏡의 등장에 따른 위기감 때문에 발생한 사건이었다.

이 시대에 여성 천황의 즉위가 두드러졌다. 전시대 天武는 壬申의 난이라는 피의 쟁란을 통해 天智의 황자를 제거하고 즉위한 까닭에 황위계승에 있어서 형제의 난을 우려하였다. 이에 '吉野의 맹약'을 통해 적장자 계승원칙을 세웠다. 그러나 이러한 원칙이 현실의 벽에 부딪히고 이로 인한 혼란을 피하기 위한 수단으로서 여성 천황이 즉위하였다. 이 시대 8명의 천황 중에서 4명이 천황의 모친, 딸로서 즉위하는데 적통남계의 부재가 낳은 하나의 현상이었다. 여성천황 시대에 벌어지는 권력의 암투는 『속일본기』의 세계를 이해하는

데 중요하다.

『속일본기』의 사료적 성격을 엿볼 수 있는 것이 대외인식이다. 천황제 율령국가는 唐의 제국적 천하의식, 정치체제를 모방한 중화사상에 기반을 두고 있다. 한편으로는 당에 조공하면서 독자 연호와 천황호를 사용하고 있고, 신라와 발해에 대해서는 일본우위의 번국관을 고수하였다. 신라에 대한 번국관의 근거는 신공황후의 삼한정벌이라는 전설의 세계이고 복속과 조공의 유래를 설명하고 있다. 신공황후 전설은 7세기 후반 백강전투 이후 일본고대국가의 성립기에 생겨난 인식이고, 신라에 대한 대항의식의 발로이다. 발해에 대해서는 고구려의 계승국임을 명백히 하면서 고구려 멸망기의 인식에 기반을 둔 대외관이다. 외교의례의 장에서 펼쳐지는 번국의식은 중국 화이사상을 모방한 것이었다. 특히 원단의 신년하례의식에 이들 사절단을 참여시켜 천황의 권위를 대내적으로 연출하였다. 그러나 이러한 주관적이고 일방적인 대외관은 외교상의 마찰을 일으켜 갈등을 유발시키고 있다. 국내적 통치질서를 벗어난 대외인식은 통용되지 못한 채로 교차하는 교류와 갈등이 순환적으로 반복되었다. 실질을 동반하지 않은 주관적 대외인식은 내부의 권력집중을 지향하고 있고, 신라와의 외교적 마찰은 동시에 신라정토론으로 전화되어 내부적 성토의 장으로서 중화의식을 만족시켰다.

『속일본기』가 완성되어 진상된 것은 환무조 연력 16년(797)이다. 편찬은 이미 淳仁, 光仁朝에서 추진되었으나, 기초자료의 나열 정도에 그쳐 사서로서의 체제를 갖추지 못해 보류되었다. 다음 환무조에서 본격적인 편찬사업에 들어가 최종 40권으로 완성되었다. 이는 재임중인 '今天皇'紀가 들어간 초유의 사서였다. 자신의 치세를 사서에 기록하는 일은 전례없었지만, 왕조교체가 없던 천황가 역사라는 점에서 특별한 반발이나 위화감 없이 추진된 것으로 보인다. 다만 환무 자신의 치세의 나머지 기록은『일본후기』에 수록되어 있듯이 사후에 편찬된다는 사실을 알면서도 강행한 것은 재임중에 명확히 해야 할 문제가 있었기 때문으로 생각된다. 그것은 다름아닌 즉위의 정당성, 정통성 문제였다.『속일본기』에 나오는 문무를 비롯한 역대 천황들은 천무의 직계 혈통이다. 이것이 光仁의 즉위로 天智系로 바뀌고 이어 즉위한 환무는 신왕조 창시를 선포하게 된다. 환무는 즉위 후 이른바 우주의 주재신인

昊天上帝와 자신의 부친 광인천황을 합사한 제사의식을 거행하였다. 이것은 광인을 시조로 하는 천황가의 정통성을 알리고 자신의 후계 자손이 일본국을 통치해 나간다는 메시지였다. 환무 이후 그의 세 명의 아들이 차례로 즉위한 사실은 이를 증명해 주고 있다.

환무천황에 의해 추진된 『속일본기』의 편자로 이름이 거론된 인물은 4인이다. 그중에서 菅野眞道는 환무의 편찬이념을 잘 받들어 찬술을 주도했던 인물이었다. 그는 환무의 생모인 高野新笠과 같은 백제계 도래씨족의 후예였고, 동시에 태양신의 후예인 都慕 신화를 공유하게 되었다. 환무 자신은 모계의 출자를 강하게 의식하였는데 환무조에서 백제왕씨를 비롯한 백제계 씨족들이 우대받은 사실에서도 잘 알 수 있다. 편찬에 관여한 인물 중에서 中科宿禰巨都雄은 개성 이전의 씨성이 津連氏로 관야진도와 동족이다. 관야진도 역시 개성하기 이전에 津連氏였다. 『속일본기』에 유독 백제왕씨 등 인물이 많이 나오는 것도 이러한 편찬자의 수사와 무관하지 않다고 보인다.

『속일본기』를 역주하면서 새삼 확인한 것이 사료의 중요성이다. 일본고대사에서 8세기만큼 사료가 풍부한 시기도 없다. 『속일본기』라는 정사를 근간으로 하여 동 사서를 실증적으로 뒷받침하는 호적, 계장, 정세장, 사경소문서 등을 담은 정창원문서, 수십만 점에 달하는 목간이 전해주는 생생한 현장의 기록물은 일본고대의 8세기사 연구를 풍부하게 해주고 있다. 사료에 목말라 있는 한국고대사의 실정에 비추어 보면 이들 사료에 관심을 기울일 필요가 있다. 『속일본기』에 등장하는 수많은 한국계 인명은 한국고대사 복원에 유용하게 이용할 수 있고, 4등관제를 비롯하여 율령국가의 운용 실태는 동시대의 신라사 연구에도 활용할 부분이 적지 않다. 사료 자체의 번역뿐 아니라 해당 사료의 주석에 따라 활용할 수 있는 범위가 넓어진다고 생각된다.

이 역주 작업에는 몇 년 전 프로젝트를 통해 공동으로 정리한 50여 종에 달하는 일본고대사료의 DB화가 큰 도움이 되었다. 특히 원문 바탕 위에 작업을 하여 입력 시간을 단축시키고, 단순한 문장은 용이하게 처리할 수 있었다. 또한 정창원문서와 목간 등 기초자료의 원문검색이 가능해져 유용하게 활용하였다. 新日本古典文學大系本의 훈독과 중국고전을 인용한 사료는 그 출전을 재확인하여 주석에 인용하였다. 여기에 『新撰姓氏錄』을 역주하면서 얻은 수많은 도래계 씨족을 비롯한 관련자료들을 주석에 인용하여 자료로서의 활용도를 높였다.

사실 『속일본기』는 그간 관련 논문을 쓰면서 손때가 묻을 정도로 익숙했지만, 막상 작업에 들어가 보니 홀로 하기에는 만만치 않은 분량이었고 특히 文武紀 초두부터 나오는 宣命體 문장을 비롯한 곳곳의 난해한 사료는 해독의 벽에 부딪혀 많은 시간을 고민해야 했다. 이러한 한계를 마주하면서 점차 사료의 세계에 빠져들어 갔고, 종전 단편적으로 참고하던 때와는 달리 이 시대의 전체적인 모습이 보이기 시작하였다. 하루 10시간 이상 1년 수개월간 하나의 작업에 몰두한 것은 나의 연구인생에 처음 있는 일이었고, 어쩌면 나 자신의 인내심을 시험하는 장이었다고 생각된다.

역주를 마치면서 당대의 사료를 당대인의 생각으로 읽는다는 것과 사료 이면의 본질을 파악하는 것은 사료연구의 기본이며 얼마나 중요한 일인지를 새삼 확인하였다. 기록된 문서와 사실의 문제는 반드시 일치하지는 않아 해석에도 차이도 생기고, 이념성이 강한 사료일수록 두드러진다. 사료의 역주는 단지 번역의 단계를 넘어 주석을 함께한 연구이다. 다른 눈으로 볼 때 새롭게 보일 수도 있다. 비판과 지적이 필요함은 물론이다. 본 역주서가 천황제 율령국가의 이해와 기초적 연구에 도움이 되기를 바란다.

2022년 3월

북한산 자락의 서재에서

연 민 수

목 차

역주 『속일본기』

譯註 續日本紀 中

譯註 續日本紀 下

범 례

1. 본 역주본의 사료는 國史大系本을 원문으로 하고, 新古典文學大系本의 훈독을 참조하였다.
2. 약자, 속자, 이체자 등은 정자체로 바꾸고, 사안에 따라 원문 그대로 둔 사례도 있다.
3. 선명체 문서, 상행문서, 외교문서 등 구어체, 경어체 형식의 문장은 문어체, 평어체로 통일하였다.
4. 선명체 기사는 ( ) 안에 선명체라고 표시하고, 음차 한자는 〈 〉 안에 표기하였다.
5. 원문의 行幸, 巡幸 등은 번역문에서는 내용, 거리에 따라 순행, 행차라고 구분하였다.
6. 번역은 고전을 인용한 비유 문장, 역사용어 등은 문장의 흐름을 방해하지 않는 범위에서 문장 속으로 풀어서 해석하거나 각주로 처리하였다.
7. 본문의 번역문에서는 문장의 이해를 돕기 위해 원문에 없는 내용은 ( ) 안에 설명하여 의미를 보충하였다.
8. 國史大系本의 일부 오류가 있는 日干支의 날짜는 新日本古典文學大系本에 따라 수정하였다.
9. 출전을 표시하지 않고 연호로 기년을 나타낸 것은 모두 『속일본기』에 근거한다.
10. 원문의 일본 고유명사 발음은 한자의 한글표기를 원칙으로 한다.

『속일본기』 편찬과정과 이념적 성격

Ⅰ. 『속일본기』의 세계

1. 『속일본기』와 육국사의 명칭 및 구성

『續日本紀』는 문자 그대로 日本紀의 속편, 『일본서기』에 이어서 편찬된 일본고대의 정사를 가리키고, 관찬 육국사 중의 두 번째 정사에 해당한다. 동 養老 4년(720) 5월 계유조에 "이에 앞서 1품 舍人親王이 칙을 받들어 日本紀를 찬수하였다. 이에 이르러 완성하여 주상하였다. 紀 30권 계도 1권을 찬상하였다"라고 하여 『日本書紀』를 일본기라고 기록하고 있다. 『일본서기』의 원래 명칭이 일본기인가에 대해서는 이전부터 논란이 있어 왔지만, 이때의 일본기는 고유명사로서 『일본서기』를 가리키는 동시에 일본의 역사서를 표시하는 보통명사[1]로도 이해할 수 있다. 『日本後記』 延曆 16년 2월 기사조의 『속일본기』 찬진의 기록을 보면, 『일본서기』를 '前日本紀'라고도 불렀고, 동월 계유조에는 『속일본기』 편찬 사무국을 '撰日本紀所'라고 하여 『일본서기』, 『속일본기』 모두 일본기라고 칭하고 있듯이, 일본기는 일본의 역사서라는 일반적인 의미를 내포하고 있다고 생각된다.

『속일본기』에 이어 편찬된 사서가 『일본후기』이고 그 다음이 『속일본후기』라는 사실로부터 일본기에 시간적 순서를 나타내는 續, 後를 덧붙여 연속된 사서로서 편찬되었음을 알 수 있다. 즉 일본기는 일본고대의 정사를 포괄하는

1) 笹山晴生, 1989, 「續日本紀と古代の史書」, 新日本古典文學大系 『續日本紀』 1, p.467.

역사서의 명칭이고 개별적으로 말할 때에는 『일본서기』, 『속일본기』 등 고유의 명칭으로 사용되었다고 사료된다. 앞에서 인용한 延曆 16년 2월 기사조에 "撰續日本紀, 至是而成"이라고 하여 편찬된 '續日本紀'의 정식 명칭을 기술하고 있다.

육국사 중 『속일본후기』에 이어 편찬된 『日本文德實錄』과 『日本三代實錄』은 앞의 4종 사서와는 달리 '實錄'이라는 명칭을 사용하였다. 전자는 문덕천황 8년간의 기록이고, 후자는 清和, 陽成, 光孝의 3대 천황 30년의 역사를 다루고 있다. 실록이라는 명칭을 사용한 이유에 대해서는 명확하지 않지만, 당에서 편찬된 실록의 영향도 있고[2] 앞의 사서에서 日本紀의 시간적 선후관계를 모두 사용했기 때문에 부득이 실록 용어를 사용한 것은 아닌가 추측된다. 『속일본후기』가 仁明朝 1대 18년의 역사를 실록이 아닌 사서명을 붙인 것도 일본기 명칭을 사용할 수 있는 마지막 사서라는 사정에 연유한다고 생각한다.

한편 중국에서는 사서의 편찬이 왕조 교체에 따른 전왕조의 역사 편찬이었다는 점에서 볼 때, 중국의 역사편찬을 모방한 일본에서는 역성혁명이 이루어지지 않은 채 천황가라는 한 혈통에 의해 지속되었기 때문에 왕조 단위의 역사서 편찬은 불가능하였고, 용어의 선정에도 한계가 있어 『속일본후기』 이후의 사서는 실록이라는 이름으로 편찬할 수밖에 없었고, 여기에 '日本'을 관칭한 것은 일본의 역사서라는 의미의 '日本紀'를 염두에 둔 용어선정이었다고 보인다. 720년에 편찬된 『일본서기』에서 육국사의 마지막 사서인 『일본삼대실록』이 완성되는 延喜 원년(901)까지 불과 180년 사이에 6개의 사서가 편찬된 것은 왕조교체가 없었던 일본사의 특수한 사정을 말해주고 있다. 요컨대 고대일본에서 사서의 편찬은 시간적 범위에 구애받지 않고 지배자의 현실적 필요성, 역사관에 따라 추진되었다고 보인다.

다음 〈표 1〉은 육국사의 구성을 정리한 것이다. 특징적인 것은 대표 편자는 『일본서기』는 天武의 황자이자 知太政官事를 지낸 舍人親王이고, 『속일본기』 이하는 모두 천황가와 혈연관계에 있던 최고의 귀족인 藤原氏 가문이다. 이들은 예외없이 우대신을 모두 거쳤고, 藤原冬嗣 이하는 좌대신, 태정대신,

2) 池田溫, 1992, 「中國の史書と續日本紀」, 新日本古典文學大系 『續日本紀』 3 참조.

〈표 1〉『續日本紀』와 六國史 비교

사서명	대표편자	권수	편찬연대	기술범위 및 연수		편찬기간	비고
日本書紀	舍人親王	30권	養老4년(720)	神代~持統11년(697)	~697년	39년	계도 1권
續日本紀	菅野眞道 藤原繼繩	40권	延曆16년(797)	文武원년(697)~延曆10년(791)	9대 94년5월	33년	
日本後紀	藤原冬嗣	40권	承和7년(840)	延曆11년(792)~天長10년(833)	4대 41년1월	21년	현존 10권
續日本後紀	藤原良房	20권	貞觀2년(869)	天長10년(833)~嘉祥3년(850)	1대 17년2월	14년	仁明
日本文德實錄	藤原基經	10권	元慶2년(879)	嘉祥3년(850)~天安2년(758)	1대 8년6월	8년	文德
日本三代實錄	藤原時平	50권	延喜원년(901)	天安2년(858)~仁和3년(997)	3대 29년1월	8년	

관백까지 역임하여 태정관의 최고위까지 올라간 인물들이다. 이것은 학문적 능력과는 무관하게 당대를 대표하는 최고 관인, 귀족이라는 점에 중점이 있고 상징성을 말해주고 있다. 그만큼 사서 편찬이 칙찬의 국가적 사업이었고, 그 중요성을 보여주는 것이다. 예외적으로『속일본기』에서는 藤原繼繩과 함께 도래계 씨족인 菅野眞道라는 인물이 이름을 올리고 있다. 이에 대해서는 3장에서 언급할 예정이지만, 그는 학문적 능력을 갖춘 실질적인 책임자라는 점에서 차이가 있고 당시『속일본기』 편찬의 특수한 상황을 대변해 주고 있다.『속일본기』의 시기적 범위는 7세기 말에서 8세기 말까지 95년에 이르고 있으며 8세기 나라시대 전체를 포괄하고 있다. 이에 반해 그 이후의 4개 사서의 대상 기간은 총 95년 9개월로『속일본기』 기간과 그다지 차이가 없고, 또한 천황의 대수도『속일본기』와 4개의 사서는 각각 9대로 동일하다.『일본서기』 이후의 5국사 중에서『속일본기』가 차지하는 위치를 알 수 있다. 특히 9세기 이후는 대외교류도 거의 단절되어 가는 시기인 점을 감안하면,『속일본기』는 국제성이 풍부하고 역동성이 강했던 8세기사 연구의 핵심으로 그 역사적 추이와 성격을 구명하는 데에 근본이 되는 사료이다.

2. 『속일본기』의 체제와 세계

『속일본기』의 전사인 『일본서기』는 고천원의 신의 세계로부터 건국신화와 그 후의 일본국의 형성과 전개, 고대국가의 성립에 이르는 장년의 역사를 기술하였다. 그런 까닭에 자료의 상당 부분은 帝紀, 舊辭, 씨족지 등 각종 전승자료에 의거한 바가 많고, 또한 천황제 율령국가의 필법에 의해 윤색과 왜곡이 가해진 부분도 적지 않다. 이에 반해 『속일본기』는 당대 사료에 기초한 실록적인 성격이 강한 사서이다. 현재 일어나고 있는 사실들을 시간적 흐름에 따라 기록한 편년체 사서로, 연월일을 모두 기술하고, 月朔干支와 日干支를 함께 넣어 해당 기사의 구체적인 날짜 추정을 할 수 있다. 게다가 1년의 결락도 없어 전사인 『일본서기』에 비해 정밀도가 높다. 저본이 된 자료들도 조정의 제관사에 소장되어 있던 각종 공문서들이고, 사실성이 풍부한 현재적 기록물을 바탕으로 편찬의 방침에 따라 서술한 것이다. 『속일본기』는 당대인의 시점에서 볼 때, 기억이 생생한 현대사에 해당하고 살아있는 역사기록이라고 할 수 있다. 특히 편찬의 주체인 桓武의 재위 기간을 포함하고 있다는 점에서 사서 편찬의 정치적 의미를 생각하는 데에 시사하는 바가 크다.

『속일본기』에는 총 62개의 宣命體 문장이 나온다. 선명체 문장은 천황의 조칙에 해당하는 구어체 문장을 한자의 음을 빌어 기술한 것이다. 또한 모두 망라한 것은 아니지만 5위 이상의 관인, 귀족, 왕족들의 사망기사에 薨傳, 卒傳을 실고 있다. 이러한 형식과 체제는 『일본후기』 이후의 사서의 모범이 되고 있다.

다음 〈표 2〉에서 보듯이 『속일본기』는 文武 원년(697)에서 桓武天皇 延曆 10년(791)까지 9대에 걸친 95년의 역사를 기록하고 있다. 文武에서 시작하여 元明, 元正, 聖武, 孝謙, 淳仁, 稱德, 光仁, 桓武의 9대 8명의 천황이다. 이 중에서 元明, 元正, 孝謙, 稱德은 여성이고, 孝謙과 稱德은 동일 인물로서 중임한 사례이다. 이전 시기에도 推古, 皇極(齊明), 持統이라는 여왕이 존재한 일이 있어 일본고대의 왕위계승의 하나의 방법이고 권력의 논리라고 생각된다. 게다가 『속일본기』 시대의 천황은 9대 모두 생전의 양위에 의해 즉위했다는

〈표 2〉『속일본기』 체제와 구성

천황	일본식 시호	권별 구성 및 기간		
文武	天之眞宗豐祖父天皇	권제1	文武원년(697) 8월~文武4년(700) 12월	3년 5월
		권제2	大寶원년(701) 정월~2년 12월	2년
		권제3	大寶3년(703) 정월~慶雲4년(707) 6월	4년 6월
元明	日本根子天津御代豐國成姬天皇	권제4	慶雲4년(707) 7월~和銅2년(709) 12월	2년 6월
		권제5	和銅3년(710) 정월~5년(712) 12월	3년
		권제6	和銅6년(713) 정월~靈龜원년(715) 8월	2년 8월
元正	日本根子瑞淨足姬天皇	권제7	靈龜원년(715) 9월~養老원년(717) 12월	2년 4월
		권제8	養老2년(718) 정월~5년(721) 12월	4년
		권제9	養老6년(722) 정월~神龜3년(726) 12월	5년
聖武	天璽國押開豊櫻彦天皇	권제10	神龜4년(727) 정월~天平2년730) 12월	4년
		권제11	天平4년(731) 정월~6년(733) 12월	3년
		권제12	天平7년(735) 정월~9년(737) 12월	3년
		권제13	天平10년(738) 정월~12년(740) 12월	3년
		권제14	天平13년(741) 정월~14년(742) 12월	2년
		권제15	天平15년(743) 정월~16년(744) 12월	2년
		권제16	天平17년(745) 정월~18년(746) 12월	2년
		권제17	天平19년(746) 정월~天平勝寶원년(749) 12월	4년
孝謙	寶字稱德孝謙皇帝	권제18	天平勝寶2년(750) 정월~4년(752) 12월	3년
		권제19	天平勝寶5년(753) 정월~8세(756) 12월	4년
		권제20	天平寶字원년(757) 정월~2년(758) 7월	1년 7월
淳仁	廢帝	권제21	天平寶字2년(757) 8월~12월	5월
		권제22	天平寶字3년(759) 정월~4년(760) 6월	1년 6월
		권제23	天平寶字4년(760) 7월~5년(761) 12월	1년 6월
		권제24	天平寶字6년(762) 정월~7년(763) 12월	2년
		권제25	天平寶字 8년(764) 정월~12월	1년
稱德	高野天皇	권제26	天平神護원년(765) 정월~12월	1년
		권제27	天平神護2년(766) 정월~12월	1년
		권제28	神護景雲원년(767) 정월~12월	1년
		권제29	神護景雲2년(768) 정월~3년(769) 6월	1년 6월
		권제30	神護景雲3년(769) 7월~寶龜원년(770) 9월	1년 3월
光仁	天宗高紹天皇	권제31	寶龜원년(770) 10월~2년(771) 12월	3년
		권제32	寶龜3년(772) 정월~4년(773) 12월	2년
		권제33	寶龜5년(774) 정월~6년(775) 12월	2년
		권제34	寶龜7년(776) 정월~8년(777) 12월	2년
		권제35	寶龜9년(778) 정월~10년(779) 12월	2년
		권제36	寶龜11년(780) 정월~天應원년(781) 12월	2년
桓武	今皇帝	권제37	延曆원년(782) 정월~2년(783) 12월	2년
		권제38	延曆3년(784) 정월~4년(785) 12월	2년
		권제39	延曆5년(786) 정월~7년(788) 12월	3년
		권제40	延曆8년(789) 정월~10년(791) 12월	3년

점에서 특징이 있고, 이후 平安朝에 이르기까지 왕위계승의 원리로서 작용하게 된다. 왕위계승의 성격을 둘러싼 논의도 다양하고 지배층의 권력의 실상을 이해하는 데 중요하다. 94년 5개월간 총40권으로 구성되어 있어 권당 평균 2년 4개월 정도를 서술하였다. 재위 연수가 가장 길었던 聖武朝는 8권으로 구성되었다. 光仁朝는 재위 연수에 비해 서술 비중이 높고, 재위중인 桓武朝의 기록도 높은 비중을 차지하고 있다. 광인, 환무의 기술 시기는 전체 95년 중에서 23년이지만, 분량은 32%가 넘는다. 수사를 주도한 父子 치세의 현실을 반영한 것이라고 할 수 있다.

일본식 시호에서 孝謙天皇의 寶字稱德孝謙皇帝의 칭호는 생전의 존호로서 정해졌으며, 淳仁의 경우는 폐위되어 시호도 갖지 못한 채 廢帝라는 명칭으로 『속일본기』에 수록되었다. 淳仁의 시호는 근대 明治期에 들어와 새로 붙인 것이다. 환무조에서 순인의 시호를 추존했을 법도 하지만, 끝내 외면한 것이다. 순인을 비호하며 옹립한 藤原仲麻呂의 군주에 대한 반역이 환무조에서도 도덕적 유교주의를 지향하는 분위기 때문에 추존을 불가능하게 하였을 것이고, 폐제라는 불명예스러운 칭호가 사서에 실려 후대까지 전해지게 된 것이다.

이 시기의 왕도는 天武, 持統의 치세에 조영된 藤原京에서 출발하여 平城京, 長岡京, 平安京으로의 천도가 있었고, 천황의 생활공간인 왕궁 역시 수차례의 造宮과 遷宮이 있었다. 천도와 천궁은 불안정한 정치적 상황을 말해주는 것이고, 대규모 토목공사는 국가재정을 어렵게 만드는 요인이 되기도 했지만, 한편으로는 왕권의 새로운 변화를 예고하는 것으로 혁신의 시대였다고도 할 수 있다. 정치사적인 특징으로 천황가와 藤原家 간의 권력의 공유, 황족과 등원가의 갈등, 비대해진 藤原家 사이의 권력을 둘러싼 음모, 나아가 반역과 반란사건은 권력의 속성을 드러낸 풀기 어려운 문제였다. 특히 반역과 관련된 등원가는 황실과 다중으로 얽혀 있는 혈연관계 때문에 일부 주도 세력의 교체로 끝나버리고 그 외의 등원가 일족은 권력의 핵심에서 벗어나는 일은 없었다. 이것은 천무계 왕통을 이은 적계 남자의 부재가 가져온 하나의 현상으로 볼 수 있고, 천지계 왕통으로 변화하기 시작한 光仁, 桓武朝에 이르러 일단 안정을 보이게 된다. 이 시기에 『속일본기』라는 칙명 사서가 편찬된 것도 이렇게 변화된 왕통과 변혁의 시대를 예고한 서막이었다고 할 수 있다.

이러한 가운데 신라, 발해, 당과의 활발한 교류를 바탕으로 나라시대 문화를 대표하는 이른바 天平文化가 꽃을 피웠다. 정창원 보물은 이를 웅변해 주고 있으며, 당과 신라에서 수입한 다양한 전적류 등 많은 물산들은 당시의 교류 실태를 말해주고 있다. 8세기는 일본 불교문화가 융성했던 사회였다. 동대사를 총본산으로 하는 전국의 國分寺, 國分尼寺, 그리고 4대사, 7대사라고 불리는 중앙의 사찰, 국가에 의해 주도된 불교신앙의 양상, 사원의 운용 실태 등을 이해할 수 있다. 불교와 더불어 일본국의 정신세계를 지배한 신도 역시 중요하다. 황조신을 제사지내는 이세신궁을 비롯하여 중앙과 지방의 신사에서 행해지는 다양한 제사의식, 나아가 신불간의 습합현상 등을 이해할 수 있다. 문학사에서는 한시집을 담은 『懷風藻』, 한자의 음을 차용하여 만엽가나로 편찬한 『萬葉集』의 수많은 和歌들, 불교설화집인 『日本靈異記』 등에 나오는 인물들의 역사 공간도 平城京의 주요 무대가 되어 공적 기록의 이면에 보이는 다양한 인간군의 모습과 일본사회의 실태를 보여주고 있다. 연중행사의 기록으로 단오절, 曲水의 연회, 활궁의식인 大射, 부정을 씻는 大拔 의식 등이 있다.

한편 藤原宮, 平城宮에서 발굴된 수십만 점에 달하는 목간 기록물들은 나라시대의 정치적, 사회적 실태를 생생하게 보여주는 제1급 사료이고, 『속일본기』의 사실성을 더욱 풍부하게 보완해 주고 있다. 여기에 8세기 사료인 正倉院文書에 나오는 호적, 계장, 정세장, 불경을 서사하는 사경소 문서 등은 당대 국가운용의 실태를 파악하는 기초적 사료이고 『속일본기』와 상호 연결되어 있어 구조적·입체적인 이해가 가능하다. 사경의 문제는 불교신앙에 대한 고대일본 지배층의 의식을 극명하게 살펴볼 수 있는 자료이다. 또한 씨족의 계보서인 『신찬성씨록』에 나오는 수많은 인명, 계보관계 등도 동시대의 『속일본기』의 내용과 연결되면서 연구의 확장성을 더해주고 있다.

『속일본기』는 일본의 8세기사 연구의 기본이다. 당 율령을 수용, 모방하여 제정된 대보율령이 발효된 이후 이른바 당대의 시점에서 근대법에 기초한 국가운용의 실태를 엿볼 수 있고, 율령을 憲法이라고 지칭한 용례도 5회나 나온다. 천황의 명령을 발하는 詔, 勅, 制 등의 문서양식, 천황의 통치행위의 근간이 되는 천명사상과 덕치주의, 상서의 현상을 중시한 국가통치원리와 음양관인의 등용, 천황의 각지 순행, 관위수여, 범죄자에 대한 사면, 자연재해 등으로 피해를 입은 민중에 대한 구휼 활동을 통해 도덕적 군주로서의 위상과 권력의 안정성을 유지해 나가는 모습을 엿볼 수 있다. 조정의 최고 의결기관인 태정관 문서의 처분, 중앙 각 관부의 운영체계, 지방관을 통한 지방정치의 실태, 중앙과 지방 간의 문서전달방식, 지방관의 상주문, 조세제도와 화폐의 발행, 군단조직, 농민의 생활 등 율령법에 기반한 일본고대의 정치 운용 시스템과 성격 및 특징을 살펴볼 수 있다.

II. 『속일본기』 편찬과정과 특징

『속일본기』의 편찬은 몇 단계의 과정을 거쳐 전40권이 최종적으로 환무천황 연력 16년(797)에 찬진되었다. 완성된 『속일본기』 40권 중에서 전반부 20권은 종4위하 民部大輔 겸 左兵衛督, 皇太子學士 菅野朝臣眞道가 칙을 받들어 편찬하였고, 후반부 20권은 우대신 종2위[3] 皇太子傅, 中衛大將을 겸직한 藤原朝臣繼繩이 대표 편자로 나온다. 특히 권마다 동일한 대표 편자의 이름을 올린 것은 육국사 중에서도 『속일본기』만의 특징이라고 할 수 있다. 『속일본기』 이후의 4사서는 편찬의 과정을 설명한 대표 편자의 이름으로 올린 序의 상표문 후미에 편찬의 시작과 종료 시점, 햇수, 권수, 그리고 '名曰日本後紀', '名曰續日本後紀', '名曰日本文德實錄', '名曰日本三代實錄' 등으로 통일적으로 사서명이 기재되고, 마지막에 찬진된 연월일, 공동집필자의 서명이 나온다.[4]

---

3) 권제36 이후의 관위는 정2위.

4) 『日本後紀』의 序의 체제를 보면 다음과 같다.
日本後紀序
臣緖嗣等, 討論綿書(中略)
自延曆十一年正月丙辰, 迄于天長十年二月乙酉, 上下四十二年. 勒以成四十卷, 名曰日本後紀.(中略)
承和七年十二月九日,
左大臣正二位臣藤原朝臣緖嗣,

별도의 序가 남아있지 않은 『일본서기』의 경우는 養老 4년(720) 5월조에 "一品舍人親王奉勅, 修日本紀, 至是功成奏上, 紀三十卷系圖一卷"이라고 하여 대표 편자인 舍人親王의 이름으로 간단하게 찬진 기사가 기록되어 있다.

『속일본기』의 편찬 사정에 대해서는 序에 해당하는 내용이 『일본후기』 연력 13년(794)과 동 16년에 기술되어 있어 그 실태를 파악할 수 있다. 원래 이 내용은 『속일본기』에 찬진의 상표문으로 권두에 들어가야 할 것이지만, 편찬 시에 이러한 형식을 취하지 않고 권별로 冒頭에 간단히 기술하는 것으로 대신했다고 생각된다. 이에 『일본후기』의 편찬 시 『속일본기』의 찬진의 序가 없는 것을 보완하기 위해 관련 기록을 발췌하여 해당 연도에 수록하여 전사의 편찬 과정을 구체적으로 밝힌 것이다. 관찬사서에 序를 포함시키는 것은 『일본후기』 편찬 단계에 와서 방침으로 정해진 것으로 보이며, 이후의 사서도 동일한 형식에 따라 기술하고 있다.

찬술의 경위와 배경을 밝힌 2개조의 상표문을 살펴보기로 한다. 장문이지만 전체를 이해를 돕기 위해 전문을 게재하기로 한다.

【사료 1】 延曆 13년(794) 8월 계축조[5)]

우대신 종2위 行皇太子傅 및 中衛大將을 겸직한 藤原朝臣繼縄 등이 칙을 받들어 국사의 찬수를 완성하여 궁궐에 나아가 상표하여 이르기를, "臣은 듣건대, 黃帝가 曆을 갖고 천하를 다스릴 때, 沮誦이 史官으로 봉사하고, 周의 시대가 열렸을 때 伯陽이 사관을 담당하였다. 이런 까닭에 三墳五典의 사서가 시작되고 역사의 추이를 살펴볼 수 있게 되었고, 그 사서로부터 선을 권장하고 악을 징벌하는 일이 가능하게 되었다. 司馬遷과 班固가 서로 일어나 西京에서 실록을 저술하고, 范曄과 謝承이 사실에 즉해서 後漢의

正三位守右大臣兼行東宮傅左近衛大將臣源朝臣常
正三位行中納言臣藤原朝臣吉野
中納言從三位兼行左兵衛督陸奥出羽按察使臣藤原朝臣良房
參議民部卿正四位下勳六等朝野朝臣鹿取
前和泉守從五位下臣布瑠宿祢高庭
從五位下行大外記臣山田宿祢古嗣.

5) 이 문장은 『日本後紀』의 逸文으로, 『類聚國史』 147(國史), 『日本紀略』에 수록.

역사를 편찬하여 천자의 언동을 기록하여 전하고, 百王이 지켜야 할 길을 넓히고, 군주가 그 덕을 밝혀 신하가 과오에 빠지는 것을 방지하고 천년의 후에까지 명확히 하게 하였다. 史籍의 유용함은 실로 대단한 것이다. 삼가 생각해 보면, 聖朝(桓武朝)는 바른 도리의 길을 구하여 황위를 계승하고, 그 德光은 天地人 三才를 꿰뚫어 군림하고, 태양과 같은 광명으로 八州에 채우고, 원근에 걸쳐 안락함을 누리고 천하는 태평하게 통치하고, 해의 곡물은 여물고 시후는 순조롭고, 현세와 사후에도 모두 평안하고 행복하게 되고 있다. 그 명성은 胥陸[6]을 넘었고, 덕은 요순을 능가하고 있다. 그런데 (환무천황은) 왕자로서 고좌에 앉아 마음을 곧게 하고 널리 사려하여, 국사 편찬의 단절을 바로잡아 帝典의 결문을 보완하도록 하여, 이에 신과 정5위상 行民部大輔 皇太子學士 左兵衛 佐伊豫守를 겸직한 臣 菅野朝臣眞道, 少納言 종5위하 侍從 守右兵衛佐 行丹波守를 겸직한 臣 秋篠朝臣安人 등에게 명하여 그 사업을 추진하여 先典을 잇게 하였다. 무릇 襲山[7]에 내려와 처음으로 터를 닦은 이래, 飛鳥淨御原朝廷 이전의 神代의 공적과 대대로 황제들이 백성들을 보살펴 온 대략의 일들은 前史에 기술된바, 확연하게 알 수 있다. 文武天皇으로부터 시작하여 聖武皇帝에 이르기까지의 내용이 기술되어 천황의 공업이 정리되어 있다. 다만 天平寶字에서 寶龜에 이르기까지, 廢帝가 즉위하는 사적은 정리되지 않았고, 南朝에서 즉위한 일들의 사적도 자료로만 기록되어 있을 뿐 사서로서는 편찬되지 않았다. 이에 고 中納言 종3위 겸 行兵部卿 石川朝臣名足, 主計頭 종5위하 上毛野公大川 등이 (光仁天皇의) 조를 받들어 편집하여 20권을 완성했지만, 단지 초안으로 존재할 뿐이고 사서로서는 정리되지 않았다. 신들은 천황의 칙을 받들어[8] 거듭 토론하여 잡다한 것을 생략하고 중요사항을 취하고, 산일된 것을 수집하여 보완하고 피차 전후의 모순을 없애고 수미의 차이를 교정하였다. 유사한 내용을 술하고 장문으로 그 사례가 많은 것들은 이번 편찬에서는 모두 취하지 않았다. 그 번국의 입조와 중요한 조칙, 천황의 교화에 관련이 있고 권선징악이 될 만한 것은

---

6) 중국 고대의 전설상의 황제인 赫胥.

7) 襲山은 熊襲의 산, 즉 천손인 瓊瓊杵尊(니니기노미코토)가 강림한 高千穗峯을 말한다.

8) 延曆 10년(791) 시기의 칙으로 보인다. 초안 20권의 수정, 보완을 명하였다.

모두 기술하여 전거로 삼고자 하였다. (순인에서 광인에 이르는 국사) 14권을 겨우 완성하여, 前史의 말을 잇게 하였다. 그 목록은 좌기한 바와 같다. 신들은 학문을 충분히 연마하지 않아 내용이 부끄럽고 뜻이 충분히 전달되지 않았다. 조칙을 받들고 나서 오랜 세월이 흘렀다. 삼가 두려움이 심할 따름이다."라고 하였다. 칙이 내려져 秘府에 수장하였다.

【사료 2】 延曆 16년(797) 2월 기사조

이보다 앞서 재차 칙을 내려, 종4위하 行民部大輔 및 左兵衛督, 皇太子學士를 겸직한 菅野朝臣眞道, 종5위하 守左少辨 및 行右兵衛佐, 丹波守를 겸직한 秋篠朝臣安人, 외종5위하 行大外記 겸 常陸少掾 中科宿禰巨都雄 등에게 續日本紀를 편찬하게 했는데, 이에 이르러 완성하였다. 상표하여 말하기를, "신들은 三墳五典[9]에는 상대의 모습이 전해지고 있고, 왕의 언동을 기록하는 左史, 右史로부터 중세의 사적이 기록되었다. 이후부터는 세상에 사관이 놓여지게 되었다. 선은 비록 작더라도 반드시 기록하고 악은 미세하더라도 은폐하지 않았다. 사적에 기록된 공업은 많은 왕자의 모범이 되고, 밝은 경계는 천년에 걸쳐 도움이 된다고 한다. 삼가 생각해 보면, 천황폐하는 주의 문왕보다도 밝게 비추고, 요임금과 같이 성도에 통달하고, 세상의 구석구석까지 비추는 명경을 갖고 천하를 통치하고 깊은 도리를 체현하여 전국에 임하고, 자애는 발해의 북에까지 미쳐 貊種을 심복시키고, 위세는 日河의 동쪽까지 떨쳐 蝦夷, 狄人을 진압하였다. 전대에 교화되지 않은 자들을 교화하였고, 不臣의 자들을 신종시켰다. 고산과 같은 높은 덕이 없으면 누가 능히 이를 해냈겠는가. 정치를 행하는 사이에 틈을 내어 국사에 관심을 갖고 (菅野)眞道 등에게 칙을 내려 국사를 편찬해서 이제까지의 (천황의) 공업을 칭송하도록 하였다. 무릇 天平寶字 2년(758)부터 延曆 10년(791)에 이르는 34년간의 일을 20권을 전년에 완성하여 주상하였다. 다만 文武天皇 원년(697)에서 寶字 원년(757)에 이르는 총 61년에 대해서는, 초안 30권이 있지만 내용이 일상적인 것이고, 사적 또한 소략하고 누락되어 있다. (이에) 前朝에서 고 중납언 종3위 石川朝臣

---

9) 三皇五帝 때의 전설상의 전적을 말한다.

名足, 형부경 종4위하 淡海眞人三船, 형부대보 종5위상 當麻眞人永嗣 등에게 조를 내려, 권을 나누어 찬수하여 前紀를 잇게 하였다. 그러나 舊案에 구애받아 끝내 간행하지 못하고 진상한 것은 29권뿐이었다. 寶字 원년의 紀는 완전히 없어져 존재하지 않는다. 臣 등은 제관사에 있는 자료를 조사하고 옛 일을 故老에게 물어 산일된 부분을 철해 서술하고 결문을 보충하였다. 바른 의론과 책략으로 후세에 전해도 족한 것은 모두 기술하고, 작은 일이나 일상적인 일로 기록할 필요가 없는 것은 함께 생략하여 모두 20권으로 축소 간행하였다. 앞서의 것과 합쳐 95년 40권으로 하였다. 처음 草創부터 斷筆까지 7년이 걸렸고, 淨書를 모두 마쳤다. 목록은 별도로 기록하였다. 이제까지의 천황의 훌륭한 점을 명확히 하고, 천지와 함께 교화에 도움이 되고, 선을 권장하고 악을 징벌하는, 만대에 전하는 거울로 삼고자 하였다. 신들은 경솔하게 좁은 지견으로 국사를 편찬하였다. 어리석음으로 (오랜) 세월이 지나게 되어 엎드려 두려움이 더한다. 삼가 봉진하여 궁중의 策府에 수납하고자 한다."라고 하였다.

상기 2개의 상표문은 편찬 과정이 시기별로 혼합되어 다소 혼란을 일으키고 있지만, 편찬 경위를 파악하는 데에는 문제가 없다. 3년의 시차를 두고 편찬의 상표문을 두 번 올린 것은 전후 각 20권이 시기별로 체계적으로 편찬된 것이 아니라 복합적으로 되어 있기 때문이고, 기타의 육국사에서는 볼 수 없는 현상이다. 『속일본기』라는 하나의 서명으로 편찬된 경우에는 권별로 편찬의 시기가 다르더라도 최종 통합본으로 편찬의 상표문을 싣는 것이 일반적인데, 이 경우는 특수한 사례라고 생각된다. 앞에서 언급한 바와 같이 40권 개개의 권두에 칙찬의 상표를 약술한 것도 체제상의 특징으로 보인다.

서두의 문장을 보면, 양 사료에 나오는 편찬 배경 역시 동일한 구성과 체제를 보인다. 중국의 전설상의 黃帝와 삼황오제의 전적이 있고 사관이 설치되어 그 유래가 오래되었음을 서술하고, 권선징악의 방침으로 선과 악의 기술을 통해 교훈적 역사관의 필요성을 강조하고 있다. 이어서 역사시대의 구체적인 편찬 사정, 중국의 사기, 한서, 후한서의 편찬과 左史, 右史의

사관 설치를 통해, 군주의 덕과 공업을 밝혀 후세의 모범으로 삼고자 한다는 사서의 유용성에 대해 기술하고 있다.

양 상표문 모두 편찬을 주도한 환무천황의 덕을 찬양하는 내용으로 일관되어 있다. 前表에서는 환무는 태양과 같은 광명으로 팔주를 채우고, 일본국을 안정시켜 태평성대를 맞이하였고 요순시대를 능가한다고 예찬하고 있다. 後表에서도 주의 문왕보다도 밝게 비추고, 요임금과 같이 성도에 통달하고, 깊은 도리를 체현하여 전국에 미치고, 자애와 위세는 발해, 蝦夷, 狄人에 미쳐 교화하고 不臣의 자들을 신종시켰다고 찬양하고 있다. 환무의 신성하고 도덕적인 군주상을 현창하고 후세에 전해지기를 바라는 지배자의 의지를 엿볼 수 있다. 실록에 기초한 사서 편찬의 경우, 사후에 차대 왕이나 왕조에서 행해지는 전례로부터 보면, 스스로의 통치행위를 재위 중에 사서로써 세간에 자신의 공적을 알리는 것으로 지극히 이례적이고 파격적인 일이다.

먼저 【사료 1】에서 환무조 이전의 광인조까지의 편찬 과정, 후반부 14권이 찬진되기 직전까지의 편찬의 경위를 정리하면 다음과 같다. ① 飛鳥淨御原朝廷 이전의 神代의 공적과 대대로 황제들의 일들은 前史에 기술되어 있다. 여기에서 말하는 前史란 『일본서기』를 가리킨다. ② 문무에서 성무까지는 내용이 정리되어 있다. ③ 天平寶字에서 寶龜까지, 효겸조에서 광인조에 이르는 내용은 자료로만 되어 있을 뿐, 정식 사서의 체제를 갖추지는 못했다. 즉 사서를 편찬하기 위해 수집한 기초자료의 나열 수준에 불과했음을 말하고 있다. 특히 폐위된 순인조의 사적도 미흡하고, 남조 즉 平城京에서 즉위한 칭덕과 광인조의 일들의 사적은 자료로만 기록되어 있을 뿐 사서로서는 편찬되지 않았다. ④ 이러한 상황에서 광인천황의 명을 받들어 石川朝臣名足 등이 편집하여 20권으로 완성했지만, 단지 초안으로 존재할 뿐이고 사서로서는 정리되지 않았다고 한다.

이와 관련하여 사서의 편찬에 대해 大寶, 養老令에 명시된 기록에 의하면, 國史의 찬수에 대해 「직원령」3 중무경의 직무에 '監修國史'라고 하여 국사를 감수한다고 되어 있다. 동 「직원령」6의 중무성 산하기구인 도서료 장관인 圖書頭의 직무에도 '修撰國史'가 있는데, 이것은 사서로서의 國史를 가리킨다. 『令集解』 「古記」에는 "정리해서 정돈하는 것을 修라고 하고, 채용하기도 하고 버리기도 하는 것을 撰이라고 한다," "國史라는 것은 당시의 일을 기록한 서명으로 春秋나 漢書와 같은 종류이다. 실록을 말한다"라고 한다.[10] 다만 여기에서 말하는 국사편수의 의미는 조정에서 중무성에 명하여 제관사로부터 현재 일어난 일의 기록 상황을 제출케 하여 수찬한 것이고 현재의 기록으로 금일의 국사와는 의미에 차이가 있다.[11] 율령관제에는 중무성과는 별도로 대, 중, 소의 內記가 있고, 그 직장에는 "조칙을 만들고 모든 御所의 기록 일을 담당한다"라고 되어 있다.[12] 사서로서의 국사를 편찬한다면 '撰續日紀所'라는 별도의 편찬기구를 설치할 필요가 없다는 지적을 유의할 필요가 있다.

광인조 단계에서는 『속일본기』를 편찬하기 위해 중무성, 도서료 등의 관련 기관에서 각종 자료를 수집하고 배열, 정리하였고, 사서로서의 체제는 갖추지는 못했지만 일단 20권으로 완성해 놓았다. 요컨대 『속일본기』 편찬은 환무조 때 최종 마무리되었지만, 광인조에 본격화되었음을 알 수 있다. 광인조의 시점에서 이미 문무에서 성무까지의 자료가 정리되어 있던 것으로 보아 성무조 이후 어느 시기에 최초로 편찬의 기초작업이 시작되었고, 광인조에 2차, 환무조에서 3차 등 『속일본기』 편찬은 3단계로 이루어졌음을 추정할 수가 있다.

【사료 2】의 연력 16년 상표문을 보면,【사료 1】에서 언급하지 않은 편찬과정을 보다 구체적으로 기술하고 있다. 文武 원년(697)에서 寶字 원년(757)에 이르는 총 61년에 대해서는, 초안 30권이 있었다는 사실을 전하고 있다. 寶字 원년은 최종 찬진된 전반부의 마지막에 해당하는데, 그 초안은 前朝인 광인조에서 편찬사업을 진행하였다. 이때 30권으로 구성된 내용은 일상적인 것이 많고, 소략하여 石川朝臣名足, 淡海眞人三船, 當麻眞人永嗣에게 찬수하게 했지만 간행하지 못했고, 특히 寶字 원년의 紀는 분실되어 29권만 남아 있었다

10) 『令集解』「職員寮」6 「圖書寮」66, "修撰國史. 謂. 捃摭國事修緝史書也. 古記云. 治曰修. 執棄曰撰也. 穴云. 國史. 謂当司所記是也. 令釋稱史官之所記說書也. 仮如. 實錄之類也. 又古記云. 國史. 当時之事記書名也. 如春秋漢書之類. 實錄事也. 朱云. 修選國史. 謂實錄事也".

11) 坂本太郎, 1970, 『六國史』, 吉川弘文館, p.3.

12) 「職員令」3, "大內記二人.〈掌. 造詔勅, 凡御所記錄事.〉, 中內記二人〈掌同, 大內記.〉, 少內記二人〈掌同, 中內記.〉".

고 한다. 당시의 자료관리 실태와 편찬의 허술함을 드러내는 대목이다. 이에 환무조에 들어 관사에 있는 자료와 故老들에게 물어 산일된 결문을 보충하고, 후세에 전할 만한 내용으로 축약하여 모두 20권으로 간행했다고 기술하고 있다.

전반부 30권의 초안을 기초로 불필요한 부분은 삭제하고 중요한 내용을 보충하여 효겸조 마지막인 천평보자 원년까지 전반부 20권으로 편집하여 사서의 체제를 갖추어 재탄생시켰다. 편찬의 주역들은 대표편자인 菅野朝臣眞道를 비롯하여 秋篠朝臣安人, 中科宿禰巨都雄 3인이었다. 전반부는 원래 30권으로 구성되어 있었던 것을 보면, 아마도 최초에 문무 원년(697)에서 효겸조의 보자 원년(757)에 이르는 61년의 역사를 구상했던 것으로 보이고, 이 편찬을 주관한 것은 효겸 다음의 淳仁朝 때의 일임이 분명하다. 순인조 때의 수사사업은 순인을 천황으로 옹립한 藤原仲麻呂의 작품으로 추정되고 있다. 그는 "사람됨이 총명하고 書記를 거의 섭렵하였다"[13]라는 인물평이 있듯이 학문적 자질과 역사적 기록물에 대한 관심이 높았다. 그의 조부 藤原不比等 때에 완성한 『일본서기』에 이어 국사 편찬을 의도했을 가능성이 있고,[14] 자신에 대한 역사적 기록도 의식하지 않을 수 없었다고 생각된다. 그러나 그는 역모사건으로 몰락하였고 淳仁 역시 폐위당해 수사사업은 자료의 수집, 정리 단계에서 멈추고 말았다.

후반부 20권 편찬을 전하는【사료 2】에 "천평보자 2년(758)부터 연력 10년(791)에 이르는 34년간의 기록인 20권을 전년에 완성하여 주상했다"라고 하여 후반부 완성을 기술하고 있다. 다시【사료 1】을 보면, 후반부 20권 중에서 순인, 칭덕, 광인조의 초안은 20권이 정리되어 있었지만 사서로서의 체제를 갖추지 못해 환무천황의 칙을 받들어 잡다한 것을 생략하고 중요사항을 취하고 산일된 것을 수집 보완하고 상호간의 모순과 수미의 차이를 교정하여 14권을 겨우 완성하여, 前史를 잇게 했다고 한다. 이 기록으로부터 연력 13년의 완성본은 후반부 최종본 20권 중에서 14권으로 6권이 누락되어 있었다. 그런데 연력 16년의 상표문에서 보듯이 후반부 완성본 20권을 포함해서

13) 『續日本紀』 天平宝字 8년 9월 임자조.

14) 笹山晴生, 1989, 「續日本紀と古代の史書」, 앞의 책, p.491.

전40권을 진상하고 있어, 추가분 6권은 이 시기에 편찬되었고, 구체적으로는 14권이 찬진된 연력 13년 8월 이후이다. 그런데 35권 이후를 추가로 편찬할 의도가 있었다면, 6권을 완성한 후에 앞의 14권과 함께 20권을 진상하는 것이 상식인데, 왜 분리한 것인가에 대해서는 의문이다. 게다가 편찬 책임자인 藤原継縄은 연력 15년 7월에 사망하여 대표편자로 이름을 올릴 수 있는 상황이 아니었다. 그 이전에 6권을 마무리했다는 추정도 가능하지만, 그렇다면 조만간 완성될 나머지 분량을 앞두고 14권만 미리 찬진할 이유가 찾기 어려워진다. 아마도 이 6권의 실질적인 찬진자는 菅野眞道일 가능성이 높고, 만년에 건강이 악화된 藤原継縄이 14권을 마무리하고 일선에서 물러났는데 편찬 책임자였던 그를 배려하여 14권의 후속편인 6권도 藤原継縄의 이름으로 등재했다고 보인다. 즉 후반부 20권은 14권이 찬진된 이후, 기왕의 정리된 초안을 기초로 전반부 20권을 편찬하는 과정에서 菅野眞道 등이 광인과 환무의 치세를 기록한 6권을 추가 집필한 것으로 사료된다.

菅野眞道의 상표문에서 "앞서 진상한 것과 아울러 95년간 40권으로 하였다. 처음 草創부터 斷筆까지 7년이 걸렸고, 淨書를 모두 마쳤다. 목록은 별도로 기록하였다"라고 하여 모든 집필이 완료되었음을 전한다. 전반부 20권은 "斷筆까지 7년"이라고 한 발언으로 보건대 상표한 연력 16년에서 7년 전인 연력 10년(791)에 시작되었음을 알 수 있다. 이와 같이 편찬 과정은 순인조, 광인조에서 환무조까지 3단계의 집필이 있었고 환무조 이전의 편찬 상황은 기초자료의 정리에 불과하여 소기의 성과를 거두지 못해 보류 상태에 있다가 환무조에 들어 불필요한 부분을 삭제하고 교훈적인 내용을 추가하는 첨삭의 과정을 거쳐 최종 40권으로 완성하여 『속일본기』라는 명칭으로 찬진되었다.

편찬에 참여한 필진들은 연력 16년 상표문을 올린 그날, 천황의 명으로 "菅野眞道朝臣 등 3인은 일본기에 이어 아직 편수되지 않은 시대의 역사를 조사하여 완성해서 續日本紀 40권을 진상한 노고를 영예롭게 생각하는 바이다. 따라서 관위를 올려준다"는 조를 내리고, 종4위하 菅野朝臣眞道에게 정4위하를, 종5위상 秋篠朝臣安人에게 정5위상을 각각 2단계 승진시키고, 외종5위하 中科宿禰巨都雄에게 종5위하를 내리고 있다. 이어서 동년 2월 17일에는 편찬사업에 참여한 太政官 史生, 式部史生, 中務史生, 民部史生, 式部書生 5인에게도 撰日本紀所에 봉진한 공으로 관위를 올려주고 있다.15) 이들은 기초자료의 수집과 정리, 정서 등 실무적인 일에 종사한 관인들로, 중앙의 제관사에 4등관인 主典 밑에 배치되어 보조업무를 담당했지만, 사실상 문자의 해독, 작성 등 학적인 능력을 갖춘 인물들이었다.

Ⅲ.『속일본기』의 편찬자와 특징

『속일본기』 편찬자는 앞의 연력 13년 상표문에 藤原朝臣繼縄, 菅野朝臣眞道, 秋篠朝臣安人 3인이, 동 16년 상표문에는 菅野朝臣眞道, 秋篠朝臣安人, 中科宿禰巨都雄이 나온다. 이 중에서 菅野朝臣眞道, 秋篠朝臣安人은 40권 전체에 참여한 인물이고, 藤原朝臣繼縄은 후반부 14권의 대표 편자로 나오는데, 연력 15년 7월에 사망하여 최종 편자와 승진 기사에는 빠져 있다. 그리고 광인조에서 편찬을 담당한 대표 인물로서는 연력 13년에는 石川朝臣名足, 上毛野公大川이 있고, 연력 16년에는 石川朝臣名足, 淡海眞人三船, 當麻眞人永嗣이 나온다. 모두 광인조 때의 편찬자들로서 두 번 등장하는 石川朝臣名足 등 4인이다. 이 중에서 菅野朝臣眞道는 40권 전체의 총괄자로서『속일본기』의 편찬 방향, 내용, 체제 등 모든 것을 주관한 인물로 생각된다.

1. 菅野朝臣眞道

菅野眞道의 연력 16년 찬진 당시의 관위는 종4위하의 고위 관인이었다. 그러나 藤原繼縄이나 기타의 육국사 대표 편자들이 종2위, 우대신 이상의 태정관의 수반이었던 것에 비추어 보면 정치적인 지위는 훨씬 못 미치고 여기에 도래계 씨족의 후예라는 신분상의 불리함이 있었다. 그가 정사의 주역으로 참여할 수 있었던 것은 개인적인 학문적 능력과 환무천황이 백제계

15)『日本後紀』延曆 16년 2월 계유조, "太政官史生從七位下安都宿祢笠主, 式部史生賀茂縣主立長敍位二階, 中務史生大初位下勝繼成, 民部史生大初位下別公淸成, 式部書生無位雀部豊公一階, 以供奉撰日本紀所也".

도래인을 우대하던 시대적 상황과 무관하지 않다.

관야진도의 개성 전 이름은 津連眞道이다. 津連氏의 유래에 대해서는 『속일본기』 연력 9년(790) 추7월 신사조에 百濟王仁貞 등과 함께 올린 진련진도의 상표문에 의하면, 자신들의 本系는 백제국 귀수왕으로부터 나왔고, 일본에서 백제에 유식자를 구하자 귀수왕이 손자 辰孫王을 보냈는데, 비로소 서적이 전해지고 儒風이 크게 열려 문교가 발흥되었음을 고한다. 이 진손왕의 후손인 味沙, 辰爾, 麻呂 3자로부터 각각 葛井, 船, 津連 등 3성이 나누어졌으며, 王辰爾의 고구려 국서해독사건을 들어 우월한 재능을 말하고 자신들의 가문은 문필의 업을 계승하고 교학의 직을 맡고 있다고 강조한다. 이어 連 성을 朝臣으로 올려줄 것을 청원하여 천황으로부터 菅野朝臣의 성을 받는 데 성공하였다. 진련진도가 백제계 도래씨족으로서 그 유래를 근초고왕대에서 구하고 백제왕씨와 동족임을 강조한 것은, 환무의 모계가 백제계라는 사실과도 연계되어 있어 출자를 통해 환무의 환심을 사기 위한 의도였다고 보인다. 그러나 진련진도의 실질적인 조상은 6세기 전반에 이주한 왕진이이다.[16)]

이보다 앞서 『일본서기』 敏達紀 3년(573) 10월조에는 船史 왕진이의 동생 牛에게 津史의 성을 내렸다고 나온다. 이른바 문필을 직무로 하는 史姓 씨족으로 출발했는데 淳仁朝 즉위 초인 天平寶字 2년(758) 8월에 津史秋主 등 일족 34인의 청원으로 史姓에서 連姓으로 개성하였고, 이때 진련진도 역시 일족 중에 포함되었다고 보인다. 그 후 상기의 연력 9년에 다시 관야조신이라는 상층의 씨성으로 개성하였다. 菅野는 거주지명을 관칭한 것이고, 朝臣은 귀족 중에서 최상의 성이다. 이른바 진련진도의 주상에 의해 일족의 지위를 단숨에 고위 귀족 신분으로 상승시킨 것이다. 환무천황이 진련진도의 개성 청원을 승인한 것도 그에 대한 총애에 연유했음은 말할 나위도 없다.

관야진도가 『속일본기』를 편찬하는 연력 16년(797)까지의 주요 관력을 보면, 寶龜 9년(778) 2월에 少內記에 임명되었다.[17)] 소내기는 「직원령」2 「중무

---

16) 연민수, 2018, 「王辰爾 일족의 문서행정과 시조전승」, 『동북아역사논총』 62 ; 동 2021, 『일본고대국가와 도래계 씨족』, 학연문화사.

17) 少內記 임명기사는 『公卿補任』 延曆 24년 「菅野眞道」에, "寶龜九年二月少內記[卅八]"이라고 나온다. 이후의 菅野眞道의 관력은 모두 『속일본기』의 편년기록에 의거한다.

성」조에 따르면, 천황의 조칙을 작성하고 어소의 기록을 담당하는 관직이다. 즉 『속일본기』에 주요 문서로 나오는 천황의 조칙, 태정관 처분이라고 하는 문서를 관장하는 일종의 기록관이다. 이른바 조정의 기밀, 주요 정책문서를 다루는 관직이고, 정부조직의 모든 현황을 한눈에 살펴볼 수 있는 요직으로 핵심부서라고 할 수 있다. 그의 이러한 경험과 능력이 사서 편찬의 중책을 맡게 된 요인이 되었음은 분명하다.

그 후 延曆 4년(785)에는 외종5위하에서 종5위하의 내위로 승진하여 동궁학사를 겸직하였다. 그가 소내기에 임명되었을 때 나이가 38세였고, 종5위하의 내외로 승진되고 동궁학사에 임명되었을 때는 45세로 학문적으로 완숙의 경지에 이르렀을 때이다. 그의 아버지에 대해서는 정사에는 기록이 없고 『공경보임』에 '山守之男'이라고 하여 이름이 津山守임을 알 수 있는데 그 밖에는 알려진 것이 없다. 따라서 관야진도는 귀족의 음서 출신이 아니라 자신의 역량에 의해 하급 관위에서 출발했을 가능성이 높다. 최하위 소초위하에서 종5위하까지는 16단계가 있고 외위까지 더하면 그 폭은 더 늘어난다. 6년마다 근무평정하여 승진한다고 해도 말단에서 귀족의 반열인 5위에 올라가기란 쉬운 일이 아니다. 뛰어난 역량으로 최상의 등급으로 근무평정 시에 몇 단계씩 승진해야 가능한 일이어서, 음서에 의한 승진하는 경우가 아니면 통상의 관인 진급에서는 극히 예외적인 일이다. 그만큼 관야진도의 업무능력과 관인사회에서의 평판이 높았을 것이다.

이어 연력 8년에는 圖書頭에 임명되었다. 도서두의 직무에는 '修撰國史'가 있듯이 사서 편찬에 관한 역할이 부여되고 있다. 이때의 국사 수찬은 앞에서 살펴봤듯이 국사 편수를 위한 기초적인 자료의 수집과 정리이고, 연력 10년(791)에 본격적으로 시작된 『속일본기』 편찬의 사전 작업을 위해 그를 도서두에 임명한 것으로 보인다. 게다가 그는 4년 전인 연력 4년에 동궁학사에 임명되어 황태자 교육을 전담하였는데, 이 동궁학사의 직은 그가 만년까지 겸직하고 있어 황실에 근시하며 황족과의 관계도 밀접하여 환무천황의 신임이 누구보다도 두터웠을 것으로 생각된다. 그가 『속일본기』 편찬 기간 중인 연력 13년 정월에 정5위상, 동 7월에는 종4위하로 불과 반년 만에 두 번이나 승진하는 특별대우를 받았던 것은 이러한 사정에 기인한다고 생각된다.

환무천황이 자신의 치세를 새로 편찬되는 사서에 싣도록 한 것은 관야진도에 대한 믿음이 없이는 어려운 일이었다. 태정관의 기록관으로서, 도서료의 장관으로서 누구보다도 환무 치세의 문서 및 조정 전반의 현황을 잘 알고 있던 그는 이 일을 맡을 수 있는 적임자였고, 학문적 역량까지 갖춰 관찬서의 과업을 무리없이 수행할 수 있었다. 환무조에서 그는 승승장구하여 연력 24년에는 참의에 서임되어 공경의 반열에 올랐다. 족벌 귀족이 아닌 자로서는 7~8명 내외의 태정관 회의 구성원이 된 것은 흔치않은 일이다. 그가 동궁학사로 있던 황태자가 平城天皇으로 즉위한 후에는 종3위까지 올랐고, 이 시기에 역임한 관직만 해도 태정관의 左大弁을 비롯하여 刑部卿, 民部卿, 大藏卿, 宮內卿, 大藏卿 등 중앙의 8성의 주요 장관을 두루 거쳤고, 大宰大貳, 山陰道觀察使, 東海道觀察使, 近江守, 常陸守 등 지방행정의 장으로서 활동범위가 전국에 미치었다.

2. 藤原朝臣繼繩

등원조신계승에 대해서는 그의 홍년 기사[18]에 우대신 정2위 겸 行皇太子傅中衛大將 藤原朝臣繼繩의 죽음을 알리고, 종1위로 추증하였다는 내용이 나온다. 홍전에 보이는 그의 관력을 보면, 그는 우대신 종1위 藤原豊成의 차남으로 음서의 혜택을 받아 정6위상으로 출사하여 천평보자 7년(763)에 종5위하의 고위 관인으로 들어섰다. 3년 후에는 태정관의 우대변을 거쳐 참의에 임명되었다. 보귀 2년(771)에는 종3위에 올랐고, 대장경, 좌병위독, 궁내경, 병부경 등을 거쳐 天應 원년(781)에는 중무경, 좌경대부를 겸직하고 정3위로 승진되었다. 그 후 大納言의 직위에서 大宰帥 및 황태자부를 겸직하였고, 延曆 5년

18) 『日本後紀』 延曆15년(796) 7월 을사조, "右大臣正二位兼行皇太子傅中衛大將藤原朝臣繼繩薨. 遣使監護喪事, 葬事所須, 令官給焉. 詔贈從一位, 繼繩者, 右大臣從一位豊成之第二子也. 天平寶字末, 授從五位下, 爲信濃守. 天平神護初, 叙從五位上, 尋授從四位下, 拜參議. 寶龜二年隷叙正四位上, 十一月授從三位, 歷大藏卿左兵衛督, 俄拜中納言. 天應元年授正三位, 延曆二年轉大納言, 五年叙從二位, 兼中衛大將. 九年拜右大臣, 授正二位. 在任七年, 薨時年七十. 繼繩歷文武之任, 居端右之重, 時在曹司, 時就朝位, 謙恭自守, 政迹不聞. 雖無才識, 得免世譏也".

(786)에는 종2위로 민부경, 造東大寺長官을 겸직하였다. 이어 연력 8년에 이르면 우대신 藤原是公의 사망으로 대납언의 지위에서 태정관의 필두에 올랐고 이듬해 우대신으로 승진하여 실질적인 태정관의 수반이 되었다.

그가 『속일본기』 편찬을 추진하는 시기에는 이미 관인의 최상층 지위에 있었고 사서 편찬을 관장하는 대표로서 이름을 올린 것은 당연하였다고 생각된다. 당시 우대신이 사망하지 않았더라면 대표 편자의 이름은 등원계승이 아닌 등원시공의 몫이었을 것이다. 홍전 말미에 등원계승에 대한 인물평에서 "謙恭自守, 政迹不聞. 雖無才識. 得免世譏也"라고 하여 정치적인 공적은 듣지 못했고, 비록 재능과 학식은 없었지만, 세간의 비판은 받지 않았다고 한다. 특히 '謙恭自守'라고 하여 겸손하고 공손하며 스스로를 절제하고 지키는 온후한 품성과 인격을 갖춰 구성원들과의 관계에서도 좋은 평을 받고, 환무의 신임을 얻는 데도 성공했다고 보인다. 여기서 '無才識'은 고전에 대한 이해와 학식이 없다는 것으로 범용한 인간이었음을 보여준다. 그는 학문적으로 보면 관찬사서의 대표 편찬자로는 부적격자였다. 이러한 한계를 뒷받침해준 인물이 다름아닌 관야진도였다. 상관인 등원계승을 존중하여 후반부 20권 중에 6권도 그의 이름으로 서명하여 봉진하였다. 양자의 우호적이고 긴밀한 관계 속에서 정사 편찬은 무리없이 완성된 것으로 보인다. 이 같은 사실은 뒤에서 언급할 광인조 때에 편찬에 관여한 石川名足이나 淡海三船의 독단적인 스타일과는 차이가 있는데, 사서 편찬에서 구성원들과의 협력과 단합의 중요성을 보여준다.

한편 등원계승에 대한 일화 중에, 寶龜 11년(780) 3월에 陸奥國의 蝦夷 족장인 伊治呰麻呂가 반란을 일으켜 안찰사 紀廣純을 살해한 사건이 일어났을 때, 征東大使에 임명되어 진압을 명받은 일이 있었다. 그러나 준비 부족을 이유로 출정하지 못했다. 이 사건은 천황의 명을 거역한 불손 행위에 해당되어 징벌의 대상이지만, 그는 정동대사의 직에서 면직되었을 뿐 별도로 질책을 받거나 좌천은 되지 않았다. 이는 그의 평판을 엿보여주는 일화로, 정적을 두지 않았던 타고난 인품을 말해준다. 홍전에 재식은 없었지만, 세간의 비판은 받지 않았다는 인물평과도 상통한다.

특히 등원계승의 처 百濟王明信이 환무조의 후궁 內侍司 장관인 尙侍에 임명된 일은 환무의 신임을 더해주었다. 상시는 천황에 근시하며 궁중의 주요 문서 업무를 맡아보는 직으로 그녀는 환무의 총애를 받았다.[19] 예컨대 연력 6년 山背國 高椅津으로의 순행 귀로에 천황이 등원계승의 사저에 들러 그의 처 백제왕명신에게 종3위에 서위한 것,[20] 연력 14년 4월에 열린 曲水연회에서 천황이 古歌를 짓고 백제왕명신에게 화답을 구했으나 응하지 않자 천황이 직접 화답했다[21]는 일화들은 천황의 신임이 얼마나 높았는지 보여준다.[22] 따라서 등원계사의 출세에도 그의 처인 백제왕명신의 공이 컸음은 짐작하기 어렵지 않다. 거기에다 환무천황의 생모인 高野新笠의 외가가 백제계 출신이어서 백제왕명신은 더욱 특별한 배려를 받은 것으로 보인다. 『속일본기』 대표편자의 1인인 백제계 관야진도와의 관계도 그의 처가 백제왕씨여서 동족적 공유의식이 있었다고 보이며, 성공적으로 편찬할 수 있는 요인이 되었다고 생각된다.

3. 秋篠朝臣安人과 中科宿禰巨都雄

상기 2인은 등원계승, 관야진도와 함께 『속일본기』 전 40권에 모두 마지막까지 관여한 편자들이다. 전반부 20권, 후반부 10권은 각각 관야진도와 등원계승이 대표 편자였지만, 공동필진으로 참여하여 편찬의 일익을 담당하였다.

秋篠朝臣安人의 원래의 씨성은 土師宿禰였다. 연력 원년(782) 5월에 주청하여 본거지인 大和國 添下郡 秋篠의 지명을 따 형제 6인과 함께 秋篠宿禰로 사성받아 개성하였다.[23] 土師氏는 능묘의 부장품인 埴輪을 발명한 野見宿禰의

19) 『日本後紀』 大同 3년 6월 갑인조, "散位從三位藤原朝臣乙叡薨, 右大臣從一位豊成之孫, 右大臣贈從一位継縄之子也. 母尙侍百濟王明信被帝寵渥".

20) 『續日本紀』 延暦 6년 8월 갑진조, "行幸高椅津, 還過大納言從二位藤原朝臣繼繩第, 授其室正四位上百濟王明信從三位".

21) 『日本後紀』 延暦 14년 4월 무신조, "曲宴, 天皇誦古歌曰, … 勅尙侍從三位百濟王明信令和之, 不得成焉. 天皇自代和曰, …".

22) 百濟王明信에 대해서는 今井啓一, 1965, 「天子後宮における百濟王氏の女人」, 『百濟王敬福』, 綜藝舍.

23) 『續日本紀』 延暦 元年 5월 계묘조, "少內記正八位上土師宿禰安人等言, 臣等遠祖野見宿禰,

자손인데, 장례와 관련된 흉사의 일을 담당한 가업의 인식을 바꾸기 위해 개성을 청원한 것이다. 특히 토사씨는 환무천황의 생모인 고야신립의 모가에 해당한다. 그녀의 부계는 和乙繼라고 하는 백제 무령왕을 시조로 하는 도래계 씨족이고, 모친은 土師眞妹로 토사씨 가문의 여인이다. 환무조에 들어 토사씨에 대한 우대 조치가 내려진 것도 생모의 모가에 대한 배려였다고 보인다. 특히 토사씨 중에는 文才에 뛰어난 인물이 배출되었으며, 수사사업에도 관여하게 된다.

추조조신안인은 상기 연력 원년(782) 5월에 개성을 위한 청원기사에 보면, 정8위상의 관위를 가진 少內記 직에 있었다. 『공경보임』 연력 24년조에 나오는 그의 관력을 보면, 연력 6년에 大內記로 전임하였고, 동 9년에는 大外記에 임명되었다. 대내기는 「직원령」3 「중무성」조에, 정원은 2인이고 천황의 조칙을 작성하고 어소의 기록을 총괄한다고 되어 있다. 소내기 역시 서열만 차이가 있을 뿐 직무는 동일하다. 반면 대외기는 태정관 소속으로 「직원령」2 「태정관」조에 천황의 조서와 천황에게 올리는 상주문을 검토하고 작성하는 일을 한다. 앞에서 살펴본 관야진도 少內記를 거쳐 사서 편찬에 종사하였다. 연력 9년(789) 3월에는 외종5위하로 승진하여 7년 만에 정8위상에서 9단계의 고속 승진을 하였다. 또한 동년 12월에는 宿禰에서 朝臣의 성을 하사받아 귀족이 받을 수 있는 최고의 신분이 되었다. 뿐만 아니라 이듬해 연력 10년에는 내위인 종5위하로 승진하였고, 이어 동 2월에는 대외기의 직을 유지하며 형부성 소속 문서를 담당하는 大判事에 임명되었고, 동년 3월에는 태정관의 요직인 少納言의 지위에 올랐다. 『속일본기』 편찬을 전후한 시점에서 그의 관력을 보면 태정관을 비롯환 중앙 관부의 공문서를 다루는 직무에 종사하고 있었음을 알 수 있다. 게다가 귀족의 반열인 종5위에 올랐고, 사회적 신분을 상징하는 조신의 성을 갖게 되었다. 사서 편찬이 마무리되어 가는 시점인 연력 15년 정월에는 종5위상으로 승진하였고, 태정관의 左少弁과 丹波守를 겸직하는 그의 정치적 지위는 높아갔다. 『속일본기』가 찬진된 연력 16년에는 포상으로 정5위상의 2단계 승진을 하였고, 동 19년에 종4위하, 동 24년(805)에

造作物象, 以代殉人. … 望請, 土師之字改爲秋篠, 詔許之. 於是, 安人兄弟男女六人賜姓秋篠".

菅野眞道에 이어 참의에 임명되어 공경의 지위에 올랐다. 그의 최종 관위는 弘仁 6년(818) 공경의 상층부만이 올라갈 수 있는 종3위였다. 환무천황의 생모의 母家 출신이라는 점과 개인적인 능력이 더해진 결과라고 생각된다.

다음 中科宿禰巨都雄의 개성되기 이전의 씨성은 津連氏이다. 延曆 10년(791) 정월조에는, "少外記 津連巨都雄 등 형제자매 7인에게 거주지 명을 따라 中科宿禰의 성을 내렸다"[24)]라고 하여 개성 사실을 전하고 있다. 관야진도 역시 개성하기 전에는 津連眞道였듯이 같은 백제계 도래씨족이다. 『속일본기』 편찬의 핵심 인물 4인 중에 2인이 백제계 인물이다. 그는 桓武朝 延曆 7년(788)에 少外記에 임명되었고, 동 12년에는 태정관의 문서행정을 담당하는 大外記로 승진하였다. 앞서 관야진도가 보귀 9년(778)에 少內記에 임명되었고, 추조조신안인 역시 연력 원년(782)에 少內記에, 연력 6년에는 大內記 그리고 동 9년에는 大外記에 임명되었다. 3인에게 공통되는 것은 중앙 관부의 문서행정을 다루는 핵심부서에서 일한 경력이었고, 이것이 사서 편찬의 주요 적격 요건이었을 것이다. 그 역시 편찬의 공으로 외종5위하에서 종5위하로 승진되었다. 이후 嵯峨朝인 弘仁 5년(814)에는 황태자 교육을 담당하는 동궁학사에 임명되었고, 동 8년에는 종5위상으로 승진하였다. 그는 한시문에도 재능을 보여 嵯峨天皇의 명으로 편찬된 한시집인 『凌雲集』과 天長 4년(827)에 淳和天皇의 칙찬 한시집 『經國集』에도 작품을 남기고 있다.

4. 光仁朝의 편찬자들

환무조 이전의 광인조 때에 사서 편찬사업에 종사한 인물로는 연력 13년과 동 16년의 상표문에 石川朝臣名足, 上毛野公大川, 淡海眞人三船, 當麻眞人永嗣 4인이 나온다. 이들은 2개의 상표문에도 나와 있듯이 前表에서는 石川朝臣名足, 上毛野公大川 등이 (光仁天皇의) 조를 받들어 "20권을 완성했지만, 단지 초안으로 존재할 뿐이고 사서로는 정리되지 않았다"라고 하고, 後表에서는 石川朝臣名足, 淡海眞人三船, 當麻眞人永嗣 등이 (光仁天皇의) 조를 받들어 "舊案

---

24) 『續日本紀』 延曆 10년 정월 계유조, "少外記津連巨都雄等兄弟姉妹七人, 因居賜中科宿禰".

에 구애받아 끝내 간행하지 못하고 진상한 것은 29권뿐이었다. 寶字 원년의 紀는 완전히 없어져 존재하지 않는다"라고 하였다. 최초에는 칙찬 사서의 완성을 목표로 했지만, 추진 과정에서 무언가의 사정으로 찬진하지 못한 채 기초자료의 조사, 수집, 정리, 배열 정도에 머물렀던 것으로 생각된다. 이 2개의 상표문에 나오는 내용은 인물의 구성, 표현의 차이는 있지만 동일 사건을 말하는 것이다. 石川朝臣名足 1인은 양 상표문에 나오고 나머지 3인은 상표문을 작성하는 과정에서 특정하여 수록한 것으로 생각된다. 이들 4인은 광인조에서 처음부터 같이 작업을 했거나 혹은 1~2인은 시차를 두고 변동이 있었을 가능성도 있다.

우선 石川朝臣名足부터 살펴보자. 그는 편찬자의 필두에 있어 대표 편자였음을 알 수 있다. 연력 13년 상표문에는 '故中納言從三位兼行兵部卿'이라고 하고 동 16년의 상표문에는 '故中納言從三位'라고 하여 『속일본기』의 찬진 시에는 고인으로 최종 관위와 관직은 종3위 중납언이었다. 연력 7년 6월조의 그의 훙년 기사를 보면, "延曆 초에 중납언에 임명되었고, 병부경 및 황후궁대부, 좌경대부를 겸직하였다. 사망 시의 나이는 61세였다"라고 하여 연력 13년의 상표문 작성 시에는 이미 사망하고 7년이 흐른 뒤였다. 훙전에 의하면, 그는 어사대부[25] 정3위 (石川朝臣)年足의 아들로서 음서에 의해 天平寶字 5년(761)에 종5위하를 받았다. 그 후 伊勢守, 備前守, 大和守 등 지방관을 역임하였고 稱德朝에는 陸奧鎭守將軍·陸奧守로서 蝦夷 정토의 임무를 맡았다. 이어 광인조인 寶龜 2년(771)에는 중앙으로 돌아와 兵部大輔, 民部大輔를 역임하였고, 종4위하에 서위되었다. 다시 지방관인 大宰大貳가 되었는데, 재임한 지 2년에 조정의 부름을 받아 造東大寺長官, 左右大弁을 거쳐 참의 겸 우경대부에 임명되었다. 그의 관력은 순탄하여 중앙과 지방의 요직을 두루 거친 행정경험이 풍부한 관인이었다. 그가 광인조에서 칙명을 받아 사서 편찬에 착수한 시기는 명확하지 않으나 공경의 지위에 있던 보귀 11년 (780)경이 아닌가 생각된다. 그는 전년도 2월에 태정관의 우대변을 역임한 바 있어 좌대변과 함께 8성의 일을 감독, 관할하였다. 행정 경험으로 보아

25) 御史大夫는 大納言을 말한다.

사서 편찬을 총괄하는 지위에 있던 것은 분명하지만, 사서를 편찬할 만한 학식과 안목, 능력이 있었는지는 알 수 없다.

그의 훙전에 따르면, "名足은 보고들은 많은 것을 마음속에 기억하였고, 더하여 임기응변에 능하여 시비곡절을 바로 지체없이 판단하였다. 그러나 성격은 매우 편향되고 급해서 사람들의 잘못을 추궁하였고, 관인들이 정무를 보고할 때 취지에 맞지 않으면 즉시 그 사람에게 극언하고 질책하였다. 이로 인해 제관사의 관인으로 태정관 청사를 방문하는 자는, 名足이 정무를 듣는 일을 만나면, 몸을 조아리고 슬금슬금 피하는 일이 많았다"라는 세간의 평판이 실려 있다. 이 세평에 따르면 그의 업무 스타일은 독단에 가깝고 자신의 생각과 다르면 즉각적으로 비판적인 태도를 취하고 상대를 굴복시키려는 성격의 소유자였음을 알 수 있다. 그의 이러한 태도 때문에 사서 편찬 사업도 제대로 추진되지 못하고 다른 집필진과의 충돌 대립도 여의치 않았다고 추정되는데, 그 와중에 인적 구성에도 변동이 있었을 것으로 보인다. 2개의 상표문에 나타난 인물의 차이는 그 교체 과정에서 생긴 것은 아닌가 생각된다. 따라서 연력 13년 상표문에 "단지 초안으로 존재할 뿐이고 사서로는 정리되지 않았다"라고 하여 내용의 선정, 방향 등을 둘러싸고 심각하게 갈등을 빚는 등 편찬 과정이 순탄치 않았음을 말해준다. 또한 연력 16년 상표문에도, 문무 원년(697)에서 천평보자 원년(757)까지 61년간 기록한 초안 30권에 대해 광인조의 石川名足, 淡海三船, 當麻永嗣 3인에게 수정을 명했는데, 이 3인이 구안을 수정하지 않았다고 하듯이 내용상 문제가 있었음을 추측하게 한다.

다음은 연력 13년의 상표문에 石川朝臣名足과 함께 사서 편찬의 칙명을 받은 上毛野大川에 대해 살펴보자. 원래 상모야씨는 崇神天皇의 황자 豊城入彦命을 시조로 하는 전승을 갖는 동국 上毛野 지역의 호족이다. 이와는 별도로 『신찬성씨록』 좌경황별하 「上毛野朝臣」조에는 백제계 도래씨족인 田邊史氏가 天平勝寶 2년에 上毛野公으로 개성하면서 천황가의 후손인 皇別로 출자를 개변한 사실이 있다. 동 기록에는 전변사씨의 유래에 대해서 "謚皇極御世, 賜河內山下田, 以解文書爲田邊史"라고 하여 皇極朝에서 문서를 잘 해독하여 田邊史라는 성을 주었다고 하듯이 文才에 뛰어난 가문이었다. 전변사씨는 백제계 도래인이 많이 거주한 河內의 安宿郡을 본거로 하는 씨족이다. 寶龜 8년(777) 정월에는 좌경인 田邊史廣本 등 54인에게 上毛野公의 씨성을 주었다[26]는 기록도 보이는데, 이때의 사성은 특정 도래계 일족에게 집단적으로 준 것이었다. 한편 『신찬성씨록』 右京諸蕃上에 "田邊史는 漢王의 후손인 知惣의 후예이다"라고 나오지만, 여기에서 보이는 그의 조상인 百尊(伯孫), 德尊, 斯羅라는 인명은 한반도계 인명이고, 漢王은 韓王일 가능성이 높다. 지총은 동 하내국제번의 「岡原連」조에 "그 출자가 백제국 진사왕의 아들 知宗이다"라고 한 知宗과 동일 인물로 추정된다. 특히 藤原家 일족을 번영시킨 藤原不比等은 유년 시절에 백제계 씨족인 田辺史大隅에게 양육되었다는 기록도 있어[27] 일족의 출사에는 등원가의 조력도 있었다고 보인다. 또한 대보율령 撰定에 종사한 인물인 刑部親王, 藤原不比等 등 17인 중에 9인이 도래계이고 田邊史百枝, 田邊史首名, 不比等의 養育者였던 山科의 田邊史大隅 등이 참여했듯이,[28] 학문적 능력을 가진 인물이 적지 않았다.

이상에서 본 바와 같이 上毛野大川의 성도 公이라는 사실로부터 그는 보귀 7년(776)에 상모야공으로 개성한 54인 중에 포함되었을 가능성이 있다. 상모야대천의 관력을 보면, 광인조인 보귀 8년에 錄事로 견당사 일원으로서 당에 파견되었다. 녹사는 기록관인데 외교상 오고가는 대화 등을 기록하는 직무로서 文才에 뛰어난 인물이 발탁된다. 그는 귀국 후에 기록관으로서의 임무를 완수한 공로로 동 10년에 외종5위하에 서위되었다. 광인조의 사서 편찬에 종사했던 것은 이런 뛰어난 지적 능력 때문이었다. 환무조의 사서 편찬에는 그의 이름이 보이지 않지만, 天應 원년(781)에 태정관의 문서행정을 담당하는 공문서를 起草하는 大外記의 직에 있었기 때문에 어떤 형태로든 관여했을 것으로 보인다. 사서의 찬술에는 조정의 공문서가 편찬의 기초가 되기 때문에 공적인 구성원 외에도 문서행정에 능통한 실무자들이 정보제공, 자문 등으로 조력할 수밖에 없었다.

---

26) 『續日本紀』 寶龜 8년 정월 무오조.

27) 『尊卑分脈』 「藤氏大祖傳」, "內大臣鎌足第二子. 一名史, 齊明天皇五年生, 公有所避事, 便養於山科田辺史大隅等家, 其以名史也".

28) 『續日本紀』 文武 4년 6월 갑오조.

다음 淡海眞人三船에 대해서는 『속일본기』 연력 4년(785) 6월의 홍년 기사에, 형부경 종4위하 겸 因幡守라는 관직, 관위에 이어 大友親王의 증손이고, 조부는 葛野王 정4위상 式部卿이고, 부는 池邊王 종5위상 內匠頭이라는 계보가 실려 있다. 황족 출신으로 眞人을 사성받아 臣籍으로 내려간 인물이다. 이어서 "三船은 자질이 총명하고 영민하여 여러 서적을 섭렵하였고, 무엇보다 글쓰기를 즐겨하였다"[29]라고 하고, 神護景雲 원년(767) 6월조에도, "품성이 총명하고 문학과 역사에도 밝다"라는 인물평이 있듯이 당대의 교양인이었다. 그가 보귀 3년(772)에 大學頭, 文章博士를 역임한 것은 문인, 학자로서의 그의 지적 능력을 대변하고 있고, 광인조에서 사서 편찬에 참여한 것은 당연한 일이었다.

한편 그의 홍전 기사에는 그가 동산도순찰사에 임명되었을 당시, "(東山道에) 나아가 탐방하여 순찰의 일을 끝내고 그 보고를 주상한바, (현지관인에 대한) 평가가 공정하지 않아 조정이 뜻에 어긋났다고 하여, 칙에 따라 견책당하여 大宰少貳로 전출되었다"라고 한다. 이 사건은 담해진인이 신호경운 원년(767)에 동산도순찰사로 있을 당시 下野國 국사들의 비위를 감찰한 결과, 下野介 弓削薩摩의 정무를 정지시킨 일을 말한다. 이에 대해 동 기록에는 "단지 문구에 고집하여 의리를 고려하지 않고, 임의대로 판결하고 있다. 이러한 이유로 (弓削)薩摩에 대한 소장에 납득할 수 없다"[30]라고 하여 담해진인의 판결에 문제가 있음을 지적하고 있다. 그러나 이 사건에 대한 조정의 조치는 당시 실권을 잡고 있던 道鏡의 일족인 薩摩의 직무정지에 대한 보복인사일 가능성이 높다. 여기에서 담해진인삼선의 공무에 대한 태도와 인식을 엿볼 수 있다. 당시 칭덕천황의 총애를 받고 있던 승 도경의 권세는 누구도 도전하기 어려운 최상의 위치에 있었다. 그는 天平神護 원년(765)에 태정대신선사에 임명되고 이듬해에는 法王의 지위를 얻었고, 천황에 준하는 대우를 받아 그야말로 人臣 최고의 지위에 올랐다. 따라서 그의 일족인 하야국의 현직 국사에게 징계를 내리는 것은 쉽지 않은 일이었고, 관직은 물론 징벌까지

29) 『續日本紀』 延曆 4년 7월 경술조, "刑部卿從四位下兼因幡守淡海眞人三船卒. …三船性識聰敏, 涉覽群書, 尤好筆禮".

30) 『續日本紀』 神護景雲 원년 6월 계미조.

감수해야 했을 것이다. 그는 '守文句'라고 표현에서 추측할 수 있듯이 법리에 충실한 원칙론자였고, 직무에 충실했던 강직한 관인이었다고 할 수 있다. 그렇다면 그가 사서 편찬에서도 자기 생각을 강하게 주장했을 가능성이 매우 높으며 편찬을 둘러싼 잡음도 적지 않았을 것이다. 특히 대표 편자로서 조급하고 독단적인 성격의 石川朝臣名足과 충돌을 빚었을 것임은 추측하기 어렵지 않다. 상기 2개의 상표문에 보이는 광인조에서의 사서 편찬이 미완에 그친 것은 편찬자 상호간의 인격적 차이, 기술상의 문제 등도 주요 요인으로 작용했음은 분명하다.

마지막으로 當麻永嗣는 그 계보가 명확하지 않으나, 用明天皇의 황자인 麻呂子皇子로부터 계보를 구하는 임신의 난의 공신 當麻眞人國見이 있다. 當麻氏는 天武 13년(684)에 當麻公에서 當麻眞人으로 개성하였다. 또 當麻眞人老의 딸 當麻眞人山背는 천무의 황자인 舍人親王의 처가 되어 大炊王[淳仁天皇]을 낳아 황족의 외척 관계에 있다. 當麻永嗣도 그 일족으로 생각된다. 그의 관력으로는 신호경운 원년(767)에 종5위하에 서위되고, 보귀 원년(770)에 左少弁으로 土左守를 겸직하였고, 동 2년에는 右少弁을, 동 7년에 산음도검세사, 동 8년에 형부성의 대판사 그리고 天應 원년(781)에 형부성 차관을 역임한 것으로 나와 있다. 특히 천황의 주요 통치행위에 형벌과 사면이 있고 그와 관련된 공문서는 사서 편찬에 중요한 기초자료로 활용할 수 있다는 점에서 그의 형부성의 대판사, 형부대보 경험은 중요하였다. 다만 이 정도 경력의 소유자가 조정에 얼마든지 있다는 점을 감안하면, 사서 편찬을 할 만한 다른 특별한 이유가 있었다고 보인다. 文才에 관한 기록은 보이지 않지만, 사서 편찬자로서의 지식과 능력을 갖춘 인물이었을 가능성은 높다.

Ⅳ. 편찬의 이념과 내용상의 특징

1. 천명사상과 덕치주의

文武天皇 시대로부터 시작되는 『속일본기』는 일본의 국가의식이 최고조에

달했던 8세기 당대의 관점에서 서술한 관찬사서이다. 문무의 시대는 조부 天武에 의해 추진된 『일본서기』 편찬 과정에 있었고, 그 편찬의 이념인 황통의 신성성, 천황통치의 정당성은 그대로 흡수되었다. 문무는 즉위의 宣命에서 現御神으로 친왕 이하의 황친, 백관인, 천하의 공민을 대상으로 천황임을 선언한다. 이어 고천원 이래 천신의 아들로서 하늘에 계신 신의 위임을 받아 현신으로 황위를 계승하여 일본국을 다스려왔음을 고한다. 이러한 인식은 천황호를 제정한 천무의 시대에 본격화되었고, 『만엽집』에도 천무를 일컬어 "大君은 신이시기 때문에"라고 하듯이 전지전능한 초능력자로서 회자되고 있고, 대보율령 「공식령」 조서에도 "明神御宇日本天皇詔旨云云"이라고 규정하고 있듯이 明神=일본=천황이라는 3자가 일체화된 인식이 형성되어 갔다. 이 선명은 당시 천황의 자기인식이고 천황을 떠받들고 있는 집단의 공동이해를 나타내는 것이라고 할 수 있다.[31] 선명의 말미에는 관인들에게 충성할 것을 명하고 봉사하는 사람에게는 위계를 올려준다는 격려와 희망의 메시지도 전한다. 살아있는 신으로서의 천황, 신국관념은 일본국 통치의 근본 이념이 되고 있고 천황 계승의 원리로서 기능하고 있다. 이후 즉위의 선명은 동일한 형식을 취하고 있다. 현신과 신국사상은 일본국 통치의 제도적 장치인 율령법과 함께 8세기 일본사회를 유지시켜 나가는 기반이고 『속일본기』 편찬의 핵심적 이념이다.

즉위의 선명에 보이는 천황의 일본국 통치의 이념은 천신의 아들로서의 하늘로부터 위임받은 천명사상에 있고 이를 구체적으로 표시하는 것이 祥瑞이다. 중국고대의 유교적 왕도사상은, 군주의 덕치는 바로 상서의 출현이자 천의 은상이고, 실정은 災異로 나타나 천의 견책이라고 하는 신비적인 자연관에 기초한다. 이것은 漢代에 董仲舒가 제창한 이른바 天人相關說에서 비롯된 것으로 일체의 만물을 유기적인 생명체로 파악하는 天人合一의 자연관이다. 천황의 덕이 인민에게 잘 미치어 태평성대를 이룰 때에는 상서의 현상이 나타나고, 반대로 지진, 홍수, 가뭄 등의 자연재해는 천황의 부덕에 대해 하늘이 징벌을 내린 것이라고 보는 인식이다. 神護景雲 원년(767) 8월 계사조

---

31) 坂上康俊, 2011, 『平城京の時代』, 岩波新書, p.6.

에 하늘에 진기하고 아름다운 구름이 솟아 있자 이를 景雲으로서 실로 大瑞에 합당하다고 하면서 "성황의 치세에 이르러 덕에 감응하여 천지가 보여준 것"이라고 하고, 동 2년 6월 계사조에도 "꿩이 나타난 것은 신하들이 일심으로 충절하는 일에 (하늘이) 감응한 것이고, 흰색인 것은 곧 조정의 존귀한 빛이 널리 비춘다는 표시이다"라고 한 기록은 상서의 출현이 바로 덕치주의와 관련이 깊음을 보여주고 있다.

『속일본기』에는 상서의 현상으로 다양한 동식물이 등장하고 있다. 문무 3년조에 흰 제비를 비롯하여, 흰 거북, 신마, 흰 까마귀, 흰 여우, 흰 비둘기, 흰 꿩, 흰 사슴, 붉은 참새가 나오고, 木連理, 嘉禾, 연꽃 등 특이하게 자라난 식물 등도 상서로서 인식되고 있다. 『延喜式』 治部省 「祥瑞」조에도 천체 현상으로부터 각종 동식물을 상중하로 구분하여 기록하고 있다. 그만큼 군주의 통치와 불가분의 관계를 맺고 이를 통치의 합리화, 정당성을 주장하는 근거로 삼고 있다. 중국적 예제를 받아들인 일본도 상서와 재이로 희비가 엇갈리는 모든 자연현상과 사회현상에 대해 이를 판단하고 예측하는 관인층을 등용시킬 필요가 있었다. 이에 따라 천문, 역법, 주술 등을 다루는 음양관인의 역할이 중시되었고 이들에 대한 국가의 특별한 정책과 예우를 살펴볼 수 있다. 상서현상에 대한 인식은 당시 율령이라는 근대법에 기초한 통치행위와는 거리가 있는 고대인의 사유의 방식이고 관념이라고 생각된다. 상서를 발견하여 바친 사람에 대한 포상도 대단히 크다. 천황통치의 정당성을 강조하는 정치적 의식이지만, 당사자에게는 관위가 수여되고 물품이 사여되었으며, 해당국의 국사, 발견된 군의 郡司, 지역주민 등에게도 관위의 승서, 調의 면제 등 여러 형태의 포상이 행해졌다. 또한 상서를 발견했을 때의 정보전달, 헌상 등에 관한 조칙, 格도 나오고 있다.

상서의 출현과 함께 중시되는 천황의 통치행위는 사면이다. 국가의 질서를 유지하기 위해 律에 기초한 처벌규정이 있고, 이를 각종 범죄행위에 대한 국가의 통제수단으로 삼는다. 사면은 범죄에 대한 용서이고, 덕치의 대표적인 사례로서 천황이 은혜를 베푸는 행위이다. 사면은 상서가 출현했을 때 행해지기도 하고, 천황의 즉위, 특히 천황, 황후, 황태자, 태상천황, 황태후 등의 건강이 악화되었을 때, 사찰에서의 금강경 독경, 사경과 함께 내려진다.

사면은 모든 천황대에 걸쳐 시행되고 중시되었고, 『속일본기』에서도 기사의 빈도수가 높고 비중있게 다뤄지고 있다. 養老 2년(718) 12월 병인조에 천황이 사면의 조를 내려, 어리석은 백성들은 느슨한 법망에 걸려 불쌍한 마음이고 순박한 풍속을 장려하여 어질게 하고, 법을 지켜 좋은 풍속에 따르기를 바란다고 하는 사면의 취지를 말하고 있다. 이른바 관용의 정치를 베푸는 것이다. 징벌과 사면은 서로 상반되는 행위이지만, 이를 통해 천황제 율령국가의 통제와 질서를 유지해 나가는 통치책이다.

사면의 형태에서 대사면의 경우, 사형죄를 제외한 모든 죄인은 해방시키는데, 예외적으로 사주전이라고 하는 화폐 위조범은 사면 대상에서 제외되며 강도와 절도 등도 사면이 되지 않는다. 和銅 2년(709) 정월조에 "도둑이 이익을 좇아 사사로이 함부로 주조하여 公錢을 어지럽히고 있다," 동 4년 10월조에 "사사로이 동전을 주조하는 자는 참형에 처하고, 종범은 관호로 만들고 가족은 모두 유형에 처한다"라고 하듯이 화폐 위조범은 공공의 경제질서를 파괴하는 적으로 간주하여 중죄로 처벌한다. 한편 강도와 절도도 단순범죄가 아닌 사면 대상에서 제외되고 있다. 특히 관인으로 보관된 관물에 손을 대거나 자신의 관할 하에 있는 물건을 훔치는 경우에는 중죄로 처벌된다. 절도의 경우는 통상적으로 볼 때 경범죄에 해당하지만, 당시 만연된 관리들의 부정과 부패, 농민들에 대한 과도한 수탈이 부랑자를 만들어내고 절도범을 양산하는 사회적 실태를 반영하고 있다고 생각된다. 대역죄인 반역, 반란에 연루된 자도 주범은 참형에 처하지만, 일족 중에서도 직계가 아니거나 단순 가담자에 대해서는 면죄하고 원래의 관위도 복위시켜 주고 있다. 사면은 곧 천황의 은덕이고 인민에 대한 도덕적 군주상을 보여주는 것이다.

인민에 대한 구휼 역시 천황의 덕치주의의 발로이다. 자연재해 등의 피해를 입었을 때 행해지지만, 즉위, 상서의 출현 등에 동반하여 사회적 소외자, 약자에 대한 시혜가 베풀어진다. 효자, 順孫, 고령자, 홀아비, 과부, 고아, 독거노인으로 자활할 수 없는 자들에 대해서도 물품을 지급하여 이들을 위로하고 있다. 고령자에 대한 구휼 기사도 80세, 90세, 100세의 10년 단위로 연령순을 차등화하여 미곡을 지급하고 있는데, 평균 수명이 높지 않던 시대에 80세 이상을 대상으로 삼았다는 점에서 고령층 기준이 매우 높았음을 알 수 있다. 실제로 정창원문서의 호적에 보이는 호구 중에는 80세 이상의 사례가 산견되고 있어 실제를 반영한 것이라고 생각된다. 이 중에서 효행 관련 기록은 중시되어 많은 사례가 소개되어 있고, 집문, 마을 어귀에 표식을 하여 행적을 현창하고 있다. 유교적 덕치주의는 『속일본기』를 관통하는 하나의 이념이 되어 모든 천황기에 예외없이 수록되고 있다.

『속일본기』의 주제별 기사 중에서 가장 많은 비중을 차지하고 있는 것이 관위수여이다. 관위는 율령국가의 관인사회를 유지해 나가는 표시로, 관위수여는 천황의 신민이 되는 과정이고 관인사회의 일원으로서 일족이 번영할 수 있는 등용문이기도 하다. 관인은 그에 상응하는 관직을 받고 중앙의 태정관을 비롯하여 8성과 지방의 국사, 군사로 이어지는 전국적인 연결망을 구성하고 있어 국가유지의 근간이다. 또 관인에게는 그에 상응하는 녹봉이 지급되고 일반 공민이 부담해야 할 과역이 면제되는 특혜를 받는다. 관인이 되기 위해서는 개인적인 능력도 중시되지만, 문벌, 귀족사회의 특성상 상층부로 올라가는 것은 특별한 경우를 제외하고는 한계가 있다. 특히 5위 이상의 관인은 진입하기 어려운 장벽이다.

〈표 3〉 음위제

관위/자손	嫡子	庶子	嫡孫	庶孫
1위	종5위하	정6위상	정6위상	정6위하
2위	정6위하	종6위상	종6위상	종6위하
3위	종6위상	종6위하		
정4위	정7위하	종7위상		
종4위	종7위상	종7위하		
정5위	정8위하	종8위상		
종5위	종8위상	종8위하		

〈표 3〉은 「선서령」38의 음위제의 내용이다. 음서에 의해 5위 이상의 관인 아들이 출사할 경우에, 1위 적자에게는 종5위하, 2위 적자는 정6위하, 3위 적자는 종6위상, 정4위 적자는 정7위상, 정5위 적자는 정8위에 서위된다. 고위 관인층은 이렇게 끊임없이 재생산되면서 소수의 가문만으로 채워져 귀족적 관료사회의 특성을 보여주고 있다. 천황 주재하에 열리는 신년하례, 매년의 절회 등의 연회에 초대받는 관인은 5위 이상이며 끝난 후에는 하사품을

받는다. 대보율령 발포 당시의 관인은 5위 이상은 제왕들은 14인, 제신들은 105인으로 기록되어 있다. 3위 이상을 貴라고 하고 5위 이상을 通貴라고 하여 양자를 합쳐 귀족으로 부른다. 이 시기 귀족의 수는 백수십인 정도이고, 이후 기구가 확대됨에 따라 그 수가 증가하지만 250명 전후에 불과하였으며 이들은 중앙과 지방의 주요 관직을 독점하였다. 게다가 이들에게는 다음의 〈표 4〉, 〈표 5〉에서 보듯이 位田, 職田, 季祿 그리고 집안의 잡사와 경호 등을 담당하는 位分資人, 職分資人 등이 지급된다. 4위 이상이면 位封까지 더해서 광대한 토지에서 나오는 물산을 수령하는 권력과 부를 함께 갖게 된다. 신귀 3년(726) 2월조에는 "5위 이상은 薨卒 이후 6년간은 위전[32]을 몰수해서는 안 된다"라는 制가 내려지고 있듯이 사후에는 관에서 몰수해야 할 위전을 6년간 유족들에게 상속시키고 있다.

〈표 4〉 태정관 공경의 직전과 직봉

관직	職田	職封	職分資人
태정대신	40정	3000호	300인
좌우대신	30정	2000호	200인
대납언	20정	800호	100인
중납언		200호	30인
참의		80호	

〈표 5〉 율령관인의 수입

位階	位田 (町)	位封 (戶)	位祿				季祿								位分資人
							2월				8월				
			絁 (疋)	綿 (屯)	布 (端)	庸布 (常)	絁 (疋)	絲 (絇)	布 (端)	鍬 (口)	絁 (疋)	綿 (屯)	布 (端)	鐵 (廷)	
정1위	80	300					30	30	100	140	30	30	100	56	100
종1위	74	260					30	30	100	140	30	30	100	56	100
정2위	60	200					20	20	60	100	20	20	60	40	80
종2위	54	170					20	20	60	100	20	20	60	40	80
정3위	40	130					14	14	42	80	14	14	42	32	60
종3위	34	100					12	12	36	60	12	12	36	24	60

32) 「田令」9 「應給位田」조에는 "凡應給位田未請, 及未足而身亡者, 子孫不合追請"이라고 하여 위전은 본인이 사망하여 자손이 청하지 않으면 지급하지 않는다고 한다. 위전은 사실상 본인의 사망과 함께 관에 회수되는 것이고, 이번 조치로 6년간은 자손에게 상속되었다고 보인다.

정4위	24		10	10	50	360	8	8	22	40	8	8	22	16	40
종4위	20		8	8	43	300	7	7	18	30	7	7	18	12	35
정5위	12		6	6	36	240	5	5	12	20	5	5	12	8	25
종5위	8		4	4	29	180	4	4	10	20	4	4	10	8	20
정6위							3	3	5	15	3	3	5	6	
종6위							3	3	4	15	3	3	4	6	
정7위							2	2	4	15	2	2	4	6	
종7위							2	2	3	15	2	2	3	6	
정8위							1	1	3	15	1	1	3	6	
종8위							1	1	3	10	1	1	3	4	
대초위							1	1	2	10	1	1	2	4	
소초위							1	1	2	5	1	1	2	2	

특히 황실과의 혼인관계를 맺은 藤原氏 가문은 태정관의 공경을 대물림하며 좌우대신, 대납언, 참의의 요직을 차지하여 국가운영에 절대적인 영향력을 행사하고 있다. 慶雲 4년(707) 4월 문무가 藤原不比等에게 부자 2대에 걸쳐 공적을 칭송하며 봉호 5천 호를 수여한 바 있는데, 사양해서 2천 호를 감하였다. 여기에 좌우대신이 되면 직봉 2천 호가 더해진다. 당시 인구밀집지역인 大和國, 河內國이 5천 호 정도임을 감안하면, 등원가의 경제적 자산은 거의 1국에 해당하는 규모로 봉호에서 나오는 調, 庸의 반을 수입으로 가져가 막대한 경제력을 갖게 되었다. 이것은 등원불비등이 주도하여 제정한 大寶, 養老 율령이라는 제도적인 법적 장치를 통해 유지되어 갔다.

천황의 순행에서도 관련자들에게 관위를 수여하고 있다. 순행은 천황의 민정시찰이지만, 이궁으로 행차하거나, 사냥이나 명산, 명소를 찾아 휴양하는 경우도 있고, 반란 등 신변의 위협을 피하기 위한 도피성 순행도 있다. 순행에는 수레, 가마, 기마병 등 호위·호송을 담당하는 많은 수행인원이 있고 천황 일행이 지나가는 지역, 숙박하는 장소에는 해당 국사, 군사 등이 천황을 알현하고 음식을 만들고 풍속 가무를 선보이는 경우가 많다. 천황은 이들 봉사자들에게 관위와 물품을 내리기도 하고, 당해년의 조를 면제하는 등의 은혜를 베푼다. 또한 曲赦라고 불리는 국지적 사면도 행하여 천황의 순행이 갖는 지역적 혜택은 적지 않았다. 한편 천황은 특정 고위관인의 사저에 들려 연회를 열고 숙박하여 그 일족에게 관위를 수여하는 경우도 있어 우대하는 조치를 취하고 있다.

관위수여와 더불어 천황권을 유지하는 권한의 하나가 賜姓이다. 일본고대의 성은 천황을 중심으로 한 정치적인 질서이고, 사회적 신분을 나타내는 표징이다. 천무조에서 8색의 성을 제정한 이후, 상위의 씨성으로 올라가려는 수많은 씨족들은 자신의 씨족이 개성해야 할 유래와 당위성을 주장하며 사성을 청원하고 있다. 사성은 청원의 고유 권한이며, 천황가와 관련있거나 사유가 분명한 경우에는 청원한 대로 수용하고 있다. 사성은 무성인 자에게도 집단적으로 수여된 사례도 있다. 특히 도래계 씨족인 경우에는 무성인 자들이 적지 않아 사성을 통한 천황의 신민화, 통치질서로의 포섭이 이루어졌음을 나타내고 있다.

연호의 제정과 改元도 천명사상과 관계 속에서 이루어지고 있다.

다음 〈표 6〉에서 보듯이 8세기 이후의 일본은 연호 사용이 상례화되어 천황의 즉위와 상서의 출현 등으로 새로운 연호를 제정하게 된다. 이전에 大化, 白雉, 朱鳥라는 연호가 보이지만 그 사용에 대해서는 명확하지 않고, 대보율령의 제정을 계기로 모든 공문서에는 천황대의 연호를 사용하게 되었다. 시간적으로 보면 大寶, 慶雲, 和銅, 靈龜, 養老, 神龜, 天平이 있고, 그 후에는 天平感寶, 天平勝寶, 天平寶字, 天平神護, 神護景雲 등 4자 연호가 제정되

〈표 6〉 8세기 연호

연호	제정 및 개원시기	연수	천황	개원이유
大寶	文武5년(701) 3월~大寶4년(704) 5월	4년	文武	금 헌상
慶雲	大寶4년 5월~慶雲5년(708) 1월	5년	文武/元明	상서
和銅	慶雲5년 1월~和銅8년(715) 9월	8년	元明	화동헌상
靈龜	和銅8년 9월~靈龜3년(717) 11월	3년	元正	상서
養老	靈龜3년 11월~養老8년(724) 2월	8년		상서
神龜	養老8년 2월~神龜6년(729) 8월	6년	聖武	상서
天平	神龜6년 8월~天平21년(749) 4월	21년		상서
天平感寶	天平21년 4월~天平感寶원년(749) 7월	3개월		황금헌상
天平勝寶	天平感寶원년 7월~天平勝寶9세(757) 8월	9년	孝謙	즉위
天平寶字	天平勝寶9년 8월~天平寶字9년(765) 1월	9년	淳仁	상서
天平神護	天平寶字9년 1월~天平神護3년(767) 8월	3년	稱德	重祚
神護景雲	天平神護3년 8월~神護景雲4년(770) 10월	4년		상서
寶龜	神護景雲4년 10월~寶龜12년(781) 1월	12년	光仁	상서
天應	寶龜12년 1월~天應원년(782) 8월	2년	光仁/桓武	상서
延曆	天應원년 8월~延曆25년(806) 5월	25년	桓武	상서즉위

었다. 이후 8세기 마지막 천황인 光仁, 桓武朝의 寶龜, 天應, 延曆 등이다. 나라시대 9대 95년간 15개의 연호가 사용되었다. 성무조에서는 3개 연호가 제정되었고, 원정과 칭덕은 2개, 경운은 문무와 원명, 천응은 광인과 환무와 겹친다. 연호는 개정 월일에 관계없이 사서에는 그해 정월부터 시작된다. 이 중에서 大寶는 대마도에서 금을 헌상한 것을 기념하여 붙인 것이고, 慶雲은 궁전 누각 위에 경운이 나타나 개원하였고, 和銅은 무장국에서 동을 헌상한 상서에 의해 개원하였고, 靈龜는 좌경직이 헌상한 상서의 거북이 계기가 되었고, 養老는 원정천황이 미농국의 온천수를 효험하고 노인을 보살핀다는 의미로 개원하였다. 神龜는 상서로운 白龜의 헌상으로, 天平은 좌경직이 바친 거북 등에 '天王貴平知百年'이라는 글자가 새겨진 것을 축하하여 개원하였다. 4자 연호는 당의 측천무후 치세에 天冊萬歲, 萬歲登封, 萬歲通天과 같은 연호를 사용한 데 영향을 받은 것으로 추정되고 있다. 4자 연호 5개 중 앞의 4개는 天平 다음에 2자를 추가하였다. 天平感寶는 육오국에서 헌상한 황금을 축하하여, 天平勝寶는 효겸의 즉위로, 天平寶字는 자연적으로 새겨긴 '五月八日開下帝釋標知天皇命百年息'이라는 문자의 발견을 계기로, 天平神護는 칭덕의 重祚로, 神護景雲은 慶雲의 출현을 상서로 보는 축하의 개원이다. 그리고 寶龜는 비후국으로부터 白龜의 헌상으로, 天應은 美雲의 출현으로, 延曆은 환무의 즉위로 개원하였다. 연호의 제정에는 즉위 시의 개원도 상서의 출현과 관련시킨 경우가 대부분이다. 천황이 덕치를 행하면 천지가 감응해서 축하의 표시를 보인다는 즉위와 치세의 정당성을 주장하는 것으로, 천명사상으로부터 기인한다.

2. 公出擧와 私出擧

당시 지방사회의 실태를 알 수 있는 사례가 公出擧와 私出擧이다. 출거는 대출을 의미하고 원금에 이자를 붙여 받는 경제활동의 하나이다. 8세기 율령제 하에서는 공적인 출거와 사적인 출거가 있고 제도적으로도 정해져 있다. 율령의 조문(「雜令」19)에 의하면, 재물로써 출거하면 관에서 관여하지 않는 사적 계약에 의한다고 되어 있다. 또 60일마다 이자를 취하고 8분의

1을 넘을 수 없게 되어 있다. 이는 연리로 치면 75%의 고리이다. 이어 480일을 넘더라도 원금 이상의 이자를 취하지 못하도록 하고, 이자를 원금에 포함시키는 복리계산도 금지하고 있다. 만약 법을 어기면 관이 다스리고 저당물은 마음대로 처분할 수 없으며, 채무자가 도피하면 보증인이 대신 갚도록 규정하고 있다. 「雜令」20에는 벼와 조로 출거하면, 1년을 기한으로 하여 사출거는 100%, 공출거는 50%까지 이자를 받도록 하고, 이자를 원금에 합산시키는 복리법도 금지하고 있다. 「雜令」21에서는 모든 출거는 양자가 합의하는 사적 계약이고, 규정 이상의 이자를 받으면 고발하고, 초과분 이자는 고발자에게 준다고 규정하고 있다.

원래 출거는 백성을 구제하는 재원으로 사용하고 권농의 의미가 있지만, 공출거가 연리 5할의 고리였기 때문에 國府와 郡家 등에서는 춘추로 正稅의 도곡을 대여하고 추수기에 5할 이자를 더해서 상환하게 하여 많은 수입을 확보할 수 있어 지방 관사에서는 백성들에게 공출거를 강제해 이를 재원으로 삼기도 하였다. 『속일본기』에는 그 폐해에 대해 사례를 기록하고 있다. "어리석은 백성들이 앞다투어 빌리는데 징수하는 날에 이르러서는 갚을 준비가 전혀 되어 있지 않아 재물은 이미 바닥이 나서 마침내 전지와 가옥으로 상환하게 된다"(天平 6년 5월조), "근년에 백성들이 다투어 이윤을 구하고 … 무거운 계약을 맺어 강제로 저당한 재물을 취하기도 한다. 수개월이 지나지 않았는데 갑자기 이자가 원금과 같아진다. 궁핍한 백성은 이를 상환하느라 점점 집안이 파산하게 된다"(寶龜 10년 9월조), "상환할 시기가 다가오면, 자연히 그 저당물로 갚게 되어 이미 생업을 상실해 버려 다른 지역으로 도망가 흩어지게 된다"(延曆 2년 12월조). 그런데 이러한 규정은 본래의 취지와는 달리 법의 규정을 넘어선 사례들도 나오고 있다. 이에 대한 대책으로 규정을 어기고 관도를 몰래 출거하는 자는 처벌하고, 부정축재에 대해 징벌을 내린다는 칙이 내려지고 있다(寶龜 10년 11월조). 정창원문서 중에도 출거의 차용 보증문이 다수 나오고, 『日本靈異記』에도 출거에 의해 가산을 탕진하여 상환에 고민하는 모습을 엿볼 수가 있다. 조정의 대책에도 불구하고 만연화된 출거의 부정적인 실상은 사라지지 않았고, 농촌사회에 기반한 율령제 국가가 변질되어 가는 요인이 되고 있다. 출거 문제는 8세기 일본사회의 사회경제사

측면에서 고찰할 수 있는 중요한 사안이다.

3. 대외관계와 번국관

8세기의 일본은 긴박했던 격동의 7세기와는 달리 국제간에도 활발한 교류의 시대가 전개된다. 이미 신라와는 7세기 후반 이래 사절이 교환되고 수많은 문물이 왕래하는 시기였다. 고구려를 계승한 발해와도 상호 교차 사절을 파견하는 등 전대에 이어 인호의 교류를 계속하였다. 당과의 교류는 대보율령의 제정과 더불어 견당사를 파견하고, 대규모 사절단을 구성하여 선진제도와 문물을 수용하고, 유학생, 학문승을 파견하여 최신 정보를 수입하여 그 지식과 정보는 국가와 불교계 발전에 공헌하였다. 이는 당시 일본의 대당외교의 중요상을 잘 말해준다. 특히 견당사절은 그 여정을 상세히 보고하여 당시의 생생한 정보를 제공해 주고 있다.

한편 이 같은 활발한 교류의 이면에는 상대에 대한 일본지배층의 주관적 인식이 교차하고, 외교의례에서 종종 마찰과 갈등을 일으키기도 하였다. 『속일본기』에 나타난 외국사절에 대한 일본조정의 입장과 인식을 보면, 신라와 발해에 대해서는 철저한 우월적 번국관에 기초하여 대하고 있다. 이러한 인식은 『일본서기』의 대외관념을 그대로 계승하고 있으며, 대보령의 주석인 「古記」에도 당은 인국으로, 신라는 번국으로 규정하고 있듯이 법적 해석에도 신라에 대한 우월적 인식을 드러내고 있다. 이러한 대외인식은 현실 관계에서 나온 것이 아니라 역사적으로 형성된 신라 적시관으로부터 나온 역사상이 투영된 것이다. 바로 신공황후의 신라정벌기사, 삼한정벌론이 그것이다. 『속일본기』 곳곳에 퍼져있는 외교의 장에서 벌어지는 장면들에는 신공황후 전승이 거론되고 있다. 慶雲 3년(706) 11월조의 신라왕 앞으로보낸 조서 중에, "배를 줄지어 지성으로 오랫동안 조공의 예를 행했다," 和銅 2년(709) 5월조에 우대신 藤原不比等의 "신라국사는 오래 전부터 입조하였다," 天平勝寶 4년(752) 6월조에 김태렴의 발언에 "신라국은 遠朝로부터 대대로 줄지어 조공해왔다," 동년 6월조에 천황의 조서에도 신라의 조공 유래와 번국이 된 사정에 대해서 신공황후의 신라평정을 거론하고 있다. 뿐만 아니라

寶龜 11년(780)에는 신라가 개국 이래 일본에 의지하고 대대로 천황의 은혜를 받아 조공해 왔다고 하여 신라왕의 발언을 통해 신공황후의 신라정벌담을 말하고 있다. 신공황후 전승은 당대의 현실에서 신라우월적 사관의 근원이 되고 있고, 일본지배층들의 고정화된 관념으로 자리잡고 있다. 그러나 현실에서 신라는 일본조정의 뜻에 따라 움직여주지 않아 매사 갈등을 일으키고 있다. 일본측이 그토록 요구한 신라왕의 국서도 한 번도 지참하지 않았고, 국정을 책임질 수 있는 고위층을 보내라는 요구도 묵살당하고, 심지어는 신라에 보낸 일본사절이 무례하여 신라왕을 접견하지도 못하고 돌아온 사태에 이르게 된다.[33] 이른바 상호간 중화의식의 충돌이다. 상대의 무례를 용납하지 않는 외교의례의 장에서 중화 이념을 체현하려는 노력은 양국 모두에게 존재하고 있었다.

발해 역시 일본에 대해 공격적인 교류를 추진하였다. 발해를 일본의 조공국으로 보는 시각은 고구려 말기의 대일 원병을 요청하던 고구려에 대한 인식의 계승이다. 발해와 일본관계의 교류상의 쟁점으로 부각된 것은 違例와 無禮와 같은 명분론적인 외교의례, 관례 그리고 발해사의 방문 기한을 정하는 年期 문제이다. 양국관계는 일본 측이 이들 문제를 제기하고 발해가 대응하는 가운데 전개된다. 위례라는 것은 전례를 무시한다는 것이고, 전례란 고구려가 일본에 해왔던 형제관계, 군신관계의 예를 취하지 않았다는 것이다. 그러나 발해는 일본에 대해 동등하게 때로는 舅甥관계, 형제관계를 내세우며 우월성을 나타낸다. 이것 역시 중화주의의 충돌로서 발해와 일본이 상대를 보는 인식의 차이를 보여주고 있다.

자국중심의 대외인식은 실제 현실의 장에서는 한계를 드러냈는데, 상대가 동의하지 않으면 성립하기 어려운 한계를 지니고 있으며 실질을 동반하지 않은 천황제 국가의 대외인식의 실태를 잘 보여주고 있다. 5위 이상의 관인이 참석하는 원단의 신년하례에 신라사, 발해사를 참석시키는 외교의례는 천황권의 위세를 알리는 무대였다. 『속일본기』에 보이는 명분과 실리가 교차한 8세기 교류사는 이러한 굴절된 인식을 바로잡는 일에서 시작된다.

---

33) 『三國史記』 景德王 12년(753) 추8월조, "日本國使至, 慢而無禮, 王不見之, 乃廻".

V. 桓武의 신왕통 선언과 사서편찬의 이념

『속일본기』는 환무조에서 최종 마무리되었다. 淳仁朝에서 藤原仲麻呂에 의해 추진되었으나 미완성으로 끝나고, 光仁朝에서는 사서로서 만족할 만한 체제와 조건을 갖추지 못한 상태에서 환무조로 넘어갔다. 광인과 환무는 평성경시대의 천황이고, 대보율령이 발효되어 천황제 율령국가가 비교적 원활하게 운영되던 시기였다. 그리고 천황제 국가의 이념을 충실히 반영한 『일본서기』가 養老 4년(720)에 편찬된 지 불과 반세기를 넘긴 시점에서 후속 사서의 편찬을 추진한 것이다.

주지하듯이 광인과 환무는 천황권의 핵심에서는 거리가 있던 인물이었다. 그럼에도 불구하고 당시 상황에서는 광인의 즉위전기 기사에 보이듯이 "天平勝寶 이래 황위 계승자가 정해지지 않아 사람들이 서로 의심하여 죄를 받고 폐위되는 자가 많았다. 천황은 깊이 災禍가 횡행하는 시기를 되돌아보며, 때로는 멋대로 술을 마시고 행방을 감추었다. 그런 까닭에 해를 면하는 일이 자주 있었다"라고 하고, 당시 유행하던 동요에, "櫻井의 우물에 白壁이 잠수해 있어요"라는 가사에서 나타나듯이 스스로를 감추고 권력으로부터 피해가고 있었다. 특히 광인은 709년 출생하여 770년에 즉위한 때는 이미 환갑을 넘긴 고령이었고, 게다가 평성경시대의 여타 천황과는 달리 天武의 혈통이 아닌 天智系 후손이었다. 천무는 피의 전란을 통해 近江朝의 천지의 황자를 타도하고 즉위하였다. 천지계 황자들이 소외되던 시기에 만년의 나이에 황통을 이어받았다. 그의 즉위는 행운이었고, 특별한 잡음없이 이른바 천지계에서 천무계로 넘어갈 수 있었다.

〈표 7〉에서 보듯이 천무 이후의 왕위계승을 보면, 순탄하지 않았다. 황태자였던 草壁皇子가 즉위하지 않은 상황에서 사망하여 적손이었던 문무가 즉위해야 하지만, 유년기의 문무를 즉위시킬 수 없어 초벽황자의 생모이자 문무의 조모인 지통이 즉위했고, 문무 이후에는 어린 首皇子 대신에 문무의 생모 元明 및 원명의 딸 元正이 계속해서 즉위하였다. 수황자인 성무를 거쳐 다시 여계로 이어져 성무의 딸 孝謙이 즉위하였다. 효겸이 양위하여 천무의 황자 舍人親王의 아들 淳仁이 즉위했는데, 효겸과의 갈등과 자신을 옹립한 藤原仲麻呂의

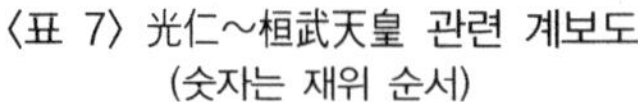
〈표 7〉 光仁~桓武天皇 관련 계보도
(숫자는 재위 순서)

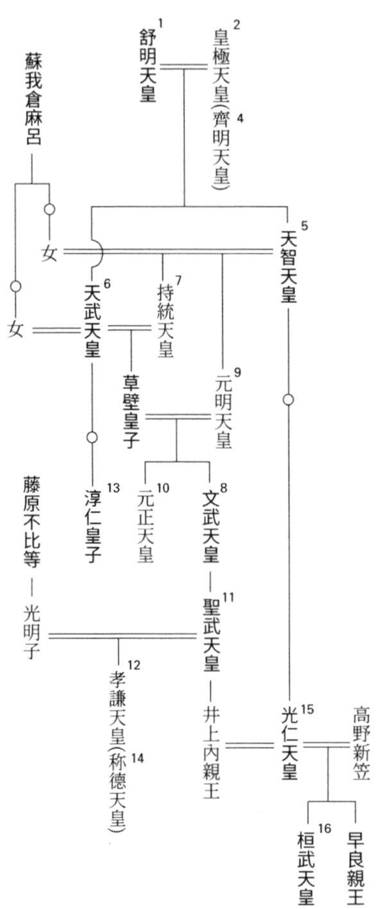

반란사건으로 폐위되어 다시 효겸이 중조하여 칭덕천황이 된다. 대단히 혼란한 황위계승이었고 천무계 사이에서도 내부적 갈등이 있었다. 이것은 남계로 이어지는 적통 황자의 부재가 가져온 현상이며, 차기 황위계승을 둘러싼 등원가, 황실의 유력자 간의 대립을 야기시켰다. 다음 광인에 이어 환무에게 천황권이 넘어갔는데, 실은 광인에게는 황후인 성무의 딸 井上內親王과의 사이에 낳은 他戶親王이 있어 황태자로 지명되었으나, 등원가의 음모로 폐위되어 유폐중에 죽음을 맞이하였다.

환무의 즉위는 극적이었다. 즉위시 나이가 45세로 당시로서는 장년에 속했다. 광인은 天應 원년(781) 4월의 양위 선명에서, 이러한 때에는 좋지 않은 음모를 품고 천하를 혼란시켜 자신의 일족, 가문을 멸망시키는 사람들도 많다. 스스로를 깨우쳐 선조로부터 받은 가문을 멸망시키는 일이 없도록 하고, 청정한 마음으로 봉사해야 한다고 하여 음모와 정쟁으로 혼란기를 경험했던 상황을 경계하였다.[34] 이보다 앞서 광인은 환무에게 양위한 그해 정월 초하루에 改元하였다. 이날은 辛酉年 辛酉의 날로서 중국고대의 신유혁명설에 근거하여 새로운 연호를 제정한 것으로 보인다. 이날 내린 조서에는 伊勢齋宮 위에 떠있는 구름은 大瑞에 해당한다는 주상을 받고 지금 정월 초하루는 새로운 曆의 시작으로 하늘이 감응한 길일이라고 하여 대사면을

34) 天應 元年 하4월 신묘조.

내리고 天應으로 개원하였다.

이어 즉위한 환무는 선명에서 "近江의 大津宮에서 천하를 통치한 천황이 처음으로 정하신 법에 따라" 계승한다는 '不改常典'을 거론하여 황통의 계승자임을 선언하였다. 이어 생모 高野夫人을 皇太夫人으로 칭하고 위계를 올려 바친다고 하였다.[35] 환무가 모친 高野新笠에게 황태부인의 칭호를 올린 것은 그녀가 광인천황의 正妻이고 자신이 곧 嫡妻의 아들로서 즉위했다는 것을 의미한다.[36] 이것은 천지계 왕통으로 생모가 백제계 씨족의 후예라는 신분상의 한계를 극복하기 위한 것이었다. 환무는 즉위한 이듬해 8월에 개원의 조를 내려, 천하에 군림하고 세월이 지났음에도 아직 새 연호를 시행하지 않았다. 지금 종묘사직에 신들이 큰 복을 내려 상서의 표시가 나타나, 天應 2년을 延曆 원년으로 개원한다고 하였다. 曆은 시간을 지배하는 황제의 고유권한으로 천황의 어대가 계속 이어지길 바라는 통치의 연속성, 영구함을 말하고 새로운 시대의 개척자로서의 각오이기도 하였다.

천지계 신왕통으로 계승한 환무는 정치적 쇄신을 위해 천도를 추진하였다. 연력 3년(784) 5월에 칙을 내려 중납언 정3위 藤原朝臣小黑麻呂 등 태정관 공경 5인과 右衛士督 정4위상 坂上大忌寸苅田麻呂, 衛門督 종4위상 佐伯宿禰久良麻呂 그리고 지세를 판단하는 陰陽助 외종5위하 船連田口 등을 山背國에 보내 乙訓郡 長岡村을 살펴보게 하였다. 이해는 바로 甲子革令의 해로 천지계 왕통의 신왕조가 성립되었음을 선포하였다. 동년 11월에 환무천황은 長岡宮으로 遷居하였다.[37] 조영을 시작한 지 불과 반년 만의 일이었다. 이듬해 연력 4년의 신년하례는 새 궁전에서 거행하였다. 그러나 전체적으로 보면 왕궁의 조영은 미완성이었다. 천도한 그해 9월 기사에 "궁실은 조영하기 시작했지만, 관사는 아직 미완성이었다. 기술인력, 인부들은 밤낮으로 작업하였다"[38]라고 하여 그 저간의 사정을 말해주고 있다. 요컨대 환무가 천도를 서둘러 강행한 것은 평성경을 떠나고자 하는 의지가 강해서였는데, 기존의 귀족세력

35) 天應 元年 하4월 계묘조.

36) 坂上康俊, 2001, 『律令國家の轉換と日本－日本の歷史5』, 講談社.

37) 『續日本紀』 延曆 3년 11월 무진조.

38) 『續日本紀』 延曆 4년 9월 을묘조.

과 불교세력이 강했던 평성경을 벗어나 새로운 왕도에서 정치를 쇄신하고자 한 것이다.

환무천황은 천도한 이듬해 11월, 交野에서 천신에게 제사를 지냈다.[39] 교야 지역은 長岡京의 南郊에 해당하는 河內國 交野郡 일대이다. 동지에는 南郊에서 지내고, 하지에는 北郊에서 천자 스스로가 천지에 제사지내는 의식이다. 교야는 백제왕씨와 연고가 깊은 지역으로 천황이 즐겨찾던 순행지였고 수렵지이기도 하였다. 특히 환무의 후궁 중에서 百濟王敎法, 百濟王敎仁, 百濟王貞香 3인의 백제왕씨가 있었고, 후궁 百濟永繼는 昆支를 시조로 하는 飛鳥戶氏 일족이었다. 이러한 인연으로 환무의 직계 천황들에게도 교야는 순행의 필수 코스가 되었다.

연력 6년 11월에 교야에서 거행한 천신 제사의 祭文에서 환무천황은 선명의 형식으로 다음과 같이 고한다. 천자를 계승한 臣 환무는 昊天上帝에게 주상하기를, 光仁의 뜻을 받아 황위를 계승하여 지켜왔고, 高紹天皇[光仁]을 호천상제와 합사하여 제사를 지낸다고 언상하였다. 이어 광인천황에 대한 제문에서는 효자 황제인 臣 山部[桓武]가 高紹天皇에게 황공하게도 황위를 계승하였고, 호천상제와 합사하여 지내니, 잘 보살펴 주소서라고 하였다.[40] 환무가 제사지낸 호천상제는 도교의 옥황상제와도 통하고, 유교 경전에 보이는 우주의 최고신으로 만물을 주재하고 천하 인민들의 선악을 공정히 판정해서 화복을 내린다는 인격신이다. 환무 자신을 '嗣天子臣'으로 표현하듯이 천명을 이은 신하인 환무가 호천상제를 향해 고하는 형식이다. 여기에는 황통의 근원인 천조대신의 존재는 보이지 않는다. 이세신궁에서 모시는 황조신과는 별도로 우주 최고의 신으로서 천명을 내리고 왕권을 보증하는 신으로서 호천상제를 제사지낸 것이다. 중국에서 유행하던 천신의 개념은 부여, 고구려 등 동아시아 제국에 영향을 주었고, 『속일본기』에 자주 나오는 천신지기라는 용어도 이러한 유형에 속한다. 즉 천신을 구체화한 것이 호상천제인 것이다. 호천상제와 함께 光仁을 합사한 것은 "광인천황이 천명을 받아 천지계인 신왕조를 창조한 시조라고 생각한 결과이다."[41] 환무는 종전과는 다른 제사의례를 통해 왕통의 전환점이 되는

39) 『續日本紀』 延曆 4년 11월 계사조.

40) 『續日本紀』 延曆 6년 11월 갑인조.

父 광인천황이 새로운 왕조의 창시자이고 자신은 그 후계자임을 명확히 하고 앞으로 이 혈통이 일본국을 지배한다고 선언한 것이다.

즉위 전 이름이 白壁王으로 원래 소외된 왕족 출신인 광무천황을 친부로 둔 환무는 관인으로서 출사의 길을 걸었던 인물이다. 그가 대학료의 장관인 大學頭를 역임할 수 있었던 것도 학문적 재능을 인정받은 결과였다. 5위 이상의 자손 및 東西史部의 자가 입학하는 대학료에는 경전에 밝고 스승으로서 인격을 갖춘 인물이 박사와 조교에 임명되었고, 이들을 총괄하는 위치에 있는 대학두는 당대 학문을 대표하는 인물이 맡았다. 따라서 환무의 이 같은 학문적 재능과 역사서술에 대한 관심이 사서 편찬에 영향을 주었을 것이다. 왕경과 기내지역 씨족의 계보를 기록한 『신찬성씨록』의 편찬에 착수한 것도 환무조였다. 새로운 왕통을 연 천황으로서 지배계층에 대한 통제와 포섭을 확고히 하고, 통치질서와 지배이념을 명확히 밝히고자 부왕이 미완으로 남겨놓은 사서 편찬에 강한 의욕을 나타내었다. 환무가 편찬 책임자로 임명한 것은 우대신 藤原繼繩이었지만 이는 공경으로써 편찬의 상징성을 나타내고자 함이었고, 실질적인 책임자는 民部大輔와 左兵衛督 및 皇太子學士를 겸직한 菅野眞道였다. 관야진도는 족벌 씨족 출신이 아니었고, 환무의 두터운 신임 하에 편찬 이념을 충실히 반영할 수 있는 적임자였다고 생각된다.

환무의 호천상제에 대한 제사의 배후에도 관야진도의 역할이 있었음은 추측하기 어렵지 않다. 그는 연력 9년(790) 7월에 상표하여 개성해줄 것을 청원하여 환무천황의 재가를 받아 津連眞道에서 菅野朝臣眞道로 사성받는데 성공하였다. 이때의 상표문에는 "眞道 등의 본래의 계통은 백제국 貴須王에서 나왔다," "백제의 태조 都慕大王은 日神이 내린 영험한 기운을 받아 扶餘를 아우르고 나라를 열었고, 天帝의 符命을 받아 諸韓을 지배하는 王으로 칭하게 되었다"고 하는 시조의 유래를 말한다. 여기에 나오는 천제는 백제의 시조 도모대왕에게 나라를 통치하게 한 신이다. 관야진도는 자신의 시조가 받든 천제는 환무의 주재신인 호천상제와 이름만 다를 뿐 본질은 동일하다고 하였다. 이보다 앞서 연력 9년 2월에 환무천황은 조를 내려, "百濟王 등은

---

41) 瀧川政次郎, 1967, 「革命思想と長岡遷都」, 『京制並に都城制の研究』, 電子書籍 ; 井上滿郎, 2006, 『桓武天皇』, ミネルヴァ, p.84.

짐의 외척이다. 지금 1~2인을 발탁하여 위계를 더하여 서위한다"[42]라고 하였다. 환무의 모계에 대한 출자의식을 인지한 관야진도는 백제왕씨의 시조전승을 통해 환무의 관심과 총애를 받을 수 있었다. 또한 연력 9년조 말미의 환무의 생모 高野新笠의 홍전에도, "백제의 遠祖 都慕王은 河伯의 딸이 태양의 정기에 감응하여 태어났다"라고 기록하고 있듯이 그는 환무천황의 모계와 시조전승을 공유하여 동족임을 나타냈다. 원래 관야진도의 시조는 백제왕과는 무관한 6세기 전반대 백제에서 이주한 王辰爾의 후손이다. 그러한 출자를 백제왕으로 바꾸기 위해 상기의 상표에서 百濟王仁貞, 百濟王元信, 百濟王忠信 등을 끌어들여 동족임을 주장하고 백제 도모왕 신화를 기왕의 부여와 고구려 신화로부터 재창출한 것이다.[43]

환무조의 연력 연간에 백제왕씨, 백제계 도래씨족에 대한 유래와 사성 그리고 관위, 관직 수여기사가 많이 나오는 것은 백제계 씨족에 대한 우대정책을 말해주는 것이지만, 이를 사서에 수록하려면 자료의 선별과 취사선택권을 가진 편찬자의 의중이 좌우한다. 특히 자신의 씨성을 개성하고자 청원한 상표문에 조상의 유래와 치적을 알리고 환무의 모계와 시조전승을 공유하는 장문의 글을 수록한 것은 대표편자가 아니면 불가능한 일이다. 연력 8년에서 10년까지의 『속일본기』 최후의 권40은 藤原繼繩의 이름으로 찬진되었지만, 그는 이미 편찬기간 중에 사망하였고, '無才識'이라는 세평으로부터 추측할 수 있듯이 찬술의 대부분은 관야조신이 주도하였다. 관야조신이야말로 『속일본기』 편찬 이념의 설계자였다고 생각된다. 재위 시의 '今天皇'의 치세를 기록하면서 환무의 편찬 이념을 충실히 이행한 관야조신의 역할은 크다고 아니할 수 없다. 환무의 두터운 신임을 받은 그는 연력 24년(805) 도래계 출신으로는 드물게 참위에 올랐다. 호천상제의 제사의식은 천도와 더불어 신왕조의 성립과 이념을 선언한 사건이었고 이를 사서 편찬을 통해 공표한 것이다.

---

42) 『續日本紀』 延曆 9년 2월 갑오조, "是日, 詔曰, 百濟王等者朕之外戚也. 今所以擢一兩人, 加授爵位也".

43) 연민수, 2018, 「고대일본의 백제계 씨족의 시조전승과 都慕」, 『일본역사연구』 48 ; 동, 2021, 『일본고대국가와 도래계 씨족』, 학연문화사.

【관위대조표】

<table>
<tr><th rowspan="2">天智3년</th><th rowspan="2">天武14년</th><th colspan="2">大寶·養老令</th><th rowspan="2">天智3년</th><th rowspan="2">天武14년</th><th colspan="2">大寶·養老令</th></tr>
<tr><th>內位</th><th>外位</th><th>內位</th><th>外位</th></tr>
<tr><td rowspan="8">大織
小織
大縫
小縫
大紫
小紫</td><td>正大壹</td><td rowspan="8">정1위
종1위
정2위
종2위
정3위
종3위</td><td rowspan="12"></td><td rowspan="8">小山上
小山中
小山下</td><td>務大壹</td><td rowspan="2">정7위상</td><td rowspan="2">외정7위상</td></tr>
<tr><td>正廣壹</td><td>務廣壹</td></tr>
<tr><td>正大貳</td><td>務大貳</td><td rowspan="2">정7위하</td><td rowspan="2">외정7위하</td></tr>
<tr><td>正廣貳</td><td>務廣貳</td></tr>
<tr><td>正大參</td><td>務大參</td><td rowspan="2">종7위상</td><td rowspan="2">외종7위상</td></tr>
<tr><td>正廣參</td><td>務廣參</td></tr>
<tr><td>正大肆</td><td>務大肆</td><td rowspan="2">종7위하</td><td rowspan="2">외정7위하</td></tr>
<tr><td>正廣肆</td><td>務廣肆</td></tr>
<tr><td rowspan="8">大錦上
大錦中
大錦下
小錦上
小錦中
小錦下</td><td>直大壹</td><td>정4위상</td><td rowspan="8">大乙上
大乙中
大乙下
小乙上
小乙中
小乙下</td><td>追大壹</td><td rowspan="2">정8위상</td><td rowspan="2">외정8위상</td></tr>
<tr><td>直廣壹</td><td>정4위하</td><td>追廣壹</td></tr>
<tr><td>直大貳</td><td>종4위상</td><td>追大貳</td><td rowspan="2">정8위하</td><td rowspan="2">외정8위하</td></tr>
<tr><td>直廣貳</td><td>종4위하</td><td>追廣貳</td></tr>
<tr><td>直大參</td><td>정5위상</td><td>외정5위상</td><td>追大參</td><td rowspan="2">종8위상</td><td rowspan="2">외종8위상</td></tr>
<tr><td>直廣參</td><td>정5위하</td><td>외정5위하</td><td>追廣參</td></tr>
<tr><td>直大肆</td><td>종5위상</td><td>외종5위상</td><td>追大肆</td><td rowspan="2">종8위하</td><td rowspan="2">외종8위하</td></tr>
<tr><td>直廣肆</td><td>종5위하</td><td>외종5위하</td><td>追廣肆</td></tr>
<tr><td rowspan="8">大山上
大山中
大山下</td><td>勤大壹</td><td rowspan="2">정6위상</td><td rowspan="2">외정6위상</td><td rowspan="8">大建
小建</td><td>進大壹</td><td rowspan="2">대초위상</td><td rowspan="2">외대초위상</td></tr>
<tr><td>勤廣壹</td><td>進廣壹</td></tr>
<tr><td>勤大貳</td><td rowspan="2">정6위하</td><td rowspan="2">외정6위하</td><td>進大貳</td><td rowspan="2">대초위하</td><td rowspan="2">외대초위하</td></tr>
<tr><td>勤廣貳</td><td>進廣貳</td></tr>
<tr><td>勤大參</td><td rowspan="2">종6위상</td><td rowspan="2">외종7위상</td><td>進大參</td><td rowspan="2">소초위상</td><td rowspan="2">외소초위상</td></tr>
<tr><td>勤廣參</td><td>進廣參</td></tr>
<tr><td>勤大肆</td><td rowspan="2">종6위하</td><td rowspan="2">외종6위하</td><td>進大肆</td><td rowspan="2">소초위하</td><td rowspan="2">외소초위하</td></tr>
<tr><td>勤廣肆</td><td>進廣肆</td></tr>
</table>

【관위상당제】

관위	神祇官	太政官	中務省	기타7省	衛府	大宰府	國司
정1위		太政大臣					
종1위							
정2위		左大臣					
종2위		右大臣					
정3위		大納言					
종3위		中納言			大將	卿	
정4위상			卿				
정4위하		參議		卿			
종4위상		左右大弁					
종4위하	伯				中將		
정5위상		左右中弁	大輔	大輔	衛門督	大貳	
정5위하		左右小弁			少將		
종5위상			少輔	少輔	兵衛督		大國守
종5위하	大副		侍從		衛門佐	少貳	上國守
정6위상	少副						
정6위하			大丞	大升 中判事		大監	大國介 中國介
종6위상	大祐		少丞		將監	少監	上國介
종6위하	少祐				衛門大尉		下國守
정7위상		大外記 左右弁小史	大錄	大錄	衛門少尉	大典	
정7위하			大主鈴	判事大屬	兵衛大尉	主神	大國大掾
종7위상		少外記			兵衛少尉		大國少掾 上國掾
종7위하					將曹	博士	
정8위상			少錄 少主鈴	少錄		小典 醫師	中國掾
정8위하	大史			判事少錄	衛門大志		
종8위상	小史				衛門少志 兵衛大志		中國大目
종8위하					兵衛少志		大國少目 上國目
대초위상						判事大鈴史	
대초위하						判事少鈴史	中國目
소초위상							下國目
소초위하							

※기타 7省 : 式部省, 治部省, 民部省, 兵部省, 刑部省, 大藏省, 宮內省

【4등관제】

官職	8省	職	寮	司	五衛府	彈正台	大宰府	國	郡
長官	卿	大夫	頭	正	督	尹	帥	守	大領
次官	大輔 少輔	亮	助	佑	佐	弼	大貳 少貳	介	少領
判官	大丞 少丞	大進 少進	允	令史	大尉 少衛	大忠 少忠	大監 少監	大掾 少掾	主政
主典	大錄 少錄	大屬 少屬	大屬 少屬		大志 少志	大疏 少疏	大典 少典	大目 少目	主帳

【중앙관제】 2官8省

神祇官		
太政官	八省	屬官：職, 寮, 司
	中務省	中宮職, 左右大舍人寮, 圖書寮, 內藏寮, 縫典寮 陰陽寮, 畫工司, 內藥司, 內禮司
	式部省	大學寮, 散位寮
	治部省	雅樂寮, 玄蕃寮, 諸陵司, 喪儀司
	民部省	主計寮, 主稅寮
	兵部省	兵馬司, 造兵司, 鼓吹司, 主船司, 主鷹司
	刑部省	贓贖司, 囚獄司
	大藏省	典鑄司, 掃部司, 漆部司, 縫部司, 織部司
	宮內省	大膳職, 木工寮, 大吹寮, 主殿寮, 典藥寮, 正親司, 內膳司, 造酒司, 鍛冶司, 官奴司, 園池司, 土工司, 采女司, 主水司, 主油司, 內掃部司, 筥陶司, 內染司

彈正台
五衛府：衛門府, 左右衛士府, 左右兵衛府
後宮12司：內侍司, 藏司, 書司, 藥司, 兵司, 闈司, 殿司, 掃司, 水司, 膳司, 酒司, 縫司
春宮坊：舍人監, 主膳監, 主藏監, 主殿署, 主書署, 主槳署, 主工署, 主兵署, 主馬署

【지방관제】

左京職－東市司
右京職－西市司
攝津職
大宰府
國司－郡司－里長
軍團

역주 『속일본기』

『속일본기』 권제1

〈정유년(697) 8월에서부터 경자년(700) 12월까지〉

종4위하 行[1]民部大輔 겸 左兵衛督[2] 황태자학사
신 菅野朝臣眞道[3] 등이 칙을 받들어 편찬하다.

天之眞宗豐祖父天皇[4]〈文武天皇 제42〉

○ 천지진종풍조부천황은 天渟中原瀛眞人天皇[5]의 손자이고 日並知皇子尊[6]의 제2자이다.〈日並知皇子尊은 天平寶字 2년(758)에 칙을 내려 천황의 호를 추존하여 岡宮御宇天皇이라 칭했다〉. 母는 天命開別天皇[7]의 제4녀인 평성궁에서 천하를 통치하신 天津御代豊國成姬天皇[8]이다. 천황은 천성이 도량이 넓고

---

1) 「選敍令」6에는 관위에 비해 낮은 관직을 가진 경우를 行, 높은 관직일 경우를 守라고 규정하고 하고 있다. 民部大輔는 「官位令」에는 정6위상이다. 따라서 종4위하인 菅野朝臣眞道를 行民部大輔라고 한 것이다.

2) 左兵衛督은 左兵衛府의 장관. 兵衛府는 大寶令制 하에서 左兵衛府와 右兵衛府로 성립하여 천황 및 그 가족을 근시하면서 호위한다.

3) 菅野朝臣眞道는 백제계 후예씨족으로 개성 전은 津連眞道. 『속일본기』의 실질적인 책임자이자 전반부 20권의 대표편자로, 후반부 20권도 藤原朝臣繼繩, 秋篠安人 등과 함께 권21부터 권34까지 모두 14권을 완성한 후, 다시 권35에서 권40까지 6권을 추보하여, 연력 16년에 전 40권을 진상하였다. 『신찬성씨록』 우경제번하에, "菅野朝臣은 百濟國 사람 都慕王의 10세손 貴首王으로부터 나왔다"라고 출자를 밝히고 있다. 『公卿補任』 연력 24년(805) 菅野眞道조에 "그 조상은 백제인이고 처음에 津連의 성을 받았다"라고 하고, 동 弘仁 3년(812)의 菅野眞道조에도 "그 조상은 백제인이다"라고 하여 조상의 출자를 기록하고 있다. 延曆 2년에 외종5위하에 서위된 후, 左兵衛佐, 皇太子學士에 임명되었고, 伊予介, 圖書助, 圖書頭, 伊豫守, 治部大輔, 民部大輔, 左兵衛督, 左大弁, 勘解由使의 장관을 역임하였다. 延曆 24년에 參議에 올랐다.

4) 文武天皇의 일본식 시호

5) 天武天皇의 일본식 시호

6) 天武天皇의 황태자인 草壁皇子.

7) 天智天皇의 國風 시호.

8) 元明天皇.

어질어 노여움을 밖으로 나타내지 않았다. 널리 경서와 역사서를 섭렵하고, 특히 궁술에 숙달하였다. 高天原廣野姬天皇[9] 11년(697)에 황태자가 되었다.

○ 원년(697) 8월 갑자삭[10](1일), (황위를) 양위받아 즉위하였다.

경진(17일), (천황은 다음과 같이) 조를 내렸다.(宣命體)[11]

"現御神[12]으로서 대팔도국[13]을 통치하는 천황이 대명으로서 말씀하기를, (여기에) 모여있는 황자들, 왕들, 백관의 관인들 및 천하의 공민은 모두 들으라고 분부하였다.[14] 高天原으로부터 시작하여 먼 선조 천황 대대로 그 중간을 거쳐 지금에 이르기까지, 천황의 황자가 차례로 태어나 대팔도국의 통치를 계승하고, 천신의 아들로서 하늘에 계신 신이 위임한대로 행해 온 황위에 있는 자의 과업으로서, 현신으로 대팔도국을 다스리는 倭根子天皇[15]이 내려준 존귀하고 높고 넓고 두터운 대명을 받아 삼가 이 통치하는 천하를 수호하고 천하의 공민에게 베풀고 위무하고자, 신으로서 생각하는 바에 따라 조를 내린 천황의 대명을 모두 들으라고 분부하였다. 이로부터 천황의 조정이 계획하여 설치한 백관의 관인들, 사방의 국들을 다스리라고 임명한 宰[16]에 이르기까지 국법을 어기는 일이 없이 밝고 깨끗하게 진실된 마음으로 흔들리거나 태만하지 않고 정성을 다하라고 하신 말씀을 모두 들으라고

---

9) 持統天皇의 일본식 시호.

10) 『일본서기』에는 乙丑朔으로 나온다. 이러한 차이는 『일본서기』에서는 元嘉曆을 이용했고, 『속일본기』에서는 儀鳳曆[麟德曆]을 이용했기 때문이다.

11) 『속일본기』의 선명체 조서는 文武 원년에서 延曆 8년까지 90여 년간 62회 나온다. 천황의 정치적 의지를 백관 및 백성들에게 고하는 형식의 문서이다. 문안의 기초는 대보령 시행 이후에는 中務省의 內記가 작성하고, 이를 읽는 것은 좌우대신, 대납언, 중납언, 중무경 등이 담당하였다. 내용은 즉위, 양위, 황후와 황태자를 세우는 것, 改元에 관한 것, 관위, 존호, 식봉 등에 관한 것 그리고 죄와 관련된 것 등이다.

12) 現神, 明神, 現人神 등의 표기법이 있다. 인간의 모습으로 세상에 나타난 신, 즉 천황의 신격화를 나타낸다.

13) 日本國, 大八洲國은 『古事記』에 本州, 九州, 四國, 淡路, 壹岐, 對馬, 隱岐, 佐渡의 8개 섬으로 나온다. 일본신화에서 八은 聖數로 간주되는데, 막연히 많다는 의미로도 쓰인다. 따라서 많은 섬으로 이루어진 國이라는 의미가 된다.

14) 「公式令」1 詔書式條에는 문서 형식이 「明神御宇日本天皇詔旨」, 「明神御宇天皇詔旨」, 「明神御大八州天皇詔旨」, 「天皇詔旨」, 「詔旨」 등 5종류로 되어 있다.

15) 持統天皇.

16) 각 지방의 國司.

분부하였다. 따라서 이와 같은 사정을 힘써 봉사하는 사람들에게는 제각기 상을 내려 위계를 올려준다고 하신 천황의 대명을 모두 들으라고 분부하였다".

이에 금년의 전조, 잡요 및 庸의 반을 면제하고 또 금년부터 3년간 大稅[17]의 이자를 거두지 않고 고령의 노인들을 진휼하였다. 또 친왕 이하 백관들에게 물품을 차등있게 내렸다. 제국에 명하여 매년 방생하도록 하였다.

계미(20일), 藤原朝臣宮子娘[18]을 夫人으로 삼고, 紀朝臣竈門娘과 石川朝臣子娘을 妃로 삼았다.

임진(29일), 왕친 및 5위 이상에게 식봉을 차등있게 내렸다.

9월 병신(3일), 왕경인 大神大網造百足의 집에 嘉稻[19]가 생겨나고, 近江國에서는 흰 거북을 바치고, 丹波國에서는 흰 사슴을 바쳤다.

임인(9일), 勤大壹[20] 丸部臣君手에게 直廣壹의 관위를 내렸다. 壬申의 공신이었기 때문이다.

동10월 임오(19일), 陸奧의 蝦夷가 방물을 바쳤다.

신묘(28일), 신라사 일길찬 金弼德, 부사 나마 金任想 등이 내조하였다.[21]

11월 계묘(11일), 務廣肆[22] 坂本朝臣鹿田와 進大壹 大倭忌寸五百足을 육로로, 務廣肆 土師宿禰大麻呂와 進廣參 習宜連諸國을 해로로 筑紫에 보내 신라사를 맞이하였다.

12월 경진(18일), 越後의 蝦狄[23]에서 물품을 차등있게 내렸다.

---

17) 구분전의 田租를 거둬들인 正稅. 이를 다시 백성들에게 出擧하여 이자를 받아 관아의 운용비로 사용한다.

18) 藤原朝臣不比登의 장녀인 藤原朝臣宮子. 이름 말미의 娘은 '이라츠메'라고 읽고 娘女, 娘姬라고 하여 여자를 친근하게 부르는 말이다. 다음에 나오는 紀朝臣竈門娘과 石川朝臣子娘도 동일하다.

19) 祥瑞의 벼. 『延喜式』 권제21 式部省, "嘉禾,〈或異畝同穎. 或孳連數穗, 或一稃二米也.〉라고 하여, 다른 이랑에서 하나의 이삭이 나오거나, 여러 개의 이삭이 연이어 새끼를 쳐 나가거나 혹은 하나의 껍질 속에 2개의 쌀이 들어 있는 것을 말한다. 『일본서기』 皇極紀 원년 5월 정축조, 天武紀 8년 8월 경오조에도 나온다. 祥瑞 중의 下瑞에 해당한다.

20) 勤大壹은 大寶令制 하에서 정6위에 상당, 直廣壹은 정4위 상당. 이하 61쪽 관위대조표 참조.

21) 이때의 신라사는 文武天皇의 즉위에 따른 축하사절의 성격을 띤 것으로 보인다.

22) 務廣肆는 大寶令制 하에서 종7위하에 상당, 進大壹은 大初位上, 進廣參은 少初位上에 상당.

23) 東山道 지방의 蝦夷에 대해 北陸道 지방의 주민을 蝦狄으로 표현한 것이다.

윤12월 기해(7일), 播磨, 備前, 備中, 周防, 淡路, 阿波, 讚岐, 伊豫 등의 제국에 기근이 들어 물품을 보내 구휼하였다. 또 負稅[24]를 거두지 말라고 하였다.

경신(28일), 정월에 왕래하여 하례하는 것을 금지하였다. 만약 위반하는 자가 있다면, 淨御原朝庭[25]에서 제정한 법에 따라 처벌하였다. 다만 祖兄[26] 및 氏上[27]인 자는 하례하는 것을 허락하였다.

○ 2년(698) 춘정월 임술삭, 천황이 대극전[28]에 나아가 신년하례를 받았다. 문무백료 및 신라 조공사가 하례하였다. 그 의식은 상례와 같았다.

갑자(3일), 신라사 일길찬 金弼德 등이 調物을 바쳤다.

기사(8일), 土左國에서 우황을 바쳤다.

무인(17일), 신라공물을 여러 신사에 봉납하였다.

경진(19일), 直廣參 土師宿禰馬手를 보내어 大內山陵[29]에 신라공물을 바쳤다.

2월 임진삭 갑오(3일), 金弼德 등이 본국으로 돌아갔다.

병신(5일), (천황이) 宇智郡에 순행하였다.

계묘(12일), 관인의 직을 갖고 있는 자 이상 및 才伎長上[30]에게 녹을 차등있게 내렸다.

병오(15일), 무관에게 녹을 차등있게 내렸다.

3월 을축(5일), 因幡國에서 동광석을 바쳤다.

---

24) 大稅를 출거하고 미납된 원금인 本稻. 이자는 利稻라고 한다.

25) 天武朝.

26) 父 이상의 연장자에 대한 칭호로 보인다.

27) 씨족의 수장으로 氏長, 氏宗이라고도 한다. 씨족의 본종가에서 관위가 제일 높은 자가 임명된다. 氏神을 모시고, 氏人을 규합해서 조정에 봉사하고, 氏人의 소송을 판결하는 권한을 갖는다.

28) 藤原宮의 大極殿. 중국 고대왕조에서 사용한 太極殿을 말하는데 태극사상에 기초한 왕궁의 중심 건물. 참위사상의 영향을 받은 태극사상은 天帝가 거주하는 북극성과 천제를 대신한 天子의 주거를 太極殿에 상호 대응시키고 있다. 태극전을 처음 사용한 것은 북위의 낙양이고, 그 후 당의 장안에서 사용하였다. 일본에서는 太와 大를 혼용하고 있으나, 『속일본기』 등 정사에서는 大極殿으로 나온다.

29) 天武天皇陵. 持統 원년 12월에 조영하기 시작하여 동 2년 11월에 殯 의식을 하고 그 후에 매장하였다. 大寶 3년 12월에 持統 사후 합장하였다.

30) 기술을 갖고 출사하면서 長上官의 대우를 받는 자.

정묘(7일), 越後國에서 역병이 일어났다고 언상하자 의약을 지급하여 구제하였다.

기사(9일), (천황이) 조를 내려, 筑前國의 宗形, 出雲國의 意宇의 2명의 郡司에게 3등 이상의 친족을 함께 임명하는 것을 허락하였다.[31)]

경오(10일), 제국의 郡司를 임용하였다. 이에 조를 내려, "제국사들은 郡司를 전형하는 데에는 한편으로 치우쳐서는 안 된다. 군사도 그 직에 있을 때 반드시 법규에 따르고 이후부터는 이를 위반해서는 안 된다"라고 하였다.

신사(21일), 山背國[32)]의 賀茂祭[33)]의 날에 많은 사람들이 모여 말타고 활쏘는 일은 금하였다.[34)]

임오(22일), 조를 내려 惠施法師[35)]를 僧正에, 智淵法師[36)]를 少僧都에, 善往法師를 律師에 임명하였다.

하4월 임진(3일), 近江, 紀伊 2국에 역병이 발생하여 의약을 지급하여 치료하였다. 난장이[37)]인 備前國 사람 秦大兄에게 香登臣의 성을 내렸다.

임인(13일), 務廣貳 文忌寸博士[38)] 등 8인을 南嶋[39)]에 보내 조사시켰는데,

---

31) 이 조문은 「儀制令」25에 따르면, 3등 이상의 친족은 부모, 양부모, 부, 자(이상 1等親), 조부모, 嫡母(父의 正妻), 伯叔 시부모, 형제자매, 시부모, 처첩, 조카, 손, 며느리(이상 2等親), 증조부모, 백숙부, 夫姪, 종형제자매, 이부형제자매, 夫의 조부모, 부의 伯叔姑, 姪婦, 계부동거, 남편의 前妻妾子(이상 3等親) 등이다. 「選敍令」7에는 한 관사의 4등관에 동일친족 중에 3등관 이상의 친족인 자가 함께 임관하는 것을 금하고 있다.

32) 山背國은 平安 천도 이후 山城國이 된다.

33) 賀茂御祖神社(下鴨神社)와 賀茂別雷神社(上賀茂神社)에서 매년 5월 15일(음력 4월중의 酉日)에 행하는 例祭이다.

34) 제례의 날에 人馬가 밀집해 혼란이 일어날 것을 우려해 금지한 것이다.

35) 白雉 4년 5월에 당에 유학승으로 파견된 3인 중 1인.

36) 大寶 2년에 승정이 된다.

37) 侏儒, 『일본서기』 天武 4년 2월조에 "나라 안의 백성 중에 노래를 잘하는 남녀 및 난장이, 재기 등을 바쳐라"고 하는 칙이 내려졌고, 동 天武 13년 정월조에는 "활 잘 쏘는 사람, 난장이, 좌우사인 등을 불렀다"라고 하여 궁중으로 불러들여 기예를 연기하게 했다는 기록이 나온다.

38) 博士는 博勢라고도 쓴다. 『日本書紀』 持統 9년 3월조에 多禰에 파견된 기록이 보인다. 文忌寸은 백제계 씨족인 東漢氏(倭漢氏)계의 文直(書直)과 西文氏계의 西文(西書)首가 있다. 天武 12년에 連, 天武 14년에 忌寸으로 개성하였다. 『속일본기』 延曆 4년 6월 계유조에 후예씨족인 坂上苅田麻呂의 씨족 출자의 유래, 높은 씨성으로의 개성을 청원하는 상표문이 나온다. 『新撰姓氏錄』 우경제번에 坂上大宿禰와 同祖이고 都賀直의 후손이라고 주장하는 文忌寸과 동 좌경제번의 文宿禰와 동조이고 宇爾古首의 후손이라

이에 무기를 지급하였다.

무오(29일), 芳野水分의 峯神[40]에게 말을 바쳤다. 비를 기원하기 위해서였다.[41]

5월 경신삭(1일), 제국에 가뭄이 들어 제국의 신사에 폐백을 바쳤다.

갑자(5일), 왕경과 기내에 사자를 보내 비가 내리도록 명산과 대천에 기우제를 올렸다.

을해(16일), 제국에 사자를 보내 논밭을 살피게 하였다.

갑신(25일), 大宰府에 명하여 大野, 基肄, 鞠智 3개 성을 수리시켰다.[42]

6월 병신(8일), 近江國에서 백번석[43]을 헌상하였다.

임인(14일), 越後國의 蝦狄이 방물을 바쳤다.

병진(28일), 제신사에 기우제를 위해 말을 봉폐하였다.

정사(29일), 直廣參 田中朝臣足麻呂가 죽었다. 조를 내려 直廣壹을 추증하였는데, 壬申年의 공로가 있기 때문이다.

추7월 기미삭(1일), 일식이 있었다.

을축(7일), 公私의 노비가 백성 속으로 도망가 숨어들거나 혹은 알면서

고 주장하는 文忌寸이 있다.

39) 九州 남단의 서남제도. 이곳은 견당사가 지나는 지역으로 그 실태를 살피기 위해 覓國使라고 하는 조사단을 보냈다. 文武 4년(700)에 覓國使가 현지 주민에게 위협받는 일이 발생하여, 大寶 2년(702) 8월 조정에서 薩摩, 多褹의 반란을 계기로 九州南部에 병력을 파견한 바 있다.

40) 大和國 吉野郡에 있는 吉野水分神社.

41) 祈雨나 止雨를 위해 도살한 소, 말을 신에게 바치는 관습은 『일본서기』 皇極 원년 7월조에도 보인다. 그러나 살아있는 말을 신사에 봉헌하는 의식은 『속일본기』의 해당 조가 최초이다.

42) 이 3개 성은 백제부흥운동에 가담한 일본이 백강전투 패전 후 大宰府를 중심으로 북부 구주를 방어하기 위해 축조하였다. 일명 조선식 산성으로 불리는 이 산성은 군사적 지식과 축성기술을 지닌 백제망명세력의 지도 하에 축조되었다. 『일본서기』 天智 4년(665)조에 백제 망명인 憶禮福留, 四比福夫를 보내 大野城과 基肄城을 축조했다고 한다. 大野城은 九州 북단 大宰府의 북방 표고 410미터의 四王寺山 일대에 약 8킬로미터의 토축, 석축으로 축조하였고, 基肄城은 大宰府의 남방 8킬로미터 떨어진 基山에 위치하고, 標高 404미터의 基山의 3개소에 설치되었다. 鞠智城은 熊本縣 山鹿市와 菊池市에 걸쳐 있고, 구주 중부해안으로부터의 공격을 방어하기 위해 축조되었다.

43) 白鑞, 白礬石, 『和名類聚抄』에는 "蘇敬曰, 有淸白黑綠黃五種矣"라고 하여 礬石에는 5색 종류가 있다고 한다.

받아들이거나 일부러 관청에 신고하지 않은 일이 있다. 이에 처음으로 태형의 법을 정하고 사안을 살피어 배상시켰다.[44] 구체적인 것은 별도의 규정을 두었다. 또 도박, 무위도식하며 놀고 있는 자를 조사하였다. 그런 자에게 침식을 제공하는 집 주인도 역시 같은 죄에 처하게 하였다.

을해(17일), 下野, 備前 2국에서 붉은 까마귀를 바치고, 伊豫國에서는 백랍[45]을 바쳤다.

계미(25일), 直廣肆 高橋朝臣嶋麻呂를 伊勢守로 삼았다. 直廣肆 石川朝臣小老를 美濃守로 삼았다.

을유(27일), 伊豫國에서 납광을 바쳤다.

8월 무자삭(1일), 茨田足嶋[46]에게 連 성을 주었다.

병오(19일), 조를 내려, "藤原朝臣[47]에게 내린 성은 마땅히 그 아들 不比等[48]에게 계승시켜야 한다. 다만 意美麻呂[49] 등은 神祇의 직무를 수행하기 때문에 옛 성[50]으로 되돌려야 한다"라고 하였다.

정미(20일), 高安城을 수리하였다.〈天智天皇 5년에 축성하였다〉.

계축(26일), 조정의 의식에 관한 예법을 정했다. 그 내용은 별식으로 구체적으로 기록하였다.

9월 무오삭(1일), 無冠[51]의 麻續連豊足을 氏上으로 삼았다. 無冠의 大贄를 氏助[52]로 삼았다. 進廣肆 服部連佐射를 氏上으로 삼고, 無冠의 功子를 氏助로 삼았다.[53]

갑자(7일), 下總國에 대풍이 불어 백성의 주거가 파괴되었다.

정묘(10일), 當耆皇女[54]를 伊勢神宮에 보내 齋宮으로 봉사하게 하였다.

---

44) 도망친 노비를 숨겨주고 사역시킨 자에게 원주인에 대해 배상시키는 것.
45) 주석과 아연의 합금.
46) 大寶 3년 2월 병신조에 동일한 기사가 나온다.
47) 藤原不比等의 아버지인 藤原朝臣鎌足.
48) 藤原朝臣鎌足의 제2자인 藤原不比等.
49) 中臣朝臣意美麻呂, 文武 3년 12월에 鑄錢司 장관에 임명되고, 좌대변을 거쳐 和銅 원년에 神祇伯, 中納言에 임명되었다.
50) 中臣朝臣.
51) 관위가 없는 無位.
52) 氏의 관리자로서의 氏上 다음의 차관.
53) 『속일본기』의 氏上, 氏助 임명기사는 伊勢神宮의 神衣祭와 관련이 있다.

임오(25일), 周芳國에서 동광석을 바쳤다.

을유(28일), 近江國에 金青[55]을, 伊勢國에 朱沙雄黃[56]을, 常陸, 備前, 伊豫, 日向 4국에 朱沙를, 安藝, 長門 2국에 金青과 綠青을, 豊後國에 眞朱[57]를 바치게 하였다.

동10월 경인(3일), 藥師寺의 조영이 거의 끝났기 때문에 승려들에게 조를 내려 그 절에 거주시켰다.

기유(22일), 陸奧의 蝦夷가 방물을 바쳤다.

11월 정사삭(1일), 일식이 있었다.

신유(5일), 伊勢國에서 백랍을 바쳤다.

계해(7일), 사자를 제국에 보내 大祓[58]을 행하게 하였다.

기묘(23일), 大嘗祭를 거행하였다. 直廣肆 榎井朝臣倭麻呂가 큰 방패를 세우고, 直廣肆 大伴宿禰手拍이 방패와 창을 세웠다. 神祇官의 관인 및 尾張, 美濃 2국의 郡司, 백성 등에게 각각 물품을 차등있게 내렸다.

을유(29일), 下總國에서 우황을 바쳤다.

12월 신묘(5일), 對馬嶋에 명하여 금광석을 제련시켰다.

정미(21일), 越後國에 명하여 石船柵[59]을 수리시켰다.

을묘(29일), 多氣大神宮을 度會郡으로 옮겼다.

병진(30일), 勤大貳 山代小田에게 直廣肆[60]의 관위를 내렸다.

◯ 3년(699) 춘정월 임오(26일), (藤原京의) 京職이 말하기를 "林坊[61]에 거주하

---

54) 天武天皇의 황녀.
55) 청색 안료.
56) 적색 안료, 朱砂라고도 한다. 수은과 유황을 화합한 적색의 土.
57) 적색 안료.
58) 祓은 解除라고도 한다. 천황이 즉위하여 처음 행하는 궁중제사인 大嘗祭 준비를 위해 행하는 의식으로 죄와 부정한 것을 씻는 종교적 행사이다. 『日本書紀』 天武 5년 8월조에 4方國의 大解除가 보이고, 동 天武 10년 7월조에 천하의 大解除 기사가 나온다.
59) 『日本書紀』 大化 4년조에 磐舟柵 축성기사가 나온다. 新潟縣 村上市 岩船의 지역에 조영한 동북지방의 蝦夷에 대한 대책으로 설치한 방어시설이다.
60) 大寶令制 하에서 종5위하 상당.
61) 藤原京의 조방의 명칭의 하나이고, 위치는 불명.

는 新羅의 子牟久賣[62]가 2남 2녀를 낳았다"고 하였다. (조정에서는) 명주실 5필, 목면 5둔, 삼베 10단, 벼 500속과 유모 1인을 내렸다.

계미(27일), 조를 내려 內藥官[63] 桑原加都[64]에게 直廣肆의 관위를 수여하고 連 성을 내렸다. 공무에 힘쓴 것에 대한 포상이다. 이날, (천황이) 難波宮[65]으로 순행하였다.

갑신(28일), 淨廣參[66] 坂合部女王[67]이 죽었다.

2월 정미(22일), (천황이) 난파궁으로부터 돌아왔다.

무신(23일), 조를 내려 "천황의 순행에 따른 제국의 기병 등에게 금년의 調와 노역을 면제하라"고 하였다.

3월 기미(4일), 下野國에서 雌黃[68]을 바쳤다.

갑자(9일), 河內國에서 흰 비둘기를 바쳤다. 조를 내려 "(하내국의) 錦部郡에 1년 전조 노역을 면제하고, 또 상서로운 새를 포획한 犬養廣麻呂의 호[69] 모두에게 과역을 3년간 면제하고 또 기내의 徒刑 죄 이하를 범한 자를 사면하도록 한다"라고 하였다.

---

62) 이름으로 보건대 신라에서 이주한 인물로 추정되며, 신라를 씨명으로 사용한 것으로 보인다.

63) 大寶令制 하에서 중무성 內藥官의 전신이다.

64) 桑原氏는 『신찬성씨록』 좌경제번상에 "桑原村主는 漢 高祖의 7세손 萬德使主로부터 나왔다"고 나온다. 동 大和國諸蕃의 「桑原直」조에는 萬得使主로 나오고, 그 본계는 桑原使主와 조상이 같으며, 한 고조 7세손 萬得使主의 후손이라고 기록되어 있다. 또한 攝津國諸蕃의 「桑原史」조에는 "상원촌주와 조상이 같고, 고려인 만덕사주의 후손이다"라고 하여 만덕사주가 고구려인으로 나온다. 〈坂上系圖〉에 인용된 『신찬성씨록』 일문에는 阿智王(阿智使主)이 고구려·백제·신라에 산재해 있는 본국 인민을 데려오기를 청하자 仁德朝에 따라왔던 사람들의 후손들 가운데 상원촌주가 보인다. 아지사주 전승은 『일본서기』 응신기 20년 9월조에 관련 기록이 있다. 출자에 대해서는, 한 고조의 후예라는 주장은 가탁이고, 한반도계 중에서도 백제, 가야 지역에서 도래했을 가능성이 높다고 생각된다.

65) 『日本書紀』 孝德紀 大化 원년 12월조에 難波長柄豊碕宮으로 천도한 후, 동 朱鳥 원년 정월조에 難波長柄豊碕宮이 화재로 소실되었다는 기록이 보인다. 이 궁은 그 후 재건된 궁이다.

66) 정5위하 상당.

67) 기타의 사료에는 보이지 않는다.

68) 황색 안료.

69) 大寶令制의 지방행정조직은 國-郡-里로 편성되는데 1里는 50호로 구성되었다. 여기서는 1里의 鄕戶 전체를 말한다.

임오(27일), 기내에 순찰사를 보내 비위를 검찰하였다.

하4월 기유(25일), 越後의 蝦狄 106인에게 관위를 차등있게 내렸다.

5월 신유(8일), (천황이) 조를 내려, "훈공에 대해서 논의하는 것은 전대로부터 시작되었고, 공을 세운 자에게 상을 주는 것은 역대로부터 중히 여기는 바이다. 생각건대 (그것은 훌륭한) 장사의 기개를 밝히는 일이고, 후대에까지 불후의 이름을 보여주기 위해서이다. 坂上忌寸老[70] 그대는 임신년의 군역에서 목숨을 생각하지 않고 사직이 위급한 상황에서 죽음을 무릅쓰고 (적지로) 들어가 국가의 어려움에 맞섰다. 그러나 아직 높은 관위와 녹봉을 내리지 못했는데 갑자기 죽음을 맞이하였다. 세상을 떠난 혼에게 은혜를 내리고 떠나는 길을 위로하려고 한다. 마땅히 直廣壹[71]의 관위를 추증하고 아울러 또 물품을 내린다"라고 하였다.

정축(24일), 役君小角이 伊豆嶋로 유배되었다. 처음에 小角은 葛木山에 살면서 주술에 능하다고 알려졌다. 외종5위하 韓國連廣足[72]은 소각을 스승으로 모셨다. 후에 (누군가가) 그 능력이 해를 끼친다고 하여 묘술로서 현혹시킨다고 참언하였다. 그 때문에 소각은 먼 곳으로 유배되었다. 세상에 전하는

---

70) 坂上忌寸은 〈坂上系圖〉에 인용된 『신찬성씨록』 逸文과 延暦 4년 6월 계유조에 坂上大忌寸苅田麻呂 등의 상표문에, 阿智王의 후손이라고 하는 東漢直[倭漢直]의 지족으로 나온다. 백제계 후예씨족인 것이다. 東漢直은 大化 前代로부터 武家를 이루어 왕권에 봉사하고, 645년 乙巳의 정변, 壬申의 난 때 활약하였다. 天武 11년에 連, 동 14년에 忌寸의 성을 받고, 坂上氏 역시 連, 忌寸이 된다. 天平寶字 8년 9월 坂上苅田麻呂가 坂上大忌寸이 되고, 延暦 4년 6월에는 東漢氏 일족이 宿禰의 성을 받는데, 이 중에서 坂上氏는 大宿禰가 되었다.

71) 정4위하 상당.

72) 韓國氏[韓國連]는 采女氏[采女臣]와 同祖인 物部氏의 支族에 해당하는 천손계 씨족으로 나온다. 『신찬성씨록』 攝津國神別에는 物部韓國連, 동 和泉國神別에는 物部連으로 나온다. 『일본서기』 武烈紀에 선조인 物部鹽兒가 한국에 파견된 연유로 物部連에서 韓國連으로 개성되었다는 전승이 있다. 『일본서기』 欽明紀에 백제에서 왜계관료로 활동한 物部施德麻奇牟, 物部奈率用奇多, 物部奈率奇非 등의 인물도 나온다. 본문의 개성을 요청한 物部連은 이들의 후손일 가능성이 있고, 이들은 거의 모계가 한국계로 몇 세대 지난 어느 시기에 일본으로 이주한 집단으로 보인다. 다만 원래 한국계 씨족으로 이주한 후, 출자를 개변하기 위해 그 근거를 『일본서기』 등 고전에서 구하는 경우가 있고, 자기 조상의 출자를 타씨족의 계보에 가탁, 부회하는 사례도 종종 있어 원래부터 한국계일 가능성도 배제하기 어렵다. 韓國連廣足은 天平 3년 정월에 외종5위하 典藥頭가 되었다.

바에 따르면, "소각은 귀신을 부려 물을 긷기도 하고 땔감을 채취하는 일도 할 수 있고, 만약 귀신이 말하는 대로 하지 않는다면 주술로서 (자유)를 속박한다"라고 하였다.

6월 무술(15일), 山田寺[73]에 봉호 3백호를 시주했는데, 그 연한은 30년이었다.

병오(23일), 淨廣參[74] 日向王이 죽었다. 사자를 보내 조문하고 부의물을 내렸다.

정미(24일), 直冠[75] 이하 159인에게 명하여 일향왕의 저택에 가서 장의에 조문하게 하였다.

경술(27일), 淨大肆[76] 春日王이 죽었다. 사자를 보내 조문하고 부의물을 내렸다.

추7월 신미(19일), 多褹, 夜久, 菴美, 度感 등지의 사람들이 조정에서 보낸 관인을 따라와 방물을 바쳤다.[77] 이들에게 신분에 따라 물품을 하사하였다. 그 일행 중에 度感嶋가 中國[78]에 온 것은 이때부터이다.

계유(21일), 淨廣貳[79] 弓削皇子[80]가 죽었다.[81] 直廣肆[82] 大石王, 直廣參[83] 路眞人大人[84] 등을 보내 장례의 일을 감독시켰다. 황자는 天武天皇의 제6자이다.

---

73) 奈良縣 櫻井市 山田에 있는 蘇我倉山田石川麻呂가 발원하여 조영된 사찰. 舒明 13년(641)에 조영이 시작되어 皇極 2년(643) 금당이 세워졌다. 이후 공사가 중단되었다가 天武 7년(678) 본존약사장육불상을 주조한 후 天武 14년(685)에 개안식을 갖고 완성하였다.

74) 정5위하 상당.

75) 관위 4위, 5위 상당.

76) 종5위상 상당.

77) 九州 남단 南島의 조공은 文武 2년 4월에 파견된 覓國使의 활동 결과로 생각된다. 多褹는 種子島, 夜久는 屋久島, 菴美는 菴美大島, 度感은 德之島이다. 이 지역이 율령국가의 행정구역에 편입된 것은 『續日本紀』 和銅 2년 6월 계축조에 "薩摩·多禰兩國司"라는 기록으로 알 수 있다.

78) 이때의 중국은 일본을 가리킨다. 일본열도의 변방지역에 거주하는 사람들에 대한 우월적 표현이고, 일본판 중화사상을 나타낸 것이다.

79) 종4위하 상당.

80) 天武天皇의 황자, 母는 天智의 황녀인 大江皇女.

81) 「喪葬令」15의 규정에서는 親王 및 3위 이상인 자의 사망에 대해 '薨'자를 사용한다.

82) 종5위하 상당.

83) 정5위하 상당.

8월 기축(8일), 南嶋가 바친 물건을 伊勢大神宮 및 제신사에 봉납하였다.

임진(11일), 백관들에게 녹을 차등있게 내렸다.

임인(21일), 伊豫國에서 흰 제비를 바쳤다.

9월 병인(15일), 高安城[85)]을 수리하였다.

신미(20일), 조를 내려 正大貳[86)] 이하 무위 이상의 자에게 지위에 따라 활, 화살, 갑옷, 창 및 군마를 갖추도록 하였다. 또 왕경, 기내에도 칙을 내려 동일하게 준비시켰다.

병자(25일), 新田部皇女[87)]가 죽었다. 왕신, 백관들에게 장의에 참석하도록 하였다. 天智天皇의 황녀이다.

동10월 갑오(13일), 조를 내려, "천하의 죄가 있는 자를 사면하였다. 다만 10악,[88)] 강도와 절도는 사면의 범위에 포함하지 않는다"라고 하였다. 越智[89)]와 山科[90)] 두 산릉을 조영하였다.

신축(20일), 淨廣肆 衣縫王,[91)] 直大壹 當麻眞人國見,[92)] 直廣參 土師宿禰根麻

---

84) 路眞人은 『新撰姓氏錄』 左京皇別에 敏達의 황자 難波王의 후손이라고 전한다.

85) 天智 6년(667) 大和國의 高安城, 讚岐國 山田郡의 屋嶋城, 對馬國의 金田城을 축조했다고 한다. 高安城은 奈良縣 生駒郡 平群町과 大阪府 八尾市에 걸쳐 있는 高安山 산정부에 축조되었다. 瀨戶內海에서 難波津으로 상륙하여 왕도로 공격해 들어올 것을 예상하여 축조한 것이다.

86) 정2위 상당.

87) 天智의 황녀이고 天武天皇의 비가 되어 舍人親王을 낳았다.

88) 10惡은 국가, 사회에 대해 해악을 끼치는 범죄로서 唐律의 영향을 받은 것이다. 당률에서는 謀叛, 謀大逆, 謀反, 惡逆, 不道, 不大敬, 不孝, 不睦, 不義, 內亂 등 10종을 말하며, 大寶·養老律에서는 不睦, 內亂이 제외된 8虐이다.

89) 越智山陵은 齊明陵이다. 제명 7년(661) 백제부흥전쟁에 출병하기 위해 筑紫에 갔으나, 현지에서 급사하는 바람에 동년 11월 飛鳥川原에서 殯禮 의식만 거행되고 매장은 백강전투 이후 산릉 조영 후에 이루어졌다.

90) 山科山陵은 天智陵이다. 천지는 천지 10년(671) 12월 近江大津宮에서 사망하였다. 『日本書紀』 天武 원년 5월조에 산릉 조영을 위해 美濃國, 尾張國의 인부를 징발했다는 사실만 보이고 매장 기록은 나오지 않는다.

91) 衣縫王은 『日本書紀』 持統 7년 2월조에 藤原京의 造京司로서 이름이 보인다. 『續日本紀』 慶雲 4년(707) 11월조에 "彈正尹從四位下衣縫王卒"이라고 하여 탄정윤 종4위하의 지위에서 사망기사가 보인다. 淨廣肆는 종5위하 상당.

92) 『日本書紀』 持統 朱鳥 원년 9월조에 天武의 장의에서 兵衛 업무에 대해 조사를 읽었다고 나온다. 지통 11년 2월 東宮大傅가 되었고, 直大壹은 정4위상 상당. 『新撰姓氏錄』 右京皇別에 따르면 當麻眞人은 用明皇子 麿古王의 후손으로 전한다. 天武 13년 8色姓으로 개편할 때 眞人의 성을 받았다.

呂,[93] 直大肆 田中朝臣法麻呂,[94] 판관[95] 4인, 주전[96] 2인, 대공[97] 2인을 越智山陵에 淨廣肆 大石王, 直大貳 粟田朝臣眞人,[98] 直廣參 土師宿禰馬手,[99] 直廣肆 小治田朝臣當麻,[100] 판관 4인, 주전 2인, 대공 2인을 山科山陵에 보내어 각각 작업을 분담해서 산릉을 수리, 조영하게 하였다.

무신(27일), 제국에 순찰사를 보내 비위를 검찰하였다.

11월 신해삭(1일), 일식이 있었다.

갑인(4일), 文忌寸博士,[101] 刑部眞木[102] 등이 남도로부터 돌아왔다. 직위에 따라 관위를 수여하였다.

기묘(29일), 義淵法師[103]에게 벼 1만속을 시주했는데, 학문을 이룩한 것에 대한 포상이다.

12월 계미(3), 淨廣貳 大江皇女[104]가 죽었다. 왕신, 백관들에게 명하여 장의

---

93) 『日本書紀』 持統 3년 2월조에 형부성 判事로 보임된 기록이 나오고, 신라사 급찬 金道那 등에게 천황의 조서를 전한 인물로 나온다. 이 조서에는 외교의례를 둘러싼 신라와 일본 간의 갈등이 표출된 내용이 기술되어 있다. 土師宿禰는 원래 성은 連이고 喪葬 관련 직무를 맡은 씨족으로 능묘의 조영에 종사하고 있다. 그는 『新撰姓氏錄』 右京神別에 天穗日命의 12세손이고 可美乾飯根命의 후예라고 나온다.

94) 『日本書紀』 持統 원년 정월조에 따르면 신라에 天武의 상을 알리는 告喪使로 파견되었고, 동 3년 정월에 귀국하였다. 2년간의 기간이 소요되었는데, 견당사가 중지된 상황에서 신라문물을 접할 기회였을 것으로 보인다.

95) 判官은 4등관 중에서 3등관.

96) 主典은 4등관 중에서 4등관.

97) 기술 감독관.

98) 『日本書紀』 天武 4년 12월에 小錦下의 관위를 받았고, 동 持統 3년 정월조에 筑紫大宰로 재임하였고 九州 남부의 隼人 174인과 물품을 조정에 보냈다는 기록이 보인다. 養老 3년(719) 2월에 사망하였다.

99) 壬申의 난 때 屯田司 舍人으로 大海人皇子를 보좌하였다. 和銅 4년(711) 2월에 종4위하로 사망하였다.

100) 『日本書紀』 天武 13년 8色姓 개편 때 朝臣 성을 받았다. 『新撰姓氏錄』 右京皇別에 武內宿禰 5세손인 稻目宿禰의 후예로 나온다. 直廣肆는 종5위하 상당.

101) 文武 2년 4월 임인조 해당 각주 참조.

102) 刑部氏에 대해서는 『신찬성씨록』 우경제번하에, "刑部는 백제국 酒王으로부터 나왔다"라고 한다. 주왕에 대해서는 『일본서기』 仁德紀 41년 3월조에 백제 왕족 酒君이 무례하여 왜국에 보냈고, 왜왕이 용서하여 거주케 하였다는 전승이 있다. 文武 4년 6월 경진조에 覓國使.

103) 『續日本紀』 神龜 4년 12월조에 자세히 보인다. 『扶桑略記』 大寶 3년 3월 을유조에, 興福寺僧 義淵이 승정에 임명되었다고 하고, 大和國 高市郡 사람으로 俗姓은 阿刀氏이고, 龍蓋寺, 龍門寺, 龍福寺 등 5龍寺를 건립했다고 전한다.

에 조문하게 하였다. 天智天皇의 황녀이다.

갑신(4일), 대재부에 명하여 三野,[105] 稲積[106] 2성을 조영시켰다.

경자(20일), 처음으로 鑄錢司[107]를 설치하였다. 直大肆 中臣朝臣意美麻呂를 장관으로 삼았다.

◯ 4년(700) 춘정월 정사(7일), 新田部皇子에게 淨廣貳의 관위를 수여하였다.

계해(13일), 조를 내려 좌대신 多治比眞人嶋에게 靈壽의 지팡이[108]와 가마를 하사했는데, 고령자에 대한 예우였다.

2월 을유(5일), 上總國司는 安房郡[109]의 大少領에 부모형제를 연임해 줄 것을 청했는데 이를 허락하였다.

무자(8일), 丹波國에 명하여 주석을 바치게 하였다.

기해(19일), 越後, 佐渡 2국에 명하여 石船柵[110]을 수리시켰다.

임인(22일), 순찰사를 東山道에 보내 비위를 검찰하였다.

정미(27일), 재차 왕신과 왕경, 기내에 칙을 내려 무기를 갖추게 하였다.

3월 기미(10일), 道照和尙이 사망하였다. 천황이 이를 심히 애석해하여 사자를 보내 조의를 표하고 물품을 내렸다. 화상은 河內國 丹比郡 사람이다. 속성은 船連[111]이고 아버지는 少錦下 惠釋이다. 화상은 계율과 수행을 게을리

---

104) 天智의 황녀이고, 모는 忍海造小龍의 딸 色夫古娘이다. 淨廣貳는 종4위하에 상당.

105) 筑前國 那珂郡 海部鄕 부근으로 현재의 福岡市 博多區 住吉 지역으로 추정된다.

106) 筑田國 志麻郡 志麻鄕 부근으로 현재의 絲島郡 志摩町 지역으로 추정된다.

107) 大寶令, 養老令制 하에서는 令外官으로 주조시에 임명한 임시직이었다. 『日本書紀』 持統 8년 3월조에도 鑄錢司 관인의 임명 기사가 나온다.

108) 靈壽杖은 靈壽木이라는 대나무와 유사한 목재로 제작한 것으로 고령의 신료에 대한 예우로 하사한 것이다. 『漢書』 孔光傳의 注에, "服虔曰, 靈壽, 木名. 師古曰, 木似竹, 有枝節. 長不過八九尺, 圍三四寸"이라고 기록되어 있다.

109) 忌部氏의 조상신인 太玉命을 제사하는 安房神社가 있는 神郡. 文武 2년 3월 기사조에 神郡에 대한 郡司 임용의 특례에 대해 조를 내리고 있다. 安房郡의 경우도 이 특례에 속한다.

110) 北陸地方의 蝦夷에 대한 방어시설이다. 文武 2년 12월조에도 수리 기사가 나온다.

111) 『日本書紀』 欽明紀 14년(553) 7월조에, 蘇我大臣이 천황의 칙을 받들어 백제 도래씨족인 王辰爾를 파견하여 선박 관련 일을 기록하게 하였다. 이때 왕진이는 船司로서 船史의 씨성을 받았다. 船史氏는 天武 12년(683)에 連을 받아 船連氏가 되었고, 이 씨족은 모두 왕진이의 후예들이다. 본거지는 河內國 丹比郡 野中鄕(현재의 大阪府 藤井寺市 野中 및 羽曳野市)이다. 野中寺는 이 씨족의 氏寺이다.

하지 않았고, 무엇보다도 참고 행하는 것을 존숭하였다. 어느 때 제자가 그 성품을 알아보려고 생각하여 몰래 변기에 구멍을 뚫어 새게 하여 이불과 요를 더럽혔다. 이에 화상은 미소를 지으며 "짓궂은 녀석이 남의 침상을 더럽혔구나"라고 말하고 그 이상은 다시 한마디도 하지 않았다. 처음으로 孝德天皇 白雉 4년에 사신을 따라 당에 들어가 현장삼장[112]을 만나 스승으로 모시고 학업을 받았다. 삼장은 특히 그를 사랑하여 같은 방에 머물게 하였다. (삼장이) 말하기를, "내가 옛적 서역에 갔을 때 도중에 허기가 져 고통스러웠는데 음식을 구할 마을이 없었다. 홀연히 한사람의 사문이 나타나 손에 들고 있던 배를 나에게 먹으라고 주었다. 나는 먹고 나니 기력이 날로 좋아지게 되었다. 지금 너야말로 그 배를 갖고 있는 사문이다"라고 하였다. 또 말하기를 "경론은 깊고 미묘해서 철저히 이해하기는 어렵다. 그렇지만 禪을 배워 東土[113]에 전하면 좋을 것이다"라고 하였다. 화상은 가르침을 받아 비로소 禪定[114]을 배우고 깨달은 바가 적지 않았다. 그 후 견당사를 따라 귀국할 때 이별의 날에 즈음하여 삼장은 소지하고 있던 사리[115]와 경론을 모두 화상에게 주면서 말하기를, "인간이야말로 능히 도를 널리 알릴 수 있다. 지금 서적을 주는 것이다"라고 하였다. 또 솥을 주면서 말하기를 "내가 서역에서 직접 갖고 온 것이다. 식물을 달여서 병을 치료하는데 사용하면 신통한 효험이 있다"라고 하였다. 이에 화상은 감사의 배례를 하고 눈물을 흘리면서 이별을 고했다. 登州에 이르렀을 때 많은 사인들이 병이 났다. 화상은 솥을 꺼내 물을 데우고 죽을 쑤어서 아픈 사람들에게 두루 주었더니 그날 즉시 차도가 있었다. 이미 배는 닻줄이 풀어졌고 순풍을 만나 나아갔다. 해중에 이르렀을 때, 배는 표류하여 7일 7야를 나아가지 못하였다. 사람들이 이를 괴이하게 여겨 말하기를, "바람의 기세는 쾌조이고 날짜를 헤아려보니 본국에

112) 玄奘三藏은 三藏法師, 『宋史』 日本傳에 "孝德天皇白雉四年, 律師道照求法至中國, 從三藏僧玄奘, 受經律論, 當此土唐永徽四年也"라고 하여 관련 기록이 나온다.

113) 동쪽의 땅, 일본을 가리킨다.

114) 좌선을 말한다.

115) 『三代實錄』 元慶 원년(877) 12월 임오조에 "道照法師本願記曰, 眞身舍利, 一切経論, 安置一處, 流通萬代, 以爲一切衆生所爲之處焉眞身舍利"라고 하여 도조화상이 가져온 眞身舍利가 元興寺 선원에 소장되어 있음을 말하고 있다.

도착할 때인데 배가 바로 나아가지 못하는 것은 생각해 보니 필히 이유가 있을 것이다"라고 하였다. 점술사가 "용왕이 솥을 얻고자 함이다"라고 말하자, 화상이 이를 듣고, "이 솥은 삼장이 주신 것이다. 용왕이 어떻게 감히 이를 바라겠는가"라고 하였다. 여러 사람들이 모두 말하기를 "지금 솥을 아까워하여 주지 않는다면 아마도 배가 뒤집혀 물고기 밥이 될 것이다"라고 하였다. 이에 솥을 빼앗아 바다에 던져 넣었다. 곧바로 배는 나아가기 시작하였고 본조에 귀국하였다. 元興寺[116] 동남쪽 한편에 별도로 선원을 짓고 거주하였다. 이때 천하에 불법을 배우려는 사람들이 화상을 따라 선을 배웠다. 후에 천하를 돌아다니며 도로 근처에 우물을 파고, 각지의 나루터에는 선착장을 만들고 다리를 놓았다. 바로 저 山背國의 宇治橋는 화상이 만든 것이다. 화상이 주유한 지 무릇 10여 년이 되었다. 돌아오기를 청하는 칙이 있어 선원에 머물러 거주하였다. 원래대로 좌선하였다. 혹은 3일에 한번 일어나고 혹은 7일에 한번 일어났다. 갑자기 방에서 향기가 나오니, 제자들이 이상하게 여겨 화상에게 언상하려고 들어가니 화상은 새끼줄로 만든 의자에 단좌한 채로 숨이 멈춰 있었다. 이때 나이는 72세였다. 제자들은 유언의 가르침을 받들어 粟原[117]에서 화장하였다. 천하의 화장은 이로부터 시작되었다. 세상에 전하는 바에 따르면, 화장이 끝난 후, 친족과 제자가 서로 다투어 화상의 유골을 빼앗아 가져가려고 하였다. 돌연 회오리바람이 불어 재와 뼈를 날려버려 끝내 그 장소를 알 수 없었다. 당시의 사람들은 이상한 일이라고 하였다. 후에 平城으로 천도할 때에 화상의 동생과 제자들은 주상하여 선원을 새 왕경으로 옮겨 세웠다. 지금의 平城 우경의 선원이 이것이다. 이 선원에는 경론이 많이 있고, 이들 필적은 뛰어났고 아울러 틀림이 없었다. 모두 화상이 갖고 온 것이다.

---

116) 元興寺는 法興寺라고도 하며, 飛鳥에 세워져 飛鳥寺로 불렸다. 平城京 천도 이후 조영된 元興寺에 대해 本元興寺라고도 한다. 『일본서기』 崇峻 원년에 백제에서 寺工, 노반박사 등 사찰 기술자들이 조영을 시작하였고, 推古 13년에 鞍作鳥에게 장육석가상을 만들게 하고 이듬해 4월 금당을 완성하였다. 상기 도조화상이 飛鳥의 원흥사 동남방에 禪院을 세웠다는 것은 『三代實錄』 元慶 원년 12월조에도 "壬戌年三月, 創建本元興寺東南隅"라고 기록되어 있다.

117) 江戶時代 享保 연간에 편찬된 畿內 5국의 地志의 하나인 『大和志』에는 十市郡 粟原村에 粟原廢寺가 있다고 기록되어 있다. 현재의 奈良縣 櫻井市 大字粟原 일대이다.

갑자(15일), 조를 내려 왕신들에게 令文을 학습하게 하고, 또 律의 조문을 정하여 편찬시켰다.[118)]

병인(17일), 제국에 명하여 목장의 장소를 정하여 소, 말을 방목시켰다.

하4월 계미(4일), 淨廣肆 明日香皇女[119)]가 죽었다. 사자를 보내 조문하고 부의물을 내렸다.

5월 신유(13일), 直廣肆[120)] 佐伯宿禰麻呂[121)]를 신라대사로 삼고, 勤大肆 佐味朝臣賀佐麻呂[122)]를 小使[123)]로 삼았다. 大少位[124)]는 각 1인, 大少史[125)]는 각 1인이다.

6월 경진(3일), 薩末[126)]의 賣, 久賣, 波豆, 衣評[127)]의 平督인 衣君縣, 助督인 衣君弖自美 또 肝衝難의 波, 이들을 따르는 肥人 등이 무기를 갖고 覓國使[128)]와 刑部眞木[129)] 등을 위협하였다. 이에 竺志[130)]의 惣領[131)]에게 칙을 내려 범죄에 준해서 처벌하게 하였다.

갑오(17일), 淨大參 刑部親王,[132)] 直廣壹 藤原朝臣不比等,[133)] 直大貳 粟田朝臣

---

118) 大寶律令의 撰定에 관한 내용이다. 文武 4년에 令이 완성되고, 律의 조문 작성이 행해져 大寶 원년(701) 8월에 완성되었다. 大寶令 11권, 大寶律 6권으로 구성되어 있다.

119) 飛鳥皇女라고도 한다. 淨廣肆는 종5위하 상당.

120) 종5위하 상당.

121) 佐伯宿禰의 원래 성은 佐伯連이고 天武 13년에 宿禰의 성을 받았다. 備後守를 역임하고 養老 7년 3월에 사망하였다.

122) 勤大肆는 종6위하 상당, 養老 4년 정월에 정5위하, 佐味朝臣의 원래 성은 君이고 天武 13년에 朝臣을 받았다. 『新撰姓氏錄』 우경황별에 上毛野朝臣과 同祖이고 豊城入彦命의 후손이라고 기록되어 있다.

123) 小使는 副使, 次官에 해당한다. 부사를 소사로 칭한 사례는 『일본서기』 天武 5년 10월조, 동 10년 7월조, 동 13년 4월조와 5월조에도 보인다.

124) 大少位는 大判官과 小判官.

125) 大少史는 大主典과 少主典.

126) 薩末은 薩摩이고 薩摩國 薩摩郡의 隼人 거주지를 말한다. 이하 4인은 인명.

127) 衣評은 薩麻國의 穎娃郡.

128) 九州 남단의 南島에 파견되어 현지를 조사하는 사자.

129) 刑部眞木은 文武 3년 11월에 남도로부터 귀환했다고 기록되어 있다. 이때의 보고에 근거하여 사후처리를 한 것이다.

130) 竺志는 筑紫. 竺紫 혹은 竹志라고도 표기한다. 大宰府 출토목간에 '竺志前'이라는 표기도 나왔다. 筑紫國이 筑前과 筑後로 분리된 상황을 말한다.

131) 大宰府 장관인 帥의 전신 명칭.

132) 淨大參은 대보령제 하에서 정5위상에 상당. 形部親王은 天武天皇의 황자이고, 임신의

眞人, 直廣參 下毛野朝臣古麻呂,[134] 直廣肆 伊岐連博得,[135] 直廣肆 伊余部連馬養,[136] 勤大壹 薩弘恪,[137] 勤廣參 土部宿禰甥,[138] 勤大肆 坂合部宿禰唐,[139] 務大壹 白猪史骨,[140] 追大壹 黃文連備,[141] 田邊史百枝,[142] 道君首名,[143] 狹井宿禰尺麻

난에서 부를 따라 동국으로 향했다. 『일본서기』 天武 10년 3월 忍壁皇子라는 이름으로 帝紀 및 上古諸事 편찬자의 1인으로 나온다. 대보 3년에 知太政官事가 되었다.

133) 大寶律令의 찬정을 주도한 인물로서 율령 시행 후에는 令官으로서 令 조문의 해석을 결정하는 일을 하였다. 大化改新을 주도한 中臣(藤原)鎌足의 제2자이고, 『일본서기』 持統 3년 2월조에 判事에 보임된 이래 조정 중신으로서 많은 활약을 하였다. 和銅 원년 우대신이 되었고 양로율령을 찬정했으나 화동 4년에 사망하였다. 그의 딸 宮子가 文武의 비가 되었고, 光明子가 聖武의 황후가 되는 등 藤原氏 일족이 번영하는 기반을 구축하였다.

134) 『日本書紀』 持統 3년 10월조에 노비 600구의 해방을 주청하여 허락받았다는 기록이 보인다. 大寶 2년 5월 태정관의 의정관인 參議가 되고 兵部卿, 式部卿의 요직을 거쳐 和銅 2년 12월 사망하였다. 『新撰姓氏錄』 좌경황별에 崇神의 황자 豊城入彦命의 후손으로 나온다.

135) 博得은 博德으로도 나오고, 伊岐는 伊吉, 壹伎로도 쓴다. 伊岐連博得은 『日本書紀』 齊明 5년에 견당사절단 일원으로 파견된 전력이 있고, 이 시기 당은 신라의 요청으로 백제 출병을 계획하던 중이어서 견당사 일행은 억류되었다가 백제 멸망 후 제명 7년(661) 5월에 귀국하였다. 이때의 사정은 「伊吉連博德書」에 상세하다. 持統 9년 7월 견신라사로 임명되어 파견되었다. 伊吉連은 『新撰姓氏錄』 좌경제번상에 長安人 劉家揚雍으로부터 나왔다는 시조 출자전승이 기록되어 있듯이 도래계 씨족이다.

136) 『日本書紀』 持統 3년 6월조에 따르면, 施基子 등 7인과 함께 撰善言司에 임명되었다. 이 관사는 선인들의 善言을 모아 교훈적인 역사서를 편찬하는 곳이다. 대보 3년 2월에 대보율령 찬정의 공으로 포상을 받았다. 『懷風藻』에 한시를 남기고 있고, 황태자 학자로서 종5위하, 나이 45세로 기록되어 있다. 『新撰姓氏錄』 우경신별에는 伊與部로 기록되어 있고 高媚牟須比命의 3세손 天辭代主命의 후손으로 나온다.

137) 薩弘恪은 齊明 7년(661) 11월 唐人 續守言과 함께 왜국에 건너왔다. 백제 부흥운동의 장군이었던 鬼室福信이 보낸 106인의 당 포로 중에 포함되어 있었다고 생각된다. 『일본서기』 지통 6년 12월 신유조에 音博士 續守言, 薩弘恪에게 전답을 주었다는 기록이 있다. 음박사는 일본 율령제 하의 大學寮에 소속되어 明経道를 배우는 학생들에게 경서를 漢語로 음독하는 방법을 가르쳤다. 중국 고전에 밝아 율령 편찬에 참여했다고 생각된다.

138) 『日本書紀』 天武 13년 12월조에 견당유학생 土師宿禰甥이 白猪史寶然 및 백강전투에서 당에 붙잡힌 猪使連子首, 筑紫三宅連得許와 신라를 거쳐 귀국하였는데, 신라는 대나말 金物儒를 보내 土師宿禰甥 등을 축자까지 보냈다는 기록이 나온다. 和銅 2년 정월에 종5위하 승진, 勤廣參은 종6위상 상당.

139) 勤大肆는 종6위하 상당, 대보령 시행 후 종5위상으로 승진, 慶雲 원년 사망시에 정5위하로 추증하였다. 『新撰姓氏錄』 우경신별에 坂合部宿禰는 火明命의 8세손 邇倍足尼의 후손으로 나온다.

140) 務大壹은 정7위상에 상당, 白猪史骨의 骨은 寶然으로도 표기한다. 『日本書紀』 天武 13년 12월조에 대당 유학생으로 이름이 보인다. 白猪史에 대해서는, 『日本書紀』 欽明

呂,[144] 追大壹 鍛造大角,[145] 進大壹 額田部連林,[146] 進大貳 田邊史首名,[147] 山口伊

30년조에 백제계 도래인 王辰爾의 조카 膽津이 吉備의 白猪屯倉 田部의 丁籍을 만든 공으로 白猪史 성을 받았다는 씨성 유래가 기록되어 있다. 『속일본기』 養老 4년 5월 葛井連, 延曆 10년 정월 葛井宿禰로 개성하였다. 延曆 10년 정월조에 葛井連道依 등 자신의 동족인 津連氏는 이미 높은 朝臣의 성을 받았는데 자신들은 아직도 連 성에 머물고 있다면서 宿禰 성을 청원하여 승인받았다. 『新撰姓氏錄』 우경제번에 葛井宿禰는 菅野朝臣과 조상이 같으며, 鹽君의 아들 味散君의 후손으로 나온다. 葛井의 씨명은 藤井으로도 쓴다. 河內國 志紀郡 長野鄕 藤井寺의 지명에서 유래한다.

141) 追大壹은 정8위상 상당, 『속일본기』 和銅 4년 4월조에 黃文連備는 종5위하의 귀족 반열에 들어갔다고 나온다. 이 씨족은 고구려계 도래인으로 화공씨족으로 보인다. 『일본서기』 推古 12년 9월조에 "是月, 始定黃書畫師·山背畫師"라고 하여 황서화사 등 화공집단을 관사조직 내에 편입하였다. 「聖德太子前歷」에도 黃文畫師의 이름이 나온다. 『회풍조』에도 한시를 남기고 있는데, 主稅頭 종5위하, 나이 56세로 기록되어 있다. 『신찬성씨록』 山城國諸蕃 「黃文連」조에는 고구려인 久斯那王으로부터 나왔다는 출자를 밝히고 있다.

142) 田邊史에 대해서는 『신찬성씨록』 우경제번에 漢王의 후손인 知惣으로부터 나왔다고 되어 있으나 河內國 安宿郡 資母鄕 지역을 본거지로 하는 백제계 도래씨족이다. 『일본서기』 雄略紀 9년(465) 7월조에 河內國 飛鳥戶郡 사람 田邊史伯孫이 古市郡 사람 書首加龍에게 시집간 딸이 아이를 낳았다는 소식을 듣고 보러 갔다가 譽田陵 아래에서 준마를 얻어 기뻐했는데, 다음날 아침 붉은 준마가 흙으로 빚은 말로 변해 있었다는 전승이 나온다. 이 설화는 『신찬성씨록』 좌경황별하의 「上毛野朝臣」조에도 나온다. 『속일본기』 天平勝寶 2년(750)에 上毛野公으로 개성했다는 성의 변천을 기록하고 있다. 『尊卑分脈』에 인용된 「藤氏大祖傳」에 따르면 藤原不比等은 山科의 田邊史大隈 집안에서 양육되었다고 한다. 田邊史의 일족으로 『일본서기』 白雉 5년(654) 2월조에 판관으로서 견당사로 파견된 田邊史鳥가 있다.

143) 道君首名은 『속일본기』 大寶 원년 6월조에 大安寺에서 僧尼令을 강설하고, 和銅 5년 9월에 견신라대사로 파견되었다. 귀국 후 筑前守에 임명되었다. 養老 2년 4월에 사망하였다. 『新撰姓氏錄』 우경황별에 道公은 大彦命의 손자 彦屋主田心命의 후손으로 나온다. 道君의 일족으로는 『일본서기』 흠명 31년 5월조의 道君이 보인다.

144) 이 인물은 기타 사료에는 보이지 않는다. 『新撰姓氏錄』 山城國神別에 饒速日命의 6세손 伊香我色雄命의 후손으로 나온다. 佐爲라는 씨명은 狹井, 陜井으로도 표기하며, 율령제하의 大和國 城上郡 狹井 지명과 관련이 있는 것으로 생각된다.

145) 鍛師造大隅, 鍛冶造大隅라고도 표기한다. 養老 4년 10월 刑部少輔에 임명되고 養老 5년 정월 明經 제1박사로서 우수 관인들을 선발하여 포상할 때 이름을 올렸다. 神護 2년 5월 鍛師造에서 守部連으로 개성되었다. 『新撰姓氏錄』 河內國神別에는 守部連이 振魂命의 후손이라고 되어 있다.

146) 額田部는 『日本書紀』 신대기 일서에 天津彦根命을 조상으로 한다는 전승이 있고, 『新撰姓氏錄』 左京神別에는 天津彦根命의 손 意富伊我都命의 후예라고 기록되어 있다. 大和國 平群郡 額田鄕, 현재의 大和郡 山市를 본거지로 하며 氏寺는 額安寺이다. 進大壹은 大初位上 상당.

147) 進大貳는 大初位下 상당, 首名은 정창원문서 天平 9년 和泉監正稅帳에 '故正'이라는 이름으로 나오고 있어 천평 4년에 和天監 장관인 正이었다.

美伎大麻呂,[148] 直廣肆 調伊美伎老人[149] 등은 율령을 撰定하였기에 차등있게 녹을 지급하였다.

8월 무신(3일), 宇尼備, 賀久山, 成會山陵 및 吉野宮 주변의 수목이 이유도 없이 시들어 고사하였다.

을묘(10일), 長門國에서 흰 거북을 바쳤다.

을축(20일), 칙을 내려 승 通德, 惠俊을 함께 환속시켰다.[150] 대신 1인씩 득도시켰다. 통덕에게는 陽侯史[151]의 성과 久爾曾의 이름을 내리고, 勤廣肆의 관위를 수여하였다. 惠俊에게는 吉의 성과 宜의 이름,[152] 務廣肆의 관위를 수여하였다. 그 기예를 활용하기 위해서였다.

정묘(22일), 천하에 사면을 내렸다. 단 10악을 범한 자와, 절도는 사면의 범위에 포함하지 않았다. 고령자에게 물품을 내렸다. 또 순찰사의 주상에 근거하여 제국의 국사들에게 그 다스리는 능력에 따라 위계를 승급시키고 신분에 따라 봉호를 하사하였다. 阿倍朝臣御主人,[153] 大伴宿禰御行[154]에게

148) 기타 사료에는 보이지 않는다.

149) 直廣肆는 종5위하 상당,『日本書紀』持統 3년 6월조에 따르면 撰善 言司에 임명되었다. 大寶 원년에 사망하여 정5위상으로 추증되었고, 대보 3년 2월 율령찬정의 공으로 그의 아들이 전지, 봉호를 지급받았다.

150) 大寶律令 제정을 전후한 시기에 국가가 필요로 하는 유능한 관인을 확보하기 위해 불가의 승려들을 환속시켜 관인으로 발탁한 것이다. 주로 천문, 역법, 점복, 의술, 기예 등의 전문 지식층이 많았다.

151) 楊侯史의 조상에 대해『일본서기』推古 10년(602)조에는 "백제 승려 觀勒이 내조하여 역서, 천문지리 서적과 아울러 둔갑, 방술 서적을 바쳤다. 이때 書生 3, 4명을 선발하여 관륵에게 학습하게 하였다. 陽胡史의 선조 玉陳은 역법을 배우고"라고 기록되어 있다.『신찬성씨록』좌경제번에 楊侯忌寸은 "隋煬帝의 후손인 達率 楊侯阿子王으로부터 나왔다"고 하고, 동「楊胡史」조에는 "楊侯忌寸과 조상이 같으며, 달솔 楊公阿了王의 후손이다"라고 기록되어 있다. 陽胡史를 수양제의 후손으로 기록한 것은 시기적으로 맞지 않으며, 백제 관위를 갖고 있듯이 백제계 도래인이다. 그의 일족은 神護景雲 2년(768) 3월조에 좌경인 외종5위하 楊胡毗登人麻呂 등 64인에게 楊胡忌寸 성을 주었다는 기록에 보인다. 이 기록으로 보건대 양후씨의 옛 성이 史이며 忌寸으로 개성되었음을 알 수 있다.

152) 환속승 吉宜는 백제 멸망 시에 망명한 吉大尙의 후손이다. 和銅 7년 종5위하로 승진하였고 養老 5년(721) 의술 방면에서 포상을 받아 종5위상에 올랐다. 그는 神龜 원년(724) 吉에서 吉田連을 사성받았다. 天平 5년(733) 圖書頭에 임명되었고, 동 10년(738) 典藥寮의 장관인 典藥頭를 역임하였다.『회풍조』에도 한시 4수를 남겼다.

153)『日本書紀』持統 10년 10월조에 종3위 상당의 正廣肆 大納言으로 나온다. 大寶 원년 3월 종2위를 받았고 우대신이 되었다. 대보 3년 윤4월에 사망하였다.

함께 正廣參[155]의 관위를 내렸다. 因幡守 勤大壹 船連秦勝[156]에게 봉호 30호, 遠江守 勤廣壹 漆部造道麻呂에게 20호를 내렸는데 함께 선정에 대한 포상이다.

동10월 임자(8일), 왕경과 畿內 지역의 나이 90세 이상의 승려들에게 명주실과 목면을 내렸다. 처음으로 製衣冠司[157]를 두었다.

기미(15일), 直大壹 石上朝臣麻呂[158]를 筑紫總領으로 삼고, 直廣參 小野朝臣毛野[159]를 大貳로 삼았다. 直廣參 波多朝臣牟後閇[160]를 周防國 總領으로, 直廣參 上毛野朝臣小足[161]을 吉備國 總領으로, 直廣參 百濟王遠寶[162]를 常陸守로 삼았다.

계해(19일), 直廣肆 佐伯宿禰麻呂[163] 등이 신라에서 돌아와 공작 및 진귀한

---

154) 『日本書紀』 天武 4년 3월 병무관대보에 보임되었고, 持統 10년 10월 종3위 상당의 正廣肆 大納言으로 나온다. 대보 원년 정월에 사망하였다.

155) 종2위 상당.

156) 秦勝은 基勝으로도 표기한다. 慶雲 2년 12월 종5위하가 되고 靈龜 2년(716) 出雲守에 임명되어다. 船連은 원래 船史이며 백제계 도래인 왕진이 후손이다.

157) 大寶 원년 3월 갑오조에 보이는 大寶令의 「衣服令」에 기초한 관인의 衣冠을 봉제하는 관사.

158) 石上朝臣麻呂는 『일본서기』 天武 10년까지는 物部連麻呂, 朱鳥 원년에서 『속일본기』 養老 원년까지는 石上朝臣麻呂로 나온다. 天武 5년 10월조에 견신라대사로 파견되어 이듬해 2월에 귀국, 大寶 원년 3월에 정3위가 되고, 慶雲 원년 정월에 우대신, 和銅 원년 3월에 좌대신으로 승진하였고, 養老 원년 3월에 사망하였는데 그때 좌대신 정2위였고 나이는 78세로 기록되어 있다. 『신찬성씨록』 좌경신별에 石上朝臣은 神饒速日命의 후손으로 나온다.

159) 『일본서기』 持統 9년(695) 9월조에 견신라사로 파견된 기사가 나오고 大寶 2년 종4위하로 參議에 보임, 和銅 원년(708)에 종3위가 되었고, 화동 7년에 사망하였다. 推古 15년(607) 견수사로 파견된 小野妹子의 손이다.

160) 『일본서기』 持統 3년 6월조에 撰善言司에 임명되고 大寶 원년 6월 정5위상으로 造藥師寺司에 보임되었다고 나온다. 波多朝臣은 羽田朝臣, 八多朝臣으로도 표기한다. 『新撰姓氏錄』 우경황별 「八多朝臣」조에 石川朝臣과 同祖이고 武內宿禰의 후손으로 나온다.

161) 大寶 원년(701) 정5위상에 서위되었고, 대보 3년에 下總守, 和銅 원년(708)에 陸奥守를 역임하였다. 上毛野朝臣의 원래 성은 上毛野君으로 天武 13년 朝臣 성을 받았다. 『新撰姓氏錄』 좌경황별에 下毛野朝臣과 동조이고 豊城入彦命의 5세손 多奇波世君의 후손으로 나온다. 北關東 毛野地方의 호족이다.

162) 『일본서기』 持統 5년(691) 정월조에 百濟王善光, 百濟王郎虞, 百濟王南典 등 일족과 함께 조정으로부터 재정적 지원을 받은 것으로 나온다. 文武 4년(700) 常陸守, 和銅 원년(708)에 左衛士督을 역임하고, 和銅 6년(713) 종4위하에 이른다. 天平 6년(734) 3월에 사망하였으며 최종관위는 산위 종4위하이다.

163) 文武4년 5월에 파견되어 5개월 만에 귀국한 것이다.

물건을 바쳤다.[164)]

경오(26일), 周防國에 사자를 보내 선박을 만들게 하였다.[165)]

11월 임오(8일), 신라사 살찬 金所毛가 와서 母王의 상을 알렸다.[166)]

을미(21일), 천하에 도적이 자주 나타나 사자를 보내 추격하여 잡게 하였다.

임인(28일), 大倭國 葛上郡 鴨君粳賣[167)]가 한번에 2남 1녀를 낳았다. 비단 4정, 면포 4둔, 베 8단, 벼 400속과 유모 1인을 내렸다.

12월 경오(26일), 大倭國에 역병이 돌아 의약을 보내 구제하였다.

『속일본기』 권제1

164) 신라가 공작을 보낸 사례로는 『일본서기』 推古紀 6년 8월조에 "新羅貢孔雀一隻"이 있다. 또 신라에서 진귀한 물건을 보낸 사실은 神功紀 4월조에 "新羅貢物者珍異甚多", 持統紀 2년 2월조에 "大宰獻新羅調賦, 金銀, 絹布, 皮銅鐵之類十餘物. 并別所獻佛像, 種種彩絹, 鳥馬之類十餘種, 及霜林所獻金銀, 彩色, 種種珍異之物, 并八十餘物"에서 보이는데, 다양한 '珍異之物'이 나온다. 당시 일본 지배층의 신라물산에 대한 인식을 보여준다.

165) 견당사 파견을 위해 선박의 건조를 명한 것으로 大寶 원년 정월 견당사 임명기사가 나오고 동 2년에 출항하였다. 백강전투 이후 30여 년간 단절된 대당외교가 개시된 것으로, 대보율령 편찬 직후의 일이다.

166) 신라 孝昭王의 모친으로 神睦大后로 칭했다. 皇福寺祉 3층석탑에서 출토된 금동사리함에 "聖曆三年庚子六月一日, 神睦大后遂以長辭, 高昇淨國"이라는 기록이 나온다. 聖曆 3년(700) 경자년 6월 1일에 신목태후가 세상을 떠난 사실을 전하고 있다. 大寶 원년 정월에 귀국하지 못하고 일본에서 사망하였다.

167) 鴨은 賀茂라고도 표기한다. 『新撰姓氏錄』 大和神別에 賀茂朝臣은 大神朝臣과 同祖이고 大國主神의 후손이라고 기록되어 있다. 鴨君은 天武 13년 君에서 朝臣으로 개성하였다.

續日本紀卷第一

〈起丁酉年八月, 盡庚子年十二月〉

從四位下行民部大輔兼左兵衛督皇太子學士臣菅野朝臣眞道等奉勅撰

天之眞宗豐祖父天皇〈文武天皇 第四十二〉

◯ 天之眞宗豊祖父天皇. 天渟中原瀛眞人天皇之孫, 日並知皇子尊之第二子也.〈日並知皇子尊者, 寶字二年有勅, 追崇尊號, 稱岡宮御宇天皇也.〉 母天命開別天皇之第四女, 平城宮御宇日本根子天津御代豊國成姫天皇是也. 天皇天縱寬仁, 慍不形色, 博涉經史, 尤善射藝, 高天原廣野姫天皇十一年, 立爲皇太子.

八月甲子朔, 受禪卽位. 庚辰. 詔曰, 現御神〈止〉大八嶋國所知天皇大命〈良麻止〉詔大命〈乎〉集侍皇子等王等百官人等, 天下公民諸聞食〈止〉詔. 高天原〈爾〉事始而遠天皇祖御世御世中今至〈麻弖爾〉天皇御子之阿禮坐〈牟〉彌繼繼〈爾〉大八嶋國將知次〈止〉天〈都〉神〈乃〉御子隨〈母〉天坐神之依〈之〉奉〈之〉隨, 聞看來此天津日嗣高御座之業〈止〉現御神〈止〉大八嶋國所知倭根子天皇命授賜〈比〉負賜〈布〉貴〈支〉高〈支〉廣〈支〉厚〈支〉大命〈乎〉受賜〈利〉恐坐〈弖〉此〈乃〉食國天下〈乎〉調賜〈比〉平賜〈比〉天下〈乃〉公民〈乎〉惠賜〈比〉撫賜〈牟止奈母〉隨神所思行〈佐久止〉詔天皇大命〈乎〉諸聞食〈止〉詔. 是以百官人等四方食國〈乎〉治奉〈止〉任賜〈幣留〉國國宰等〈爾〉至〈麻弖爾〉天皇朝庭敷賜行賜〈幣留〉國法〈乎〉過犯事無〈久〉明〈支〉淨〈支〉直〈支〉誠之心以而御稱稱而緩怠事無〈久〉務結而仕奉〈止〉詔大命〈乎〉諸聞食〈止〉詔. 故〈乎〉如此之狀〈乎〉聞食悟而款將仕奉人者其仕奉〈禮良牟〉狀隨,品品讚賜上賜治將賜物〈曾止〉詔天皇大命〈乎〉諸聞食〈止〉詔. 仍免今年田租雜徭并庸之半. 又始自今年三箇年, 不收大稅之利, 高年老人加恤焉. 又親王已下百下百官人等賜物有差, 令諸國每年放生. 癸未. 以藤原朝臣宮子娘爲夫人, 紀朝臣竈門娘, 石川朝臣刀子娘爲妃. 壬辰, 賜王親及五位已上食封各有差.

九月丙申, 京人大神大網造百足家生嘉稻, 近江國獻白鼈, 丹波國獻白鹿. 壬寅, 賜勤大壹丸部臣君手直廣壹, 壬申之功臣也.

冬十月壬午, 陸奥蝦夷貢方物. 辛卯, 新羅使一吉飡金弼德, 副使奈麻金任想等來朝.

十一月癸卯, 遣務廣肆坂本朝臣鹿田, 進大壹大倭忌寸五百足於陸路, 務廣肆土師宿禰大麻呂, 進廣參習宜連諸國於海路, 以迎新羅使于筑紫.

十二月庚辰, 賜越後蝦狄物, 各有差.

閏十二月己亥, 播磨, 備前, 備中, 周防, 淡路, 阿波, 讚岐, 伊豫等國飢, 賑給之. 又勿收負稅. 庚申, 禁正月往來行拜賀之禮, 如有違犯者, 依淨御原朝庭制, 決罰之, 但聽拜祖父兄及氏上者.

◯ **二年**春正月壬戌朔, 天皇御大極殿受朝, 文武百寮及新羅朝貢使拜賀, 其儀如常. 甲子, 新羅使一吉飡金弼德等貢調物. 己巳, 土左國獻牛黃. 戊寅, 供新羅貢物于諸社. 庚辰, 遣直廣參土師宿禰馬手, 獻新羅貢物于大內山陵.

二月壬辰朔甲午, 金弼德等還蕃. 丙申, 車駕幸宇智郡. 癸卯賜百官職事已上及才伎長上祿各有差. 丙午, 賜武官祿各有差.

三月乙丑, 因幡國獻銅鑛. 丁卯, 越後國言疫, 給醫藥救之. 己巳, 詔, 筑前國宗形, 出雲國意宇二郡司, 並聽連任三等已上親. 庚午, 任諸國郡司, 因詔諸國司等銓擬郡司, 勿有偏黨, 郡司居任, 必須如法, 自今以後不違越. 辛巳, 禁山背國賀茂祭日會衆騎射. 壬午, 詔以惠施法師爲僧正, 智淵法師爲少僧都, 善往法師爲律師.

夏四月壬辰, 近江紀伊二國疫, 給醫藥療之. 侏儒備前國人秦大兄, 賜姓香登臣. 壬寅, 遣務廣貳文忌寸博士等八人于南嶋覓國, 因給戎器. 戊午, 奉馬于芳野水分峯神, 祈雨也.

五月庚申朔, 諸國旱, 因奉幣帛于諸社. 甲子, 遣使于京畿, 祈雨於名山大川. 乙亥, 遣使于諸國, 巡監田疇. 甲申, 令大宰府繕治大野, 基肄, 鞠智三城.

六月丙申, 近江國獻白樊石. 壬寅, 越後國蝦狄獻方物. 丙辰, 奉馬于諸社祈雨也. 丁巳, 直廣參田中朝臣足麻呂卒. 詔贈直廣壹, 壬申年功也.

秋七月己未朔, 有蝕之. 乙丑, 公私奴婢亡匿民間, 有容止不肯顯告於是始制笞法, 償其巧, 在別式. 禁博戲遊手之徒, 居停主人, 與居同罪. 乙亥, 野備前二國獻赤烏, 豫國獻白鑞. 癸未, 直廣肆高橋朝臣嶋麻呂爲伊勢守, 廣肆石川朝臣小老爲美濃守. 乙酉, 豫國獻鑞鑛.

八月戊子朔, 田足嶋賜姓連. 丙午, 曰, 原朝臣所賜之姓, 令其子不比等承之, 意美麻呂等者, 供神事, 復舊姓焉. 丁未, 理高安城.〈天智天皇五年築城也〉. 癸丑, 朝儀之禮, 具別式.

九月戊午朔, 無冠麻續連豊足爲氏上, 冠大贄爲助, 廣肆服部連佐射爲氏上, 功子爲助. 甲子, 總國大風, 百姓廬舍. 丁卯, 當耆皇女侍于伊勢齋宮. 壬午, 芳國獻銅鑛. 乙酉, 近江國獻金靑, 伊勢國朱沙雄黃, 常陸國, 備前, 伊豫, 日向四國朱沙, 安藝長門二國金靑綠靑, 豊後國眞朱.

冬十月庚寅, 以藥師寺構作畧了, 詔衆僧令住其寺. 己酉, 陸奧蝦夷獻方物.

十一月丁巳朔, 日有蝕之. 辛酉, 伊勢國獻白鑞. 癸亥, 遣使諸國大祓. 己卯, 大嘗, 直廣肆榎井朝臣倭麻呂竪大楯, 直廣肆大伴宿禰手拍竪楯桙, 賜神祇官人, 及供事尾張美濃二國郡司百姓等物各有差. 乙酉, 下總國獻牛黃.

十二月辛卯, 令對馬嶋冶金鑛. 丁未, 令越後國修理石船柵. 乙卯, 遷多氣大神宮于度會郡. 丙辰, 贈勤大貳山代小田直廣肆.

◯ **三年**春正月壬午, 京職言, 林坊新羅子牟久賣, 一産二男二女, 賜絁五疋, 綿五屯, 布十端, 稻五百束, 乳母一人. 癸未, 詔授內藥官桑原加都直廣肆賜姓連, 姓賞勤公也. 是日, 幸難波宮, 甲申, 淨廣參坂合部女王卒.

二月丁未, 車駕至自難波宮. 戊申, 詔免從駕諸國騎兵等今年調役.

三月己未, 下野國獻雌黃. 甲子, 河內國獻白鳩. 詔免錦部郡一年租役. 又獲瑞人犬養廣麻呂戶給復三年. 又赦畿內徒罪已下. 壬午, 遣巡察使于畿內, 檢察非違.

夏四月己酉, 越後蝦狄一百六人賜爵有差.

五月辛酉, 詔曰, 圖勳之義, 肇自前修, 創功之賞, 歷代斯重, 蓋所以昭壯士之節, 著不朽之名者也. 汝坂上忌寸老, 壬申年軍役, 不顧一生, 赴社稷之急, 出於萬死, 冒國家之難, 而未加顯秩, 奄爾隕殂, 思寵往魂用慰冥路. 宜贈直廣壹, 兼復賜物. 丁丑, 役君小角流于伊豆嶋, 初小角住於葛木山, 以呪術稱, 外從五位下韓國連廣足師焉. 後害其能, 讒以妖惑, 故配遠處, 世相傳云, 小角能役使鬼神, 汲水採薪, 若不用命, 卽以呪縛之.

六月戊戌, 施山田寺封三百戶, 限卅年也. 丙午, 淨廣參日向王卒. 遣使弔賻. 丁未,命直冠已下一百五十九人, 就日向王第會喪. 庚戌, 淨大肆春日王卒. 遣使弔賻.
秋七月辛未, 多褹, 夜久, 菴美, 度感等人, 從朝宰而來貢方物, 授位賜物各有差. 其度感嶋通中國於是始矣. 癸酉, 淨廣貳弓削皇子薨. 遣淨廣肆大石王, 直廣參路眞人大人等監護喪事, 皇子天武天皇之第六皇子也.
八月己丑, 奉南嶋獻物于伊勢大神宮及諸社. 壬辰, 賜百官人祿各有差. 壬寅, 伊豫國獻白燕.
九月丙寅, 修理高安城. 辛未, 詔令正大貳已下無位已上者, 人別備弓矢甲桙及兵馬. 各有差. 又勅京畿, 同亦儲之. 丙子, 新田部皇女薨. 勅王臣百官人等會葬. 天智天皇之皇女也.
冬十月甲午, 詔赦天下有罪者, 但十惡强竊二盜不在赦限, 爲欲營造越智, 山科二山陵也. 辛丑, 遣淨廣肆衣縫王, 直大壹當麻眞人國見, 直廣參土師宿禰根麻呂, 直大肆田中朝臣法麻呂, 判官四人, 主典二人, 大工二人於越智山陵, 淨廣肆大石王, 直大貳粟田朝臣眞人, 直廣參土師宿禰馬手, 直廣肆小治田朝臣當麻, 判官四人, 主典二人, 大工二人於山科山陵. 並分功修造焉. 戊申, 遣巡察使于諸國, 檢察非違.
十一月辛亥朔, 日有蝕之. 甲寅, 文忌寸博士, 刑部眞木等自南嶋至, 進位各有差. 己卯, 施義淵法師稻一萬束, 褒學行也.
十二月癸未, 淨廣貳大江皇女薨. 令王臣百官人等會葬. 天智天皇之皇女也. 甲申, 令大宰府修三野, 稻積二城. 庚子, 始置鑄錢司. 以直大肆中臣朝臣意美麻呂爲長官.

◯ **四年**春正月丁巳, 授新田部皇子淨廣貳. 癸亥, 有詔, 賜左大臣多治比眞人嶋靈壽杖及輿臺. 優高年也.
二月乙酉, 上總國司請安房郡大少領連任父子兄弟. 許之. 戊子, 令丹波國獻錫. 己亥, 令越後佐渡二國修營石船柵. 壬寅, 遣巡察使于東山道, 檢察非違. 丁未, 累勅王臣京畿, 令備戎具.
三月己未, 道照和尚物化. 天皇甚悼惜之. 遣使弔賻之. 和尚河內國丹比郡人也. 俗姓船連, 父惠釋少錦下, 和尚戒行不缺, 尤尙忍行, 嘗弟子欲究其性, 竊穿便器, 漏汚被褥. 和尚乃微笑曰, 放蕩小子汚人之床, 竟無復一言焉. 初孝德天皇白雉四年, 隨使入唐, 適遇玄奘三藏, 師受業焉. 三藏特愛, 令住同房. 謂曰, 吾昔往西域, 在路飢乏, 無村可乞, 忽有一沙門手持梨子, 與吾食之. 吾自啖後氣力日健. 今汝是持梨沙門也. 又謂曰,經論深妙不能究竟. 不如學禪流傳東土, 和尙奉教. 始習禪定, 所悟稍多, 於後隨使歸朝. 臨訣, 三藏以所持舍利經論. 咸授和尙而曰, 人能弘道. 今以斯文附屬. 又授一鐺子曰, 吾從西域自所將來, 煎物養病, 無不神驗. 於是和尙拜謝. 啼泣而辭. 及至登州, 使人多病. 和尙出鐺子, 暖水煮粥, 遍與病徒, 當日卽差. 旣解纜順風而去. 比至海中, 船漂蕩不進者七日七夜. 諸人怪曰, 風勢快好, 計日應到本國. 船不肯行, 計必有意. 卜人曰, 龍王欲得鐺子. 和上聞之曰, 鐺子此是三藏之所施者也. 龍王何敢索之. 諸人皆曰, 今惜鐺子不與, 恐合船爲魚食. 因取鐺子抛入海中. 登時船進還歸本朝. 於元興寺東南隅. 別建禪院而住焉. 于時天下行業之徒, 從和尙學禪焉. 於後周遊天下, 路傍穿井, 諸津濟處, 儲船造橋. 乃山背國宇治橋, 和尙之所創造者也. 和尙周遊凡十有餘載, 有勅請還止住禪院, 坐禪如故. 或三日一起, 或七日一起, 倏忽香氣從房出. 諸弟子驚怪, 就而謁和尙, 端坐繩床, 無有氣息. 時年七十有二. 弟子等奉遺教, 火葬於粟原. 天下火葬從此而始也. 世傳云, 火葬畢, 親族與弟子相爭, 欲取和上骨斂之. 飄風忽起, 吹飄灰骨, 終不知其處. 時人異焉. 後遷都平城也. 和尙弟及弟子等奏聞, 徙建禪院於新京. 今平城右京禪院是也. 此院多有經論, 書迹楷好, 並不錯誤. 皆和上之所將來者也. 甲子, 詔諸王臣讀習令文. 又撰成律條. 丙寅, 令諸國定牧地放牛馬.

夏四月癸未, 淨廣肆明日香皇女薨. 遣使弔賻之, 天智天皇之皇女也.

五月辛酉, 以直廣肆佐伯宿禰麻呂, 爲遣新羅大使. 勤大肆佐味朝臣賀佐麻呂爲小使, 大少位各一人, 大少史各一人.

六月庚辰, 薩末比賣, 久賣, 波豆, 衣評督衣君縣, 助督衣君弖自美. 又肝衝難波, 從肥人等持兵, 剽劫覓國使刑部眞木等. 於是勅竺志惣領, 准犯決罰. 甲午, 勅淨大參刑部親王, 直廣壹藤原朝臣不比等, 直大貳粟田朝臣眞人, 直廣參下毛野朝臣古麻呂, 直廣肆伊岐連博得, 直廣肆伊余部連馬養, 勤大壹薩弘恪, 勤廣參土部宿禰甥, 勤大肆坂合部宿禰唐, 務大壹白猪史骨, 追大壹黃文連備, 田邊史百枝, 道君首名, 狹井宿禰尺麻呂, 追大壹鍜造大角, 進大壹額田部連林, 進大貳田邊史首名, 山口伊美伎大麻呂, 直廣肆調伊美伎老人等, 撰定律令, 賜祿各有差.

八月戊申, 宇尼備, 賀久山, 成會山陵, 及吉野宮邊樹木無故彫枯. 乙卯, 長門國獻白龜. 乙丑,勅僧通德, 惠俊並還俗. 代度各一人. 賜通德姓陽侯史, 名久爾曾, 授勤廣肆. 賜惠俊姓吉, 名宜, 授務廣肆. 爲用其藝也. 丁卯, 赦天下. 但十惡盜人不在赦限, 高年賜物. 又依巡察使奏狀, 諸國司等, 隨其治能, 進階賜封各有差. 阿倍朝臣御主人, 大伴

宿禰御行並授正廣參. 因幡守勤大壹船連秦勝封卅戶, 遠江守勤廣壹漆部造道麻呂廿戶. 並褒善政也,

冬十月壬子, 施京畿年九十已上僧尼等絁綿布. 始置製衣冠司. 己未, 以直大壹石上朝臣麻呂, 爲筑紫總領, 直廣參小野朝臣毛野爲大貳, 直廣參波多朝臣牟後閇爲周防總領, 直廣參上毛野朝臣小足爲吉備總領, 直廣參百濟王遠寶爲常陸守. 癸亥, 直廣肆佐伯宿禰麻呂等至自新羅. 獻孔雀及珍物. 庚午, 遣使于周防國造舶.

十一月壬午, 新羅使薩飡金所毛來赴母王之喪. 乙未, 天下盜賊往々而在往遣使逐捕. 壬寅, 大倭國葛上郡鴨君粳賣一產二男一女. 賜絁四疋, 綿四屯, 布八端, 稻四百束, 乳母一人.

十二月庚午, 大倭國疫. 賜醫藥救之.

續日本紀卷第一

『속일본기』 권제2

〈大寶 원년(701) 정월에서 2년(702) 12월까지〉

종4위하 行民部大輔 겸 左兵衛督 황태자학사
신 菅野朝臣眞道 등이 칙을 받들어 편찬하다.

天之眞宗豐祖父天皇 〈文武天皇〉

○ 大寶 원년(701) 춘정월 을해삭(1일), 천황이 대극전에 임하여 신년하례를 받았다. 그 의식에는 정문에 烏形幢[1]을 설치하고, 좌측에 일상, 청룡, 주작의 깃발, 우측에 월상, 현무, 백호의 깃발을 세우고, 蕃夷[2]의 사자가 좌우에 나란히 하였다. 비로소 문물의 제도가 정비되었다.

무인(4일), 천황이 大安殿에 임하여 상서[3]의 일을 주상받았는데 告朔[4]의 의식과 같았다.

무자(14일), 신라대사 金所毛가 죽었다. 부의물로서 비단 150필, 목면 932근, 삼베 100단을 小使 급찬 金順慶 및 수부 이상에게 차등있게 내렸다.[5]

기축(15일), 大納言 正廣參[6] 大伴宿禰御行[7]이 죽었다. 천황이 심히 애도하고

---

1) 烏形幢은 태양에 산다는 3족의 새 형상을 한 깃발의 일종.
2) 文武 4년 11월에 일본에 온 신라사 金所毛 일행을 가리킨다. 이것은 중국왕조의 신년하례 때 주변 제국의 사절단을 참석시키는 의식을 모방한 것으로 신라에 대한 대항의식, 우월의식을 표현한 것이다.
3) 천황이 전년도에 일어난 祥瑞에 관한 일들을 주상받는 의식. 상서는 천체 현상, 기이한 동물의 출현 등으로 좋은 일이 일어날 조짐을 말하는데, 유교의 덕치사상에 의거한 왕조의 명운에 관한 것이다.
4) 조정 의식의 하나로 문무관인들이 매월 초하루 조정에 나와 전월의 업무에 관한 문서를 상주하고 천황은 이를 열람하는 의식.
5) 「喪葬令」 규정에 따르면 정1위, 종1위가 사망하면 부의물로서 비단 30필, 삼베 12단, 철 10련을 내린다. 이때의 부의물은 외국사의 사망에 대한 특별 예우이다.
6) 大寶令制의 종2위에 상당. 61쪽 관위대조표 참조.

直廣肆 榎井朝臣倭麻呂 등을 보내 장의를 감독하게 하였다. 直廣壹 藤原朝臣不比等 등을 보내 저택에 가서 (천황의) 조를 고하게 하고, 正廣貳[8] 우대신으로 추증하였다. 御行은 難破朝[9]의 우대신 大紫[10] 長德[11]의 아들이다.

경인(16일), 황친 및 백관들에게 조당에서 연회를 베풀었다. 直廣貳[12] 이상에게 특별히 천황과 같은 식기로 준비한 식사를 대접하였고 이울러 의상을 내렸다.[13] 즐거움을 만끽하고 마쳤다.

임진(18일), 大射[14]를 중지하였다. 추증된 우대신의 상중이기 때문이다.

정유(23일), 守[15]民部尙書 直大貳 粟田朝臣眞人을 遣唐執節使[16]로, 左大辨 直廣參 高橋朝臣笠間[17]을 대사로, 右兵衛率 直廣肆 坂合部宿禰大分[18]을 부사로, 參河守 務大肆[19] 許勢朝臣祖父[20]를 大位로, 형부판사 進大壹[21] 鴨朝臣吉備麻

7) 壬申의 난의 공신이고, 天武 4년 3월 小錦上으로 兵政官大輔에 임명되고, 持統 8년 정월 氏上이 되고, 天武 10년 10월 대납언에 보임되었다.

8) 대보령제에서 정2위에 상당.

9) 難波長柄豊碕宮의 孝德朝.

10) 大化 5년 관위, 대보령제에서 제5위에 상당.

11) 『일본서기』 舒明 4년(632)조에 難波에서 귀국하는 견수사와 함께 온 唐의 高表仁을 맞이하였고, 皇極 원년(642)에 舒明의 殯宮에서 蘇我蝦夷를 대신하여 조사를 읽은 기록이 나온다. 大化 5년(649) 大紫位 右大臣에 보임되었다.

12) 종4위하 상당.

13) 節會의 祿이라고 하여 신하들에게 의상을 내리는 의식이다. 『일본서기』 持統 4년 정월조, 동 5년 정월조, 동 6년 정월조에도 보인다. 大藏省에서 정한 節祿은 綿.

14) 천황이 군신들의 활쏘기를 관람하는 의식. 「雜令」41에 "凡大射者, 正月中旬, 親王以下初位以上, 皆射之, 其儀式及祿, 從別式"이라는 규정이 있다.

15) 관직명에 관칭한 守는 본인의 관위가 관위상당직보다 낮을 경우에 사용한다. 높은 경우에는 行을 쓴다. 民部尙書는 민부의 장관, 당 관제의 명칭이다.

16) 執節使는 천황으로부터 節刀를 수여받는 사절로, 절도 수여는 휘하의 생살권을 포함한 천황대권의 일부를 위임받는 것을 의미한다. 「軍防令」18에는 "凡大將出征, 皆授節刀"라고 정토장군 등에게 수여한다.

17) 渡唐하지 않고 大寶 2년 8월 造大安寺司에, 동 3년 10월 持統太上天皇의 造御竈副官에 임명된다. 和銅 3년 정월에 사망하였다.

18) 養老 원년에 파견된 견당사와 함께 양로 2년 10월에 귀국한다.

19) 정7위 상당.

20) 『日本書紀』 持統 7년 4월조에 監物 巨勢邑治로 나온다. 『속일본기』 慶雲 4년 3월조의 귀국기사에서는 副使로 나온다. 이후 播磨守, 右大弁을 거쳐 養老 2년 3월에 中納言에 임명되고 神護 원년 6월에 사망한다. 『新撰姓氏錄』 우경황별에 許勢朝臣은 武內宿禰의 후손으로 나온다.

21) 大初位上 상당.

呂[22]를 中位로, 山代國 相樂郡의 군령 追廣肆[23] 掃守宿禰阿賀流[24]를 小位로, 進大參 錦部連道麻呂[25]를 大錄으로, 進大肆 白猪史阿麻留[26]와 무위 山於億良[27]을 少錄으로 삼았다.

계유(29일), 直廣壹 縣犬養宿禰大侶[28]가 죽었다. 淨廣肆[29] 夜氣王 등을 보내 (천황의) 조를 고하게 하고 正廣參의 관위를 추증하였다. 임신년의 공신이기 때문이다.

2월 정미(4일), 조를 내려 처음으로 下物職[30]을 임명하였다.

정사(14일), 釋奠[31]을 행하였다.〈注, 奠의 의례는 이로부터 시작되었다.〉

기미(16일), 泉內親王[32]을 伊勢齋宮에 보내 근시시켰다.

계해(20일), 吉野離宮[33]으로 행차하였다.

병인(23일), 民官[34]의 호적을 교감하는 史 등을 임명하였다.

경오(27일), (천황이) 吉野宮으로부터 돌아왔다.

---

22) 慶雲 4년 3월에 귀국하여 下總守, 玄蕃頭, 河內守를 거쳐 養老 3년 7월 播磨守로서 備前, 備中, 美作, 淡路 등 4국을 관할하는 안찰사에 임명된다.

23) 종8위하 상당.

24) 당에서 객사하였다. 『속일본후기』 承和 3년 5월조에 동일인인 故人 唐判官 종5품하 掃守宿禰明에게 종5품상을 추증한 기사가 나온다.

25) 和銅 6년 6월 종5위하, 원래 造 성이었으나 天武 13년 連으로 개성하였다. 『新撰姓氏錄』 河內國諸蕃, 和泉國諸蕃의 「錦部連」조에 百濟國 速古大王의 후손으로 나오듯이 백제계 씨족이다. 錦部連은 錦織連으로도 표기하듯이 비단 직조와 관련된 伴造씨족이다.

26) 기타 사료에는 나오지 않는다. 白猪史는 백제계 씨족인 王辰爾系 씨족이다.

27) 『속일본기』 和銅 7년 정월조 이후에는 山上臣憶良으로 나오고 이 해 정월에 종5위하, 靈龜 2년 4월에 伯耆守에 임명되고 養老 5년 정월에 퇴조 후 동궁 근시를 명받았다. 萬葉歌人으로 저명하여 神龜 3년경 筑紫守로 부임한 이후 大宰帥 大伴旅人 등과 筑紫歌壇을 형성하여 貧窮問答歌 등 많은 시를 남겼다. 山上臣은 神護慶雲 2년 6월 朝臣으로 개성하였다. 『신찬성씨록』 좌경황별의 「山上朝臣」조에 大春日朝臣과 동조라고 기록되어 있다.

28) 임신의 난 때 天武를 따라 東國으로 향했던 공신. 朱鳥 원년 9월 천무의 빈궁에서 宮內의 일을 조사하였다.

29) 종5위하 상당.

30) 대보령제의 監物의 전신인 淨御原令制의 출납을 감시하는 관.

31) 석존은 공자 등을 제사지내는 의식. 「學令」3에는 대학의 國學에서 매년 춘추 2仲의 달(2월, 8월)의 上丁(최초의 丁日) 날에 공자를 제사지낸다고 기록되어 있다.

32) 천무의 황녀.

33) 현재의 奈良縣 吉野郡 吉野井 일대.

34) 대보령제의 民部省의 전신 관부. 제국의 호적, 계장, 부역 등 민정 일반을 담당하였다.

3월 병자(3일), (천황이) 東安殿에서 왕친 및 군신들에게 연회를 베풀었다.

무자(15일), 追大肆 凡海宿禰麤鎌[35]을 陸奥國에 보내 금을 정련시켰다.

임진(19일), 승 弁紀를 환속시키고 대신 1명을 득도시켰다. 春日倉首의 성과 老의 이름을 내리고,[36] 追大壹의 관위를 하사하였다.

갑오(21일), 대마도에서 금[37]을 공상하였다. 大寶[38] 원년으로 건원하였다. 비로소 新令에 의거하여 관명, 위호를 개정하였다. 친왕은 明冠 4품, 제왕은 淨冠 14계로 합계 18계로 하고, 제신은 正冠 6계, 直冠 8계, 勤冠 4계, 務冠 4계, 追冠 4계, 進冠 4계, 합계 30계로 한다. 外位는 直冠 정5위상에서 進冠 소초위하까지 합계 20계로 하고, 훈위는 正冠 정3위에서 追冠 종8위하까지 합계 12등으로 하였다. 처음으로 冠을 수여하는 것을 중지하고, 位記로 대신하였다. 그 내용은 年代曆에 있다. 또 복제는 親王 4품 이상, 제왕, 제신 1위인 자는 모두 검은 자주색으로 하고, 諸王 2위 이하 제신 3위 이상인 자는 모두 붉은 자주색으로 하였다. 直冠의 상위 4계는 깊은 적색으로, 하위 4계는 옅은 적색으로 한다. 勤冠 4계는 짙은 녹색으로, 務冠 4계는 연한 녹색으로, 追冠 4계는 깊은 옥색으로, 進冠 4계는 연한 옥색으로 하고, 모두 칠관, 비단띠, 흰양말, 가죽신을 착용하게 하였다. 그 바지는 直冠 이상은 모두 백색 縛口[39]의 방식이고, 勤冠 이상은 백색의 脛裳[40]으로 하였다. 좌대신 正廣貳 多治比眞人嶋에게 정2위를 내리고, 大納言 正廣參 阿倍朝臣御主人에게 正冠의 종2위를, 中納言 直大壹 石上朝臣麻呂, 直廣壹 藤原朝臣不比等에게 正冠의 정3위를, 直大壹 大伴宿禰安麻呂, 直廣貳 紀朝臣麻呂에게 正冠의 종3위를 내렸다. 또 제왕 14인, 제신 105인에게 위호를 고쳐서 신분에 따라 위계를 승진시켰다. 대납언

---

35) 凡海宿禰는 海人宿禰로도 표기한다. 海部를 관장하여 해산물을 공상하는 伴造氏族.

36) 和銅 7년 정월조에 春日掠首老라는 인명으로 나오고 종5위하에 서임되었다. 『회풍조』에 "從五位下常陸介春日藏首老一絶[年五十]"이라고 기록하고 있듯이 상륙국 국사로 재임하던 중에 시를 짓고, 『萬葉集』에는 환속 전의 이름인 弁基로 나오는데 단가 7수를 남기고 있다.

37) 이때 대마도에서 바친 금은 대보 원년 정월에 사망한 大伴宿禰御行이 三田首五瀬를 보내 공상한 것인데, 거짓으로 드러났다. 대보 원년 8월 정미조 참조.

38) 藤原京 출토의 목간에도 "大寶元年十一月"이라고 하여 大寶라는 연호가 새겨진 문자가 확인된 바 있다.

39) 옷자락에 끈을 달고 발목에 묶는 방식.

40) 바지자락을 짧게 한 모양으로 정강이에 묶는 방식.

正冠의 종2위 阿倍朝臣御主人을 우대신으로 삼고, 중납언 正冠 정3위 石上朝臣麻呂·藤原朝臣不比等, 正冠 종3위 紀朝臣麻呂를 나란히 대납언으로 삼았다. 이날 중납언의 관직을 폐지하였다.

기해(26일), 丹波國에서 3일간 지진이 있었다.

임인(29일), 우대신 종2위 阿倍朝臣御主人에게 비단 5백필, 명주실 4백구, 삼베 5천단, 가래 1만구, 철 5만근과 備前, 備中, 但馬, 安藝 등 제국의 전지 20정을 내렸다.

하4월 갑진삭(1일), 일식이 있었다.

병오(3일), 칙을 내려 "山背國 葛野郡의 月讀神, 樺井神, 木嶋神, 波都賀志神 등의 神稲에 대해서는 금후에는 中臣氏에게 지급한다"라고 하였다.

경술(7일), 右大弁 종4위하 下毛野朝臣古麻呂 등 3인이 처음으로 新令을 강의하였다. 친왕, 제신, 백관들은 이를 학습하였다.

계축(10일), 견당 大通事[41] 大津造廣人[42]에게 垂水君[43]의 성을 내렸다.

을묘(12일), 견당사[44]가 배조하였다.

무오(15일), 제신사에 봉폐하였다. 명산대천에 기우제를 올렸다. 田領[45]을 폐지하고 國司에게 순찰을 위임하였다.

5월 계유삭(1일), 태정관이 처분하기를,[46] "제왕과 5위 이상의 신하는 上日[47]에 대해서는 소관의 관사가 월말에 식부성으로 이관하고 그 후에 식부성에서는 이를 초록하여 태정관으로 보내도록 한다"라고 하였다.

정축(5일), 5위 이상의 군신에게 走馬[48]를 내게 하였다. 천황이 어림하여

---

41) 통역관의 장. 通事 혹은 譯語라고 한다.

42) 기타 사료에는 보이지 않는다. 大津造는 和銅 7년 6월조에 大津連 성으로 개성하였다.

43) 『新撰姓氏錄』 우경황별 「垂水公」조에 崇峻黃子 豊城入彦命의 후손으로 그 6세손이 효덕조에 가뭄이 들었을 때 나무통을 만들어 垂水의 岡基의 물을 궁 안으로 통하게 한 공으로 垂水公의 성을 받았다는 전승이 있다.

44) 대보 원년 정월에 임명된 견당사절로, 출발에 앞서 천황에게 인사를 올렸다.

45) 예전 屯倉을 관리하기 위해 지방에 파견된 관리. 대보령제 하에서는 그 권한을 국사에게 위임하였다.

46) 太政官處分은 법령명 표기의 하나로 태정관이 제관사, 관인, 사원, 신사, 승려로부터 제출된 안건을 봉칙을 거치지 않고 결정하여 시행한 법령이다.

47) 上日. 출근일에 관한 문서.

48) 5월 단오, 節會에 행하는 騎射.

관람하였다.

기묘(7일), 入唐使 粟田朝臣眞人[49]에게 節刀[50]를 하사하였다. 칙을 내려 "1위 이하의 관인의 휴가는 15일을 넘지 못한다. 다만 대납언 이상은 이 범위에 포함되지 않는다"라고 하였다.

기해(27일), 처음으로 勳位[51] 이하의 호를 개정하고 내외관 6위 이상의 유위자에게 1급을 진급시켰다.

6월 임인삭(1일), 정7위하 道君首名에게 大安寺에서 僧尼令을 강설하게 하였다.

계묘(2일), 정5위상 忌部宿禰色布知가 죽었다. 조를 내려 종4위상으로 추증하였다. 임신년의 공이 있기 때문이다. 처음으로 內舍人[52] 90인을 보임하여 태정관에서 배열하여 상견례를 행하였다.

기유(8일), 칙을 내려 "무릇 그 서무는 오로지 新令에 의거한다. 또 國宰,[53] 郡司는 大稅[54]를 보관할 때에는 법에 따라 집행한다. 만약 과실이나 태만이 있다면 사안에 따라 죄를 부과한다"라고 하였다. 이날 7도에 사자를 보내 반드시 新令에 의거하여 정무를 행하고, 大租가 급여되는 상황을 알리고 아울러 新印의 모형[55]을 알리도록 하였다.

임자(11일), 정5위상 波多朝臣牟胡閇, 종5위상 許曾倍朝臣陽麻呂를 造藥師寺司로 임명하였다.

정사(16일), 왕친 및 측근 신하들을 불러 서쪽 高殿[56]에서 연회를 베풀었다. 천황과 같은 식기 및 비단을 차등있게 내렸다.

병인(25일), 때에 비가 내리지 않았다. 기내 4국에 기우제를 지내게 하였다.

---

49) 동년 정월에 遣唐執節使에 임명.

50) 천황대권의 일부를 위임받아 사절단에 대해 군권을 행사할 수 있는 징표.

51) 6위 상당.

52) 대보령에서 신설된 관직. 중무성 소속으로 궁중 경호와 천황 측근에서 잡무를 행했다.

53) 國司를 말한다.

54) 구분전의 田租를 거둬들인 正稅.

55) 諸國의 印. 율령제 하에서는 행정명령, 행정보고는 공문서로 행하고 공문서에 날인하는 제도가 수반된다. 「公式令」40에 따르면 "諸國印〈方二寸〉. 上京公文及案, 調物則印"이라고 규정되어 있다.

56) 藤原京內의 전각.

당해년의 調[57]를 면제하였다.

경오(29일), 태상천황[58]이 吉野離宮으로 순행하였다.

추7월 신사(10일), (천황이) 길야이궁에서 돌아왔다.

임진(21일), 친왕 이하에게 그 관위에 따라 식봉을 내렸다. 또 임신년의 공신에게 공의 정도에 따라 식봉을 하사하였고, 아울러 각각 차등이 있었다. 또 칙을 내려 "앞의 조정[59]에서 공적을 논하여 식봉을 지급할 때 村國小依는 120호, 當麻公國見, 縣犬養連大侶, 榎井連小君, 書直知德,[60] 書首尼麻呂,[61] 黃文造大伴,[62] 大伴連馬來田, 大伴連御行, 阿倍普勢臣御主人, 神麻加牟陀君兒首 10인에게 각각 100호를, 若櫻部臣五百瀨, 佐伯連大目, 牟宜都君比呂, 和爾部臣君手 4인에게 각각 80호를 내렸는데, 모두 15인이다. 그 포상에는 각각 차등이 있지만,

57) 正丁(21세에서 60세)에게 부과되는 인두세. 왕경과 畿內 4국의 거주자는 제국의 반액이었다.

58) 持統太上天皇.

59) 天武朝. 이들 15인은 모두 천무 13년에 제정된 8色姓 이전의 씨성이다.

60) 백제계 東漢氏의 후예씨족. 672년 壬申의 난이 발발했을 때 大海人皇子의 舍人으로 수행하였다. 天武 10년(681) 小錦下의 관위와 連 성을 받았다. 동 14년 8色의 성 제정 시에 書連氏는 忌寸으로 개성하였다. 持統朝에서 임신의 난 공로로 봉호 100호를 받았다.

61) 書氏는 王仁의 후예라고 주장하는 백제계 西文氏[文首, 文連, 文忌寸]의 후예씨족. 壬申의 난이 발발했을 때 書首根麻呂는 大海人皇子의 舍人으로 吉野宮을 떠나 동으로 향할 때 수행한 1인이었다. 天武 원년(672) 12월 훈공을 내릴 때 승서된 것으로 보이고, 봉호 100호를 받았다. 天武 12년 連 성을, 동 14년에 忌寸으로 사성받았다. 天保 2년(1831)에 그의 묘지명이 발견되었는데, 금동제 호리병에 새겨진 묘지명에는 "壬申年將軍左衛士府督正四位上文禰麻呂忌寸慶雲四年歲次丁未九月卄一日卒"이라고 명기되어 있다. 임신년의 장군으로 관직은 左衛士府督이고, 정4위상 文禰麻呂忌寸이 慶雲 4년(707) 9월 21일에 사망한 것으로 되어 있다. 『속일본기』에는 그의 사망 일자가 10월 24일로 나와 있다.

62) 黃文氏[黃書氏]는 『신찬성씨록』 山城國諸蕃에 "黃文連은 高麗國 사람 久斯祁王의 후손이다"라고 되어 있듯이 고구려계 후손이다. 『일본서기』 推古紀 12년(604) 9월조에는 "처음으로 黃書畫師와 山背畫師를 정했다"라고 하여 고구려계 화공집단을 설치한 사실을 기록하고 있다. 黃文連[黃書連]은 그림을 업으로 삼는 씨족으로, 604년 여러 사원들의 불상을 그리기 위해 둔 황서화사를 통솔한 씨족으로 생각된다. 天武 12년(683) 9월조에 따르면 黃文造 등이 連 성을 사성받았다. 임신의 난 때 黃文造大伴은 大海人皇子의 舍人으로서 활약하였다. 이때의 훈공으로 관위의 승서와 봉호 100호를 받았다. 大寶 원년(701)에 임신의 난의 공적이 中第로 평가되어 받은 봉호 4분의 1을 아들에게 상속하게 하였다. 대보 3년 정5위하 黃文連大伴은 山背守에 임명되었다. 靈龜 2년(716) 아들 黃文粳麻呂에게 부의 공에 의해 장원, 전답이 내려졌다.

같은 中功에 해당한다. 마땅히 令에 따라서 4분의 1을 아들에게 상속시키도록 한다"라고 하였다. 또 황대비,[63] 내친왕 및 여왕, 빈의 식봉에 대해서도 각각 차등있게 지급하였다.

이날, 우대신 정2위 多治比眞人嶋가 죽었다. 조를 내려 右少弁 종5위하 波多朝臣廣足, 治部少輔 종5위하 大宅朝臣金弓을 보내 장의를 감독하게 하였다. 또 3품 刑部親王, 정3위 石上朝臣麻呂를 보내 조문하고 부의물을 내렸다. 정5위하 路眞人大人에게 공경의 조사를, 종7위하 下毛野朝臣石代에게 백관의 조사를 읽도록 하였다. 대신은 宣化天皇의 증손인 多治比王의 아들이다.

무술(27일), 태정관이 처분하기를, "造宮官은 職에 준하고,[64] 造大安官과 造藥師官은 寮에 준하고, 造塔官과 丈六官은 司에 준한다"라고 하였다. 또 "모든 관직에 선임되는 사람으로 勅任官과 奏任官[65] 이상인 자는 (임용 후보자의) 명부를 태정관에 보내고, 判任 이상인 자는 식부성이 전형해서 명부를 태정관에 보내도록 한다"라고 하였다. 또 "공신의 식봉은 아들에게 상속하지만, 만약 아들이 없다면 상속할 수 없다. 다만 형제의 아들을 양자로 들인다면 상속을 허락한다. 그 전봉받은 사람[66]이 또 아들이 없다면 다시 양자를 세워 전수받는 것을 허락한다. 그 세대의 수는 적자의 경우와 동일하게 한다. 다만 적손을 계승자로 한다면 전봉할 수 없다. 또 5위 이상의 아들은 음서로 출사할 수 있다. 형제의 아들을 양자로 하는 경우는 서위를 허락한다.[67] 그 적손은 계승한다면 서위는 허락하지 않는다"라고 하였다. 또 "화공과 主計寮,[68] 主稅寮[69]의 算師 및 雅樂의 諸師와 같은 관직은 태정관의 判任官에 준한다"라고 하였다.

---

63) 草壁皇子의 비. 文武·元正의 모인 阿閇皇女. 후의 元明天皇.

64) 造宮官은 藤原宮을 조영하기 위해 임시로 설치한 令外官. 대보령제의 관사는 그 규모에 따라 官, 省, 職, 寮, 司 등으로 등급이 정해져 있다.

65) 勅任官은 천황의 칙명으로 임명하는 관직이고, 奏任官은 천황의 임명대권을 위임받은 태정관이 임명하는 관직이다.

66) 養子를 말한다.

67) 5위 이상의 관인으로 아들이 없을 경우 형제의 아들을 양자로 삼아도 음서로 출사할 수 있다는 말.

68) 民部省에 소속되어 調, 庸, 공상물의 수량을 확인하고 예산, 결산을 담당하였다.

69) 民部省에 소속되어 제국으로부터의 田租, 미곡류의 출납을 담당하였다.

8월 임인(2일), 칙을 내려 승 惠耀,[70] 信成,[71] 東樓[72]를 나란히 환속시켜 본성으로 되돌리고, 각각 2인씩 득도시켰다. 惠耀의 성은 錄이고 이름은 兄麻呂, 信成의 성은 高이고 이름은 金藏, 東樓의 성은 王이고 이름은 中文이다.

---

70) 惠耀의 본성은 錄으로 나와 있지만, 天平年中 「官人考試帳」에는 "從六位下行陰陽博士觮兄麻呂[年四十三/右京]"(『大日本古文書』 24-552·553)라고 하여 錄은 觮으로도 표기되었다. 한편 『일본서기』 天智 10년조의 백제 망명인에 대한 관위수여식에서 음양에 능통한 角福牟에게 소산하의 관위를 주었다고 하고, 『속일본기』 養老 3년(719) 정월 임인조에는 종6위상에서 정5위하로 승진한 기사에 角兄麻呂로 나온다. 또 神龜 원년(724) 5월 신미조의 賜姓 기사에 "從五位下都能兄麻呂羽林連"이라고 하여 都能兄麻呂가 羽林連으로 새로운 씨성을 받고 있는데 觮兄麻呂이다. 都能은 '츠노'로 음독하듯이 본성이 角이다. 즉 角의 성은 觮, 錄으로 전화되고 훈독은 都能로도 표기한다. 상기 환속한 錄兄麻呂는 「관인고시장」에 나오는 陰陽博士 觮兄麻呂와 동일 인물이고 백제에서 망명한 1세대인 角福牟의 아들로 생각된다. 혜요가 승가에 입적한 이유에 대해서는 알 수 없으나 집안에서 전수된 음양도의 지식이 환속한 사유가 되었으며 대보령 시행에 즈음하여 관인으로 발탁되었다. 환속한 각형마려는 養老 5년(721) 정월에 陰陽 분야에서 학업이 우수하여 포상을 받았다. 『萬葉集』(292~295)에도 「角麻呂歌四首」라고 하여 단가 4수가 기록되어 있다. 292수에 나오는 天探女는 『고사기』, 『일본서기』 神代에 등장하는 女神으로 저자가 일본 고전에도 밝고 和歌에도 조예가 깊었음을 알 수 있다.

71) 信成 高金藏은 본성이 高씨이고 이름은 金藏으로 되어 있다. 『신찬성씨록』 左京諸蕃下에 "高는 高麗國人 종5위하 高金藏〈法名信成〉의 후예이다"라고 나온다. 高氏는 고구려 건국시조의 성으로 고구려 멸망 이후 지배계층이었던 왕족출신의 인물들이 대거 망명했음을 말해준다. 養老 2년(718) 이전의 「官人考試帳」(『大日本古文書』 24-552)에는 음양사로서 고금장의 이름을 기록하고 있는데("陰陽師/中上/正七位下行陰陽師高金藏[年五十八, 右京]"), 이때 그의 나이는 58세였다. 고금장은 음양사로서 활동하고 있었기 때문에 대보령 반포 직후부터 음양료에서 관인으로 봉직했다고 보인다. 그는 양로 7년(723) 정월에는 도래계 씨족에 대한 관위 수여식에서 정6위하에서 종5위하로 승진되어 당상관 지위에 올랐다.

72) 東樓 王仲文은 『신찬성씨록』 左京諸蕃下에 따르면, 王氏는 고구려국인 종5위하 王仲文으로부터 나왔고 법명은 東樓라고 하였다고 한다. 그는 養老 2년 정월 정6위상에서 종5위하로 승진되었다. 양로 2년 이전의 「官人考試帳」에 "從六位下行天文博士王中文[年四十五/右京]"(『大日本古文書』 24-553)이라고 하여 종6위하 천문박사 王中文, 나이 45세로 되어 있다. 그는 太一, 둔갑, 천문, 六壬式, 산술, 相地 등에 능하고, 점복의 효험이 가장 많으며 최고라고 평하고 있다(『大日本古文書』 24-553). 또 『속일본기』 양로 5년(721) 정월 갑술조에 우수한 관인 인재들 가운에 왕중문의 이름이 보이고, 僧 延慶이 지은 『家傳』(下)에 음양에 뛰어난 관인을 열기한 중에도 '眞人王仲文'이 기록되어 있다. '眞人'은 天武 13년 8색의 성을 개편할 때 천황가 일족에게 내린 '가바네'로, 도래계 씨족인 왕중문이 받을 수 있는 것이 아니다. 한편 眞人은 도교에서 말하는 신선을 의미하고 음양사는 도가의 도술 요소를 받아들이고 오행사상은 음양도의 중핵을 이룬다는 점에서 음양사상에 능통한 왕중문이 자칭 진인의 칭호를 사용했을 가능성도 있다.

계묘(3일), 3품 品刑部親王, 정3위 藤原朝臣不比等, 종4위하 下毛野朝臣古麻呂, 종5위하 伊吉連博德[73]·伊余部連馬養에게 율령을 撰定시켰는데,[74] 여기에서 비로소 완성되었다.[75] 대략 淨御原朝庭[76]에 준거하고, 이에 신분에 따라 녹을 내렸다.

갑진(4일), 태정관에서 처분하기를, "近江國의 志我山寺[77]에 내린 식봉은 경자년[78]으로부터 계산하여 30년을 채웠고, 觀世音寺, 筑紫尼寺[79]의 식봉은 대보 원년으로부터 계산하여 5년[80]을 채웠는데, 아울러 이를 정지시켰다. 모두 식봉에 준하여 시주하도록 하라. 또 齋宮司는 寮[81]에 준하고, 속관은 長上[82]에 준하도록 하라"고 하였다.

정미(7일), 이에 앞서[83] 大倭國 忍海郡 사람 三田首五瀨를 對馬嶋에 보내 황금을 정련시켰다. 이에 이르러 조를 내려 五瀨에게 정6위상을 내리고

73) 伊吉連氏는 長安人 劉家揚雍으로부터 나왔다는 『新撰姓氏錄』 좌경제번상의 출자전승기록으로 알 수 있듯이 도래계 씨족이다. 伊岐連博得은 『日本書紀』 齊明 5년 견당사절단의 일원으로 파견된 전력이 있는데, 당시 당은 백제 출병을 계획하던 중이어서 견당사 일행은 억류되었다가 백제가 멸망한 후 제명 7년(661) 5월에 귀국하였다. 이때의 사정은 「伊吉連博德書」에 상세하다. 持統 9년 7월 견신라사로 임명되어 파견되었다.

74) 권1 文武 4년 6월 갑오조에 대보율령 撰者의 이름이 나온다. 83~85쪽 참조.

75) 『類聚三代格』에 수록된 弘仁格式 序에 의하면, 律 6권 令 11권을 大寶 원년에서 2년에 걸쳐 시행하기 시작했다고 한다. 天平寶字 원년(760) 養老律令이 시행되기까지 56년간 일본율령국가의 기본법전이었다. 대보율령의 원전은 平安 초기까지는 남아 있었으나 율령국가의 해체와 함께 산일되었다. 律에 대해서는 대보율을 부분 개정한 養老律 전문 500조의 3분의 1이 사본으로 남아 있다. 令에 대해서는 대보령을 부분 개정한 養老令 전문 950조 대부분이 令義解, 令集解의 본문으로 남아 있어 대강을 추정할 수 있다. 특히 令集解에 소록된 대보령의 주석서인 「古記」가 가장 많은 정보를 제공해 주고 있다. 「古記」 대보율령이 시행중인 天平 10년경 찬술된 令私記이다. 이 밖에도 『속일본기』에 관련 기사, 정창원 문서, 만엽집, 목간 등도 참고된다.

76) 天武朝에서 편찬된 淨御原令.

77) 天智가 近江大津宮에 천도하여 건립한 崇福寺.

78) 文武 4년(700), 경자년 이 해로부터 역산하여 30년이 된 식봉. 天智 9년(670) 시작.

79) 觀世音寺, 筑紫尼寺는 『扶桑略記』에 筑紫觀世音寺로 되어 있고, 『속일본기』 和銅 2년 2월조에는 天智가 축자에서 사망한 모 齊明을 추선하기 위해 발원하여 세운 절로 나온다. 福岡縣 大宰府市 소재.

80) 대보 원년(701)으로부터 역산하여 5년이 되는 해는 持統 10년(696).

81) 齋宮司는 伊勢齋王에 소속된 영외의 관사로 이후 齋宮寮가 됨.

82) 상근하는 長上官.

83) 대보 원년 3월 갑오조에 大寶 건원의 계기가 된 대마도에서 금을 바친 사람들에게 내린 포상 기사인데, 사실은 大伴御行이 보낸 三田五瀨의 사기극임이 드러났다.

식봉 50호와 전답 10정, 아울러 비단, 목면, 삼베, 가래를 하사하고 잡호[84]의 이름을 면제하였다. 對馬嶋司 및 郡司, 主典 이상에게 위 1계를 승진시켰다. 금을 바친 군사에게는 2계를, 금을 발굴한 사람인 家部宮道에게는 정8위상을 내렸다. 아울러 비단, 목면 삼베, 가래를 하사하였다. 그 호[85]에게는 종신토록, 백성에게는 3년의 부역을 면제하였다. 또 증 우대신[86] 大伴宿禰御行은 처음에 (三田首)五瀨를 보내어 금을 정련시켰다. 이로 인해 대신의 아들에게는 식봉 100호와 전지 40정을 하사하였다.〈注, 年代曆에서 말하기를, 후에 五瀨의 사기임이 드러났다. 증 우대신은 五瀨에게 사기당한 것임을 알았다.〉. 撰令所[87]에서 처분하기를, "직사관에게 녹이 지급되는 날에는 5위 이상은 모두 大藏省에 나아가 그 녹을 받도록 한다. 만약 그렇게 하지 않는 자는 탄정대가 규찰하여 조사한다"고 하였다.

무신(8일), 明法博士[88]를 6도에 보내〈서해도는 제외하였다.〉 新令을 강설하였다.

기유(9일), 황친[89]이 나이가 차서 관직에 나아가거나 그렇지 않은 자를 묻지 않고 모두 녹을 받는 대상에 포함시켰다.[90]

갑인(14일), 播磨, 淡路, 紀伊 3국에서 "대풍, 큰 조수 때문에 논밭이 피해를 받았다"라고 언상하자, 사자를 보내 농잠의 상태를 순찰하고 백성들을 위로하였다. 또 河內, 攝津, 紀伊 등 제국에 사자를 보내 行宮[91]을 조영시키고 아울러 천황이 탈 배 38척을 만들게 하였다. 사전에 水路 행차에 준비하기 위해서이다.

---

84) 관사에 예속된 특수한 직능집단. 잡호는 雜戶籍.

85) 家部宮道의 戶.

86) 大寶 元年 정월 기축에 사망하여 우대신으로 추증되어 贈右大臣으로 호칭.

87) 대보율령 찬정자들이 조직한 기관으로 율령 시행에 즈음하여 율령을 강설하고, 조문의 해석을 명확히 정하였다.

88) 이때의 明法博士는 大寶律令을 찬정한 사람들이다.

89) 大寶, 養老 율령제에서는 천황의 형제와 황자를 친왕, 친왕의 자식 이하 5세손까지를 왕이라고 한다. 그러나 황친의 범위는 4세손까지이다.

90) 「祿令」11에 황친으로 나이 13세 이상에게 지급하는 춘추의 時服料로, 王祿이라고 한다. 그러나 임관되는 나이인 21세가 되면 음서에 의해 친왕의 아들은 종4위하, 제왕의 아들은 종5위하에 서임된다(「選敍令」34, 35). 이 조문에서 '年滿'은 임관이 되는 21세의 황친을 대상으로 한 것이며 王祿과 춘추의 季祿을 받는다.

91) 大寶 원년 9월 정해조에 紀伊國 행차기록이 보인다.

신유(21일), 參河, 遠江, 相摸, 近江, 信濃, 越前, 佐渡, 但馬, 伯耆, 出雲, 備前, 安藝, 周防, 長門, 紀伊, 讚岐, 伊豫 등 17국이 황충 피해를 입었다. 대풍으로 백성들의 가옥이 부서지고 벼수확에 피해를 입었다. 조를 내려 종5위하 調忌寸老人[92]에게 정5위상의 관위를 수여하였다. 율령의 편찬에 관여했기 때문이다.

병인(26일), 高安城[93]을 폐지하고 사옥과 저장된 잡물은 大倭, 河內 2국으로 옮겨 보관하였다. 제국에 명하여 衛士를 더 징발하여 衛門府에 배속시켰다.

9월 무인(9일), 제국에 사자를 보내 생업의 상황을 돌아보게 하고 백성들을 진휼하였다.

정해(18일), 천황이 紀伊國에 순행하였다.

동10월 정미(8일), 천황이 武漏[94] 온천에 이르렀다.

무신(9일), 수행한 관인과 國司, 郡司에게 위계를 승진시키고 의복과 침구를 지급하였다. 또 국내의 고령자에게 쌀을 각각 차등있게 지급하고, 금년의 租, 調 및 正稅[95]의 이자를 징수하지 않도록 하였다. 다만 武漏郡은 本利[96]도 함께 면제하고 죄인도 사면하였다.

무오(19일), 천황이 紀伊國에서 돌아왔다.

기미(20일), 천황이 순행할 때 수행한 제국의 기병에게 당해년의 調, 庸을 면제하고, 擔夫[97]에게는 전조를 면제하였다.

11월 임신(4일), 천하에 대사면을 내렸다.[98] 단 절도는 이 범위에 포함하지 않았다. 노인, 병자[99] 및 승니에게 각각 차등있게 물품을 내렸다.

병자(8일), 처음으로 造大幣司[100]를 임명하였다. 정5위하 彌努王, 종5위하

---

92) 文武 4년 6월 갑오조에 대보율령 찬정에 대한 포상기록이 나온다. 調忌寸老人인 調伊美伎老人으로 표기. 이때의 관위 승진은 사후의 추증으로 보인다.

93) 高安城이 폐지된 후에도 봉화는 존속되나 和銅 5년 정월에 폐지된다.

94) 『일본서기』 齊明 3년 10월조에는 牟婁溫湯. 지금의 和歌山縣 西牟婁郡 白濱町 湯崎온천.

95) 구분전의 田租. 大稅로도 표기.

96) 대여받은(出擧) 원래의 쌀(稻貸)과 그 이자를 함께 면제한다는 의미.

97) 천황 행차 시에 필요한 물품을 운반하는 인부.

98) 大寶令 시행 이후 처음으로 실시한 전국적인 사면.

99) 「戶令」6에 따르면 老疾은 61세 이상이다.

100) 造大幣司는 令外官으로 2명의 장관이 임명되었다. 大幣는 천황 즉위 후 지내는 天神地祇에게 지내는 제사로서 제 신사에 바치는 폐백을 大幣라고 한다. 2명의 장관을 임명한

引田朝臣爾閇를 장관으로 삼았다.

정축(9일), 彈正臺에게 명하여 畿內를 순찰시켰다.

을유(17일), 태정관이 처분하기를 "이전에 은혜를 받아 죄를 사면하는 날에는 관례로서 죄인을 데리고 조정에 모이게 하였다. 금후에는 다시는 그러한 일을 해서는 안 된다. 사면령이 내려지면 소관 관사[101]에서는 방면하도록 한다"라고 하였다.

12월 무신(10일), 제왕, 공경 등에게 帒[102]를 내렸다.

계축(15일), 制[103]를 내려 "5위 이상 관인의 부인은 남편의 服色을 착용해서는 안 된다.[104] 다만 조정에 참석하는 날에는 조복 이하의 복색이면 허락한다"라고 하였다.

을축(27일), 大伯內親王이 죽었다. 天武天皇의 황녀이다.

이해 夫人[105] 藤原氏가 황자[106]를 낳았다.

○ 大寶 2년(702) 춘정월 기사삭(1일), 천황이 대극전에 임하여 신년하례 인사를 받았다. 친왕 및 대납언 이상은 처음으로 예복[107]을 입었다. 諸王臣 이하도 조복을 입었다.

병자(8일), 造宮職[108]이 길이 八尋[109]의 杠谷樹[110]를 바쳤다.〈세속에서는 比比良木이라고 한다.〉

사례는 和銅 원년 9년조의 造平城京司, 天平 13년 9월조의 造宮卿 등이 있다.

101) 형부성 소속된 囚獄司.

102) 朝服에 달아 신분을 표시하는 것으로 관인들이 궁성을 통행할 때 신분증을 넣은 袋.

103) 천황의 지시. 법령 표기의 하나의 양식.

104) 5위 이상 有位者의 부인인 外命婦에 대한 규정. 「衣服令」10에는 5위 이상의 위계를 가진 여성의 內命婦 예복에 관한 규정이 있다.

105) 藤原不比等의 딸인 藤原宮子.

106) 首皇子. 후의 聖武天皇. 神護 원년 聖武 즉위전기에 따르면 성무의 황후인 藤原光明子도 이 해에 태어났다.

107) 국가의 大祀, 大嘗, 元日에 황태자 이하 5위 이상 관인이 착용하는 의복.

108) 藤原宮을 조영하기 위해 설치한 令外官.

109) 양 팔을 벌린 길이.

110) 쌍자엽과에 속하는 나무. 상서에 준하는 것으로 헌상한 것. 실물을 바칠 수 없을 때는 모사해서 바친다.

무인(10일), 처음으로 紀伊國에 賀陀의 驛家[111]를 설치하였다.

계미(15일), (천황이) 서쪽의 누각에서 군신들에게 연회를 베풀었다. 5常樂,[112] 太平樂[113]을 연주하였고, 즐거움을 만끽하고 마쳤다. 신분에 따라 물품을 내렸다.

을유(17일), 종3위 大伴宿禰安麻呂를 식부경으로 삼고, 정5위하 美努王을 좌경대부로 삼고, 정5위상 布勢臣耳麻呂를 攝津大夫로 삼고, 종5위하 當麻眞人橘을 齋宮頭[114]로 삼고, 종4위상 大神朝臣高市麻呂를 長門守로 삼고, 정6위상 息長眞人子老·丹比間人宿禰足嶋에게 나란히 종5위하를 내렸다.

계사(25일), 조를 내려, 智淵法師를 승정으로 삼고, 善往法師를 대승도로 삼고, 辨照法師를 소승도로 삼고, 僧照法師를 율사로 삼았다.

2월 무술삭(1일), 처음으로 천하에 新律[115]을 반포하였다.

경술(13일), 越後國에 역병이 일어나 의사와 약을 보내 치료하였다. 이날, 大幣[116]를 지급하기 위해 역마로 달려가 제국의 국조 등을 입경시켰다.

병진(19일), 제국의 大租,[117] 驛起稻[118] 및 義倉,[119] 아울러 병기수량 등의 문서를 처음으로 辨官[120]에 보냈다.[121]

정사(20일), 제국의 國師[122]를 임명하였다.

기미(22일), 歌斐國[123]에서 梓弓[124] 500개를 바쳤는데, 이를 대재부에 충당

---

111) 驛制. 공무로 중앙에서 지방으로 내려갈 때 주요 도로에 人馬를 상시 배치하는 교통, 통신 제도.

112) 아악의 일종.

113) 4인이 춤추며 반주하는 평조의 아악을 오상악, 갑옷을 입은 4인이 칼과 창을 들고 춤추며 반주하는 것을 태평악이라고 한다.

114) 齋宮寮의 장관. 齋宮寮는 伊勢神宮에 봉사하는 미혼의 황녀 齋宮[伊勢齋王]을 운영하기 위해 설치한 것.

115) 大寶律.

116) 매년 新穀의 풍요를 비는 祈年祭를 위해 조정에서 제국의 國造에게 지급하는 폐백.

117) 제국의 국아의 관리 하에 수납하는 正稅. 이를 다룬 문서를 국가재정의 결산보고서인 正稅帳, 大稅帳이라고 한다.

118) 驛의 경비를 조달하기 위해 둔 驛田에서 나온 稻. 養老令에서는 驛田.

119) 흉작에 대비하여 호마다 粟을 징수하여 저장한 것.

120) 태정관에 부속된 관사로 행정사무를 집행하는 기관.

121) 諸國의 國司가 각종 장부를 태정관 변관에 제출하는 행정문서의 전달방식.

122) 지방에 설치한 令外官으로 승니를 감독하고 경전을 강설하는 승관.

123) 甲斐國.

시켰다. 이날 伊太祁曾, 大屋都比賣, 都麻都比賣 3개의 신사를 분사해서 옮겼다.[125]

을축(28일), 諸國司 등에게 처음으로 열쇠를 지급하고 임지로 보냈다.〈이보다 앞서 별도로 稅司의 主鎰官[126]이 있었는데, 여기에 이르러 처음으로 국사에게 지급되었다.〉.

3월 임신(5일), 因幡, 伯耆, 隱伎 3국이 황충[127]으로 벼수확에 피해를 입었다.

을해(8일), 처음으로 천하제국에 도량형[128]을 반포하였다.

무인(11일), 정5위하 中臣朝臣意美麻呂, 종5위하 忌部宿禰子首, 종6위하 中臣朝臣石木·忌部宿禰狛麻呂, 정6위하 菅生朝臣國桙, 종7위하 巫部宿禰博士, 정8위상 忌部宿禰名代를 나란히 관위 1계를 승서하였다.

기묘(12일), 대안전에 鎭祭를 올려 부정을 씻었다. 천황이 신궁의 정전에 임하여 심신을 정결히 하고 기내 및 7도의 제신사에 모두 폐백을 반급하였다.

갑신(17일), 大倭國에 명하여 二槻離宮[129]을 수리시켰다. 越中國 4군을 분리하여 越後國에 속하게 하였다.

경인(23일), 美濃國 多伎郡 사람 716인을 近江國 蒲生郡으로 이주시켰다.

갑오(27일), 信濃國에서 梓弓[130] 1,020개를 바쳤는데, 이를 大宰府에 충당시켰다.

정유(30일), 大宰府에게 관할 지역의 掾[131] 이하 및 郡司[132] 등을 독자로 임용하는 것을 허락하였다.

---

124) 가래나무과에 속하는 낙엽활엽고목으로 만든 활.

125) 紀伊國 名草郡에 진좌하고 素戔嗚尊의 아들 3신을 모시는 3개 신사. 하나의 신사에서 모시던 것을 분사한 것.

126) 제국의 正倉을 관리하는 관직.

127) 蝗蟲. 메뚜기과에 속하는 곤충. 빈번하게 농장물에 피해를 주었다.

128) 大寶令의 度量制. 度는 길이, 量은 용적. 養老令에서는 「雜令」1에 度, 量, 權衡을 정했다고 규정되어 있다.

129) 『日本書紀』 齊明 2년 是歲條에 '兩槻宮'이라는 명칭이 나온다.

130) 활엽수과의 고목으로 만든 활.

131) 대재부가 관할하는 서해도제국의 국사 중 3등관인 掾(判官) 이하의 目(主典), 史生 등의 관인 選考를 허락한다는 내용이다. 원래 이들은 중앙에서 파견한 관리이지만 현지에서 채용하였다.

132) 郡衙의 大領, 領과 主政, 主帳.

하4월 경자(3일), 賀茂神[133]을 제사지내는 날에 군중이 모여 무기를 소지하고 말을 타는 것을 금했다. 다만 해당국 사람은 이 금지에 포함하지 않았다.

을사(8일), 飛驒國에서 神馬를 바쳤다. 천하에 대사면을 내렸다. 다만 절도는 이 사면에는 포함하지 않았다. 그 國司의 目 이상과 신마를 차출한 郡의 대령은 각 1계를 승서하고 신분에 따라 녹을 내렸다. 백성에게는 3년의 부역을 면제하고 신마를 잡은 승 융관[134]은 사면하여 입경시켰다.〈유배승 幸甚[135]의 아들이다.〉. 또 친왕 이하 기내의 유위자에게 두루 물품을 내렸다. 제국의 금년 전조와 아울러 庸의 반을 감하였다.

정미(10일), 종7위하 秦忌寸廣庭이 杠谷樹의 八尋의 桙根[136]을 바쳤다. 이세대신궁에 사자를 보내 봉폐하였다.

경술(13일), 조를 내려 제국의 國造의 氏를 정했다. 그 이름은 國造記[137]에

---

133) 京都市에 있는 賀茂別雷神社(上賀茂神社)와 賀茂御祖神社(下鴨神社)에 진좌해 있는 신. 賀茂大神으로도 표기한다.

134) 『續日本紀』 大寶 3년(703) 10월 갑진조에 "승 隆觀이 환속하였는데, 본성은 金이고 이름은 財이다. 沙門 幸甚의 아들이다. 그는 예술을 섭렵하고 역산법을 알고 있다"라고 되어 있다. 神龜 원년(724) 5월 신미조에 종6위상 金宅良이 國看連의 씨성을 받는데, 金宅良의 宅良 음독이 '타쿠라우'이고, 金財의 財는 '타카라'라는 점에서 양자는 동일인물로 추정된다. 神護景雲 원년(767) 8월조에 보이는 陰陽寮 소속의 천문박사 國看連今虫은 국간련으로 개성한 金財[金宅良]의 아들로 추정된다. 역산법, 천문지식을 그의 아버지로부터 전수받았을 가능성이 높고 부자 2대에 걸쳐 음양료에서 근무했다고 생각된다.

135) 沙門 幸甚이 유배당한 사정에 대해서는 『일본서기』 持統紀 朱鳥 원년(686) 10월조에 의하면, 大津皇子의 모반사건에 신라 사문 行心 등이 연루되었는데 차마 죄를 물을 수 없어 飛驒國의 절로 보내라고 하였다고 한다. 그의 모반 혐의는 누명에 가깝지만, 사건의 발단은 幸甚이 大津皇子의 관상을 이야기한 것이었다. 『懷風藻』 大津皇子傳에 행심은 대진황자의 골상을 보고 보통 인물이 아니라면서 이 상태로 머물다가는 몸을 보전하기 어렵다고 하였다. 이 때문에 대진황자는 모반죄의 누명을 쓰고 24세의 젊은 나이로 사망하게 된다. 이 모반죄에 연루된 행심은 그의 아들 융관과 함께 비탄국의 절에서 유배 생활을 보낸다. 이 같은 조치는 사실상 그의 혐의가 무고였음을 방증하는 것으로, 행심은 최소한의 유죄를 받았다고 할 수 있다. 그 후 그의 아들 융관이 신마를 헌상한 덕에 사면되었고, 융관은 환속과 동시에 입경하여 관인으로 발탁되었다. 융관은 상기 『懷風藻』 대진황자전에 "時有新羅僧行心, 解天文卜筮"라고 하여 행심이 천문과 점술에 해박하였다고 기록되어 있는데, 그의 역산 지식 역시 아버지 행심으로부터 전수받은 것이다.

136) 八壽(양팔 둘레)의 뿌리가 창과 같은 나무. 상서로운 기운이 있는 나무를 의미한다.

137) 新國造의 氏와 그 계보를 기록한 것.

자세하다.

임자(15일), 筑紫 7국 및 越後國에 명하여 采女, 兵衛를 선발해 바치게 하였다.[138] 다만 陸奥國에게는 바치는 것을 면제하였다.

5월 신미(5일), 칙을 내려, 만약 5세왕[139] 자신이 소송하는 일이 있다면 (사건을) 수리하는 자는 특별히 좌석을 배치하여 처리하도록 하였다.

정해(21일), (천황이) 칙을 내려 종3위 大伴宿禰安麻呂, 정4위하 粟田朝臣眞人, 종4위상 高向朝臣麻呂, 종4위하 下毛野朝臣古麻呂·小野朝臣毛野에게 조정회의에 참석하게 하였다.

6월 임인(6일), 大倭國 吉野·宇知 2군의 백성들에게 과역을 면제하였다.

계묘(7일), 上野國에 역병이 발생하여 약을 지급하고 구제하였다.

경신(24일), 종3위 大伴宿禰安麻呂를 병부경으로 삼았다.

갑자(28일), 海犬養門[140]이 흔들렸다.

을축(29일), 견당사[141] 등이 작년 筑紫에서 바다로 나아가니 풍랑이 심해 도해하지 못하고 지금에 이르러 출발하였다.

추7월 기사(4일), 칙을 내려 친왕이 말을 타고 궁문에 들어오는 것을 금지하였다.

계유(8일), 조를 내려 "이세태신궁의 封物[142]은 신에게 바치는 물건이니 마땅히 神事에 준하고 함부로 다루어서는 안 된다. 또 山背國 乙訓郡에 있는 火雷神은 가뭄마다 기우제를 지내는데 제법 효험이 있으니 마땅히 大幣[143] 및 月次幣[144]의 사례에 포함해야 한다"라고 하였다.

을해(10일), 조를 내려 내외 문무관에게 新令[145]을 강습하게 하였다. 美濃國

---

138) 采女와 兵衛는 國造가 복속의례로서 바치는 계보가 있다. 채녀는 郡司의 大領, 少領의 자매, 딸 중에서 용모단정한 자가 선발되어 후궁 12사에 배속되어 봉사하고(「後宮令」 18), 위사는 郡司의 자제로서 궁마술에 뛰어난 자를 좌우병위부에 배속시켜 궁문수비, 경호 등을 맡았다.

139) 親王으로부터 5世에 해당하는 왕. 황친에는 들어가지 않지만 종5위하의 관위를 받는다.

140) 藤原宮의 12문 중 하나. 궁성 북쪽의 서문.

141) 대보 원년에 임명되고 4월에 천황에게 배조, 5월에 筑紫에 가서 출항 준비를 하였다.

142) 伊勢神宮의 神戶에서 징발한 租庸調.

143) 매년 11월 新嘗祭의 폐백.

144) 매년 6월과 12월 11일에 神祇官에서 반급되는 폐백.

大野郡 사람 神人大가 八蹄馬[146]를 바쳤다. 이에 (神人大에게) 벼 1천속을 내렸다.

병자(11일), 천황이 吉野離宮에 순행하였다.

을미(30일), 처음으로 律을 강설하였다.[147] 이날, 천하의 죄인을 사면하였다.

8월 병신(4일), 薩摩, 多褹가 化[148]를 멀리하고 명을 거역하였다. 이에 병사를 동원하여 정토하였다. 드디어 호를 조사하고 관리를 두었다. 出雲狛[149]에게 종5위하를 내렸다.

기해(4일), 정5위상 高橋朝臣笠間[150]을 造大安寺司로 삼았다.

경자(5일), 駿河, 下總 2국에 대풍이 불었다. 백성들의 가옥이 파손되고 벼 수확에 피해를 입었다.

계묘(8일), 倭建命[151]의 묘에 진동이 있었다. 사자를 보내 제사지냈다.

무신(13일), 칙이 내려져 五衛府의 使部[152]에 처음으로 兵衛에 준하여 녹을 지급하였다.

신해(16일), 정3위 石上朝臣麻呂[153]를 大宰師로 삼았다.

계해(28일), 칙을 내려 이세태신궁의 服料[154]에 神戶[155]의 調를 사용하게

---

145) 『類聚國史』 律令格式 항목에 의하면, "二年二月戊戌朔, 始頒新律於天下. 七月乙亥, 詔令內外文武官讀習新律"이라고 하여 大寶 2년 2월에 新律을 반포하고 7월 을해에 내외 문무관에게 新律을 강습시켰다고 한다. 동월 을미(30일)조에도 新律 기사가 나오듯이 본문의 新令은 新律을 말한다.

146) 말굽이 소와 같이 갈라진 말.

147) 大寶律令 편찬자에 의한 律 강의.

148) 천황의 王化, 德化. 九州 남부의 隼人 거주지역의 복속의례를 표현한 것.

149) 임신의 난의 공신. 大海人皇子 편에 서서 활약하였다.

150) 大寶 원년 정월에 견당사절로 임명되었으나 渡唐하지 않았다. 대보 3년 10월 持統太上天皇의 造御竈副官에 임명되었고 和銅 3년에 사망하였다.

151) 倭建命은 日本武尊으로도 표기한다. 『고사기』, 『일본서기』에 景行의 황자로 나오고, 熊襲을 토벌하고 동방 12도를 정벌했다는 설화적 인물이다.

152) 왕경에 있는 모든 관사에 배속되어 잡사를 맡아본 하급관인.

153) 임신의 난의 공신. 天武 5년(676) 大乙上 物部連麻呂라는 이름으로 견신라대사로 신라에 파견되었다. 天武 13년 石上朝臣이라는 씨명으로 개성하고, 文武 4년(701) 筑紫總領, 大寶 원년에 종3위 中納言, 정3위 大納言을 거쳐 和銅 원년에 정2위에 오르고, 靈龜 3년(717) 좌대신 정2위로 세상을 떠났다. 종1위로 추증.

154) 「神祇令」4에 따르면 伊勢神宮의 神衣祭는 4월과 9월에 행해지는데, 여기서는 9월의

하였다.

9월 을축삭(1일), 일식이 있었다.

무인(14일), (천황이) 制를 내려, 제관사의 告朔文[156]은 主典 이상의 문서는 弁官에게 송부하고 모두 중무성에 보관하게 하였다. 薩摩와 隼人을 토벌하는 군사에게 신분에 따라 훈위를 내렸다.

신사(17일), 駿河, 伊豆, 下總, 備中, 阿波 5국에 기근이 들어 사자를 보내 진휼하였다.

계미(19일), 伊賀, 伊勢, 美濃, 尾張, 三河 5국에 行宮을 조영하였다.

을유(21일), 종5위하 出雲狛에게 臣 성을 내렸다.

정해(23일), 천하에 대사면을 내렸다.

기축(25일), 조를 내려 "갑자년[157]에 氏上을 정할 때에 등재되지 않은 氏로서 지금 성을 받은 자는 伊美吉[158] 이상은 모두 신고한다"라고 하였다.

동10월 을미삭(1일), 종4위하 路眞人登美가 죽었다.

정유(3일), 이보다 앞서 薩摩, 隼人을 정토할 때 대재부 관내의 9곳의 신에게 기도하였다. 실제로 신의 위세에 의해 마침내 거친 적들을 평정하였다. 이에 그 기원에 보은하기 위해 폐백을 올렸다. 唱更國司[159] 등〈지금의 薩摩國이다.〉이 아뢰기를, "국내의 요해의 지에 목책을 세우고 수비병을 두어 지키려고 한다"라고 하였다. 이를 허락하였다. 제신에게 제사지냈다. 參河國에 순행하기 위해서였다.

갑진(10일), 태상천황이 참하국에 순행하였다. 제국에 명하여 금년의 전조를 내지 않도록 하였다.

을사(11일), 近江國에서 嘉禾[160]를 바쳤다. 이랑이 다른 벼가 (합쳐져서) 하나가 된 벼이다.

신의제이다.

155) 신사에 지급된 封戶. 여기에서 나오는 조용조를 신사에 보냈다.

156) 제관사에서 올리는 관리의 근무, 출근일을 기록한 공문서.

157) 『일본서기』 天智 3년 2월조에 보이는 氏上, 民部, 家部를 정한 「甲子의 宣」.

158) 忌寸. 天武 13년의 8色姓 개편 때 제4위에 해당하고, 그 위에 3위 宿禰, 2위 朝臣, 1위 황족 출신 眞人이 있다.

159) 변경을 지키는 國司.

160) 권1, 文武 원년 9월조 69쪽 각주 19) 참조.

무신(14일), 천하제국에 율령을 반포하였다.[161]

을묘(21일), 조를 내려, "위로는 증조에서 밑으로는 현손에 이르기까지 대대로 효행을 다한 자는 그 호 전체에 과역을 면제하고 집과 마을입구에 기를 세워 현창하여 義家로 삼는다[162]"라고 하였다.

11월 병자(13일), (천황이) 순행하는 도중에 尾張國에 이르러 尾治連若子麻呂,[163] (尾治連若)牛麻呂에게 宿禰 성을 내리고, 국수 종5위하 多治比眞人水守[164]에게 봉호 11호를 하사하였다.

경진(17일), 순행 길에 美濃國에 이르러 不破郡의 대령 宮勝木實에게 외종5위하를 내리고, 국수 종5위상 石河朝臣子老에게 봉호 10호를 사여하였다.

을유(22일), 순행 길에 伊勢國에 이르러 국수 종5위상 佐伯宿禰石湯에게 봉호 10호를 사여하였다.

정해(24일), 伊賀國에 이르렀다. 순행 길에 尾張, 美濃, 伊勢, 伊賀의 제국의 국사, 군사 및 백성들에게 차등있게 서위하고 물품을 내렸다.

무자(25일), 천황이 參河國으로부터 돌아왔다. 순행에 수행한 기사에게 調를 면제하였다.

12월 갑오(2일), 칙을 내려 "9월 9일,[165] 12월 3일[166]이 선제의 기일이니, 제관사는 이날은 근무하지 않도록 한다"라고 하였다.[167]

---

161) 大寶律令은 大寶 원년 3월조에 新令에 의거하여 관제를 고치고, 동 6월에 新令에 의거하여 서무를 보고, 동 8월에는 율령을 찬정하여 비로소 완성하였다고 한다. 이어 大寶 2년 2월조에 新律을 천하에 반포한 기사가 등장한다. 상기 기록은 율령반포의 중복기사로 생각되지만, 율령의 사본이 전국에 걸쳐 배포되고 시행이 완료된 시기로 추정된다.

162) 「賦役令」17에 나오는 '表其門閭'란, 同條 集解의 「古記」에 門閭를 집의 문과 里의 路門이라고 하고 表는 기둥을 세워 考狀 등을 기록한 것이며, 義解는 家門 및 里門 근처에 흙을 쌓아올려 패찰을 세워 孝子門, 孝子里 등을 기록한 것으로 보고 있다.

163) 기타 사료에는 보이지 않는다.

164) 慶雲 4년(707) 5월에 河內守, 和銅 원년(708) 3월에 近江守를 역임하고 和銅 2년(709) 종4위하에 올랐다. 화동 2년 9월에는 藤原房前이 東海道, 東山道에 대한 행정감찰시에 국사로서 공적을 인정받아 전지 등을 포상받았다. 和銅 3년 4월에 宮內卿에 보임되고 이듬해 4월에 사망하였다.

165) 天武의 기일.

166) 天智의 기일.

167) 「雜令」 國忌廢務에 국기일에 樂을 행한다면 '杖八十'이라고 규정되어 있다.

무술(6일), 낮에 금성[168]이 보였다.

임인(10일), 처음으로 美濃國 岐蘇山에 길을 열었다.

을사(13일), 태상천황이 위독하였다. 천하에 대사면을 내렸다. 1백인을 출가, 득도시켰다. 기내 4국에 금광명경을 강설시켰다.

갑인(22일), 태상천황[169]이 붕어하였다. 생전의 詔에서 말하기를, "소복을 입거나 곡하며 애도하지 말고,[170] 내외 문무관은 평상시와 같이 근무하고, 상장의 사무는 검약하게 한다"라고 하였다.

을묘(23일), 2품 穗積親王,[171] 종4위상 犬上王,[172] 정5위상 路眞人大人,[173] 종5위하 佐伯宿禰百足,[174] 黃文連本實[175]을 作殯宮司로 삼았다. 3품 刑部親王, 종4위하 廣瀨王, 종5위상 引田朝臣宿奈麻呂, 종5위하 民忌寸比良夫를 造大殿垣司[176]로 삼았다.

정사(25일), 4대사[177]에 재를 올렸다.

---

168) 낮에 금성이 나타나는 것은 兵亂 등의 불길한 조짐으로 본다. 이는 同月 갑인조에 지통태상천황 죽음의 전조로 보았다.

169) 持統太上天皇. 孝德 원년 출생, 나이 58세.

170) 곡하여 애도하는 것은 '擧哀'라고 하였다. 發哀, 奉哀라고도 한다.

171) 天武의 제5황자. 持統 5년(691)에 식봉 50호를 받았고, 大寶 3년(703) 10월 지통태상왕의 장의 때 御裝長官에 보임되고, 慶雲 2년(705) 5월 知太政官事에 임명되어 태정관을 총괄하고, 和銅 8년(715) 정월에 1품에 서임되었다. 群馬縣에 있는 多胡碑에는 和銅 4년 3월 9일자에 '太政官二品穗積親王'의 관직명, 이름이 새겨져 있다.

172) 慶雲 4년(707)에 文武天皇의 殯宮 행사에 御裝司로 보임되고, 和銅 원년(708) 3월에 宮內卿에 임명되었다. 동년 10월에 평성궁 조영을 보고하기 위해 伊勢神宮에 가서 봉폐, 和銅 2년에 사망하였다.

173) 天武 13년(684) 8色의 姓 제정 때 路公姓에서 路眞人으로 개성하였다. 文武 3년(699) 弓削皇子 사망 시 장의를 감독하였고, 大寶 원년(701) 대보령제의 위계에서 정5위하에 서임되었다. 대보 3년 衛士督에 임명되었고, 和銅 4년(711) 정월 정4위하로 승서되었다. 동년 7월 사망하였다.

174) 慶雲 4년(707) 文武天皇 장의에서 殯宮 행사에 봉공하고, 和銅 원년(708) 下總守, 동 4년에 정5위하, 동 8년에 정5위상, 靈龜 2년(716)에 종4위하에 이르렀다. 養老 2년(718) 4월에 사망하였다.

175) 고구려계 화공씨족. 天智 8년(669) 제7차 견당사로 임명되어 王玄策이 中天竺에서 전사한 佛足石圖를 당의 普光寺에서 재전사하여 일본에 갖고 왔다. 이 내용은 藥師寺 소장의 〈佛足石記〉에 기록되어 있다. 持統 8년(694)에 鑄錢司에 임명되었고 대보령 위계제에서 종5위하에 서임되고, 慶雲 4년(707) 6월 文武天皇 사망 시에 殯宮의 행사를 감독하였으며 동년 10월 御裝司에 보임되었다.

176) 빈궁의 사방에 담을 조영하는 관.

신유(29일), 西殿[178]에 빈궁을 차렸다.

임술(30일), 大祓[179]을 중지하고, 다만 東西文部[180]는 평상시와 같이 행하였다.

『속일본기』 권제2

177) 藤原京 주변의 大安寺, 藥師寺, 元興寺, 弘法寺.

178) 藤原宮의 西殿.

179) 심신을 정화하는 의식.

180) 東漢의 文直과 西漢의 文直. 「神祇令」18에 따르면, 6월과 12월 그믐날의 大祓은 中臣氏가 주관하고 東西文部는 祓刀(橫刀)를 바치고 大祓의 주문을 읽는 의식을 행한다.

續日本紀卷第二

〈起大寶元年正月, 盡二年十二月〉

從四位下行民部大輔兼左兵衛督皇太子學士臣菅野朝臣眞道等奉勅撰

天之眞宗豐祖父天皇〈文武天皇 第四十二〉

◯ **大寶元年**春正月乙亥朔, 天皇御大極殿受朝, 其儀於正門樹烏形幢, 左日像青龍朱雀幡, 右月像玄武白虎幡, 蕃夷使者陳列左右. 文物之儀, 於是備矣. 戊寅, 天皇御大安殿受祥瑞, 如告朔儀. 戊子, 新羅大使薩飡金所毛卒. 賻絁一百五十疋, 綿九百卌二斤, 布一百段, 小使級飡金順慶及水手已上, 賜祿有差. 己丑, 大納言正廣參大伴宿禰御行薨. 帝甚悼惜之. 遣直廣肆榎井朝臣倭麻呂等, 監護喪事. 遣直廣壹藤原朝臣不比等等, 就第宣詔, 贈正廣貳右大臣. 御行難破朝右大臣大紫長德之子也. 庚寅, 宴皇親及百寮於朝堂. 直廣貳已上者, 特賜御器膳并衣裳, 極樂而罷. 壬辰, 廢大射, 以贈右大臣喪故也. 丁酉, 以守民部尙書直大貳粟田朝臣眞人, 爲遣唐執節使, 左大辨直廣參高橋朝臣笠間爲大使, 右兵衛率直廣肆坂合部宿禰大分爲副使, 參河守務大肆許勢朝臣祖父爲大位, 刑部判事進大壹鴨朝臣吉備麻呂爲中位, 山代國相樂郡令追廣肆掃守宿禰阿賀流爲小位, 進大參錦部連道麻呂爲大錄, 進大肆白猪史阿麻留, 無位山於億良爲少錄. 癸卯, 直廣壹縣犬養宿禰大侶卒. 遣淨廣肆夜氣王等就第宣詔, 贈正廣參. 以壬申年功也.

二月丁未, 詔始任下物職. 丁巳, 釋奠〈注釋奠之禮, 於是始見矣.〉. 己未, 遣泉內親王侍於伊勢齋宮. 癸亥, 行幸吉野離宮. 丙寅, 任勘民官戶籍史等. 庚午, 車駕至自吉野宮.

三月丙子, 賜宴王親及群臣於東安殿. 戊子, 遣追大肆凡海宿禰麤鎌于陸奧冶金. 壬辰, 令僧弁紀還俗. 代度一人, 賜姓春日倉首名老, 授追大壹. 甲午, 對馬嶋貢金. 建元爲大寶元年. 始依新令, 改制官名位號. 親王明冠四品, 諸王淨冠十四階, 合十八階,諸臣正冠六階, 直冠八階, 勤冠四階, 務冠四階, 追冠四階, 進冠四階, 合卅階. 外位始直冠正五位上階, 終進冠少初位下階, 合廿階. 勳位始正冠正三位, 終追冠從八位下階, 合十二等. 始停賜冠, 易以位記, 語在年代曆. 又服制, 親王四品已上, 諸王諸臣一位者皆黑紫, 諸王二位以下, 諸臣三位以上者皆赤紫, 直冠上四階深緋, 下四階淺緋, 勤冠四階深綠, 務冠四階淺綠, 追冠四階深縹, 進冠四階淺縹, 皆漆冠, 綺帶, 白襪, 黑革舄. 其袴者, 直冠以上者皆白縛口袴, 勤冠以下者白脛裳. 授左大臣正廣貳多治比眞人嶋正正二位, 大納言正廣參阿倍朝臣御主人正從二位, 中納言直大壹石上朝臣麻呂, 直廣壹藤原朝臣不比等正正三位, 直大壹大伴宿禰安麻呂, 直廣貳紀朝臣麻呂正從三位. 又諸王十四人, 諸臣百五人, 改位號進爵, 各有差. 以大納言正從二位阿倍朝臣御主人爲右大臣, 中納言正正三位石上朝臣麻呂, 藤原朝臣不比等, 正從三位紀朝臣麻呂, 並爲大納言. 是日罷中納言官. 己亥, 丹波國地震三日. 壬寅, 賜右大臣從二位阿倍朝臣御主人, 絁五百疋, 絲四百絇, 布五千段, 鍬一萬口, 鐵五萬斤, 備前, 備中, 但馬, 安藝國田卄町.

夏四月甲辰朔, 日有蝕之. 丙午, 勅, 山背國葛野郡月讀神, 樺井神, 木嶋神, 波都賀志神等神稻. 自今以後, 給中臣氏. 庚戌, 遣右大弁從四位下下毛野朝臣古麻呂等三人, 始講新令. 親王諸臣百官人等就而習之. 癸丑, 遣唐大通事大津造廣人賜垂水君姓. 乙卯, 遣唐使等拜朝. 戊午, 奉幣帛于諸社, 祈雨于名山大川, 罷田領委國司巡檢.

五月癸酉朔, 太政官處分. 王臣五位已上上日, 本司月終移式部, 然後式部抄錄, 申送太政官. 丁丑, 令群臣五位已上出走馬. 天皇臨觀焉. 己卯, 入唐使粟田朝臣眞人授節刀. 勅, 一位已下, 賜休暇不得過十五日. 唯大納言已上, 不在聽限. 己亥, 始改勤位已下之號, 內外有位六位已下者, 進階一級.

六月壬寅朔, 令正七位下道君首名說僧尼令于大安寺. 癸卯, 正五位上忌部宿禰色布知卒. 詔贈從四位上. 以壬申年功也. 始補內舍人九十人, 於太政官列見. 己酉, 勅, 凡其庶務, 一依新令. 又國宰郡司, 貯置大稅, 必須如法, 如有闕怠, 隨事科斷. 是日, 遣使七道, 宣告依新令爲政, 及給大租之狀, 幷頒付新印樣. 壬子, 以正五位上波多朝臣牟胡閇, 從五位上許曾倍朝臣陽麻呂, 任造藥師寺司. 丁巳, 引王親及侍臣, 宴於西高殿, 賜御器膳幷帛各有差. 丙寅, 以時雨不降, 令四畿內祈雨焉. 免當年調. 庚午, 太上天皇幸吉野離宮.

秋七月辛巳, 車駕至自吉野離宮. 壬辰, 勅親王已下, 准其官位賜食封. 又壬申年功臣.

隨功等第亦賜食封, 並各有差. 又勅, 先朝論功行封時, 賜村國小依百卄戶, 當麻公國見, 縣犬養連大侶, 榎井連小君, 書直知德, 書首尼麻呂, 黃文造大伴, 大伴連馬來田, 大伴連御行, 阿倍普勢臣御主人, 神麻加牟陀君兒首一十人各一百戶. 若櫻部臣五百瀨, 佐伯連大目, 牟宜都君比呂, 和爾部臣君手四人各八十戶, 凡十五人. 賞雖各異. 而同居中第, 宜依令四分之一傳子. 又皇大妃, 內親王, 及女王, 嬪封各有差. 是日, 左大臣正二位多治比眞人嶋薨. 詔遣右少弁從五位下波多朝臣廣足, 治部少輔從五位下大宅朝臣金弓, 監護喪事. 又遣三品刑部親王, 正三位石上朝臣麻呂, 就第弔賻之, 正五位下路眞人大人爲公卿之誄, 從七位下下毛野朝臣石代爲百官之誄. 大臣, 宣化天皇之玄孫, 多治比王之子也. 戊戌, 太政官處分, 造宮官准職, 造大安藥師二寺官准寮, 造塔丈六二官准司焉. 凡選任之人, 奏任以上者, 以名籍送太政官, 判任者, 式部銓擬而送之. 又功臣封應傳子, 若無子勿傳. 但養兄弟子爲子者聽傳, 其傳封之人亦無子, 聽更立養子而轉授之. 其計世葉, 一同正子. 但以嫡孫爲繼, 不得傳封. 又五位以上子, 依蔭出身, 以兄弟子爲養子聽敍位, 其以嫡孫爲繼不得也.」又畫工及主計主稅算師雅樂諸師如此之類, 准官判任.

八月壬寅, 勅僧惠耀, 信成, 東樓, 並令還俗復本姓. 代度各一人. 惠耀姓錄, 名兄麻呂. 信成姓高, 名金藏. 東樓姓王, 名中文. 癸卯, 遣三品刑部親王, 正三位藤原朝臣不比等, 從四位下下毛野朝臣古麻呂, 從五位下伊吉連博德, 伊余部連馬養撰定律令. 於是始成. 大略以淨御原朝庭爲准正. 仍賜祿有差. 甲辰, 太政官處分, 近江國志我山寺封, 起庚子年計滿卅歲. 觀世音寺筑紫尼寺封, 起大寶元年計滿五歲. 並停止之. 皆准封施物. 又齋宮司准寮, 屬官准長上焉. 丁未, 先是, 遣大倭國忍海郡人三田首五瀨於對馬嶋, 冶成黃金. 至是, 詔授五瀨正六位上, 賜封五十戶, 田十町, 幷絁綿布鍬. 仍免雜戶之名. 對馬嶋司及郡司主典已上進位一階, 其出金郡司者二階, 獲金人家部宮道授正八位上, 幷賜絁綿布鍬, 復其戶終身, 百姓三年. 又贈右大臣大伴宿禰御行首遣五瀨冶金, 因賜大臣子封百戶, 田四十町〈注年代曆曰, 於後五瀨之詐欺發露, 知贈右大臣爲五瀨所誤也.〉. 撰令所處分. 職事官人賜祿之日, 五位已下皆參大藏受其祿. 若不然者, 彈正糺察焉. 戊申, 遣明法博士於六道〈除西海道〉, 講新令. 己酉, 皇親年滿者不論官不, 皆入賜祿之額. 甲寅, 播磨, 淡路, 紀伊三國言, 大風潮漲, 田園損傷, 遣使巡監農桑存問百姓. 又遣使於河內, 攝津, 紀伊等國, 營造行宮. 兼造御船卅八艘, 豫備水行也. 辛酉, 參河, 遠江, 相摸, 近江, 信濃, 越前, 佐渡, 但馬, 伯耆, 出雲, 備前, 安藝,周防, 長門, 紀伊, 讃岐, 伊豫十七國蝗. 大風壞百姓廬舍損秋稼. 詔贈從五位下調忌寸老人正五位上. 以預撰律令也. 丙寅, 廢高安城, 其舍屋雜儲物, 移貯于大倭, 河內二國. 令諸國加差衛士配衛門府焉.

九月戊寅, 遣使諸國, 巡省産業, 賑恤百姓. 丁亥, 天皇幸紀伊國.

冬十月丁未, 車駕至武漏溫泉. 戊申, 從官并國郡司等, 進階并賜衣衾. 及國內高年給稻各有差. 勿收當年租調并正稅利. 唯武漏郡本利並免, 曲赦罪人. 戊午, 車駕自紀伊至. 己未, 免從駕諸國騎士當年調庸及擔夫田租.

十一月壬申, 大赦天下. 但盜人者不在赦限. 老疾及僧尼賜物, 各有差. 丙子, 始任造大幣司, 以正五位下彌努王, 從五位下引田朝臣爾閇爲長官. 丁丑, 令彈正臺巡察畿內. 乙酉, 太政官處分, 承前有恩赦罪之日, 例率罪人等, 集於朝庭. 自今以後, 不得更然, 赦令已降, 令所司放之.

十二月戊申, 賜諸王卿等帒樣. 癸丑, 制, 五位以上婦不得著夫服色. 但朝會之日聽著得色已下. 乙丑, 大伯內親王薨. 天武天皇之皇女也. 是年, 夫人藤原氏誕皇子也.

◯ **二年**春正月己巳朔, 天皇御大極殿受朝. 親王及大納言已上始著禮服, 諸王臣已下着朝服. 丙子, 造宮職獻杠谷樹長八尋.〈俗曰比比良木.〉. 戊寅, 始置紀伊國賀陀驛家. 癸未, 宴群臣於西閣, 奏五帝太平樂, 極歡而罷. 賜物有差. 乙酉, 以從三位大伴宿禰安麻呂爲式部卿, 正五位下美努王爲左京大夫, 正五位上布勢臣耳麻呂爲攝津大夫, 從五位下當麻眞人橘爲齋宮頭, 從四位上大神朝臣高市麻呂爲長門守, 正六位上息長眞人子老, 丹比間人宿禰足嶋並授從五位下. 癸巳, 詔以智淵法師爲僧正, 善往法師爲大僧都, 辨照法師爲少僧都, 僧照法師爲律師.

二月戊戌朔, 始頒新律於天下. 庚戌, 越後國疫, 遣醫藥療之. 是日, 爲班大幣, 馳驛追諸國國造等入京. 丙辰, 諸國大租, 驛起稻及義倉, 并兵器數文. 始送于辨官. 丁巳, 任諸國國師. 己未, 歌斐國獻梓弓五百張, 以充大宰府. 是日, 分遷伊太祁曾, 大屋都比賣, 都麻都比賣三神社. 乙丑, 諸國司等始給鎰而罷〈先是, 別有稅司主鎰, 至是始給國司焉〉.

三月壬申, 因幡, 伯耆, 隱伎三國, 蝗損禾稼. 乙亥, 始頒度量于天下諸國. 戊寅, 正五位下中臣朝臣意美麻呂, 從五位下忌部宿禰子首, 從六位下中臣朝臣石木, 忌部宿禰狛麻呂, 正七位下菅生朝臣國桙, 從七位下巫部宿禰博士, 正八位上忌部宿禰名代, 並進位一階. 己卯, 鎭大安殿大祓, 天皇御新宮正殿齋戒, 惣頒幣帛於畿內及七道諸社. 甲申, 令大倭國繕治二槻離宮. 分越中國四郡屬越後國. 庚寅, 美濃國多伎郡民七百十六口, 遷于近江國蒲生郡. 甲午, 信濃國獻梓弓一千卄張,以充大宰府. 丁酉, 聽大宰府專銓擬所部國掾已下及郡司等.

夏四月庚子, 禁祭賀茂神日, 徒衆會集執仗騎射, 唯當國之人不在禁限. 乙巳, 飛驒國獻神馬. 大赦天下. 唯盜人不在赦限. 其國司目已上, 出瑞郡大領者, 進位各一階, 賜祿有差. 百姓賜復三年. 獲瑞僧隆觀免罪人京〈流僧幸甚之子也.〉. 又普賜親王以下畿內有位者物. 免諸國今年田租, 并減庸之半. 丁未, 從七位下秦忌寸廣庭獻杠谷樹八尋桙根遣使者奉于伊勢大神宮. 庚戌, 詔定諸國國造之氏, 其名具國造記. 壬子, 令筑紫七國及越後國簡點采女兵衛貢之. 但陸奧國勿貢.

五月辛未, 勅, 若五世王自有辭訟須受理者, 特給坐席而與所分. 丁亥, 勅從三位大伴宿禰安麻呂, 正四位下粟田朝臣眞人, 從四位上高向朝臣麻呂, 從四位下下毛野朝臣古麻呂, 小野朝臣毛野, 令參議朝政.

六月壬寅, 復大倭國吉野宇知二郡百姓. 癸卯, 上野國疫,給藥救之. 庚申, 以從三位大伴宿禰安麻呂爲兵部卿. 甲子, 震海犬養門. 乙丑, 遣唐使等去年從筑紫而入海, 風浪暴險不得渡海. 至是乃發.

秋七月己巳, 有勅斷親王乘馬入宮門. 癸酉, 詔, 伊勢太神宮封物者, 是神御之物, 宜准供神事, 勿令濫穢. 又在山背國乙訓郡火雷神, 每旱祈雨, 頻有徵驗. 宜入大幣及月次幣例. 乙亥, 詔, 令內外文武官讀習新令. 美濃國大野郡人神人大獻八蹄馬, 給稻一千束. 丙子, 天皇幸吉野離宮. 乙未, 始講律. 是日, 赦天下罪人.

八月丙申朔, 薩摩多褹, 隔化逆命. 於是發兵征討. 遂校戶置吏焉. 授出雲狛從五位下. 己亥, 以正五位上高橋朝臣笠間, 爲造大安寺司. 庚子, 駿河下總二國大風, 壞百姓廬舍, 損禾稼. 癸卯, 震倭建命墓,遣使祭之. 戊申, 有勅, 五衛府使部始准兵衛給祿. 辛亥, 以正三位石上朝臣麻呂爲大宰師. 癸亥, 勅伊勢太神宮服料用神戶調.

九月乙丑朔, 日有蝕之. 戊寅, 制, 諸司告朔文者, 主典以上送弁官, 惣納中務省. 討薩摩隼人軍士. 授勳各有差. 辛巳, 駿河, 伊豆, 下總, 備中, 阿波五國飢. 遣使存恤. 癸未, 遣使於伊賀, 伊勢, 美濃, 尾張, 三河五國, 營造行宮. 乙酉, 從五位下出雲狛賜臣姓. 丁亥, 大赦天下. 己丑, 詔, 甲子年定氏上時, 所不載氏今被賜姓者, 自伊美吉以上, 並悉令申.

冬十月乙未朔, 從四位下路眞人登美卒. 丁酉, 先是, 征薩摩隼人時, 禱祈大宰所部神九處, 實頼神威遂平荒賊. 爰奉幣帛以賽其禱焉. 唱更國司等〈今薩摩國也.〉言, 於國內要害之地, 建柵置戍守之. 許焉. 鎭祭諸神, 爲將幸參河國也. 甲辰, 太上天皇幸參河國, 令諸國無出今年田租. 乙巳, 近江國獻嘉禾, 異畝同穗. 戊申, 頒下律令于天下諸國. 乙卯, 詔, 上自曾祖, 下至玄孫, 奕世孝順者, 擧戶給復, 表旌門閭, 以爲義家焉.

十一月丙子, 行至尾張國. 尾治連若子麻呂, 牛麻呂, 賜姓宿禰. 國守從五位下多治比眞人水守封一十戶. 庚辰, 行至美濃國, 授不破郡大領宮勝木實外從五位下, 國守從五位上石河朝臣子老封一十戶. 乙酉, 行至伊勢國, 國守從五位上佐伯宿禰石湯賜封一十戶. 丁亥, 至伊賀國, 行所經過尾張, 美濃, 伊勢, 伊賀等國郡司及百姓, 敍位賜祿各有差. 戊子, 車駕至自參河, 免從駕騎士調.

十二月甲午, 勅曰, 九月九日, 十二月三日, 先帝忌日也. 諸司當是日宜爲廢務焉. 戊戌, 星晝見. 壬寅, 始開美濃國岐蘇山道. 乙巳, 太上天皇不豫, 大赦天下, 度一百人出家, 令四畿內講金光明經. 甲寅, 太上天皇崩. 遺詔, 勿素服擧哀, 內外文武官釐務如常, 喪葬之事務從儉約. 乙卯, 以二品穗積親王, 從四位上犬上王, 正五位下路眞人大人, 從五位下佐伯宿禰百足, 黃文連本實, 爲作殯宮司. 三品刑部親王, 從四位下廣瀨王, 從五位上引田朝臣宿奈麻呂, 從五位下民忌寸比良夫爲造大殿垣司. 丁巳, 設齋於四大寺. 辛酉, 殯于西殿. 壬戌, 廢大祓. 但東西文部解除如常.

續日本紀卷第二

『속일본기』 권제3

〈大寶 3년(703) 정월부터 慶雲 4년(707) 6월까지〉

종4위하 行民部大輔 겸 左兵衛督 황태자학사
신 菅野朝臣眞道 등이 칙을 받들어 편찬하다.

天之眞宗豐祖父天皇 〈文武天皇 제42〉

○ 大寶 3년(703) 춘정월 계해삭(1일), 원단 의식을 중지하였다. 친황 이하 백관들이 태상천황 빈궁에서 배례하였다.

갑자(2일), 정6위하 藤原朝臣房前을 東海道에 보냈다. 종6위상, 多治比眞人三宅麻呂를 東山道에 보냈다. 종7위상 高向朝臣大足을 北陸道에 보냈다. 종7위하 波多眞人余射를 山陰道에 보냈다. 정8위상 穗積朝臣老를 山陽道에 보냈다. 종7위상 小野朝臣馬養을 南海道에 보냈다. 정7위상 大伴宿禰大沼田을 西海道에 보냈다. 도마다 녹사 1인을 보내, (국사의) 정무의 실적을 살피고 억울하고 잘못된 것을 말하게 하여 바로잡게 하였다.[1)]

정묘(5일), 태상천황을 위해 대안사,[2)] 약사사,[3)] 원흥사,[4)] 홍복사[5)] 4사에

---

1) 「戶令」3 「國守巡行」條에, "凡國守. 每年一巡行屬郡, 觀風俗問百年, 錄囚徒理冤枉, 詳察政刑得失, 知 百姓所患苦"라고 하여, 國守는 매년 관할지역을 순시하여 풍속을 교정하고, 누명 등 억울한 죄를 당한 일들을 바로잡는 일을 하였다.

2) 『大安寺伽藍緣起并流記資財帳』, 『日本書紀』 등에 의하면, 大安寺의 기원은 舒明天皇 11년(639) 7월에 百濟川 주변에 大宮과 大寺의 터를 정하고, 백제계 도래씨족인 書直縣을 大匠으로 삼아 조영한 데에서 시작한다. 이것이 백제대궁과 백제대사이다. 『일본서기』 大化 원년 8월조에는 孝德天皇이 大寺에 十師를 정하고 惠妙[慧妙]를 백제대사의 寺主로 삼았다고 전한다. 이후 백제대사는 天武 2년(673) 百濟川 지역에서 高市로 이전하여 高市大寺가 되었고, 天武 6년에는 사명을 大官大寺로 개칭하였다. 和銅 3년(710) 平城京의 천도로 飛鳥地方에 조영되었던 法興寺[飛鳥寺, 元興寺], 藥師寺, 山階寺[興福寺] 등이 이전하였다. 대관대사도 靈龜 2년(716)에 이전하여 大安寺가 되었다.

3) 『일본서기』 天武 9년(680) 11월에 황후의 치유를 기원하여 天武天皇의 발원으로 藤原京

재를 올렸다.

신미(9일), 신라국이 살찬 金福護, 급찬 金孝元 등을 보냈다. 국왕[6]의 부음을 알리기 위해서였다. 이날, 制[7]를 내려 主禮[8] 6인은 원래 大舍人[9]이 맡았는데 마땅히 그 예에 준해서 과역을 면제하도록 하였다.

임오(20일), 조를 내려 3품 刑部親王[10]을 知太政官事[11]로 삼았다.

2월 정미(15일),[12] 조를 내려 "종4위하 下毛野朝臣古麻呂 등 4인은 율령의 찬정에 관여했기 때문에 마땅히 그 공에 대한 상을 논해야 한다"라고 하였다. 이에 古麻呂 및 종5위하 伊吉連博德[13]에게 함께 전지 10정과 봉호 50호를, 증 정5위상 調忌寸老人의 아들에게 전지 10정과 봉호 1백호를, 종5위하 伊余部連馬養의 아들에게 전지 6정과 봉호 1백호를 내리고 그 봉호는 자신에 한하고 전지는 다음 대까지 상속시켰다.

에 조영이 시작되었다. 藥師寺 東塔의 상륜부에 명기된 東塔檫銘에는 "淸原宮에서 천하를 다스리는 천황의 즉위 8년에 中宮[持統天皇]의 병 때문에 이 가람을 조영하기 시작했지만, 완성을 보지 못하고 붕어하여 그 유지를 이어 太上天皇[持統]이 완성했다"고 한다. 창건 당시의 藥師寺는 藤原京에 있었지만, 和銅 3년(710) 平城京 천도로 平城京 右京 6조 大路로 이전되었다.

4) 권1 文武 4년 3월조 82쪽 각주 116) 참조.

5) 弘福寺는 川原寺를 계승한 사원으로 飛鳥寺, 藥師寺, 大官大寺와 함께 飛鳥 4대사로 칭한다. 7세기 후반 天智天皇 시대에 조영되었고 『日本書紀』에는 창건의 기술이 보이지 않는다. 平城京 천도 때 飛鳥寺, 藥師寺, 大官大寺는 이전했지만 川原寺는 그대로 飛鳥에 자리잡았다.

6) 孝昭王. 『삼국사기』 신라본기 효소왕 11년(702) 추7월조에 "王薨, 諡曰, 孝昭"라고 기록되어 있다. 당시 신라와 일본은 국왕의 告喪使를 상호 파견하고 있었다.

7) 『속일본기』 이하의 정사에 보이는 법령표기의 한 형식. 太政官處分과 유사한 성격으로 보인다.

8) 中務省 소속 內禮司의 관인으로 궁중의 비위를 감찰하는 직무.

9) 中務省 소속 大舍人寮의 관인으로 궁중의 숙직, 경호, 그 밖에 잡사를 맡은 하급관인. 養老令 「職員令」5에는 左右大舍人寮에 각 800인이 배치되었고, 「軍防令」46·47에는 3위 이상의 손과 4위, 5위의 자손 중에서 지식·용모가 미흡한 자, 6위 이하 8위 이상의 적자로 용의단정한 자를 선발해 충당한다고 규정되어 있다.

10) 天武天皇의 황자로 忍壁皇子라고도 한다. 681년 천황의 조를 받들어 帝紀 및 上古諸事를 편찬하고 大寶律令의 편찬에도 참여하였다.

11) 知太政官事는 太政官 업무를 총괄하는 위치에 있으면서 奈良시대에만 존재했던 율령관제에는 없는 영외관이다. 모두 4인이 임명되었는데 刑部親王(大寶 3년), 穗積親王(慶雲 2년), 舍人親王(養老 4년), 鈴鹿王(天平 9년) 등으로 모두 황족출신이다.

12) 丁未는 15일로 이 기사는 癸卯(11일) 다음에 배열되어야 한다.

13) 권2 大寶 원년 8월조 104쪽 각주 73) 참조.

병신(4일), 종7위하 茨田足嶋·衣縫造孔子를 함께 連 성을 내렸다.

계묘(11일), 이날, 태상천황의 49재를 맞이하여 사자를 4대사 및 사천왕사,[14] 山田寺[15] 등 32사에 보내 재를 올렸다. 大宰府의 史生 10인을 증원하였다.

3월 무진(7일), 종4위하 下毛野朝臣古麻呂에게 공전 20정을 내렸다.

신미(10일), 조를 내려 4대사에 대반야경을 독경하게 하고, 1백인을 득도시켰다.

정축(16일), 제를 내려, "숙에 의하면, '國博士는 국 내부 및 인국에서 취하여 등용한다'[16]고 한다. 그러나 옛 사례에 비추어 지금을 보면, 적합한 사람은 드물다. 만약 인국에도 채용할 만한 사람이 없으면 (式部)省에 신고한다. 그러한 연후에 省이 선발하여 (태정관의) 처분을 청한다. 또 郡司로서 충분한 재능이 있는데, 만약 그 郡에 3등 이상의 친족이 있다면 다른 郡에 임용하는 것을 허락한다"라고 하였다.[17]

무인(17일), 信濃, 上野 2국에 역병이 생겨 약을 지급하고 치료하였다.

을유(24일), 義淵法師를 승정에 임명하였다.

하4월 계사(2일), 태상천황을 위해 어재소에서 백일재를 올렸다.

을미(4일), 종5위하 高麗若光[18]에게 王 성을 내렸다.

---

14) 사천왕사의 건립 기원에 대해서는, 『일본서기』 用明 2년(587)에 불교수용을 둘러싸고 숭불파인 蘇我氏와 배불파인 物部氏 사이에 싸움이 벌어졌을 때, 이 전황을 본 聖德太子가 白膠木을 베어 四天王像을 만들고 승리하면 반드시 사천왕을 안치하고 탑을 세우겠다고 맹세했다고 전한다. 『日本書紀』에 따르면 推古 원년(593)에 조영이 개시되었다. 大阪市 天王寺區에 소재한 聖德太子가 건립했다는 7대사의 하나이고, 荒陵寺, 難波大寺, 御津寺, 堀江寺 등의 별칭이 있다.

15) 山田寺의 창건에 대해서는, 『上宮聖德法王帝說』에 舒明 13년(641) 淨土寺[山田寺]의 조영을 발원하여 부지 공사를 하고, 皇極 2년(643) 금당 조영을 시작하였으며 大化 4년(648)에 승이 주지했다고 한다. 그 후 天智 2년(663) 미완성된 탑을 건립하기 시작하여 天武 5년(676)에 완성했다고 한다. 소재는 奈良縣 櫻井市 山田.

16) 「職員令」80, 國博士医師條, "凡國博士, 医師, 國別各一人".

17) 「選敍令」7에는 "凡同司主典以上, 不得用三等以上親"이라고 하여 한 官司에 3등 이상의 친족이 함께 임용되는 것을 금지하고 있다.

18) 高麗若光은 『일본서기』 天智 5년(666) 10월조에 고구려 사절단의 일원으로 나오는 '二位玄武若光'으로 추정된다. 여기에서 玄武若光이 관칭한 2위는 2품을 가리키고, 태대형, 막리지 관등을 가질 수 있는 고구려 최고위직이다. 그는 사신으로 왔다가 고구려 멸망과 함께 귀국하지 못한 채 일본에 정주하였다. 武藏國의 高麗郡에 있는 高麗神社에 전해오는〈高麗氏系圖〉는 고려약광으로부터 제59대 高麗澄雄에 이르기까

신해(20일), 종7위하 和氣坂本에게 君 성을 내렸다.

무오(27일), 安藝國에 약취되어 노비가 된 200여 인에게 본래의 호적에 들어가는 것을 허락하였다.

윤4월 신유삭(1일), 천하에 대사면을 내렸다. 신라사를 難波館[19]에서 향응을 베풀었다. 조를 내려 "신라국사 살찬 金福護가 표[20]에서 말하기를 '저의 국왕은 불행하게도 작년 가을부터 병이 나 금년 봄에 훙어하였다. 영원히 성조를 떠났다'라고 하였다. 짐이 생각하기를 그 蕃의 군주[21]는 비록 이역에 있지만, (백성들을) 감싸고 보살피기를 참으로 사랑하는 자식과 같이하였다. 비록 수명은 끝이 있으나 인륜은 한가지이다. 이 말을 들으니 애닮은 마음이 심하다. 사신을 파견하여 조문하고 부의물을 보낼 것이다. 福護 등은 멀리 창파를 건너 와 능히 사신의 취지를 다했으니 짐은 그 노고에 보답하여 삼베와 비단을 내린다"라고 하였다.

이날, 우대신 종2위 阿倍朝臣御主人이 죽었다. 정3위 石上朝臣麻呂 등을 보내 조문하고 부의물을 내렸다.

5월 임진(2일), 김복호 등이 본국으로 돌아갔다. 정7위상 倉垣連子人의 고조부 根猪 이래의 자손인 정7위상 私小田, 종7위상 私比都自와 長嶋 및 형제들은 모두 호소하여 雜戶에서 벗어났다.

계사(3일), 표류해 온 신라인을 福護 등에 동반시켜 본국으로 돌려보냈다.

지 고려향, 고려신사, 고려가의 변천과 연혁을 기록하고 있다. 고려약광은 왕경에 체재하다가 고려군으로 이주하였다. 藤原宮跡의 관아유적에서 발견된 목간에 기록된 '□□若光'은 고려약광으로 추정되고 있다. 이 목간은 약광이 '고려왕'을 사성받은 大寶 3년(703) 이전의 사실을 말하고 있다. 고려군으로 이주하는 시점까지 반세기 동안 왕경에서 보내다가 후반기에 고려군으로 이주했다고 보인다.

19) 大和政權 시대부터 외국사절의 숙박을 위해 難波津에 조영한 영빈시설.

20) 신라가 일본에 표를 올린 유일한 사례이다. 그러나 김복호가 올렸다는 표문은 외교문서의 형식이라고는 보기 어려운 구어체 문장이다. '寡君'으로 시작되는 표문은 신라의 공적 기구에서 작성한 문서가 아니라 신라사 김복호의 구두 언사일 가능성이 높다. 또한 聖朝라는 표현도 신라 외교문서에서는 사용하기 어려운 용어이다. 외교의례의 장에서는 생각할 수 없는 이러한 용어의 사용은 천황제 국가이념에 의해서 윤색된 것이다. 애정을 갖고 사랑하는 자식을 돌본다는 의미의 "至於覆育, 允同愛子"라는 문장은 『禮記』, 『樂記』에 '覆育萬物', 『漢書』 水谷傳에 '覆育子弟'라고 한 문장을 차용하여 일본천황의 조서에 사용한 율령적 필법이다.

21) 신라 孝昭王.

기해(9일), 紀伊國의 奈我, 名草 2군에 명하여 삼베의 調를 중지시키고 명주실을 바치게 하였다. 단 阿提, 飯高, 牟漏 3군에게는 은을 바치게 하였다.

병오(16일), 相摸國에 역병이 생겨 약을 지급하여 구제하였다.

6월 을축(5일), 종4위상 大神朝臣高市麻呂를 좌경대부로 삼았다. 종5위하 大伴宿禰男人을 大倭守로, 종5위상 引田朝臣廣目을 齋宮頭[22] 겸 伊勢守로 삼았다.

추7월 갑오(5일), (천황이) 조를 내려 "장적[23]을 갖추는 일은 국가의 중요한 믿음이다. 수시로 변경하면 필히 작위가 생긴다. 마땅히 경오년적[24]에 의거하여 정하고 다시는 고치는 일이 없도록 하라"고 하였다. 종5위상 大石王을 河內守, 정5위하 黃文連大伴[25]을 山背守, 종5위하 多治比眞人水守를 尾張守, 종5위하 引田朝臣祖父를 武藏守, 정5위상 上毛野朝臣男足을 下總守, 정5위하 猪名眞人石前을 備前守로 삼았다. 재난과 이변이 빈번하게 발생하여 곡식이 익지 않았다. 조를 내려 경기 및 大宰府 관내의 제국에 調를 반감하고 아울러 천하에 庸을 면제하였다. 또 5위 이상에게 조를 내려 현량하고 행실이 바른 사람을 천거하게 하였다.

임인(13일), 4대사[26]에 명하여 금광명경을 독경시켰다.

병오(17일), 近江國에서 산불이 자연히 일어났다. 사자를 보내 명산대천에 기우제를 지냈다.

임자(23일), 종5위하 民忌寸大火에게 정5위하를, 정6위상 高田首新家에게 종5위상을 내리고, 아울러 사자를 보내 조문하고 부의물을 내렸다. 임신년의 공이 있기 때문이다.

8월 신유(2일), 종5위상 百濟王良虞[27]를 伊豫守로 삼았다.

---

22) 齋宮寮의 장관, 종5위 상당. 齋宮寮는 伊勢神宮에 봉사하고 있던 황녀 齋宮(伊勢齋王)을 돕기 위해 설치된 令外官.

23) 『令集解』「戶令」의 令釋에 "帳者計帳也. 籍者戶籍也"라고 한다. 다만 여기서의 帳籍은 호적을 말한다.

24) 天智 7년(670)에 만든 호적인 庚午年籍.

25) 고구려계 화공씨족의 후예. 권1, 大寶 원년 7월 임진조 黃文造大伴 각주 62) 참조.

26) 藤原京 주변의 4大寺인 大安寺·藥師寺·元興寺·弘福寺.

27) 百濟王善光의 孫이고, 百濟王昌成의 子이다 朱鳥 원년(686) 天武天皇의 장의에서 조부 백제왕선광을 대신해서 조사를 읽었고, 持統 5년(691) 조부 善光, 동생 南典과 함께

갑자(5일), 대재부에서, "훈위가 있는 자는 교대로 군단에 출사시키고,[28] 근무평정의 연한을 채우면 式部(省)에 보내 散位[29]와 동일하게 언제라도 임용하고자 한다"라고 청했다. (천황은) 이를 허락하였다.

9월 신묘(3일), 4품 志紀親王[30]에게 近江國의 철광산지를 주었다.

경술(22일), 종5위하 波多朝臣廣足을 견신라대사로 삼았다.[31]

계축(25일), 승 法蓮[32]에게 豊前國의 야생지 40정을 보시하였다. 의술을 포상한 것이다.

동10월 정묘(9일), 태상천황의 御葬司[33]를 임명하였다. 2품 穗積親王을 어장사 장관으로, 종4위하 廣瀨王, 정5위하 石川朝臣宮麻呂, 종5위하 猪名眞人大村을 차관으로, 그 외 政人[34] 4인, 史[35] 2인으로 하였다. 4품 志紀親王을 造御竈[36] 장관으로 종4위상 息長王, 정5위상 高橋朝臣笠間, 정5위하 土師宿禰馬手를 副로, 그 외 政人 4인, 史 4인으로 하였다.

갑술(16일), 승 隆觀[37]을 환속시켰다. 본성은 金이고 이름은 財이다. 사문 幸甚의 아들이다. 예술[38]에 뛰어난 재능이 있고, 아울러 算曆에도 밝았다.

계미(25일), 천황이 대안전에 임하였다. 조를 내려 견신라사 波多朝臣廣足, 額田人足에게 각각 침구[39] 1개, 의복 1벌을 내리고, 또 신라왕에게 보낼

포상을 받았다. 大寶 원년에 종5위상이 내려졌고, 和銅 8년(715)에 정5위상, 靈龜 3년(717)에 종4위하로 승진하였고, 그 후 攝津亮, 大學頭를 역임하였다.

28) 勳位가 있으면서 관직에 나아가지 못한 자는 散位와 달리 근무평정의 대상이 아니다. 따라서 산위와 동일하게 考選하여 출사할 수 있는 기회를 주자는 것. 이때의 고선방식은 大宰府 관내에만 적용되었는데 이듬해에 전국적으로 확대되었다.

29) 관위가 있지만 관직에 보임되지 않은 자.

30) 天智天皇의 황자.

31) 이듬해 慶雲 원년 8월에 귀국하였다.

32) 豊前國 宇佐 출신의 승. 養老 5년 6월의 詔에도 의술로써 포상받았다.

33) 천황의 장의 일체를 담당하는 관부.

34) 4등관제에서 3등관인 判官.

35) 4등관제에서 4등관인 主典.

36) 火葬을 위해 관련 일을 담당하는 임시관사.

37) 大寶 2년 4월조 110쪽 각주 134) 참조.

38) 예술은 학문, 기예를 의미. 「學令」1에 書博士, 算博士는 業術이 뛰어난 자 중에서 선발해 임용한다고 하고, 「學令」8에 대학생, 국학생에 대한 年終試에 대해 大學頭, 助, 國司 중에서 藝業이 뛰어난 자가 그들을 시험한다고 규정되어 있다.

39) 衾은 침구의 일종으로 취침시에 덮는 이불, 포대.

錦[40)]2필, 絁[41)]40필을 주었다.

11월 계묘(16일), 태정관이 처분하기를 "순찰사가 보고한 諸國司, 郡司로서 잘 다스리는 자가 있으면 식부성은 반드시 令에 따라 천거해야 하고, 과실이 있는 자는 형부가 律에 따라 조사하여 처벌하라"고 하였다.

12월 갑자(8일), 처음으로 황친 5세손, 5위 이상의 아들로 나이 21세 이상인 자는 그 이름을 기록하여 식부성에 보고하게 하였다.[42)]

기사(13일), 정5위하 路眞人大人을 衛士督으로 삼았다.

계유(17일), 종4위상 當麻眞人智德이 제왕, 제신을 데리고 태상천황의 추모사를 바쳤다. 시호를 大倭根子天之廣野日女尊[43)]이라고 하였다. 이날 飛鳥岡에서 화장하였다.

임오(26일), 大內山陵[44)]에 합장하였다.[45)]

○ 慶雲 원년(704), 춘정월 정해삭(1일), 천황이 대극전에 임하여 신년하례를 받았다. 5위 이상의 자리에는 처음으로 평상 의자를 설치하였다.

계사(7일), 조를 내려 대납언 종2위 石上朝臣麻呂를 우대신으로 삼고, 무위 長屋王에게 정4위상을, 무위 大市王·手嶋王·氣多王·夜須王·倭王, 宇大王·成會王에게 함께 종4위하를, 종6위상 高橋朝臣若麻呂, 종6위하 若犬養宿禰檳榔, 정6위상 穗積朝臣山守·巨勢朝臣久須比·大神朝臣狛麻呂[46)]·佐伯宿禰垂麻呂, 종6

---

40) 수종의 색실로 문양을 낸 고급 견직물.

41) 명주실로 짠 비단.

42) 『大寶令』「選任令」(『養老令』의 「選敍令」)에서 명문화된 음위제를 시행하기 위해 그 적용 대상을 식부성에 올리도록 한 것.

43) 持統天皇의 일본식 시호인 國風 시호.

44) 天武天皇의 陵.

45) 奈良縣 高市郡 明日香村에 소재. 8각형 형상을 한 고분시대 말기의 고분. 『일본서기』 持統 원년(687) 10월조에 大內陵을 조영했다는 기록이 나오고 持統 2년 11월에 天武天皇이 매장되었다. 持統이 사망하자 부부합장이 이루어졌다. 『延喜式』 諸陵寮에는 「檜隈大內陵」조에 飛鳥淨御原宮御宇 天武天皇이고, 大和國 高市郡에 있고, 남북 4町, 陵戶 5烟이라고 하고, 동 「大內陵」조에는 藤原宮御宇 持統天皇이고 檜前 大內陵에 합장하였다고 기록되어 있다. 이 고분은 文曆 2년(1235)에 도굴되어 대부분 부장품이 없어졌다.

46) 大寶 4년(704)에 종5위하에 서위되었고, 和銅 원년(708)에 丹波守에, 靈龜 원년(715)에는 정5위상으로 승진하면서 武藏守에 임명되었다. 그는 大和國 城山郡 大神鄕을 본거지로 하는 대신조신씨의 일족으로 고려군이 설치될 당시 관할국인 무장국의 장관이었다.

위하 阿曇宿禰虫名, 종6위상 采女朝臣枚夫, 정6위하 太朝臣安麻呂, 종6위하 阿倍朝臣首名, 종6위하 田口朝臣益人, 정6위하 笠朝臣麻呂, 종6위상 石上朝臣豊庭, 종6위하 大伴宿禰道足·曾禰連足人, 정6위상 文忌寸尺加, 종6위하 秦忌寸百足, 정6위상 佐太忌寸老·漆部造道麻呂·上村主大石·多君北助·王敬受, 종6위상 多治比眞人三宅麻呂, 정6위상 臺忌寸八嶋에게 함께 종5위하를 내렸다.

정유(11일), 2품 長親王·舍人親王·穗積親王, 3품 刑部親王에게 각각 봉호 200호, 3품 新田部親王, 4품 志紀親王에게 각각 100호를 내리고, 우대신 종2위 石上朝臣麻呂에게 2,170호를, 대납언 종2위 藤原朝臣不比等에게 800호를 증액시키고, 그외의 3위 이하, 5위 이상 14인에게 각각 신분에 따라 지급하였다.

임인(16일), 조를 내려 御名部 內親王, 石川夫人에게 각각 봉호 100호를 증액시켰다.

무신(22일), 伊勢國 多氣, 度會 2군의 少領 이상인 자에게는 3등 이상 친족의 연임을 허락하였다.

신해(25일), 처음으로 백관의 跪伏[47]의 예를 중지하였다.

2월 병진삭(1일), 일식이 있었다.

계해(8일), 神祇官의 大宮主[48]를 長上[49]의 예우로 하였다.

을해(20일), 종5위(하) 上村主百濟[50]에게 새로 阿刀連의 성을 내렸다.

大神朝臣狛麻呂라는 인물은 임신의 난 공신인 高市麻呂와 安麻呂의 동생이고, 대화의 호족 三輪氏 본종가의 1인이지만, '고마(狛)'라는 이름으로부터 추정하면 그의 모계 혹은 양육자가 고구려인일 가능성이 높다고 생각된다. 高麗郡 설치에 크게 관여한 인물로 추정된다.

47) 跪伏의 예를 금지하는 규정. 일본고대의 예법으로 推古 12년 9월조에 "改朝禮, 因以詔之曰, 凡出入宮門以兩手押地, 兩脚跪之, 越梱則立行"이라고 하여 跪禮 혹은 匍匐禮 등의 예법이 보인다. 그러나 天武 11년 9월조에는 跪禮, 匍匐禮를 금지하는 칙이 내려지고, 상기 내용은 재금지 조항으로 법규의 정비에 따라 立禮로 바뀌고 있다.

48) 大宮主는 천황에게 부속된 특별한 직위로 보인다. 神祇官의 직원구성인 神部, 卜部, 使部, 直丁의 직제에는 보이지 않는다.

49) 제관사의 상근직 관인. 이에 대해 비상근직을 分番이라고 한다.

50) 持統 4년에 대학박사로서 大稅 1천 속을 받았고 동 7년에는 유학에 뛰어난 포상으로 식봉 30호를 받았다. 上村主는 『신찬성씨록』 좌경제번상, 동 섭진국제번에, 廣階連과 같은 조상이고, 陳思王 植의 후손이라고 나온다. 陳思王 植은 중국 삼국시대 魏 태조인 무제의 아들이고 이름은 曹植이다. 중국계로 되어 있는 이 계보는 후의 개변일 가능성이 있고, 백제계 씨족으로 보인다.

3월 갑인(29일), 信濃國에 역병이 생겨 약을 지급하여 치료하였다.

하4월 갑자(9일), 鍜冶司에 명하여 제국의 印을 주조하였다.

경오(15일), 信濃國에서 바친 활 1,400개를 대재부에 충당하였다.

갑술(19일), 讚岐國에 기근이 들어 진휼하였다.

임오(27일), 備中, 備後, 安藝, 阿波 4국의 벼의 모가 해를 입어 아울러 진휼하였다.

5월 갑오(10일), 備前國에서 神馬를 바쳤다. 서쪽 누각 위에 慶雲[51]이 보였다. 조를 내려 천하에 사면을 내리고, 연호를 고쳐 慶雲 원년이라고 하였다. 고령자와 병자, 장애자를 진휼하였다. 또 임인년[52] 이전의 大税와 신마를 보낸 군의 당해년의 調를 면제하였다. 또 친왕, 제왕, 백관, 사부[53] 이상에게 차등있게 녹을 내렸다. 신마를 바친 국수 정5위하 猪名眞人石前에게 1계를 승서하였다. 慶雲을 처음 본 식부성 少丞 종7위상 小野朝臣馬養에게 3계를 승서하고, 아울러 비단 10필, 명주실 20구, 삼베 30단, 가래 40구를 하사하였다.

경자(16일), 武藏國에 기근이 들어 이를 진휼하였다.

6월 정사(3일), 칙을 내려 "제국의 병사는 군단을 10조로 나누어 조마다 10일씩 무예를 교습시켜 반드시 함께 정비하도록 한다. 令의 규정에 없는 잡사를 시켜서는 안 된다. 지켜야 할 關[54]이 있는 경우에는 편의에 따라서 참작하여 수비에 필요한 인원을 충당시켜야 한다"라고 하였다.

기미(5일), 제국에 훈7등 이하로 관위가 없는 자는 군단에 소속시켜 근무할 수 있도록 하였다. 3년이 지나면 2년의 근무평정을 받은 것으로 간주하고, 연수를 채우면 식부성에 (관련서류를) 보내어 서위는 산위의 예와 동일하게 하였다. 신체가 강건하고 시무를 감당할 수 있는 자는 국사의 재량으로 충당하고 근무평정의 연수와 등급은 오로지 맡겨진 직무에 준하게 하였다.

을축(11일), 河內國 古市郡 사람인 高屋連藥의 딸이 한번에 3남을 낳았다.

---

51) 『延喜式』 巻第21, 式部省式에 慶雲은 "狀若烟非烟, 若雲非雲"이라고 하면서 大瑞의 범위로 규정하고 있다.

52) 大寶 2년(702).

53) 使部는 중앙 관사에 배속되어 잡사를 맡은 관인.

54) 일본고대 율령국가 시대의 國과 國의 경계에 임시로 설치한 검문소. 일반적으로는 伊勢國의 鈴鹿, 美農國의 不波, 越前國의 愛發 등 3關을 말한다.

비단 2필, 명주 2둔, 삼베 4단을 내렸다.

기사(15일), 阿波國에서 木連理[55]를 바쳤다.

병자(22일), 제신사에 봉폐하여 기우제를 올렸다.

추7월 갑신삭(1일), 정4위하 粟田朝臣眞人[56]이 당에서 돌아왔다. 처음에 당에 이르렀을 때 어떤 사람이 와서 어디에서 온 사인이냐고 묻었다. 대답하여 "日本國[57] 사신이다"라고 말했다. 우리 사신이 반문하여 "이곳이 어떤 州의 관내인가"라고 물었더니, "이곳은 大周[58]의 楚州 鹽城縣의 관내이다"라고 답했다. 다시 "앞서 大唐[59]이 지금 大周라고 칭하고 있는데 국호는 어떤 연유에서 개칭했는가"라고 물었더니, "永淳[60] 2년에 天皇太帝[61]가 붕하고 황태후가 황위에 올라 聖神皇帝[62]라고 칭하고 국호를 大周라고 하였다"라고 답했다. 문답을 거의 끝내고, 당인이 우리 사신에게 "자주 듣고 있는데, 해동에 대왜국이 있고 군자의 국이라고 하고, 인민은 풍요롭고 낙천적이고 예의도 바르다고 한다. 지금 사인을 보건데 모습이 매우 정결하여 어찌 의심할 수 있겠는가"라고 말했다. 말을 마치자 가버렸다.

병술(3일), 左京職이 흰 제비를 바쳤다. 下總國에서 흰 까마귀를 바쳤다.[63]

임진(9일), 때에 비가 내리지 않았다. 제신사에 사자를 보내 기우제를 올렸다.

---

55) 뿌리가 다른 2개의 나무의 줄기가 접합되어 있는 나무. 상서로 인식되었다.

56) 遣唐執節使. 大寶 원년에 임명되었고, 동 2년 6월에 筑紫에서 출항하였다.

57) 당에 대해 '日本'이라는 국호를 알린 것은 최초이다. 「大寶令」 公式令 詔書式에 '御宇日本天皇'이라고 하여 공식적으로 국호가 명시되었다.

58) 則天武后가 690년에 개칭한 국호. 현재의 江蘇省 鹽城 지방.

59) 『大寶令』「公式令」1 令集解 古記에 "門, 隣國與蕃國, 何其別, 答, 隣國者大唐, 蕃國者新羅也"라고 기록하고 있다.

60) 天武 2년(683).

61) 당 高宗. 고종은 上元 원년(674) 8월 스스로를 天皇이라 하고, 황후를 天后라고 칭했다. 天皇大帝는 시호. 천황은 도교에서 나온 용어로서 일본의 天武가 천황호를 제정한 것도 도교의 영향이다.

62) 고종의 황후인 則天武后. 姓은 武, 이름은 照. 병약한 고종을 대신해서 실권을 잡고 고종 사후 즉위한 중종과 예종을 폐하고 690년에 즉위하여 신성황제라고 자칭하고 국호를 周로 고쳤다.

63) 『延喜式』 卷第21, 式部省式에는 상서로운 날짐승으로 白鳩, 白烏, 白雉, 白雀 등을 들고 中瑞로 규정하고 있다. 白鷰에 대해서는 기록이 없지만, 역시 상서의 동물로 인식되었다.

경자(17일), 식부성, 대학료, 산위료에 公廨의 祿[64]을 지급하였다.

임인(19일), 조를 내려 경사의 80세 이상의 고령자는 모두 진휼하였다.

갑진(21일), 住吉神社[65]에 봉폐하였다.

을사(22일), 종5위상 坂合部宿禰唐에게 종5위하를 추증하고, 우대신 종2위 阿倍朝臣御主人에게 功封 100호 4분의 1을 아들 종5위상 廣庭에게 상속시켰다. 종5위상 高田首新家의 공봉 40호의 4분의 1을 아들 무위 首名에게 상속시켰다.[66]

8월 병진(3일), 견신라사 종5위상 波多朝臣廣足 등이 신라에서 돌아왔다.[67]

무오(5일), 伊勢, 伊賀 2국에 황충의 피해가 있었다.

신사(28일), 周防國에 대풍이 불어 수목이 뽑히고 가을 수확에 피해가 있었다.

동10월 정사(5일), 조가 내려져 홍수와 가뭄으로 때를 놓쳐 한해의 곡식이 익지 않아 과역과 당해년의 전조를 면제하였다.

신유(9일), 粟田朝臣眞人 등이 배조하였다. 정6위상 幡文通[68]을 견신라대사로 삼았다.[69]

---

64) 新日本古典文學大系本에는 銀으로 되어 있다. 公廨祿은 관인의 녹봉을 말하지만, 銀이라고 하면 특별한 사안에 대한 지급이다.

65) 大和정권 때부터 항해의 수호신으로서 제사지냈다. 祭神은 일본신화에 나오는 住吉 3신이 있고, 합사한 신으로 황조신인 天照大神과 神功皇后를 제사지낸다. 특히 神功皇后는 신라정벌설화에 나오는 주인공으로 일본의 대외적 위기 때 주길신사에 상황을 고하고, 신라사가 보낸 물품을 동 신사에 바치는 의식을 한다.

66) 공신들에게 지급한 식봉을 당사자가 사망할 경우 그 4분의 1을 그 아들에게 상속시키는 것.

67) 大寶 3년 8월 견신라대사로 임명되어 파견되었다.

68) 幡文의 씨명은 幡에 그림을 그리는 직무에서 유래한다. 『신찬성씨록』 좌경제번상에 "幡文造는 大崗忌寸과 조상이 같으며, 安貴公의 후손이다"라고 나온다. 동 「大崗忌寸」조에는 大崗忌寸은 魏 文帝의 후손인 安貴公으로부터 나왔고 雄略의 치세에 4部의 무리를 이끌고 귀화했다고 한다. 그의 아들 龍은 그림을 잘 그려 首 성을 하사받았고, 용의 5세손 惠尊도 그림에 재능이 있어 天智朝 때에 倭畫師의 성을, 神護景雲 3년에는 大崗忌寸의 성을 받았다고 한다. 倭畫師, 大崗忌寸의 선조 도래전승은 雄略朝 때에 백제에서 이주한 화공 因斯羅我의 이주전승과 유사하며 동일사건으로 추정된다. 따라서 幡文通은 백제계 후손으로 생각된다.

69) 이때 신라에 사절을 파견한 것은 동년 종5위상 波多朝臣廣足이 신라에서 돌아온 지 2개월 지난 시점이다. 사정은 알 수 없으나 대보율령 제정 이후 안정된 국가체제를 기반으로 신라와의 관계 발전에 노력하는 모습을 말해준다.

무진(16일), 幡文通에게 造 성을 내렸다.

11월 계사(11일), 태상천황의 백칠재[70]를 제사찰에서 지냈다.

경인(8일),[71] 종5위상 忌部宿禰子首를 伊勢大神宮에 보내 폐백, 봉황경, 窠子錦[72]을 바쳤다.

병신(14일), 종4위하 引田朝臣宿奈麻呂에게 阿倍朝臣의 성을 내리고, 정4위하 粟田朝臣眞人에게 大倭國의 전지 20정과 곡물 1,000석을 하사하였다. 절역[73]에 사신으로 다녀왔기 때문이다.

임인(20일), 비로소 藤原宮 터를 정하였다.[74] 집이 궁안으로 편입된 백성 1,500인에게 삼베를 차등있게 지급하였다.

12월 신유(10일), 제신사에 폐백을 올렸다.

신미(20일), 大宰府에서 지난 가을 대풍이 불어 수목이 뽑히고 그해의 곡물에 피해가 있었다고 말하였다.

이해 여름 伊賀, 伊豆 2국에 역병이 생겨 함께 의약을 지급하여 치료하였다.

◯ 慶雲 2년(705) 춘정월 병신(15일), 조당에서 문무백관들에게 연회를 베풀었다.

경자(19일), 무위 安八萬王에게 종4위하를 내렸다.

3월 계미(4일), (천황이) 倉橋의 이궁으로 순행하였다.

병술(7일), 정4위하 豊國女王이 죽었다.

하4월 임자(3일), (천황이) 조를 내려, "짐이 재능과 덕이 부족한 몸인데 王公의 위에 있으면서 덕은 천제를 감응시키지 못하고, 자애도 백성들에게 미치지 못하고 있다. 마침내 음양의 조화가 어긋나고 홍수와 가뭄을 제어하지 못해 그해의 곡식이 여물지 않아 백성들이 주린 안색을 하고 있다. 매번

70) 百七齋는 지통천황이 사망한 지 700일째 되는 날.

71) 庚寅은 8일로, 앞의 계사(11일)와 배열순서가 바뀌어 있다.

72) 새둥지 문양의 비단.

73) 견당사로 파견된 사실을 말한다. 絶域에 대해서는 『大寶律』「名例律」7, 六議의 五議功 본주에 "謂, 有大功勳"이라고 하고 그 疏에 "若遠使絶域"이라고 한다. 원거리인 절역에 사신으로 간 것은 곧 대공훈이라고 평했다.

74) 藤原宮의 조영은 天武朝에 시작되어 持統 8년에 천도하였다. 따라서 천도 후 10년이 지난 시기에 조영을 위한 터를 정했다는 기사는 모순이다.

이 일을 생각하면 참담하다. 5대사에 금광명경을 독경시켜 백성을 고통에서 구해야 한다. 천하 제국의 금년도 擧稅[75]를 받지 말고 아울러 庸을 반으로 줄이도록 한다"라고 하였다.

갑인(5일), 천하 제국에 사자를 보내 실정을 살펴보게 하였다.

경신(11일), 3품 刑部親王에게 越前國의 야지 1백정을 하사하였다.

병인(17일), 칙을 내려 "官員令[76]에 의거하여 大納言은 4인을 두고, 직무는 대신과 나란히 하고, 관위는 諸卿[77]을 초월한다. 짐은 생각건대, (대납언의) 직무는 중대하고 깊어 정원을 채우는 것은 어렵다. 마땅히 정원을 2명 줄여서 2인으로 정하고, 새롭게 중납언에 3인을 두어 대납언의 부족을 보충한다. 그 직장은 (천황에게) 주상하는 일, 宣旨[78]를 알리는 일, 하명을 기다려 (태정관의) 합의에 참가하는 일이다. 그 관위와 급료는 令에 준하고 헤아려 시행하도록 한다"라고 하였다. 태정관이 심의하여 주상하기를, "그 직무는 대납언에 가깝고, 일은 기밀에 관련한 것이고, 관위와 급료는 가볍게 할 수 없다. 청컨대, 그 관위는 정4위상에 준하고, 별도로 봉호 2백호, 資人[79] 30인을 지급했으면 한다"라고 하였다. (천황은) 주상한 대로 허락하였다. 이보다 앞서 제국의 采女의 肩巾田[80]은 令에 의거하여 정지되었는데 이에 이르러 복구시켰다.

신미(22일), 천황이 대극전에 임하였다. 정4위하 粟田朝臣眞人·高向朝臣麻呂, 종4위상 阿倍朝臣宿奈麻呂 3인을 중납언으로 삼고, 종4위상 中臣朝臣意美麻呂를 좌대변으로 삼고, 종4위하 息長眞人老를 우대변으로 삼고, 종4위상 下毛野朝臣古麻呂를 병부경으로 삼고, 종4위하 巨勢朝臣麻呂를 민부경으로 삼았다. 대재부에 飛驛鈴[81] 8개, 傳符[82] 10매, 長門國에 鈴 2개를 지급하였다.

---

75) 국가에서 농민에게 빌려준 곡물에 대한 이자, 즉 出擧의 이자.

76) 養老令에서는 職員令.

77) 8省의 장관.

78) 천황의 명령을 전달하는 일, 조정이 내리는 하달문서의 형식.

79) 친왕과 상급귀족에게 배속되어 경호, 잡사에 종사한 하급관인. 5위 이상에게 위계에 따른 位分資人, 中納言 이상의 관직에게는 職分資人이 있다. 親王, 內親王에게는 帳內이 배속되었다.

80) 채녀가 궁중에서 생활하는 데 사용하기 위해 지급한 전지.

81) 飛驛은 역을 출발하는 것, 飛驛鈴은 역마를 이용할 수 있는 자격 증명서. 「公式令」43의

5월 병술(8일), 3품 忍壁親王이 죽었다. 사자를 보내 장례의 일을 감독시켰다. 천무천황의 제9황자이다.

정해(9일), 정5위하 大伴宿禰手拍을 尾張守로 삼았다.

계묘(25일), 幡文造通 등이 신라에서 돌아왔다.[83)]

6월 을해(27일), 제신사에 폐백을 바치고 기우제를 지냈다.

병자(28일), 태정관에서 주상하기를, "요즈음 가뭄이 계속되어 田地, 園地[84)]가 말라가고 있다. 오랫동안 기우제를 지냈지만, 아직 비는 내리지 않고 있다. 이 때문에 왕경과 畿內의 淨行僧[85)] 등에게 기우제를 지내게 하고, 시장에서 개점하는 것을 중지시키고, 남문을 폐쇄하려고 한다"라고 하였다. 주상한 대로 허락하였다.

추7월 병신(19일), 대납언 정3위 紀朝臣麻呂가 죽었다. 近江朝의 御史大夫[86)] 증 정3위 (紀朝臣)大人의 아들이다.

병오(29일), 大倭國에 대풍이 불어 백성들의 가옥이 무너졌다.

8월 무오(11일), 조를 내려 "음양의 조화가 불순하여 가뭄이 열흘이나 계속되었다. 백성들은 기근으로 고통받고 혹은 범죄에 빠지기도 한다. 마땅히 천하에 대사면을 내려 백성과 더불어 일신하고자 한다. 사형죄 이하는 죄의 경중을 묻지 않고 모두 면제한다. 노인, 병자, 홀아비, 과부, 고아, 독거노인으

규정에 따르면 대재부의 驛鈴은 20개로 나와 있다. 상기 본문에서 8개는 영의 규정과는 별도로 지급된 것으로 보인다. 대외교류의 관문인 대재부의 특성상 외국에서 들어오는 사절단, 상인 등의 상황을 중앙에 보고하기 위해 역마의 이용이 증가한 결과라고 생각된다.

82) 傳馬를 이용할 수 있는 자격 증명서. 律令制 하에서 驛馬와는 별도로 각 군마다 5두씩 배치하여 관인이 공무로 이용할 수 있게 한 말이다.

83) 전년도 慶雲 원년 10월에 파견되었다.

84) 일본고대의 율령제 하에서 구분전 이외에 뽕나무, 옻나무를 심기 위해 사유재산으로 지급된 토지.

85) 왕경의 사원을 떠나 산중의 정결한 곳에서 계율을 지키며 수행하는 승.

86) 『日本書紀』 天智 10년(671) 정월 계묘조에 "是日, 以大友皇子拜太政大臣, 以蘇我赤兄臣爲左大臣一 以中臣金連爲右大臣, 以蘇我果安臣, 巨勢人臣, 紀大人臣爲御史大夫"라고 기록되어 있듯이 태정대신, 좌대신, 우대신의 임명과 함께 御史大夫의 임명 기사가 나온다. 어사대부로 임명된 紀大人臣은 紀朝臣麻呂의 아버지이다. 이 기사의 세주에 "御史. 盖今之大納言乎"라고 하여 御史가 지금의 大納言에 해당한다고 되어 있다. 大寶令制의 대납언의 전신으로 추정된다.

로 자활할 수 없는 자는 헤아려 진휼한다.[87] 8학[88])과 통상의 사면에서 면제받을 수 없는 죄는 사면의 범위에 포함하지 않는다. 또 제국의 調의 반을 면제한다"라고 하였다. 또 견당사 粟田朝臣眞人에게 종3위를 내렸다. 그 대사 이하의 사람들에게도 위계를 올리고 물품을 차등있게 하사하였다. 종3위 大伴宿禰安麻呂를 대납언으로 삼고, 종4위하 美努王을 攝津大夫로 삼았다.

9월 임오(5일), 조를 내려 2품 穗積親王을 知太政官事로 삼았다.

병술(9일), 大倭國의 宇太郡에 八咫烏社[89]를 두고 제사지냈다.

정유(20일), 종5위상 當麻眞人櫻井을 伊勢守로 삼았다.

계묘(26일), 越前國에서 붉은 까마귀를 바쳤다. 국사와 함께 出瑞郡의 군사 등에게 관위 1계를 올려 주었다. 백성에게는 1년간의 부역을 면제하였다. 상서로운 새를 잡은 사람 宍人臣國持에게는 종8위하를 내리고 아울러 비단, 명주실, 삼베, 가래를 차등있게 주었다.

동10월 임신(26일), 조를 내려 5도에 사자를 보냈다.〈山陽道와 西海道는 제외하였다.〉. 고령자, 노인, 병자, 홀아비, 과부, 고아, 독거노인을 진휼하고 아울러 당해년의 調의 반을 면제하였다.

---

87) 「戶令」32 「鰥寡」조에는, "凡鰥, 寡, 孤, 獨, 貧窮, 老疾, 不能自存者, 令近親收養, 若無近親 付坊里安, 如在路病患, 不能自勝者, 當界郡司, 收付村里安養, 仍加医療, 弁勘問所由, 具注貫屬患損之日, 移送前所"라고 하는 진휼 규정이 있다. 이 중에서 "鰥寡孤獨貧窮老疾不能自存"의 해석이다. 「戶令」6에 의하면, 61세 이상을 老라고 하듯이 鰥는 61세 이상의 처가 없는 홀아비를 말한다. 寡는 老이면서 남편이 없는 여인으로, 『禮記』, 『王制』의 疏에서는 老를 50세 이상으로 보기 때문에 寡는 50세 이상의 과부를 가리킨다. 「戶令」6에서는 16세 이하를 小로 규정하기 때문에 孤는 16세 이하의 아버지가 없는 자이고, 獨은 61세 이상의 老로서 아들이 없는 경우이다. 老疾은 老로서 廢疾을 가진 자, 즉 61세 이상으로 불치의 병이 있는 자를 말한다. 이러한 진휼은 국가의 대사면시에 천황이 백성들에게 은혜를 베푸는 형식으로 자주 보인다.

88) 八虐은 謀反, 謀大逆, 謀叛, 惡逆, 不道, 大不敬, 不孝, 不義 등 8개 죄이다. 謀反은 천황에게 위해를 가하려고 모의한 죄, 謀大逆은 山陵, 皇居를 훼손한 죄, 謀叛은 군주를 배신하여 적에게 도망, 투항하여 질서에서 이탈한 죄, 惡逆은 부모, 조부모 살해를 모의하고, 숙부, 고모를 살해한 죄, 不道는 대량 살인, 잔혹한 살인, 주술에 의한 살인 등 비도덕적인 죄, 大不敬은 군주에 대한 불경죄로 大社를 훼손하고, 천황의 물건을 훔치거나 비방한 죄, 不孝는 직계 존속인 부모, 조부모를 고소한 죄, 不義는 예의에 반한 죄로 帳內, 資人이 주인을 죽인 죄, 남편의 상중에 재혼한 죄 등이다.

89) 일본건국신화에 나오는 建角身命은 神武天皇이 大和로 동천할 때 八咫烏로 화신하여 熊野의 산중에서 정체하는 일행을 大和로 안내하는 역할을 하여 황군을 승리로 이끄는데 기여했다고 전한다. 八咫烏인 建角身命를 모시는 신사이다.

병자(30일), 신라의 貢調使 일길찬 金儒吉 등이 와서 (調를) 바쳤다.

11월 기묘(3일), 정4위상 小野朝臣毛野를 중무경으로 삼았다.

경진(4일), 종5위하 當麻眞人楯을 齋宮頭로 삼았다. 조를 내려 친왕, 제왕, 제신에게 식봉을 차등있게 내렸다. 이보다 앞서 5위에게 주었던 식봉은 이 시기에 와서 위록으로 대체하였다.[90]

기축(13일), 제국의 기병을 징발하였다. 신라사를 맞이하기 위해서이다. 정5위상 紀朝臣古麻呂를 기병대장군으로 삼았다.

갑진(28일), 大納言 종3위 大伴宿禰安麻呂에게 大宰帥를 겸임시키고, 종4위하 石川朝臣宮麻呂를 (大宰)大貳[91]로 삼았다.

12월 을묘(9일), 왕도에 있는 제사찰에 임시로 식봉을 각각 차등있게 지급하였다.

을축(19일), 천하의 여인네들은 神部[92]와 齋宮[93]의 宮人 및 늙은 여자가 아니면 모두 髻髮[94]하도록 명했다.〈이 내용은 前紀[95]에 있다. 여기에 이르러 다시 제정하는 것이다.〉.

병인(20일), 정4위상 葛野王이 죽었다.

계유(27일), 무위 山前王에게 종4위하, 丹波王·阿刀王에게 함께 종5위하, 정6위상 三國眞人人足·藤原朝臣武智麻呂, 정6위하 多治比眞人夜部·佐味朝臣笠麻呂·藤原朝臣房前, 종6위상 中臣朝臣石木·狛朝臣秋麻呂[96]·坂本朝臣阿曾麻呂·多治比眞人縣守·阿倍朝臣安麻呂, 종6위하 波多朝臣廣麻呂·佐伯宿禰男·阿倍朝

---

90) 대보령, 양로령 「祿令」10에서는 위계에 따라 지급되던 식봉은 3위까지이다. 그 이전에는 4위, 5위도 지급되었다. 여기에서는 5위에게만 位祿으로 대체하고 4위에게는 식봉을 지급한 것이다.

91) 大宰府의 차관.

92) 神祇官의 神部 30인을 가리킨다.

93) 伊勢神宮.

94) 머리를 상투 같은 모양으로 틀어올리는 것.

95) 『日本書紀』 天武紀를 말한다.

96) 和銅 원년(708)에 常陸守에 임명되었고, 동 8년에 종5위상, 養老 4년(720)에 정5위하에 이른다. 한편 화동 4년 12월 임자조에는, 종5위하 狛朝臣秋麻呂가 자신의 본성은 阿倍인데, 用明朝 때에 그의 2세조인 比等古臣이 고구려에 사신으로 파견된 일로부터 狛이라고 칭하게 되었는데, 실은 진짜 성은 아니어서 본성으로 복귀할 것을 청원하여 승낙받았다고 한다. 이와 같은 이유로 일본식 성으로 개성하는 사례가 적지 않은데, 이는 개성하기 위해 출자를 개변한 예로서 고구려계 도래씨족일 가능성이 높다.

臣眞君·田口朝臣廣麻呂·巨勢朝臣子祖父·紀朝臣男人, 정7위상 大伴宿禰大沼田, 정6위상 坂合部宿禰三田麻呂, 종6위하 縣犬養宿禰筑紫, 정6위상 坂上忌寸忍熊·船連秦勝,[97] 종6위하 美努連淨麻呂에게 함께 종5위하를 내렸다. 이날 신라사 金儒吉 등이 입경하였다.

이해, 20개 제국에 기근과 역병이 발생하였다. 아울러 의사와 약을 보내 진휼하였다.

○ 慶雲 3년(706) 춘정월 병자삭(1일), 천황이 대극전에 임하여 신년하례를 받았다. 신라사 金儒吉 등이 열석하였다. 조정의 의장대는 평소와 다른 바가 있었다.

기묘(4일), 신라사가 調를 바쳤다.

임오(7일), 조당에서 김유길 등에게 연회를 베풀고, 정원에서 諸方[98]의 음악을 연주하였다. 각각 차등있게 위계와 물품을 내렸다.

정해(12일), 김유길 등이 귀국하였다. 그 왕[99]에게 보낸 칙서에서, "천황은 삼가 신라왕에게 문안드린다. 사인 일길찬 김유길, 살찬 金今古 등이 와서 바친 조물은 모두 갖추고 있다. 왕이 나라를 다스린 이래 여러 해가 지났는데, 조공하는 일은 어긋남이 없었고 사인의 왕래가 끊이질 않아 진정한 마음이 드러나니 기쁘기 그지없다. 초봄이지만 추위는 여전한데, 무고하시기 바라며 나라 안이 아울러 평안하기를 빈다. 사인이 지금 돌아가니 미리 안부를 전하고 아울러 土物[100]을 보내니 별도로 기재한 것과 같다"라고 하였다.

임진(17일), 大射[101]의 祿法[102]을 정하였다. 2품 친왕, 2위 제왕, 제신은

---

97) 秦勝은 基勝으로도 표기한다. 慶雲 2년 12월 종5위하가 되고 靈龜 2년(716)에 出雲守에 임명되었다. 船連은 원래 船史이고 백제계 도래인 왕진이 후손이다.

98) 당악, 고려악, 백제악, 신라악, 伎樂 등 여러 방면의 악을 말한다.

99) 신라 聖德王.

100) 『延喜式』 권제30 大藏省, "賜蕃客例, … 新羅王, 絁二十五疋, 絲一百絇, 綿一百五十屯, 並以白布裹束"이라고 규정되어 있다.

101) 大射는 천황의 면전에서 활쏘기를 하는 궁중 연중행사의 하나로 射禮라고도 한다. 행사 장소는 朝堂院이고 매년 정월 17일에 열린다. 天武 4년 정월부터 동 10년 정월까지 관련 기사가 보이고 있어 이 시기에 궁중행사로 정착한 것 같다. 『雜令』41 「大射者」條에는 "凡大射者, 正月中旬, 親王以下, 初位以上, 皆射之. 其儀式及祿, 從別式"이라고 규정되어 있다.

화살 1개가 과녁 가장자리에 맞으면 삼베 20단, 중간 부분이면 삼베 25단, 중심부이면 삼베 30단을 내리고, 3품, 4품, 3위는 화살 1개가 가장자리에 맞으면 삼베 15단, 중간부분이면 삼베 20단, 중심부이면 25단이고, 4위는 화살 한 개가 가장자리에 맞으면 삼베 10단, 중간부분이면 삼베 15단, 중심부이면 삼베 20단이고, 5위는 화살 한 개가 가장자리에 맞으면 삼베 6단, 중간부분이면 삼베 12단, 중심부이면 삼베 16단으로 한다. 과녁이 그려진 곳에 들어가면 화살 1개당 삼베 1단으로 하였다. 만약 (두 번째 화살이) 과녁 가장자리, 중간, 중심부, 과녁 그림을 거듭 맞춘다면 2배로 한다. 6위, 7위는 화살 1개가 과녁 가장자리는 삼베 3단, 중간은 6단, 중심부는 8단이고, 8위, 초위는 화살 한 개가 가장자리는 삼베 3단, 중간은 4단, 중심부는 5단, 과녁 그림 안은 반단이고, 만약 그 중에 가장자리, 중간, 중심부, 과녁 그림을 거듭 맞춘다면 위와 같이 하였다. 단 훈위자는 조복을 입지 않고, 해당 위계의 다음에 서도록 하였다.[103)]

윤정월 경술(5일), 종5위상 猪名眞人大村을 越後守로 삼았다. 경기 및 紀伊, 因幡, 參河, 駿河 등 제국들이 함께 역병이 발생하여 의사와 약을 보내 치료하였다. 이날, 제사찰과 아울러 신사를 청결하게 하였다.[104)] 또 도적을 수색하여 체포하였다.

무오(13일), 신라의 調物을 이세태신궁 및 7도 제신사에 바쳤다.[105)] 칙을 내려 "대장성에 수납되는 제국으로부터의 調는 제관사에 종류별로 조사시켜 서로 알도록 한다. 또 민부성에 수납되는 제국의 庸 중에서 가벼운 물건인 비단, 명주실, 목면 등 물품은 지금부터는 대장성에 수납하고 1년간의 비용을 계산하여 민부성에서 지급하도록 한다"라고 하였다.

을축(20일), 칙을 내려 神祇에게 기도시켰다. 천하에 역병이 발생했기

---

102) 과녁을 맞춘 성적에 따라 祿을 지급하는 賜祿의 규정.

103) 動位者는 위계가 없는 무위 훈위자로서 훈위에 상당하는 위계를 가진 사람 다음에 서서 활쏘는 순서를 기다린다는 의미이다.

104) 사찰과 신사의 재앙을 가져오는 나쁜 기운을 씻는 의식. 神龜 원년 7월조에 "詔七道諸國, 除寃祈祥, 必憑幽冥, 敬神尊佛, 淸淨爲先"이라고 하여 재앙을 제거하고 상서를 가져오기 위해서는 신불을 공경하고 청결을 유지하는 것이 우선이라고 하였다.

105) 신라에 대한 경계의식의 발로라고 생각된다.

때문이다.

계유(28일), 泉 내친왕이 이세대신궁에 참배하였다.

2월 경진(6일), 좌경대부 종4위상 大神朝臣高市麻呂[106]가 죽었다. 임신년의 공신이다. 조를 내려 종3위로 추증하였다. 大花上[107] (大神朝臣)利金의 아들이다.

신사(7일), 知太政官事 2품 穗積親王의 季祿[108]을 우대신에 준하여 지급하였다.

무자(14일), 종5위하 阿倍朝臣首名을 大宰少貳로 삼았다. 山背國 相樂郡의 여자 鴨首形名이 3번 출산에 6인의 아이를 낳았다. 처음에 2남, 다음은 2녀, 마지막에는 2남이었다. 처음에 낳은 2남에 대해서는, 조를 내려 大舍人[109]으로 삼는다고 하였다.

경인(16일), 河內, 攝津, 出雲, 安藝, 紀伊, 讚岐, 伊豫 7국에 기근이 들어, 아울러 이를 진휼하였다. (천황이) 조를 내려, "슈에 준거하여 생각해 보면, 3위 이상은 식봉의 대상이고, 4위 이하는 단지 위록의 물품을 지급받고, 또 4위는 蓋[110]를 이용할 수 있는 존귀함이 있지만, 5위는 蓋를 받칠 만큼 중하지 않다. 蓋의 사용을 허락받은 자와 그렇지 않은 자를 동일하게 위록의 대상으로 할 수는 없다. 따라서 4위 관인은 식봉의 범위에 포함되어야 한다. 또 슈을 살펴보건대, 제왕, 제신의 위봉은 정1위 300호로부터 차등화하여

---

106) 『日本書紀』 持統 朱鳥 원년 9월에 天武의 빈궁에서 理官의 일을 알리고, 지통 6년 中納言으로 있을 때 농사에 방해가 된다고 해서 伊勢 행차의 중지를 건의한 바 있다. 大寶 원년에 長門守에 임명되고, 大寶 3년에 左京大夫가 되었다. 『만엽집』에 단가 3수를 남기고, 『懷風藻』에도 「五言從駕応詔一首」라는 한시가 남아 있다. 『三代實錄』 仁和 3년 3월 을해조에 高市麻呂, 安麻呂, 狛麻呂 3인이 형제로 나온다. 형제 중에 大神朝臣狛麻呂는 716년 武藏國에 고려군을 설치할 당시 武藏守였다. 고구려계 씨족과도 관련이 깊은 인물이다.

107) 『日本書紀』 大化 5년 2월조에 관위 제정 기사에 나오는 19계 관위의 제7위인 大華上.

108) 왕경의 관인과 大宰部, 壹岐, 對馬 관인의 현물 급여로 2월과 8월 2차례 지급된다.

109) 궁중에서 숙직, 경호, 기타 잡사를 맡는 하급관인으로 중무성 산하의 大舍人寮에 소속.

110) 貴人들이 외출할 때 쓰고 다니는 직물로 제작된 우산과 같은 가림막. 「儀制令」15 「蓋」조에는 蓋를 사용할 수 있는 대상이 황태자, 친왕에서부터 1위에서 4위까지로 되어 있고, 신분에 따라 색깔을 달리하고 있다. 5위는 대상에서 제외되고 있어 蓋를 사용할 수 있는 신분이 제한되었음을 알 수 있다.

종3위 100호까지이다. 위계가 이미 높은데 식봉은 어찌 박한가. 마땅히 정1위 600호로 하고 차등화하여 종4위 80호까지로 한다"라고 하였다.

또 7개 조문을 제정하였다. 令에 의하면 모든 長上官의 이동, 교체는 모두 6考[111]를 기한으로 하고 있다. 기타의 관은 選[112]에 이르기 위해서는 종류별로 2考를 더하여 12고를 選의 기한으로 한다. 백관이 選의 기한을 얻기까지는 대단히 길다. 마땅히 관직별로 2고를 줄여서 각각 選의 기한으로 정한다.〈제1조〉.

令에 의하면 蔭에 의해 選을 받는 경우, 출신의 규정은 있지만, 選의 방식에 대해서는 명확하지 않다. 지금 이후로는 蔭에 의해 관인이 되는 경우는 식부성 등의 추천 및 별칙에 의해 처분하지 않으면 모두 통상의 選의 범위에 포함하지 않는다.〈제2조〉.

율령에 의하면, 律에서는 제명[113] 처분을 받은 사람도 6년 후에는 서위가 허락된다는 조문이 있는데, 令에는 제명의 죄의 연한을 채운 후에 서위한다는 방식은 실려있지 않다. 마땅히 (태정관에서) 심의하여 서위할 수 있는 규정을 작성한다.〈제3조〉.

令에 의하면, 왕경 및 기내에서는 사람마다 내는 調〈제국보다 반을 감한다.〉는 마땅히 사람마다 내는 布를 폐지하고 호마다 내는 調로 한다.[114] 외방[115]의 백성과는 달리 내국[116]의 백성을 우대하는 것이다. 調를 내는 세칙으로는 1호내의 丁[117]에 의해 호를 4등분으로[118] 나누고, 조를 내는 다소에 대해서는

---

111) 6考는 6년간 근무평정.

112) 승진심사.

113) 관인이 8虐, 살인 등으로 관위, 훈위 등 모든 자격을 박탈당하여 관인의 적에서 삭제되고 서민으로 내려간 것.

114) 호마다 내는 調는 大化改新의 制에서는 조는 전지 면적을 기준으로 하는 田調와 호별로 징수하는 戶調가 규정되어 있다. 그러나 실제로는 성인남자를 기준으로 하는 조는 淨御原令에서 시작되었다고 추정된다. 상기 慶雲 3년의 개정된 제도는 얼마 안 지나 폐지된다.

115) 畿內 이외의 지역. 畿內와 非畿內에 대한 내외의 인식이 보여준다.

116) 畿內를 가리킴.

117) 調를 낼 의무가 있는 성인 남자.

118) 호를 4등분으로 구분하는 제도. 『令集解』「田令置官田」조에 인용된 慶雲 3年格에는 "1호 내에 8丁 이상을 大戶로 하고, 6丁 이상을 上戶로 하고, 4丁 이상을 中戶로 하고, 2丁 이상을 下戶로 한다. 1丁은 이 예에 있지 아니한다"라고 규정되어 있다.

심의하여[119] 조례를 만든다.〈제4조.〉.

슈에 의하면 正丁[120]의 세역[121]은 庸布 2장 6척을 징수하고 있다. 이 세역의 용포를 경감하여 인민의 빈곤을 없애고자 한다. 모두 반으로 감한다. 대재부 관내의 제국은 용을 모두 면제한다. 만약 국가의 노역에 노동력이 부족하다면 사정을 헤아려 온건한 조례를 만들어 항구적인 법식으로 한다.〈제5조〉.

슈에 의하면, 1위 이하 및 잡색인 등은 모두 호마다 粟을 걷어들여 의창으로 한다. 이 의창의 물품은 궁핍한 백성에게 지급하여 보살피기 위해 미리 저장하여 대비한다. 지금 貧戶의 물품을 거두어 빈가의 사람에게 주는 것은 이치에 맞지 않는다. 지금 이후로는 中中 이상 호의 조의 반을 걷어 의창으로 한다. 반드시 궁핍한 사람에게 지급하고 다른 용도로는 쓰지 않는다. 만약 관인이 사사로이 1두 이상을 사사로이 유용한다면 당일 해임하고 액수에 따라 처벌한다. 한다.〈제6조〉.

슈에 의하면, 5세의 왕은 비록 왕명은 갖고 있으나 황친의 범위에는 포함하지 않는다. 지금 5세의 왕은 비록 왕명은 있으나 이미 황친의 호적에서 삭제되어 제신으로 간주되고 있다. 친족의 정을 생각하면 황친의 호적에서 제외되는 아픔을 견딜 수 없다. 지금 이후로는 5세의 왕은 황친의 범위에 있게 한다. 그 적자가 계승하면 이어서 왕이 된다.[122] 그 외는 슈文과 같다.〈제7조〉.

병신(22일), 船号 佐伯[123]에게 종5위하를 내렸다.〈入唐執節使 종3위 粟田朝臣眞人이 승선한 배이다〉.

정유(23일), (천황이) 內野에 행차하였다.

기해(25일), 5세왕의 조복은 격에 의거하여 처음으로 옅은 자색을 입었다.[124]

---

119) 태정관에서 심의하여 개개 조문을 작성하라는 의미.

120) 21세 이상 61세 이하의 남자.

121) 「賦役令」4 歲役條에 세역 대신에 현물로 내는 것이 庸이다. 세역은 연간 중앙의 관공사에 동원되어 10일간 무상노동을 하는 것이다(凡正丁歲役十日).

122) 적자가 계승하면 6세 이후도 왕으로 한다는 의미.

123) 佐伯이라는 이름을 가진 배. 佐伯은 이 배를 만든 安藝國 佐伯郡의 명칭을 딴 것으로 보인다.

124) 본문의 2월 경인조에 보이는 개정된 格 제7조에 5세왕도 황친 반열에 들어갔기 때문에 슈 규정에 따라 淺紫의 색으로 한 것이다. 「衣服令」에는 제왕의 조복은 1위가

경자(26일), 왕경 및 기내에 도적이 극심하였다. 강건한 사람을 뽑아 모두 추격하여 잡아들였다. 이날, 甲斐, 信濃, 越中, 但馬, 土左 등 제국의 19개 신사를 처음으로 기년제[125]에 봉폐하는 범위에 넣었다.〈그 神名은 神祇官記에 자세하다〉.

3월 병진(13일), 우경인 日置須太賣[126]가 한번에 3남을 낳았다. 의복, 양식과 아울러 유모를 하사하였다.

정사(14일), (천황이) 조를 내려, "대저 예라고 하는 것은 천지의 바른 법이고, 인륜의 모범이다. 도덕과 인의는 예에 의해 비로소 퍼지는 것이다. 교훈과 바른 풍속도 예를 갖추고 나서 이룬다. 요즈음 제관인의 행동이 많이 예의에 어긋나 있다. 더하여 남녀의 구별없이 주야로 서로 만나고 있다. 또 듣는 바에 의하면, '왕경의 내외에 불미스러운 일이 많다'고 한다. 실로 관할 관사가 검찰을 하지 않는 데에 기인한다. 지금 이후로는 2성 5부가 관인 및 위사를 보내 엄중히 단속하고 그 행위에 따라 처벌한다. 만약 죄를 내리기에 적합하지 않다면 사정을 기록하여 올리도록 한다"라고 하였다.

또 조를 내려 "고위 고관의 사람들은 경작하지 않는 대신에 녹봉을 받고 있는데, 이들은 백성의 농사를 방해해서는 안 된다. 따라서 召伯[127]은 감당나무 아래에서 휴식을 취하고, 公休[128]도 그런 이유에서 자신의 뜰에서 나온 야채를 뽑아 버렸다. 요즈음 왕, 공경, 제신은 많은 산과 땅을 점유하고 경작과 파종은 하지 않으면서 다투어 탐욕을 부려 함부로 토지의 이용을 방해하고 있다. 만약 백성들이 땔감이나 풀을 채취하는 일이 있으면 바로 그 도구를 빼앗아 매우 고통을 주고 있다. 게다가 받은 토지는 실제로 1, 2畝에

深紫, 2위에서 5위까지가 淺紫이다.

125) 祈年祭는 매년 그해의 풍년을 기원하는 제사로서 「神祇令」2에는 仲春, 즉 2월에 행한다고 규정되어 있다.

126) 日置氏는 『신찬성씨록』의 左京, 右京, 大和, 攝津 등의 제번조에 고구려계 씨족인 伊利須意彌의 후손으로 기록되어 있다.

127) 召伯은 周의 召公으로 백성들의 노고를 덜어주기 위해 과일나무 밑에 가서 소송을 들었다는 고사가 있다. 詩經 召南篇.

128) 公休는 戰國時代 魯의 박사, 재상, 公儀休. 자신의 밭에서 재배한 야채를 폐기해 버리고 백성의 야채를 구입해서 먹도록 하여 백성을 생활을 배려했다는 고사가 전한다.

머물지만, 이를 구실로 산을 넘고 계곡을 지나 멋대로 경계로 삼는다. 지금 이후로는 그러한 것을 해서는 안 된다. 다만 각 씨의 조상묘[129]와 백성의 집 주변에 나무를 심어 임야로 하는 경우, 주위 2, 3십보는 허락하고 금지의 범위에 포함하지 않는다"라고 하였다.

하4월 임인(29일), 河內, 出雲, 備前, 安藝, 淡路, 讚岐, 伊豫 등의 제국에 기근과 역병이 생겨 사자를 보내 진휼하였다.

5월 정사(15일), 河內國 石河郡 사람 河邊朝臣乙麻呂[130]가 흰 비둘기를 바쳤다. 비단 50필, 명주실 10구, 삼베 20단, 가래 20구, 벼 300속을 내렸다.

6월 계유삭(1일), 일식이 있었다.

병자(4일), 왕경과 기내에 명하여 명산대천에 기우제를 지내게 하였다.

병신(24일), 종4위하 與射女王[131]이 죽었다.

추7월 임자(11일), 종4위상 巨勢朝臣太益須를 식부경으로 삼았다.

신유(20일), 종5위하 笠朝臣麻呂를 美濃守로 삼았다.

을축(24일), 丹波, 但馬 2국에서 산불이 났다. 사자를 보내 신에게 폐백을 올렸다. 이에 천둥소리가 돌연 응답하더니 끄지 않았는데 자연히 불이 꺼졌다.

무진(27일), 종5위하 阿倍朝臣眞君을 大倭守로 삼았다.

기사(28일), 周防國守 종7위하 引田朝臣秋庭 등이 흰 사슴을 바쳤다. 제국에 기근이 들어 6도에 사자를 보냈다.〈서해도는 제외하였다〉. 아울러 진휼하였다. 대재부에서 언상하기를, "관내 9국 3도에 가뭄과 대풍이 불어 나무가 뽑히고 가옥이 파괴되었다"라고 하였다. 이에 사자를 보내 살펴보게 하였는데, 재난이 너무 심해 調와 요역을 면제하였다.

8월 갑술(3일), 越前國에서 언상하기를, "산불이 났는데 멈추지 않는다"라고 하였다. 이에 사자를 보내 관내의 신에게 봉폐하고, 이를 구제하도록 하였다.

임진(21일), 종5위하 美努連淨麻呂를 견신라대사로 삼았다.

경자(29일), 3품 田形內親王[132]을 이세대신궁에 보내 근시시켰다.

---

129) 「喪葬令」10에 "凡三位以上, 及別祖氏宗, 並得營墓, 以外不合"이라고 하여 조상 묘를 조영하는 것을 허락하고 있다.

130) 기타 사료에는 보이지 않는다.

131) 『萬葉集』 59, "(大寶)二年壬寅, 太上天皇幸參河國時歌"라고 하여 持統天皇이 參野國에 행차했을 때 지은 단가 1首를 남겼다. 여기에는 譽謝女王作歌라고 되어 있다.

9월 갑진(3일), 종5위하 坂合部宿禰三田麻呂를 三河守로 삼았다.

병진(25일), 사자를 7도에 보내 처음으로 田租의 법을 정하였다. 1町마다 15속[133]으로 하고 역을 담당하는 丁을 지정하였다.[134]

병인(25일), (천황이) 難波에 순행하였다.

동10월 임오(12일), (난파에서) 환궁하였다. 攝津國造 종7위상 凡河內忌寸石麻呂, 山背國造 외종8위상 山背忌寸品遲, 종8위상 難波忌寸濱足, 종7위하 三宅忌寸大目 모두 4인에게 각각 위계 1계를 올려주었다.

을유(15일), (천황이) 제국에 행차할 때 수행했던 기병 660인에게 모두 庸과 調를 아울러 그 호의 전조를 면제하였다.

11월 계묘(3일), 신라국왕에게 보내는 칙서에서 말하기를, "천황이 삼가 신라국왕에게 문안드린다. 짐은 재능이 없고 덕이 부족한데 다행하게도 하늘의 운을 이어받았다. 부끄럽게도 돌을 다듬는 재주도 없는데 덧없게도 거울을 잡는 소임을 맡게 되었다.[135] 날이 저물어도 밥먹는 것도 잊고 삼가하는 마음이 점점 쌓여가고 있다. 밤이 되어도 잠자리에 들지 못하고 두려운 마음은 점점 깊어지고 있다. 바라는 것은, 하늘이 만물을 감싸고 땅이 떠받치고 있는 것과 같이 인덕을 멀리 천하에 미치고자 하는 것이다. 하물며 왕께서는 대대로 나라 안에 계시면서 인민을 다스리고 배를 열지어 지극한 정성으로 오랜기간 조공하는 두터운 예를 다했다. 반석과 같이 국가의 기틀을 세우고, 군자의 덕화가 岩穴[136]에 울려 퍼져 후사가 성처럼 강고해지고, 왕토에 좋은 법규를 진흥시켜 나라 안이 편안하고 풍속은 인정이 넘치고 온화해지기를 바라고자 한다. 찬 기운이 매우 심한데, 요즈음 어떠하신가. 지금 대사 종5위하

---

132) 天武의 황녀.

133) 1町마다 산출되는 수확량. 「田令」9에 의하면 田은 길이 30보, 넓이 12보를 段으로 하고 10단을 1町이라고 한다.

134) 「賦役令」4에 의하면 正丁은 세역이 10일인데, 만약 庸을 내지 못하면 布 2장 6척으로 한다고 규정하고 있다.

135) 이 문장은 『列子』 湯問에 나오는 "昔者女禍氏, 練五色石, 以補其闕"이라는 내용을 비유한 것으로 천제를 보좌하는 능력을 말한다. 여기에 나오는 女禍는 중국신화에 인류를 창조했다는 여신이다. 이어 거울을 잡는 소임을 맡았다("徒奉握鏡之任")고 하는 내용은 인군의 대권, 천자의 위를 가리킨다.

136) 왕궁을 말함.

美努連淨麻呂, 부사 종6위하 對馬連堅石 등을 보내 앞의 뜻을 전한다. 이 이상의 언급은 삼가하고자 한다"라고 하였다.

무신(8일), 종5위하 大市王을 伊勢守로 삼았다.

12월 신미삭(1일), 일식이 있었다.

병자(6일), 4품 多紀內親王을 이세대신궁에 보내 참배시켰다.

기묘(9일), 칙이 내려져, 천하에 명하여 脛裳[137]을 벗고 오로지 白袴[138]를 입게 하였다.

이해, 천하 제국에 역병이 발생하여 백성이 많이 죽었다. 처음으로 토우를 만들어 역귀를 쫓는 의식을 거행하였다.[139]

○ 慶雲 4년(708) 춘정월[140]

2월 을해(6일), 제국에 역병이 생겨 사자를 보내 大祓[141]을 행하였다.

무자(19일), 제왕, 제신의 5위 이상에게 조를 내려 천도의 일[142]을 논의하게 하였다.

신묘(22일), 主稅寮助 종6위상 掠垣直子人[143]에게 連 성을 내렸다.

갑오(25일), 천황이 대극전에 임하였다. 조를 내려 근무평정의 연한을 채운 사람에게 관위를 내렸다. 친왕 이하 5위 이상 남녀 110인이었고, 각각 차등이 있었다. 또 무위 直見王, 종6위상 紀朝臣諸人, 종6위하 高向朝臣色夫智·小治田朝臣安麻呂·小治田朝臣宅持·上毛野朝臣堅身, 정6위하 高橋朝臣上麻呂, 종6위하 中臣朝臣人足·平羣朝臣安麻呂, 정6위상 高志連村君·國覓忌寸八嶋·幡文造通에게 아울러 종5위하를 내렸다.

---

137) 주름잡힌 치마의 자락을 짧게 한 하의.

138) 가랑이가 있는 흰바지.

139) 『延喜式』 卷第19, 陰陽寮, "凡土牛童子等像, 〈請內匠寮.〉大寒之日前夜半時, 立於諸門"이라고 하여 대한 전날밤 반시에 제 궁문에 세워놓는다고 한다. 또 "大寒日, 立諸門土偶人十二枚"라고 하여 대한 때에 토우인 12개를 세우기도 하였다.

140) 이 달에는 기록이 없다.

141) 궁중, 신사 등에서 죄를 씻어내는 정화의식.

142) 平城京 천도.

143) 大寶 3년 5월 임진조에 정7위상 倉垣連子人 등에게 잡호에서 제외시켰다고 나온다. 이때 連 성으로 나오는 것은 오기로 생각된다.

3월 경자(2일), 견당부사 종5위하 巨勢朝臣邑治 등이 당에서 돌아왔다.

경신(22일), 종4위상 下毛野朝臣古麻呂가 下毛野朝臣石代의 성을 下毛野川內朝臣으로 개성해 줄 것을 청원하여 이를 허락하였다.

갑자(26일), 攝津, 伊勢 등 23국에게 鐵印을 지급하고 목장의 망아지와 송아지 몸에 낙인을 찍게 하였다.[144)]

하4월 경진(13일), 日並知皇子命[145)]이 사망한 날을 처음으로 國忌[146)]에 포함시켰다.

임오(15일), (천황이) 조를 내리기를(宣命體), "천황이 조를 내려 말씀하기를, 그대 藤原朝臣[147)]이 봉사해 온 것은 지금만이 아니다. 말하기조차 황공한 천황의 치세 대대로 봉사해 왔다. 지금 다시 짐의 중신이 되어 청정한 마음으로 짐을 도와 봉사해 온 공로를 생각하는 마음이 있어 상을 내리려 하는데, 잠시 미루다가 예기치 못한 일이 일어나면,[148)] 마음 아프고 중대한 일이라고 하였다. 또 難波大宮에서 천하를 통치하고 말하기조차 황공한 천황[149)]은, 그대의 부 藤原大臣[150)]이 봉사해온 모습을 建內宿禰[151)]가 봉사한 일과 동일하다고 말씀하신 바, 위계를 올리고 물품을 내리고자 한다. 이에 令文에 실려있는 선례로서 令[152)]의 규정대로 오래도록 지금부터 대대로 증여하여 식봉 5천호을 내리는 칙명을 받들도록 하라"고 분부하였다. (그러나) 사양하며 받아들이

144) 「廐牧令」10 駒犢條에는 "凡在牧駒犢, 至二歲者, 每年九月, 國司共牧長對, 以官字印, 印左髀上, 犢印右髀上, 並印訖, 具錄毛色齒歲爲簿兩通, 一通留國爲案, 一通附朝集使申太政官"이라고 규정되어 있다. 목장의 망아지와 송아지의 대퇴부 좌우 상단에 '官'자를 烙印시키고 털 색깔, 치아, 나이 등을 적은 장부를 각각 國府와 태정관에 보고하라고 한 것이다. 관영목장의 가축에 대한 중앙의 관리방식이다.

145) 文武天皇의 父인 草壁皇子. 持統 3년(689) 4월 을미에 사망하였다.

146) 「儀制令」7 大陽虧條에, "國忌. 〈謂, 先皇崩日, 依別式合廢務者.〉. 三等親, 百官三位以上喪, 皇帝皆不視事一日"이라고 하여 선황의 붕일에는 서무를 보지 않고 3등 친족, 3위 이상의 상에는 천황이 당일 정무를 보지 않는다고 규정되어 있다.

147) 藤原不比等. 이때의 관직은 大納言.

148) 천황이 죽음에 이르기라도 한다면 상을 내리는 일이 어렵다는 의미이다. 실제로 문무천황은 전년 慶雲 3년 11월에 발병했기 때문에 이 조는 병상에서 내린 것으로 생각된다.

149) 孝德天皇.

150) 大化改新을 주도했던 中臣鎌足(藤原鎌足).

151) 景行에서 仁德까지 5대에 걸쳐 봉사해 왔다는 전설상의 충신. 武內宿禰.

152) 『大寶令』의 「祿令」.

지 않자 3천호를 감하여 2천호를 내리고 1천호는 자손에게 전하게 하였다. 또 조를 내려 친왕 이하 4위 이상과 내친왕, 제왕, 빈, 내명부에게 지위에 따라 봉호를 내렸다.

병신(29일), 천하에 역병과 기근이 생겼다. 조를 내려 진휼하였다. 다만 丹波, 出雲, 石見 3국은 매우 심하여 제신사에 폐백을 올렸다. 또 경기 및 제국의 사찰에 독경하도록 명했다. 정6위상 山田史御方[153]에게 삼베, 가래, 소금, 곡물을 내렸는데 학사를 우대하는 것이다.

5월 기해(2일), 병부성에서 처음으로 오위부 5위 이상의 朝參[154] 및 출근일수를 기록해서 태정관에 보냈다.[155]

을사(8일), 정5위하 多治比眞人水守를 河內守로 삼았다.

임자(15일), 종5위하 巨勢朝臣邑治,[156] 종7위상 賀茂朝臣吉備麻呂,[157] 종8위하 伊吉連古麻呂[158] 등에게 명주, 목면, 삼베, 가래 아울러 곡물을 차등있게 주었다. 絶域[159]에 사신으로 봉사했기 때문이다.

계축(16일), 美濃國에서 村國連等志賣가 한번에 3녀를 낳았다고 말했다. 곡물 40斛[160]와 유모 1인을 내렸다.

---

153) 『일본서기』 持統 6년(692) 10월조에, "山田史御形에게 務廣肆의 관위를 내렸다. 이전에 사문이 되어 신라에 유학하였다"라고 하듯이 그는 환속승으로서 관인에 발탁된 인물이다. 慶雲 4년(707)에는 학문 우수자에게 포상할 때 명단에 이름을 올렸다. 和銅 3년(710)에 종5위하에 서위되어 周防守에 임명되었다. 養老 4년에 종5위상에 올랐고, 동 5년에 황태자 首皇子에 근시하여 학문을 가르쳤고, 그해 학문 우수자를 포상할 때 문장에 뛰어난 공로로 각종 물품을 받았다. 『懷風藻』에는 大學頭 재임시에 남긴 3수의 한시가 실려 있고, 『만엽집』에도 3수의 단가가 남아 있다.

154) 朝堂院에서 정무에 열석하는 일.

155) 「職員令」24에 兵部卿의 직무는 "內外武官名籍, 考課, 選敍, 位記"라고 규정되어 있듯이 매년 무관의 근무평정 등을 행했는데, 대보령이 시행된 일정 기간 동안은 문무관 모두를 式部省이 장악하였다. 이 시점에서 무관의 考選 등은 소관 부서인 병무성이 담당하게 되었다.

156) 견당부사로 파견되었다가 3월 경자에 귀국. 동년 8원 신사조에 부사 이하에게 서위기사가 나온다.

157) 大寶 원년 정월 정유조에 견당사절단의 일원으로 형부판사 진대일 鴨朝臣吉備麻呂를 中位로 삼았다고 한다.

158) 伊吉連은 중국계 도래씨족. 伊吉連古麻呂는 和銅 6년에 종5위하, 天平 원년에 종5위상이 되었고, 동 4년에 下野守에 임명되었다.

159) 견당사로 파견된 일.

160) 1斛은 10말의 용량으로, 대략 1석이다.

무오(21일), 기내에 장마가 와서 논의 모가 피해를 입어 사자를 보내 진휼하였다.

계해(26일), 讚岐國 那賀郡의 錦部刀良, 陸奧國 信太郡의 生王五百足, 筑後國 山門郡의 許勢部形見 등에게 각각 의복 1벌 및 소금, 곡물을 내렸다. 처음에 백제를 구원하러 갔을 때[161] 관군이 불리해져 刀良 등이 당병의 포로가 되어 몰락하여 관호가 되었는데 40년이 지나 풀려났다. 이 시기에 이르러 刀良은 우리 사절 粟田朝臣眞人[162] 등을 만나 따라 귀국하게 되었다. 그 고생을 불쌍히 여겨 이것을 내리는 것이다.

을축(28일), 종5위하 美努連淨麻呂[163] 및 학문승 義法,[164] 義基, 惣集, 慈定, 淨達 등이 신라에서 돌아왔다.

6월 정묘삭(1일), 일식이 있었다.

신사(15일), 천황이 붕어하였다. 생전의 詔로서 애도기간 3일, 상복은 1개월로 하였다.

임오(16일), 3품 志紀親王, 정4위하 犬上王, 정4위상 小野朝臣毛野, 종5위상 佐伯宿禰百足, 종5위하 黃文連本實[165] 등에게 빈궁의 일을 맡게 하였다. 애도와

---

161) 백제 멸망 후 부흥운동에 파병한 왜병. 661년부터 663년까지 3차에 걸쳐 파병하였다.

162) 粟田朝臣眞人은 大寶 원년 정월에 遣唐執節使로 임명되고 대보 2년 6월에 출발하여 동 3년에 장안에 도착하였다. 慶雲 원년(704) 귀국길에 당에 포로로 잡힌 자들을 데리고 五島列島의 玉之浦에 표착하였다.

163) 慶雲 3년 8월에 견신라대사에 임명되고 동 11월에 출발하였다.

164) 義法에 대해서는 『續日本紀』 和銅 7년(714) 3월 정유조에 "沙門 義法이 환속하였다. 姓은 大津連이고, 名은 意毘登이다. 종5위하를 하사받고 占術에 등용되었다"라고 기록되어 있듯이 환속하여 종5위하 大津連意毘登이라는 이름으로 관인이 되었다. 점술에 능했다고 한 그는 음양료에 배속되었을 것으로 보인다. 그가 견신라사 일원이 된 것은 환속 전의 일로, 학문승으로 파견된 것이다. 의법의 환속 후 동향에 대해서는 『속일본기』 天平 2년(730) 3월 신해조에 태정관의 주청으로 國家要道의 학문 분야로서 음양, 의술, 七曜頒曆 등에 뛰어난 관인을 선발하여 제자를 양성하게 했다는 기록 중에 음양분야에 탁월한 인물로서 大津連首가 나온다. 그는 한시에도 밝아 『懷風藻』에 「正五位下陰陽頭兼皇后宮亮大津連首, 二首[年六十六]」라고 하여 관인으로서 만년의 시기인 66세에 한시 2수를 남겼다. 그는 관위 정5위하로서 음양료의 장관인 음양두이자 황후의 가정기관인 황후궁량을 겸직하였다.

165) 『新撰姓氏錄』 山城諸蕃에는 黃文連氏는 고구려 久斯祁王의 후손으로 나온다. 황문련본실은 대표적인 화공씨족의 후예로서 능력을 발휘하였다. 天智 8년(669) 제7차 견당사로 파견되어 王玄策이 中天竺에서 전사한 佛足石圖를 당의 普光寺에서 다시 전사하여 일본에 갖고 왔고, 天智 10년에는 토목, 건축에 사용되는 水臬(水準器)을 당에서 가져와

상복은 일체 생전의 조로 행하게 하였다. 처음 7일부터 49일까지 4대사에서 (7일마다) 재를 올리게 하였다.

동10월[166] 정묘(3일), 2품 新田部親王, 종4위상 阿倍朝臣宿奈麻呂, 종4위하 佐伯宿禰太麻呂, 종5위하 紀朝臣男人을 造御竈司[167]로 삼았다. 종4위상 下毛野朝臣古麻呂, 정5위상 土師宿禰馬手, 정5위하 民忌寸比良夫, 종5위상 石上朝臣豊庭, 종5위하 藤原朝臣房前을 造山陵司로 삼았다. 정4위하 犬上王, 종5위하 采女朝臣枚夫·多治比眞人三宅麻呂, 종5위하 黃文連本實·米多君北助를 御裝司로 삼았다.

11월 병오(12일), 종4위상 當麻眞人智德[168]이 誄人을 이끌고 조사를 바쳤다. 시호를 倭根子豊祖父天皇이라고 하였다. 당일 飛鳥岡에서 화장하였다.

갑인(20일) 檜隈安古山陵에 매장하였다.

『속일본기』 권제3

바쳤다. 持統 8년(694)에는 鑄錢司에 임명되었다. 大寶 원년(701)에 종5위하가 되었고, 대보 2년 持統上皇의 사망시에는 作殯宮司에 임명되었다. 高松塚古墳壁畫, 아스카 시대의 대표적인 공예품인 玉蟲廚子에 묘사된 불교적 세계관을 표현한 회화들도 황문련본실이 참여했을 가능성이 높다.

166) 권3의 기록은 서두에 慶雲 4년 6월까지로 되어 있지만, 10월 정묘조, 11월 병오조, 갑인조가 수록되어 있다. 권4에서는 慶雲 4년 7월부터 기록되어 있어 권3의 해당 기록은 잘못 배열된 것으로 생각된다.

167) 장례에 관한 설비를 담당하는 관부.

168) 持統의 장의 시에도 종4위하 當麻眞人智德이 諸王, 諸臣을 이끌고 조사를 바치는 역할을 하였다.

續日本紀卷第三

〈起大寶三元年正月, 盡慶雲四年六月〉

從四位下行民部大輔兼左兵衛督皇太子學士臣菅野朝臣眞道等奉勅撰

天之眞宗豐祖父天皇 〈文武天皇 第四十二〉

◯ **三年**春正月癸亥朔, 廢朝. 親王巳下百官人等拜, 太上天皇殯宮也. 甲子, 遣正六位下藤原朝臣房前于東海道, 從六位上多治比眞人三宅麻呂于東山道, 從七位上高向朝臣大足于北陸道, 從七位下波多眞人余射于山陰道, 正八位上穗積朝臣老于山陽道, 從七位上小野朝臣馬養于南海道, 正七位上大伴宿禰大沼田于西海道, 道別錄事一人, 巡省政績, 申理冤枉. 丁卯, 奉爲太上天皇, 設齋于大安, 藥師, 元興, 弘福四寺. 辛未, 新羅國遣薩湌金福護, 級湌金孝元等,來赴國王喪也. 是日, 制, 主禮六人, 元以大舍人爲之, 宜准斯例蠲其課役. 壬午, 詔三品刑部親王知太政官事.

二月丁未, 詔, 從四位下下毛野朝臣古麻呂等四人, 預定律令. 宜議功賞. 於是, 古麻呂及從五位下伊吉連博德. 並賜田十町封五十戶. 贈正五位上調忌寸老人之男, 田十町封百戶, 從五位下伊余部連馬養之男, 田六町封百戶, 其封戶止身, 田傳一世. 丙申, 從七位下茨田足嶋, 衣縫造孔子, 並賜連姓. 癸卯, 是日當太上天皇七七, 遣使四大寺及四天王山田等卅三寺, 設齋焉. 大宰史生更加十員.

三月戊辰, 賜從四位下下毛野朝臣古麻呂功田廿町. 辛未, 詔四大寺讀大般若經, 度一百人. 丁丑, 下制曰, 依令, 國博士於部內及傍國取用. 然溫故知新, 希有其人, 若傍國無人採用, 則申省. 然後省選擬, 更請處分. 又有才堪郡司, 若當郡有三等已上親者, 聽任比郡. 戊寅, 信濃, 上野二國疫, 給藥療之. 乙酉, 以義淵法師爲僧正.

夏四月癸巳, 奉爲太上天皇, 設百日齋於御在所. 乙未, 從五位下高麗若光賜王姓. 辛亥, 從七位下和氣坂本賜君姓. 戊午, 安藝國被略爲奴婢者二百餘人, 免從本籍.

閏四月辛酉朔, 大赦天下. 饗新羅客于難波館. 詔曰, 新羅國使薩湌金福護表云, 寡君不幸, 自去秋疾, 以今春薨, 永辭聖朝. 朕思, 其蕃君雖居異域, 至於覆育, 允同愛子, 雖壽命有終, 人倫大期. 而自聞此言, 哀感已甚, 可差使發遣弔賻. 其福護等遙涉蒼波, 能遂使旨, 朕矜其辛勤, 宜賜以布帛. 是日, 右大臣從二位阿倍朝臣御主人薨, 遣正三位石上朝臣麻呂等弔賻之.

五月壬辰, 金福護等還蕃, 正七位上倉垣連子人, 高祖根猪以來子孫, 正七位上私小田, 從七位上私比都自, 長嶋及昆弟等皆訴, 得免雜戶. 癸巳, 流來新羅人付福護等還本鄕. 己亥, 令紀伊國奈我, 名草二郡停布調獻絲. 但阿提, 飯高, 牟漏三郡獻銀也. 丙午, 相摸國疫, 給藥救之.

六月乙丑, 以從四位上大神朝臣高市麻呂爲左京大夫, 從五位下大伴宿禰男人爲大倭守, 從五位上引田朝臣廣目爲齋宮頭兼伊勢守.

秋七月甲午, 詔曰, 籍帳之設, 國家大信, 逐時變更, 詐僞必起, 宜以庚午年籍爲定,更無改易. 以從五位上大石王爲河內守, 正五位下黃文連大伴爲山背守, 從五位下多治比眞人水守爲尾張守, 從五位下引田朝臣祖父爲武藏守, 正五位上上毛野朝臣男足爲下總守, 正五位下猪名眞人石前爲備前守. 以災異頻見年穀不登. 詔減京畿及大宰府管內諸國調半, 并免天下之庸. 又詔, 五位已上擧賢良方正之士. 壬寅, 令四大寺讀金光明經. 丙午, 近江國山火自焚, 遣使祈雨于名山大川. 壬子, 贈從五位下民忌寸大火正五位上, 正六位上高田首新家從五位上, 並遣使弔賻, 以壬申年功也,

八月辛酉, 以從五位上百濟王良虞爲伊豫守. 甲子, 大宰府請, 有勳位者作番直軍團, 考滿之日送於式部, 一同散位,永預選敍. 許之.

九月辛卯, 賜四品志紀親王近江國鐵穴. 庚戌, 以從五位下波多朝臣廣足爲遣新羅大使. 癸丑, 施僧法蓮豊前國野四十町, 褒医術也,

冬十月丁卯, 任太上天皇御葬司, 以二品穗積親王爲御裝長官,從 四位下廣瀨王, 正五位下石川朝臣宮麻呂, 從五位下猪名眞人大村爲副, 政人四人, 史二人, 四品志紀親王爲造御竈長官, 從四位上息長王, 正五位上高橋朝臣笠間, 正五位下土師宿禰馬手爲副, 政人四人, 史四人. 甲戌, 僧隆觀還俗, 本姓金, 名財, 沙門幸甚子也. 頗涉藝術,兼知算曆. 癸未, 天皇御大安殿, 詔賜遣新羅使波多朝臣廣足, 額田人足, 各衾一領, 衣一襲, 又賜新羅王錦二匹, 絁四十匹.

十一月癸卯, 太政官處分, 巡察使所記諸國郡司等有治能者, 式部宜依令稱擧, 有過失者, 刑部依律推斷.

十二月甲子, 始皇親五世王, 五位已上子, 年滿廿一已上者, 錄其歷名, 申送式部省. 己巳, 以正五位下路眞人大人爲衛士督. 癸酉, 從四位上當麻眞人智德, 率諸王諸臣, 奉誄太上天皇. 謚曰大倭根子天之廣野日女尊. 是日, 火葬於飛鳥岡. 壬午, 合葬於大內山陵.

◯ **慶雲元年**春正月丁亥朔, 天皇御大極殿受朝, 五位已上始座始設榻焉. 癸巳, 詔以大納言從二位石上朝臣麻呂爲右大臣, 無位長屋王授正四位上, 無位大市王, 手嶋王, 氣多王, 夜須王, 倭王, 宇大王, 成會王並授從四位下, 從六位上高橋朝臣若麻呂, 從六位下若犬養宿禰檳榔, 正六位上穗積朝臣山守, 巨勢朝臣久須比, 大神朝臣狛麻呂, 佐伯宿禰垂麻呂, 從六位下阿曇宿禰虫名, 從六位上采女朝臣枚夫, 正六位下太朝臣安麻呂, 從六位上阿倍朝臣首名, 從六位下田口朝臣益人, 正六位下笠朝臣麻呂, 從六位上石上朝臣豊庭, 從六位下大伴宿禰道足, 曾禰連足人, 正六位上文忌寸尺加, 從六位下秦忌寸百足, 正六位上佐太忌寸老,漆部造道麻呂, 上村主大石,米多君北助, 王敬受, 從六位上多治比眞人三宅麻呂, 正六位上臺忌寸八嶋並授從五位下. 丁酉, 二品長親王, 舍人親王, 穗積親王, 三品刑部親王益封各二百戶, 三品新田部親王, 四品志紀親王各一百戶, 右大臣從二位石上朝臣麻呂二千一百七十戶, 大納言從二位藤原朝臣不比等八百戶, 自餘三位已下五位已上十四人各有差. 壬寅, 詔, 御 名部內親王, 石川夫人益封各一百戶. 戊申, 伊勢國多氣度會二郡少領已上者, 聽連任三等已上親. 辛亥, 始停百官跪伏之禮.

二月丙辰朔, 日有蝕之. 癸亥, 神祇官大宮主入長上例. 乙亥, 從五位上村主百濟, 改賜阿刀連姓.

三月甲寅, 信濃國疫, 給藥療之.

夏四月甲子, 令鍛冶司鑄諸國印. 庚午, 以信濃國獻弓一千四百張充大宰府. 甲戌, 讚岐國飢, 賑恤之. 壬午, 備中, 備後, 安藝, 阿波四國苗損, 並加賑恤.

五月甲午, 備前國獻神馬. 西樓上慶雲見. 詔, 大赦天下, 改元爲慶雲元年. 高年老疾並加賑恤. 又免壬寅年以往大稅, 及出神馬郡當年調. 又親王諸王百官使部已上, 賜祿有差. 獻神馬國司, 守正五位下猪名眞人石前進位一階, 初見慶雲人式部少丞從七位上小野朝臣馬養三階, 並賜絁十疋, 絲絇廾, 布卅端, 鍬四十口. 庚子, 武藏國飢, 賑恤之.

六月丁巳, 勅, 諸國兵士, 團別分爲十番, 每番十日, 教習武藝, 必使齊整, 令條以外,不得雜使, 其有關須守者, 隨便斟酌, 令足守備. 己未, 令諸國勳七等以下身無官位者, 聽直軍團續勞, 上經三年, 折當兩考, 滿之年送式部, 選同散位之例. 其身材强幹須堪時務者, 國司商量充使之. 年限考第, 一准所任之例. 乙丑, 河內國古市郡人高屋連藥女一產三男, 賜絁二疋, 綿二屯, 布四端. 己巳, 阿波國獻木連理. 丙子, 奉幣祈雨于諸社.

秋七月甲申朔, 正四位下粟田朝臣眞人自唐國至. 初至唐時, 有人來問曰, 何處使人. 答曰, 日本國使. 我使反問曰, 此是何州界. 答曰, 是大周楚州塩城縣界也. 更問, 先是大唐, 今稱大周, 國號緣何改稱. 答曰, 永淳二年, 天皇太帝崩, 皇太后登位, 稱號聖神皇帝, 國號大周. 問答畧了, 唐人謂我使曰, 亟聞, 海東有大倭國, 謂之君子國, 人民豊樂, 禮義敦行, 今看使人, 儀容大淨, 豈不信乎. 語畢而去. 丙戌, 左京職獻白燕, 下總國獻白烏. 壬辰, 以時雨不降, 遣使祈雨於諸社. 庚子, 公廨祿給式部省大學散位等寮. 壬寅, 詔京師高年八十已上者, 咸加賑恤. 甲辰, 奉幣帛于住吉社. 乙巳, 贈從五位上坂合部宿禰唐正五位下, 右大臣從二位阿倍朝臣御主人功封百戶四分之一, 傳子從五位上廣庭, 贈從五位上高田首新家功封四十戶四分之一, 傳子無位首名.

八月丙辰, 遣新羅使從五位上波多朝臣廣足等至自新羅. 戊午, 伊勢伊賀二國蝗. 辛巳, 周防國大風, 拔樹傷秋稼.

冬十月丁巳, 有詔, 以水旱失時, 年穀不稔, 免課役并當年田租. 辛酉, 粟田朝臣眞人等拜朝. 正六位上幡文通爲遣新羅大使. 戊辰, 幡文通賜造姓.

十一月癸巳, 設太上天皇百七齋于諸寺. 庚寅, 遣從五位上忌部宿禰子首, 供幣帛, 鳳凰鏡, 窠子錦于伊勢大神宮. 丙申, 改從四位下引田朝臣宿奈麻呂姓, 賜阿倍朝臣, 賜正四位下粟田朝臣眞人, 大倭國田廿町穀一千斛, 以奉使絶域也. 壬寅, 始定藤原宮地, 宅入宮中百姓一千五百烟賜布有差.

十二月辛酉, 供幣帛于諸社. 辛未, 大宰府言, 去秋大風, 拔樹傷年穀. 是年夏, 伊賀伊豆二國疫, 並給醫藥療之.

◯ **二年**春正月丙申, 賜宴文武百寮于朝堂. 庚子, 無位安八萬王授從四位下.

三月癸未, 車駕幸倉橋離宮. 丙戌, 正四位下豊國女王卒.

夏四月壬子, 詔曰, 朕以非薄之躬, 託于王公之上, 不能德感上天仁及黎庶, 遂令陰陽錯謬, 水旱失時, 年穀不登, 民多菜色, 每念於此惻怛於心. 宜令五大寺讀金光明經,爲救民苦, 天下諸國, 勿收今年擧稅之利, 幷減庸半. 甲寅, 遣使巡省天下諸國. 庚申, 賜三品刑部親王越前國野一百町. 丙寅, 勅, 依官員令, 大納言四人, 職掌旣比大臣, 官位亦超諸卿. 朕顧念之, 任重事密, 充員難滿, 宜廢省二員爲定兩人. 更置中納言三人, 以補大納言不足, 其職掌, 敷奏宣旨, 待問參議, 其官位料祿准令, 商量施行. 太政官議奏, 其職近大納言, 事關機密, 官位料祿, 不可便輕, 請其位擬正四位上, 別封二百戶, 資人卅人. 奏可之. 先是, 諸國采女肩巾田, 依令停之. 至是復舊焉. 辛未, 天皇御大極殿, 以正四位下粟田朝臣眞人, 高向朝臣麻呂, 從四位上阿倍朝臣宿奈麻呂三人, 爲中納言, 從四位上中臣朝臣意美麻呂爲左大弁, 從四位下息長眞人老爲右大辨, 從四位上下毛野朝臣古麻呂爲兵部卿, 從四位下巨勢朝臣麻呂爲民部卿. 給大宰府飛驛鈴八口, 傳符十枚, 長門國鈴二口. 惸.

五月丙戌, 三品忍壁親王薨, 遣使監護喪事. 天武天皇之第九皇子也. 丁亥, 以正五位下大伴宿禰手拍, 爲尾張守. 癸卯, 幡文造通等自新羅至.

六月乙亥, 奉幣帛于諸社, 以祈雨焉. 丙子, 太政官奏, 比日亢旱, 田園燋卷, 雖久雩祈, 未蒙嘉澍. 請遣京畿內淨行僧等祈雨, 及罷出市廛, 閇塞南門. 奏可之.

秋七月丙申, 大納言正三位紀朝臣麻呂薨, 近江朝御史大夫贈正三位大人之子也. 丙午, 大倭國大風, 損壞百姓廬舍.

八月戊午, 詔曰, 陰陽失度, 炎旱彌旬, 百姓飢荒, 或陷罪網. 宜大赦天下, 與民更新, 死罪已下, 罪無輕重, 咸赦除之. 老病鰥寡惸獨, 不能自存者, 量加賑恤. 其八虐常赦所不免, 不在赦限. 又免諸國調之半. 又授遣唐使粟田朝臣眞人從三位, 其使下人等, 進位賜物各有差. 以從三位大伴宿禰安麻呂爲大納言, 從四位下美努王爲攝津大夫.

九月壬午, 詔二品穗積親王知太政官事. 丙戌, 置八咫烏社于大倭國宇太郡祭之. 丁酉, 以從五位上當麻眞人櫻井爲伊勢守. 癸卯, 越前國獻赤烏, 國司幷出瑞郡司等進位一階, 百姓給復一年, 獲瑞人宍人臣國持授從八位下. 並賜絁綿布鍬各有差.

冬十月壬申, 詔遣使於五道〈除山陽西海道.〉賑恤高年老疾鰥寡惸獨, 幷免當年調之半. 丙子, 新羅貢調使一吉湌金儒吉等來獻.

十一月己卯, 以正四位上小野朝臣毛野爲中務卿. 庚辰, 從五位下當麻眞人楯爲齋宮頭. 有詔, 加親王諸王臣食封各有差. 先是, 五位有食封, 至是代以位祿也. 己丑, 徵發諸國騎兵, 爲迎新羅使也. 以正五位上紀朝臣古麻呂, 爲騎兵大將軍. 甲辰, 以大納言從三位大伴宿禰安麻呂, 爲兼大宰帥, 從四位下石川朝臣宮麻呂爲大貳.

十二月乙卯, 都下諸寺權施食封各有差. 乙丑, 令天下婦女, 自非神部齋宮宮人及老嫗, 皆髻髮.〈語在前紀, 至是重制也,〉. 丙寅, 正四位上葛野王卒. 癸酉, 無位山前王授從四位下, 丹波王, 阿刀王並從五位下, 正六位上三國眞人人足, 藤原朝臣武智麻呂, 正六位下多治比眞人夜部, 佐味朝臣笠麻呂, 藤原朝臣房前, 從六位上中臣朝臣石木, 狛朝臣秋麻呂, 坂本朝臣阿曾麻呂, 多治比眞人縣守, 阿倍朝臣安麻呂, 從六位下波多朝臣廣麻呂, 佐伯宿禰男, 阿倍朝臣眞君, 田口朝臣廣麻呂, 巨勢朝臣子祖父, 紀朝臣男人, 正七位上大伴宿禰大沼田, 正六位上坂合部宿禰三田麻呂, 從六位下縣犬養宿禰筑紫, 正六位上坂上忌寸忍熊, 船連秦勝, 從六位下美努連淨麻呂並從五位下, 是日, 新羅使金儒吉等入京. 是年, 諸國廿飢疫, 並加醫藥賑恤之.

◯ **三年**春正月丙子朔, 天皇御大極殿受朝. 新羅使金儒吉等在列. 朝廷儀衛有異於常. 己卯, 新羅使貢調. 壬午, 饗金儒吉等于朝堂, 奏諸方樂于庭, 敍位賜祿各有差. 丁亥, 金儒吉等還蕃. 賜其王勅書曰, 天皇敬問新羅王, 使人一吉湌金儒吉, 薩湌金今古等至, 所獻調物並具之. 王有國以還, 多歷年歲, 所貢無虧, 行李相屬, 款誠既著, 嘉尙無已, 春首猶寒, 比無恙也, 國境之內, 當並平安, 使人今還, 指宣往意并寄土物如別. 壬辰, 定大射祿法, 親王二品, 諸王臣二位, 一箭中外院布廿端, 中院廿五端, 內院卅端, 三品四品三位, 一箭中外院布十五端, 中院廿端, 內院廿五端, 四位一箭中外院布十端, 中院十五端, 內院廿端, 五位一箭中外院布六端, 中院十二端, 內院十六端, 其中皮者, 一箭同布一端, 若外中內院及皮重中者倍之, 六位七位, 一箭中外院布四端, 中院六端, 內院八端, 八位初位, 一箭中外院布三端, 中院四端, 內院五端, 中皮者一箭布半端, 若外中內院, 及皮重中者如上. 但動位者不着朝服, 立其當位次.

閏正月庚戌, 以從五位上猪名眞人大村, 爲越後守. 京畿及紀伊, 因幡, 參河, 駿河等國並疫, 給醫藥療之. 是日, 令掃淨諸佛寺并神社, 亦索捕盜賊. 戊午, 奉新羅調於伊勢太神宮及七道諸社. 勅, 收貯大藏諸國調者, 令諸司每色檢校相知. 又收貯民部諸國庸中輕物絁絲綿等類, 自今以後, 收於大藏, 而支度年料, 分充民部也. 乙丑, 勅令禱祈神祇, 由天下疫病也. 癸酉, 泉內親王參于伊勢大神宮.

二月庚辰, 左京大夫從四位上大神朝臣高市麻呂卒. 以壬申年功. 詔贈從三位, 大花上利金之子也. 辛巳, 知太政官事二品穗積親王季祿, 准右大臣給之. 戊子, 以從五位下阿倍朝臣首名, 爲大宰少貳. 山背國相樂郡女鴨首形名三産六兒, 初産二男, 次産二女, 後産二男, 其初産二男, 有詔爲大舍人. 庚寅, 河內, 攝津, 出雲, 安藝, 紀伊, 讚岐, 伊豫七國飢. 並賑恤之. 詔曰, 准令, 三位以上已在食封之例, 四位以下寔有位祿之物. 又四位有飛蓋之貴, 五位無冠蓋之重, 不應有蓋無蓋同在位祿之列, 故四位宜入食封之限. 又案令, 諸王諸臣位封, 自正一位三百戶差降, 止從三位一百戶, 冠位已高, 食封何薄, 宜正一位六百戶, 差降止從四位八十戶. 又制七條事, 准令, 諸長上官遷代, 皆以六考爲限. 餘色得選, 色別加二考, 以十二考爲選限. 百官得選之限太遠. 宜色別減二考, 各定選限.〈其一〉. 准令, 籍蔭入選, 雖有出身之條, 未明預選之式. 自今以後, 取蔭出身, 非因貢擧及別勅處分. 並不在常選之限.〈其二〉. 准律令, 於律雖有除名之人六載之後聽敍之文, 令內未載除名之罪限滿以後應敍之式, 宜議作應敍之條.〈其三〉. 准令, 京及畿內人身輸調,〈於諸國減半.〉 宜罷人身之布輸戶別之調, 乃異外邦之民, 以優內國之口, 輸調之式, 依一戶之丁制四等之戶, 輸調多少議作餘條例.〈其四〉. 准令, 正丁歲役收庸布二丈六尺, 當欲輕歲役之庸, 息人民之乏. 並宜減半. 其大宰所部, 皆免收庸, 若公作之役, 不足傭力者, 商量作安穩條例, 永爲法式.〈其五〉. 准令, 一位以下及百姓雜色人等, 皆取戶粟以爲義倉, 是義倉之物, 給養窮民, 預爲儲備, 今取貧戶之物, 還給乏家之人, 於理不安. 自今以後, 取中中以上戶之粟, 以爲義倉, 必給窮乏不得他用. 若官人私犯一斗以上, 卽日解官, 隨贓決罰.〈其六〉. 准令, 五世之王, 雖得王名, 不在皇親之限, 今五世之王, 雖有王名, 已絶皇親之籍, 遂入諸臣之例, 顧念親親之恩, 不勝絶籍之痛. 自今以後, 五世之王在皇親之限, 其承嫡者相承爲王. 自餘如令.〈其七〉. 丙申, 授船號佐伯從五位下,〈入唐執節使從三位粟田朝臣眞人之所乘者也.〉. 丁酉, 車駕幸內野. 己亥, 五世王朝服, 依格始着淺紫. 庚子, 京及畿內盜賊滋起, 因差强幹人, 悉令逐捕焉. 是日, 甲斐, 信濃, 越中, 但馬, 土左等國一十九社, 始入祈年幣帛例.〈其神名具神祇官記.〉.

三月丙辰, 右京人日置須太賣, 一産三男,賜衣粮并乳母. 丁巳, 詔曰, 夫禮者, 天地經義, 人倫鎔範也. 道德仁義, 因禮乃弘, 敎訓正俗, 待禮而成. 比者, 諸司容儀多違禮義, 加以男女無別, 晝夜相會. 又如聞, 京城內外多有穢臭, 良由所司不存檢察. 自今以後, 兩省五府, 並遣官人及衛士, 嚴加捉搦, 隨事科決. 若不合與罪者, 錄狀上聞. 又詔曰, 軒冕之羣, 受代耕之祿, 有秩之類, 無妨於民農. 故召伯所以憩甘棠, 公休由其拔園葵. 頃者, 王公諸臣多占山澤, 不事耕種, 競懷貪婪, 空妨地利. 若有百姓採柴草者, 仍奪其器. 令大辛苦, 加以被賜地, 實止有一二畝. 由是踰峯跨谷, 浪爲境界. 自今以後, 不得更然. 但氏氏祖墓及百姓宅邊, 栽樹爲林, 并周二三十許步, 不在禁限.

夏四月壬寅, 河內, 出雲, 備前, 安藝, 淡路, 讚岐, 伊豫等國飢疫, 遣使賑恤之.

五月丁巳, 河內國石河郡人河邊朝臣乙麻呂獻白鳩. 賜絁五疋, 絲十絢, 布廿端,鍬廿口, 正稅三百束.

六月癸酉朔, 日有蝕之. 丙子, 令京畿祈雨于名山大川. 丙申, 從四位下與射女王卒.

秋七月壬子, 以從四位上巨勢朝臣太益須爲式部卿. 辛酉, 以從五位下笠朝臣麻呂爲美濃守. 乙丑, 丹波, 但馬, 二國山火, 遣使奉幣帛于神祇. 卽雷聲忽應, 不撲自滅. 大倭國宇智郡狹嶺山火, 撲滅之. 戊辰, 以從五位下阿倍朝臣眞君爲大倭守. 己巳, 周防國守從七位下引田朝臣秋庭等獻白鹿. 諸國飢, 遣使於六道.〈除西海道〉. 並賑恤之. 大宰府言, 所部九國三嶋亢旱大風, 拔樹損稼, 遣使巡省, 因免被災尤甚者調役.

八月甲戌, 越前國言, 山災不止, 遣使奉幣部內神救之. 壬辰, 以從五位下美努連淨麻呂, 爲遣新羅大使. 庚子, 遣三品田形內親王, 侍于伊勢大神宮.

九月甲辰, 以從五位下坂合部宿禰三田麻呂爲三河守. 丙辰, 遣使七道, 始定田租法, 町十五束, 及點役丁. 丙寅, 行幸難波.

冬十月壬午, 還宮, 攝津國造從七位上凡河內忌寸石麻呂, 山背國造外從八位上山背忌寸品遲, 從八位上難波忌寸濱足, 從七位下三宅忌寸大目, 合四人各進位一階. 乙酉, 從駕諸國騎兵六百六十人, 皆免庸調并戶內田租.

十一月癸卯, 賜新羅國王勅書曰, 天皇敬問新羅國王, 朕以虛薄, 謬承景運, 慚無練石之才, 徒奉握鏡之任, 日夷忘慚, 翼々之懷愈積, 宵分輟寢, 業業之想彌深, 冀覃覆載之仁, 遐被寰區之表, 況王世居國境, 撫寧人民, 深秉並舟之至誠, 長脩朝貢之厚禮. 庶磐石開基, 騰茂響於龘岫, 維城作固, 振芳規於鴈池, 國內安樂, 風俗淳和. 寒氣嚴切,比如何也. 今故遣大使從五位下美努連淨麻呂, 副使從六位下對馬連堅石等, 指宣往意, 更不多及. 戊申, 從五位下大市王爲伊勢守.

十二月辛未朔, 日有蝕之. 丙子, 遣四品多紀內親王, 參于伊勢大神宮. 己卯, 有勅, 令天下脫脛裳, 一著白袴. 是年, 天下諸國疫疾, 百姓多死, 始作土牛大儺.

◯ **四年**春正月,

二月乙亥, 因諸國疫,遣使大祓. 戊子, 詔諸王臣五位已上, 議遷都事也. 辛卯, 主稅寮助從六位上掠垣直子人賜連姓. 甲午, 天皇御大極殿, 詔授成選人等位, 親王已下五位已上, 男女一百十人各有差. 又授無位直見王, 從六位上紀朝臣諸人, 從六位下高向朝臣色夫智, 小治田朝臣安麻呂, 小治田朝臣宅持, 上毛野朝臣堅身, 正七位下高橋朝臣上麻呂, 從六位下中臣朝臣人足, 平羣朝臣安麻呂, 正六位上高志連村君, 國覓忌寸八嶋, 幡文造通並授從五位下.

三月庚子, 遣唐副使從五位下巨勢朝臣邑治等自唐國至. 庚申, 從四位上下毛野朝臣古麻呂, 請改下毛野朝臣石代姓爲下毛野川內朝臣, 許之. 甲子, 給鐵印于攝津伊勢等卄三國, 使印牧駒犢.

夏四月庚辰, 以日並知皇子命薨日, 始入國忌. 壬午, 詔曰, 天皇詔旨勅〈久〉, 汝藤原朝臣〈乃〉仕奉狀者今〈乃未爾〉不在, 掛〈母〉畏〈支〉天皇御世御世仕奉而, 今〈母〉又朕卿〈止〉爲而, 以明淨心而朕〈乎〉助奉仕奉事〈乃〉重〈支〉勞〈支〉事〈乎〉所念坐御意坐〈爾〉依而, 多利麻比氏夜夜彌賜〈閇婆〉忌忍事〈爾〉似事〈乎志奈母〉常勞〈彌〉重〈彌〉所念坐〈久止〉宣.　又難波大宮御宇掛〈母〉畏〈支〉天皇命〈乃〉汝父藤原大臣〈乃〉仕奉〈賈流〉狀〈乎婆,〉建內宿禰命〈乃〉仕奉〈覃流〉事〈止〉同事〈敍止〉勅而治賜慈賜〈賈利〉是以令文所載〈多流乎〉跡〈止〉爲而,隨令長遠〈久〉始今而次次被賜將往物〈敍止,〉食封五千戶賜〈久止〉勅命聞宣. 辭而不受, 減三千戶賜二千戶, 一千戶傳于子孫, 又詔, 益封親王已下四位已上及內親王, 諸王嬪命婦等各有差. 丙申, 天下疫飢, 詔加振恤. 但丹波, 出雲, 石見三國尤甚, 奉幣帛於諸社. 又令京畿及諸國寺讀經焉. 賜正六位下山田史御方布鍬鹽穀, 優學士也.

五月己亥, 兵部省始錄五衛府五位以上朝參及上日, 申送太政官. 乙巳, 以正五位下多治比眞人水守爲河內守. 壬子, 給從五位下巨勢朝臣邑治, 從七位上賀茂朝臣吉備麻呂, 從八位下伊吉連古麻呂等, 綿絁布鍬并穀各有差. 並以奉使絶域也. 癸丑, 美濃國言, 村國連等志賣一產三女, 賜穀四十斛, 乳母一人. 戊午, 畿內霖雨損苗, 遣使賑貸之. 癸亥, 讚岐國那賀郡錦部刀良, 陸奧國信太郡生王五百足, 筑後國山門郡許勢部形見等, 各賜衣一襲及鹽穀, 初救百濟也, 官軍不利, 刀良等被唐兵虜, 沒作官戶, 歷四十餘年乃免, 刀良至是遇我使粟田朝臣眞人等, 隨而歸朝, 憐其勤苦有此賜也. 乙丑, 從五位下美努連淨麻呂及學問僧義法, 義基, 惣集, 慈定, 淨達等至自新羅.

六月丁卯朔, 日有蝕之, 辛巳, 天皇崩, 遺詔, 擧哀三日, 凶服一月, 壬午, 以三品志紀親王,正四位下犬上王, 正四位上小野朝臣毛野, 從五位上佐伯宿禰百足, 從五位下黃文連本實等, 供奉殯宮事, 擧哀着服, 一依遺詔行之, 自初七至七七,於四大寺設齋焉,冬十月丁卯,以二品新田部親王, 從四位上阿倍朝臣宿奈麻呂, 從四位下佐伯宿禰太麻呂, 從五位下紀朝臣男人爲造御竈司, 從四位上下毛野朝臣古麻呂, 正五位上土師宿禰馬手, 正五位下民忌寸比良夫, 從五位上石上朝臣豊庭, 從五位下藤原朝臣房前爲造山陵司, 正四位下犬上王, 從五位上采女朝臣枚夫, 多治比眞人三宅麻呂, 從五位下黃文連本實, 米多君北助爲御裝司,

十一月丙午, 從四位上當麻眞人智德率誄人奉誄, 謚曰倭根子豊祖父天皇. 卽日火葬於飛鳥岡, 甲寅, 奉葬於檜隈安古山陵.

續日本紀卷第三

『속일본기』 권제4

〈慶雲 4년(707) 7월부터 和銅 2년(709) 12월까지〉

종4위하 行民部大輔 겸 左兵衛督 황태자학사
신 菅野朝臣眞道 등이 勅을 받들어 편찬하다.

日本根子天津御代豐國成姫天皇[1] 〈元明天皇 제43〉

◯ 일본근자천진어대풍국성희 천황은 어린 시절의 이름은 阿閇皇女[2]이고 天命開別天皇[3]의 제4황녀이다. 어머니는 宗我嬪이고 蘇我山田石川麻呂大臣[4]의 딸이다. 日並知皇子尊[5]을 만나 天之眞宗豊祖父天皇[6]을 낳았다. 慶雲 3년(706) 11월 (天之眞宗)豊祖父天皇이 병이 들어 처음으로 양위하는 뜻이 있었다. 천황은 겸허하게 고사하고 받아들이지 않았다. 동(慶雲) 4년 6월 豊祖父天皇이 붕어하였다. (6월) 경인(24일), 천황이 동쪽 누각에 임하여 8성의 장관 및 5위부의 督, 率[7]을 불러 조를 내리고 (文武天皇의) 생전의 조에 따라 모든 정무를 행하는 뜻을 고했다.

---

1) 元明의 國風[和風] 시호. 文武天皇의 생모. 日本根子는 천황을 의미하는 말로, 선명체에서는 倭根子天皇이라고 표기한다. 천황의 일본풍 시호는 결사8대에 나오는 孝靈, 孝元, 開化 3대에 이용되었고, 이후에는 元明, 元正, 桓武 때에 나온다.

2) 『日本書紀』 天智 7년 2월조에는 阿倍皇女로 나온다.

3) 天智天皇.

4) 皇極 4년(645), 中大兄皇子와 中臣鎌足이 모의하여 蘇我入鹿을 주살하는 을사의 변에 가담하였고, 大化개신정권 하에서 우대신을 역임하였다. 大化 5년(649) 모반죄로 밀고당해 장남, 처자 등 8인이 山田寺에서 자결하였다.

5) 天武天皇의 황자인 草壁皇子. 어머니는 持統천황.

6) 文武天皇.

7) 五衛府는 衛門府, 左右衛士府, 左右兵衛府로 구성되었는데, 대보령제 하에서는 衛門府, 左右衛士府의 장관을 督, 좌우병위부의 장관을 率이라고 하였고, 양로령제 하에서는 모두 督으로 통일하였다.

◯ 慶雲 4년(707) 추7월 임자[8](17일), 천황이 대극전에서 즉위하였다. 조를 내려 (다음과 같이) 말하였다(宣命體).

“現神으로서 천하를 통치하는 倭根子天皇[9]이 말씀하신 칙명을 친왕, 제왕, 제신, 백관들, 천하의 공민들은 들으라고 분부하였다. 말하기조차 황공한 藤原宮에서 천하를 통치하는 倭根子天皇[10]이 정유년(697)[11] 8월에 이 천하를 통치하는 과업을 日並知皇太子[12]의 적자로서 지금까지 천하를 통치해 오신 (文武)천황에게 물려주시고 함께 천하를 통치하시어 조화를 이루었다.[13] 이것은 말하기조차 황공한 近江의 大津宮에서 천하를 통치하신 大倭根子天皇[14]이 천지와 함께 오래도록, 일월과 함께 훗날까지 고쳐서는 안 되는 常典[15]으로 만들어 실시된 법을 이어받아 행해야 할 일로서 모두 받들어 삼가 봉사하라고 하신 말씀을 들으라고 분부하였다. 이와 같이 받들어 왔는데 작년 11월에 황공하게도 우리 대군이자 짐의 아들인 천황이 조를 내리기를,[16] ‘내 몸이 병들어 있는 까닭에 시간을 내어 병을 치료하려고 한다. 황위는 대명이기 때문에 황위에 올라 통치해야 한다’라고 하신 양위의 말씀을 받들어 대답하기를, ‘짐은 감당할 수 없다’라고 사양하고 받아들이지 않는 사이에 몇 번이나 날을 거듭하여 양위를 주장하여 황송하게도 금년 6월 15일에 ‘어명을 받아들인다’라고 말하고 그대로 이 중대한 황위를 계승하게 되었다. 이것은 천지의 마음을 중히 여기고 황공하다고 하신 말씀을 모두 들으라고 분부하였다. 이에 따라 친왕을 비롯하여 왕과 신하, 백관들은 청정한 마음으

8) 이 내용은 일자를 보건대 다음에 나오는 7월 신축(6일)조와 병진(21일)조 사이에 들어가야 한다.

9) 持統天皇.

10) 持統天皇.

11) 持統 11년으로 文武 원년이다.

12) 天武天皇의 황자인 草壁皇子.

13) 지통천황이 손자 문무에게 양위하고 상황으로서 문무천황과 함께 정무를 펼친 것을 말한다.

14) 天智天皇.

15) 不改常典은 天智天皇이 제정했다는, 이른바 고쳐서는 안 되는 통상의 법이다. 내용은 불명이지만, 이 법의 존재 유무, 해석을 둘러싸고 논쟁이 계속되고 있다. 아마도 황위계승과 관련있는 법으로 추정된다.

16) 아들인 文武가 생모인 元明에게 내린 詔. 따라서 원명은 문무에 대해 짐의 대군이자 아들인 천황이라는 표현을 사용한 것이다.

로 직무에 힘쓰고 마음을 가다듬어 받들어 보좌해야 이 천하의 정사는 평안하게 오래도록 계속될 것이라고 생각한다. 또 천지와 함께 영원히 고쳐서는 안 되는 常典으로 만들어진 이 천황이 통치하는 법도 기울어지거나 흔들리지 않고 계속되어야 한다는 말씀을 모두 들으라고 분부하였다. 또 먼 황조의 치세로부터 시작하여 천황 대대로 이어받아 황위에 올라 이 천황이 통치해야 하는 국가의 백성을 위무하고 은혜를 베푸는 일은 특별한 일이 아니고 부모가 자신의 아이를 보살피듯이 통치하고 자애를 베푸는 일이라고, (짐은) 신으로서 생각하고 있다.

이에 우선 천하의 공민에게 자비를 베푼다. 천하에 대사면을 내린다. 慶雲 4년 7월 17일 날이 동트기 이전의 사형죄 이하는 경중을 묻지 않고, 이미 발각되거나 발각되지 않은 죄도 모두 사면한다. 8학 중에 이미 살인을 했거나 강도와 절도, 통상 사면에서 면제되지 않는 죄는 아울러 사면에 포함되지 않는다. 모든 유배형을 받은 자로서 반역에 연좌되지 않았거나 본향으로 이주된 사람은 함께 용서하여 돌아오게 해야 한다. 산야로 도망가 무기류를 감추고 백일이 지나도 자수하지 않으면 처음과 같이 죄를 내린다. 도움을 받고 있는 고령자에 대해, 100세 이상에게는 벼 2석을, 90세 이상에게는 1석 5두를, 80세 이상에게는 1석을, 8위 이상에게는 위계별로 삼베 1단을 추가한다. 5위 이상은 여기에 포함되지 않는다. 승니에게는 8위 이상에 준하여 각각 벼와 삼베를 시주한다. 홀아비, 과부, 고아, 독거노인, 장애자에게는 사람별로 벼 1석을 내린다. 왕경과 기내 및 대재부 관내의 제국의 調, 국내 제국의 금년 전조는 면제한다고 하신 천황의 말씀을 모두 듣도록 하라고 분부하였다".

경자(5일), 大内山陵[17]에서 (元明天皇의 즉위를 고하는) 의식이 있었다.

신축(6일), 대재부에 사자를 보내 南嶋人[18]에게 각각 차등있게 물품을 내렸다.

병진(21일), 처음으로 授刀舍人寮[19]를 설치하였다.

---

17) 天武, 持統의 합장릉.

18) 九州 남단의 多褹, 夜久 등의 섬 주민.

19) 令外官으로 천황을 친위하는 舍人을 통괄하는 관부.

8월 신사(16일), 입당부사 종5위하 巨勢朝臣邑治 등에게 차등있게 관위를 올려 주었다. 종7위상 鴨朝臣吉備麻呂에게 종5위하를 내리고 水手 등에게 10년간 과역을 면제하였다.[20]

9월 정미(12일), 정5위하 大神朝臣安麻呂를 氏長으로 삼았다.

동10월 무자(24일), 종4위하 文忌寸禰麻呂[21]가 죽었다. 사자를 보내 조를 내려 정4위상으로 추증하고 아울러 비단, 삼베를 주었다. 임신년의 공에 의거한 것이다.

11월 병신(2일), 志摩國에 진휼하였다. 종5위하 安倍朝臣眞君을 越後守로 삼았다.

갑인(20일), 倭根子豊祖父天皇[22]을 安古山陵에 매장하였다.

무오(24일), 彈正尹 종5위하 衣縫王이 죽었다.

12월 을축삭(1일), 일식이 있었다.

무진(4일), 伊豫國에 역병이 생겨 약을 보내 치료하였다.

신묘(27일), 조를 내려, "무릇 정치를 행하는 도리는 예를 우선으로 삼는다. 예가 없으면 말이 문란해지고 말이 문란해지면 그 뜻을 잃어버린다. 지나간 해[23]에 내린 조에는 跪伏[24]의 예를 정지하였다. 요즘 들으니 조당 내외의 관사 앞에서 모두 엄숙하지 않고 출입하는 데에 예가 없고, 일을 묻고 답하는

---

20) 「賦役令」16 外蕃還條에 "凡以公使, 外蕃還者, 免一年課役, 其唐國者, 免三年課沒"이라고 규정되어 있다. 여기에 보이는 수부들에게 내린 10년의 과역 면제는 다소 파격적인 조치로 생각된다.

21) 文忌寸氏의 경우, 天武 12년(683)에 文首가 連을 받고, 동 14년에 文連이 忌寸을 받아 文忌寸이 되었다. 文은 書라고도 쓴다. 『신찬성씨록』에 한고조의 후예로 應神朝 때에 백제에서 일본에 귀화한 王仁의 후손으로 나오듯이 백제계 도래인의 후손이다. 文忌寸禰麻呂는 임신의 난 때 대해인황자의 舍人으로 활약한 書根麻呂와 동일한 인물이다. 慶雲 4년(707)에 사망하였는데 사망 당시 관위는 종4위하였고 이때 정4위상으로 추증되었다. 天保 2년(1831) 文禰麻呂의 墓誌가 발견되었는데, 화장한 유골이 금동제 壺에 수납되었고 그 안의 銅製 墓誌板에는 "壬申年將軍左衛士府督正四位上文禰麻呂忌寸慶雲四年歲次丁未九月廿一日卒"이라고 명기되어 있다. 사망 시점에 대해 『속일본기』는 10월 24일로 기록하고 있는데, 묘지명에는 9월 21일로 차이가 있다.

22) 文武天皇.

23) 慶雲 원년 신해조에 보인다.

24) 양 손을 땅에 대고 행하는 일본 古來의 예법. 慶雲 원년 정월 신해조에 백관의 跪伏 예를 정지하였다고 한다.

데에 절도를 잃어버리고 있다. 이것은 소관 관사가 서열을 존중하지 않고 스스로 예절을 잊은 탓이다. 지금 이후로는 엄정히 규탄하여 그 폐습을 고쳐 좋은 풍습에 따라야 할 것이다"라고 하였다.

○ 和銅 원년(708) 춘정월 을사(11일), 武藏國 秩父郡[25]에서 和銅을 바쳤다. (천황이) 조를 내려(宣命體), "現神으로 천하를 다스리는 倭根子天皇의 조로서 내린 말씀을, 친왕, 제왕, 제신, 백관들, 천하의 공민들 모두 들으라고 분부하였다. 高天原에서 강림하신 천황의 치세에서 시작하여 현재에 이르기까지 천황의 치세 대대로 황위를 이어받아 다스리고 베풀어 온 천하 통치의 과업이라고 神으로서 생각한다는 말씀을 모두 들으라고 분부하였다. 이와 같이 통치하고 자비를 베풀어 온 천황의 과업으로 지금 짐의 치세가 되어 천지[26]의 마음을 헤아리고 무겁고 황공스럽게 생각하고 있었는데, 통치하고 있는 국가 동방의 武藏國에서 저절로 이루어진 和銅이 나왔다고, 주상해서 바쳤다. 이 물건은 천신과 지신이 함께 축복해 내리고 보여주는 보물이라고, 신으로서 생각한다. 따라서 천지의 신이 보인 상서로운 보물에 의거하여 치세의 연호를 고친다고 하신 말씀을 모두 받들라고 고하였다. 이에 慶雲 5년을 고쳐서 和銅 원년으로 하여 치세의 연호를 정한다. 그래서 천하에 축하의 조를 알리는데, 위계를 승서해야 할 사람들에게 위를 내린다. 천하에 대사면을 내린다. 화동 원년 정월 11일부터 동트기 이전까지 사형죄 이하는 죄의 경중을 묻지 않고, 이미 발각되었거나 발각되지 않았거나, 미결수이거나 복역 중인 죄인도 모두 사면한다. 8학을 범한 자, 고의 살인, 살인을 모의하여 이미 죽인 자. 강도와 절도, 통상의 사면에서 면제되지 않는 자는 사면의 범위에 포함되지 않는다. 산야로 도망가 금서를 숨기고 100일이 지나도 자수하지 않으면 원래의 죄로 한다. 고령인 백성으로 100세 이상은 벼 3석을 내린다. 90세 이상이면 2석을, 80세 이상이면 1석으로 한다. 효자와 순손,[27] 의부와 절부는 집 대문과 마을 입구의 문에 그 내용을 알리고, 우대하여

25) 현재의 埼玉縣 秩父郡.
26) 天神地祇(천신과 지신).
27) 順孫은 조부모를 잘 모시는 손자.

3년간 과역을 면제한다.[28] 홀아비, 과부, 고아, 독거노인, 자활할 수 없는 자에게는 벼 1석을 내린다. 백관들에게는 차등있게 녹을 내린다. 제국의 국사, 군사에게 위계 1급을 더해주고, 정6위상 이상은 진급의 범위에 포함되지 않는다. 무장국의 금년의 庸, (和銅이 발견된) 해당 군의 調, 庸을 면제한다고 한 천황의 말씀을 모두 듣도록 하라"고 분부하였다.

이날, 4품 志貴親王[29]에게 3품을, 종2위 石上朝臣麻呂, 종2위 藤原朝臣不比等에게 함께 정2위를, 정4위상 高向朝臣麻呂[30]에게 종3위를, 정6위상 阿閇朝臣大神, 정6위하 川邊朝臣母知·笠朝臣吉麻呂·小野朝臣馬養, 종6위상 毛野朝臣廣人·多治比眞人廣成, 종6위하 大伴宿禰宿奈麻呂,[31] 정6위상 阿刀宿禰智德·高莊子[32]·買文會, 종6위하 日下部宿禰老·津嶋朝臣堅石, 무위 金上元[33]에게 함께 종5위하를 내렸다.

---

28) 「賦役令」17에는 "무릇 孝子, 順孫, 義夫, 節婦의 뜻과 행동이 國, 郡에 알려졌다면 태정관에 보고하여 천황에게 아뢰고 그 門閭에 표시한다. 같은 호적에 있는 사람들은 모두 과역을 면제한다. 정성이 두루 감복할 만하면 별도로 우대하여 상을 내린다"라고 규정되어 있다. 이들에게 내려진 과역 면제는 같은 戶에 속한 사람들에게도 미치고 있어 특별한 대우를 받고 있다. 大寶 2년 10월 을묘조에도 동일한 내용이 나온다.

29) 天智의 제7황자. 大寶 원년에 4품, 和銅 원년에 3품, 和銅 8년에 2품에 서위되었고, 元正朝 靈龜 2년(716) 8월 사망하였다. 그 후 50년 이상이 지난 寶龜 원년(770)에 그의 6남인 白壁王이 황위에 올라 光仁天皇이 되었다. 이때 春日宮御宇天皇으로 추존되었다.

30) 天武 10년(681) 小錦下에 서임되었고, 天武 13년에는 遣新羅大使로 신라에 파견되었다. 동년 8色의 성 제정시에 臣에서 朝臣으로 개성되었다. 天武 14년(685)에 학문승 觀常, 靈觀과 함께 귀국하였다. 大寶 원년(701)에 종4위상에 올랐고, 대보 2년에는 參議에 보임되었다. 그 후 慶雲 2년(705)에 정4위하 中納言이 되었다. 和銅 원년 종3위가 된 후, 그해 윤8월에 사망하였다.

31) 和銅 원년(708) 종6위상에서 종5위하로 3단계 승진하고, 和銅 5년(715), 靈龜 3년(717)에 정5위하, 養老 4년(720)에 정5위상에 올랐다. 그 후 和銅 8년(715)에 左衛士督, 養老 3년(719)에 備前守로 재임중에 安藝國, 周防國의 안찰사를 겸임하였고, 神龜 원년(724)에는 종4위하에 서임되었다. 『萬葉集』에 단가 2수가 실려 있다.

32) 『新撰姓氏錄』 좌경제번에 "御笠連은 高麗國人 高莊子로부터 나왔다"라고 하듯이 고구려계 도래씨족이다. 고구려 멸망 이후 망명한 인물로 추정된다. 御笠의 씨명은 三笠으로도 쓴다. 御笠 씨명의 유래는 大和國 添上郡의 山笠山 지명에서 유래하고, 현 奈良市 御蓋山(三笠山) 일대이다.

33) 신라계 도래인으로 그의 전력에 대해서는 알 수 없다. 무위에서 종5위하를 받은 것은 특별 승진으로 무언가의 공적이 있었던 것으로 추정되지만, 기록에는 보이지 않는다.

2월 갑술(11일), 처음으로 催鑄錢司[34]를 두었다. 종5위상 多治比眞人三宅麻呂에게 이를 맡겼다. 讚岐國에 역병이 나서 약을 보내 치료하였다.

무인(15일), (천황이) 조를 내려, "짐은 삼가 하늘을 섬기고 천하의 군주로서 임하고 있다. 덕이 부족한데도 紫宮[35]이라는 존귀한 곳에 있다. 항상 생각하고 있듯이 이것을 만든 사람은 고생하지만 여기에 사는 사람은 편안함을 누린다. 천도의 일은 반드시 서둘지 말도록 한다. 왕공, 대신들이 모두 말하기를, '예로부터 근자에 이르기까지 해와 별을 관측해서 궁실의 기초를 닦고, 치세를 점치고 토지의 길흉을 판단하여 제황의 도읍을 정하고 있다. 도읍의 기초는 영구히 굳건해야 하고 무궁한 천자의 과업도 여기에 있다'라고 하였다. (찬반의 논의가 많아) 중의를 모으기가 어렵고 그 말도 마음도 깊고 절실하다. 그러나 왕경은 백관이 있는 관부이고 천하의 백성이 모이는 곳이다. 단지 짐 1인이 어찌 홀로 안락할 수 있겠는가. 진실로 이점이 있다면 따라야 하지 않겠는가. 옛날 殷의 왕들은 5번 천도하였다. 중흥의 신호를 받아 주의 제왕은 3번 도읍을 정하여,[36] 태평의 칭송을 들었다. 안심하고 오랫동안 안주했던 거처를 옮기려고 한다. 바야흐로 지금 平城의 땅은 4금도[37]에 어울리고, 3개의 산[38]이 진수하고 있다. 귀갑과 대나무 점괘도 모두 따르고 있어 도읍을 세워야 할 것이다. 그 조영의 자재는 사정에 따라 주상한다. 또 추수가 끝난 후에 도로와 다리를 만든다. 자식이 부모를 생각하듯이 스스로 와서 해야 하고 (백성을) 고역시켜 소요를 일으켜서는 안 된다. 제도는 올바르게 하고 더하는 일은 없도록 한다"라고 하였다.

3월 을미(2일), 山背, 備前 2국에 역병이 생겨 약을 보내 치료하였다.

병오(13일), 종4위상 中臣朝臣意美麻呂를 神祇伯으로 삼고, 우대신 정2위

---

34) 和同開珍을 만들기 위해 설치한 관부, 令外官. 催를 관칭한 사례로는 催造司(神龜元年 3월 임오조), 催造宮司(天平4년 2월 을미조)가 있다.

35) 중국고대 천문학에서 천의 북극을 중심으로 한 구역을 紫微垣 혹은 紫微宮, 紫宮이라고 한다. 즉 天帝가 거주하는 곳, 지상에서는 皇宮을 말한다.

36) 周의 3명의 제왕이 각각 천도했다는 말로, 古公亶父의 岐山, 文王의 一酆, 武王의 鎬京이다.

37) 4禽은 동서남북의 좌 청룡, 우 백호, 남 주작, 북 현무를 말하고 圖는 중국 전설상의 제왕인 伏義氏의 치세에 황하에서 나타난 용마의 등에 나타났다는 지도를 말한다.

38) 동으로는 春日, 북으로는 奈良, 서로는 生駒의 산을 말한다.

石上朝臣麻呂를 좌대신으로 삼고, 대납언 정2위 藤原朝臣不比等을 우대신으로 삼고, 정4위상 小野朝臣毛野, 종4위상 阿倍朝臣宿奈麻呂, 종4위상 中臣朝臣意美麻呂를 함께 중납언으로 삼고, 종4위상 巨勢朝臣麻呂를 좌대변으로 삼고, 정4위하 石川朝臣宮麻呂를 우대변으로 삼고, 종4위상 下毛野朝臣古麻呂를 식부경으로 삼고, 정4위하 彌努王을 치부경으로 삼고, 종4위하 多治比眞人池守를 민부경으로 삼고, 종4위하 息長眞人老를 병부경으로 삼고, 종4위상 竹田王을 형부경으로 삼고, 종4위상 廣瀨王을 대장경으로 삼고, 정4위하 犬上王을 궁내경으로 삼고, 정5위상 大伴宿禰手拍을 造宮卿으로 삼고, 정5위하 大石王을 彈正尹으로 삼고, 종4위하 布勢朝臣耳麻呂를 좌경대부로 삼고, 정5위상 猪名眞人石前을 우경대부로 삼고, 종5위상 大伴宿禰男人을 衛門督으로 삼고, 정5위상 百濟王遠寶를 左衛士督으로 삼고, 종5위상 巨勢朝臣久須比를 右衛士督으로 삼고, 종5위상 佐伯宿禰垂麻呂를 左兵衛率로 삼고, 종5위하 高向朝臣色夫知를 右兵衛率로 삼고, 종3위 高向朝臣麻呂를 攝津大夫로 삼고, 종5위하 佐伯宿禰男을 大倭守로 삼고, 정5위하 石川朝臣石足을 河內守로 삼고, 종5위하 坂合部宿禰三田麻呂를 山背守로 삼고, 정5위하 大宅朝臣金弓을 伊勢守로 삼고, 종5위하 佐伯宿禰太麻呂를 尾張守로 삼고, 종5위하 美努連淨麻呂를 遠江守로 삼고, 종5위상 上毛野朝臣安麻呂를 上總守로 삼고, 종5위하 賀茂朝臣吉備麻呂를 下總守로 삼고, 종5위하 阿倍狛朝臣秋麻呂를 常陸守로 삼고, 정5위하 多治比眞人水守를 近江守로 삼고, 종5위상 笠朝臣麻呂를 美濃守로 삼고, 종5위하 小治田朝臣宅持를 信濃守로 삼고, 종5위상 田口朝臣益人을 上野守로 삼고, 정5위하 當麻眞人櫻井을 武藏守로 삼고, 종5위하 多治比眞人廣成을 下野守로 삼고, 종5위하 上毛野朝臣小足을 陸奧守로 삼고, 종5위하 高志連村君을 越前守로 삼고, 종5위하 阿倍朝臣眞君을 越後守로 삼고, 大神朝臣狛麻呂[39]를 丹波守로 삼고, 정5위하 忌部宿禰子首를 出雲守로 삼고, 정5위상 巨勢朝臣邑治를 播磨守로 삼고, 종5위하 百濟王南典[40]을 備前守로 삼고, 종5위상 多治比眞人吉備를 備中守로 삼고,

---

39) 권3 慶雲 원년 정월조 129쪽 각주 46) 참조.

40) 『日本書紀』 持統 5년(691) 정월에 百濟王 余禪廣, 遠寶, 良虞 등 백제왕 일족과 함께 일본조정으로부터 경제적 지원을 받았다. 持統 10년(696)에 直大肆(종5위상 상당)에 서임되고, 備前守로 재임중이던 和銅 6년(713)에 備前國에서 6군을 분할하여 美作國을 만들었다. 和銅 8년에 종4위하, 養老 5년(735)에 播磨按察使, 養老 7년(737)에 정4위하,

정5위상 佐伯宿禰麻呂를 備後守로 삼고, 종5위상 引田朝臣爾閇를 長門守로 삼고, 종5위상 大伴宿禰道足을 讚岐守로 삼고, 종5위상 久米朝臣尾張麻呂를 伊豫守로 삼고, 종3위 粟田朝臣眞人을 大宰帥로 삼고, 종4위상 巨勢朝臣多益首를 (大宰)大貳로 삼았다.

을묘(22일), 칙을 내려 大宰府의 帥와 大貳 아울러 3關[41] 및 尾張守[42] 등에게 처음으로 傔仗[43]을 지급하였다. 그 인원은 帥에게는 8인, 大貳 및 尾張守에게는 4인, 3關의 國守에게는 2인이다. 그 考選,[44] 事力[45] 및 公廨田[46]은 史生에 준한다. 종5위하 鴨朝臣吉備麻呂를 玄蕃頭로 삼고, 종5위상 佐伯宿禰百足을 下總守로 삼았다.

병진(23일), 종5위하 小野朝臣馬養을 帶劒寮[47] 장관으로 삼았다.

경신(27일), 美濃國 安八郡 사람 國造千代의 처 如是女가 한번에 3남을 낳았다. 벼 4백속과 유모 1인을 내렸다.

하4월 기사(7일), 무위 村王[48]에게 종5위하를 내렸다.

계유(11일), (천황은) 제를 내려, "貢人,[49] 位子[50]가 근무평정을 받지 않은 시기에 함부로 통상의 서위기간에 넣거나, 白丁[51]이 이름을 도용하여 貢人의 기준을 받는다. 이러한 사례가 많다. 이것은 식부성이 감찰하지 않는데서

天平 7년(735)에 정4위상, 天平 9년에 종3위에 서위되어 공경의 반열에 올랐다.

41) 鈴鹿(伊勢國), 不破(美濃國), 愛發(越前國) 지역에 설치된 關.

42) 尾張國은 鈴鹿關으로 통하고 不破關을 넘어 東海道로 통하는 교통의 요지.

43) 傔仗은 군사적인 성격을 갖는 관직으로 호위병 같은 존재이다. 군사적으로 주요국의 장관에게 지급되었고, 이후 近江國, 동북지방의 蝦夷와 대치하고 있던 陸奧國, 出羽國 등지로 확대되어 갔다. 국사의 일원으로서 사생에 준하는 대우를 받고 國衙의 정무에도 참여했다고 보인다.

44) 관인의 근무평정.

45) 大宰府 관인 및 國司에게 지급되는 잡역부.

46) 大宰府 관인 및 國司에게 지급되는 전지.

47) 帶劒寮 장관은 授 刀舍人寮의 頭.

48) 기타 사료에는 보이지 않는다.

49) 관인 후보자로 추천된 자. 「考課令」75 貢人條에 의하면, 貢人은 모두 제국 장관의 추천에 의해 태정관에서 시험을 치르고 합격하면 식부성에서 실무를 익힌 다음 관인으로 등용된다.

50) 位子는 內位 6위 이하 8위 이상의 嫡子.

51) 무위, 무관의 공민으로 庸, 調를 부담하는 正丁. 구체적으로는 蔭子孫이나 位子가 아닌 자를 말한다.

오는 과오이다. 지금 다시 조사하여 실정을 파악하고 알리도록 한다. 그 식부성 史生 이상은 만약 죄를 알고 자수하면 그 죄를 용서한다. 끝내 숨기고 고집해서 자수하지 않으면 율에 의거하여 죄를 묻는다. 또 그 位子는 令에 의거하여 嫡子만이 추천받아 등용될 수 있고 서자는 불가능하다. 지금 모두 등용하고 있는데 이 역시 식부성이 令을 어긴 것이다. 만약 그 서자가 비록 位記를 받았더라도 모두 몰수하여 본래의 신분으로 되돌린다. 다만 그 재능이 시무를 감당할 정도이고 貢人의 예에 따르기를 바라는 자는 허용한다. 또 제국의 박사, 의사로서 조정에서 파견되어 보임된 자는 근무평정과 서위는 史生의 예에 준한다.[52] 근무평정의 등급은 본래의 직종에 따른다. 만약 현지인과 주변 국에서 뽑을 경우는 아울러 令의 조문에 의거한다. 또 位子와 貢人으로 능력이 있는 자의 名籍은 모두 소관국에서 조사하여 기록한다. 등용을 원하면 식부성이 소관국에 지시해서 이들을 부르도록 한다"라고 하였다.

임오(20일), 종4위하 柿本朝臣佐留가 죽었다.

5월 임인(11일), 처음으로 은전[53]을 사용하게 하였다.

경술(19일), 近江守에게 儀仗 2인을 내렸다.

경신(29일), 長門國에서 甘露[54]가 내렸다고 알렸다.

---

52) 「職員令」80 國博士醫師條에 의하면, "凡國博士医師, 國別各一人, 其學生, 大國五十人, 上國四十人, 中國卄人, 下國卄人, 醫生各減五分之四"라고 하여 國博士와 國醫師는 국마다 1인씩 두고 제국의 학생, 의생의 정원을 규정하고 있다. 그 임용에 대해서는 「選敍令」27에는 해당국 사람 중에서 등용시키는데, 만약 등용시킬 자가 없으면 주변국으로부터 뽑을 수 있다고 한다.

53) 和同銀錢, 「職員令」33 集解의 「伴云」 소인의 「古記」에 "和同元年始用銀錢"이라고 기록되어 있다. 이때의 銀錢은 和銅 2년 8월 을유조에 "廢銀錢一行銅錢", 동 3년 9월 을축조에 "禁天下銀錢"이라고 하듯이 유통이 단기간에 그치고 정지되었다. 이 이전의 은전 사용에 대한 기록을 보면, 『일본서기』 天武 12년 4월 임신조에, "詔曰, 自今以後, 必用銅錢莫用銀錢"이라고 하여 은전 사용을 금지하고 동전을 사용하라는 조가 내려지고 있어 동전과 은전이 사용된 사실을 전하고 있다. 다만 동월 을해조에는 "用銀莫止"라고 하여 地金으로서의 은 사용은 허용되고 있었다.

54) 중국고대의 전승에서는 천지음양의 기운이 조화를 이루어 내린다는 단내나는 액체를 말한다. 후대에 제왕의 덕이 높아지면 이에 응하여 하늘에서 내린다고 한다. 『延喜式』 권제21 「治部省式」에 "甘露〈美露也. 神靈之精也. 凝如脂, 其甘如飴, 一名膏露.〉"라고 하여 신령의 정기라고 표현하고 있다.

신유(30일), 종4위하 美努王이 죽었다.

6월 병술(25일), 3품 但馬內親王이 죽었다. 天武天皇의 황녀이다.

기축(28일), 조를 내려 천하가 태평하고 백성의 안녕을 위해 왕경 내의 제사찰에 경전을 轉經[55)]시켰다.

추7월 정유(7일), 內藏寮에 처음으로 史生 4인을 두었다.[56)] 但馬, 伯耆 2국에 역병이 생겨 약을 보내 치료하였다.

갑진(14일), 隱岐國에 장마와 대풍이 불어 사자를 보내 진휼하였다.

을사(15일), 2품 穗積親王, 좌대신 石上朝臣麻呂, 우대신 藤原朝臣不比等, 대납언 大伴宿禰安麻呂, 중납언 小野朝臣毛野·阿倍朝臣宿奈麻呂·中臣朝臣意美麻呂, 좌대변 巨勢朝臣麻呂, 식부경 下毛野朝臣古麻呂 등을 어전에 불러서 칙을 내리기를, "경들은 공평한 마음으로 백관들에게 솔선하고 있다. 짐은 이를 듣고 마음이 기쁘고 위안을 받고 있다. 생각건대 경들의 이러한 마음에 의해 백관을 비롯하여 천하평민에 이르기까지 옷을 드리우고 팔짱을 끼고 마음을 열어놓아도[57)] 영구히 평화롭고 좋은 상태에 있다. 또 경들의 자자손손에게도 각각 영예로운 지위를 유지하고 계속해서 출사해서 봉사하는 것이다. 이와 같은 뜻을 알고 각자 노력하도록 한다"라고 하였다.

또 신기관의 大副, 태정관의 少弁, 8성의 少輔 이상, 侍從과 彈正弼 이상 및 무관의 5위 관직을 불러서 칙을 내려, "그대 왕신들은 제관사의 근본이고 그대들의 협력으로 제관사의 관인들이 반듯하게 근무하고 있다"고 말하였다. 짐이 듣건대, "충의있고 깨끗하여 臣子의 업을 지킨다면 영예와 귀함을 받을 것이고, 탐욕스럽고 혼탁하여 臣子의 도를 잃어버린다면 필히 죄를 받고 욕보이게 될 것이다. 이것은 천지의 한결같은 이치이고 군신관계를 밝혀주는 거울이다. 따라서 그대들은 이 뜻을 알고 각자 소임을 다하고 태만하지

---

55) 기복을 목적으로 독경을 하는 불교의식.

56) 史生의 職掌은 「職員令」2에 "掌繕寫公文, 行署文案"이라고 하여 공문을 정서하고 제관사를 방문하여 문안의 서명을 받는다고 규정되어 있다. 이러한 문서의 행정방식은 和銅 연간에 본격적인 궤도에 올랐고, 사생에 대한 신설, 증원은 대보령 시행에 동반하여 확대된 문서행정의 결과라고 생각된다.

57) '垂拱開衿'의 '垂拱'은 『書經』 無成에 나오는 "垂拱而天下治"라는 내용으로 아무 일도 하지 않아도 백성을 선하게 할 수 있다는 천하태평을 의미한다. 開衿은 옷깃을 열어놓는다. 즉 흉금을 터놓는다는 의미이다.

않도록 한다. 능히 시무를 감당할 수 있는 자는 반드시 추천하고 관의 일을 어지럽히고 상실한 자는 결코 숨기는 일이 없도록 한다"라고 하였다. 이에 따라 종4위상 阿倍朝臣宿奈麻呂에게 정4위상을, 종4위상 下毛野朝臣古麻呂·中臣朝臣意美麻呂·巨勢朝臣麻呂에게 함께 정4위하를 내렸다. 문무 관직 5위 이상 및 女官에게 신분에 따라 녹을 내렸다.

병오(16일), 조가 내려졌다. 왕경의 승니 및 백성들에게 나이 100세에게는 조 2석을, 90세에게는 1석 5두, 80세에게는 1석을 지급하였다.

병진(26일), 近江國에 명하여 동전을 주조시켰다.[58]

8월 기사(10일), 처음으로 동전을 사용하였다.[59]

경진(21일), 병부성에 史生 6인을 증원시켰다. 종전과 합해 16인이다. 좌우 경직에 6인을 증원시켰다. 主計寮 4인을 증원시켰는데 종전과 합해 10인이다.

윤8월 병신(7일), 制를 내려 "지금 이후로는 옷소매의 폭을 8촌 이상 1척 이하로 하고 신체의 크기에 따라 만든다. 또 옷깃을 덧붙여 만들어도 좋다. 다만 옷소매를 좁고 작게 하거나 옷깃을 가늘고 좁게 해서는 안 된다"라고 하였다.

정유(8일), 攝津大夫 종3위 高向朝臣麻呂가 죽었다. 難波朝廷[60]의 형부상서 大花上[61] 國忍[62]의 아들이다.

9월 임술(4일), 종4위하 安八万王을 치부경으로 삼았다. 종4위하 息長眞人老를 좌경대부로 삼았다. 정5위상 大神朝臣安麻呂를 섭진대부로 삼았다.

임신(14일), (천황이) 菅原[63]에 행차하였다.

무인(20일), (천황이) 平城에 순행하여 그 지형을 관찰하였다.

경진(22일), 山背國 相樂郡의 岡田離宮으로 순행하였다. 순행 도중에 있는

---

58) 화폐의 주조는 鑄錢司의 담당이지만, 제국의 관사에게 맡긴 사례도 있다. 和銅 3년 정월 병인조에 大宰府, 동 무인조에 播磨國에 주조시켜 바치게 하였다는 기록이 있다.

59) 和同銅錢의 주조. 「職員令」33 集解의 「伴云」 소인의 「古記」에 "(和銅)三年始用銅錢"이라고 기록되어 있다.

60) 孝德朝(645~654).

61) 大化 5년 제정의 19계 관등의 제7등.

62) 高向國押이라고도 한다. 皇極 4년(645)의 을사의 정변 때 中大兄皇子 측에 의해 蘇我入鹿이 살해당한 후 정변주도 세력에게 항전하였지만 곧 설득당해 무장해제하였다.

63) 大和國 添下郡의 지명. 현재의 奈良市 菅原町 부근.

국사의 目[64] 이상에게 의복 1벌씩 주었다. 行宮[65]을 조영하는 郡司에게 신분에 따라 녹을 내렸다. 아울러 백성들의 調를 면제하였다. 특히 賀茂, 久仁 2리의 호에는 벼 30속을 지급하였다.

을유(27일), 春日離宮[66]에 이르렀다. 大倭國의 添上, 添下 2군에 금년의 調를 면제하였다.

병술(28일), 순행에서 환궁하였다. 越後國이 出羽郡의 신설을 요청하자 허락하였다.

무자(30일), 정4위상 阿倍朝臣宿奈麻呂, 종4위하 多治比眞人池守를 造平城京司 장관[67]으로 삼았다. 종5위하 中臣朝臣人足·小野朝臣廣人·小野朝臣馬養 등을 차관으로 삼았다. 종5위하 坂上忌寸忍熊을 大匠으로 삼고, 그 외에 판관 7인, 주전 4인이다.

동10월 경인(2일), 궁내경 정4위하 犬上王을 이세태신궁에 보내 폐백을 바치고, 평성궁 조영의 상황을 고하였다.

11월 기미삭(1일), 일식이 있었다.

을축(7일), 菅原의 지역민 90가구를 옮기고 삼베와 곡물을 지급하였다.[68]

기묘(21일), 大嘗祭[69]를 거행하였다. 遠江, 但馬 2국에서 그 일에 봉사하였다.[70]

신사(23일), 5위 이상에게 내전에서 연회를 베풀었다. 정원에서 여러 나라의 음악을 연주하였다. 차등있게 녹을 내렸다.

계미(25일), 관직이 있는 6위 이하에게 연회를 베풀고 끝난 후에 각각 비단 1필을 내렸다.

---

64) 국사는 4등관제로 守, 介, 掾, 目으로 구성되어 있다.

65) 천황 행차시에 임시로 거주하기 위해 설치한 시설물.

66) 添上郡의 春日 지역에 조영한 離宮.

67) 장관을 2인으로 삼은 예는 大寶 원년 11월 병자조에 造大幣司, 天平 13년 9월 을묘조에 造宮司 등이 있다.

68) 평성경 내에 있는 민가를 이전시키고 삼베와 곡물로 보상한 것이다.

69) 元明天皇 즉위 후의 대상제. 天平 8년 11월 병술조에 "和銅元年十月十一日, 供奉擧國大嘗"이라고 나온다.

70) 大嘗祭 때에 신에게 바치는 쌀을 경작하는 국으로, 이를 主基國이라고 한다. 京都 이서 지역의 국이 이에 해당한다.

을유(27일), 신기관 및 遠江, 但馬 2국의 국사, 군사 및 국인 남녀 총 1854인에게 서위하고 신분에 따라 녹을 내렸다.[71)]

12월 계사(5일), 평성궁 터에 地鎭祭[72)]를 올렸다.

◯ 和銅 2년(709) 춘정월 병인(9일), 정4위상 阿倍朝臣宿奈麻呂, 정4위상 小野朝臣毛野에게 함께 종3위를 내리고, 정5위상 大伴宿禰手拍·大神朝臣安麻呂·土師宿禰馬手, 정5위하 多治比眞人水守에게 함께 종4위하를, 정6위하 毛野朝臣荒馬, 정6위상 土師宿禰甥, 종6위상 大伴宿禰牛養, 종6위하 笠朝臣長目·春日朝臣赤兄·穗積朝臣老, 정6위상 調連淡海, 정6위하 椋垣忌寸子人, 정6위상 大私造虎에게 함께 종5위하를 내렸다.

무인(21일), 下總國에 역병이 생겨 약을 보내 치료하였다.

임오(25일), 조를 내리기를, "국가의 정치를 행하는 데에는 아울러서 구제하는 것을 우선으로 한다. 허위를 버리고 진실로 나아가는 것은 당연한 이치이다. 앞서 은전을 반포하고[73)] (통용되던) 은[74)]에 대신해서 또 동전[75)]을 함께 통용하도록 한다. 요즈음 사악한 도둑이 이익을 좇아 사사로이 함부로 주조하여 公錢을 어지럽히고 있다. 지금 이후로는 사적으로 은전을 주조하는 자는 그 몸은 관에서 몰수하고[76)] 재물은 신고인에게 준다. 함부로 이익을 취하는 자는 곤장 2백대와 노역에 처하고, 이러한 사정을 알고 신고하지 않은 자도 각각 같은 죄에 처한다"라고 하였다.

2월 무자[77)](2일), 조를 내려, "축자의 관세음사는 淡海[78)] 大津宮에서 천하를 통치하신 천황[79)]이 後岡本宮에서 천하를 통치하신 천황[80)]을 위해 誓願해서

71) 대상제 때에 봉사한 신기관 등 중앙의 관인과 지방에서 올라와 봉사한 사람들 총인원.
72) 地鎭祭는 토지의 신에게 조영의 무사를 비는 의식. 『日本書紀』 持統 5년 10월조에 "遣使者, 鎭祭新益京," 동 6년5월조에 "遣淨廣肆難波王等, 鎭祭藤原宮地"라고 하여 藤原京, 藤原宮 조영시에 지진제를 지냈다.
73) 和銅 元年 5월에 和同銀錢을 시행한 일.
74) 和銅銀錢 발행 이전에 통용되던 地金으로서의 銀.
75) 和銅 元年 8월에 和同銅錢을 발행한 일.
76) 沒官은 국가소유의 官戶로 삼는다는 것이다. 「雜律」3 逸文에는 銅錢의 私鑄錢은 徒 3년으로 되어 있다.
77) 新日本古典文學大系本에 따라 이달의 日干支의 날짜를 수정하였다.
78) 近江.

개창한 곳이다. 해를 거듭하여 누대가 지났지만 지금까지 완료하지 못하고 있다. 대재부에서는 이를 헤아려 使丁 50인을 충당하고, 또 閑月[81]을 따라 인부를 징발한다. 전담하는 감독을 취하여 조속히 조영해야 한다"라고 하였다.

정미(21일), 遠江國 長田郡은 토지의 경계가 넓고 멀다. 백성의 거주지가 멀리 떨어져 있어 왕래하기가 불편하고 어려움이 극히 많다. 이에 분할하여 2군으로 하였다.

3월 신유(5일), 隱岐國에 기근이 들어 진휼하였다.

임술(6일), 陸奧, 越後 2국의 蝦夷가 거칠고 순종하지 않아 양민을 자주 해치고 있다. 이에 사자를 보내 遠江, 駿河, 甲斐, 信濃, 上野, 越前, 越中 등 제국에서 (병력을) 징발시키고, 좌대변 정4위하 巨勢朝臣麻呂를 陸奧鎭東將軍[82]으로, 민부대보 정5위하 佐伯宿禰石湯을 征越後蝦夷將軍[83]으로, 內藏頭 종5위하 紀朝臣諸人을 부장군으로 하여 양도[84]로부터 출발하여 정벌하게 하였다.[85] 이에 節刀와 軍令을 내렸다.

신미(15일), 해륙 양도를 취하여 신라사 金信福 등을 불렀다.[86]

경진(24일), 처음으로 造雜物法用司[87]를 두었다. 종5위상 采女朝臣枚夫·多

---

79) 天智天皇.

80) 齊明天皇.

81) 농한기. 『賦役令』22에는 10월에서 2월까지로 규정되어 있다. 이에 대해 농번기인 要月에 대해 『令集解』「賦役令」22 雇役丁條의 「古記」에는 "要月, 謂依雜令, 四五六七八九月, 以外爲閑月也"라고 하여 4월에서 9월까지이고 그 외에는 閑月이라고 되어 있다.

82) 동북지역으로 진군하는 장군. 征夷將軍이라고도 함.

83) 서북지역으로 진군하는 장군.

84) 東山道, 北陸道.

85) 「軍防令」22에 병력 1만 명 이상이 출병할 때에는 장군 1인, 부장군 2인을 둔다고 하였다. 이 규정에 따르면 2개 군단으로 편성된 蝦夷 정벌에는 장군 각각 1인씩 배치되어 있어 총 병력은 2만 명 이상으로 편성된 것으로 추정된다.

86) 이때의 신라사는 大宰府에 도착하였는데, 이 사실을 왕경에 알려 신라사를 입경시키는 사절이 瀨戶內海를 통해 九州로 향한 사실을 말한다. 이 사절은 동년 5월 20일 방물을 전하고, 동 27일 일본조정에서는 朝堂에서 연회를 베풀었다. 이어 우대신 藤原不比等이 태정관 弁官 청사로 신라사를 불러 신라의 외교적 의례에 대해 불만을 토로하고 있다.

87) 和銅 6년 10월 경자조 板屋司의 분주에 法用司를 板屋司로 고쳤다는 기록이 나온다. 이 관사는 신왕도 조영과 관련된 잡용물을 조달하는 임시 관사로 추정되지만, 그

治比眞人三宅麻呂, 종5위하 舟連甚勝·笠朝臣吉麻呂를 여기에 임명하였다.

갑신(28일), 制를 내려 "무릇 교역의 잡물은 그 물건의 가치가 은전 4문 이상이면 즉시 은전을 사용하고, 그 가치가 3문 이하이면 모두 동전은 사용하도록 한다"라고 하였다.

하4월 정해삭(1일), 일식이 있었다.

임인(16일), 종4위하 上毛野朝臣男足이 죽었다.

5월 경신(5일), 筑前國 宗形郡의 대령 외종5위하 宗形朝臣等抒에게 외종5위상을 내렸다.[88] 尾張國 愛知郡의 대령 외종6위상 尾張宿禰乎己志에게 외종5위하를 내렸다.

을해(20일), 河內, 攝津, 山背, 伊豆, 甲斐 5국에 비가 계속 내려 논의 모에 피해를 주었다. 이날 신라사 金信福 등이 방물을 바쳤다.

임오(27일), 조당에서 金信福 등에게 연회를 베풀고, 각각 차등있게 녹을 주었다. 아울러 (신라)국왕에게 (보낼) 비단 20필, 美濃産[89] 비단 30필, 명주실 2백구, 목면 150둔을 주었다.

이날, 우대신 藤原朝臣不比等이 신라사를 弁官[90] 청사 안으로 인도하여 말하기를, "신라국의 사절은 오래 전부터 입조하였다.[91] 그러나 일찍이 집정대신[92]과 담화하지 못했다. 금일 상면하는 것은 2국이 우호를 맺어 가깝게 왕래하려는 것이다"라고 하였다. 사인들이 곧 자리에서 물러나 배례를 하고 다시 앉아 대답하기를 "사신들은 본국에서 지위가 낮은 사람들이다. 그러나

구체적인 내용은 알 수 없다.

88) 宗形郡의 宗形神社, 愛知郡의 熱田神社가 있는 양군의 郡司인 大領에 대한 서위, 宗形은 宗像으로도 나온다.

89) 美濃國에서 산출된 絹. 외교의 贈物, 천황의 御服 제작에 사용된 고급직물이다.

90) 太政官 직속 사무국. 하급기관으로의 상신문서의 수리 및 태정관에 전달, 太政官符 등 태정관 문서의 발급을 총괄하는 집행기관. 左右大弁, 左右中弁, 左右少弁의 총칭.

91) 神功皇后의 신라정벌 설화를 상기시키는 발언이다. 이 가공의 설화는 『속일본기』의 신라와의 역사적 관계를 규제하고 있다.

92) 執政大臣이란 국정을 책임질 수 있는 인물을 말한다. 天平寶字 4년(760) 9월 계묘조에 "專對之人, 忠信之禮, 仍舊之調, 明驗之言"이라고 하여 일본 측이 신라에 제시한 4개조의 외교의례에 관한 내용에서 나오는 '專對之人', 天平寶字 7년(763) 2월 계미조에 보이는 王子 혹은 執政大臣을 가리킨다. 또 寶龜 원년(770) 3월 정묘조에도 '可申事人'이라고 하여 일을 책임지고 말할 수 있는 사람이 나온다.

(新羅)王의 신하로서 교시를 받아 성조에 오게 되었다. 예기치 않게 낮은 신분이지만 그 기쁨은 말로 다하기 어렵다. 하물며 초대받아 자리에 올라 친근하고 위엄있는 얼굴을 마주대하고 은혜로운 말씀을 들으니 삼가 매우 기쁜 마음이다"라고 하였다.

6월 병술[93](2일), 金信福 등이 귀국하였다.

갑오(10일), 上總, 越中 2국에 역병이 생겨 약을 보내 치료하였다.

신축(17일), 사자를 기내에 보내 기우제를 지내게 하였다.

을사(21일), 제국에 명하여 驛起稻帳[94]을 제출하게 하였다. 筑前國 御笠郡의 大領 정7위하 宗形部堅牛에게 益城連 성을, 嶋郡의 少領 종7위상 中臣部加比, 中臣志斐에게 連 성을 내렸다.

신해(27일), 紀伊國에 역병이 생겨 약을 보내 치료하였다.

계축(29일), 산위 정4위하 犬上王이 죽었다. 종7위하 殖栗物部名代에게 殖栗連의 성을 내렸다. 칙을 내려 大宰率 이하 품관에 이르기까지 事力[95]을 반으로 줄었다. 다만 薩摩, 多禰 양국 및 國師의 승려 등은 반감의 예에 포함하지 않았다.

추7월 을묘삭(1일), 종5위상 上毛野朝臣安麻呂를 陸奧守로 삼았다. 제국에 명하여 出羽柵[96]으로 병기를 운송하게 하였다. 蝦狄을 정벌하기 위해서이다.

정묘(13일), 越前, 越中, 越後, 佐渡 4국의 배 100척을 征狄所[97]에 보냈다.

8월 을유(2일), 은전을 폐지하고 오로지 동전을 사용하게 하였다. 태정관이 처분하여, 河內의 주전사 관인의 祿, 考選[98]은 오로지 寮[99]에 준하게 하였다.

무신(25일), 征蝦夷將軍 정5위하 佐伯宿禰石湯. 부장군 종5위하 紀朝臣諸人이

93) 新日本古典文學大系本에 따라 이달의 日干支의 날짜를 수정하였다.

94) 驛起田에서 생산된 수확물을 驛起稻라고 하고, 驛을 관리하기 위한 재원으로 사용한다. 驛起稻帳은 驛家에 부속된 창고에서 출납되는 도곡의 내용을 기록한 장부로 제국의 국사는 매년 중앙에 역기도장을 작성하여 보고하였다. 역기전은 大寶令에서 쓰인 용어이고, 養老令에서는 驛田이라고 한다.

95) 大宰府와 제국의 국아에 지급되는 잡역이나 職田의 경작 등의 일을 맡은 正丁.

96) 蝦夷에 대책으로 설치한 柵. 후의 秋田城.

97) 蝦夷 정벌의 군사기지. 出羽柵을 말한다.

98) 근무평정과 서임.

99) 「職員令」2에는 2官 8省이 있고, 그 밑에는 다수의 職, 寮, 司 등의 관사가 소속되어 있다.

(蝦夷 정토를) 마치고 입조하였다. (천황이) 불러 대면하고 특히 후하게 은총을 베풀었다.

신해(28일), (천황이) 평성경에 순행하였다. 순행에 동반한 왕경과 기내의 병위에 대해 그 호의 잡요를 면제하였다.

9월 을묘(2일), 大倭守 종5위하 佐伯宿禰男에게 종5위상을, 造宮의 大丞 종6위하 臺忌寸宿奈麻呂에게 종5위하를 내렸다. 이날, 新京에 행차하여 백성들을 위무하였다.

정사(4일), 造宮의 將領[100] 이상에게 차등있게 물품을 내렸다.

무오(5일), (천황이) 평성경에서 돌아왔다.

을축(12일), 征狄將軍[101] 등에게 차등있게 녹을 내렸다.

기묘(26일), 遠江, 駿河, 甲斐, 常陸, 信濃, 上野, 陸奧, 越前, 越中, 越後 등의 제국의 군사에게 정벌기간이 50일 이상이 지난 자에게는 과역 1년을 면제하였다. 종5위하 藤原朝臣房前을 東海, 東山 2도에 보내 關과 柵을 검찰시키고, 풍속을 살펴보게 하였다. 이에 伊勢守 정5위하 大宅朝臣金弓, 尾張守 종4위하 佐伯宿禰大麻呂, 近江守 종4위하 多治比眞人水守, 美濃守 종5위상 笠朝臣麻呂에게 해당국의 전지 각각 10정, 곡물 200석, 의복 1벌을 내리고 그 치적을 칭찬하였다.

동10월 계미삭(1일), 일식이 있었다.

갑신(2일), 제를 내려, "무릇 내외 제관사의 考選文[102]은 먼저 弁官에 올리고 처분이 끝나면 원래의 관사에 환송하고, 그로부터 式部와 兵部에 보고하도록 하라[103]"고 하였다.

경인(8일), 備後國 葦田郡의 甲努村은 서로 郡家에서 멀고, 山谷이 험하고 멀어 백성이 왕래하는 데에 힘들고 비용이 많이 든다. 이에 品遲郡의 3개리를 葦田郡에 예속시키고 甲努村에 군을 세웠다.

계사(11일), 造平城京司에 칙을 내려, "만약 분묘가 발굴된다면 즉시 묻어서

---

100) 목공 등의 기술을 갖고 잡역부를 데리고 조영사업에 종사.

101) 征狄과 征夷의 2개 용어가 나오는데, 征狄은 일본 서안의 越國, 出羽 지역의 蝦夷를 말하고, 征夷는 일본 동안의 陸奧國 방면 동북지방의 蝦夷를 가리킨다.

102) 근무평정의 서류.

103) 문관 인사를 담당하는 식부성과 무관 인사를 담당하는 병부성.

정리하고, 노출하여 방기해서는 안 된다. 두루 술을 따라 제사지내고 사자의 혼을 위로해야 한다"라고 하였다.

병신(14일), (천황이) 금해야 할 制를 내려, "기내 및 근강국 백성들은 법률을 두려워하지 않고, 부랑[104] 및 도망 仕丁 등을 숨겨 사사로이 사역시키고 있다. 이로부터 많은 자들이 그곳에 있어 본향, 본주[105]에게 돌아가지 못하고 있다. 백성이 법령을 어기고 오만할 뿐만 아니고, 이것은 또 국사가 징벌하거나 단속하지 않은 까닭이다. 공사에 해독이 된다는 점에서 이러한 폐단을 지나쳐서는 안 된다. 지금 이후로는 더욱이 그렇게 하지 못하도록 해야 한다. 관할 구역[106]에 알려 조사시키고 11월 30일까지 마치고 즉시 보고해야 한다. 태정관부가 도착한 지 5일 이내에 도망자와 숨긴 자를 묻지 않고 모두 자수시켜야 한다. 기한을 넘겨 자수하지 않으면 율에 의거하여 죄를 묻는다. 만약 사실을 알면서 고의로 숨긴다면 도망간 자와 같은 죄에 처하고, 官當, 蔭, 贖은 받지 못한다.[107] 국사는 규명하지 않으면 법에 의거하여 처벌한다"라고 하였다.

무신(26일), 薩摩, 隼人의 郡司 이하 188인이 입조하였다. 제국의 기병 5백인을 징발하여 儀仗의 의식에 대비시켰다.

경술(28일), (천황이) 조를 내려, "천도하여 거주지가 바뀌면 백성은 동요하고 비록 진무한다고 해도 능히 안도하기 어렵다. 이것을 생각할 때마다 짐은 심히 걱정이 된다. 마땅히 당해년의 調, 租를 모두 면제한다"라고 하였다.

11월 갑인(2일), 종3위 長屋王[108]을 궁내경으로 삼았다. 종5위상 田口朝臣益

---

104) 적지에서 이탈하여 戶의 인적사항에서 소재 파악이 안 되는 자.

105) 本主는 도망 仕丁이 원래 소속된 관부.

106) 국가의 관할구역.

107) 官當은 해당 인물의 위계, 훈위를 박탈하고 그 대신에 流, 徒의 실형을 면제하는 것을 말하고, 蔭은 蔭叙制에 의해 감형, 면제되는 일, 贖은 일정액의 贖錢을 바치면 실형을 면제해 주는 일을 말한다. 「名例律」에 상세하다.

108) 天武천황의 장자인 高市皇子의 장남. 그의 관력은 大寶 4년(704)에 정4위상, 和銅 2년(709)에 종2위, 화동 3년에 式部卿, 靈龜 2년(716)에 정3위, 養老 2년(718)에 大納言, 養老 5년에 종2위 우대신, 神龜 원년(724)에 정2위 좌대신에 서임되었다. 『懷風藻』에는 養老 3년(719) 長屋王 저택에서 신라사 일행을 위해 베푼 연회에서 長屋王이 지은 漢詩 등 3편이 수록되어 있다. 1989년 奈良文化財硏究所에서 조사한 평성궁터에서 「長屋親王宮鮑大贄十編」이라는 목간이 발굴되어 長屋王家 저택임이 확인되었다.

人을 右兵衛率로, 종5위하 高向朝臣色夫智를 山背守로, 종5위하 平羣朝臣安麻呂를 上野守로, 종5위하 金上元[109]을 伯耆守로, 정5위하 阿倍朝臣廣庭을 伊豫守로 삼았다.

12월 정해(5일), (천황이) 평성궁에 행차하였다.

임인(20일), 식부경 겸 대장군 정4위하 下毛野朝臣古麻呂가 죽었다.

『속일본기』 권제4

109) 和銅 원년 정월 무위에서 종5위하에 서위. 그가 국사로 서임된 伯耆國은 山陽道에 속하고 현재의 鳥取縣 중서부 지역이다. 金上元이라는 이름으로 보아 신라계 도래씨족으로 보이고, 게다가 일본 씨성을 갖지 않은 인물이 종5위하라는 고위 관위와 지방장관의 관직에 임명되었다는 사실은 매우 이례적이다. 『신찬성씨록』 우경제번하에는 "海原造는 新羅國人 進廣肆 金加志毛禮의 후손이다"라고 나오는데, 金上元과 金加志毛禮와의 관계에 대해서는 명확하지 않다.

續日本紀卷第四

〈起慶雲四年七月, 盡和銅二年十二月〉

從四位下行民部大輔兼左兵衛督皇太子學士臣菅野朝臣眞道等奉勅撰

日本根子天津御代豐國成姫天皇〈元明天皇 第四十三〉

◯ 日本根子天津御代豊國成姫天皇, 小名阿閇皇女, 天命開別天皇之第四皇女也. 母曰宗我嬪, 蘇我山田石川麻呂大臣之女也. 適日並知皇子尊, 生天之眞宗豊祖父天皇. 慶雲三年十一月豊祖父天皇不豫,始有禪位之志, 天皇謙讓, 固辭不受. 四年六月豊祖父天皇崩. 庚寅. 天皇御東樓. 詔召八省卿及五衛督率等, 告以依遺詔攝萬機之狀.

◯ **慶雲四年**秋七月壬子, 天皇卽位於大極殿. 詔曰, 現神八洲御宇倭根子天皇詔旨勅命, 親王諸王諸臣百官人等天下公民衆聞宣. 關〈母〉威〈岐〉藤原宮御宇倭根子天皇丁酉八月〈爾〉, 此食國天下之業〈乎〉日並知皇太子之嫡子, 今御宇〈豆留〉天皇〈爾〉授賜而並坐而, 此天下〈乎〉, 治賜〈比〉諧賜〈岐〉, 是者關〈母〉威〈岐〉近江大津宮御宇大倭根子天皇〈乃〉與天地共長與日月共遠不改常典〈止〉立賜〈比〉敷賜〈覇留〉法〈乎〉. 受被賜坐而行賜事〈止〉衆被賜而, 恐〈美〉仕奉〈利豆羅久止〉詔命〈乎〉衆聞宣. 如是仕奉侍〈爾〉. 去年十一月〈爾〉威〈加母〉我王朕子天皇〈乃〉詔〈豆羅久〉, 朕御身勞坐故暇間得而御病欲治. 此〈乃〉天〈豆〉日嗣之位者大命〈爾〉坐〈世〉大坐坐而治可賜〈止〉讓賜命〈乎〉受被坐賜而答曰〈豆羅久〉, 朕者不堪〈止〉辭白而受不坐在間〈爾〉, 遍多〈久〉日重而讓賜〈倍婆〉勞〈美〉威〈美〉. 今年六月十五日〈爾〉詔命者受賜〈止〉白〈奈賀羅〉, 此重位〈爾〉繼坐事〈乎奈母〉天地心〈乎〉勞〈美〉重〈美〉畏坐〈左久止〉詔命衆聞宣, 故是以親王始而, 王臣百官人等〈乃〉淨明心以而, 彌務〈爾〉彌結〈爾〉阿奈々〈比〉奉輔佐奉〈牟〉事〈爾〉依而〈志〉, 此食國天下之政事者平長將在〈止奈母〉所念坐. 又天地之共長遠不改常典〈止〉立賜〈覇留〉食國法〈母,〉傾事無

〈久〉動事無〈久〉渡將去〈止奈母〉所念行〈左久止〉詔命衆聞宣. 又遠皇祖御世〈乎〉始而天皇御世〈乎〉始而天皇御世御世天〈豆〉日嗣〈止〉高御座〈爾〉坐而此食國天下〈乎〉撫賜〈比〉慈賜事者辭立不在. 人祖〈乃〉意能賀弱兒〈乎〉養治事〈乃〉如〈久〉治賜〈比〉慈賜來業〈止奈母〉隨神所念行〈須〉. 是以先〈豆〉先〈豆〉天下公民之上〈乎〉慈賜〈久〉. 大赦天下. 自慶雲四年七月十七日昧爽以前大辟罪以下, 罪無輕重, 已發覺未發覺, 咸赦除之. 其八虐之內已殺訖及强盜竊盜, 常赦不免者, 並不在赦例, 前後流人非反逆緣坐及移鄕者, 並宜放還, 亡命山澤, 挾藏軍器, 百日不首, 復罪如初, 給侍高年百歲以上, 賜籾二斛, 九十以上一斛五斗, 八十以上一斛, 八位以上級別加布一端以上, 五位以上不在此例. 僧尼准八位以上, 各施籾布, 賑恤鰥寡惸獨不能自存者, 人別賜籾一斛, 京師, 畿內及大宰所部諸國今年調, 天下諸國今年田租復賜〈久止〉詔天皇大命〈乎〉衆聞宣. 庚子, 有事于大內山陵. 辛丑, 遣使於大宰府, 授南嶋人位賜物各有差. 丙辰, 始置授刀舍人寮.

八月辛巳, 入唐副使從五位下巨勢朝臣邑治等進位有差, 從七位上鴨朝臣吉備麻呂授從五位下, 水手等給復十年.

九月丁未, 正五位下大神朝臣安麻呂爲氏長,

冬十月戊子, 從四位下文忌寸禰麻呂卒. 遣使宣詔,贈正四位上, 並賻絁布, 以壬申年功也.

十一月丙申, 賑恤志摩國. 以從五位下安倍朝臣眞君, 爲越後守. 甲寅, 葬倭根子豊祖父天皇于安古山陵. 戊午, 彈正尹從四位下衣縫王卒.

十二月乙丑朔, 日有蝕之. 戊辰, 伊豫國疫, 給藥療之. 辛卯, 詔曰, 凡爲政之道, 以禮爲先, 無禮言發, 言發失旨. 往年有詔, 停跪伏之禮. 今聞, 內外廳前, 皆不嚴肅, 進退無禮, 陳答失度, 斯則所在官司不恪其次, 自忘禮節之所致也. 宜自今以後嚴加糺彈革其弊俗, 使靡淳風.

○ 和銅元年春正月乙巳, 武藏國秩父郡獻和銅, 詔曰, 現神御宇倭根子天皇詔旨勅命〈乎〉, 親王諸王諸臣百官人等天下公民衆聞宣, 高天原〈由〉天降坐〈志,〉天皇御世〈乎〉始而中今〈爾〉至〈麻氐爾〉. 天皇御世御世天〈豆〉日嗣高御座〈爾〉坐而治賜慈賜來食國天下之業〈止奈母〉. 隨神所念行〈佐久止〉詔命〈乎〉衆聞宣,如是治賜慈賜來〈留〉天〈豆〉日嗣之業, 今皇朕御世〈爾〉當而坐者, 天地之心〈乎〉勞〈彌〉重〈彌〉辱

〈彌〉恐〈彌〉坐〈爾〉聞看食國中〈乃〉東方武藏國〈爾〉, 自然作成和銅出在〈止〉奏而獻焉, 此物者天坐神地坐祇〈乃〉相于豆奈〈比〉奉福〈波倍〉奉事〈爾〉依而, 顯〈久〉出〈多留〉寶〈爾〉在〈羅之止奈母〉, 神隨所念行〈須,〉是以天地之神〈乃〉顯奉瑞寶〈爾〉依而御世年號改賜換賜〈波久止〉詔命〈乎〉衆聞宣. 故改慶雲五年而和銅元年爲而御世年號〈止〉定賜. 是以天下〈爾〉慶命詔〈久〉, 冠位上可賜人人治賜. 大赦天下. 自和銅元年正月十一日昧爽以前大辟罪已下, 罪無輕重, 已發覺未發覺, 繫囚見徒, 咸赦除之. 其犯八虐, 故殺人, 謀殺人已殺, 賊盜, 常赦所不免者, 不在赦限. 亡命山澤, 挾藏禁書, 百日不首, 復罪如初, 高年百姓, 百歲以上, 賜籾三斛, 九十以上二斛, 八十以上一斛, 孝子順孫, 義夫節婦, 表其門閭, 優復三年, 鰥寡惸獨不能自存者賜籾一斛, 賜百官人等祿各有差. 諸國國郡司加位一階, 其正六位上以上不在進限. 免武藏國今年庸當郡調庸詔天皇命〈乎〉衆聞宣. 是日, 授四品志貴親王三品, 從二位石上朝臣麻呂, 從二位藤原朝臣不比等並正二位, 正四位上高向朝臣麻呂從三位, 正六位上阿閇朝臣大神, 正六位下川邊朝臣母知, 笠朝臣吉麻呂, 小野朝臣馬養, 從六位上上毛野朝臣廣人, 多治比眞人廣成,從六位下大伴宿禰宿奈麻呂, 正六位上阿刀宿禰智德, 高莊子, 買文會, 從六位下日下部宿禰老, 津嶋朝臣堅石, 無位金上元並從五位下.

二月甲戌, 始置催鑄錢司, 以從五位上多治比眞人三宅麻呂任之. 讚岐國疫, 給藥療之. 戊寅, 詔曰, 朕祗奉上玄, 君臨宇內, 以菲薄之德, 處紫宮之尊, 常以爲, 作之者勞, 居之者逸, 遷都之事, 必未遑也. 而王公大臣咸言, 往古已降, 至于近代, 揆日瞻星, 起宮室之基, 卜世相土, 建帝皇之邑, 定鼎之基永固, 無窮之業斯在, 衆議難忍, 詞情深切. 然則京師者, 百官之府, 四海所歸. 唯朕一人, 豈獨逸豫, 苟利於物, 其可遠乎. 昔殷王五遷, 受中興之號, 周后三定, 致太平之稱, 安以遷其久安宅, 方今平城之地, 四禽叶圖, 三山作鎭, 龜筮並從, 宜建都邑, 宜其營構資須隨事條奏. 亦待秋收後, 令造路橋, 子來之義勿致勞擾, 制度之宜, 令後不加.

三月乙未, 山背備前二國疫, 給藥療之. 丙午, 以從四位上中臣朝臣意美麻呂爲神祇伯, 右大臣正二位石上朝臣麻呂爲左大臣, 大納言正二位藤原朝臣不比等爲右大臣, 正三位大伴宿禰安麻呂爲大納言, 正四位上小野朝臣毛野, 從四位上阿倍朝臣宿奈麻呂, 從四位上中臣朝臣意美麻呂並爲中納言, 從四位上巨勢朝臣麻呂爲左大弁, 從四位下石川朝臣宮麻呂爲右大弁, 從四位上下毛野朝臣古麻呂爲式部卿, 從四位下彌努王爲治部卿, 從四位下多治比眞人池守爲民部卿, 從四位下息長眞人老爲兵部卿, 從四位上竹田王爲刑部卿, 從四位上廣瀨王爲大藏卿, 正四位下犬上王爲宮內卿, 正五位上大伴宿禰手拍爲造宮卿, 正五位下大石王爲彈正尹, 從四位下布勢朝臣耳麻呂爲左京大夫, 正五位上猪名眞人石前爲右京大夫, 從五位上大伴宿禰男人爲衛門督, 正五位上百濟王遠寶爲左衛士督, 從五位上巨勢朝臣久須比爲右衛士督, 從五位上佐伯宿禰垂麻呂爲左兵衛率, 從五位下高向朝臣色夫知爲右兵衛率, 從三位高向朝臣麻呂爲攝津大夫, 從五位下佐伯宿禰男爲大倭守, 正五位下石川朝臣石足爲河內守, 從五位下坂合部宿禰三田麻呂爲山背守, 正五位下大宅朝臣金弓爲伊勢守, 從四位下佐伯宿禰太麻呂爲尾張守, 從五位下美努連淨麻呂爲遠江守, 從五位上上毛野朝臣安麻呂爲上總守, 從五位下賀茂朝臣吉備麻呂爲下總守, 從五位下阿倍狛朝臣秋麻呂爲常陸守, 正五位下多治比眞人水守爲近江守, 從五位上笠朝臣麻呂爲美濃守, 從五位下小治田朝臣宅持爲信濃守, 從五位上田口朝臣益人爲上野守, 正五位下當麻眞人櫻井爲武藏守, 從五位下多治比眞人廣成爲下野守, 從四位下上毛野朝臣小足爲陸奥守, 從五位下高志連村君爲越前守, 從五位下阿倍朝臣眞君爲越後守, 從五位上大神朝臣狛麻呂爲丹波守, 正五位下忌部宿禰子首爲出雲守, 正五位上巨勢朝臣邑治爲播磨守, 從四位下百濟王南典爲備前守, 從五位上多治比眞人吉備爲備中守, 正五位上佐伯宿禰麻呂爲備後守, 從五位上引田朝臣爾閇爲長門守, 從五位上大伴宿禰道足爲讚岐守, 從五位上久米朝臣尾張麻呂爲伊豫守, 從三位粟田朝臣眞人爲大宰帥, 從四位上巨勢朝臣多益首爲大貳. 乙卯, 勅, 大宰府帥大貳, 弁三關及尾張守等, 始給傔仗, 其員, 帥八人, 大貳及尾張守四人, 三關國守二人, 其考選事力及公廨田, 並准史生. 以從五位下鴨朝臣吉備麻呂爲玄蕃頭, 從五位上佐伯宿禰百足爲下總. 丙辰, 以從五位下小野朝臣馬養爲帶劒寮長官. 庚申, 美濃國安八郡人國造千代妻如是女一産三男, 給稻四百束, 乳母一人.

夏四月己巳, 授無位村王從五位下. 癸酉, 制, 貢人位子, 無考之日, 浪入常選, 白丁冒名, 預貢人例, 此色且多. 是由式部不察之過焉. 今宜按覆檢實申知. 其式部史生已上, 若能知罪自首者免其罪. 終隱執不首者准律科罪. 亦其位子, 准令, 嫡子唯得貢用, 庶子不合. 今卽兼用, 此亦式部違令. 若其庶子雖授位記, 皆追還本色. 但其才堪時務, 欲從貢人例者聽之. 又諸國博士醫師等, 自朝遣補者, 考選一准史生例. 考第各從本色. 若取土人及傍國者, 並依令條. 又諸位子貢人堪貢名籍, 皆令本部案記. 臨用, 式部乃下本部追召之. 壬午, 從四位下柿本朝臣佐留卒.

五月壬寅, 始行銀錢, 庚戌, 給近江守傔仗二人. 庚申, 長門國言, 甘露降. 辛酉, 從四位下美努王卒.

六月丙戌, 三品但馬內親王薨. 天武天皇之皇女也. 己丑, 詔爲天下太平百姓安寧, 令都下諸寺轉經焉.

秋七月丁酉, 內藏寮始置史生四員. 但馬伯耆二國疫, 給藥療之. 甲辰, 隱岐國霖雨大風, 遣使賑恤之. 乙巳, 召二品穗積親王, 左大臣石上朝臣麻呂, 右大臣藤原朝臣不比等, 大納言大伴宿禰安麻呂, 中納言小野朝臣毛野, 阿倍朝臣宿奈麻呂, 中臣朝臣意美麻呂, 左大弁巨勢朝臣麻呂, 式部卿下毛野朝臣古麻呂等於御前. 勅曰, 卿等情存公平, 率先百寮, 朕聞之憙慰于懷, 思由卿等如此, 百官爲本至天下平民, 垂拱開衿, 長久平好. 又卿等子子孫孫, 各保榮命, 相繼供奉, 宜知此意各自努力. 又召神祇官大副, 太政官少弁, 八省少輔以上, 侍從, 彈正弼以上及武官職事五位. 勅曰, 汝王臣等, 爲諸司本, 由汝等勠力, 諸司人等須齊整. 朕聞, 忠淨守臣子之業, 遂受榮貴, 貪濁失臣子之道, 必被罪辱. 是天地之恒理, 君臣之明鏡. 故汝等知此意, 各守所職, 勿有怠緩, 能堪時務者, 必擧而進, 發失官事者, 必無隱諱. 因授從四位上阿倍朝臣宿奈麻呂正四位上, 從四位上下毛野朝臣古麻呂, 中臣朝臣意美麻呂, 巨勢朝臣麻呂並正四位下, 文武職事五位已上及女官, 賜祿各有差. 丙午, 有詔, 京師僧尼及百姓等, 年八十以上賜粟, 百年二斛, 九十一斛五斗, 八十一斛. 丙辰, 令近江國鑄銅錢.

八月己巳, 始行銅錢. 庚辰, 兵部省更加史生六員, 通前十六人, 左右京職各六員, 主計寮四員, 通前十人.

閏八月丙申, 制, 自今以後, 衣褾口闊, 八寸已上一尺已下, 隨人大小爲之. 又衣領得接作, 但不得褾口窄小, 衣領細狹. 丁酉, 攝津大夫從三位高向朝臣麻呂薨, 難波朝廷刑部尚書大花上國忍之子也,

九月壬戌, 以從四位下安八萬王爲治部卿, 從四位下息長眞人老爲左京大夫, 正五位上大神朝臣安麻呂爲攝津大夫. 壬申, 行幸菅原. 戊寅, 巡幸平城, 觀其地形. 庚辰, 行幸山背國相樂郡岡田離宮, 賜行所經國司目以上袍袴各一領, 造行宮郡司祿各有差, 幷免百姓調, 特給賀茂, 久仁二里戶稻卅束. 乙酉, 至春日離宮, 大倭國添上下二郡勿出今年調. 丙戌, 車駕還宮. 越後國言, 新建出羽郡, 許之. 戊子, 以正四位上阿倍朝臣宿奈麻呂, 從四位下多治比眞人池守, 爲造平城京司長官, 從五位下中臣朝臣人足, 小野朝臣廣人, 小野朝臣馬養等爲次官, 從五位下坂上忌寸忍熊爲大匠, 判官七人, 主

典四人.

冬十月庚寅, 遣宮內卿正四位下犬上王, 奉幣帛于伊勢太神宮, 以告營平城宮之狀也.

十一月己未朔, 日有蝕之. 乙丑, 遷菅原地民九十餘家給布穀. 己卯, 大嘗, 遠江但馬二國供奉其事. 辛巳, 宴五位以上于內殿, 奏諸方樂於庭, 賜祿各有差. 癸未, 賜宴職事六位以下, 訖賜絁各一疋. 乙酉, 神祇官及遠江但馬二國郡司, 并國人男女惣一千八百五十四人, 敍位賜祿各有差.

十二月癸巳, 鎭祭平城宮地.

◯ **二年**春正月丙寅, 授正四位上阿倍朝臣宿奈麻呂, 正四位上小野朝臣毛野並從三位, 正五位上大伴宿禰手拍, 大神朝臣安麻呂, 土師宿禰馬手, 正五位下多治比眞人水守並從四位下, 正六位下上毛野朝臣荒馬, 正六位上土師宿禰甥, 從六位上大伴宿禰牛養, 從六位下笠朝臣長目, 大春日朝臣赤兄, 穗積朝臣老, 正六位上調連淡海, 正六位下椋垣忌寸子人, 正六位上大私造虎並從五位下. 戊寅, 下總國疫, 給藥療之. 壬午, 詔, 國家爲政, 兼濟居先. 去虛就實, 其理然矣. 向者頒銀錢, 以代前銀. 又銅錢並行, 比姦盜逐利, 私作濫鑄, 紛發公錢. 自今以後, 私鑄銀錢者, 其身沒官, 財入告人. 行濫逐利者, 加杖二百, 加役當徒, 知情不告者, 各與同罪.

二月戊子朔, 詔曰, 筑紫觀世音寺, 淡海大津宮御宇天皇奉爲後岡本宮御宇天皇誓願所基也. 雖累年代, 迄今未了, 宜大宰商量充駈使丁五十許人, 及逐閑月, 差發人夫, 專加檢校, 早令營作. 丁未, 遠江國長田郡, 地界廣遠, 民居遙隔, 往還不便, 辛苦極多. 於是分爲二郡焉.

三月辛酉, 隱岐國飢, 賑恤之. 壬戌, 陸奥越後二國蝦夷, 野心難馴, 屢害良民. 於是遣使徵發遠江, 駿河, 甲斐, 信濃, 上野, 越前, 越中等國. 以左大弁正四位下巨勢朝臣麻呂爲陸奥鎭東將軍, 民部大輔正五位下佐伯宿禰石湯爲征越後蝦夷將軍, 內藏頭從五位下紀朝臣諸人爲副將軍, 出自兩道征伐. 因授節刀并軍令. 辛未, 取海陸兩道, 喚新羅使金信福等. 庚辰, 初置造雜物法用司, 以從五位上采女朝臣枚夫, 多治比眞人三宅麻呂, 從五位下舟連甚勝, 笠朝臣吉麻呂爲之. 甲申, 制, 凡交關雜物, 其物價銀錢四文已上, 卽用銀錢, 其價三文已下, 皆用銅錢.

夏四月丁亥朔, 日有蝕之. 壬寅, 從四位下上毛野朝臣男足卒.

五月庚申, 筑前國宗形郡大領外從五位下宗形朝臣等抒授外從五位上, 尾張國愛知郡大領外從六位上尾張宿禰乎己志外從五位下. 乙亥, 河內, 攝津, 山背, 伊豆, 甲斐五國, 連雨損苗. 是日, 新羅使金信福等貢方物. 壬午, 宴金信福等於朝堂, 賜祿各有差, 并賜國王絹卄疋, 美濃絁卅疋, 絲二百絇, 綿一百五十屯. 是日, 右大臣藤原朝臣不比等引新羅使於弁官廳內, 語曰, 新羅國使, 自古入朝, 然未曾與執政大臣談話. 而今日披晤者, 欲結二國之好成往來之親也. 使人等卽避座而拜, 復座而對曰, 使等, 本國卑下之人也. 然受王臣教, 得入聖朝, 適從下風, 幸甚難言, 況引升榻上, 親對威顏, 仰承恩教, 伏深欣懼.

六月丙戌朔, 金信福等還國. 甲午, 上總越中二國疫, 給藥療之. 辛丑, 遣使雩于畿內. 乙巳, 令諸國進驛起稻帳. 筑前國御笠郡大領正七位下宗形部堅牛, 賜益城連姓, 嶋郡少領從七位上中臣部加比, 中臣志斐連姓. 辛亥, 紀伊國疫, 給藥療之. 癸丑, 散位正四位下犬上王卒. 從七位下殖栗物部名代, 賜姓殖栗連. 勅, 自大宰率已下至于品官, 事力半減. 唯薩摩多禰兩國司及國師僧等, 不在減例.

秋七月乙卯朔, 以從五位上上毛野朝臣安麻呂爲陸奧守. 令諸國運送兵器於出羽柵, 爲征蝦狄也. 丁卯, 令越前, 越中, 越後, 佐渡四國船一百艘送于征狄所.

八月乙酉, 廢銀錢, 一行銅錢. 太政官處分, 河內鑄錢司官屬, 賜祿考選, 一准寮焉. 戊申, 征蝦夷將軍正五位下佐伯宿禰石湯, 副將軍從五位下紀朝臣諸人, 事畢入朝, 召見特加優寵. 辛亥, 車駕幸平城宮, 免從駕京畿兵衛戶雜徭.

九月乙卯, 授大倭守從五位下佐伯宿禰男從五位上, 造宮大丞從六位下臺忌寸宿奈麻呂從五位下, 是日, 車駕巡撫新京百姓焉. 丁巳, 賜造宮將領已上物有差. 戊午, 車駕至自平城. 乙丑, 賜征狄將軍等祿各有差. 己卯, 遠江, 駿河, 甲斐, 常陸, 信濃, 上野, 陸奧, 越前, 越中, 越後等國軍士, 經征役五十日已上者, 賜復一年. 遣從五位下藤原朝臣房前于東海東山二道, 檢察關剗, 巡省風俗, 仍賜伊勢守正五位下大宅朝臣金弓, 尾張守從四位下佐伯宿禰大麻呂, 近江守從四位下多治比眞人水守, 美濃守從五位上笠朝臣麻呂, 當國田各一十町, 穀二百斛, 衣一襲, 美其政績也.

冬十月癸未朔, 日有蝕之, 甲申, 制, 凡內外諸司考選文, 先進弁官, 處分之訖, 還附本司, 便令申送式部兵部. 庚寅, 備後國葦田郡甲努村, 相去郡家, 山谷阻遠, 百姓往還, 煩費太多. 仍割品遲郡三里, 隷葦田郡, 建郡於甲努村. 癸巳, 勅造平城京司, 若彼墳隴, 見發堀者, 隨卽埋斂, 勿使露棄, 普加祭酹, 以慰幽魂. 丙申, 禁制, 畿內及近江國百姓, 不畏法律, 容隱浮浪及逃亡仕丁等, 私以駈使. 由是多在彼, 不還本鄕本主, 非獨百姓違慢法令. 亦是國司不加懲肅, 害蠹公私, 莫過斯弊. 自今以後, 不得更然, 宜令曉示所部檢括, 十一月卅日使盡. 仍卽申報, 符到五日內, 無問逃亡隱藏, 並令自首, 限外不首, 依律科罪. 若有知情故隱, 與逃亡同罪, 不得官當蔭贖, 國司不糺者, 依法科附. 戊申, 薩摩隼人郡司已下一百八十八人入朝, 徵諸國騎兵五百人, 以備威儀也. 庚戌, 詔曰, 比者, 遷都易邑, 搖動百姓, 雖加鎭撫, 未能安堵, 每念於此, 朕甚愍焉. 宜當年調租並悉免之.

十一月甲寅, 以從三位長屋王爲宮內卿, 從五位上田口朝臣益人爲右兵衛率, 從五位下高向朝臣色夫智爲山背守, 從五位下平羣朝臣安麻呂爲上野守, 從五位下金上元爲伯耆守, 正五位下阿倍朝臣廣庭爲伊豫守.

十二月丁亥, 車駕幸平城宮. 壬寅, 式部卿大將軍正四位下下毛野朝臣古麻呂卒.

續日本紀卷第四

『속일본기』 권제5

〈和銅 3년(710) 정월부터 5년(712) 12월까지〉

종4위하 行民部大輔 겸 左兵衛督 황태자학사
신 菅野朝臣眞道 등이 칙을 받들어 편찬하다.

日本根子天津御代豊國成姬天皇 〈元明天皇 제43〉

◯ 和銅 3년(710) 춘정월 임오삭(1일), 천황이 대극전에 임하여 신년하례를 받았다. 隼人, 蝦夷 등이 또한 자리에 배열하였다. 좌장군 정5위상 大伴宿禰旅人, 부장군 종5위하 穗積朝臣老, 우장군 정5위하 佐伯宿禰石湯, 부장군 종5위하 小野朝臣馬養 등이 황성 문밖에서 주작로 동서로 나누어 선두에서 기병을 진열시켜 준인, 하이 등을 이끌고 나아갔다.[1)]

무오(7일), 무위 門部王, 葛木王, 종6위상 神社忌寸河內에게 함께 종5위하를 내렸다.

임술(11일), 制를 내려 "관위를 수여받는 자는 이전 관직의 근무평정을 합산해서는 안 된다"라고 하였다. 산위 종4위하 高橋朝臣笠間이 죽었다.

갑자(13일), 무위 鈴鹿王, 六人部王을 함께 종5위하를, 정6위상 吉野連久治良·黃文連益[2)]·田邊史比良夫[3)]·刀利康嗣, 정6위하 大倭忌寸五百足·山田史御方,[4)] 종6위상 路眞人麻呂·押海連人成·車持朝臣益·下毛野朝臣信을 아울러 종5위하

---

1) 隼人, 蝦夷이 원단 축하의례에 참석한 것은 사료상으로 초견. 隼人은 화동 2년 10월에 입조하여 원단의식에 참석하고, 蝦夷는 화동 2년 3월부터 10월까지 정토기사가 있어 동년 8월에 귀환한 정토대장군과 함께 복속의례 형식으로 참석한 것으로 보인다.
2) 여기에만 나온다. 이 씨족은 고구려계 도래인으로 화공씨족으로 저견된다.
3) 여기에만 나온다. 田邊史氏는 河內國 安宿鄕의 田邊 지역을 본거지로 하는 백제계 도래씨족이다. 『新撰姓氏錄』 左京皇別에는 황족의 후예로 나와 있으나 개변되었다.
4) 권3 慶雲 4년 4월조 149쪽 각주 153) 참조.

를 내렸다.

병인(15일), 대재부에서 銅錢을 바쳤다.

정묘(16일), 천황이 重閣門에 임하여 문무백관 및 준인, 하이에게 연회를 베풀고 여러 나라의 음악[5]을 연주시켰다. 종5위 이상에게 의복 1벌씩 지급하였다. 준인, 하이 등에게도 위를 내리고 신분에 따라 녹을 주었다.

무인(27일), 播磨國에서 銅錢을 바쳤다. 日向國에서 釆女를 바치고 薩摩國에서 舍人을 바쳤다.

경진(29일), 日向의 준인 曾君細麻呂가 거친 습속을 교화받아 성화에 순종되었음으로 조를 내려 외종5위하를 주었다.

2월 임진(11일), 信濃國에 역병이 생겨 약을 보내 구제하였다.

경술(29일), 처음으로 守山部戶[6]를 충당하여 諸山의 벌목을 금지시켰다.

3월 무오(7일), (천황이) 制를 내려, "빈번히 기외의 사람을 취하여 帳內,[7] 資人[8]으로 이용하는데 지금 이후로는 더욱 그렇게 해서는 안 되고 태정관의 처분을 기다린 후에 충당한다"라고 하였다.

신유(10일), 비로소 평성으로 천도하였다.[9] 좌대신 정2위 石上朝臣麻呂[10]를 留守[11]로 삼았다.

---

5) 唐樂, 高麗樂, 百濟樂, 新羅樂, 伎樂 등을 말한다.

6) 일반인이 수렵이나 약초 등을 채취할 수 없는 산야에서 벌목하지 못하도록 禁野를 지키는 戶.

7) 율령제 하에서 친왕, 내친왕에게 지급되어 경호나 잡역 등에 종사한 하급관인. 舍人이라고도 함.

8) 5위 이상의 제왕, 제신에게 위계에 따라 지급되는 位分資人, 中納言 이상의 관직에 따라 지급되는 職分資人이 있다. 帳內와 같이 해당 관인의 경호, 잡역을 맡는다.

9) 平城京 천도 논의는 慶雲 4년(707) 2월에 시작되어 和銅 원년(708) 2월에 천도의 詔가 내려지고, 동년 3월에는 造宮卿, 동 9월에는 造平城京司가 임명되었다. 동 11월에는 平城宮 내의 민가 90여 가를 이주시키고 동 12월에는 平城宮 鎭祭를 올리고, 이어 和銅 2년 8월 천황이 平城宮에 순행하는 등 새로운 왕경의 조영에 박차를 가하였다. 그러나 이때의 천도는 和銅 4년 9월 병자조에 "宮垣未成"이라고 했듯이 조영이 완성되지 않은 상태에서 藤原京에서 平城京으로 이주한 것이었다.

10) 石上朝臣麻呂는『日本書紀』天武 10년까지는 物部連麻呂로 나온다. 天武 5년(676)에 遣新羅使로 파견되었고, 天武 13년에 石上朝臣으로 개성한다. 大寶 원년에 종3위 中納言, 동 2년에 大宰帥, 慶雲 원년(708)에 우대신, 和銅 원년(708)에 정2위 좌대신에 보임된다. 靈龜 3년(717)에 사망하자 종1위로 추증되었다.

11)「公式令」44에 따르면 "凡車馬巡幸, 京師留守官, 給鈴契, 多少臨時量給"이라고 하여 천황

하4월 신사삭(1일), 일식이 있었다.

신축(21일), 陸奧, 蝦夷 등이 君 성을 받고 공민으로 편호되기를 청하자 허락하였다.

임인(22일), 제신사에 폐백을 올리고, 명산대천에 기우제를 올렸다.

계묘(23일), 종3위 長屋王을 식부경으로 삼고, 종4위하 多治比眞人大縣守를 궁내경으로 삼고, 종4위하 多治比眞人水守를 우경대부로 삼고, 종4위상 采女朝臣比良夫를 近江守로 삼고, 종5위상 佐太忌寸老를 丹波守로 삼고, 종5위하 山田史御方을 周防守로 삼았다.

기유(29일), 參河, 遠江, 美濃 3국에 기근이 들어 아울러 진휼하였다.

5월 무오(8일), 종5위하 大伴宿禰牛養을 遠江守로 삼았다.

6월 신사(2일), 大宰大貳 종4위상 巨勢朝臣多益須가 죽었다.

추7월 병진(7일), 좌대신의 舍人 정8위하 牟佐村主相摸[12]가 상서의 오이[13]를 바치자 문무백관이 축하의 말을 주상하였다. 차등있게 녹을 내렸다. 경사 내의 백성에게는 호마다 곡물 1석을 내리고, 相摸國에는 관위 2계를 올리고, 비단 11필, 삼베 20단을 내렸다.

9월 을축(18일), 천하의 은전[14]을 금지하였다.

10월 무인삭(1일), 일식이 있었다.

신묘(14일), 정5위상 黃文連大伴[15]이 죽었다. 조를 내려 정4위하로 추증하

순행시에 경사에 머물러 지키는 官을 말한다. 동조 義解에는 "謂, 留守官者, 皇太子, 若不在者, 余官留守者, 亦是也"라고 하여 황태자가 유수관을 맡는데 부재중에는 나머지 관이 맡는다고 한다. 천황의 두터운 신임을 받는 중신이 임명되었고 황태자가 맡을 경우에는 皇太子監國이라고 하였다.

12) 牟佐村主는 『신찬성씨록』 좌경제번에 吳 孫權의 아들 高로부터 나왔다고 한다. 牟佐의 씨명은 身狹이라고도 쓴다. 『일본서기』 欽明紀 17년 10월조에 "蘇我大臣 稻目宿禰 등을 왜국의 高市郡에 韓人 大身狹屯倉, 고려인 小身狹屯倉을 설치하였다"라고 하는 신협둔창 지역이다. 동 天武 원년 7월조에도 身狹社가 나오고, 『延喜式』 神名帳, 大和國 「高市郡」조에 보이는 牟佐坐神社의 진좌지 지명에서 유래한다. 모좌촌주씨의 일족으로는 『일본서기』 雄略紀 2년 10월(是月)조에 등장하는 史部 身狹村主靑이 있다.

13) 원문에는 '瓜'로만 되어 있으나, 國史大系本의 頭註에는 '獻嘉' 2자가 탈루되었을 것으로 본다. 권6 和銅 6년 춘정월 무진조에는 '獻嘉瓜'라고 나온다. 嘉瓜는 『延喜式』 治部省式 상서 규정에는 나오지 않는다. 특별한 모양을 한 오이라고 생각된다.

14) 和同開珍의 문자가 새겨진 銀錢. 和銅 원년 6월에 은전의 유통이 시작되었다.

15) 黃文氏[黃書氏]는 『신찬성씨록』에 고구려 久斯那王의 후예로 나온다. 壬申의 난 때에

고 아울러 부의물을 내렸다. 임신년의 공신이기 때문이다.

○ 和銅 4년(711) 춘정월 정미(2일), 처음으로 都亭驛[16]을 두었다. 산배국 相樂郡의 岡田驛과 綴喜郡의 山本驛, 하내국 交野郡의 楠葉驛, 섭진국 嶋上郡의 大原驛 및 嶋下郡의 殖村驛, 伊賀國 阿閇郡의 新家驛이다.

2월 신축(26일), 종4위하 土師宿禰馬手가 죽었다.

3월 신해(6일), 伊勢國 사람 磯部祖父, (磯部)高志 2인에게 渡相神主의 성을 내렸다. 上野國 甘良郡의 織裳, 韓級, 矢田, 大家, 綠野郡의 武美, 片岡郡의 山等 6개 향을 분할하여 별도로 多胡郡[17]을 설치하였다.

하4월 병자삭(1일), 일식이 있었다.

경진(5일), 大倭, 佐渡 2국에 기근이 들어 아울러 진휼하였다.

임오(7일), 조를 내려 문무백관으로 근무평정의 연한을 채운 자에게 서위하였다. 종5위상 熊凝王·長田王에게 함께 정5위하를 내리고, 정4위하 中臣朝臣意美麻呂·巨勢朝臣麻呂를 함께 정4위상을, 종4위상 石川朝臣宮麻呂에게 정4위하를, 종4위하 息長眞人老에게 종4위상을, 정5위상 猪名眞人石前·路眞人大人·大伴宿禰旅人, 종5위상 石上朝臣豊庭에게 함께 종4위하를, 정5위하 忌部宿禰子首·阿倍朝臣廣庭·石川朝臣難波麿·石川朝臣石足·大宅朝臣金弓·太朝臣安麻呂·多治比眞人三宅麻呂, 종5위상 笠朝臣麻呂를 함께 정5위상을, 종5위상 多治比眞人

大海人皇子의 舍人으로 활동하였다. 그는 가업인 화공의 재능을 살려 임신의 난 때에 군사지도의 제작에도 관여했을 가능성이 있다. 지도는 작전설계에 대단히 중요한데, 눈으로 실견한 지세와 지형을 정확히 그려내는 일은 전쟁의 전술, 작전을 펴는 데 유용하기 때문이다. 지통 원년(687)에 천황의 명을 받아 藤原朝臣大嶋와 함께 고승 300명을 飛鳥寺로 초청하여 천무천황의 御服으로 만든 가사를 1벌씩 보시하였다. 大寶 원년(701)에는 임신의 난의 공적 평가시에 中第를 받아 봉호 1백호의 4분의 1을 아들에게 증여할 수 있게 되었다. 大寶 3년 7월에 정5위하 黃文連大伴은 山背守에 임명되었다. 靈龜 2년(716) 4월에는 그의 아들 黃文粳麻呂가 부의 공적으로 장원과 전답을 받았다.

16) 都亭驛은 왕도에 가까운 주요 역. 주로 畿內의 제국을 중심으로 설치되었다. 畿外 지역인 伊賀國의 新家驛은 山背國의 岡田驛을 통해 동국지방으로 들어가는 교통의 요지이다.

17) 上野國. 현 群馬縣에 있던 郡. 和銅 4년 3월 9일 甲寅의 날짜가 새겨진 多胡碑(群馬縣 高崎市 吉井町 소재)에 기록된 鄕名을 보면, 織裳, 韓級, 矢田, 大家, 武美 등이 나오고 있어 본문의 내용과 일치한다.

吉提·治比眞人吉備·上毛野朝臣安麻呂·佐伯宿禰百足·阿倍朝臣船守·采女朝臣比良夫·阿倍朝臣首名·大神朝臣狛麻呂[18)]·曾禰連足人에게 함께 정5위하를, 종5위하 藤原朝臣武智麻呂·藤原朝臣房前·巨勢朝臣子祖父·多治比眞人縣守·縣犬養宿禰筑紫·小治田朝臣安麻呂·中臣朝臣人足·平群朝臣安麻呂에게 함께 종5위상을, 정6위하 池田朝臣子首·石川朝臣足人, 종6위상 阿倍朝臣駿河, 종6위하 粟田朝臣必登, 정7위상 中臣朝臣東人, 정7위상 高橋朝臣毛人, 정6위상 民忌寸袁志比·黃文連備[19)]·鍛師造大隅·道君首名, 종6위상 置始連秋山에게 함께 종5위하를 내렸다.

갑신(9일), 大倭國 芳野郡에 처음으로 大少領 각1인, 主政 2인, 主帳 1인을 두었다.

경인(15일), 궁내경 종4위하 多治比眞人水守가 죽었다.

을미(20일), 조를 내려, 賀茂神의 祭日은 지금 이후로는 국사가 매년 직접 나서서 검찰하라고 하였다.

5월 신해(7일), (천황이) 제를 내려 "帳內, 資人은 식부성에 이름이 들어가 있어도, 서위의 범위에 포함되지 않는다. 이미 位記[20)]가 주어졌다면 서위를 허락한다. 職分[21)]은 이 예에 포함되지 않는다. 다만 帳內의 3분의 1, 資人[22)]의 4분의 1만 허락한다. 비록 서위가 되더라도 기회를 틈타 타지에 머무르거나 주인에게 복종하지 않고 예를 잃어버린다면 즉시 그 위는 박탈하고 본적지로 돌려보낸다. 만약 타지에서 위를 얻으면[23)] 박탈하지 않는다. 혹은 본 주인이 죽으면 서위심사를 받지 못하고 모두 본래의 신분으로 되돌린다. 다만 다른 주인에게 들어가기를 원하는 자는 허락한다.[24)] 그 외는 슈에 따른다"라고

---

18) 大寶 4년(704)에 종5위하에 서위되었고, 和銅 원년(708)에 丹波守에, 靈龜 원년(715)에는 정5위상으로 승진하면서 武藏守에 임명되었다. 그는 大和國 城山郡 大神鄕을 본거지로 하는 대신조신씨의 일족으로 고려군이 설치될 당시 관할국인 무장국의 장관이었다. 대신조신박마려라는 인물은 임신의 난 공신인 高市麻呂와 安麻呂의 동생이고, 대화의 호족 三輪氏 본종가의 1인이지만, '고마(狛)'라는 이름으로부터 추정하면 그의 모계 혹은 양육자가 고구려인일 가능성이 높다고 생각된다. 高麗郡 설치에 크게 관여한 인물로 추정된다.

19) 권1 文武 4년 6월조 84쪽 각주 141) 참조.

20) 位記는 授位의 증서.

21) 中納言 이상의 관직에 따라 지급되는 職分資人.

22) 이때의 資人은 5위 이상의 제왕, 제신에게 위계에 따라 지급되는 位分資人.

23) 帳內, 資人의 신분이 아닌 기타의 직무로부터 위를 수여받은 경우.

하였다. 尾張國에 역병이 생겨 의사, 약을 보내 치료하였다.

을묘(11일), 종4위상 當麻眞人智得이 죽었다.

기미(15일), 곡물 6승을 동전 1문에 해당시켜 백성에게 교역에서 각자 이익을 얻게 하였다.[25] 이에 앞서[26] 畿外의 사람을 帳內, 資人으로 충당하는 일은 금지했지만, 여기에 이르러 이를 허락하였다.

6월 을미(21일), 조를 내려 "작년 장마에 보리 이삭이 이미 피해를 입었고 이번 여름에는 가뭄으로 벼농사가 대부분 피해를 입었다. 이 백성을 가엾게 생각하면서 저 은하를 바라보고 있었는데, 지금 단비를 보는 것은 모든 상서로움을 능가하는 것이다. 마땅히 백성과 함께 기뻐하고 천심을 축하해야 할 일이다"라고 하였다. 이에 문무백관에게 차등있게 녹을 내렸다.

윤6월 병오(3일), 처음으로 종5위 이상의 사망자에 대해 당일 (태정관의) 弁官에 신고하였다.

정사(14일), 제국에 挑文師[27]를 보내 처음으로 錦綾의 직조 기법을 교습하였다.

갑자(21일), 宗形部加麻麻伎에게 穴太連의 성을 내렸다.

을축(22일), 중납언 정4위상 겸 神祇伯 中臣朝臣意美麻呂가 죽었다.

추7월 갑술삭(1일), 조를 내려 "율령을 제정한 지 연월이 이미 오래되었다. 그러나 불과 1, 2를 시행하고 나서 전체를 시행하지는 못하고 있다. 이는 참으로 제관사가 태만하고 직무를 성실하지 못한 데에 있다. (관인의) 이름을 (관직의) 인원수에 맞추고 헛되게 정무를 하고 있을 따름이다. 만약 법을 어기고 考第[28]를 서로 숨기는 일이 있다면, 엄하게 처벌하고 용서하지 않는다"라고 하였다.

무인(5일), 山背國 相樂郡의 狛部宿禰奈賣[29]가 한번에 3남을 낳았다. 비단

---

24) 새로운 주인에게 帳內, 資人으로 가기 원하는 자는 서위심사를 허락한다는 것.

25) 和同開珍의 발행과 유통에 따라 곡물과 錢의 교환비율을 정하는 것. 백성이 곡물을 錢으로 바꾸어 이익을 얻게 하는 법령.

26) 和銅 3년 3월 무자조에 畿外人을 帳內, 資人으로 충당하는 일을 금지하고 있다.

27) 挑文師는 직물기법을 아는 기술관인. 『大寶令』「官員令」에서는 織部司에 4인을 두었고, 『養老令』「職員令」38 集解 소인의 「古記」에서는 동 관사에 錦綾織에 110호가 소속되어 있다. 이번 조치는 직물기법을 직부사 소관에서 전국으로 확대한 것이다.

28) 근무평정의 등급.

2필, 목면 2둔, 삼베 4단, 벼 200속, 유모 1인을 내렸다.

임오(9일), 尾張國守 종4위하 훈4등 佐伯宿禰大麻呂가 죽었다.

8월 병오(4일), 酒部君大田, 粳麻呂, 石隅 3인에게 경인년적[30]에 의거하여 鴨部의 성을 내렸다.

9월 계유삭(1일), 일식이 있었다.

갑술(2일), 조를 내려 "무릇 衛士는 비상의 사태와 예기치 않은 일에 대비하는 것이다. 반드시 용기있고 강건하여 감당할 수 있는 자를 병사로 삼는다. 그러나 모두 허약하고 또 무예를 닦지 않고 있다. 헛된 이름뿐으로 도움이 되지 않는다. 만약 대사에 임한다면 어찌 중요한 임무를 감당할 수 있겠는가. 傳[31]에 말하지 않았던가. 백성을 훈련시키지 않고 전쟁하는 것은 (백성을) 버리는 것이다. 지금 이후로는 오로지 장관에게 위임하여 용감하고 무예를 감당할 수 있는 사람을 뽑아 매년 교대시킨다"라고 하였다.

병자(4일), 칙을 내려, "요즈음 제국의 역역에 동원된 백성이 왕도 조영에 시달려 도망하는 일이 여전히 많다고 듣고 있다. 이를 금지하고 있지만 멈추지 않고 있다. 지금 궁의 담도 미완성이고 방위도 대비하지 못하고 있다. 임시로 군영을 세우고 병기고를 엄중히 지키도록 한다"라고 하였다. 이에 종4위하 石上朝臣豊庭, 종5위하 紀朝臣男人·粟田朝臣必登 등을 장군으로 삼았다.

동10월 갑자(23일), 칙을 내려 품위에 의거하여 처음으로 祿法을 정하였다.[32] 직사관[33] 2품과 2위는 비단 30필, 명주실 100구, 銅錢 2천문으로,

---

29) 狛部氏는 고구려 계통 씨족으로 추정된다. 山背國 相樂郡에는 狛을 관칭한 씨명의 이름이 다수 나온다. 『신찬성씨록』 山城國諸蕃에 "狛造는 高麗國主 夫連王으로부터 나왔다", 右京諸蕃에 "狛首는 高麗人 安岡上王으로부터 나왔다"는 기록과, 河內國諸蕃에 보이는 大狛連, 河內國 未定雜姓에 보이는 狛染部·狛人 등의 이름에서 알 수 있듯이 狛部도 고구려 후예씨족이다.

30) 『일본서기』 持統 3년(689) 윤8월조에 "詔諸國司曰, 今冬, 戶籍可造"라고 하여 제국의 국사에게 호적의 작성을 명하고, 동 지통 4년 9월조에는 "造 諸國司等曰, 凡造戶籍者, 依戶令也"라고 하여 호적이 이미 제정된 戶令(淨御原令)에 의거하여 만들어졌다고 되어 있다. 이것이 庚寅年(690)에 만든 庚寅年籍이다. 이 호적은 이후 氏姓의 臺帳으로 간주되었고, 이를 근거로 개성을 청원하기도 하였다.

31) 『論語』 子路編에 나오는 고사.

32) 이때의 祿法은 和同開珍의 발행과 함께 錢貨의 유통을 목적으로 시행되었다. 品位에

제왕의 3위는 비단 20필, 동전 1천문으로, 제신의 3위는 비단 10필, 동전 1천문으로, 제왕 4위는 비단 6필, 동전 300문으로, 5위는 비단 4필, 동전 200문으로, 6위와 7위는 각각 비단 2필과 동전 40문으로, 8위와 초위는 비단 1필, 동전 20문으로 하고, 番上大舍人, 帶劒舍人, 兵衛, 史生, 省掌, 召使, 門部, 物部, 主帥 등은 모두 명주실 2구, 동전 10문으로 하였다. 女官도 이에 준하였다.

또 조를 내려 "무릇 동전을 사용한다는 것은, 재물을 유통하는 것이고, 있는 것과 없는 것을 바꾸는 것이다. 지금 백성들은 여전히 습속에 젖어 그 이치를 깨닫지 못하고 있다. 그저 매매한다고 해도 역시 동전을 축적하는 자는 없다. 동전의 많고 적음에 따라 급을 나누어 관위를 수여한다. 종6위 이하로 동전 10관 이상을 갖고 있는 자는 1계 올려 서위하고, 20관 이상을 갖고 있는 자는 2계 올려 서위한다. 초위 이상은 5관마다 1계 올려 서위하고, 대초위상은 초위와 같고, 종8위하에 진입하려면 10관으로 들어가는 한도로 한다. 5위 이상 및 정6위로 10관 이상을 갖고 있는 자는 임시로 칙을 듣는다. 혹시 남의 동전을 빌려 관을 속여 위를 받는다면 그 동전은 관에서 몰수하고 그 몸은 도형 1년에 처하고, 준 자도 같은 죄를 묻는다. 무릇 축전한 사실을 신고하려면 금년 12월 중에 (축전한) 사정과 동전의 수량을 기록하여 신고하고 끝나면, 태정관에서 심의하여 주상하면 축전을 내도록 한다"라고 하였다.

칙을 내려, "위계가 올라가게 되면 집집마다 동전을 축재하려는 마음이 생기고, 사람들은 앞다투어 성취하려고 할 것이다. 걱정스러운 것은 이익을 바라는 백성이 사적으로 주조하는 일이 많아지지 않을까 하는 것이다. 律에 사주전의 죄는 가볍게 되어 있는 것 같다. 그 때문에 임시로 중형을 만들어 미연에 금지하고 차단해야 한다. 무릇 사사로이 동전을 주조하는 자는 참형에 처하고, 종범은 관호로 만들고 가족은 모두 유형에 처한다.[34] 5보[35]는 이를

따른 지급이란 지급 대상자를 관직이 있는 직사관으로 한다는 것이다. 이에 반해 養老令의 「祿令」1에서는 "皆依官位給祿"이라 하여 관위에 따른 녹령으로 관직이 없는 散位도 지급이 되었다.

33) 제관사에서 직무가 있는 관인. 관직이 없는 산위는 대상에서 제외되어 있다.

34) 唐律의 「雜律」3에 私鑄錢에 대해, "諸私鑄者, 流三千里, 作具已備未鑄者, 徒二年, 作具未備者, 杖一百, 若磨錯成錢, 令薄小, 取銅以求利者, 徒一年"이라고 규정되어 있다. 우선 사주전자는 3천리의 유형에 처하고, 鑄錢을 위해 공작기구를 갖추었지만 아직 주조하지 않은 경우에는 도형 2년, 기구를 갖추지 않은 경우에는 장 1백대, 또 주화를 갈거나

알고 신고하지 않으면 같은 죄를 묻는다. 그 사정을 알지 못한 자는 5등을 감하여 처벌한다.[36] 그 동전을 사용했지만, 속죄하고 자수하면 1등을 감하여 처벌한다.[37] 혹은 사용하지 않고 자수하면 면죄한다. 비록 범인을 숨겨주었지만, 이를 일면서 신고하지 않으면 같은 죄로 처벌한다.[38] 혹은 (숨겨준 자가) 신고하면 앞의 자수한 경우와 동일한 법으로 한다"라고 하였다.

11월 갑술(4일), 동전을 축적한 자에게 처음으로 서위하였다.

신묘(21일), 종6위하 菅生朝臣大麻呂, 정7위상 高橋朝臣男足에게 함께 종5위하를 내렸다.

임진(22일), 조를 내려, "제국의 大税[39]는 3년간 (백성에게) 임차하였고[40] 그 이자는 거두어서는 안 된다. 또 기내의 백성으로 나이 80세 이상 및 고아, 독거노인, 자활할 수 없는 자에게 의복과 음식을 내린다. 또 私稲[41]를 출거하는 경우에는 지금 이후로는 이율이 반이 넘어서는 안 된다. 나머지는 令과 같이 한다"라고 하였다.

12월 임인(2일), 대초위하 丹波史千足 등 8인이 外印[42]을 위조하여 속이고 남에게 관위를 주었기 때문에 信濃國으로 유배보냈다. 종5위하 葛木王을 馬寮監[43]에 보임하였다.

얇고 작게 하여 이익을 취하는 경우에는 도형 1년으로 한다고 되어 있다. 사주전에 관해서 일본 律은 唐律을 참고했다고 보인다.

35) 「戶令」9, 10에 따르면 5戶를 단위로 상호감시, 도망자 색출, 구분전 대신 경작, 조세의 대납 등이 있다. 5保는 인위적으로 편재된 호를 단위로 편성된 것이다.

36) 5등을 감하면 도형 1년반.

37) 1등을 감하면 유형.

38) 「名例律」46(逸文)에는 범인을 숨겨준 사람이 근친자이거나, 家人, 奴婢가 범인인 주인을 신고하지 않은 경우에는 처벌하지 않는다고 되어 있다.

39) 제국의 正倉에 田租(正税)로 납입된 官稲.

40) 官稲를 무이자로 대여하는 것.

41) 官稲의 상대적인 말로 律令制 하에서 사적으로 대출하여 이자를 취하는 것인데, 令의 규정에도 私稲의 出擧도 인정하고 있었다. 이자는 10할을 한도로 하였는데, 이를 5할로 반감시켰다. 天平 9년(737)에는 私出擧 자체를 금지하고 이를 어기면 처벌하였다.

42) 外印은 6위 이하의 位記 및 태정관의 문안에 날인하는 것.

43) 大寶律令에서 말을 사육하고 조련하는 左馬寮, 右馬寮가 설치되었는데, 당초에는 左馬頭, 右馬頭를 장으로 했지만, 군사, 의식의 중요성 때문에 황족인 葛木王(후에 橘諸兄)이 令外官인 馬寮監에 임명되어 左右馬寮를 통할하게 되었다.

병오(6일), 조를 내려 "친왕 이하 및 세력가는 많은 산야를 점유하여 백성의 생활을 방해하고 있다. 지금 이후로는 엄하게 금지한다. 다만 공한지를 개간하는 경우에는 반드시 국사를 거친 연후에 태정관의 처분을 받도록 한다"라고 하였다.[44)]

임자(12일), 종5위하 狛朝臣秋麻呂[45)]가 "본성은 阿倍인데, 다만 石村池邊宮에서 천하를 통치하신 성조[46)] 때에 秋麻呂의 2세조인 比等古臣이 고구려에 사신으로 파견된 연유로부터 狛이라고 칭하게 되었지만 실은 진짜 성은 아니다. 원컨대 본성으로 복귀하고자 한다[47)]"라고 말하자 이를 허락하였다.

경신(20일), 또 制를 내려 "蓄錢叙位의 법은 무위 7관, 백정 10관으로 아울러 (서위의) 한도에 포함시킨다. 그 외에는 종전과 같이 한다"라고 하였다.

○ 和銅 5년(712) 춘정월 을유(16일), 조를 내려 "제국의 노역민이 고향으로 돌아가는 날에 식량이 떨어져 많은 사람이 길에서 굶주리고 도랑으로 떨어져 헤어나지 못하는 일이 적지않다. 국사 등은 마땅히 힘써 보살피고 헤아려 진휼해야 한다. 만약 죽는 자가 나온다면 먼저 매장하고 성명을 기록하여 본속[48)]에 알리도록 한다"라고 하였다.

무자(19일), 무위 上道王, 大野王, 倭王에게 함께 종4위하를 내렸다. 무위 額田部王·壹志王·田中王에게 함께 종5위하를 내렸다. 정5위상 佐伯宿禰麻呂·巨勢朝臣祖父에게 함께 종4위하를 내렸다. 종5위상 穗積朝臣山守·巨勢朝臣久須比·大伴宿禰道足·佐太忌寸老에게 함께 정5위하를 내렸다. 종5위하 紀朝臣男人·笠朝臣吉麻呂·多治比眞人廣成·大伴宿禰宿奈麻呂에게 함께 종5위하를 내렸

---

44) 공한지의 개간에 대해서는 「田令」29에 "其官人於所部界內, 有空閑地, 願佃者, 任聽營種"이라고 하여 공한지를 경작할 수 있는 대상이 관인으로 제한되어 있던 것을 일반 백성에게까지 확대하였다. 다만 국사의 허락과 태정관의 처분을 필요로 하였다.

45) 慶雲 2년(705) 종6위상에서 3단계 승진하여 종5위하에 서위되었고, 和銅 원년(708)에 常陸守에 임명되었다. 이어 화동 8년에 종5위상, 養老 4년(720)에 정5위하에 이르렀다. 이것은 도래계 씨족들이 개성하기 위해 출자를 개변하는 근거로 자주 이용하는 사례로서 실제는 고구려계 도래씨족으로 추정된다.

46) 用明天皇.

47) 狛朝臣에서 阿倍朝臣으로 개성을 청원하는 것.

48) 본관지의 國司, 郡司에게 알리는 것.

다. 종6위상 大神朝臣忍人·鴨朝臣堅麻呂, 정6위상 佐伯宿禰果安·小治田朝臣月足, 정6위하 額田首人足, 종6위하 後部王同竝에게 종5위하를 내렸다.

임진(23일), 河內國의 高安烽[49]을 폐지하고 처음으로 高見烽[50] 및 大倭國의 春日烽[51]을 설치하여 평성경과 통하게 되었다.

2월 무오(19일), 조를 내려 왕경과 기내의 고령자, 홀아비, 과부, 고아, 독거노인에게 비단, 목면, 쌀, 소금을 각각 차등있게 주었다. 고령의 승니에게도 같은 것을 베풀었다.

3월 무자(19일), 美濃國에서 목련리[52] 및 흰 기러기를 바쳤다.

하4월 정사(19일), 조를 내려, "이보다 앞서 군사인 主政,[53] 主帳[54]을 국사가 때에 따라 임명하고 명부를 보내어 그에 따라 결정하였다. 일은 따라야 할 법이 있다. 지금 이후로는 마땅히 본인임을 확인하고 式[55]에 준거하여 검증한 연후에 보임하고, 태정관의 재가를 청하도록 한다[56]"라고 하였다.

5월 임신(4일), 駿河國에 역병이 생겨 약을 보내 치료하였다.

계유(5일), 6위 이하에게 백동 및 은으로 장식된 혁대의 착용을 금지하였다.[57]

신사(13일), 조를 내려 "제국의 大稅를 3년간 무이자로 대출하는 것은 본래 백성을 궁핍에서 구제하기 위해서이다. 지금 국사, 군사, 이장[58] 등은

49) 高安城 부근의 봉화대. 難波에서 飛鳥로의 통신을 위해 설치했으나 평성경 천도로 폐지하였다.

50) 難波에서 平城宮으로의 통신을 위해 설치하였다. 奈良縣 生駒市와 大阪府 東大阪市 사이에 있는 生駒山에 위치.

51) 平城宮으로의 연락지점. 奈良市 동쪽 春日山 부근.

52) 木連理는 뿌리가 다른 나무의 줄기가 하나로 이어져 자란 것으로 상서로운 현상으로 간주하였다. 일명 仁木이라고 한다.

53) 3등관.

54) 4등관.

55) 시행세칙.

56) 종전에는 국사가 임명한 후 태정관의 추인을 받았지만, 앞으로는 식부성에서 본인에 대해 직접 검증절차를 거친 후 태정관의 재가를 받는 것으로 한다는 것.

57) 「衣服令」5에 의하면 5위 이상 조복의 帶金具는 금은제이고, 6위 이하는 흑칠한 요대이다.

58) 里長은 「戶令」1 「爲里」條에 따르면"凡戶, 以五十戶爲里, 每里置, 長一人〈掌·檢校戶口課, 殖農桑禁察非違, 催驅賦役〉"이라고 하여 1리 50호를 이루는 長으로서, 그 임무는 농잠 권장, 호구 조사, 비위 감찰 등이다.

이 은혜를 멋대로 이용하고 있다. 정치를 해치고 백성을 힘들게 하는 것 이상으로 심한 것은 없다. 만약 자신의 일신을 윤택하게 할 마음으로 간사하게 이익을 취하는 자는[59] 이를 엄중하게 판단하고 죄는 사면의 대상에 포함시키지 않는다"라고 하였다.

갑신(16일), 국사가 순찰하거나 아울러 임기를 마치고 귀경할 때 사용하는 식량, 말, 脚夫[60]의 법을 처음으로 정하였다. 문안은 별식에 상세하다.

태정관이 주상하기를, "郡司는 능히 호구를 늘려서 調, 庸을 증가시키고, 농잠을 장려하여 백성들의 부족함을 적게 하고, 백성들이 도망하는 것을 금지하고 차단하여 도적을 없애고, 호적과 계장을 모두 사실대로 하여 호구가 누락되는 일이 없게 하고, 이치에 맞게 판단하여 소송에 억울함이 없게 하고, 직무에 태만하지 않고, 처신함에 깨끗하고 진실해야 한다.〈제1〉.

관에 있으면서 탐욕스럽고 혼탁하여 일을 처리함에 공평하지 않고, 직무가 이미 불안전하여 공무가 행해지지 않고, 백성을 부리면서 공무라고 빙자하고, 마음대로 간교하게 행하면서 명성과 관직을 구하고, 전답을 개간하지 않아 租, 調는 감소하거나 손실을 보기도 하고, 호적과 계장에 허위가 많아 실제로 성인 남자가 없고, 도망자가 군내에 거주하고 있고, 사냥을 즐기는 것은 한도가 없다.〈제2〉.

또 백성에게 힘써 농잠을 권장하여 생업이 날로 번성하고, 곤궁한 사람을 도와 보살피고, 독거노인, 고아가 살아갈 수 있게 하고, 효행자를 마을에 알리고, 재능과 지식이 일을 감당할 수 있어야 한다.〈제3〉.

만약 군사와 백성이 위 3조에 준거하여[61] 3개 조항 이상이 부합하는 자가 있으면, 국사는 그 상황을 기록하여 조집사[62]에게 부탁하여 추천하여

---

59) 어려움에 처한 백성을 구제하는 무이자 대부인데, 이를 멋대로 유용하여 백성들에게 사적으로 빌려주어 이자를 받아 사복을 채우는 행위.

60) 물건을 운반하는 인부. 역인.

61) 1조, 2조는 國司가 관내 郡司의 옳고 그름을 평가하는 기준이고, 3조는 백성을 포상하는 기준이다. 각 조의 원문에는 2句 8字를 1개 조항으로 하여 구체적으로 표시하고 있다. 1조는 6개, 2조는 7개, 3조는 3개 조항으로 되어 있다.

62) 大宰府의 大貳 이하의 관인 및 제국의 국사 중에서 目 이상이 매년 교대로 상경하여 정무를 보고하는 사자, 즉 大(計)帳使, 貢調使, 正稅帳使와 함께 이른바 국가의 행정, 재정과 관련된 일을 맡은 四度使를 말한다.

보고하도록 한다"라고 하였다. (천황은) 이 주상을 허락하였다.

을유(17일), 제관사의 주전 이상 아울러 제국의 조집사 등에게 조를 내려 "법을 제정한 이래 연월이 오래되었지만, 율령에 익숙치 않아 많은 과실이 있다. 지금 이후로는 만약 令을 위반한 자가 있다면 즉시 위법을 헤아려 율에 의거하여 처벌한다. 탄정대[63]에서는 월별로 3번 제관사를 순찰하여 비위를 조사해서 바로잡는다. 만약 공무를 행하지 않는 자가 있다면, 그 상황을 자세히 기록하여 식부성에 통지하여,[64] 근무평정의 날에 조사하여 묻는다. 또 국사가 공무로 입경할 때에는 그 일을 충분히 아는 자를 사인으로 충당한다. 사인 역시 일의 상황을 알고 아울러 재임한 이래의 연별로 그 과정을 모두 알아야 한다. 질문에 따라 답변해야 하고 답변이 막히거나 모순되는 일이 있어서는 안 된다. 만약 그 임무를 다하지 못한다면 재청관인과 사인은 아울러 상기 규정에 준하여 처벌한다. 지금 이후로는 매년 순찰사를 보내 국내의 수확의 득실을 조사한다. 사자가 도착하는 날에는 공평한 자세로 정직하게 보고하고 숨기는 일이 없도록 한다. 만약 조사를 거쳐 발각된 자는 앞에서와 같이 처벌한다. 무릇 국사는 매년 관인들의 공과, 능력, 행적을 사실대로 기록하여 모두 考狀[65]에 부쳐 식부성에 신고하고 식부성은 순찰사의 소견과 대조한다"라고 하였다.

병신(28일), 태정관이 처분하기를, "무릇 位記[66]의 날인은 태정관에 청하고, 제국에 보내는 符印[67]은 변관에 신청한다"라고 하였다.

6월 을사(7일), 지진이 있었다.

---

63) 彈正台의 주요 직무는 중앙행정의 감찰, 왕경의 풍속단속, 좌대신 이하의 비위 적발과 보고이다. 장관은 종3위 彈正尹.

64) 동격의 관사 간에 문서를 전달할 때에는 '移'라는 문자형식을 사용하는데, 이를 '移式'이라고 한다. 상기 본문에서는 '移送'이라고 기록하고 있다. 「公式令」12 「移式」조 참조.

65) 근무평가 문서.

66) 位記는 율령제 하에서 위계를 수여할 때 작성하는 공문서. 5위 이상에게 수여하는 勅授(천황이 수여)는 중무성의 內記에서 만들고, 6위 이하에게 수여하는 奏授는 태정관에서 만들고, 8위 및 내외초위에게 수여하는 判授는 식부성, 병무성에서 만든다. 5위 이상의 內記에는 內印을, 6위 이하에게는 外印을 날인한다.

67) 符는 상급관사가 하급 관사에 보내는 문서형식. 태정관이 내리는 부는 官符, 8성은 省符, 탄정대는 臺符라고 한다. 여기에서는 8성과 탄정대가 제국에 내리는 省符, 臺符에 內印을 날인을 청할 경우에 弁官에 신청하게 한 것.

추7월 임오(15일), 伊賀國에서 검은 여우[68]를 바쳤다. 伊勢, 尾張, 參河, 駿河, 伊豆, 近江, 越前, 丹波, 但馬, 因幡, 伯耆, 出雲, 播磨, 備前, 備中, 備後, 安藝, 紀伊, 阿波, 伊豫, 讚岐 등 21국에 명하여 처음으로 綾, 錦의 비단을 직조하게 하였다.

갑신(17일), 播磨國의 大目 종8위상 樂浪河內[69]가 힘써 정창[70]을 만들어 능히 공적을 이루었기 때문에 1계를 올려 서위하고 명주 10정, 삼베 30단을 내렸다.

8월 경자(3일), 태정관이 처분하기를, "제국의 군의 郡稻가 부족하여 지급하고 사용해야 할 날에 고갈되어 버리는 일이 있다. 국의 대소[71]에 따라 大税를 나누어 취해서 군도에 보충하고, 이것을 출거하여 생긴 이자는 그대로 충당하여 사용한다. 이것은 충족한 곳에서 취하는데 감소시키는 일은 하지 않는다. 다만 본래의 수량에 할당시켜서 (大税를) 감소시켜서는 안 된다. 지금 이후로는 영구히 항례로 한다"라고 하였다.

경신(23일), (천황이) 高安城에 순행하였다.

9월 기사(3일), 조를 내려 "고 우대신 정2위 多治比眞人嶋의 처 家原音那, 추증된 우대신 종2위 大伴宿禰御行의 처 紀朝臣音那에게 함께 남편의 생존시에 서로 국가를 위한 도리에 힘쓰고, 남편이 사망 후에는 오로지 묘를 함께 하는 뜻을 지켰다.[72] 짐은 생각건대 그들의 정절에 깊이 감탄하고

---

68) 玄狐. 동 9월 을사조에는 黑狐로 나온다. 『延喜式』 式部省에는 上瑞로 나온다.

69) 天智 2년(663) 백제망명자인 沙門詠의 자손으로 나오며, 養老 5년(721)에 退朝 후 황태자인 首皇子에게 근시를 명받아 교육을 시켰다고 한다. 또 동년 정월에는 학업이 뛰어나고 모범이 될 만한 관인을 포상하는데 樂浪河內의 이름이 등장한다. 『家傳』下(『寧樂遺文』下-885)에도 문사에 뛰어난 인물로서 紀朝臣清人, 山田史御方 葛井連廣成, 百濟公倭麻呂, 大倭忌寸小東人 등 당대 석학들과 더불어 낙랑하내에서 개성한 高丘連河內의 이름이 열기되어 있다. 天平 3년(731)에 외종5위하로 승진하여 右京의 사법, 행정, 경찰 등을 담당하는 右京亮이 된다. 이후 정5위하로 대학료의 장관인 大學頭에 임명되었다. 『만엽집』에도 天平 15년(743)의 「高丘河內連謌二首」(6-1038, 1039)라고 하여 단가 2수를 남기고 있다.

70) 正倉은 국사의 관할하에 있는 도곡을 수납하는 창고. 보통 창고의 종류로 倉은 도곡, 庫는 병기 및 문서류, 藏은 調庸 및 제국에서 올라오는 공헌물을 보관한다.

71) 「職員令」70-73에, 大國, 上國, 中國, 下國 4단계의 대소 구별이 있고, 관원의 인원도 차이가 있다.

72) "守同墳之意"는 같은 묘에 묻힌다는 의미로 貞節을 말한다.

있다. 마땅히 2인에게 식읍 50호를 내린다"라고 하였다. 그 처 家原音那에게는 連 성을 더하여 주었다.

또 조를 내려 "짐은 듣건대, 옛 노인이 전하는 말에 의하면 '子의 해[73]에 곡식이 잘 여물지 않는다'고 한다. 그러나 천지가 도와주어 지금 크게 잘 익었다. 옛 賢王이 말하기를, '상서의 아름다움이 풍년보다 더한 것은 없다'고 한다. 하물며 또 伊賀國司 阿直敬 등이 검은 여우를 바쳤다. 즉 上瑞에 부합한다. 그 文[74]에 이르기를, '왕자의 다스림이 태평에 이르면 잘 나타난다'고 한다. 백성과 함께 이를 기뻐하고 축하해야 한다고 생각한다. 마땅히 천하에 대사면을 내린다. 강도, 절도 2도와 통상에서 사면이 허락되지 않는 자는 함께 사면의 범위에 포함하지 않는다. 다만 사적으로 錢을 주조한 자는 죄 1등을 감한다. 伊賀國司의 目 이상은 관위 1계를 올려주고 상서를 바친 군은 庸을 면제하고, 상서를 포획한 사람은 3년간 전조를 면제한다. 또 천하 제국에 금년 전조와 아울러 大和, 河內, 山背 3국의 調를 함께 면제한다"라고 하였다.

경오(4일), 정6위상 阿直敬에게 종5위하를 내렸다.

신사(15일), 觀成法師[75]를 대승정으로 삼고, 弁通法師[76]를 少僧都로 삼고, 觀智法師[77]를 율사로 삼았다.

을유(19일), 종5위하 道君首名[78]을 견신라대사로 삼았다.

기축(23일), 태정관이 의논하여 주상하기를 "나라를 세워 강역을 넓히기 위해서는 무공을 귀히 여겨야 되고, 관을 설치하여 백성을 위문하기 위해서는 문교를 숭상해야 한다. 그 北道의 蝦狄은 멀고 험한 것을 빙자하여 실로

---

73) 和銅 5년은 12지의 子의 해.

74) 祥瑞를 기록한 책.

75) 『일본서기』 持統 6년 윤5월조에 沙門觀性으로 나온다.

76) 『일본서기』 持統 7년 3월조에 학문승으로 신라에 파견되었고, 동 10년 11월조에는 大官大寺의 沙門으로 나온다.

77) 『일본서기』 持統 3년 4월조에 따르면 신라사 金道那와 함께 신라에서 귀국하였다.

78) 和銅 6년(713) 8월에 귀국하였다. 文武 4년(700)에 대보율령 撰定의 공으로 녹을 받았고, 대보 원년 4월에는 右大弁 下毛野古麻呂 등과 함께 관인들에게 대보령을 강설하였고, 동 6월에는 大安寺에서 僧尼令을 강설하였다. 和銅 5년(712)에 筑後守, 養老 2년(718)에 정5위하에 올랐다. 『懷風藻』에도 「正五位下筑後肥後守道公首名 一首 年五十六」이라고 하여 筑後守와 肥後守를 겸직하던 나이 56세에 지은 한시 1수를 남기고 있다.

광기를 품고 자주 변경을 어지럽히고 있다. 관군이 우레와 같이 공격하니 흉적은 구름처럼 사라졌다. 夷狄의 지역은 안정되어 있어 황민이 우려하는 일은 없어졌다. 진실로 바라건대 이 기회를 틈타 마침내 1국을 설치하여 국사를 둔다면 영구히 백성을 진무할 수 있을 것이다"라고 하였다. (천황은) 주상한 것을 허락하였다. 이에 처음으로 出羽國을 설치하였다.

을미(29일), 3關[79)]의 사람들을 취하여 帳內, 資人으로 삼는 것을 금지하였다.

동10월 정유삭(1일), 陸奧國을 분할하여 最上, 置賜 2군을 出羽國에 예속시켰다.

계축(17일), 6위 이하 및 관인들은 복장에 蘇芳色[80)]을 이용하거나 아울러 매매를 금지하였다.

병진(20일), 종4위상 息長眞人老가 죽었다.

갑자(28일), 견신라사 등이 (천황을) 배견하였다.

을축(29일), 조를 내려 "제국의 노역자 및 운송자는 귀향하는 날에 먹을 양식이 떨어지면 도착할 수가 없다. 마땅히 군의 식량을 내어 별도로 편리한 곳에 보관하여 역부가 도착하면 자유롭게 교역할 수 있도록 한다. 또 여행하는 사람은 동전을 소지하여 비용으로 삼아 무거운 소지품의 부담을 줄이고 또 전 사용의 편리함을 알도록 한다"라고 하였다.

11월 신사(16일), 좌우변관에 史生 각 6인을 더하여 앞의 것과 통합하여 16인으로 하였다.

을유(20일), 종3위 阿倍朝臣宿奈麻呂가 아뢰기를, "종5위상 引田朝臣邇閇, 정7위상 引田朝臣東人, 종7위상 引田朝臣船人, 종7위하 久努朝臣御田次, 소초위하 長田朝臣太麻呂, 무위 長田朝臣多祁留 등 6인은 실로 阿部氏의 계보에 있고, 宿奈麻呂와 더불어 다르지 않다. 다만 사는 지역으로 인해 다시 別氏를 이루었다. 지금 숙내마려는 특히 천은을 받아 이미 본성으로 되돌아왔다. 그러나 이들은 천황의 은혜를 받지 못하고 있다. 각자 별씨를 중지하고 함께 본성을

79) 일본고대에 畿內 주변의 國의 경계에 설치한 검문소. 3關은 伊勢國의 鈴鹿, 美農國의 不波, 越前國의 愛發 3곳을 말한다. 이들 지역은 비상시 군사상의 요충지이기 때문에 帳內·資人 등의 인력 차출을 불허한다는 조치를 내린 것이다.

80) 붉은 적색의 안료로 염색한 것. 인도, 말레이시아가 원산지로 기술적인 것은 한반도를 통해 들어왔다. 모직물, 면직물, 목재 등의 염료로 쓰인다.

받았으면 한다"라고 하였다. 조를 내려 이를 허락하였다.

12월 신축(7일), 制를 내려 "제관사 관인들의 복장을 만드는데, 혹은 소매가 좁고 작거나 혹은 옷깃이 크고 길다. 또 옷섶을 여밀 때 매우 얕게 포개져 걸어다닐 때 풀어지기 쉽다. 이러한 복장은 대단히 예의가 없는 것이다. 관할 관사[81]로 하여금 엄중히 금지시켜야 한다. 또 무위의 조복은 지금부터는 모두 옷자락이 있는 황색 옷을 입고, 그 넓이는 1척 2촌 이하로 한다. 또 제국이 보내는 調, 庸 등의 물품을 동전으로 교환하는 경우 전 5문을 삼베 1상으로 한다.

기유(15일), 동서 2市에 처음으로 史生[82]을 각각 2인씩 두었다.

정사(23일), 有司가 주상하기를, "지금 이후로는 공문에 착오가 있고, 內印이 날인되어 문서를 바로잡고자 할 경우에는 소납언이 관장[83]에게 보고한 후에 다시 (천황에게) 상주하여 날인해야 한다"라고 하였다.

『속일본기』 권제5

81) 彈正台.

82) 율령제 하에서 관사의 4등관 밑에 설치된 관인으로 공문서의 작성 등을 담당하는 서기관. 「職員令」67 「東市司」조에는 직원 중에 史生이 보이지 않아, 이때 신설된 것으로 보인다.

83) 官長은 장관, 혹은 임무를 대행할 수 있는 차관. 여기서는 좌우대신을 말한다.

續日本紀卷第五

〈起和銅三年正月, 盡五年十二月〉

從四位下行民部大輔兼左兵衛督皇太子學士臣菅野朝臣眞道等奉勅撰

日本根子天津御代豊國成姫天皇〈元明天皇 第四十三〉

◯ **三年**春正月壬子朔, 天皇御大極殿受朝. 隼人蝦夷等亦在列, 左將軍正五位上大伴宿禰旅人, 副將軍從五位下穗積朝臣老, 右將軍正五位下佐伯宿禰石湯, 副將軍從五位下小野朝臣馬養等, 於皇城門外朱雀路東西, 分頭陳列騎兵, 引隼人蝦夷等而進. 戊午, 授無位門部王, 葛木王, 從六位上神祇忌寸河內並從五位下. 壬戌, 制, 授位者不得通計前考. 散位從四位下高橋朝臣笠間卒. 甲子, 授無位鈴鹿王, 六人部王並從四位下, 正六位上吉野連久治良, 黃文連益, 田邊史比良夫, 刀利康嗣, 正六位下大倭忌寸五百足, 山田史御方, 從六位上路眞人麻呂, 押海連人成, 車持朝臣益, 下毛野朝臣信並從五位下. 丙寅, 大宰府獻銅錢. 丁卯, 天皇御重閣門, 賜宴文武百官幷隼人蝦夷, 奏諸方樂. 從五位已上賜衣一襲, 隼人蝦夷等亦授位賜祿, 各有差. 戊寅, 播磨國獻銅錢. 日向國貢采女薩摩國貢舍人. 庚辰, 日向隼人曾君細麻呂, 教喩荒俗, 馴服聖化, 詔授外從五位下.

二月壬辰, 信濃國疫, 給藥救之. 庚戌, 初充守山戶, 令禁伐諸山木.

三月戊午, 制, 輒取畿外人, 用帳內資人. 自今以去, 不得更然,待官處分. 而後充之. 辛酉, 始遷都于平城, 以左大臣正二位石上朝臣麻呂爲留守.

夏四月辛巳朔, 日有蝕之. 辛丑, 陸奧蝦夷等請賜君姓同於編戶. 許之. 壬寅, 奉幣帛于諸社, 祈雨于名山大川. 癸卯, 以從三位長屋王爲式部卿, 從四位下多治比眞人大縣守爲宮內卿, 從四位下多治比眞人水守爲右京大夫, 從五位上采女朝臣比良夫爲近江守, 從五位上佐太忌寸老爲丹波守, 從五位下山田史御方爲周防守. 己酉, 參河, 遠江, 美濃三國飢, 並加賑恤.

五月戊午, 以從五位下大伴宿禰牛養爲遠江守.

六月辛巳, 大宰大貳從四位上巨勢朝臣多益須卒.

秋七月丙辰, 左大臣舍人正八位下牟佐村主相撲瓜, 文武百官因奏賀辭, 賜祿各有差, 京裏百姓, 戶給穀一斛, 相撲進位二階, 賜絁一十疋, 布廿端.

九月乙丑, 禁天下銀錢.

冬十月戊寅朔, 日有蝕之. 辛卯, 正五位上黃文連大伴卒. 詔贈正四位下, 弁弔賻之. 以壬申年功也.

◯ **四年**春正月丁未, 始置都亭驛, 山背國相樂郡岡田驛, 綴喜郡山本驛, 河內國交野郡楠葉驛, 攝津國嶋上郡大原驛, 嶋下郡殖村驛, 伊賀國阿閇郡新家驛.

二月辛丑, 從四位下土師宿禰馬手卒.

三月辛亥, 伊勢國人磯部祖父, 高志二人, 賜姓渡相神主. 割上野國甘良郡織裳, 韓級, 矢田, 大家, 綠野郡武美, 片岡郡山等六鄕, 別置多胡郡.

夏四月丙子朔, 日有蝕之. 庚辰, 倭佐渡二國飢. 並加賑給. 壬午, 詔敍文武百寮成選者位, 從五位上熊凝王, 長田王並授正五位下, 正四位下中臣朝臣意美麻呂, 巨勢朝臣麻呂並正四位上, 從四位上石川朝臣宮麻呂正四位下, 從四位下息長眞人老從四位上, 正五位上猪名眞人石前, 路眞人大人, 大伴宿禰旅人, 從五位上石上朝臣豊庭並從四位下, 正五位下忌部宿禰子首, 阿倍朝臣廣庭, 石川朝臣難波磨, 石川朝臣石足, 大宅朝臣金弓, 太朝臣安麻呂, 多治比眞人三宅麻呂, 從五位上笠朝臣麻呂並正五位上, 從五位上多治比眞人吉提, 多治比眞人吉備, 上毛野朝臣安麻呂, 佐伯宿禰百足, 阿倍朝臣船守, 釆女朝臣比良夫, 阿倍朝臣首名, 大神朝臣狛麻呂, 曾禰連足人並正五位下, 從五位下藤原朝臣武智麻呂, 藤原朝臣房前, 巨勢朝臣子祖父, 多治比眞人縣守, 縣犬養宿禰筑紫, 小治田朝臣安麻呂, 中臣朝臣人足, 平群朝臣安麻呂並從五位上, 正六位下池田朝臣子首, 石川朝臣足人, 從六位上阿倍朝臣駿河, 從六位下粟田朝臣必登, 正七位上中臣朝臣東人, 正七位上高橋朝臣毛人, 正六位上民忌寸袁志比, 黃文連備, 鍛師造大隅, 道君首名, 從六位上置始連秋山並從五位下. 甲申, 大倭國芳野郡始置大少領各一人, 主政二人, 主帳一人. 庚寅, 宮內卿從四位下多治比眞人水守卒. 乙未, 詔, 賀茂神祭日, 自今以後, 國司每年親臨檢察焉.

五月辛亥, 制, 帳內資人雖名入式部, 不在豫選之限, 旣敍位記者許之. 職分不在此例,唯聽帳內三分之一, 資人四分之一, 其雖敍位, 逗留方便, 違主失禮, 卽追其位, 還之本貫. 若得他處位者不追焉. 或本主亡者, 不得豫選,皆還本色. 但欲廻入者聽, 以外如令. 尾張國疫, 給醫藥療之. 乙卯, 從四位上當麻眞人智得卒. 己未, 以穀六升當錢一文, 令百姓交關各得其利. 先是, 禁取畿外人充帳內資人, 至是始許之.

六月乙未, 詔曰, 去年霖雨, 麥穗旣傷今夏亢旱, 稻田殆損, 憐此蒼生, 仰彼雲漢, 今見膏雨, 有勝衆瑞, 宜黎元同悅共賀天心, 仍賜文武百寮物有差.

閏六月丙午, 始五位已上卒者, 卽日申送弁官. 丁巳, 遣挑文師于諸國, 始教習折錦綾. 甲子, 宗形部加麻麻伎賜姓穴太連. 乙丑, 中納言正四位上兼神祇伯中臣朝臣意美麻呂卒.

秋七月甲戌朔, 詔曰, 張設律令, 年月已久矣, 然纔行一二, 不能悉行, 良由諸司怠慢不存恪勤, 遂使名充員數空廢政事. 若有違犯而相隱考第者, 以重罪之, 無有所原. 戊寅, 山背國相樂郡狛部宿禰奈賣, 一産三男, 賜絁二疋, 綿二屯, 布四端, 稻二百束, 乳母一人. 壬午, 尾張國守從四位下勳等佐伯宿禰大麻呂卒.

八月丙午, 酒部君大田, 粳麻呂, 石隅三人, 依庚寅年籍賜鴨部姓.

九月癸酉朔, 日有蝕之. 甲戌, 詔曰, 凡衛士者, 非常之設, 不虞之備, 必須勇健應堪爲兵. 而悉皆尫弱. 亦不習武藝, 徒有其名而不能爲益, 如臨大事何堪機要, 傳不云乎. 不教人戰是謂棄之. 自今以後, 專委長官, 簡點勇敢便武之人, 每年代易焉. 丙子, 勅, 頃聞, 諸國役民, 勞於造都奔亡猶多, 雖禁不止, 今宮垣未成, 防守不備, 宜權立軍營禁守兵庫. 因以從四位下石上朝臣豊庭, 從五位下紀朝臣男人, 粟田朝臣必登等爲將軍.

冬十月甲子, 勅依品位始定祿法, 職事二品二位, 絁卅疋, 絲一百絇, 錢二千文, 王三位絁廿疋, 錢一千文, 臣三位絁十疋, 錢一千文, 王四位絁六疋, 錢三百文, 五位絁四疋, 錢二百文, 六位七位各絁二疋, 錢絁文, 八位初位絁一疋, 錢廿文, 番上大舍人, 帶劒舍人, 兵衛, 史生, 省掌, 召使, 門部, 物部, 主帥等並絲二絇, 錢十文, 女亦准此. 又詔曰, 夫錢之爲用, 所以通財貿易有無也. 當今百姓, 尙迷習俗未解其理, 僅雖賣買, 猶無蓄錢者, 隨其多少, 節級授位, 其從六位以下, 蓄錢有一十貫以上者, 進位一階敍, 廿貫以上進二階敍, 初位以下, 每有五貫進一階敍, 大初位上若初位, 進入從八位下, 以一十貫爲入限. 其五位以上及正六位, 有十貫以上者, 臨時聽勅, 或借他錢而欺爲官者, 其錢沒官, 身徒一年, 與者同罪. 夫申蓄錢狀者, 今年十二月內, 錄狀弁錢申送訖, 太政官議奏令出蓄錢. 勅, 有進位階, 家存蓄錢之心, 人成逐繈之趣, 恐望利百姓或多盜鑄,於律, 私鑄猶輕罪法, 故權立重刑, 禁斷未然. 凡私鑄錢者斬, 從者沒官, 家口皆流. 五保知而不告者與同罪. 不知情者減五等罪之. 其錢雖用, 悔過自首, 減罪一等, 或未用自首免罪. 雖容隱人, 知之不告者與同罪, 或告者同前首法.

十一月甲戌, 蓄錢人等始敍位焉. 辛卯, 從六位下菅生朝臣大麻呂, 正七位上高橋朝臣男足並授從五位下. 壬辰, 詔曰, 諸國大稅, 三年之間, 借貸給之, 勿收其利. 又賜畿內百姓年八十以上及孤獨不能自存者衣服食物. 又出擧私稻者, 自今以後, 不得過半利, 餘者如令.

十二月壬寅, 大初位上丹波史千足等八人, 僞造外印假與人位, 流信濃國. 以從五位下葛木王, 補馬寮監. 丙午, 詔曰, 親王已下及豪强之家, 多占山野, 妨百姓業. 自今以來, 嚴加禁斷. 但有應墾開空閑地者, 宜經國司, 然後聽官處分. 壬子, 從五位下狛朝臣秋麻呂言, 本姓是阿倍也. 但當石村池邊宮御宇聖朝, 秋麻呂二世祖比等古臣使高麗國, 因卽號狛, 實非眞姓, 請復本姓. 許之. 庚申, 又制蓄錢敍位之法, 無位七貫, 白丁十貫, 並爲入限, 以外如前.

◯ **五年**春正月乙酉, 詔曰, 諸國役民, 還鄕之日, 食糧絶乏, 多饉道路, 轉塡溝壑, 其類不少. 國司等宜勤加撫養量賑恤, 如有死者, 且加埋葬, 錄姓名報本屬也. 戊子, 授無位上道王, 大野王, 倭王並從四位下, 無位額田部王, 壹志王, 田中王並從五位下, 正五位上佐伯宿禰麻呂, 巨勢朝臣祖父並從四位下, 從五位上穗積朝臣山守, 巨勢朝臣久須比, 大伴宿禰道足, 佐太忌寸老並正五位下, 從五位下紀朝臣男人, 笠朝臣吉麻呂, 多治比眞人廣成, 大伴宿禰宿奈麻呂並從五位上, 從六位上大神朝臣忍人, 鴨朝臣堅麻呂, 正六位上佐伯宿禰果安, 小治田朝臣月足, 正六位下額田首人足, 從六位下後部王同竝從五位下. 壬辰, 廢河內國高安烽, 始置高見烽, 及大倭國春日烽, 以通平城也.

二月戊午, 詔賜京畿高年鰥寡惸獨者絁綿米塩, 各有差, 高年僧尼亦同施焉.

三月戊子, 美濃國獻木連理并白鴈.

夏四月丁巳, 詔, 先是, 郡司主政主帳者, 國司便任, 申送名帳, 隨而處分, 事有率法. 自今以後, 宜見其正身, 准式試練, 然後補任, 應請官裁.

五月壬申, 駿河國疫, 給藥療之. 癸酉, 禁六位已下以白銅及銀餝革帶. 辛巳, 詔曰, 諸國大稅 三年賑貸者, 本爲恤濟百姓窮乏. 今國郡司及里長等, 緣此恩借妄生方便,害政蠹民莫斯爲甚, 如顧潤身, 枉收利者, 以重論之. 罪在不赦. 甲申, 初定國司巡行幷遷代時給粮馬脚夫之法, 語具別式. 太政官奏稱, 郡司有能繁殖戶口, 增益調庸, 勸課農桑, 人少匱乏, 禁斷逋逃, 肅淸盜賊, 籍帳皆實, 戶口無遺, 割斷合理, 獄訟無冤, 在職匪懈, 立身淸愼〈其一〉. 居官貪濁, 處事不平, 職用旣闕, 公務不擧, 侵沒百姓, 請託公施, 肆行奸猾, 以求名官, 田疇不開, 減闕租調, 籍帳多虛, 口丁無實, 逋逃在境, 畋遊無度〈其二〉. 又百姓精務農桑, 產業日長, 助養窮乏, 存活獨惸, 孝悌聞閭,材識堪幹〈其三〉. 若有郡司及百姓准上三條有合三勾以上者, 國司具狀附朝集使, 擧聞. 奏可之. 乙酉, 詔諸司主典以上, 幷諸國朝集使等曰, 制法以來, 年月淹久, 未熟律令, 多有過失. 自今以後, 若有違令者, 卽准其犯, 依律科斷. 其彈正者, 月別三度, 巡察諸司, 糺正非違. 若有廢闕者, 乃具事狀, 移送式部, 考日勘問. 又國司因公事入京者, 宜差堪知其事者充使, 使人亦宜問知事狀, 並惣知在任以來年別狀迹, 隨問弁答, 不得礙滯. 若有不盡者, 所由官人及使人, 並准上科斷. 自今以後, 每年遣巡察使, 檢校國內豐儉得失, 宜使者至日, 意存公平, 直告莫隱. 若有經問發覺者, 科斷如前. 凡國司, 每年實錄官人等功過行能幷景迹, 皆附考狀申送式部省, 省宜勘會巡察所見. 丙申, 太政官處分, 凡位記印者, 請於太政官, 下諸國符印者申於弁官.

六月乙巳, 地震.

秋七月壬午, 伊賀國獻玄狐. 令伊勢, 尾張, 參河, 駿河, 伊豆, 近江, 越前, 丹波, 但馬, 因幡, 伯耆, 出雲, 播磨, 備前, 備中, 備後, 安藝, 紀伊, 阿波, 伊豫, 讚岐等廿一國, 始織綾錦. 甲申, 播磨國大目從八位上樂浪河內, 勤造正倉, 能効功績, 進位一階, 賜絁十疋, 布卅端.

八月庚子, 太政官處分, 諸國之郡之郡稻乏少, 給用之日有致廢闕, 宜准國大小, 割取大稅, 以充郡稻, 相通出擧, 所息之利, 隨卽充用, 事須取足, 勿令乏少. 但割配本數, 不令減損. 自今以後, 永爲恒例. 庚申, 行幸高安城.

九月己巳, 詔曰, 故左大臣正二位多治比眞人嶋之妻家原音那, 贈右大臣從二位大伴宿禰御行之妻紀朝臣音那, 並以夫存之日, 相勸爲國之道, 夫亡之後, 固守同墳之意, 朕思彼貞節, 感歎之深. 宜此二人各賜邑五十戶, 其家原音那加賜連姓. 又詔曰, 朕聞, 舊老相傳云, 子年者穀實不宜. 而天地垂祐, 今茲大稔, 古賢王有言, 祥瑞之美無以加豊年, 況復伊賀國司阿直敬等所獻黑狐, 卽合上瑞. 其文云, 王者治致太平, 則見, 思與衆庶共此歡慶, 宜大赦天下, 其强竊二盜常赦所不免者, 並不在赦限. 但私鑄錢者, 降罪一等, 其伊賀國司目已上, 進位一階, 出瑞郡免庸, 獲瑞人戶給復三年. 又天下諸國今年田租, 弁大和, 河內, 山背三國調, 並原免之. 庚午, 授正六位上阿直敬從五位下. 辛巳, 觀成法師爲大僧都, 弁通法師爲少僧都, 觀智法師爲律師. 乙酉, 以從五位下道君首名, 爲遣新羅大使. 己丑, 太政官議奏曰, 建國辟疆, 武功所貴. 設官撫民, 文教所崇. 其北道蝦狄, 遠憑阻險, 實縱狂心, 屢驚邊境. 自官軍雷擊, 凶賊霧消, 狄部晏然, 皇民無擾. 誠望便乘時機, 遂置一國, 式樹司宰, 永鎭百姓. 奏可之. 於是始置出羽國. 乙未, 禁取三關人爲帳內資人.

冬十月丁酉朔, 割陸奧國最上置賜二郡隸出羽國焉. 癸丑, 禁六位已下及官人等服用蘇芳色弁賣買. 丙辰, 從四位上息長眞人老卒. 甲子, 遣新羅使等辭見. 乙丑, 詔曰,諸國役夫及運脚者, 還鄕之日, 粮食乏少, 無由得達. 宜割郡稻別貯便地隨役夫到任令交易. 又令行旅人必齎錢爲資, 因息重擔之勞, 亦知用錢之便.

十一月辛巳, 加左右弁官史生各六人, 通前十六員, 乙酉, 從三位阿倍朝臣宿奈麻呂言, 從五位上引田朝臣邇閇, 正七位上引田朝臣東人, 從七位上引田朝臣船人, 從七位下久努朝臣御田次, 少初位下長田朝臣太麻呂, 無位長田朝臣多祁留等六人. 實是阿部氏正宗, 與宿奈麻呂無異. 但緣居處更成別氏, 於理斟酌良可哀矜. 今宿奈麻呂特蒙天恩, 已歸本姓. 然此人等未霑聖澤. 冀望, 各止別氏, 俱蒙本姓. 詔許之.

十二月辛丑, 制, 諸司人等衣服之作, 或襟狹小, 或裾大長. 又衽之相過甚淺, 行趨之時易開. 如此之服, 大成無禮. 宜令所司嚴加禁止. 又無位朝服, 自今以後, 皆著襴黃衣, 襴廣一尺二寸以下. 又諸國所送調庸等物, 以錢換,宜以錢五文准布一常. 己酉, 東西二市始置史生各二員. 丁巳, 有司奏, 自今以後, 公文錯誤, 內印著了, 事須改正者, 少納言宜申官長, 然後更奏印之.

續日本紀卷第五

『속일본기』 권제6

〈和銅 6년(713) 정월에서 靈龜 원년(715) 8월까지〉

종4위하 行民部大輔 겸 左兵衛督 황태자학사
신 菅野朝臣眞道 등이 칙을 받들어 편찬하다.

日本根子天津御代豊國成姫天皇 〈元明天皇〉

◯ 和銅 6년(713) 춘정월 무진(4일), 備前國에서 흰 비둘기를 바쳤다. 伯耆國에서 상서의 오이[1]를 바쳤다. 左京職이 피가 변해서 벼가 된 것을 1속을 바쳤다.[2]

병자(12일), 종4위하 伊福部女王이 죽었다.

정해(23일), 종4위상 巨勢朝臣麻呂, 정4위하 石川朝臣宮麻呂에게 함께 종3위를 내렸다. 무위 門部王에게 종4위하를, 무위 高安王에게 종5위하를, 정5위상 阿倍朝臣廣庭·笠朝臣麻呂·多治比眞人三宅麻呂·藤原朝臣武智麻呂에게 함께 종4위하를, 정6위하 巨勢朝臣安麻呂, 정7위상 石川朝臣君子, 종6위하 佐伯宿祢沙弥麻呂, 정7위상 久米朝臣麻呂, 정7위하 大神朝臣興志, 종7위하 榎井朝臣廣國, 정6위상 大藏忌寸老·錦部連道麻呂[3]·伊吉連古麻呂[4]에게 함께 종5위하를 내렸다.

---

1) 嘉瓜, 『延喜式』에는 祥瑞의 물건으로 오이는 기록되어 있지 않다. 권5 각주 13) 참조.

2) 『宋書』 符瑞志下에, "吳孫亮五鳳元年, 交趾稗草化爲稻, 昔三苗將亡, 五穀變種. 此草妖也. 其後亮廢"라고 하는 고사가 나온다. 그 내용은 吳 孫亮 五鳳 원년(254)에, 交址에서 피[稗]가 化하여 벼[稻]가 되었다. 옛날 三苗가 장차 망하려 할 때, 오곡의 종류가 바뀌었다. 이것은 풀의 요사스러움이다. 그 뒤에 孫亮은 폐위되었다는 것이다. 이 내용은 상서를 말하는 것이 아니라 그 반대 현상을 말한 것이지만, 논에서 쓸모없는 피로 변했다는 것을 상서로운 현상으로 인식했다는 것이다.

3) 錦部連은 원래 造 성이었으나 天武 13년에 連으로 개성하였다. 『新撰姓氏錄』 河內國諸蕃, 和泉國諸蕃의 「錦部連」조에 百濟國 速古大王의 후손으로 나오듯이 백제계 씨족이다. 錦部連은 錦織連으로도 표기하듯이 비단 직조와 관련된 伴造씨족이다.

4) 伊吉連은 중국계 도래씨족. 伊吉連古麻呂는 慶雲 4년 5월 견당사로 갔다 온 공로로 포상받았으며, 天平 원년에 종5위상으로 승진되었고, 동 4년에 下野守에 임명되었다.

2월 갑오삭(1일), 일식이 있었다.

임자(19일), 처음으로 度, 量,[5] 調, 庸, 의창 등의 5종의 법령을 제정하였다. 그 내용에 대해서는 別格[6]에 상세하다.

병진(23일), 志摩國에 역병이 생겨 약을 보내 치료하였다.

3월 임오(19일), (천황이) 조를 내려, "郡司의 少領 이상에 임용되는 자는 품성과 의식[7]이 청렴해야 하고, 시무를 능히 감당하지만, 축적한 동전이 적어 6관이 되지 않으면 지금 이후로는 천임[8]되어서는 안 된다"라고 하였다.

또 조를 내려 "제국의 지역은 강과 산에 의해 멀리 떨어져 있어 운송을 담당하는 노역자들은 오랫동안 고역에 시달린다. 양곡[9]을 모두 갖추면 납입해야 할 공물은 줄어들고, 무게를 줄인다면 아마도 길에서 굶는 일이 적지 않을 것이다. 각자 주머니에 동전을 소지하여 취식에 충당하도록 하면 영구히 노고와 비용을 줄일 수 있고 왕래에 편리할 것이다. 마땅히 국사, 군사 등은 부호가들을 모집하여 쌀을 길가에서 판매할 수 있도록 한다. 1년내에 쌀 1백석 이상을 판매한 사람의 이름을 주상하도록 한다. 또 전지를 매매[10]할 때에는 동전으로 지불해야 한다. 만약 다른 물건으로 지불한다면 전지 및 그 물건은 관에서 몰수하고, 혹은 (부정을) 신고하는 자가 있으면 신고자에게 물건을 주고, 판자와 산자 모두 칙을 위반한 죄로 처벌한다. 군사가 조사하지 않고 10건 이상을 위반한다면 즉시 해임하고 9건 이하이면 건수를 헤아려 근무평정을 내리도록 한다. 국사에 대해서는 식부성이 감찰하고 위반을 계산하여 근무평정에 기록한다. 혹은 동전을 이용하지 않더라도 상행위를 원하는 자는 허락하도록 한다[11]"라고 하였다.

---

5) 『令義解』「職員令」33 大藏省條112, "度量, 謂, 丈尺爲度也. 升斗爲量也"라고 하여 度는 길이, 量은 용적을 말한다.

6) 율령의 추가로 수정한 법령.

7) 원문에는 性識, 「選敍令」13에 "凡郡司, 取性識淸廉, 堪時務者, 爲大領少領"이라고 규정되어 있다. 『令集解』「戶令」4 置坊令條에는 "凡坊令. 取正八位以下. 明廉强直〈古記云. 問. 明廉强直. 又選叙令. 性識淸廉. 若爲分別. 答. 文異義同〉."이라고 하여 대보령의 주석인 「古記」에도 나온다.

8) 이 경우의 選任은 다른 직에서 옮겨 임용하는 것.

9) 왕경으로 보내는 調, 庸 등의 물자와 운송하는 노역자가 먹을 식량.

10) 이때의 매매는 논을 대상으로 하면 1년에 한해서 임대하여 경작하는 일. 봄에 임대료를 지불하는 것을 任, 가을 추수기에 납부하는 것을 租라고 한다.

하4월 을미(3일), 丹波國의 加佐, 與佐, 丹波, 竹野, 熊野의 5군을 분할하여 처음으로 丹後國을 설치하였다. 備前國의 英多, 勝田, 苫田, 久米, 大庭, 眞嶋의 6군을 분할하여 처음으로 美作國을 설치하였다. 日向國의 肝坏, 贈於, 大隅, 始欏의 4군을 분할하여 처음으로 大隅國을 설치하였다.[12] 대왜국에 역병이 생겨 약을 지급하고 구제하였다.

무신(16일), 새로운 格[13]과 더불어 천하 제국에 저울,[14] 도량을 반포하였다.

기유(17일), 여러 寺田의 기록에 착오가 있어 다시 개정하여, 1통은 소관 관사에 보관하고, 1통은 제국에 보내 보관하도록 하였다.

을묘(23일), 종4위하 安八萬王에게 종4위상을, 정5위하 大石王에게 종4위하를, 종5위상 益氣王에게 정5위하를, 종4위상 多治比眞人池守에게 정4위하를, 정5위상 百濟王遠寶[15]에게 종4위하를, 종5위상 大伴宿禰男人에게 정5위상을, 종5위하 賀茂朝臣吉備麻呂에게 정5위하를, 종5위하 笠朝臣長目·穗積朝臣老·小野朝臣馬養·調連淡海·倉垣忌寸子首에게 함께 종5위상을 내렸다. 讚岐國에 기근이 들어 이를 진휼하였다. 처음으로 제를 내려 5위 이상으로 같은 위계를 가진 자에게 나이에 따라 서열을 정했다.[16]

정사(25일), 제를 내려, "인물을 전형하는데 우열을 판단하여 임용하는 것은 식부성의 역할이고, 직무는 다른 성에 비해 무겁다. 마땅히 훈적을 논하는 날에는 식부성 장관이 없으면 그 일을 논해서는 안 된다"라고 하였다.

5월 갑자(2일), (천황이) 제를 내리기를, "기내, 7도, 제국의 군, 향의 이름은

---

11) 물물교환이 편리한 곳에서는 일부 허용하는 예외적인 사례로 보인다.

12) 九州 중남부의 이종족인 隼人의 저항을 평정하고 이 지역에 율령국가의 大隅國을 신설하였다.

13) 동년 2월 임자조에 내린 도량 등 5개조의 格.

14) 權衡은 「雜令」1에 "權衡二十四銖爲兩〈三兩爲大兩一兩〉, 十六兩爲"라고 한다.

15) 『일본서기』 持統 5년(691)에 조부 百濟王善光, 형 郎虞, 南典 등 일족과 함께 일본 조정으로부터 경제적 지원을 받았다. 文武 4년(700)에 常陸守에 임명되었고, 和銅 원년(708)에 左衛士督이 되었다.

16) 「公式令」55 文武職事條에는 "凡文武職事散官, 朝參行立, 各依位次爲序, 位同者, 五位以上, 卽用授位先後, 六位以下以齒.〈親王立前, 諸王諸臣, 各依位次不雜分列.〉"이라고 규정되어 있다. 즉 조정의 열석 순서는 5위 이상으로 동급이면 먼저 위계를 받은 선임자가 우선이고, 6위 이하는 나이 순으로 되어 있는데 이것을 5위 이상도 나이 순으로 개정한 것이다.

좋은 자를 붙인다. 그 군내에서 산출되는 은, 동, 채색, 초목, 조류, 동물, 물고기, 벌레 등의 모든 색깔을 기록하고, 토지의 비척도,[17] 산천, 들판의 이름의 유래를 기록한다. 또 古老가 전하는 옛 일, 특이한 일을 사적[18]에 기록하여 보고한다"라고 하였다.

기사(7일), 제를 내리기를 "무릇 군사의 대령, 소령은 종신으로 그 기한을 삼고, 바뀌는 직이 아니다. 바르지 못한 국사가 애증의 마음으로 비위를 옳다고 하고, 억지로 그만두게 하거나 해임하여 쫓아내는 일이 있다. 지금 이후로는 더욱이 해서는 안 된다. 만약 물러날 나이가 되어 기력이 떨어지고 몸이 쇠약해지거나 정신이 혼미해지고, 또 오랫동안 중병을 앓고 있어 거동이 불편하고, 망언을 일삼아 시무에 도움이 되지 않은, 이러한 경우에는 (본인이) 진심으로 호소하여 고향으로 돌아가 몸을 보전하고자 한다면 도리에 맞게 허용해야 한다. 구체적으로 자필 진술서를 받아 소관 관사에 보내고, 처분을 기다린 후에 후임을 택하여 보충할 수 있다"라고 하였다.

계유(11일), 相摸, 常陸, 上野, 武藏, 下野의 5국에서 바치는 調는 원래 삼베이다. 지금 이후로는 비단과 삼베를 함께 보낸다. 또 大倭國과 參河國은 함께 운모를 바치고, 伊勢國은 수은을, 相摸國은 석류황, 백번석, 황번석을, 近江國은 자석을, 美濃國은 청번석을, 飛驒國과 若狹國은 함께 번석을, 信濃國은 유황을, 上野國은 금청을, 陸奥國은 백석영, 운모, 석류황을, 出雲國은 황번석을, 讚岐國은 백번석을 바치도록 하였다.

갑술(12일), 讚岐守 정5위하 大伴宿禰道足 등이 아뢰기를, "관할하의 寒川郡[19] 사람 物部亂 등 26인이 경오[20] 이래 함께 양인의 호적에 있었는데, 단지 경인의 호적[21]을 만들 때에 잘못하여 飼丁[22]의 신분에 들어갔다. 스스로

---

17) 『肥前風土記』에는 里名 밑에 上上에서 下下까지 9단계로 나누어 토지의 비척도를 구분하고 있다.

18) 『風土記』를 말한다. 현존하는 風土記는 播磨國風土記가 가장 빠르고, 다음으로 常陸國風土記, 出雲國風土記가 찬진되고, 이후 서해도의 豊後國 및 肥前國 風土記가 편찬되었다. 『扶桑略記』의 해당조에도 "又令作風土記"라는 문구가 보인다. 풍토기와 같은 地方誌의 편찬은 중앙집권국가가 제 국의 물산을 파악하여 調·庸 및 공진물의 종류를 파악하기 위한 현실적 요구에 의해 시행되었다.

19) 현 香川縣 大川郡 西部, 寒川町 부근.

20) 天智 9년(670) 경오년에 만든 庚午年籍.

반복해서 검토하고 손수 살펴보니 증거가 명백하고 이미 밝혀졌다. 그런데 그 이후 아직도 양인의 호적에는 들어가지 못했다. 그런 까닭에 고 皇子命宮[23]의 飼丁을 조사한 사자가 오류를 범해 잡호에 편적시켰다. 이치를 참작해 보면 어떻게 (飼丁의 신분이 되는) 증거가 되겠는가. 양인의 신분에 포함되었으면 한다"라고 하였다. 이를 허락하였다.

정해(25일), 처음으로 山背國에 乳牛戶[24] 50호를 지정하였다.

6월 경술(18일), 종7위상 家原河內, 정8위상 家原大直, 대초위상 首名 3인에게 함께 連 성을 내렸다.

신해(19일), 우경인 支半于刀, 河內國의 志紀郡 사람 刀母離余叡色奈가 직물의 색을 염직하여 바쳤다. 그 노고로 종8위하를 내리고, 아울러 비단 10필, 명주실 40구, 삼베 40단, 소금 10롱,[25] 곡물 1백석을 주었다.

계축(21일), 처음으로 大膳職[26]에 史生 4인을 두었다.

을묘(23일), (천황이) 甕原[27]의 이궁으로 순행하였다.

무오(26일), (천황이) 환궁하였다.

추7월 병인(5일), (천황이) 조를 내려 "훈위를 수여하는 것은 본래 공이 있기 때문이다. 만약 특별히 우대하지 않으면 무엇으로 격려할 수 있겠는가. 지금 隼人 적을 토벌한 장군 및 사졸 등 전쟁에서 공이 있는 자 1,280인에게 함께 노고에 따라 훈위를 수여하였다.

정묘(6일), 大倭國 宇太郡의 波坂鄉 사람 대초위상 村君東人得이 長岡野의 지에서 동탁[28]을 얻어 바쳤다. 높이 3척, 구경 1척이고, 그 제작이 특이한 형상이고 음색이 음률에 어울렸다. 칙을 내려 관할 관사에 보관하게 하였다.[29]

---

21) 庚寅年籍. 이 호적은『일본서기』持統 3년(689) 윤8월부터 만들기 시작하여 이듬해 완성하였다.

22) 左右馬寮에 소속되어 말사육을 담당하는 인부. 雜戶로서 양민보다 낮은 신분이었는데, 天平 16년 2월 馬飼, 雜戶를 양민과 동등하게 하였다.

23) 天武天皇의 황자인 草壁皇子 혹은 高市皇子.

24) 젖소를 사육하고 우유, 유제품을 조정에 공상하는 집단.

25) 1籠은 2두 혹은 3두로 추정된다.

26) 궁내성의 피관으로 조정의 연회 등에 요리를 담당.

27) 山背國 相樂郡. 후에 恭仁宮.

28) 정사에는 銅鐸 용어가 처음 나온다.

29) 「雜令」22 宿藏物條에 "凡於官地得宿藏物者, 皆入得人, 於他人私地得, 與地主中分之, 得古器

무진(7일), 美濃, 信濃 2국의 경계는 가는 길이 험하고 좁아 왕래하기 어렵다. 이에 吉蘇路[30]를 개통하였다.

8월 신축(10일), 종5위하 道公首名[31]이 신라에서 돌아왔다.

을묘(24일), 대풍이 불어 나무가 뽑히고 가옥이 부서졌다.

정사(26일), 정5위하 大伴宿禰道足을 彈正尹으로 삼고, 종5위하 大石王을 섭진대부로 삼고, 종5위하 榎井朝臣廣國을 參河守로 삼고, 종5위하 大神朝臣興志를 讚岐守로 삼고, 종5위하 道君首名을 筑後守로 삼았다.

9월 정축(17일), 造宮卿 종4위하 大伴宿禰手拍이 죽었다.

기묘(19일), 攝津職에서 언상하기를, "河邊郡의 玖左佐村은 산천에 의해 멀리 떨어져 있고, 도로가 험난하다. 이런 이유로 大寶 원년에 처음으로 관사를 세워 각종 공무를 행하고 오로지 郡의 사례에 준하였다. 군사를 설치하기를 청한다"라고 하였다. 이를 허락하였다. 지금의 能勢郡이 이것이다. 조를 내려 "和銅 4년 이전에 公私로 빌린[32] 稻, 粟을 아직 상환하지 못한 자는 모두 면제한다"라고 하였다.

신사(21일), 大藏省의 史生 6인을 증원하였다.

동10월 무술(8일), (천황이) 제를 내려 "제사찰이 점유한 전야는 그 수가 제한이 없다. 마땅히 지금 이후로는 수가 格의 규정을 넘으면 모두 이를 환수한다"라고 하였다.

경자(10일), 板屋司[33]의 위계는 오로지 寮[34]에 준한다. 〈法用司를 고쳐서

形製異者, 悉送官酬直"이라고 하여 습득물에 대한 처리방법에 대해 규정되어 있다. 이 중에서 특이한 형상을 한 古器形은 소관 관사에 보내라고 하고 있어 당시의 옛 유물에 대한 인식을 엿볼 수 있다.

30) 大寶 2년 12월 임인조에 "始開美濃國岐蘇山道"라고 하여 이때 공사가 시작되어 완성된 것으로 보인다.

31) 和銅 5년 9월에 견신라대사로 임명되었고, 동 10월에 출발 인사를 하였다.

32) 公出擧, 私出擧.

33) 명칭으로 보면, 지붕을 판자로 이은 건물을 의미한다. 다만 그 주기에 "法用司를 고쳐서 板屋司로 하였다"라고 하는 法用司는 和銅 2년 3월 경진조에, 처음으로 造雜物法用司를 설치하였다는 기사로부터 어떤 잡물을 만드는 관사로 추정되는데, 구체적인 성격을 알 수 없다.

34) 중앙의 8省 산하의 관사의 하나. ○○寮, ○○司의 종류이다.

板屋司로 하였다.〉.

정사(27일), 또 민부성의 史生 6인을 증원하였다.

무오(28일), 조를 내려 "방인[35]을 수비대에 보낼 때에는 (인솔하는) 전문 사인을 파견하고 있다. 이에 따라 역을 이용하는 사인이 불편하고 사람, 말 모두가 피로해진다. 마땅히 (중간에 있는 국들이) 이어서 보내야 한다"라고 하였다.

11월 신유삭(1일), 伊賀, 伊勢, 尾張, 參河, 出羽 등의 국이 언상하기를, "대풍이 불어 수확기의 농사가 피해를 입었다"라고 하였다. 調, 庸을 모두 면제하였다. 다만 이미 납입한 자는 정세[36]로서 지급하였다.

을축(5일), 石川,[37] 紀[38]의 2명의 嬪의 호칭을 강등하여 빈이라고 칭할 수 없게 하였다.[39]

병자(16일), 조를 내려 "정7위상 桉作磨心[40]은 공예에 남다른 재능이 있다.[41] 홀로 많은 사람들을 뛰어넘었고 만든 錦, 綾의 직물은 실로 妙麗로 불린다. 磨心의 자손에게 잡호를 면제하고, 栢原村主[42]의 성을 내리도록 한다"라고 하였다. 대왜국에서 상서로운 연꽃[43]을 바쳤다. 近江國에서 木連

---

35) 九州를 중심으로 서해도에 배치된 防人을 가리킨다. 대부분 東國地方에서 오기 때문에 도착지에 이르는 노정에 고난이 따른다. 「軍防令」20의 규정에는 防人은 難波津에 이를 때까지는 국사가 인솔하고 難波에서부터는 專使가 인솔한다. 「軍防令」3에는 防人의 근무기간은 3년으로 되어 있다.

36) 調庸을 이미 납부한 자에게는 대신 正稅인 官稻를 지급하는 것.

37) 石川朝臣刀子의 딸.

38) 紀朝臣竈門의 딸.

39) 이들 두 사람은 文武天皇의 嬪이다. 이들을 빈으로 칭하지 못하게 한 것은 藤原氏가 자신의 딸이 낳은 首皇子(聖無天皇)를 옹립하기 위한 음모였다는 설이 있다.

40) 桉은 鞍으로도 쓴다. 백제계 도래인 후손. 『日本書紀』 雄略紀 7년 是歲條에 東漢直掬에게 명하여 新漢鞍部堅貴 등을 上桃原, 下桃原, 眞神原에 살게 했다고 한다. 마구 등의 제작에 종사했으나 그의 일족 중에는 鞍作司馬達等, 그의 아들 鞍部多須奈, 손자 鞍作止利(鞍作鳥) 등 불상제작 등에서 뛰어난 업적을 이룩한 인물도 나왔다.

41) 「選敍令」12의 義解에 "異才者, 才藝超拔, 異於人倫者也"라고 한다.

42) 栢原은 柏原으로도 쓴다. 大和國 葛上郡 柏原鄕(『大日本古文書』 3-490)으로 추정된다. 正倉院文書에는 柏原氏 화공이 많이 나온다.

43) 嘉蓮, 『宋書』 符瑞志下에 "泰始五年六月甲子, 嘉蓮生湖熟"이라고 나오고, 또 『梁書』 武帝紀에 "天監十年六月乙酉, 嘉蓮一莖三花, 生樂遊苑"이라고 하여 한 줄기에서 3개의 꽃이 피는 것을 嘉蓮이라고 하였다. 보통은 한 줄기에서 핀 2개 꽃을 雙頭蓮이라고 하는데, 50년, 100년에 한 번 보인다고 한다. 『延喜式』의 祥瑞의 종류에는 나오지 않는다.

理[44] 12주를 바쳤다. 但馬國에서 흰 꿩을 바쳤다. 태정관이 처분하기를, “무릇 제관의 공과는 모두 변관에 신고하고 이어 변관은 식부성에 내려보내도록 하라”고 하였다.

을유(25일), 임시로 병마사의 史生 4인을 충원하였다.

12월 신묘(2일), 새로 陸奧國에 丹取郡을 설치하였다.

을미(6일), 우대변 종3위 石川朝臣宮麻呂가 죽었다. 近江朝 대신 大紫連子이 제5자이다.

경자(11일), 처음으로 중무성에 史生 10인을 증원하였다.

을사(16일), 近江國에서 慶雲이 나타났다고 언상하였다. 丹波國에서 흰 꿩을 바쳤다. 이에 2국에 曲赦[45]를 내렸다.

기유(20일), 처음으로 궁내성에 史生을 10인 증원하였다.

◯ 和銅 7년(714) 춘정월 임술(3일), 2품 長親王·舍人親王·新田部親王, 3품 志貴親王益에게 봉호 각각 2백호, 종3위 長屋王에게는 1백호를 증액하여 내렸고, 봉호로부터 납입된 전조는 전부 지급하였다. 그 식봉의 전조를 모두 봉주에게 지급한 것은 이로부터 시작된 것이다.[46]

갑자(5일), 정4위하 多治比眞人池守에게 종3위를, 무위 河內王에게 종4위하를, 무위 櫻井王·大伴王·佐爲王에게 함께 종5위하를, 종4위하 大神朝臣安麻呂에게 종4위상을, 정5위상 石川朝臣石足·石川朝臣難波麻呂·忌部宿禰子首, 정5위하 阿倍朝臣首名, 종5위상 阿倍朝臣爾閇에게 함께 종4위하를, 종5위상 船連甚勝[47]에게 정5위하를, 정6위상 春日椋首老, 정6위하 引田朝臣眞人·小治田朝臣豊

---

44) 뿌리가 서로 다른 나무의 줄기가 하나로 이어져 자란 나무.

45) 특정 사안에 대해 특정 지역에 내리는 사면. 천하에 대사면을 내리는 경우를 제외하고는 모두 曲赦에 해당한다.

46) 「賦役令」8에는 “무릇 봉호는 課戶로써 충당한다. 調와 庸은 모두 지급하고 그 田租는 2등분해서 1분은 관에 들어가고 1분은 주인에게 지급한다”라고 규정되어 있다. 天平 11년 5월에 이르러 封租는 전부 封主에게 지급되는데 이 조치는 일부 왕족에 대한 특별 배려이다.

47) 船連甚勝은 和銅 2년 3월 이후 靈龜 2년 4월까지 정5위하 出雲守를 역임하였다. 船連氏는 백제계 도래씨족인 王辰爾의 후예로, 船司로서 船史의 씨성을 받았고, 天武 12년(683)에 連으로 사성받아 船連氏가 되었다. 본거지는 河內國 丹比郡 野中鄕, 현재의 大阪府 藤井寺市 野中 및 羽曳野市이다. 野中寺는 이 씨족의 氏寺이다.

足·山上臣憶良[48)]·荊義善·吉宜[49)]·息長眞人臣足·高向朝臣大足, 종6위상 大伴宿禰山守·菅生朝臣國益·太宅朝臣大國, 종6위하 粟田朝臣人上·津嶋朝臣眞鎌·波多眞人餘射, 정7위상 津守連道에게 함께 종5위하를 내렸다.

경오(11일), 산위 종5위하 猪名眞人石前이 죽었다.

기묘(20일), 2품 氷高內親王에게 식봉 1천호를 증봉하였다.

갑신(25일), 相摸, 常陸, 上野, 武藏, 下野 5국에 처음으로 調를 비단[50)]으로 바치게 하였다. 다만 삼베로 납입하기를 원하는 자는 허락하였다.

병술(27일), 병부경 종4위상 大神朝臣安麻呂가 죽었다.

2월 기축삭(1일), 일식이 있었다.

경인(2일), (천황이) 제를 내려, "상거래에 布 2장 6척을 段으로 하고, 常[51)]으로 해서는 안 된다.[52)] 만약 常布를 축적해서 스스로 영업을 하려는 자가 있다면 금년 12월 이전에 모두 판매해야 하고, 혹은 축적된 것이 다소 많아 모두 판매하지 못한다면, 관에 납입하여 가격을 조정하여 정한다. 혹은 기한 외에 매매한다면 몰수하여 관물로 한다. 이를 신고하는 사람이 있으면 모두 신고자에게 준다. 帶關國司[53)]는 상인이 관을 통과하는 날, 자세히 조사하여 사인[54)]에게 부쳐서 보고하도록 한다"라고 하였다. 上總國[55)]에서 언상하기

---

48) 일본고대의 萬葉歌人으로 유명하다. 大寶 원년(701)에 遣唐少錄으로 당에 파견되었고, 靈龜 2년(716)에 伯耆守, 神龜 3년(726)에 筑前守를 역임하였다. 山上憶良을『일본서기』天武 朱鳥 원년(686)에 보이는 百濟人 億仁의 아들로 추정하고, 백제멸망 후에 망명했다는 설이 있다.『만엽집』에 78수의 단가가 남아 있고, 大伴家持, 柿本人麻呂, 山部赤人 등과 더불어 奈良時代를 대표하는 가인이다.

49) 吉宜는 환속한 승려로 백제 멸망시에 망명한 吉大尙의 후손이다. 제1권 文武 4년 8월조 86쪽 각주 152) 참조.

50) 絁는 성기게 짠 비단으로 견직물의 일종. 교환수단, 과세대상, 급여, 증물, 관인, 승려의 복장을 만드는 데 사용하였다.

51) 1장 3척의 길이 단위.

52) 大寶令에서는 일반적인 기준이 된 常布의 길이가 1장 3척으로 2매분에 상당하는 2장 6척이 庸布로서 正丁 1인에게 징수된다. 그 후 庸은 반감되어 慶雲 3년(706)에 1장 3척으로 제도화되었다. 그러나 和銅 6년 2월 19일 格에서는 庸布는 2인의 正丁이 바치는 2丁을 段으로 하여 길이 2장 6척으로 정했다. 따라서 길이 1장 3척의 常布는 庸으로서 바칠 수 없게 되었다. 그러나 상거래에서는 사용되었는데, 여기에 와서 당해년 12월까지 모두 판매하고 여분의 것은 관에서 상호 협의하여 적절한 가격을 정하여 매수하고, 그 이후의 판매는 금지한다고 격을 내렸다.

53) 주요 경계지역에 설치한 關을 관할하는 국사.

를, “왕경으로 가는 길은 너무 멀어 調를 공상하는 일은 극히 무겁다. 細布로 대신하면 매우 부담을 줄일 수 있다. 길이 6장, 넓이 2척 2촌으로 正丁 1인마다 2장을 바쳐 3인분을 1端으로 삼고자 한다”라고 하였다. 이를 허락하였다.

신묘(3일), (천황이) 조를 내려, “사람이 의식이 족하면 모두 예절을 알며, 몸이 빈궁하고 힘들면 다투고 간사해진다. 지금 비단, 명주실, 목면, 삼베 등을 보내는 제국은 調, 庸의 납입물 이외에 사람마다 명주실 1근, 목면 2근, 삼베 6단을 저축시켜〈나이 15세 이상 65세 이하인 자를 말한다.〉, 생활에 도움이 되어 궁핍하지 않도록 한다. 國, 郡에서는 잘 감독하고 힘써 규정된 수량에 따라 저축하는 자에게는 그 해의 근무평정을 1考 더한다. 또 이장에게는 당해년의 조를 면제하다. 만약 허위로 보고한다면, 국사, 군사는 바로 현직을 해임하고 이장에게는 조를 징수하고 직무를 정지한다”라고 하였다.

정유(9일), 종5위하 大倭忌寸五百足을 氏上[56]으로 삼아, 主神을 제사지내게 하였다.

무술(10일), 조를 내려, 종6위상 紀朝臣淸人,[57] 정8위하 三宅臣藤麻呂에게 명하여 國史[58]를 편찬하게 하였다.

신축(13일), 처음으로 出羽國에 양잠을 행하게 하였다.

임인(14일), 7도 제국에 사자를 보내 죄수에 대해 기록하게 하였다.[59]

윤2월 무오삭(1일), 美濃守 종4위하 笠朝臣麻呂에게 봉호 70호, 전지 6정을 내리고, 少掾 정7위하 門部連御立,[60] 大目 종8위상 山口忌寸兄人[61]에게 각각

---

54) 朝集使.

55) 율령국가의 東海道에 속하고 현재의 千葉縣 지역으로 遠國에 해당한다.

56) 氏上은 氏宗, 氏長이라고도 하며 조정에서 정한 씨의 장이다. 『일본서기』 天智 3년 2월조에 “大氏의 氏上에게는 大刀를 주었고, 小氏의 氏上에게는 小刀를 주었고, 그 伴造들의 氏上에게는 방패, 궁시를 주었다”고 한다. 이들 氏上은 종가로서 氏人을 관리하고 氏神을 제사지내고 氏人의 改賜姓을 신청하는 등 일정하게 정치적인 권한도 가졌다.

57) 학문에 뛰어난 재능이 있어 황태자 교육을 담당하였다. 天平 16년(744)에 종4위하로 승서되었고, 右京亮, 治部大輔, 文章博士, 武藏守를 역임하였다.

58) 이때의 國史는 『日本書紀』를 말한다. 그러나 『일본서기』는 이미 天武 10년 3월에 帝記 및 上古諸事의 記定事業이 시작되었고, 그간의 편찬과정 속에서 일본 천황제 율령국가의 이념에 맞는 체제로 편찬하기 위해 그에 걸맞는 인물을 발탁하여 맡겼다고 생각된다.

59) 죄수의 수, 죄명 등을 조사, 기록해서 보고하는 일.

위계를 올리고, 匠人 종6위상 伊福部君荒當에게 전지 2정을 주었다. 吉蘇路를 개통했기 때문이다.

기묘(22일), (천황이) 甕原의 이궁에 순행하였다.

3월 정유(10일), 沙門義法[62]이 환속하였다. 성은 大津連, 이름은 意毘登이고 종5위하를 내렸다. 점술[63]에 이용하기 위해서이다.

임인(15일), 隼人이 도리에 어둡고 거칠어 법령에 익숙치 않아 豊前國 백성 1백호를 이주시켜 서로 권장하고 인도하게 하였다.[64]

을묘(28일), 종5위상 上毛野朝臣廣人, 大伴宿禰牛養에게 함께 종5위상을 내렸다.

하4월 신미(15일), 중납언 종3위 겸 중무경 훈3위 小野朝臣毛野가 죽었다. 小治田朝[65]의 大德冠[66] 妹子[67]의 손인 小錦中毛人의 아들이다.

---

60) 門部連은 宮城門을 경비하는 門部의 伴造. 天武 14년 4월에 文部連大嶋가 連 성을 받았다. 『신찬성씨록』 大和神別에 牟須比命의 兒 安牟須比命의 후예로 나온다.

61) 백제계 도래씨족인 倭漢氏의 지족. 延曆 4년 6월 坂上苅田麻呂 등의 상표문에 의하면 坂上忌寸 등과 함께 宿禰 성을 받았다. 『신찬성씨록』 右京諸蕃에 山口宿禰는 坂上大宿禰와 同祖로 나오고, 坂上系圖에 인용된 姓氏錄逸文에는 阿智使主의 아들인 都賀使主의 후손이 山口宿禰 등 8성 씨족의 조상으로 나온다. 8세기에 하급관인과 經師 등에 종사하는 인물이 많았다.

62) 환속 전의 행적에 대해서는 慶雲 3년(706) 8월 美努連淨麻呂를 대사로 하는 견신라사절단이 조직되어 동년 11월에 출발하였고, 경운 4년 5월에 귀국하였다. 이때 義法은 義基, 摠集, 慈定, 淨達 등의 학문승과 함께 6개월간 신라에 체류하면서 신라불교계의 동향을 파악하고, 불교사상을 습득하고, 신라승과 교류하고 관련 전적 등을 구입한 것으로 보인다. 天平 2년(730) 3월 신해조에는 태정관의 주청으로 國家要道의 학문 분야로서 음양, 의술, 七曜, 頒曆 등에 뛰어난 관인을 선발하여 제자를 양성하게 했다는 기록이 나오는데 음양분야에 탁월한 인물로 나오는 大津連首가 바로 의법이다. 그는 한시에도 밝아 『회풍조』에 한시문 2수를 남겼다. 이때의 大津連首의 나이 66세로 정5위하 음양료의 장관인 음양두이자 황후의 가정기관인 황후궁량을 겸직하였다. 그의 아들인 大津連大浦 역시 대대로 음양도의 가문으로 음양학을 습득하고 만년에는 종4위상 음양두 겸 安藝守를 역임하였다.

63) 陰陽寮의 관인으로 등용하였다. 陰陽師는 6인으로 이들은 음양오행, 천문역법을 통해 국가의 현실과 미래를 예측하였다.

64) 이종족인 隼人에 대해 율령국가의 법에 따라 공민으로서 과역을 부담하는 등 복속하는 행위를 가르치는 것.

65) 推古朝.

66) 大德의 冠은 推古 11년 12월에 제정된 관위 12계의 1위.

67) 推古朝의 관인 小野妹子. 『日本書紀』 推古 15년 7월조에 "大禮小野臣妹子遣於大唐以鞍作福利爲通事"라고 하여 통역관 鞍作福利 등과 함께 大唐(당시에는 隋)에 파견되었다.

무인(22일), (천황이) 제를 내려 "제국의 庸으로 바치는 綿은 正丁 1인당 5량이다. 다만 安藝國의 견사는 정남 1인에 2량이고, 遠江國은 견사 3량이고, 아울러 正丁 2인으로 屯, 絇로 한다[68]"라고 하였다.

임오(26일), 태정관이 주상하기를 "제국의 租倉은 크기, 적재 수량의 문안을 대조해 조사하면 잘못된 것이 없다. 이에 따라 국사가 교대하는 날에 장부에 의거하여 인계하고, 그 이상은 조사하지 않는다. 그러나 실행해 보면 결손이 많아 멋대로 허위로 장부를 만들어 본래의 실수량은 알 수 없다. 참으로 국사, 군사 등이 조사를 하지 않아 생긴 일이다. 지금 이후로는 제국에 창고를 지을 때에는 3등급으로 하여 大는 4천석, 中은 3천석, 下는 2천석으로 정한다. 한번 정한 후에는 문안을 허위로 하는 일이 없도록 한다"라고 하였다. 신사(25일), 多褹嶋에 인장 1개를 지급하였다.[69]

5월 정해삭(1일), 대납언 겸 대장군 정3위 大伴宿禰安麻呂가 죽었다. 천황이 심히 애도하였다. 조를 내려 종2위로 추층하였다. 安麻呂는 難波朝[70]의 우대신 大紫 長德[71]의 제6자이다.

계축(27일), 土左國 사람 物部毛虫咩이 한번에 3자를 낳았다. 곡물 40석과 아울러 유모를 보냈다.

6월 기사(14일), 若帶日子의 성은 國諱[72]에 저촉되어 거주지 명으로 고쳐서 주었다. 國造人 성은 人 자를 제외하였다[73]. 寺人의 성은 본시 物部의 일족이다.

동 16년 4월 隋使 裴世淸을 동반하여 귀국했는데, 隋 煬帝의 국서를 백제에서 분실했다는 이유로 처벌받을 위기에 처했으나 사면되었다. 동년 9월 다시 대사로서 수에 파견되어 동 17년 9월에 귀국하였다.

68) 屯은 綿, 絇는 絲의 측량단위이다. 1屯은 2斤이고, 1絇는 16兩이다. 「賦役令」1 調絹條에는 "凡調絹糸綿布, 並隨鄕土所出, 正丁一人, 絹八尺五寸, 六丁成疋.〈長五丈一尺, 廣二尺二寸.〉. 美濃, 六尺五寸, 八丁成匹.〈長五丈二尺, 廣同絹絁〉. 糸八兩, 綿一斤, 布二丈六尺, 並二丁成屯端.〈端長五丈二尺, 廣二尺四寸.〉.其望布, 四丁成端,〈長五丈二尺, 廣二尺八寸.〉"이라고 하여 調로 바치는 絹, 糸, 綿, 布는 모두 향토산물이고 正丁이 바치는 수량을 규정하고 있다.

69) 大寶 2년 8월에 多褹嶋司가 설치되어 국가 공문서에 날인하게 되어 율령국가의 행정단위로 기능하게 된 사실을 말한다.

70) 孝德朝.

71) 『日本書紀』 大化 5년(649) 4월조의 "於小紫巨勢德陀古臣授大紫爲左大臣, 於小紫大伴長德連〈字馬飼.〉授大紫爲右大臣"에 등장하는 小紫 大伴長德連이다.

72) 『古事記』에는 成務의 諱가 若帶日子命으로 나온다.

경오년적에서 거주지 명에 따라 처음으로 寺人으로 호칭하였는데, 천민, 예속민으로 혼동할 것을 우려해 寺人을 없애고 고쳐서 본성을 따랐다.[74]

갑술(19일), 태정관이 처분하기를, "職分資人[75]은 만약 본 주인이 죽거나, 아울러 어떤 이유로 관을 떠난 경우에는 근무 연수에 한정하지 않고 함께 식부성에 잔류한다. 만약 본 주인이 관을 떠나 다시 복귀하는 일이 있으면 원래의 資人으로 충당한다[76]"라고 하였다.

무인(23일), (천황이) 조를 내려, "요즈음 음양이 조화를 이루지 못해 기후가 불순하다. 남쪽의 들판은 바야흐로 운기가 솟고 있지만 단비는 아직 내리지 않아, 백성들의 전답이 자주 피해를 입는다. 마땅히 제신사에 폐백을 올리고 대천명산에 기우제를 지내야 한다. 바라건대, 축복의 비가 내려 농잠에 피해가 없도록 한다"라고 하였다.

경진(25일), 황태자[77]가 元服 의식을 행하였다.

계미(28일), 천하에 대사면을 내렸다. 和銅 7년 6월 28일 오시[78] 이전의 사형죄 이하는 경중을 묻지않고, 이미 발각되었거나 발각되지 않았거나, 이미 판결을 받았거나 아직 심리중이거나, 미결수나 기결수나, 몰관되어 노비가 된 자, 8학을 범한 자, 통상의 사면에서 면제되지 않는 자, 모두 사면한다. 사주전, 절도와 강도는 모두 사면의 범위에 포함하지 않는다. 다만 사주전, 절도와 강도로 판결이 난 사형죄에 대해서는 죄를 1등 감한다. 노인 중에 100세 이상에게는 곡물 5석을 내리고, 90세 이상이면 3석을, 80세 이상이면 1석을 지급한다. 孝子, 順孫, 義夫, 節婦은 집 대문과 마을 입구의 문에 그 내용을 알리고, 우대하여 종신으로 과역을 면제한다[79].

---

73) '人' 자를 없애고 國造를 성으로 했다는 것.

74) 國造人, 寺人 등 某+人 성은 주인에 종속된 민으로 표시하는 경우가 많다. 따라서 卑姓으로 간주될 것을 우려하여 '人' 자를 없애려고 한 것이다.

75) 태정대신 이하 중납언 이상의 관인에게 그 관직에 따라 지급되어 경호, 잡무 등에 종사하였다.

76) 『延喜式』 18 式部省上에도 "凡職分資人本主亡及以理去官者, 不限年數, 並聽留省. 若有復任者, 廻以舊人充之. 舊人若遷他色, 以新人充之"라고 하여 거의 같은 규정이 있다.

77) 首皇子. 후의 聖武天皇. 聖武天皇 즉위전기에 和銅 7년 6월 14세의 나이로 황태자가 되었다고 한다. 원복 의식은 입태자와 동시에 거행된 것으로 보인다.

78) 午時. 정오 전후.

79) 제4권의 和銅 원년 춘정월조 167쪽 각주 28) 참조.

홀아비, 과부, 고아, 독거노인, 장애자에게는 마땅히 관할 관부에서 헤아려 진휼하도록 한다"라고 하였다.

갑신(29일), 종7위하 大津造元休, 종8위하 船人[80] 등에게 함께 連 성을 내렸다[81].

8월 을축(10일), (천황이) 제를 내려 散事[82] 5위 如應에게 녹을 내리고 지금 이후로는 職事[83] 정6위에 준하도도록 하였다.

9월 갑진(20일), 제를 내려 "지금 이후로는 銅錢을 선택해서는 안 된다.[84] 만약 실제로 官錢임을 알고 있으면서 꺼리는 자가 있다면 곤장 1백대에 처하고, 위조된 동전은 거래 당사자가 같이 이를 깨트려서 즉시 市司[85]에 보낸다"라고 하였다.

임자(28일), 정7위상 柏原村主磨心에게 종5위하를 내렸다.

동10월 을묘삭(1일), 美濃, 武藏, 下野, 伯耆, 播磨, 伊豫 6국에 대풍이 불어 가옥이 무너졌다. 이에 당해년의 租, 調을 면제하였다.

병진(2일), 칙을 내려 尾張, 上野, 信濃, 越後 등의 제국의 백성 100호를 차출하여 出羽國의 柵戶[86]로 배속시켰다.

정묘(13일), 종4위하 石川朝臣難波麻呂를 常陸守로 삼고, 종5위상 巨勢朝臣兒祖父를 伊豫守로 삼고, 종5위하 津嶋朝臣眞鎌을 伊勢守로 삼고, 종5위상 平群朝臣安麻呂를 尾張守로 삼고, 종5위하 佐伯宿禰沙彌麻呂를 信濃守로 삼고, 종5위하 大宅朝臣大國을 上野守로 삼고, 종5위하 津守連通을 美作守로 삼았다.

신미(17일), 造宮省에 史生 6인을 증원하여 이전과 합해 14인이 되었다.

11월 무자(4일), 大倭國 添下郡 사람 大倭忌寸果安, 添上郡 사람 奈良許知麻呂,[87] 有智郡의 여자 四比信紗[88]에게 모두 종신토록 과역을 면제하였다.[89]

---

80) 大津造船人.

81) 大津連의 성은 동년 3월에 보이는 沙門義法의 성 大津連이므로 이들과 동족으로 보인다.

82) 후궁 12司의 女官 중에 女孺, 采女 등 하위직에 봉사하는 잡사의 총칭.

83) 직무가 정해진 관인.

84) 주조된 전화의 상태가 조악해도 이를 사용하지 않는 등 선택을 해서는 안 된다는 것.

85) 왕경 동서에 설치되어 東市司는 左京職, 西市司는 右京職에 속하고 市에서 일어나는 부정, 범죄의 방지, 교역에서의 도량형 관리, 물가 감시, 감독을 행하였다.

86) 동북지방의 성책에 배속되어 개간, 농경, 잡역 등에 종사하였다.

이에 효행과 절조를 표창하였다. 果安은 부모에 대해 효행과 부양을 다하고, 형제와 우애가 있었으며, 만약 병들어 굶주린 사람이 있으면 스스로 자신의 양곡을 가져다 방문하여 간병하고 먹을 것을 주었다. 登美, 箭田 2향의 백성은 모두 그의 의로운 행동에 감동하여 부모와 같이 존경하고 사랑하였다. 麻呂는 품성이 효행스럽고 유순하여 남에게 원한을 살 일이 없었다. 일찍이 계모에게 모략을 받아 父家에 들어갈 수 없었지만 절대로 원망하는 기색을 보인 적이 없었으며, 효행과 부양을 돈독히 하였다. 信紗는 氏直果安의 처인데 시부모를 모시어 효행이 자자하였다. 남편이 사망한 후에도 많은 해가 지났어도 정절을 지키고 스스로 어린 자식 및 첩의 자식 모두 8인을 차별없이 양육하였고, 시부모를 모시고 스스로 며느리의 예를 다하여 향리에서 칭송하게 되었다.

을미(11일), 신라국 重阿飡[90] 金元靜 등 20여 인이 조공하였다. 기내와 7도로부터 기병 합계 990인을 징발하여 (신라사) 입조 의식의 위병을 담당하게 하였다.

---

87) 奈良許知麻呂의 許知는 한반도에서 도래한 씨족으로 추정된다. 『일본서기』 欽明紀 원년 2월조에, "百濟人己知部投化, 置倭國添上郡山村, 今山村己知部之先也"라고 하여 백제인 己知部가 나온다. 許知는 己知와 동음이다. 神護景雲 2년 2월조에 山村許智人足, 寶龜 8년 7월조의 山村許智大足 등의 지명을 관칭한 山村許智도 奈良許知氏와 동족으로 생각된다. 『일본서기』 신공기 섭정전기에도 微叱己知波珍干岐, 동 신공황후 섭정 5년 3월조의 微叱許智伐旱 등에 보이듯이 己知, 許智는 고대 한국어의 수장층을 의미하는 말에서 유래한다. 『속일본후기』 承和 10년 12월조에는, 出羽國 河辺郡의 백성 奈良己智豊継 등에게 大瀧宿禰의 성을 주었으며 그 선조는 백제인이라고 기록하고 있다. 天平 14년 11월의 「優婆塞貢進解」(『大日本古文書』 8-134)에 등장하는 大養德國 添上郡 仲戶鄕 於美里의 戶主 奈良許知伊加都라는 인물도 그 동족으로 생각된다. 한편 『신찬성씨록』 大和諸蕃에는 "己智는 秦의 태자인 胡亥로부터 나왔다"라는 기록이 나오지만, 후대에 개변한 것이다.

88) 근세의 국학자 內藤廣前(1791~1866)의 설에 따르면 日을 四로 읽고 日比를 四比로 추정하였는데 이는 필사과정에서 나온 오류라고 보았다. 四比氏는, 백제 멸망 후 일본으로 망명하여 天智 4년(665) 8월 筑紫의 大野城, 椽城의 축성을 맡은 四比福夫가 나오고, 神龜 원년(724) 5월에는 도래계 씨족들에게 일본의 씨성을 내리는데, 그중에 四比忠勇의 이름이 보인다.

89) 「賦役令」17 孝子順孫條에 "凡孝子, 順孫, 義夫, 節婦, 志行聞於國郡者, 申太政官奏聞, 表其門閭同籍悉免課役, 有精誠通感者, 別加優賞"라고 하여 효행 등에 대해 그 뜻을 기리고 과역을 면제하는 조항이 있다.

90) 『三國史記』 職官志에 "阿飡〈或云, 阿尺干, 或云, 阿飡〉自重阿飡至四重阿飡"이라고 기록되어 있듯이 아찬의 관등은 4단계로 구분되어 있다.

기해(15일), 사자를 보내 筑紫에서 신라사 일행을 맞이하였다.

경술(26일), 종4위하 大伴宿禰旅人을 좌장군으로 삼고, 종5위상 多治比眞人廣成, 종5위하 久米朝臣麻呂를 부장군으로 삼고, 종4위하 石上朝臣豊庭을 우장군으로 삼고, 종5위상 上毛野朝臣廣人, 종5위하 粟田朝臣人을 부장군으로 삼았다.[91]

12월 무오(5일), 소초위하 太朝臣遠建治 등이 南嶋[92]의 奄美,[93] 信覺 및 球美 등 섬사람 52인을 데리고 남도에서 돌아왔다.

기묘(26일), 신라사가 입경하였다. 종6위하 布勢朝臣人, 정7위상 大野朝臣東人이 기병 170인을 이끌고 三崎[94]에서 맞이하였다.

○ 靈龜 원년(715), 춘정월 갑신삭(1일), 천황이 대극전에서 신년하례를 받았다. 황태자가 처음으로 예복을 입고 배조하였다. 陸奥·出羽의 蝦夷 및 南嶋의 奄美, 夜久, 度感, 信覺, 球美 등이 내조하여 각종 방물을 바쳤다.[95] 그 의식은 주작문 좌우에 皷吹,[96] 기병이 진열하였다. 원단 의식의 날에 징과 북을 이용한 것은 이것이 처음이다. 이날 동방에서 慶雲이 보였다. 遠江國에서

---

91) 신라사 일행을 입경시키고 신년하례에 참석시켜 거행하는 의장행렬 의식을 위해 편성된 조직.

92) 남서제도의 총칭.

93) 九州의 남단 鹿兒島縣의 奄美諸島.

94) 三岐는 三橋를 말한다. 三橋는 平城京 주작대로 남단의 羅城門 밖에 있는 大溝川에 설치된 3개의 橋.

95) 이 원단 축하의례에 신라사 일행은 보이지 않는다. 여기에 참석한 것은 일본조정이 이종족으로 간주한 동북지방의 蝦夷, 九州 남단의 남도인들뿐이다. 단지 기록의 누락이라고 보기에는 납득하기 어려운 점이 있다. 새로 탄생한 천황제 율령국가의 대외적 이념은 신라에 대한 우위성을 과시하는 것이고, 이것을 천황에 대한 신라사의 복속의례를 통해 실현하려고 하였다. 따라서 일본조정에서는 신라사 일행을 참석시켜 정치적 의례를 거행하려 했을 것이다. 이를 위해 신라사를 축자에서 맞이하여 입경시키고, 방대한 의장대를 준비한 것이다. 그런데 기록이 없는 것은 단순한 사료의 누락이 아니라, 무언가의 사정에 의해 신라사가 신년하례에 불참한 것은 아닌가 추정된다. 아마도 일본천황에 대한 복속의례를 강요하는 일본측 주장을 신라사가 거부한 것은 아닌가 생각된다. 다만 이후의 기사에 따르면, 신라사가 일본조정의 음악연주회와 大射 의식에 참석하고 있는데, 외교적 의례를 둘러싼 마찰과 갈등이 조정되었기 때문일 것이다.

96) 타악기와 관악기.

흰 여우를 바쳤다. 丹波國에서 흰 비둘기를 바쳤다.

계사(10일), 조를 내려 “금년 초하루 황태자가 처음으로 배조하였다. 瑞雲이 나타나 천하에 대사면을 내린다. 다만 8학을 범하고 사주전, 절도, 통상의 사면에서 허용되지 않는 자는 모두 사면의 범위에 포함하지 않는다”라고 하였다.

내외 문무관 6위 이하에게 관위 1계를 올렸다. 또 2품 穗積親王에게 1품을, 3품 志紀親王에게 2품을, 종4위하 路眞人大人·巨勢朝臣邑治·大伴宿禰旅人·石上朝臣豊庭·多治比眞人三宅麻呂·百濟王南典[97]·藤原朝臣武智麻呂에게 함께 종4위상을, 정5위상 大伴宿禰男人·太朝臣安麻呂, 정5위하 當麻眞人櫻井, 종5위상 多治比眞人縣守·藤原朝臣房前에게 함께 종4위하를, 정5위하 曾禰連足人·佐伯宿禰百足·百濟王良虞[98]에게 함께 정5위상을, 종5위상 笠朝臣吉麻呂, 中臣朝臣人足에게 함께 정5위하를, 종5위하 臺忌寸少麻呂·道君首名에게 함께 종5위상을, 종6위상 下毛野朝臣石代·當麻眞人大名·紀朝臣淸人, 종6위하 土師宿禰豊麻呂에게 함께 종5위하를 내렸다. 또 2품 氷高內親王에게 1품을 승서하였다.

갑오(11일), 3품 泉內親王, 4품 水主內親王, 長谷部內親王에게 봉호 각 1백호를 더하였다.

무술(15일), 蝦夷 및 南嶋 77인에게 신분에 따라 관위를 내렸다.

기해(16일), 백료의 主典[99] 이상 및 신라사 金元靜 등에게 中門[100]에서 제방의 음악[101]을 연주하고, 연회를 마친 후에 신분에 따라 녹을 내렸다.

경자(17일), (왕궁의) 남문에서 大射[102]를 열었다. 신라사도 활쏘기 의식에 참석하였다. 신분에 따라 녹을 내렸다.

2월 병진(4일), (천황이) 제를 내려, 尙侍[103] 종4위 관인 典藏[104]에 준하여

---

97) 권4의 和銅원년 3월조 169쪽 각주 40) 참조.

98) 권3의 大寶3년 8월조 127쪽 각주 27) 참조.

99) 율령제 4등관제 하에서 4등관. 太政官, 神祇官에서는 史, 8省은 錄, 8성의 예하 관사인 寮에서는 屬, 司에서는 令史, 國司는 目의 문자가 붙는다. 관위는 8위, 대소초위이다.

100) 朝堂院 남문.

101) 雅樂寮에 보이는 당, 고려, 백제, 신라 등의 樂.

102) 천황이 군신들의 활쏘기를 관람하는 의식. 「雜令」41에 “凡大射者, 正月中旬, 親王以下初位以上, 皆射之, 其儀式及祿, 從別式”이라는 규정이 있다.

103) 內侍司의 장관. 천황의 측근에서 신하가 천황에게 바치는 문서를 취합하고, 천황의

녹을 내렸다.

병인(14일), 종5위하 大神朝臣忍人을 氏上으로 삼았다. 종4위하 當麻眞人櫻井이 죽었다.

정축(25일), 칙을 내려 3품 吉備內親王의 자녀를 모두 황손의 반열에 들어가게 하였다.

3월 임오삭(1일), (천황이) 甕原의 이궁에 순행하였다.

병신(15일), 산위 종4위상 竹田王이 죽었다.

갑진(23일), 金元靜 등이 본국으로 귀국하였다. 칙을 내려 대재부에 목면 5,450근, 배 1척을 지급하였다.

병오(25일), 相摸國 足上郡 사람 丈部造智積, 君子尺麻呂에게 함께 마을에 현창하여 종신토록 과역을 면제하였다. 효행을 기리는 것이다.

하4월 경신(9일), 櫛見山陵〈生目入日子伊佐知天皇[105]의 陵이다.〉에 守陵[106] 3호를 충당시켰다. 伏見山陵〈穴穗天皇[107]의 陵이다.〉에 4호를 두었다.

경오(19일), 直丁[108] 중에 20년 이상을 경과한 자는 근무평정을 받아 위계를 받게 하였다. 그 노고를 안타깝게 여겼기 때문이다.

계유(22일), 上村主通[109]에게 阿刀連 성을 내렸다.

명령을 신하에게 전하는 일을 한다. 常侍의 准位는 종5위이지만, 종4위에 준하여 녹을 지급하였다. 大同 2년(807) 이후에는 종3위.

104) 藏司의 차관.

105) 垂仁天皇.

106) 능묘를 지키는 陵戶가 부족할 경우에 양민으로 조직한 것을 守戶(守陵戶)라고 한다. 『延喜式』 陵寮條의 규정에는 垂仁陵에는 陵戶 2烟, 守戶 3烟을 두었다. 陵墓의 관리에 대해서는 「喪葬令」1에 "凡先皇陵, 置陵戶令守, 非陵戶令守者, 十年一替"라고 규정하고 있다. 『일본서기』 持統 5년 10월 을사조에 "詔曰, 凡先皇陵戶者, 置五戶以上自余王等, 有功者置三戶若陵戶不足, 以百姓充, 免其徭役三年一替"라고 하여 선황은 특수한 신분이기 때문에 陵戶에게 지키게 하고, 陵戶가 부족할 경우 양민으로 교체하여 지키게 하였다. 陵戶는 養老令에서는 천민으로 간주되었고, 「戶令」35에서는 양민과의 통혼이 금지되었다.

107) 安康天皇.

108) 直丁은 제 관사에 배속되어 잡역에 종사하는 仕丁을 말한다. 「職員令」에는 각 관사에 그 인원을 기록하고 있다. 天平神護 2년 7월에는 20년 이상, 延曆 원년 5월에는 24년 이상 근무 경력이 있는 直丁에게 서위하고 있다.

109) 慶雲 원년 2월에 종5위상 上村主百濟가 阿刀連으로 개성하였다는 기록이 있다. 上村主通도 그 일족으로 보인다. 백제계 도래씨족이다.

병자(25일), 조를 내려 근무평정해서 연한을 이룬 사람에게 서위하였다. 종3위 粟田朝臣眞人에게 정3위를, 정5위하 長田王·大神朝臣狛麻呂[110]·田口朝臣益人에게 함께 정5위상을, 종5위상 小治田朝臣安麻呂·縣犬養宿禰筑紫·平群朝臣安麻呂에게 함께 정5위하를, 종5위하 三國眞人人足·佐味朝臣加作麻呂·阿倍朝臣秋麻呂·坂本朝臣阿曾麻呂·日下部宿禰阿倍老·阿倍朝臣安麻呂에게 함께 종5위상을 내렸다.

5월 신사삭(1일), 칙을 내려 제국의 朝集使[111]에게 "천하의 많은 백성이 본관지를 등지고 타향에서 유랑하며 과역을 기피하고 있다. 그렇게 유랑하여 체류한 지 3개월 이상 지난 자는 즉시 土斷[112]하여 調, 庸을 내게 하고, 해당국의 법에 따른다. 또 위무하고 이끌어 농잠을 권장하여 세금을 부과하고, 양육하는 마음으로 능히 기근과 추위로부터 구제해야 한다. 실로 이것이 國郡의 선정이다. 만약 몸은 공직에 있으면서 사복을 채우려고 생각하고, 농업을 방해하여 이익을 빼앗아 백성들에게 피해를 주다면 이는 국가를 좀먹는 큰 벌레이다. 마땅히 산업을 권장하고 자산을 풍족히 하는 자를 상등으로 삼고, 권장은 했지만 의식의 부족을 생기게 한 자는 중등으로 하고, 전지가 황폐하여 백성이 기아와 추위에 들어 사망에 이르게 한 자는 하등으로 한다. (사망자가) 10인 이상이면 현직을 해임한다.[113] 또 4민[114]들은 각자 그 생업이 있는데, 지금 그 직을 잃어버리고 흩어져 유랑하고 있다. 이것은 또 국사, 군사가 가르치고 지도하는 방법이 쓸모없기 때문인데 심히

110) 권3의 慶雲 원년 2월조 141쪽 각주 106) 참조.

111) 율령제 하에서 大宰府. 제국으로부터 근무평정, 고과에 필요한 자료 등 행정문서를 제출하고 보고하기 위해 매년 중앙에 파견되는 관인.

112) 土斷은 부랑인의 본관 國郡, 성명 등을 기록하여 보고하고, 체류하고 있는 해당 지역에서 調, 庸을 내게 하는 조치를 말한다. 『類聚三代格』 弘仁 2년 8월 11일 대정관부 所引의 格에는 "天下百姓, 多背本貫, 浮浪他鄕, 規避課役, 自今以後, 浮浪逗留経, 三月以上輸調庸, 仍錄國郡姓名附調使申送"이라고 하여 同文이 실려 있다. 養老 5년 4월 27일 格에서는 본관으로의 귀향을 희망하는 유랑자는 본관지로 보내고, 본관이 없는 자는 현지에 편적시켰다(『類聚三代格』 天平 8년 2월 25일 勅 所引). 또한 天平 8년 2월 25일 칙에서는 본관이 없는 부랑인은 호적에 편적하지 않고 명부를 기록하여 調庸을 내게 하고 현지에서 노역시키기로 하였다(『類聚三代格』). 여기에서 부랑인은 호적에 편입되는 공민과는 달리 별도의 조치에 따라 취급되는 신분으로 이해할 수 있다.

113) 관내에 기아와 추위로 10인 이상의 사망자가 나오면 國司와 郡司를 해임하였다.

114) 士, 農, 工, 商의 사민.

옳지 않은 일이다. 이러한 자가 있다면 반드시 밝혀 처벌해야 한다. 지금 이후로는 마땅히 순찰사를 보내 전국에 순회시켜 풍속을 살피고 힘써 덕정을 행하도록 권장하여 덕이 두루 미치도록 해야 한다.115) 지금 이후로는 제국의 백성들이 왕래하는 장소에 해당국의 印을 사용한다116)"라고 하였다. 丹波, 丹後 2국에 기근이 들어 사자를 보내 진휼하였다.

기축(9일), 처음으로 京職의 印을 사용하였다.117)

임진(12일), 伯耆國에서 단비가 내렸다고 말하였다.

갑오(14일), 조를 내려 "무릇 제국이 운송하는 調, 庸은 각각 기한이 있다.118) 지금 국사들은 태만하여 기한을 어기고 농사일을 방해하고 있다. 운송하는 백성은 그로 인하여 피로에 지쳐있다. 이것은 국사, 군사가 선정을 베푸는 것도 아니고 위무하고 보살피는 중요한 방도도 아니다. 지금 이후로는 이러한 자는 엄중히 (처벌할 것을) 논한다.119) 또 해로로 운송하는 경우에는 번번히

---

115) 「戶令」33에는 國守巡行條에 "凡國守, 每年一巡行屬郡, 觀風俗問百年錄, 囚徒理冤枉詳察, 政刑得失知, 百姓所患苦, 敦喩五敎, 勸務農功…"이라고 하여 국수는 매년 郡을 순찰하여 풍속을 살피고, 억울한 죄인을 살펴 다스리고, 백성의 근심과 고통을 알고, 오교를 가르치라고 규정되어 있다.

116) 국과 국의 경계에 설치된 관을 지나는 사람들은 이들이 속한 지역의 관사에서 발행하는 印을 사용한다. 여기에서 印은 본인의 신분, 동행하는 종자의 이름, 소지품, 승마 등을 기록한 것으로 이른바 통행증명서이다. 「公式令」22 過所式條에는 "其事云云, 度某關往其國, 某官位姓.〈三位以上, 稱卿.〉資人位姓名.〈年若干, 若庶人稱本屬〉從人, 某國某郡某里人姓名年〈奴名年, 婢名年, 其物若干, 其毛牡牝馬牛若干疋頭, 年月日主典位姓名, 次官位姓名, 右過所式, 並令依式具錄, 二通申送所司所司勘同, 卽依式署, 一通留爲案, 一通判給"라는 규정이 있다.

117) 왕경에 소재하는 제 관사에 인장을 배포하여 사용하게 한 것. 大寶令制 시행 후 얼마간은 인장을 날인하지 않은 문서행정이 이루어진 것으로 보인다. 율령국가의 公印制에 대해서는 「公式令」40의 「天子神璽」조에 천황의 神璽인 內印과 太政官印인 外印의 날인 방식이 나와 있다. 또 「公式令」41 「行公文皆印」조에는 "凡行公文, 皆印事狀, 物數及年月日. 并署, 縫處, 鈴, 傳符, 剋數"라고 하여 본문의 주요 개소와 날짜, 서명 등에 날인하도록 규정하고 있다.

118) 「賦役令」3 調庸物條에는 매년 8월 중순부터 시작하고 近國은 10월에, 中國은 11월에 遠國은 12월에 각각 그달 30일까지 운송하고, 調絲는 7월 30일까지 완료한다고 되어 있다("凡調庸物, 每年八月中旬起輸, 近國十月三十日, 中國十一月三十日, 遠國十二月三十日以前納訖, 其調糸七月三十日以前輸訖, 若調庸未發本國間, 有身死者, 其物却還, 其運脚均出, 庸調之家, 皆國司領送. 不得 勾隨, 便糴輸").

119) 「戶婚律」의 部內課稅違期條의 逸文에 "凡部內輸課稅之物, 違期不充者, 以十分論, 一分笞四十, 一分加一等〈國郡皆以長官爲首, 佐職爲從, 節級連坐. 「全違期不入者, 徒二年」〉"의 규정

어리석은 백성에게 맡겨 표류해서 없어지기도 하고 혹은 물에 젖어서 손상되는 일이 있다. 이것은 국사가 앞의 규칙을 따르지 않은 까닭이다. 지금 이후로는 깨닫고 개선하지 않으면 경중에 따라 처벌한다. 손실된 물품에 대해서는 즉 국사로부터 징수한다.[120] 또 다섯 가지의 병기를 이용하는 일은 예로부터 오래되었다. 강한 것을 굴복시키고 유순한 것을 포용하는 것은 모두 무기의 덕택에 의한다. 지금 6도[121] 제국에서 제조하는 器仗[122]은 매우 견고하지 않아 일을 당하면 어떻게 이용할 수 있겠는가. 지금 이후로는 매년 견본을 보내고, 순찰사가 가는 날에 자세히 대조하여 검사한다[123]"라고 하였다.

을사[124](25일), 종6위하 畫師忍勝[125]이 성을 고쳐 倭畫師[126]로 하였다. 攝津,

으로 처벌된다(『類聚三代格』 및 『正事要略』 51 調庸未進事 소인의 大同 2년 12월 29일 官符). 여기에서는 違期 이외에 違期로 생긴 다양한 죄를 범한 경우에 그에 상응하는 형벌 중에서 가장 무거운 벌에 처한다고 규정하고 있다.

120) 天平勝寶 8년 10월의 태정관부에서는 舂米 운송 시의 손실에 대해서는 국사가 아니고 天平 8년 5월의 태정관부로부터 해상에서의 손실분(漂損)의 5분이 3을 운송책임자가 부담하고 5분의 2는 운송자가 부담한다고 규정되어 있다.

121) 7도 중에서 大宰府 관내의 西海道를 제외한 제도. 권11 天平 6년 5월 갑신조 참조.

122) 器丈은 병기와 의장용의 총칭. 「職員令」24 兵部省條 「兵器. 儀仗」에 대해 "謂, 用之征代[伐]曰兵器, 用之禮容曰儀仗也. 釋云, 用征討器謂之兵器, 用朝儀器謂之儀仗"이라고 하여 실전의 무기는 兵器, 의례용은 儀仗이라고 하였다.

123) 율령제에서는 제국의 器仗을 보존하는 방침이 세워져 재고를 조사하여 사용하기 어려운 것은 폐기하고(「軍防令」45), 행군 혹은 기타의 사정으로 파손된 것은 그에 상응하여 관에서 혹은 개인이 수리비를 보전한다(「軍防令」42)라고 규정되어 있다. 天平 연간의 제국의 正税帳에는 "營造兵器用度価稻"(尾張國, 天平 6년도), "年料修理器仗…料雜用充稻"(但馬國, 天平 9년도), "造年料兵器伍種…料用穎稻"(周防國, 天平 10년도) 등의 구체적인 사례가 보이듯이 각종 무기류는 國衙에서 正稅를 사용하여 제조, 수리하고 있다. 「軍防令」42에는 "其國郡器仗, 每年錄帳, 附朝集使申兵部勘校訖, 二月卅日以前錄進"이라고 하여 國郡의 器仗은 매년 장부에 기록하고 조집사에게 부쳐 병부에 보고한 후 감교가 끝나면, 2월 30일 이전에 기록하여 보고한다고 규정하고 있다.

124) 乙巳는 하기의 壬寅(22일) 다음에 배치되어야 할 내용이다.

125) 畫師忍勝이 바로 씨성으로 나오고 있다. 畫師忍勝을 倭畫師로 개성한 것이다.

126) 『일본서기』 天武 6년 5월조에 倭畫師音檮에게 小山下의 관위를 내리고 20호의 봉호를 주었다는 기록이 나온다. 神護景雲 3년 5월에는 좌경인 倭畫師種麻呂 등 18인에게 大岡忌寸의 성을 주었다고 한다. 『新撰姓氏錄』 左京諸蕃에는 大岡忌寸에 대해 魏文帝의 후손인 安貴公으로부터 나왔다는 출자를 밝히고 雄略天皇 때에 4部衆을 데리고 이주했는데, 그 아들 龍(일병 辰貴)이 그림에 뛰어나 武烈朝에서 首 성을 받았고, 그 5세손 勤大壹 惠尊이 회화에 재능이 있어 天智의 치세에 倭畫師의 성을 받았다고 전한다.

紀伊, 武藏, 越前, 志摩 5국에 기근이 들어 대부하여 진휼하였다. 遠江國에 지진이 일어나 산이 붕괴하고 麤玉河가 막혀 물이 흐르지 않았다. 수십일이 지나 물길이 터지면서 敷智, 長下, 石田 3군의 민가 70여 가구가 수몰되었고 아울러 논이 피해를 입었다.

기해(19일), 태정관이 주상하여 다시 의창의 粟을 반출하는 법을 정하여 9등으로 구분하였다. 이것은 별도의 격에 정해져 있다.

임인(22일), 종3위 巨勢朝臣麻呂를 중납언으로, 종4위상 多治比眞人三宅麻呂를 좌대변으로, 종4위상 巨勢朝臣邑治를 우대변으로, 종4위상 大伴宿禰旅人을 중무경으로, 종4위하 阿倍朝臣首名을 병부경으로, 종4위상 阿部朝臣廣庭을 궁내경으로, 종4위하 多治比眞人縣守를 造宮卿으로, 종4위상 大伴宿禰宿奈麻呂를 좌위사독으로, 종5위상 大神朝臣狛麻呂를 武藏守로, 종5위상 阿倍朝臣安麻呂를 但馬守로 종5이하 石川朝臣君子를 播磨守로 종3위 多治比眞人池守를 大宰帥로 삼았다.

병오(26일), 參河國에서 지진이 일어나 정창 47개동이 붕괴되었다. 또 백성들의 창고도 많이 무너졌다.

경술(30일), 相摸, 上總, 常陸, 上野, 武藏, 下野 6국의 부유한 백성 1천호를 陸奧國으로 이주시켰다.[127]

6월 갑인(4일), 1품 長親王이 죽었다. 천무천황의 제4황자이다.

경신(10일), 대왜국 都祁山의 길을 열었다.

임술(12일), 태정관이 주상하여 "일월의 운행이 어긋나 가뭄이 열흘이나 계속되고 있다. 아마도 춘기에 경작하기도 어렵고 수확에도 피해가 있을 것이다. 옛적 주왕은 가뭄을 만나 雲漢[128]의 詩를 지었고, 한 무제는 비를 내리게 하기 위해 연호를 개정하는[129] 조를 내렸다. 백성의 군주가 바라는 것은 천제를 감응시키는 것이다. 폐백을 제신사에 바치고 기도하고자 한다.

天平 18년 윤9월 24일부의 平城宮 출토 목간에 倭畵師大虫이 보이고, 正倉院文書에도 倭畵師雄弓, 倭畫師池守 등의 이름이 나온다.

127) 동북지방 6개 국의 富民 1천 호를 陸奧國으로 이주시킨 것은 蝦夷대책으로, 전쟁에 대비한 물자를 공급하기 위한 조치였다고 보인다.

128) 雲漢은 天의 강, 銀河, 큰강을 의미한다. 『詩經』 大雅 제3 蕩之什의 篇名으로 나온다.

129) 연호를 天漢으로 개정.

이에 백성에게 풍년이 있게 한다면 누구라도 효임금 같은 힘을 알 수 있다[130)]" 라고 하였다.

계해(13일), 弘福, 法隆 2사에서 법회를 열었다. 조를 내려 "사자를 보내 제신사에 폐백을 바치고 대천명산에 기우제를 지냈다. 이에 수일이 지내지 않아 많은 비가 내렸다. 당시의 사람들이 성덕이 감응한 것이라고 생각하였다. 이에 백관들에게 신분에 따라 녹을 내렸다.

정묘(17일), 제국의 백성 20호를 京職의 호적으로 옮겼다. 재화를 축적시키기 위해서였다.[131)]

추7월 경진삭(1일), 일식이 있었다.

기축(10일), 지진이 있었다. (천황이) 甕原의 이궁으로 행차하였다. 종5위하 紀朝臣淨人 등 여러 사람에게 곡물 1백석을 내렸다. 우수한 학자였기 때문이다.

임진(13일), 授刀舍人[132)] 狛造千金[133)]에게 大狛連[134)]의 성을 내렸다.

병오(27일), 知太政官事 1품 穗積親王이 죽었다. 종4위상 石上朝臣豊庭, 종5위하 小野朝臣馬養을 보내 장례를 감독시켰다. 天武天皇의 제5자이다. 尾張國 사람 외종8위상 席田君邇近 및 신라인 74가를 美濃國으로 호적을 옮겼다.

---

130) 요순시대에 천하가 태평하여 어느 노인이 요임금의 덕을 찬양하여 "日出而作, 日入而息, 鑿井而飮, 耕田而食, 帝力於我何有哉"라고 했다는 고사를 말한다.

131) 율령제에서는 국의 경계를 넘어 본관을 옮기려면 태정관의 허가를 받아야 한다. 특히 왕경으로 호적을 이관하려면 난관이 많았다. 위의 사례는 부호들을 왕경으로 이주시켜 평성경의 화폐유통 등 경제를 활성화시키기 위한 조치라고 생각된다.

132) 천황의 측근 및 궁중에서 무기를 소지하고 경호를 담당한다. 天皇親衛의 舍人을 통할하기 위해 慶雲 4년(707) 7월에 설치된 授刀舍人寮에 소속된 令外官으로 天平神護 원년(765) 2월 近衛府로 개칭하였다.

133) 『신찬성씨록』 좌경제번의 「狛造」조에 高麗國主 夫連王으로부터 나왔다는 출자가 기록되어 있다. 『일본서기』 欽明紀 26년(565) 5월조에는 "고려인 頭霧唎耶陛 등이 筑紫에 투화하여 山背國에 안치하였다. 지금의 畝原, 奈羅, 山背 고려인의 선조이다"라고 하였듯이 산성국 狛造氏의 선조 기원설화가 기록되어 있다. 『속일본후기』 承和 10년(843) 11월조에 陸奧國 白河郡 백성 외종8위상 훈9등 狛造智成이 陸奥白河連으로 개성하였고, 동 安積郡 백성 외소초위하 狛造子押麻呂에게 陸奥安達連의 씨성을 주었다고 하여 일족의 인명이 보인다.

134) 『일본서기』 天武 10년 4월조에 大狛造百枝, 大狛造足坏, 동 12년 9월조에 다른 일족인 大狛造氏에게 連 성을 내렸다고 나온다. 『신찬성씨록』 河內國諸蕃에는 2개 大狛連을 기록하고 각각 高麗國人伊利斯沙禮斯, 高麗國 溢士福貴王으로부터의 출자를 구하고 있다. 『和名類聚抄』 河內國 大縣郡에 巨麻鄕이, 동 山城國 相樂郡에도 大狛鄕이 기록되어 있다.

처음으로 席田郡을 세웠다.

8월 기미(10일), 제를 내려 대재부 관인의 가구[135]에게 모두 과역[136]을 면제하였다. 종4위상 路眞人大人을 大宰大貳로 삼았다.

갑술(25일), 왕경인이 기외로 유랑한다면 해당국의 호적으로 편입하고 (공민으로서의) 일은 그대로 따르도록 하였다.

정축(28일), 좌경인 대초위하 高田首久比麻呂[137]가 영물 거북[138]을 바쳤다. 길이 7척, 폭 6척, 왼쪽 눈은 백색, 오른쪽 눈은 적색, 목에는 3公[139]이 나타나 있고, 등에는 북두칠성을 업고, 앞다리에는 離卦[140]가 있고, 뒷다리에는 각각 1효[141]가 있다. 배 아래에는 적색, 백색의 두 개의 점이 있고, 서로 이어져 8자 모양을 하고 있다.

9월 기묘삭(1일), (천황이) 조를 내려, "황친 2세는 5위에 준하고, 3세 이하는 6위에 준한다"라고 하였다. 문무백료의 6위 이하는 호랑이 가죽, 표범 가죽, 곰 가죽 및 금은으로 장식된 말안장 아울러 橫刀[142]의 요대 장식을 금하였다. 다만 원단의 조하의식에는 허용하였다. 부녀자가 아버지나 남편의 蔭[143]을 입는 것은 역시 허용하였다. 무릇 횡도의 손잡이는 견사를 감아 만들게 하고, 자연 목재를 사용하여 약해지는 일이 없게 하였다.

경진(2일) 천황이 氷高內親王[144]에게 양위하였다.

---

135) 家口는 戶口를 말한다.

136) 調, 庸, 雜遙.

137) 다음 달 9월의 元正 즉위시 종6위상으로 파격적인 승진이 나온다.

138) 『延喜式』 권제21 治部省에는 神龜를 大瑞로 하고, "神龜〈黑神之精也, 五色鮮明. 知存亡明吉凶也.〉"라고 하여 영물로 인식하였다. 「儀制令」8 祥瑞條에는 大瑞가 나타나면 즉시 表奏하고("凡祥瑞応見,一 若麟鳳龜龍之類, 依圖書合大瑞者, 隨卽表奏.〈其表唯顯瑞物色目及出處所, 不得苟陳, 虛飾徒事浮詞.〉"), 그 이하이면 모두 이듬해 元日을 기다려 상주한다고 되어 있다.

139) 周代의 관명인 太師, 太傅, 太保인데, 여기서는 紫微星[北極星]을 지키는 3개의 별을 지칭한다.

140) 周易의 팔괘의 하나.

141) 爻는 주역의 괘를 이루는 횡선의 하나.

142) 「衣服令」13, 14에는 무관의 禮服, 朝服에 대한 규정이 나오는데, 횡도를 휴대할 수 있다.

143) 父와 夫가 5위 이상의 관인의 부인, 딸은 관위가 없어도 호피 등의 가죽옷, 금은 장식이 있는 옷을 입을 수 있다는 규정. 5위 이상의 자손은 음서제로 관위를 받을 수 있는 특권이 있는데 여자들의 경우 의복 착용 시에도 적용되고 있다.

(천황이) 조를 내려, "천도는 하늘을 통괄하고, 밝은 덕으로 曆[145]을 지배할 수 있다. 大寶는 (천자의) 位라고 하는데, 천자의 위가 존숭되는 까닭이다. 옛적에 평화리에 양위한 군주는 (후계자를) 널리 구해 차례로 시험하고, 무력으로 즉위한 군주는 위를 이어서 기반을 계승하였고, 그 지위를 후손에게 전하고 왕조를 잘 흥륭시키고 있다. 짐은 군주로서 천하에 임하여 백성들을 위무하고 보살펴왔는데, 상천의 도움을 받아 祖宗의 유지를 받들어 국내가 편안해지고 천하는 안정되었다. 그런데 황공스러운 마음으로 아침 일찍부터 밤까지 태만하지 않고 사려깊게 하루하루를 정사에 힘써온 지 벌써 9년이 되었다. 이제 아름다운 정열은 점차 쇠퇴하고 나이가 들어 권태해지니 깊이 편안함을 찾아 높은 바람과 구름 위를 걷고 싶다. 번잡으로부터 벗어나 속세의 일을 잊고 신발을 벗듯이 내려놓으려 한다. 이에 이 神器[146]를 황태자[147]에게 물려주고자 하는데, 아직 나이가 어리고[148] 깊은 궁궐을 벗어날 수 없는데, 정무는 다양하고 하루에도 해야 할 일이 많다. 1품 氷高內親王은 일찍부터 상서로운 기운을 받아 이전부터 좋은 평판으로 현창되었고, 태생이 너그럽고 인자하며 침착하고 젊다. 천하의 사람들이 추대하여 그 덕을 칭송하는 것을 알 것이다. 지금 황제의 위를 내친왕에게 전하니, 공경, 백관들은 모두 삼가 받들어 짐의 뜻에 따르도록 한다"라고 하였다.

『속일본기』 권제6

144) 元正天皇. 아버지는 草壁皇子, 어머니는 元明天皇.

145) 曆을 지배한다는 것은 천체 현상을 알고 여기에 기초해 曆을 만들어 백성에게 반포하고 일상생활에 적용시키는 일이기 때문에 曆의 제작과 운용은 시간을 지배하는 황제의 권한이고 통치의 기반이다.

146) 神龜 4년 11월 기해조, 寶龜3년 4월 정사조에도 보인다. 여기서는 황위의 상징인 寶器라기보다는 황위 그 자체를 가리킨다. 황위의 상징으로서의 寶器[神璽]에 대해서는 「神祇令」13에 "凡踐祚之日, …忌部上神璽之鏡劍"이라고 규정되어 있다. 『日本書紀』 持統 4년 정월조 즉위년 기사에도 "忌部宿禰色夫知, 奉上神璽劍鏡於皇后"라고 하여 황위계승자인 황후에게 신새와 동, 검을 바치고 있다. 일본에서는 야요이 시대 이래 鏡, 劍이 보기로 인식되어 왔고, 수장의 상징물이 되었다. 「公式令」40에 "天子神璽〈謂, 踐祚之日壽璽, 寶而不用〉"이라는 내용이 있다.

147) 首皇子. 후에 聖武天皇으로 즉위.

148) 이때 황태자 首皇子는 15세였다.

續日本紀卷第六

〈起和銅六年正月, 盡靈龜元年八月〉

從四位下行民部大輔兼左兵衛督皇太子學士臣菅野朝臣眞道等奉勅撰

日本根子天津御代豊國成姫天皇〈元明天皇　第四十三〉

◯ **六年**春正月戊辰, 備前國獻白鳩. 伯耆國獻嘉瓜. 左京職獻稗化爲禾一莖. 丙子, 從四位下行伊福部女王卒. 丁亥, 授正四位上巨勢朝臣麻呂, 正四位下石川朝臣宮麻呂並從三位, 無位門部王從四位下, 無位高安王從五位下, 正五位上阿倍朝臣廣庭, 笠朝臣麻呂, 多治比眞人三宅麻呂, 藤原朝臣武智麻呂並從四位下, 正六位下巨勢朝臣安麻呂, 正七位上石川朝臣君子, 從六位下佐伯宿禰沙彌麻呂, 正七位上久米朝臣麻呂, 正七位下大神朝臣興志, 從七位下榎井朝臣廣國, 正六位上大藏忌寸老, 錦部連道麻呂, 伊吉連古麻呂並從五位下.

二月甲午朔, 日有蝕之. 壬子, 始制度量調庸義倉等類五條事, 語具別格. 丙辰, 志摩國疫, 給藥救之.

三月壬午, 詔曰, 任郡司少領以上者, 性識淸廉, 雖堪時務, 而蓄錢乏少, 不滿六貫, 自今以後, 不得遷任. 又詔, 諸國之地, 江山遐阻, 負擔之輩, 久苦行役, 具備資粮, 闕納貢之恒數, 減損重負, 恐饉路之不少, 宜各持一囊錢, 作當爐給, 永省勞費, 往還得便. 宜國郡司等, 募豪富家, 置米路側, 任其賣買. 一年之內, 賣米一百斛以上者, 以名奏聞. 又賣買田, 以錢爲價, 若以他物爲價, 田幷其物共爲沒官, 或有糺告者, 則給告人. 賣及買人並科違勅罪. 郡司不加檢校, 違十事以上, 卽解其任, 九事以下量降考第, 國司者式部監察, 計違附考, 或雖非用錢, 而情願通商者聽之.

夏四月乙未, 割丹波國加佐, 與佐, 丹波, 竹野, 熊野五郡, 始置丹後國. 割備前國英多, 勝田, 苫田, 久米, 大庭, 眞嶋六郡, 始置美作國. 割日向國肝坏, 贈於, 大隅, 始䆉四郡, 始置大隅國. 大倭國疫, 給藥救之. 戊申, 頒下新格幷權衡度量於天下諸國. 己酉, 因諸寺田記錯誤, 更爲改正,一通藏所司, 一通頒諸國. 乙卯, 授從四位下安八萬王從四位上, 正五位下大石王從四位下, 從五位上益氣王正五位下, 從四位上多治比眞人池守正四位下, 正五位上百濟王遠寶從四位下, 從五位上大伴宿禰男人正五位上, 從五位下賀茂朝臣吉備麻呂正五位下, 從五位下笠朝臣長目, 穗積朝臣老, 小野朝臣馬養, 調連淡海, 倉垣忌寸子首並從五位上. 讚岐國飢,賑恤之. 始制, 五位以上同位階者, 因年長幼, 以爲列次. 丁巳, 制, 銓衡人物, 黜陟優劣, 式部之任. 務重他省, 宜論勳績之日,無式部長官者, 其事勿論焉.

五月甲子, 制, 畿內七道諸國郡鄕名着好字, 其郡內所生, 銀銅彩色草木禽獸魚虫等物, 具錄色目, 及土地沃塉, 山川原野名號所由. 又古老相傳舊聞異事, 載于史籍亦宜言上. 己巳, 制, 夫郡司大少領, 以終身爲限, 非遷代之任. 而不善國司, 情有愛憎, 以非爲是, 强云致仕, 奪理解却. 自今以後, 不得更然. 若齒及縱心, 氣力尫弱, 筋骨衰耗, 神識迷發. 又久沈重病, 起居不漸, 漸發狂言, 無益時務, 如此之類, 披訴心素, 歸田養命, 於理合聽. 宜具得手書陳牒所司, 待報處分, 撰擇替補. 癸酉, 相摸, 常陸, 上野, 武藏, 下野, 五國輸調, 元來是布也. 自今以後, 絁布並進. 又令大倭參河並獻雲母, 伊勢水銀, 相摸石硫黃, 白樊石, 黃樊石, 近江慈石, 美濃靑樊石, 飛驒, 若狹並樊石, 信濃石硫黃, 上野金靑, 陸奧白石英, 雲母, 石硫黃, 出雲黃樊石, 讚岐白樊石. 甲戌, 讚岐守正五位下大伴宿禰道足等言, 部下寒川郡人物部發等廿六人. 庚午以來, 並貫良人, 但庚寅校籍之時, 誤涉飼丁之色. 自加覆察, 就令自理, 支證的然, 已得明雪, 自厥以來, 未附籍貫. 故皇子命宮檢括飼丁之使, 誤認發等爲飼丁焉. 於理斟酌何足憑據, 請從良色. 許之. 丁亥, 始令山背國點乳牛戶五十戶.

六月庚戌, 從七位上家原河內, 正八位上家原大直, 大初位上首名三人並賜連姓. 辛亥, 右京人支半于刀, 河內國志紀郡人刀母離余叡色奈, 並染作暈繝色而獻之. 以勞各授從八位下, 并賜絁十疋, 絲四十絇, 布四十端, 塩十籠, 穀一百斛. 癸丑, 始置大膳職史生四員. 乙卯, 行幸甕原離宮. 戊午, 還宮.

秋七月丙寅, 詔曰, 授以勳級, 本據有功. 若不優異, 何以勸奬. 今討隼賊將軍并士卒等戰陣有功者一千二百八十餘人, 並宜隨勞授勳焉. 丁卯, 大倭國宇太郡波坂鄕人大初位上村君東人得銅鐸於長岡野地而獻之. 高三尺, 口徑一尺. 其制異常, 音協律呂. 勅所司藏之. 戊辰, 美濃信濃二國之堺, 徑道險隘, 往還艱難, 仍通吉蘇路.

八月辛丑, 從五位下道公首名至自新羅. 乙卯, 大風, 拔木發屋. 丁巳, 以正五位下大伴宿禰道足, 爲彈正尹, 從四位下大石王爲攝津大夫, 從五位下榎井朝臣廣國爲參河守, 從五位下大神朝臣興志爲讚岐守, 從五位下道君首名爲筑後守.

九月丁丑, 造宮卿從四位下大伴宿禰手拍卒. 己卯, 攝津職言, 河邊郡玖左佐村, 山川遠隔, 道路嶮難. 由是, 大寶元年始建館舍, 雜務公文, 一准郡例, 請置郡司. 許之. 今能勢郡是也. 詔, 和銅四年已前, 公私出擧稻粟未償上者, 皆免除之. 辛巳, 加大藏省史生六員.

冬十月戊戌, 制, 諸寺多占田野, 其數無限. 宜自今以後, 數過格者, 皆還收之. 庚子, 板屋司班帙, 一准寮焉.〈蓋改法用司爲板屋司也.〉. 丁巳, 更加民部省史生六員. 戊午, 詔, 防人赴戍時差專使. 由是, 驛使繁多, 人馬並疲, 宜遞送發焉.

十一月辛酉朔, 伊賀, 伊勢, 尾張, 參河, 出羽等國言, 大風傷秋稼, 調庸並免. 但已輸者, 以稅給之. 乙丑, 貶石川紀二嬪號, 不得稱嬪. 丙子, 詔, 正七位上桉作磨心, 能工異才, 獨越衆侶, 織成錦綾, 實稱妙麗, 宜磨心子孫免雜戶, 賜姓栢原村主. 大倭國獻嘉蓮. 近江國獻木連理十二株. 但馬國獻白雉. 太政官處分, 凡諸司功過者, 皆申送弁官, 乃官下式部. 乙酉, 權充兵馬司史生四人.

十二月辛卯, 新建陸奧國丹取郡. 乙未, 右大弁從三位石川朝臣宮麻呂薨. 近江朝大臣大紫連子之第五男也. 庚子, 始加中務省史生十員. 乙巳, 近江國言, 慶雲見, 丹波國獻白雉. 仍曲赦二國. 己酉, 始加宮內省史生十員.

◯ **七年**春正月壬戌, 二品長親王, 舍人親王, 新田部親王, 三品志貴親王益封各二百戶, 從三位長屋王一百戶. 封租全給, 其食封田租全給封主, 自此始矣. 甲子, 授正四位下多治比眞人池守從三位, 無位河內王從四位下, 無位櫻井王, 大伴王, 佐爲王並從五位下, 從四位下大神朝臣安麻呂從四位上, 正五位上石川朝臣石足, 石川朝臣難波麻呂, 忌部宿禰子首, 正五位下阿倍朝臣首名, 從五位上阿倍朝臣爾閇並從四位下, 從五位上船連甚勝正五位下, 正六位上春日椋首老, 正六位下引田朝臣眞人, 小治田朝臣豊足, 山上臣憶良, 荊義善, 吉宜, 息長眞人臣足, 高向朝臣大足, 從六位上大伴宿禰山守, 菅生朝臣國益, 太宅朝臣大國, 從六位下粟田朝臣人上, 津嶋朝臣眞鎌, 波多眞人餘射, 正七位上津守連道並從五位下. 庚午, 散位從四位下猪名眞人石前卒. 己卯, 益二品氷高內親王食封一千戶. 甲申, 令相摸, 常陸, 上野, 武藏, 下野五國, 始輸絁調. 但欲輸布者許之. 丙戌, 兵部卿從四位上大神朝臣安麻呂卒.

二月己丑朔, 日有蝕之. 庚寅, 制, 以商布二丈六尺爲段, 不得用常. 如有蓄常布, 自擬產業者, 今年十二月以前, 悉賣用畢. 或貯積稍多, 出賣不盡者, 便納官司與和價, 或限外賣買, 沒爲官物. 有人糺告, 皆賞告者. 其帶關國司, 商旅過日, 審加勘搜, 附使言上. 上總國言, 去京遙遠, 貢調極重, 請代細布, 頗省負擔. 其長六丈, 闊二尺二寸, 每丁輸二丈, 以三人成端. 許之. 辛卯, 詔曰, 人足衣食, 共知禮節, 身苦貧窮, 競爲姦詐. 宜今輸絁絲錦布調國等, 調庸以外, 每人儲絲一斤, 綿二斤, 布六段.〈謂年十五以上, 六十五以下者.〉以資産業, 無使苦乏. 國郡能加監察, 務依數儲備者, 加考一等, 或里長者免當年調. 若以虛妄, 顯稱, 國郡司卽解見任, 里長徵調止掌. 丁酉, 以從五位下大倭忌寸五百足爲氏上, 令主神祭. 戊戌, 詔從六位上紀朝臣淸人, 正八位下三宅臣藤麻呂, 令撰國史. 辛丑, 始令出羽國養蚕. 壬寅, 遣使于七道諸國, 錄囚徒焉.

閏二月戊午朔, 賜美濃守從四位下笠朝臣麻呂封七十戶, 田六町, 少掾正七位下門部連御立, 大目從八位上山口忌寸兄人, 各進位階. 匠從六位上伊福部君荒當賜田二町, 以通吉蘇路也. 己卯, 行幸甕原離宮.

三月丁酉, 沙門義法還俗, 姓大津連, 名意毘登, 授從五位下, 爲用占術也. 壬寅, 隼人昏荒, 野心未習憲法, 因移豊前國民二百戶, 令相勸導也. 乙卯, 授從五位下上毛野朝臣廣人, 大伴宿禰牛養並從五位上.

夏四月辛未, 中納言從三位兼中務卿勳三等小野朝臣毛野薨. 小治田朝大德冠妹子之孫, 小錦中毛人之子也. 戊寅, 制, 諸國庸綿, 丁五兩. 但安藝國絲, 丁二兩, 遠江國絲三兩. 並以二丁成屯絇也. 壬午, 太政官奏, 諸國租倉, 大小並所積數, 比校文案, 無所錯失. 因斯, 國司相替之日, 依帳承付, 不更勘驗. 而用多欠少, 徒立虛帳, 本無實數, 良由國郡司等不檢校之所致也. 自今以後, 諸國造倉, 率爲三等, 大受肆仟斛, 中參仟斛, 小貳仟斛, 一定之後, 勿虛文案. 辛巳, 給多褹嶋印一圖.

五月丁亥朔, 大納言兼大將軍正三位大伴宿禰安麻呂薨. 帝深悼之. 詔贈從二位, 安麻呂難波朝右大臣大紫長德之第六子也. 癸丑, 土左國人物部毛虫咩一産三子, 賜穀四十斛并乳母.

六月己巳, 若帶日子姓, 爲觸國諱, 改因居地賜之. 國造人姓, 除人字. 寺人姓本是物部族也. 而庚午年籍因居地名, 始號寺人, 疑涉賤隸, 故除寺人改從本姓矣. 甲戌, 太政官處分, 職分資人若本主亡, 并以理去官者, 不限年遠近, 並留省焉. 如本主去官亦有復任, 以舊人充焉. 戊寅, 詔曰, 頃者陰陽殊謬, 氣序乖違, 南畝方興, 膏澤未降, 百姓田圃,往往損傷. 宜以幣帛, 奉諸社, 祈雨于名山大川, 庶致嘉注, 勿虧農桑. 庚辰, 皇太子加元服. 癸未, 大赦天下. 自和銅七年六月廿八日午時已前大辟罪以下, 罪無輕重, 已發覺, 未發覺, 已結正, 未結正, 繫囚見徒, 沒爲奴婢, 及犯八虐, 常赦所不免者, 咸赦除之. 其私鑄錢及竊盜, 强盜並不在赦限. 但鑄盜之徒合死坐, 降罪一等. 諸老人歲百以上賜穀伍斛, 九十已上參斛, 八十已上壹斛. 孝子, 順孫, 義夫, 節婦, 表其門閭, 終身勿事, 鰥寡惸獨, 篤疾重病之徒不能自存者, 宜令所司量加賑恤. 甲申, 從七位下大津造元休, 從八位下船人等並賜連姓.

八月乙丑, 制, 散事五位如應賜祿. 自今以後, 准職事正六位焉.

九月甲辰, 制, 自今以後, 不得擇錢. 若有實知官錢, 輒嫌擇者, 勅使杖一百, 其濫錢者, 主客相對破之, 卽送市司. 壬子, 授正七位上柏原村主磨心從五位下.

冬十月乙卯朔, 美濃, 武藏, 下野, 伯耆, 播磨, 伊豫六國大風發屋. 仍免當年租調. 丙辰, 勅割尾張, 上野, 信濃, 越後等國民二百戶, 配出羽柵戶. 丁卯, 以從四位下石川朝臣難波麻呂爲常陸守, 從五位上巨勢朝臣兒祖父爲伊豫守, 從五位下津嶋朝臣眞鎌爲伊勢守, 從五位上平群朝臣安麻呂爲尾張守, 從五位下佐伯宿禰沙彌麻呂爲信濃守, 從五位下大宅朝臣大國爲上野守, 從五位下津守連通爲美作守. 辛未, 造宮省加史生六員, 通前十四人.

十一月戊子, 大倭國添下郡人大倭忌寸果安, 添上郡人奈良許知麻呂, 有智郡女四比信紗, 並終身勿事, 旌孝義也. 果安孝養父母, 友于兄弟. 若有人病飢, 自齎私粮, 巡加看養, 登美箭田二鄕百姓, 咸感恩義, 敬愛如親. 麻呂立性孝順, 與人無怨, 嘗被後母讒, 不得入父家, 絶無怨色, 孝養彌篤, 信紗氏直果安妻也. 事舅姑以孝聞, 夫亡之後, 積年守志, 自提孩穉并妾子惣八人, 撫養無別, 事舅姑, 自竭婦禮, 爲鄕里之所歎也. 乙未, 新羅國遣重阿湌金元靜等廿餘人朝貢, 差發畿內七道騎兵合九百九十, 爲擬入朝儀衛也. 己亥, 遣使迎新羅使於筑紫. 庚戌, 從四位下大伴宿禰旅人爲左將軍, 從五位上多治比眞人廣成, 從五位下久米朝臣麻呂爲副將軍, 從四位下石上朝臣豊庭爲右將軍, 從五位上上毛野朝臣廣人, 從五位下粟田朝臣人副將軍.

十二月戊午, 少初位下太朝臣遠建治等率南嶋奄美信覺及球美等嶋人五十二人, 至自南嶋. 己卯, 新羅使入京, 遣從六位下布勢朝臣人, 正七位上大野朝臣東人, 率騎兵一百七十迎於三崎.

◯ **靈龜元年**春正月甲申朔, 天皇御大極殿受朝, 皇太子始加禮服拜朝, 陸奧出羽蝦夷幷南嶋奄美, 夜久, 度感, 信覺, 球美等來朝, 各貢方物. 其儀, 朱雀門左右, 陣列皷吹騎兵. 元會之日, 用鉦鼓自是始矣. 是日, 東方慶雲見, 遠江國獻白狐, 丹波國獻白鴿. 癸巳, 詔曰, 今年元日, 皇太子始拜朝. 瑞雲顯見, 宜大赦天下. 但犯八虐, 私鑄錢, 盜人常赦所不原者, 並不在赦限. 內外文武官六位以下, 進位一階. 又授二品穗積親王一品, 三品志紀親王二品, 從四位下路眞人大人, 巨勢朝臣邑治, 大伴宿禰旅人, 石上朝臣豊庭, 多治比眞人三宅麻呂, 百濟王南典, 藤原朝臣武智麻呂並從四位上, 正五位上大伴宿禰男人, 太朝臣安麻呂, 正五位下當麻眞人櫻井, 從五位上多治比眞人縣守, 藤原朝臣房前並從四位下, 正五位下曾禰連足人, 佐伯宿禰百足, 百濟王良虞並正五位上, 從五位上笠朝臣吉麻呂, 中臣朝臣人足並正五位下, 從五位下臺忌寸少麻呂, 道君首名並從五位上, 從六位上下毛野朝臣石代, 當麻眞人大名, 紀朝臣淸人, 從六位下土師宿禰豊麻呂並從五位下. 又授二品氷高內親王一品. 甲午, 三品泉內親王, 四品水主內親王, 長谷部內親王, 益封各一百戶. 戊戌, 蝦夷及南嶋七十七人, 授位有差. 己亥, 宴百寮主典以上並新羅使金元靜等于中門, 奏諸方樂. 宴訖, 賜祿有差. 庚子, 賜大射于南闈, 新羅使亦在射列, 賜綿各有差.

二月丙辰, 制, 尙侍從四位者, 賜祿准典藏焉. 丙寅, 從五位下大神朝臣忍人爲氏上. 從四位下當麻眞人櫻井卒. 丁丑, 勅以三品吉備內親王男女, 皆入皇孫之例焉.

三月壬午朔, 車駕幸甕原離宮. 丙申, 散位從四位上竹田王卒. 甲辰, 金元靜等還蕃. 勅大宰府, 賜綿五千四百五十斤, 船一艘. 丙午, 相摸國足上郡人, 丈部造智積, 君子尺麻呂, 並表閭里, 終身勿事, 旌孝行也.

夏四月庚申, 櫛見山陵.〈生目入日子伊佐知天皇之陵也.〉充守陵三戶, 伏見山陵.〈穴穗天皇之陵也.〉四戶. 庚午, 諸直丁經卄年已上者, 預考選例, 憐其勞也. 癸酉, 上村主通改賜阿刀連姓. 丙子, 詔敍成選人等位, 授從三位粟田朝臣眞人正三位, 正五位下長田王, 大神朝臣狛麻呂, 田口朝臣益人並正五位上, 從五位上小治田朝臣安麻呂, 縣犬養宿禰筑紫, 平群朝臣安麻呂並正五位下, 從五位下三國眞人人足, 佐味朝臣加作麻呂, 阿倍朝臣秋麻呂, 坂本朝臣阿曾麻呂, 日下部宿禰阿倍老, 阿倍朝臣安麻呂並從五位上.

五月辛巳朔, 勅諸國朝集使曰, 天下百姓, 多背本貫, 流宕他鄕, 規避課役, 其浮浪逗留, 經三月以上者, 卽土斷輸調庸, 隨當國法. 又撫導百姓, 勸課農桑, 心存字育, 能救飢寒, 實是國郡之善政也. 若有身在公庭, 心顧私門, 妨奪農業侵蛑萬民, 實是國家之大蠹也. 宜其勸催産業, 資産豊足者爲上等, 雖加催勸, 衣食短乏者爲中等, 田疇荒廢, 百姓飢寒, 因致死亡者爲下等, 十人以上, 則解見任. 又四民之徒, 各有其業, 今失職流散, 此亦國郡司教導無方, 甚無謂也. 有如此類, 必加顯戮. 自今以後, 當遣巡察使, 分行天下, 觀省風俗, 宜勤敦德政, 庶彼周行. 始今, 諸國百姓, 往來過所, 用當國印焉. 丹波丹後二國飢, 遣使賑貸. 己丑, 始充京職印. 壬辰, 伯耆國言, 甘露降. 甲午, 詔曰, 凡諸國運輸調庸, 各有期限. 今國司等, 怠緩違期, 遂妨耕農, 運送之民, 仍致勞擾, 非是國郡之善政, 撫養之要道也. 自今以後, 如有此類, 以重論之. 又海路漕庸, 輙委舂民, 或已漂失, 或多濕損, 是由國司不順先制之所致也. 自今以後, 不悛改者, 節級科罪, 所損之物, 卽徵國司. 又五兵之用, 自古尙矣. 服强懷柔, 咸因武德, 今六道諸國, 營造器仗, 不甚牢固, 臨事何用. 自今以後, 每年貢樣, 巡察使出日, 細爲校勘焉. 乙巳, 從六位下畫師忍勝姓改爲倭畫師. 攝津, 紀伊, 武藏, 越前, 志摩五國飢, 賑貸之. 遠江國地震. 山崩壅麤玉河, 水爲之不流, 經數十日, 潰沒敷智. 長下, 石田三郡民家百七十餘區, 幷損苗. 己亥, 太政官奏, 更定義倉出粟法, 分爲九等, 語在別格. 壬寅, 以從三位巨勢朝臣麻呂爲中納言, 從四位上多治比眞人三宅麻呂爲左大弁, 從四位上巨勢朝臣邑治爲右大弁, 從四位上大伴宿禰旅人爲中務卿, 從四位下阿倍朝臣首名爲兵部卿, 從四位上阿部朝臣廣庭爲宮內卿, 從四位下多治比眞人縣守爲造宮卿, 從五位上大伴宿禰宿奈麻呂爲左衛士督, 正五位上大神朝臣狛麻呂爲武藏守, 從五位上阿倍朝臣安麻呂爲但馬守, 從五位下石川朝臣君子爲播磨守, 從三位多治比眞人池守爲大宰帥. 丙午, 參河國地震, 壞正倉四十七. 又百姓廬舍往王陷沒. 庚戌, 移相摸, 上總, 常陸, 上野, 武藏, 下野六國富民千戶, 配陸奧焉.

六月甲寅, 一品長親王薨. 天武天皇第四之皇子也. 庚申, 開大倭國都祁山之道. 壬戌, 太政官奏, 懸像失度, 亢旱彌旬. 恐東皐不耕, 南畝損稼. 昔者周王遇旱, 有雲漢之詩. 漢帝祈雨, 興改元之詔. 人君之願, 載感上天. 請奉幣帛, 祈於諸社, 使民有年. 誰知堯力. 癸亥, 設齋於弘福法隆二寺. 詔, 遣使奉幣帛于諸社, 祈雨于名山大川. 於是未經數日, 注雨滂沱, 時人以爲, 聖德感通所致焉. 因賜百官人祿各有差. 丁卯, 諸國人卄戶, 移附京職, 由殖貨也.

秋七月庚辰朔, 日有蝕之. 己丑, 地震. 行幸甕原離宮. 賜從五位下紀朝臣淨人數人穀百斛, 優學士也. 壬辰, 授刀舍人狛造千金, 改賜大狛連. 丙午, 知太政官事一品穗積親王薨. 遣從四位上石上朝臣豊庭, 從五位上小野朝臣馬養, 監護喪事. 天武天皇之第五皇子也. 尾張國人外從八位上席田君邇近及新羅人七十四家, 貫于美濃國, 始建席田郡焉.

八月己未, 制, 大宰府官人家口, 皆免課役. 從四位上路眞人大人爲大宰大貳. 甲戌, 京人流宕畿外, 則貫當國而從事. 丁丑, 左京人大初位下高田首久比麻呂獻靈龜, 長七寸, 闊六寸, 左眼白, 右眼赤, 頸著三公, 背負七星, 前脚並有離卦, 後脚並有一爻, 腹下赤白兩點, 相次八字.

九月己卯朔, 詔, 皇親二世准五位, 三世以下准六位. 禁文武百寮六位以下用虎豹羆皮及金銀飾鞍具并横刀帶端. 但朝會日用者許之. 婦女依父夫蔭服用, 亦聽之. 凡横刀鋏者, 以絲纏造, 勿用素木令脆焉. 庚辰, 天皇禪位于氷高內親王, 詔曰, 乾道統天, 文明於是馭曆, 大寶曰位, 震極所以居尊. 昔者, 揖讓之君, 旁求歷試, 干戈之主, 繼體承基, 貽厥後昆, 克隆晳祚. 朕君臨天下, 撫育黎元, 蒙上天之保休, 賴祖宗之遺慶, 海內晏靜, 區夏安寧. 然而兢兢之志, 夙夜不怠, 翼翼之情, 日愼一日, 憂勞庶政, 九載于茲, 今精華漸衰, 耄期斯倦, 深求閑逸, 高踏風雲, 釋累遺塵, 將同脫屣. 因以此神器, 欲讓皇太子. 而年齒幼稚, 未離深宮, 庶務多端, 一日萬機. 一品氷高內親王, 早叶祥符, 夙彰德音, 天縱寬仁, 沈靜婉孌, 華夏載佇, 謳訟知歸, 今傳皇帝位於內親王, 公卿百寮. 宜悉祗奉以稱朕意焉.

續日本紀卷第六

『속일본기』 권제7

〈靈龜 원년(715) 9월부터 養老 원년(717) 12월까지〉

종4위하 行民部大輔 겸 左兵衛督 황태자학사
신 菅野朝臣眞道 등이 칙을 받들어 편찬하다.

日本根子瑞淨足姬天皇[1] 〈元正天皇 제44〉

◯ 일본근자고단정족희천황의 휘는 氷高이다. 天渟中原瀛眞人天皇[2]의 손이고, 日並知皇子尊[3]의 황녀이다. 천황은 침착하고 사려가 깊고 말에 반드시 예법을 갖추고 있다.

◯ 靈龜 원년(715) 9월 경진(2일), 양위를 받아 대극전에서 즉위하였다. (천황이) 조를 내려 "짐은 삼가 선명을 받아 감히 추대를 물리치지 못하였다. 황위에 올라 사직을 보존하고자 한다. 여기에 좌경직[4]으로부터 상서로운 거북을 얻은 것은 즉위에 즈음하여 하늘이 보여준 축하의 표시이다. 천지[5]의 은덕에 보답하지 않으면 안 된다. 이에 和銅 8년을 고쳐서 靈龜 원년으로 한다. 사형죄 이하는 경중을 묻지않고 이미 발각되었거나 발각되지 않았거나, 이미 판결이 났거나 아직 심리중이거나, 미결수이거나 현재 수감된 자, 모두 사면한다. 다만 살인을 모의하여 실행에 옮긴 자, 사주전, 강도와 절도, 통상의 사면에서 면제되지 않는 자는 아울러 사면의 범위에 포함되지 않는다"

---

1) 元明天皇.
2) 天武天皇.
3) 草壁皇子.
4) 京內의 사법·행정·경찰의 권한을 행사하는 기관. 좌우에 京職이 설치되어, 좌경직의 장관은 左京大夫, 우경직의 장관을 右京大夫라고 하였다.
5) 天神地祇.

라고 하였다.

친왕 이하 백관, 아울러 왕경과 기내의 제사찰의 승니, 천하의 제신사의 축부[6] 등에게 신분에 따라 녹을 내렸다. 고령자, 홀아비, 과부, 고아, 질병으로 스스로 생활할 수 없는 자에게 헤아려 진휼하였다.[7] 효자, 순손, 의부, 절부는 집과 마을 입구의 문에 표시하고 종신토록 조세를 면제하였다.[8] 천하의 금년도 조세를 면제하였다. 또 5위 이상의 자손으로 나이 20세 이상인 자는 음위를 받았다. 상서[9]를 포획한 대초위하 高田首久比麻呂에게 종6위상의 관위와 아울러 비단 20필, 목면 40둔, 삼베 80단, 벼 2천속을 내렸다.

동10월 을묘(7일), (천황이) 조를 내려 "국가의 융성과 안태는 반드시 백성을 풍요롭게 하는 데에 있다. 백성을 풍요롭게 하는 일의 근본은 힘써 재화를 증식하는 데에 있다. 따라서 남자는 농경에 힘쓰고 여자는 직물을 만들어야 집에 衣食의 풍요가 생긴다. 사람에게 청렴하고 부끄러운 마음이 생기면 형벌이 필요없게 되어 나라가 흥해지고 태평의 풍조에 이르게 된다. 무릇 관인과 백성은 어떻게 힘쓰지 아니할 것인가. 지금 제국의 백성들은 아직 생업의 기술을 다하지 못하고, 단지 벼농사에만 전념하여 밭농사의 이익을 알지 못한다. 혹은 홍수, 가뭄이 닥치면 더욱이 남아있는 곡식도 없어져 만약 가을 추수가 어렵게 되면 많은 사람이 기근에 이르게 된다. 이것은 단지 백성의 나태에만 있는 것이 아니다. 실로 국사가 가르치고 인도하지 않은 데에도 있다. 마땅히 백성에게 보리, 조 등의 곡물을 함께 심게 하고, 남자는 1인당 2단으로 한다.[10] 무릇 조는 오래도록 보존되어 썩지 않아 제 곡물 중에 이것이 가장 좋다.[11] 이러한 상황을 천하에 두루

---

6) 祝部는 지방 신사의 하급 神職. 유력 신사에는 祝部 위에 神主, 禰宜가 있다. 「職員令」1 神祇官條에 "神祇官, 伯一人〈掌, 神祇祭祀, 祝部神戶名籍…〉, …神部三十人"이라고 규정되어 있다.

7) 권3 慶雲 2년 8월조 137쪽 각주 87) 참조.

8) 권4 和銅 원년 춘정월조 167쪽 각주 28) 참조. 順孫은 조부모를 잘 모시는 손자.

9) 靈龜를 잡아 바친 일.

10) 「田令」3 口分條에 "凡給口分田者, 男二段〈女減, 三分之一〉"이라고 하여 구분전 2단과 합치한다.

11) 「倉庫令」7 倉貯積條에 "凡倉貯積者, 稻穀粟支九年, 雜種支二年, 糒支廿年.〈貯經三年以上, 一斛聽, 耗一升五年以上二升.〉"이라고 하여 조의 보존 연한이 9년으로 되어 있다.

알려 경작에 힘쓰고 절기를 놓치지 않아야 한다. 나머지 잡곡은 여력에 맡겨서 한다. 만약 백성이 벼 대신에 조를 조세로서 바치는 자가 있으면 이를 허락한다"라고 하였다.

정축(29일), 陸奧國의 蝦夷 제3등[12] 邑良志別君宇蘇彌奈 등이 아뢰기를 "친족이 사망한 자손 여러 사람이 항상 야만족들의 약탈을 두려워하고 있다. 청컨대 香河村에 郡家를 세워 편호[13]의 민으로서 영구히 안전을 보전하고 싶다"라고 하였다. 또 蝦夷 須賀君古麻比留 등이 아뢰기를, "선조 이래 다시마를 공물로 바치고 항상 이 지역에서 채취하여 해마다 거르지 않았는데 지금 국부성[14]으로부터 서로 가는 길이 멀어 왕래하는 데 수십일이 걸려 어려움이 매우 심하다. 폐촌[15]에 편리한 대로 郡家를 세우고 같은 백성으로 (인정받아) 함께 친족을 이끌고 영구히 조공을 거르지 않도록 하고자 한다"라고 하였다. 모두 허락하였다.

12월 기유삭(1일), 일식이 있었다.

기미(11일), 常陸國 久慈郡 사람 占部御蔭[16]의 딸이 한번에 3남을 낳았다. 양식과 아울러 유모 1인을 보냈다.

◯ 靈龜 2년(716) 춘정월 무인삭(1일), 비가 내려 원일의 신년하례를 중지하였다.[17] 조당에서 5위 이상에게 연회를 풀었다.

신사(4일), 지진이 있었다.

---

12) 일반 관인의 위계와는 달리 蝦夷에게 수여하는 1등부터 6등까지의 작위. 『延喜式』 권제30 大藏省에는 "蝦夷第一等, 布十六端. 第二等, 布十五端. 第三等, 布十三端. 第四等, 布十端. 第五, 第六等, 布各八端"이라고 규정되어 있듯이 6등급으로 나누어 물품을 지급하고 있다.

13) 호적에 편적되어 과역을 납부하는 민.

14) 國府城은 국의 관청. 陸奧國의 國府가 있던 多賀城은 이후에 설치된 것이고, 이곳의 국부성 소재지는 미상.

15) 閇村은 지명으로 소재 미상.

16) 占部氏는 조정에서 점복 등을 행하는 占部의 部民으로 보인다.

17) 「儀制令」5 文武官條에는 "凡文武官初位以上, 每朔日朝, 各注当司前月公文, 五位以上送着朝庭案上 卽大納言進奏. 若逢雨失容, 及泥潦, 並停.〈弁官取公文惣納中務省〉"이라고 하여 매월 삭일에 열리는 조정 의식에 비가 오거나 물이 고여 진흙탕이 되면 중지한다고 한다.

임오(5일), 종3위 長屋王에게 정3위를 내리고, 정5위상 長田王·佐伯宿禰百足에게 함께 종4위를, 정6위상 猪名眞人法麻呂·多治比眞人廣足·大伴宿禰祖父麻呂·小野朝臣牛養·土師宿禰大麻呂·美努連岡麻呂에게 함께 종5위하를 내렸다.

2월 기유(2일), 攝津國에 명하여 大隅, 媛嶋 2개 목장을 없애고 백성의 경작지로 만들도록 하였다.

정사(10일), 出雲國의 국조 외정7위상 出雲臣果安이 몸을 재개하고 신하사[18]를 올렸다. 신기대부[19] 中臣朝臣人足이 그 壽詞를 주상하였다. 이날 백관들이 재개하였다. (出雲臣)果安 이하 祝部에 이르기까지 100여 인에게 차등있게 위계를 진급시키고 녹을 지급하였다.

3월 계묘(27일), 河內國의 和泉, 日根 양군을 분할하여 珍努宮[20]에 바치게 하였다.

하4월 계축(8일), 조를 내려 임신년의 공신[21] 증 少紫[22] 村國連小依의 자 종5위하 志我麻呂, 증 大紫[23] 星川臣麻呂의 자 종7위하 黑麻呂, 증 大錦下[24] 坂上直熊毛의 자 정6위하 宗大, 증 小錦上[25] 置始連宇佐伎의 자 정8위하 虫麻呂, 증 小錦下 文直成覺의 자 종7위상 古麻呂, 증 直大壹[26] 文忌寸知德[27]의 자

---

18) 神賀事는 出雲國造가 바뀔 때마다 신임 국조가 상경하여 천황의 치세를 축하하여 주상하는 壽詞, 神賀詞라고도 한다.
19) 神祇大副는 神祇官의 차관.
20) 珍努宮의 경비를 조달하기 위해 분할된 양군에서 바치는 調, 庸을 충당하는 것.
21) 상기 임신년 공신의 자식에 대한 전지 지급은 「田令」6에 "凡功田, 大功世世不絶, 上功傳三世, 中功傳二世, 下功傳子"라고 한 규정에 따른 등급은 아니라고 생각된다. 功封·功田의 제는 대보령에서 제정되었지만, 이때의 賜田의 대부분 대보령 시행 이전에 父에게 받은 전지가 자식에게 계승되는 것을 인정하는 것이다.
22) 대보령제 하에서 종3위에 상당. 증 少紫[小紫]는 추증된 관위.
23) 대보령제 하에서 정3위에 상당.
24) 대보령제 하에서 종4위에 상당.
25) 대보령제 하에서 정5위에 상당
26) 대보령제 하에서 정4위상에 상당.
27) 文忌寸은 백제계 씨족인 東漢氏[倭漢氏]계의 文直[書直]과 西文氏계의 西文(書)首가 있다. 天武 12년에 連, 天武 14년에 忌寸으로 개성하였다. 『속일본기』 延曆 4년 6월 계유조에 후예씨족인 坂上苅田麻呂의 씨족 출자의 유래 및 높은 씨성으로 개성을 청원하는 상표문이 나온다. 『新撰姓氏錄』 우경제번에 坂上大宿禰와 同祖이고 都賀直의 후손이라고 주장하는 文忌寸과 동 좌경제번의 文宿禰와 동조이고 宇爾古首의 후손이라고 주장하는 文忌寸이 있다.

종7위상 鹽麻呂, 증 直大壹 丸部臣君手의 자 종6위상 大石, 증 정4위상 文忌寸禰麻呂의 자 정7위하 馬養, 증 정4위하 黃文連大伴[28]의 자 종7위상 粳麻呂, 종5위상 尾張宿禰大隅의 자 정8위하 稻置 등 10인에게 전지를 각각 차등있게 내렸다.

무오(13일), 우박이 내렸다.

갑자(19일), 大鳥, 和泉, 日根 3군을 분할하여 처음으로 화천감[29]을 두었다.

을축(20일), (천황이) 조를 내려, "무릇 調를 운반하는 인부가 입경하는 날, 관할 관사는 직접 나와 그 갖고 온 물품을 살펴봐야 한다. 만약 국사가 (백성에게) 힘써 권장하여 (물품이) 상등의 규격에 잘 부합한다면 (백성을) 보살피고 은혜롭게 하여 관할 지역을 잘 관리했다는 증거이고 좋은 성적[最]을 준다.[30] 가르치고 깨우치지 않아 모자람이 있다면 힘써 보살피는 방법이 잘못되어 관할 지역이 관리되지 않았다는 것으로 책임을 묻는다. 그 공과에 의거하여 반드시 관위를 올리거나 내린다. 또 근년의 계장에 구체적으로 기록되어 있는 바로는 공이 있어 보이고, 물품의 수량을 감안하면 (백성의 생활은) 여유가 있을 것이다. 그러나 입경한 인부는 의복이 허름하고 안색이 안좋은 자가 많다. 헛되게 공무의 장부에 기록하며 평판을 얻고자 애써 속이고 고과를 바란다. 국사, 군사가 이와 같이 한다면 짐이 장차 어떻게 맡길 수 있겠는가. 지금 이후로는 백성의 아픔을 위로하고 맡긴 바에 따라야 한다. 이에 관내의 빈부의 상황과 농잠의 증가 상태를 기록하여 올리도록 한다"라고 하였다.

---

28) 黃文氏[黃書氏]는 『신찬성씨록』에 고구려 久斯那王의 후예로 나온다. 壬申의 난 때에 大海人皇子의 舍人으로 활동하였다. 그는 가업인 화공의 재능을 살려 임신의 난 때에 군사지도의 제작에도 관여했을 가능성이 있다. 지도는 작전설계에 대단히 중요한데, 눈으로 실견한 지세와 지형을 정확히 그려내는 일은 전쟁의 전술, 작전을 펴는 데 유용하기 때문이다. 지통 원년(687)에 천황의 명을 받아 藤原朝臣大嶋와 함께 고승 300명을 飛鳥寺로 초청하여 천무천황의 御服으로 만든 가사를 1벌씩 보시하였다. 大寶 원년(701)에는 임신의 난의 공적 평가시에 中第를 받아 봉호 1백호의 4분의 1을 아들에게 증여할 수 있게 되었다. 大寶 3년 7월에 정5위하 黃文連大伴은 山背守에 임명되었다. 靈龜 2년(716) 4월에는 그의 아들 黃文粳麻呂가 부의 공적으로 장원과 전답을 받았다.

29) 和泉監은 珍努宮을 위해 설치된 특별행정기관이자 그 구역을 가리킨다. 長官은 正, 判官은 佑, 主典은 令史, 차관은 없다.

30) 관인의 근무평정은 유교적 덕목을 기준으로 하는 善과 관직별로 규정된 직무 내용에 기초한 最를 종합하여 산정한다.

임신(27일), 종4위하 大野王을 彈正尹으로 삼고, 종5위상 坂本朝臣阿曾麻呂를 參河守로 삼고, 종5위하 高向朝臣大足을 下總守로 삼고, 종5위하 榎井朝臣廣國을 丹波守로 삼고, 종5위하 山上臣憶良을 伯耆守로 삼고, 정5위하 船連秦勝[31]을 出雲守로 삼고, 종5위하 巨勢朝臣安麻呂를 備後守로 삼고, 종5위하 當麻眞人大名을 伊豫守로 삼았다.

5월 기축(14일), (천황이) 제를 내려, "제국의 군단 大少毅[32]에는 郡領[33]의 3등[34] 이상의 친족을 임용하지 못한다. 그 이전에 임용이 끝났다면 다른 국으로 전임하도록 한다"라고 하였다.

경인(15일), (천황이) 조를 내려, "불교의 가르침을 존숭하고 기리는 데에는 삼가함을 근본으로 하고, 불사를 조영하고 정비하는 데에는 청정을 우선으로 한다. 지금 듣건대, 제국의 절은 많은 경우 법에 따르지 않거나 혹은 초라한 건물을 지어놓고 다투어 공인을 받으려 하고, 겨우 幢, 幡을 설치해 놓고 전지를 받으려고 호소하고 있다. 혹은 승방, 건물을 정비하지 않아 우마가 무리를 지어있고, 문과 뜰이 황폐해져 가시덤불이 무성하여 마침내 지극히 존숭되어야 할 불상이 먼지로 뒤덮여 있어 심히 부처의 가르침을 비바람으로부터 피하기 어렵다. 여러 해가 지났는데 전혀 바로잡지 못하고 있다. 일을 헤아려 보니 존숭과는 극히 어긋나 있다. 따라서 지금 여러 절을 병합하여 하나로 정리한다. 바라건대 힘을 합하여 함께 조영하고 더욱이 쇠퇴한 불법을 일으켜야 한다. 국사들은 분명하게 國師[35]와 승려들 및 檀越[36] 등에게 알려

---

31) 文武 4년 8월에 因幡守 船連秦勝은 지방국사에 대한 포상으로 봉호 30호를 받았고, 慶雲 2년 12월에 종5위하에 올랐고, 靈龜 2년(716)에 出雲守에 임명되었다. 船連은 원래 船史이고 백제계 도래인 왕진이 후손이다.

32) 군단의 지휘관. 병사 1천 명을 이끄는 군단에는 大毅 1인, 少毅 2인이 배치된다. 「軍防令」13에는 "凡軍团大毅小毅, 通取部內散位·勳位及庶人武藝可稱者充"이라고 규정되어 있으나 실제로는 郡司 일족이 임용되는 일이 많았다고 추정된다.

33) 郡司의 大領, 少領. 4등관제 중에서 장차관에 해당하며, 이들에게만 郡領 호칭이 사용된다.

34) 「儀制令」25 五等條에 "凡五等親者, 父母, 養父母, 夫, 子爲一等, 祖父母, 嫡母, 継母, 伯叔父姑, 兄弟, 姉妹, 夫之父母, 妻妾, 姪, 孫, 子婦爲二等, 曾祖父母, 伯叔婦, 夫姪, 從父兄弟姉妹, 異父兄弟姉妹, 夫之祖父母, 夫之伯叔姑, 姪婦, 継父同居, 夫前妻妾子, 爲三等…"이라고 규정되어 있다. 5等親의 범위에 대해 1등은 부모·남편·자식 등이고, 2등은 조부·백숙부·조카·손자 등이고, 3등은 종부형제 등이다.

35) 國師는 이때 제국에 설치된 令外의 僧官. 임기는 6년이고 관할국 내의 승니를 지도·감독하고 사원의 재물을 조사하는 일을 담당한다.

(관할) 郡內의 합쳐야 할 절과 재물을 조항별로 기록하여 사자에 부쳐 주상한다. 또 제국의 절에서는 당, 탑이 완성되어도 승니가 살지 않고 예불도 하지 않는다. 단월의 자손이 전답을 모두 지배하고 오로지 처자를 부양하고 승려들에게는 제공하지 않는다. 이로 인하여 쟁송이 생기고 국, 군이 시끄러워지고 있다. 지금 이후로는 엄하게 금지시키고, 소유하고 있는 재물과 전지, 원지는 國師와 승려, 國司, 단월 등이 서로 조사하여 분명히 기록하고 사용하는 날에는 함께 판단하여 제출하도록 한다. 옛 방식대로 단월 등이 마음대로 해서는 안 된다"라고 하였다.

近江國守 종4위상 藤原朝臣武智麻呂가 아뢰기를, "관할 지역의 절들은 많은 경우 구역을 나누어놓고 조영하지도 않고 명적도 허위로 올린다. 이러한 것을 보면 다른 생각이 있는 것은 아니고 소유하고 있는 전지, 원지에서 오로지 스스로의 이익을 얻고자 함이다. 만약 바로잡지 못하면 아마도 불법은 멸하게 될 것이다. 臣들은 헤아리고 있는데 '사람이야말로 도를 널리 알린다' 라는 옛 선인의 격언처럼 불법을 밝히는 일은 聖朝가 가장 바라는 일이다. 바야흐로 지금 인정은 점점 박해지고 부처의 가르침은 쇠해지고 있다. 近江國만이 아니고 다른 국들도 마찬가지다. 바라건대 제국에 두루 명령을 내려 폐단을 고쳐 순리로 돌아오게 하고, 더욱이 해이해진 기강을 바로잡아 성조의 기대에 부응해야 한다"라고 하였다. 이를 허락하였다.

신묘(16일), 駿河, 甲斐, 相摸, 上總, 下總, 常陸, 下野 7국의 고려인 1,799인을 武藏國으로 옮겨 高麗郡을 설치하였다.[37]

대재부에서 언상하기를, "豊後, 伊豫 2국의 경계는 종래 戍[38]을 설치하여

---

36) 절을 조영하거나 재정적으로 도움을 주는 신도, 施主.

37) 高麗郡의 설치는 일본 율령국가의 동국 경영에 대한 일련의 시책 속에서 추진되었다. 고려군의 조직과 운영에서 중심이 된 것은 고구려 멸망 직후 망명한 背奈氏 일족이었다. 배나씨는 背奈公－背奈王－高麗朝臣－高倉朝臣으로 개성하면서 중앙에서도 명문가로 성장하였다. 이곳에 조영된 高麗神社는 고구려 멸망기에 일본에 사신으로 온 高麗若光을 祭神으로 모시고 있는데, 고려약광은 일본조정으로부터 고려왕이라는 성을 받고 고려군 창설 시기에 이곳으로 이주하여 고구려계 씨족의 시조격으로 존숭받고 있었다고 생각된다. 또 『高麗氏系譜』에는 고려약광을 시조로 하는 고려씨의 계보가 기록되어 있다. 고려군은 변경의 일개 군이었지만, 고려신사라는 공동 조상을 모시는 의례행위를 통하여 정신적 유대감을 형성하였다.

38) 변경수비를 위해 설치된 시설. 瀨戶內海는 동북은 明石瀨戶, 동남은 由良瀨戶 혹은

왕래를 불허하였다. 다만 신분의 고하, 존비의 구별이 없어서는 안 된다. 마땅히 5위 이상은 사인을 보내 왕래하는 것은 금지의 범위에 포함하지 않는다. 또 薩摩, 大隅 2국이 隼人을 바친 지 이미 8년이 지났다.[39] 도로는 멀리 떨어져 있어 왕래하기가 불편하고, 혹은 부모가 늙고 병들고 혹은 처자가 의지할 곳 없이 가난하니, 연한을 6년으로 교체되도록 청한다"라고 하였다. 아울러 이를 허락하였다. 처음으로 元興寺[40]를 좌경 6조 4방으로 이전하였다.

병신(21일), (천황이) 칙을 내려, "대재부의 백성이 집에 백랍[41]을 소장하는 일은 이미 금지하고 있다. 그러나 따르지 않고 몰래 숨기고 매매하고 있다. 이로 인해 전을 주조하는 사악한 무리들이 다반사로 속이고 멋대로 한다. 여기에 연루된 자들이 죄에 빠지는 경우도 적지 않다. 마땅히 엄하게 금지하여 다시는 그러한 일이 없어야 한다. 만약 백랍이 있다면 수색하여 관사에 수납하도록 한다"라고 하였다.

정유(22일), (천황이) 제를 내려 "대학료의 학생, 전약료의 의생 등은 학업을 이루지 못했는데, 멋대로 임관의 추천을 바라는 자가 있다. 이러한 자들은 금후 국박사 및 의사로 보임할 수 없다"라고 하였다.

계묘(28일), 승강[42] 및 和泉監에게 印을 지급하였다. 활 5,374개를 대재부에

鳴門瀨戶, 서남은 速吸瀨戶, 서북은 早鞆瀨戶로 구분되어 瀨戶의 교통이 규제되고 있었다. 특히 早鞆瀨戶(關門海峽)에는 關(長門關)이, 速吸瀨戶(豊予海峽)에는 戍이 설치되어 速吸瀨戶의 교통을 통제하였다.

39) 율령제 하에서 상경한 隼人은 衛門府 피관의 隼人司의 통솔 아래 가무를 교습하여 대상제 등의 궁중행사에 풍속가무를 행하였다. 8년간의 체류기간을 6년으로 단축해 달라는 청원이다.

40) 飛鳥寺[法興寺]가 평성경으로 이전한 후에는 元興寺로 불렸다. 그러나 이 기사는 大安寺의 이전을 말한 것이다. 養老 2년 9월 갑인조에 "遷法興寺於新京"이라고 하는 기사가 元興寺 移建 기사이다. 飛鳥寺는 大安寺와 더불어 大寺로 불렸기 때문에 원사료의 "靈龜 2년 大寺를 좌경 6조 4방으로 옮겼다"고 한 이 大寺를 大安寺가 아닌 法興寺로 오인한 결과로 생각된다(福山敏男, 「大安寺び元興寺の平城京への移建の年代」, 『日本建築史硏究』). 大安寺의 전신인 百濟大寺－高市大寺－大官大寺는 황실과 밀접한 관계를 갖고 왕궁 근처에 조영되었다. 평성경 천도 후 최초로 藤原京에서 이전된 사찰이 大安寺이며, 東大寺 창건 이전에 최대 규모였다. 상기 기사는 조영 개시 혹은 금당 건립에 대한 내용으로 추정된다.

41) 동전 주조의 재료인 주석, 혹은 주석을 함유한 아연.

42) 승니 통제의 최고기관으로 승정·승도·율사로 구성된다. 「僧尼令」14 任僧綱條에는

지급하였다.

6월 신해(7일), 정7위상 馬史伊麻呂[43] 등이 신라국 紫驃馬 2필을 바쳤다. 크기는 5척 5촌이다.

갑자(20일), 美濃守 종4위하 笠朝臣麻呂에게 尾張守를 겸하게 하였다.

을축(21일), (천황이) 제를 내려 "王臣 5위 이상이 산위 6위 이하를 資家[44]로 하고자 할 경우에는 사람마다 6인 이하는 허락한다"라고 하였다.

정묘(23일), 처음으로 和泉監에 史生 3인을 두었다.

추7월 경자(27일), 종4위하 阿倍朝臣爾閇가 죽었다.

8월 임자(9일), 대재부에서 언상하기를, "帥[45] 이하에게 지급되는 事力[46]은 和銅 2년 6월 27일부[47]에 의거해 각각 반감하고 목면을 지급한다. 지금 이후로는 사역시킬 인부가 모자라 무릇 제관사의 속관이 함께 고생하고 있다. 목면을 중지하고 丁[48]을 지급받아 도움이 되고자 한다"라고 하자, 이를 허락하였다.

갑인(11일), 2품 志貴親王이 죽었다. 종4위하 六人部王, 정5위하 縣犬養宿禰筑紫를 보내 장례를 감독시켰다. 친왕은 천지천황의 제7황자이다. 寶龜 원년(770)에 추존되어 御春日宮天皇으로 칭하게 되었다.

계해(20일), 備中國 淺口郡의 犬養部嶋手가 옛날 飛鳥寺의 燒鹽戶[49]에 배속되었는데, 잘못하여 천민의 신분으로 들어가게 되었다. 이에 이르러 드디어

"凡任僧綱〈謂, 律師以上.〉, 必須用德行, 能伏徒衆道俗欽仰, 綱維法務者所擧徒衆, 皆連署牒官…"이라고 하여 昇網 임용에 대한 규정이 있다.

43) 馬史氏는 河內國 古市郡을 본관으로 하는 王仁의 후예씨족인 西文氏의 일족으로 백제계 도래씨족이다. 天平勝寶 9년(757) 藤原不比等의 諱를 피해 史 성을 '毗登'으로 변경하고, 馬氏도 馬毗登으로 개명하였다. 天平神護 원년(765) 12월 신묘조에는, 우경인 외종5위하 馬毘登國人, 河內國 古市郡 사람 정6위상 馬毘登益人 등 44인이 武生連의 성을 받아 개성하였다. 『신찬성씨록』 左京諸蕃上에는 武生宿禰를 文宿禰와 同祖이고 王仁의 손인 阿浪古首의 후예라고 기록하고 있다. 延曆 14년(795) 4월에 武生連眞象 등의 주언으로 宿禰의 성을 받았다.

44) 5위 이상의 고위관인에게 지급되는 職分資人. 주인의 경호, 잡무에 종사하였다.

45) 대재부 장관.

46) 국사나 大宰帥 등에게 지급되어 잡역이나 職田의 경작에 종사하는 正丁.

47) 和銅 2년 6월 28일조 참조.

48) 성인 남자.

49) 제염을 업으로 하는 戶.

호소하니 이를 면제하였다.

이날 종4위하 多治比眞人縣守를 견당사 압사[50]로 삼고, 종5위상 阿倍朝臣安麻呂를 대사로 삼고, 정6위하 藤原朝臣馬養을 부사로 삼았다. 대판관 1인, 소판관 2인, 대록사 2인, 소록사 2인이다.

기사(26일), 정6위하 藤原朝臣馬養에게 종5위하를 내렸다.

9월 병자(4일), 종5위하 大伴宿禰山守를 대신 견당대사로 삼았다.

계사(21일), 정7위상 山背甲作客小友 등 21인이 잡호를 면제해 달라고 호소하였다. 山背甲作 4자를 없애고 고쳐서 客[51] 성을 내렸다.

을미(23일), 종3위 중납언 巨勢朝臣萬呂가 아뢰기를, "出羽國을 세운 지 이미 수년이 지났다. 관인과 백성은 소수이고 이적들은 아직 순응하지 않고 있다. 그 토지는 비옥하고 전야는 넓고 여유가 있다. 청컨대 가까운 국의 백성을 出羽國에 이주시켜 포악한 이적을 교화하고 아울러 토지의 이익을 보존하고자 한다"라고 하자, 이를 허락하였다. 이에 陸奧國의 최상에 있는 2군 및 信濃, 上野, 越前, 越後 4국 백성 각 1백호를 出羽國에 예속시켰다. 종4위하 太朝臣安麻呂를 氏長으로 삼았다.

동10월 임술(20일), 종4위하 長田王을 近江守로 삼았다. 거듭해서 내외 제관사의 얇은 견직 朝服과 6위 이하의 날실 두건을 금지하였다. 무관은 조복에 주머니[52]를 달아서 착용하는 것을 금지하였다. 또 두건 뒤로 늘어뜨린 장식끈의 길이는 3촌을 넘어서지 못하도록 하였다.

11월 을해(3일), 정5위하 夜氣王을 備前守로 삼았다.

신묘(19일), 대상제가 행해졌다. 친왕 이하 백관들에게 신분에 따라 녹을 내리고, 由機[53]로 정해진 遠江國, 須機[54]로 정해진 但馬國의 군사 2인에게 위 1계를 올렸다.

---

50) 押使는 大使의 상위에 임명된 최고 책임자.

51) 客을 성으로 삼은 예는 山背國 相樂郡 賀茂鄕의 호주에 客得足(『大日本古文書』 6-460), 土佐守 외종5위하 客君狛麻呂(『속일본기』 천평 18년 9월 경술조), 畫師 客人木持(『大日本古文書』 12-246) 등이 있다.

52) 「衣服令」5 朝服條에는 1품 이하, 초위 이상의 조복에는 袋가 부수되어 있다.

53) 대상제 때에 新穀을 바치는 제1의 국.

54) 대상제 때에 新穀을 바치는 제2의 국.

윤11월 계묘삭(1일), 일식이 있었다.

○ 養老 원년(717) 춘정월 을사(4일), 종3위 阿倍朝臣宿奈麻呂에게 정3위를, 종4위상 安八萬王에게 정4위하를, 무위 酒部王, 坂合部王, 智努王, 御原王에게 함께 종4위하를, 종5위하 高安王, 門部王, 葛木王에게 함께 종5위상을, 종4위하 石川朝臣難波麻呂에게 종4위상을, 정5위상 百濟王良虞[55]에게 종4위하를, 정5위하 中臣朝臣人足에게 정5위상을, 종5위상 大伴宿禰宿奈麻呂·穗積朝臣老·多治比眞人廣成·小野朝臣馬養·紀朝臣男人에게 함께 정5위하를, 종5위하 賀茂朝臣堅麻呂에게 종5위하상을, 정6위상 佐伯宿禰虫麻呂·大藏忌寸伎國足·余眞人,[56] 종6위상 朝來直賀須夜에게 함께 종5위하를 내렸다.

무신(7일), 무위 伊部王에게 종5위하를 내리고 또 종4위상 縣犬養橘宿禰三千代에게 종3위를 내렸다.

기미(18일), 중납언 종3위 巨勢朝臣麻呂가 죽었다. 小治田朝[57] 小德[58] 大海의 손이고, 飛鳥朝[59] 京職 直大參[60] 志丹의 아들이다.

2월 임신삭(1일), 견당사가 盖山[61]의 남쪽에서 神祇에 제사지냈다.

신사(10일), 大宰帥 종3위 多治比眞人池守에게 비단 10필, 명주 10필, 비단 30필, 목면 300둔, 삼베 100단을 내렸다. 선정에 대한 포상이었다.

임오(11일), 천황이 난파궁에 순행하였다.

병술(15일), (천황이) 난파에서 和泉宮으로 돌아왔다.

기축(18일), 화천감 정7위상 堅部使主石前에게 위 1계를 올리고, 공인, 인부에게 차등있게 녹을 내렸다.

---

55) 권3 大寶 3년(703) 8월조 127쪽 각주 27) 참조.

56) 백제 멸망 후 일본으로 망명한 좌평 余自信[余自進]의 직계 손으로 추정된다. 그는 天智 10년(671)의 관위수여식에서 大錦下의 관위를 받았다. 余氏 일족 일부는 天平寶字 2년 6월에 百濟朝臣으로 개성하였다. 百濟朝臣은 『신찬성씨록』 좌경제번하에 百濟國 都慕王의 30세손 惠王으로부터 나왔다는 계보를 주장하고 있다.

57) 推古朝.

58) 推古朝의 관위 12계의 제2위. 종4위 상당.

59) 天武朝.

60) 天武13년 관위 13위. 정5위상 상당.

61) 평성경 동쪽의 春日山.

경인(19일), 평성궁으로 돌아오는 길에 竹原井頓宮[62]에 이르렀다.

신묘(20일), 河內, 攝津 2국 아울러 造行宮司[63] 및 전담 군사 大少毅 등에게 차등있게 녹을 내렸다. 당일 환궁하였다.

갑오(23일), 견당사 등이 배조하였다.[64]

병신(25일), (천황이) 제를 내려, "造宮省을 제외한 이외의 令外 제관사의 판관은 관위상당 대소의 구별이 없고, 관품은 마땅히 令制의 판관 1인을 두는 예에 준한다. 또 영에 의거하여 1인이 여러 관을 겸직하는 자는 녹이 많은 쪽을 따라 지급한다. 비록 고관이 上日[65]이 부족한 경우에는 낮은 관의 상일을 채우면 녹은 많은 쪽에 따라 지급한다"라고 하였다.[66]

정유(26일), 信濃, 上野, 越前, 越後 4국의 백성 각 1백호를 出羽柵戶로 배속하였다.[67]

3월 계묘(3일), 좌대신 정2위 石上朝臣麻呂가 죽었다. 나이 78세, 천황이 깊이 애도하였다. 이 때문에 정무는 중지되었다. 조를 내려 식부경 정3위 長屋王, 좌대변 종4위상 多治比直人三宅麻呂를 보내 저택에 가서 조문하고 부의물을 내리고, 아울러 종1위에 추증하였다. 우소변 종5위상 上毛野朝臣廣人이 태정관의 조사를 올렸고, 式部省 少輔 정5위하 穗積朝臣老가 5위 이상의 조사를 올렸고, 병부성 大丞 정6위상 當麻眞人東人이 6위 이하의 조사를 올렸다.[68] 백성들이 추모하고 애석해 하지 않음이 없었다. 대신은 泊瀨朝倉朝

---

62) 大和國과 河內國을 잇는 龍田道의 중간에 조영된 離宮.

63) 천황 행차 시에 行在所가 되는 궁의 조영을 담당하는 영외관. 造頓宮司라고도 한다. 황실 별장인 離宮의 경우, 일시적으로 조영하는 行宮 행차가 결정되면 造行宮司가 임명되고 현지에 파견되어 궁을 조영하고 제반 시설을 갖춘다. 귀환할 때 행궁을 만들고 행차를 도운 관인들에게는 은상이 내려진다.

64) 「公式令」79 受勅出使條에 "凡受勅出使,辭辭訖無故不得宿於家"라고 하여 천황에게 출발하는 배조 인사를 마쳤다면 이유없이 집에 머물러서는 안 된다고 규정되어 있다.

65) 출근일수.

66) 「祿令」1 給季祿條에는 "凡在京文武職, 及太宰, 壹伎, 對馬, 皆依官位給祿, 自八月至正月 上日一百卄日以上者, 給春夏祿"이라고 하여 8월부터 이듬해 정월까지 출근일수 120일 이상인 자에게 春夏祿을 지급하고 있다. 秋冬祿도 동일하다. 「祿令」2 季祿條에 보면 "凡祿, 春夏二季, 二月上旬給.〈以糸一 代, 綿一屯〉 秋冬二季, 八月上旬給.〈以鐵二廷代鍬五口〉"라고 하여 매년 2월에 春夏祿, 8월에 秋冬祿이 지급된다. 계록의 지급은 관직에 대응하는 위계가 있는 관인을 대상으로 한다.

67) 靈龜 2년 9월 을미조의 기사와 중복되는데, 이 기사는 완료된 시점으로 보인다.

庭[69]의 大連物部目의 후손이다. 難波朝[70] 衛部 大華上[71] 宇麻乃의 아들이다.

기유(9일), 견당압사 종5위하 多治比眞人縣守에게 節刀를 내렸다.

을축(25일), (천황이) 제를 내려, "영외 제관사의 史生[72] 등에게 지급하는 1계의 녹은 해당 관사의 주전의 녹보다 1등 낮은 액으로 한다. 이것은 소초위 관록에 해당하지만, 재기가 있고 별칙에 의한 자가 아니면 이 예와 동일하게 한다"라고 하였다.

하4월 을해(6일), 久勢女王을 이세태신궁에 보내 근시하게 하였다. 동행한 관인에게 신분에 따라 녹을 내렸다. 이날 출발하여 백관들이 평성경 밖까지 배웅하고 돌아왔다. 종5위하 猪名眞人法麻呂를 齋宮頭로 삼았다.

병술[73](17일), 기내에서 기우제를 지냈다.

계미(14일), 태정관이 주상하기를 조, 용의 斤兩 및 장단의 규격을 정하였다.[74] 그 내용은 별식에 있다.

임진(23일), (천황이) 조를 내려, "職을 두고 유능한 인물을 임용하는 일은 어리석은 백성들을 가르치고 인도하기 위함이다. 법을 만들어 제도를 세우는 것은 그 악한 일과 비위를 금지하기 위함이다. 요즈음 백성들이 법률을 위반하고 마음대로 머리와 턱수염을 깎고 빈번히 승복[75]을 입고 있다. 모습은 승려와 비슷하지만, 마음은 간사한 도둑의 생각을 숨기고 있어 속임수가 생겨 이로부터 나쁜 일이 일어난다. 이것이 하나이다. 무릇 승니는 조용하게 절에 기거하고 부처의 가르침을 받아 도를 전한다. (승니)령에 의하면, '걸식자가 있다면 3綱[76]이 연서해서 오각[77] 이전에 탁발을 들고 음식을 구한다.

---

68) 大寶 원년 7월 좌대신 2위 多治比嶋의 장의에서 公卿之誄, 百官之誄를 행하였다.

69) 雄略朝.

70) 孝德朝.

71) 大化 5년 관제에서 제7위. 정4위 상당.

72) 율령제 하에서 4등관 밑에 書記를 맡은 비상근 교체 근무자인 番上官. 상당위는 없다.

73) 병술(17일) 기사는 다음 계미(14일) 기사와 순서가 바뀌었다.

74) 「賦役令」의 「調絹」條, 「調皆隨近」條에 규정된 調庸物에 대해서 무게, 길이, 폭 등을 변경한 것이다.

75) 원문에는 道服. 「승니령」22에는 法服으로 나온다.

76) 사원을 통제하기 위해 설치한 승직. 上座·寺主·都維那로 구성되는데 上座는 절의 장로 역이고, 寺主는 절을 운영하고, 都維那는 사무를 총괄한다. 『日本書紀』 大化

이것으로부터 나머지 물건을 구할 수는 없다[78]'고 한다. 바로 지금 小僧[79] 行基와 제자들은 거리를 무질서하게 돌아다니며 멋대로 죄와 복을 설하고,[80] 도당을 만들어 일을 꾀하고 있다. 손가락과 발꿈치를 벗기거나 태우고,[81] 집집마다 돌아다니며 거짓 언설로서 억지로 공양을 구한다. 성도를 사칭하여 백성들을 현혹시키고 있다. 승니도 백성도 어지럽혀지고 사민이 생업을 버리고 있다. 나아가 석가의 가르침에 어긋나는 것이고 법령을 위반하는 것이다. 이것이 둘째이다. 승니가 불도에 의거하여 그 가르침으로서 나약한 사람들을 구제하고 탕약을 베풀어 고질병을 치료하는 일은 (승니)령에서 허용하고 있다. 바로 지금 승니는 빈번히 병자의 집을 방문하여 거짓으로 현혹하는 마음으로 기도하면서 주술로 돌아서서 역으로 길흉을 점치고 노약자에게 겁을 주어 점차 (보시를) 구하게 된다. 승려와 백성의 구별없이 끝내 좋지 않은 어지러움이 일어난다. 이것이 셋째이다. 만약 치료가 필요한 중환자가 있으면 淨行者[82]에게 청하여 승강을 통해 3강이 연서해서 기일에 가게 한다. 이를 빙자하여 지체하고 기일을 넘긴다면, 실로 주무 관사가 엄하게 단속하지 않았기 때문에 이러한 폐해가 생기는 것이다. 지금 이후로는 더욱 그러한 일이 있어서는 안 된다. 촌리에 포고하여 힘써 금지해야 한다"라고 하였다.

갑오(25일), 천황이 서쪽 조당에 임하였다. 大隅, 薩摩 2국의 隼人 등이

원년 8월중에 '寺主' 명이 처음 보인다. 동 朱鳥 원년 정월조, 동 6월조에 보이는 三綱은 僧綱을 가리킨다. 『延喜式』 玄蕃寮에도 三綱의 任免, 교체에 대한 규정이 있다.

77) 午刻은 오전 11시에서 오후 1시.

78) 음식 이외의 물건. 『令集解』「僧尼令」5 「非在寺院」條의 「不得因此更乞余物」의 주석에 "謂, 衣服之類也. 釋云, 衣服之類, 若乞余物科違令, 道僧格, 乞余物. 准僧敎化論. 一云, 直云已身服用而乞者, 科違令罪. 若詐云爲功德者, 以詐勘(欺)科. 古記云, 余物, 謂衣服財物之類"라고 제설이 기록되어 있다.

79) 行基에 대한 비칭.

80) '妄說罪福'은 「僧尼令」5에 "凡僧尼, …妄說罪福…者, 皆還俗"이라고 하여 환속의 이유로 거론하고 있다.

81) '焚剝指臂'는 몸을 태워 분신하거나 피부를 벗겨 경전을 모사하는 행위를 말한다. 「僧尼令」27에는 "凡僧尼, 不得焚身捨身. 若違…者, 並依律科斷"이라고 하고, 『令集解』 「古記」에는 "焚身, 謂灯指盡身也. 捨身, 謂剝身皮寫經, 幷稱畜生布施, 而自盡山野也"라고 규정되어 있다. 대보령의 주석서인 「古記」에는 피부를 벗겨 사경하는 것을 보시 행위로 보고 있으나, 「僧尼令」에서는 율에 의거하여 처벌한다고 규정하고 있다. 이 해석에 대해서는 당시의 명법학자들 간에도 논란이 있다.

82) 청정하게 수행하는 승려.

풍속의 가무를 선보였다. 신분에 따라 각각 녹을 내렸다.

을미(26일), 종5위상 上毛野朝臣廣人을 大倭守로 삼고, 종5위하 賀茂朝臣吉備麻呂를 河內守로 삼았다.

5월 신축(2일), (천황은) 제를 내려, 제국의 비단의 직물은 6丁이 바치는 분량을 1필로 정했다.[83]

정미(8일), 上總, 信濃 2국에서 처음으로 비단[絁]을 調로 바치게 하였다.

병진(17일), (천황은) 조를 내려 "국내의 백성은 사방으로 유랑하여 과역을 기피하고, 끝내 王臣에게 예속되어 資人이 되기를 원하고 혹은 승니가 되기를 바란다. 왕신은 (유랑자의) 본적지 관사를 거치지 않고 사사로이 부리기 위해 國, 郡에 부탁하여 드디어 그 뜻을 이룬다. 이로 인해 천하에 흩어져 향리에 돌아가지 못하고 있다. 만약 이러한 무리가 있는데 몰래 숨겨 두는 자가 있으면 그 상황을 헤아려 죄를 과하고, 아울러 율령의 규정대로 한다. 또 令에 의하면 승니는 나이 16세 이하로 庸, 調를 바치지 아니하는 자를 동자로 삼는 것을 허락한다. 그러나 국, 군을 거치지 않으면 용이하게 취하지 못한다. 또 少丁[84] 이상은 이를 허락하지 않는다"라고 하였다.

신유(22일), 대계장,[85] 사계장,[86] 육년견정장,[87] 청묘부,[88] 수조장[89] 등의 서식을 7도 제국에 반포하였다.[90]

을축(26일), 종4위하 大伴宿禰男人을 長門守로 삼았다.

6월 기사삭(1일), 우경직이 素性仁斯가 한번에 3녀를 낳았다고 언상하였다. 의복과 식량 아울러 유모 1인을 보냈다. 4월부터 이달에 이르기까지 비가

---

83) 6인의 正丁(21세 이상 65세 이하의 남자)이 납부하는 綾의 직물을 1疋로 한다는 것.

84) 「戶令」6에 의하면 17세 이상 20세 이하의 中男으로 하고, 「戶令」5는 中男을 課口(과역을 부담하는 口)라고 하였다. 대보령제에서는 少丁으로 나온다.

85) 1국마다 戶數·口數의 통계를 표시한 목록과 호구의 명부로 이루어진 장부.

86) 관인이 되어 과역을 면제받은 자의 명부. 매년 4회 작성하기 때문에 四季帳이라 한다.

87) 六年見丁帳은 현재의 正丁, 次丁, 少丁 등 과역대상자의 이름을 열기한 장부.

88) 青苗簿는 戶別로 田의 경작 상황을 기록한 장부.

89) 輸租帳은 제국의 당해년 田의 경작 상황을 기록한 장부.

90) 大計帳·四季帳·六年見丁帳은 丁男으로부터 調, 庸을 징수하기 위해 만든 장부이고, 青苗簿·輸租帳은 租의 징수와 관련하여 경작지 현황을 파악하기 위해 만든 장부이다. 이들 장부는 국마다 그 양식이 달라 서식을 반포하여 통일하고자 한 것이다.

오지 않았다.

추7월 기미(22일), 좌우경직의 史生 각각 4인을 증원하였다.

경신(23일), 사문 辨正[91]을 소승도로 삼고, 神叡[92]를 율사로 삼았다. 종5위하 紀朝臣淸人에게 곡물 1백석을 내렸다. 우수한 학자이기 때문이다.

8월 경오(3일), 정3위 安倍朝臣宿奈麻呂가 아뢰기를, "정7위상 他田臣萬呂는 본계가 동족이지만, 실은 성이 다르다. 친족의 길을 찾아 살펴보니 모름지기 개정해야 마땅하다. 청컨대 安倍他田朝臣의 성을 내려주었으면 한다"라고 하였다. 이를 허락하였다.

갑술(7일), 종5위하 多治比眞人廣足을 美濃國에 보내 行宮을 조영하게 하였다.

9월 계묘(7일), 종5위상 臺忌寸少麻呂가 아뢰기를, "거주지에 의거하여 氏를 삼는 것은 종래의 항례였다. 이에 따라 河內忌寸은 邑에 의거하여 씨를 삼았다. 이러한 사례는 일정하지 않다. 청컨대 少麻呂는 자제들과 함께 臺氏를 고쳐서 岡本의 성으로 삼고자 한다"라고 하였다. 이를 허락하였다.

정미(11일), 천황이 미농국으로 순행하였다.

무신(12일), 近江國에 이르러 淡海[93]를 관망하였다. (淡海라는 지역은) 산음도의 伯耆로부터 통하고, 산양도의 備後에서도 통하고, 남해도의 讚岐에서도 이쪽 방면으로 통해 해당 지역의 국사는 行在所에 와서 풍토의 가무를 선보였다.[94]

갑인(18일), 미농국에 이르렀다. 동해도의 相摸에서 통하고, 동산도의 信濃에서도 통하고, 북륙도의 越中에서 이쪽 방면으로 통해, 국사들은 행재소에 와서 풍속의 잡기를 선보였다.

---

91) 天平 원년에 大僧都, 동 2년 10월에 僧正이 되었다. 『懷風藻』에 "辨正法師者, 俗姓秦氏"라고 되어 있듯이 속성이 秦氏이고 도래계 씨족이다. 大寶 연중에 입당하여 학문을 배웠으나 당에서 사망했다고 전한다. 한시 2수를 남기고 있다.

92) 持統 7년(693) 신라에 학문승으로 파견되어 신라불교를 체득하고 養老 원년 7월 율사에, 天平 원년 10월에 대승도에 임명되었다. 大安寺의 道慈와 함께 釋門의 수재로 칭해졌다.

93) 滋賀縣에 있는 琵琶湖. 고대에는 淡海, 淡海의 海, 近江의 海 등으로도 불렸다.

94) 율령국가의 7道 내에는 國, 郡이 소재하고 있고, 諸國의 國司가 천황이 순행한 行在所에 배견한 사실을 말한다. 무슨 道의 國이라는 표현은 천황 순행지인 近江에 접한 道의 國이라는 의미이고, 천황의 통치지역이 넓음을 표현한 것으로 생각된다.

병진(20일), 當耆郡[95]에 순행하여 多度山[96]의 아름다운 온천을 구경하였다. 순행에 수행한 5위 관인 이상에게 차등있게 물품을 내렸다.

무오(22일), 순행에 수행한 주전 이상 및 미농국사 등에게 신분에 따라 물품을 내렸다. 군령 이하 여러 관인 41인에게 관위 1계를 올려 주었다. 또 不破, 當耆 2군의 당해년의 전조와 方縣, 務義 2군의 백성 중에서 행궁에 봉사한 자들에게 전조를 면제하였다.

계해(27일), (천황이) 근강국에서 돌아왔다. 순행에 수행한 5위 이상 및 근강국사 등에게 차등있게 물품을 내렸다. 군령 이하 여러 관인 40인에게 관위 1계를 올려 주었다. 또 志我, 依智 2군의 당해년의 전조와 행궁에 봉사한 백성[97]의 전조를 면제하였다.

갑자(28일), (천황이) 순행에서 환궁하였다.

동10월 무인(12일), 정3위 阿倍朝臣宿奈麻呂, 정4위하 安八萬王, 종4위하 酒部王, 坂合部王, 智努王, 御原王, 百濟王良虞,[98] 中臣朝臣人足 등에게 신분에 따라 봉호를 증액하였다.

정해(21일), 종4위하 藤原朝臣房前[99]을 조정회의[100]에 참석시켰다.

11월 정유삭(1일), 일식이 있었다.

갑진(8일), 고구려, 백제 2국의 사졸[101]이 본국에서 전란을 만나 천황의 덕화에 들어왔다.[102] 조정에서는 먼 이국에서 온 것을 불쌍히 여겨 종신토록

---

95) 현재의 岐阜縣 養老郡 養老町, 海津郡 일대. 當耆는 'たき'로 훈독하듯이 瀧의 고어이다.
96) 현재의 岐阜縣 養老郡 養老町에 있는 '養老의 瀧'로 추정되고 있다. 이때의 순행이 계기가 되어 養老로 改元하였다(동 11월 계축조). 『十訓抄』 제6(鎌倉幕府 중기에 편찬된 교훈설화집), 『古今著聞錄』 권8(鎌倉時代 13세기 전반 伊賀守 橘成季가 편찬한 세속설화집) 등에 가난한 효자가 이 瀧에서 술을 마시고 老父에게도 마시게 했는데, 그 효행이 천황에게도 전해져 養老로 개원했다는 설화가 전한다.
97) 志我, 依智 2郡 이외의 백성을 말한다.
98) 권3 大寶 3년 8월조 127쪽 각주 27) 참조.
99) 藤原不比等의 제2자. 藤原氏 北家의 祖.
100) 국가의 정무를 심의하는 최고 의결기관인 태정관 회의. 大寶令에서는 태정대신·좌대신·우대신·대납언(정원 4인)이 구성원이었다. 慶雲 2년(705) 4월 대납언 2인을 감원하고 중납언 3인을 증원하였다. 이때 藤原朝臣房前의 父인 藤原不比等은 우대신이었기 때문에 藤原氏 가문에서 2인의 의정관을 배출하게 되었다.
101) 士卒은 병사를 의미하지만, 여기서는 병사를 포함한 백성을 가리킨다.
102) 백제, 고구려 멸망 당시에 일본으로 망명한 사실을 말하는데, 50여 년이 지난 시기이다.

과역을 면제하였다.[103] 또 견당사 수부 이상이 속한 房戶[104]의 요역을 모두 면제하였다. 또 9등호는 노비의 숫자와 나이를 기준으로 재산과 같이 평가하여 정하게 하였다.[105]

병오(10일), 고 좌대신 종1위 石上朝臣麻呂의 저택에 비단 1백필, 명주실 4백구, 흰목면 1천근, 삼베 2백단을 내렸다.

계축(17일), 천황이 대극전에 임하여 조를 내리기를, "짐이 금년 9월 美濃國 不破의 행궁에 도착하여 수일을 머물러 當耆郡 多度山의 좋은 온천을 보고 몸소 얼굴을 씻었더니 피부가 부드러워졌고, 또 아픈 곳을 씻었더니 치료되지 않은 곳이 없었다. 짐의 몸에 대단히 효험이 있었다. 또 '여기에 와서 마시기도 하고 목욕을 한 자가 백발이 검어지고 혹은 벗겨진 머리가 다시 나기도 했고, 혹은 보이지 않던 눈이 보이게 되고, 여타의 질병도 모두 나았다'고 한다. 옛적에 후한 광무제 때에 좋은 온천이 분출하여 이를 마신 자는 고질병이 모두 치료되었다고 듣고 있다. 符瑞書[106]에도 '醴泉[107]은 좋은 온천수이다.

이들 망명자의 후손들에 대한 과역 면제 조항이다.

103) 『令集解』「古記」에는 "靈龜三年十一月八日太政官符, 外蕃免課役事, 高麗百濟, 敗時投化, 至于終身, 課役倶免"이라고 기록되어 있다. 이것은 「賦役令」15에 "外蕃之人投化者, 復十年"이라 하여 10년 면제를 종신으로 확대한 것이다. 과역은 調·庸·雜徭이고, 畿內에는 庸이 없다. 한편 『類聚三代格』 권17 「鎰免事」 延暦 16년 5월 28일자 勅에 의하면 百濟王氏 일족은 영원히 '課幷雜徭'가 면제되고 있다("勅, 百濟王遠慕皇化, 航海梯山, 輸久矣. 神功攝政之世, 則肖古王遣使貢其方物, 輕島御宇之年, 則貴王擇人其才士, 文教以之興蔚, 儒風由其闡揚, 煥乎斌斌于今爲盛, 又屬新羅肆虐幷呑扶餘, 卽擧宗歸仁, 爲我士庶, 陳力從事, 夙夜奉公, 朕嘉其忠誠, 情深矜愍, 百濟王課幷雜, 永從鎰除, 勿有所事, 主者施行").

104) 율령제 하에서는 50호를 1里로 했는데, 靈龜 원년(715)에 里를 鄕으로 고쳐 불렀다. 이때 鄕 내에 2~3개 里를 두었는데, 동시에 鄕戶 내부에 2~4개 房戶를 두었다. 향호가 20~30인 정도라면 방호는 10인 내외의 단혼가족 형태이지만, 어디까지나 행정단위이다.

105) 재산의 많고 적음에 따라 호의 등급을 정하여 풍족한 호로부터 물자를 거두어 빈자를 구제하는 제도로서, 上上에서 下下까지 9등급으로 나뉜다. 「賦役令」6의 義倉條의 『令集解』「古記」에 "慶雲三年二月十六日格云. 自今以後. 取中中以上戶之粟. 以爲義倉. 必給窮乏"이라고 하여 中中 이상의 호에서 粟을 납부받아 궁핍한 이에게 지급한다고 되어 있다. 「賦役令」6의 『令集解』「古記」에 재산이 錢 30관 이상이면 上上戶, 25관이면 上中戶 등으로 구분이 제시되어 있다. 동 和銅 8년 5월 19일 格에 9등호를 결정하는 기준으로 노비를 錢으로 환산해서 奴 1구는 6백문, 婢 1구는 4백문이라고 하여 노비를 재산으로 산정할 때의 가치를 정하고 있다. 또 「賦役令」6의 『令集解』「古記」에도 "靈龜三年十一月八日太政官符, 九等戶奴婢價事, 依長幼立平估, 仍爲正價"라고 하여 9등호 노비의 가치를 산정할 때 해당 호에 있는 노비 나이에 따라 기준을 정하고 있다.

106) 祥瑞에 대해 기록한 책.

그래서 노인을 보살필 수 있다. 이것이 물의 정령이다'라고 하였다. 실로 생각해 보면, 좋은 온천은 大瑞에 합치한다. 짐은 비록 보잘 것 없지만, 어찌 하늘이 내린 은혜를 저버릴 수가 있겠는가. 천하에 대사면을 내리고, 靈龜 3년을 고쳐서 養老 원년으로 한다"라고 하였다.

천하의 80세 이상 노인에게 관위 1계를 내리고, 만약 5위에 이르렀다면 수여하지 않았다. 100세 이상에게는 비단 3필, 명주 3둔, 삼베 4단, 조 2석을 내리고, 90세 이상에게는 비단 2필, 목면 2둔, 삼베 3단, 조 1석 5두를 내리고, 80세 이상에게는 비단 1필, 목면 1둔, 삼베 2단, 조 1석을 내렸다. 승니도 이 예에 준한다. 효자, 순손, 의부, 절부는 집과 마을 입구에 표시하여 현창하고, 종신 과역을 면제하였다. 홀아비, 과부, 고아, 병자로 스스로 생활할 수 없는 자는 헤아려 진휼하였다. 이에 장관에게 명하여 직접 위문하고 탕약을 내리게 하였다. 산림에 숨어 병기를 감추고 100일이 지나도 자수하지 않은 자는 사면을 취소하고 원래대로 죄를 내렸다. 또 미농국사 및 당기군의 군사 등은 관위 1계를 올려 주었다. 또 당기군의 내년도 조, 용과 기타의 군의 용을 면제하였다. 백관들에게 차등있게 물품을 내렸다. 여관도 역시 동일하게 하였다.

계축[108](17일), 美濃守 종4위하 笠朝臣麻呂에게 종4위상을 내리고, 介 정6위하 藤原朝臣麻呂에게 종5위하를 내렸다.

무오(22일), 조를 내려, "국에서 바치는 명주, 비단은 품질의 차이가 나고 크기가 균등하지 않다. 혹은 명주는 1장 9척으로 납입하고, 혹은 비단은 1장 1척으로 납입하도록 한다. 긴 것은 가치가 높고, 짧은 것은 낮다. 일은 평온하게 이루어야 하고 순리에 따라 균등하게 해야 한다. 명주실에는 정교한 것과 거친 것이 있는데, 세의 부과에는 차등이 없다. 일률적으로 품질의 높고 낮음을 강요해서는 안 된다. 삼베는 비록 端으로 (규격이) 되어 있지만, 다소 불편하다. 편의에 따라 단의 규격을 정한다. 소관 관사는 성인 남자가 바치는 분량을 헤아려 적절하게 조례를 만든다. 지금 이후로는 마땅히 백성의

107) 천하가 태평하던 때 솟아오른다는 감천수.
108) 앞 문장에도 계축(17일) 기사가 나온다. 동일한 간지의 문장을 기록하였다. 서위 기사와 구별하기 위한 의도적인 중복으로 생각된다.

副物[109] 및 中男[110]의 조는 면제한다. 그 官主[111]의 용도로 바치는 물품은 소관 관사[112]가 미리 연도별로 용도물을 산정하고 아울러 향토에서 산출하는 것에 따라 제국에 할당하여 중남을 사역시켜서 진상하도록 한다. 만약 중남이 부족하면 일부는 잡요[113]로 사역시킨다"라고 하였다. 이에 태정관에서는 정교하고 거친 목면, 비단의 길이, 넓이의 규격을 정해서 주상하였다. 그 내용은 격에 있다.

정사[114](21일), (천황이) 和泉의 이궁으로 순행하였다. 河內國의 금년도 조를 면제하고, 국사들에게 신분에 따라 녹을 내렸다.

12월 임신(7일), 태정관이 처분하기를, "처음으로 5위를 수여받은 자 및 지방관을 역임하고 경관으로 돌아오는 자가 녹을 지급받는 날을 만나게 되면 그대로 지급하도록 한다[115]"라고 하였다.

정해(22일), 美濃國에 명하여 입춘의 새벽에 (當耆郡의) 예천의 물을 떠다가 京都에 바치게 하였다. 감천수로 술을 제조하기 위해서이다.

『속일본기』 권제7

---

109) 副物은 「賦役令」1調絹絁條에 "其調副物, 正丁一人, 紫三兩, 紅三兩…"이라고 기술되어 調에 부수적으로 正丁에게 부과되는 것으로 正丁 1인이 바치는 調의 30분의 1정도이고, 품목은 공예재료 및 포장용기, 유지방, 조미료 등 식품류가 많다.

110) 中男은 17세에서 20세까지의 남자. 「賦役令」1調絹絁條에는 "中男四人, 各同一正丁"이라고 하여 中男의 調는 正丁의 4분의 1로 되어 있다.

111) 官과 封戶主.

112) 여기서는 主計寮.

113) 雜徭는 연간 60일 이내로 국사 및 군사에 의해 징발되어 노역에 종사하는 것이다. 「賦役令」37에는 "凡令條外雜徭者, 每人均使, 惣不得過六十日"이라고 하여 영의 조문 이외의 잡요는 60일을 넘기지 못한다고 규정되어 있다.

114) 앞의 무오(22일)조 기사와 배열순서가 바뀌어 있다.

115) 5위 이상이 되면 위계에 따른 位祿에 지급된다. 위록 지급일은 10월이고, 季祿은 2월과 8월 2차에 걸쳐 지급된다. 「祿令」6에는 "凡初任官者, 雖不滿日, 皆給初任之祿"이라고 하여 초임일 경우에는 근무일수가 차지 않아도 그대로 지급한다고 한다. 5위가 된 자, 지방관에서 경관으로 귀환한 자도 근무일수와 관계없이 녹을 지급하는 날이 되면 그대로 지급한다는 것이다.

續日本紀卷第七

〈起靈龜元年九月, 盡養老元年十二月〉

從四位下行民部大輔兼左兵衛督皇太子學士臣菅野朝臣眞道等奉勅撰

日本根子瑞淨足姬天皇 〈元正天皇 第四十四〉

◯ 日本根子高端淨足姬天皇, 諱氷高, 天渟中原瀛眞人天皇之孫, 日並知皇子尊之皇女也. 天皇神識沈深, 言必典禮.

◯ **靈龜元年**九月庚辰, 受禪, 卽位于大極殿. 詔曰, 朕欽承禪命, 不敢推讓, 履祚登極, 欲保社稷, 粤得左京職所貢瑞龜, 臨位之初, 天表嘉瑞, 天地貺施不可不酬. 其改和銅八年, 爲靈龜元年. 大辟罪已下, 罪無輕重, 已發覺, 未發覺, 已結正, 未結正, 繫囚見徒, 咸從赦除, 但謀殺殺訖, 私鑄錢, 强竊二盜, 及常赦所不原者, 並不在赦限. 親王已下及百官人, 并京畿諸寺僧尼, 天下諸社祝部等, 賜物各有差. 高年鰥寡孤獨疾疹之徒, 不能自存者, 量加賑恤. 孝子順孫, 義夫節婦, 表其門閭, 終身勿事. 免天下今年之租. 又五位已上子孫, 年卄已上者, 宜授蔭位, 獲瑞人大初位下高田首久比麻呂, 賜從六位上并絁卄疋, 綿四十屯,布 八十端, 稻二千束.

冬十月乙卯, 詔曰, 國家隆泰, 要在富民, 富民之本, 務從貨食, 故男勤耕耘, 女脩紝織, 家有衣食之饒, 人生廉耻之心, 刑錯之化爰興, 太平之風可致, 凡厥吏民豈不勗歟. 今諸國百姓未盡産術, 唯趣水澤之種, 不知陸田之利. 或遭澇旱, 更無餘穀, 秋稼若罷, 多致饑饉, 此乃非唯百姓懈懶, 固由國司不存教導. 宜令佰姓兼種麥禾, 男夫一人二段, 凡粟之爲物, 支久不敗, 於諸穀中, 最是精好, 宜以此狀遍告天下, 盡力耕種, 莫失時候. 自餘雜穀, 任力課之. 若有百姓輸粟轉稻者聽之. 丁丑, 陸奥蝦夷第三等邑良志別君宇蘇彌奈等言, 親族死亡子孫數人, 常恐被狄徒抄略乎. 請於香河村, 造建郡家, 爲編戶民, 永保安堵. 又蝦夷須賀君古麻比留等言, 先祖以來, 貢獻昆布, 常採此地, 年時不闕, 今國府郭下, 相去道遠, 往還累旬, 甚多辛苦, 請於閇村, 便建郡家, 同百姓, 共率親族, 永不闕貢. 並許之.

十二月己酉朔, 日有蝕之. 己未, 常陸國久慈郡人占部御蔭女一產三男, 給粮幷乳母一人.

○ **二年**春正月戊寅朔, 廢朝. 雨也. 宴五位已上於朝堂. 辛巳, 地震. 壬午, 授從三位長屋王正三位, 正五位上長田王, 佐伯宿禰百足並從四位下, 正六位上猪名眞人法麻呂, 多治比眞人廣足, 大伴宿禰祖父麻呂, 小野朝臣牛養, 土師宿禰大麻呂, 美努連岡麻呂並從五位下.

二月己酉, 令攝津國罷大隅媛嶋二牧, 聽佰姓佃食之. 丁巳, 出雲國國造外正七位上出雲臣果安, 齋竟奏神賀事, 神祇大副中臣朝臣人足, 以其詞奏聞. 是日, 百官齋焉, 自果安至祝部, 一百一十餘人, 進位賜祿各有差.

三月癸卯, 割河內國和泉日根兩郡, 令供珍努宮.

夏四月癸丑, 詔, 壬 申年功臣贈少紫村國連小依息從六位下志我麻呂, 贈大紫星川臣麻呂息從七位上黑麻呂, 贈大錦下坂上直熊毛息正六位下宗大, 贈小錦上置始連宇佐伎息正八位下虫麻呂, 贈小錦下文直成覺息從七位上古麻呂, 贈直大壹文忌寸知德息從七位上塩麻呂, 贈直大壹丸部臣君手息從六位上大石, 贈正四位上文忌寸禰麻呂息正七位下馬養, 贈正四位下黃文連大伴息從七位上粳麻呂, 贈從五位上尾張宿禰大隅息正八位下稻置等一十人, 賜田各有差. 戊午, 雨霰. 甲子, 割大鳥, 和泉, 日根三郡. 始置和泉監焉. 乙丑, 詔曰, 凡貢調脚夫, 入京之日, 所司親臨, 察其備儲. 若有國司勤加勸課, 能合上制, 則與字育和惠肅淸所部之最. 不存敎喩, 事有闕乏, 則居撫養乖方, 境內荒蕪之科, 依其功過, 必從黜陟. 又比年計帳, 具言如功, 推勘物數, 足以掩身, 然入京人夫, 衣服破弊, 野菜色猶多, 空著公帳, 徒延聲譽, 務爲欺謾, 以邀其課, 國郡司如此. 朕將何任. 自今以去, 宜恤民隱以副所委. 仍錄部內豊儉農桑增益言上. 壬申, 以從四位下大野王爲彈正尹, 從五位上坂本朝臣阿曾麻呂爲參河守, 從五位下高向朝臣大足爲下總守, 從五位下榎井朝臣廣國爲丹波守, 從五位下山上臣憶良爲伯耆守, 正五位下船連秦勝爲出雲守, 從五位下巨勢朝臣安麻呂爲備後守, 從五位下當麻眞人大名爲伊豫守.

五月己丑, 制, 諸國軍團大少毅, 不得連任郡領三等以上親也. 其先已任訖, 轉補他國.

庚寅, 詔曰, 崇餝法藏, 肅敬爲本, 營修佛廟, 淸淨爲先. 今聞, 諸國寺家, 多不如法. 或草堂始闢, 爭求額題, 幢幡僅施, 卽訴田畝. 或房舍不脩, 馬牛羣聚, 門庭荒廢, 荊棘彌生. 遂使無上尊像永蒙塵穢, 甚深法藏不免風雨. 多歷年代, 絶無構成, 於事斟量, 極乖崇敬. 今故併兼數寺, 合成一區. 庶幾, 同力共造, 更興頹法. 諸國司等, 宜明告國師衆僧及檀越等, 條錄部內寺家可合, 并財物, 附使奏聞. 又聞諸國寺家, 堂塔雖成, 僧尼莫住, 禮佛無聞, 檀越子孫, 惣攝田畝, 專養妻子不供衆僧. 因作諍訟, 諠擾國郡. 自今以後, 嚴加禁斷. 其所有財物田園, 並須國師衆僧及國司檀越等相對檢校, 分明案記, 充用之日, 共判出付, 不得依舊檀越等專制. 近江國守從四位上藤原朝臣武智麻呂言, 部內諸寺, 多割疆區, 無不造脩, 虛上名籍, 觀其如此, 更無異量. 所有田園, 自欲專利. 若不匡正, 恐致滅法. 臣等商量, 人能弘道, 先哲格言, 闡揚佛法, 聖朝上願. 方今人情稍薄, 釋敎陵遲, 非獨近江, 餘國亦爾, 望遍下諸國, 革弊還淳, 更張弛綱, 仰稱聖願. 許之. 辛卯, 以駿河, 甲斐, 相摸, 上總, 下總, 常陸, 下野七國高麗人千七百九十九人, 遷于武藏國, 始置高麗郡焉. 大宰府言, 豊後伊豫二國之界, 從來置戍不許往還. 但高下尊卑, 不須無別, 宜五位以上差使往還不在禁限. 又薩摩大隅二國貢隼人, 已經八歲, 道路遙隔, 去來不便. 或父母老疾, 或妻子單貧, 請限六年相替. 並許之. 始徙建元興寺于左京六條四坊. 丙申, 勅, 大宰府佰姓家有藏白鑞, 先加禁斷, 然不遵奉, 隱藏賣買. 是以, 鑄錢惡黨, 多肆姦詐, 連及之徒, 陷罪不少, 宜嚴加禁制, 無更使然. 若有白鑞, 搜求納於官司. 丁酉, 制, 大學典藥生等, 業未成立, 妄求薦擧, 如是之徒, 自今以去, 不得補任國博士及醫師. 癸卯, 充僧綱及和泉監印. 弓五千三百七十四張充大宰府. 六月辛亥, 正七位上馬史伊麻呂等獻新羅國紫驃馬二疋高五尺五寸. 甲子, 美濃守從四位下笠朝臣麻呂爲兼尾張守. 乙丑, 制, 王臣五位已上, 以散位六位已下, 欲充資家者, 人別六人已下聽之. 丁卯, 始置和泉監史生三人.

秋七月庚子, 從四位下阿倍朝臣爾閇卒.

八月壬子, 大宰府言, 帥以下事力, 依和銅二年六月十七日符, 各減半給綿, 自此以來, 駈使丁乏. 凡諸屬官並爲辛苦, 請停綿給丁, 欲得存濟, 許之. 甲寅, 二品志貴親王薨, 遣從四位下六人部王, 正五位下縣犬養宿禰筑紫, 監護喪事, 親王天智天皇第七之皇子也. 寶龜元年, 追尊稱御春日宮天皇. 癸亥, 備中國淺口郡犬養部𢈘手, 昔配飛鳥寺燒塩戶, 誤入賤例. 至是遂訴免之. 是日, 以從四位下多治比眞人縣守爲遣唐押使, 從五位上阿倍朝臣安麻呂爲大使, 正六位下藤原朝臣馬養爲副使, 大判官一人, 少判官二人, 大錄事二人, 少錄事二人. 己巳, 授正六位下藤原朝臣馬養從五位下.

九月丙子, 以從五位下大伴宿禰山守, 代爲遣唐大使. 癸巳, 正七位上山背甲作客小友等廿一人, 訴免雜戶, 除山背甲作四字, 改賜客姓. 乙未, 從三位中納言巨勢朝臣萬呂言, 建出羽國, 已經數年, 吏民少稀, 狄徒未馴. 其地膏腴, 田野廣寬, 請令隨近國民, 遷於出羽國, 敎喩狂狄, 兼保地利. 許之. 因以陸奥國置賜最上二郡, 及信濃, 上野, 越前, 越後四國百姓各百戶, 隷出羽國焉. 以從四位下太朝臣安麻呂爲氏長.

冬十月壬戌, 以從四位下長田王爲近江守. 重禁內外記諸司薄紗朝服, 六位以下羅幞頭, 其武官人者, 朝服之袋, 儲而勿着, 及幞頭後脚莫過三寸.

十一月乙亥, 以正五位下夜氣王爲備前守. 辛卯, 大嘗, 親王已下及百官人等, 賜祿有差, 由機遠江, 須機但馬國郡司二人進位一階. 癸卯朔, 日有蝕之.

◯ **養老元年**春正月乙巳, 授從三位阿倍朝臣宿奈麻呂正三位, 從四位上安八萬王正四位下, 無位酒部王, 坂合部王, 智努王, 御原王並從四位下, 從五位下高安王, 門部王, 葛木王並從五位上, 從四位下石川朝臣難波麻呂從四位上, 正五位上百濟王良虞從四位下, 正五位下中臣朝臣人足正五位上, 從五位上大伴宿禰宿奈麻呂, 穗積朝臣老, 多治比眞人廣成, 小野朝臣馬養, 紀朝臣男人並正五位下, 從五位下賀茂朝臣堅麻呂從五位上, 正六位上佐伯宿禰虫麻呂, 大藏忌寸伎國足, 余眞眞人從六位上朝來直賀須夜並從五位下. 戊申, 授無位伊部王從五位下. 又授從四位上縣犬養橘宿禰三千代從三位. 己未, 中納言從三位巨勢朝臣麻呂薨. 小治田朝小德大海之孫, 飛鳥朝京職直大參志丹之子也.

二月壬申朔, 遣唐使祠神祇於盖山之南. 辛巳, 賜大宰帥從三位多治比眞人池守, 綾一十疋, 絹廿疋, 絁卅疋, 綿三百屯, 布一百端, 褒善政也. 壬午, 天皇幸難波宮. 丙戌, 自難波至和泉宮. 己丑, 和泉監正七位上堅部使主石前, 進位一階, 工匠役夫, 賜物有差. 庚寅, 車駕還, 至竹原井頓宮. 辛卯, 河內攝津二國, 并造行宮司及專當郡司大少毅等, 賜祿各有差. 卽日還宮. 甲午, 遣唐使等拜朝. 丙申, 制曰, 除造宮省之外, 令外諸司判官, 例無大少, 官品宜准令員判官一人之例. 又依令, 一人帶數官者, 祿從多處給, 雖高官無上日. 若滿卑官上日者, 祿從多處. 丁酉, 以信濃, 上野, 越前, 越後四國百姓各一百戶, 配出羽柵戶焉.

三月癸卯, 左大臣正二位石上朝臣麻呂薨. 年七十八. 帝深悼惜焉. 爲之罷朝. 詔遣式部卿正三位長屋王, 左大弁從四位上多治比直人三宅麻呂, 就第弔賻之. 并贈從一位. 右少弁從五位上上毛野朝臣廣人爲太政官之誄, 式部少輔正五位下穗積朝臣老爲五位已上之誄, 兵部大丞正六位上當麻眞人東人爲六位已下之誄, 百姓追慕, 無不痛惜焉. 大臣泊瀨朝倉朝庭大連物部目之後, 難波朝衛部大華上宇麻乃之子也. 己酉, 遣唐押使從四位下多治比眞人縣守賜節刀. 乙丑, 制, 令外諸司史生等, 一季賜祿, 降當司主典祿一等. 是當少初位官祿, 自非才伎別勅, 一同此例也.

夏四月乙亥, 遣久勢女王侍于伊勢太神宮, 從官賜祿各有差. 是日發入, 百官送至京城外而還. 以從五位下猪名眞人法麻呂, 爲齋宮頭. 丙戌, 祈雨于畿內. 癸未, 太政官奏, 定調庸斤兩及長短之法, 語在別式. 壬辰, 詔曰, 置職任能, 所以敎導愚民, 設法立制, 由其禁斷姦非. 頃者, 百姓乖違法律, 恣任其情, 剪髮髠鬢, 輙着道服, 貌似桑門, 情挾姦盜, 詐僞所以生, 姦宄自斯起, 一也. 凡僧尼, 寂居寺家, 受敎傳道. 准令云, 其有乞食者, 三綱連署, 午前捧鉢告乞, 不得因此更乞餘物. 方今小僧行基, 并弟子等, 零疊街衢, 妄說罪福, 合構朋黨, 焚剝指臂, 歷門假說, 强乞餘物, 詐稱聖道, 妖惑百姓, 道俗擾發, 四民棄業, 進違釋敎, 退犯法令, 二也. 僧尼依佛道, 持神呪以救溺徒, 施湯藥而療痼病, 於令聽之. 方今僧尼輙向病人之家, 詐禱幻怪之情, 戾執巫術, 逆占吉凶, 恐脅耄穉, 稍致有求, 道俗無別, 終生姦發, 三也. 如有重病應救, 請淨行者, 經告僧綱, 三綱連署, 期日令赴, 不得因茲逗留延日, 實由主司不加嚴斷, 致有此弊. 自今以後, 不得更然, 布告村里, 勤加禁止. 甲午, 天皇御西朝, 大隅薩摩二國隼人等, 奏風俗歌舞, 授位賜祿各有差. 乙未, 以從五位上上毛野朝臣廣人, 爲大倭守, 從四位下賀茂朝臣吉備麻呂爲河內守.

五月辛丑日, 制諸國織綾, 以六丁成疋. 丁未, 令上總信濃二國始貢絁調. 丙辰, 詔曰, 率土百姓, 浮浪四方, 規避課役, 遂仕王臣, 或望資人, 或求得度. 王臣不經本屬, 私自駈使, 囑請國郡, 遂成其志. 因茲, 流宕天下, 不歸鄕里. 若有斯輩, 輙私容止者, 揆狀科罪, 並如律令. 又依令, 僧尼取年十六已下不輸庸調者聽爲童子. 而非經國郡, 不得輙取. 又少丁已上, 不須聽之. 辛酉, 以大計帳, 四季帳, 六年見丁帳, 靑苗簿, 輸租帳等式, 頒下於七道諸國. 乙丑, 以從四位下大伴宿禰男人爲長門守.

六月己巳朔, 右京職言, 素性仁斯一產三女, 賜衣粮并乳母一人. 自四月不雨,至于是月.

秋七月己未, 加左右京職史生各四員. 庚申, 以沙門辨正爲少僧都, 神叡爲律師, 賜從五位下紀朝臣淸人穀一百斛, 優學士也.

八月庚午, 正三位安倍朝臣宿奈麻呂言, 正七位上他田臣萬呂, 本系同族, 實非異姓, 追尋親道, 理須改正, 請賜安倍他田朝臣姓許之. 甲戌, 遣從五位下多治比眞人廣足於美濃國, 造行宮.

九月癸卯, 從五位上臺忌寸少麻呂言, 因居命氏, 從來恒例, 是以河內忌寸因邑被氏, 其類不一, 請少麻呂率諸子弟, 改換臺氏, 蒙賜岡本姓. 許之. 丁未, 天皇行幸美濃國. 戊申, 行至近江國, 觀望淡海, 山陰道伯耆以來, 山陽道備後以來, 南海道讚岐以來, 諸國司等詣行在所, 奏土風歌舞. 甲寅, 至美濃國, 東海道相摸以來, 東山道信濃以來, 北陸道越中以來, 諸國司等詣行在所, 奏風俗之雜伎. 丙辰, 幸當耆郡, 覽多度山美泉, 賜從駕五位已上物, 各有差. 戊午, 賜從駕主典已上, 及美濃國司等物有差, 郡領已下, 雜色四十一人, 進位一階. 又免不破當耆二郡今年田租, 及方縣, 務義二郡百姓供行宮者租. 癸亥, 還至近江國, 賜從駕五位已上及近江國司等物各有差, 郡領已下, 雜色四十餘人, 進位一階. 又免志我, 依智二郡今年田租, 及供行宮百姓之租. 甲子, 車駕還宮.

冬十月戊寅, 正三位阿倍朝臣宿奈麻呂, 正四位下安八萬王, 從四位下酒部王, 坂合部王, 智努王, 御原王, 百濟王良虞, 中臣朝臣人足等, 益封各有差. 丁亥, 以從四位下藤原朝臣房前參議朝政.

十一月丁酉朔, 日有蝕之. 甲辰, 高麗百濟二國士卒. 遭本國發, 投於聖化, 朝庭憐其絶域, 給復終身. 又遣唐使水手已上一房徭役咸免. 又九等戶以賤多少勿長, 准財爲定矣. 丙午, 賜故左大臣從一位石上朝臣麻呂第, 絁一百疋, 絲四百約, 白綿一千斤, 布二百端. 癸丑, 天皇臨軒. 詔曰, 朕以今年九月, 到美濃國不破行宮, 留連數日, 因覽當耆郡多度山美泉, 自盥手面, 皮膚如滑. 亦洗痛處, 無不除愈, 在朕之躬, 甚有其驗. 就而飮浴之者, 或白髮反黑, 或頹髮更生, 或闇目如明. 自餘痼疾, 咸皆平愈. 昔聞, 後漢光武時, 醴泉出, 飮之者, 痼疾皆愈. 符瑞書曰, 醴泉者美泉, 可以養老, 盖水之精也. 寔惟, 美泉卽合大瑞. 朕雖庸虛, 何違天貺. 可大赦天下. 改靈龜三年, 爲養老元年. 天下老人年八十已上, 授位一階. 若至五位, 不在授限. 百歲已上者, 賜絁三疋, 綿三屯, 布四端, 粟二石, 九十已上者, 絁二疋, 綿二屯, 布三端, 粟一斛五斗, 八十已上者, 絁一疋, 綿一屯, 布二端, 粟一石. 僧尼亦准此例. 孝子順孫, 義夫節婦, 表其門閭, 終身勿事. 鰥寡惸獨疾病之徒, 不能自存者, 量加賑恤. 仍令長官親自慰問, 加給湯藥.

亡命山澤, 挾藏兵器, 百日不首, 復罪如初. 又美濃國司及當耆郡司等, 加位一階. 又復當耆郡來年調庸, 餘郡庸, 賜百官人物各有差. 女官亦同. 癸丑, 授美濃守從四位下笠朝臣麻呂從四位上, 介正六位下藤原朝臣麻呂從五位下. 戊午, 詔曰, 國輸絹絁, 貴賤有差, 長短不等. 或輸絹一丈九尺, 或輸絁一丈一尺. 長者直貴, 短者直賤. 事須安穩, 理應均輸. 絲有精麤, 賦無貴賤. 不可以一概, 强貴賤之理. 布雖有端, 稍有不便. 宜隨便用更定端限. 所司宜量一丁輸物, 作安穩條例. 自今以後, 宜蠲百姓副物及中男正調. 其應供官主用料等物, 所司宜支度年別用度, 並隨鄉土所出付國, 役中男進. 若中男不足者, 卽以折役雜徭. 於是, 太政官議奏精麤絹絁長短廣闊之法. 語在格中. 丁巳, 車駕幸和泉離宮, 免河內國今年調, 賜國司祿有差.

十二月壬申, 太政官處分, 始授五位, 及從外任遷京官者, 會賜祿日, 仍入賜例. 丁亥, 令美濃國, 立春曉把醴泉而貢於京都, 爲醴酒也.

續日本紀卷第七

『속일본기』 권제8

〈養老 2년(718) 정월에서 5년(721) 12월까지〉

종4위하 民部大輔 겸 左兵衛督 황태자학사
신 菅野朝臣眞道 등이 칙을 받들어 편찬하다.

日本根子瑞淨足姫天皇 〈元正天皇 중〉

◯ 養老 2년(718) 춘정월 경자(5일), (천황이) 조를 내려 2품 舍人親王[1]에게 1품을, 종4위상 廣湍王에게 정4위하를, 무위 大井王에게 종5위하를, 종4위하 忌部宿禰子人·阿倍朝臣廣庭에게 함께 종4위상을, 정5위하 賀茂朝臣吉備麻呂에게 종4위하를, 정5위하 穗積朝臣老·紀朝臣男人에게 함께 정5위상을, 종5위상 道君首名에게 정5위하를, 정5위상 坂合部宿禰賀佐麻呂·久米朝臣三阿麻呂·當麻眞人東人·高橋朝臣安麻呂·巨勢朝臣足人·縣犬養宿禰石足·大伴宿禰首·村國連志賀麻呂·王仲文[2]에게 함께 종5위하를 내렸다.

2월 임신(7일), (천황이) 美濃國의 예천[3]으로 순행하였다.

갑신(19일), 순행에 수행한 백료, 하여 輿丁[4]에 이르기까지 신분에 따라

1) 天武天皇의 황자, 淳仁天皇의 부. 養老 4년(720) 5월에 스스로 『일본서기』 편찬의 총재가 되어 찬진하였다. 동년 8월 우대신 藤原不比等의 사망에 따라 舍人親王은 知太政官事에 취임하여 태정관의 수반에 올라 우대신 長屋王과 함께 황친정권을 수립하였다.

2) 고구려계 도래씨족. 권2 大寶 원년 8월 임인조 王仲文의 법명인 東樓 각주 참조.

3) 醴泉. 多度山의 美泉. 권7 養老 원년(717) 11월 계축조에도 천황이 이 온천을 찾아 그 효능을 예찬하고 있다.

4) 가마를 메는 하급 관인으로 駕輿丁이라고도 한다. 『延喜式』 권제45 左右近衛府에는 "凡駕輿丁百人,〈隊正二人, 火長十人, 丁八十八人.〉"이라고 하여 駕輿丁 100인, 이 중에 隊正 2인, 火長 10인, 丁 88인으로 되어 있고, 『延喜式』 권제47 左右兵衛府에 "凡駕輿丁, 五十人, 凡供奉行幸駕輿丁, 裝束十一具.〈中宮准此.〉"라고 하여 駕輿丁 50인으로 나와 있다. 이들에게 지급되는 의복, 식량 등도 상세히 규정되어 있다.

비단, 삼베, 동전을 내렸다.

기축(24일), 행로를 통과하는 美濃, 尾張, 伊賀, 伊勢 등의 국사, 군사 및 외산위[5] 이상에게 관위를 수여하고 신분에 따라 녹을 내렸다.

3월 무술(3일), 천황이 美濃國에서 돌아왔다.

을사(10일), 정3위 長屋王·安倍朝臣宿奈麻呂를 함께 대납언으로 삼았다. 종3위 多治比眞人池守, 종4위상 巨勢朝臣祖父·大伴宿禰旅人을 함께 중납언으로 삼았다.

을묘(20일), 소납언 정5위하 小野朝臣馬養[6]을 견신라대사로 삼았다.

하4월 을축삭(1일), 종4위하 佐伯宿禰百足이 죽었다.

을해(11일), 筑後守 정5위하 道君首名이 죽었다.[7] 首名은 젊어서 율령을 습득하여 관리로서 직무에 밝았다. 和銅 말에 (지방관으로) 나아가 筑後守가 되고 肥後國을 겸직하였다.[8] 백성들에게 생업을 장려하고 조문을 만들어 경작하는 법을 가르치고 경지에 과일과 야채를 심게 하였다. 밑으로는 양계, 양돈에 이르기까지 모두 규정이 있어 구체적으로 적절하게 다해 나갔다. 이리하여 때때로 순찰하여 만약 가르침을 따르지 않는 자가 있으면 그에 따라 적절하게 조치하였다. 처음에는 노인도 젊은 사람도 몰래 원망하고

---

5) 外位로서 散位.

6) 大寶 3년(703)에 남해도순찰사에 임명되었다. 동 3년에는 궁중의 누각 위에 있는 慶雲을 발견하여 慶雲으로 개원하게 되었다. 이 공으로 종7위상에서 종6위하로 승진하였고, 和銅 원년(708)에는 다시 종5위하로 승진하여 帶劍寮 장관에 임명되었다. 그 후 和銅 6년에 종5위상, 靈龜 3년(717)에 정5위하에 승진하고, 少納言 등을 역임하였다. 養老 2년 이해에 견신라대사로 파견되어 이듬해 2월 귀국하였다. 동년 3월에는 丹波守를 역임하면서 丹後, 但馬, 因幡 등 제국을 관할하는 순찰사에 임명되었다.

7) 『續日本紀』에 기록된 관인의 전기에는 본인의 관력, 성격, 일화 그리고 조부에 관한 내용도 포함되어 있다. 원칙적으로는 4위 이상이 대상이지만, 道君首名의 경우는 5위이고 『속일본기』 후반부에 산견되는 사례에 비추어 볼 때 그는 전반부에 기록되어 있어 예외적인 경우로 보인다. 공신의 경우는 『令義解』 「職員令」13에 "謂, 有功之家, 進其家傳, 省更撰修"라고 하여 式部省에는 家傳이 보존되어 있고, 관인들의 근무평정이 작성되기 때문에 관련 문서를 기초로 卒年 기사를 기술할 수 있다. 『日本後紀』, 『續日本後紀』에서는 4위 이상을 원칙으로 하고 있으나 이후의 『文德實錄』, 『三代實錄』에서는 5위까지 확대되고 있다. 권1 文武 4년 6월조 84쪽 각주 143) 참조.

8) 『懷風藻』에 "正五位下肥後守道公首名〈年五十六〉"이라고 하여 정5위하 肥後守 道公首名이 기록되어 있고 이때의 나이는 56세로 나온다. 『續日本後紀』 承和 2년 정월 계축조에도 和銅 연중에 肥前守 정5위하로 기록되어 있다.

욕하였는데, 그 실효를 거두게 되자 좋아하고 따르지 않는 자가 없었다. 1, 2년 사이에 국내에는 이를 따라 바뀌게 되었다. 또 제방과 저수지를 만들고 관개시설을 확대하였다. 肥後의 味生池와 筑後의 곳곳에 있는 제방과 저수지는 이것이다. 이로 인해 사람들은 그 이익을 받고 지금도 풍족을 누리는 것은 모두 首名의 힘이다. 따라서 관리의 업적을 말할 때에는 모두 제일로 칭찬하였다. 그가 사망하자 백성들을 (신으로) 제사지냈다.

계유(9일), 태정관이 처분하기를, "무릇 (郡司의) 主政, 主帳[9]은 태정관이 판단해서 보임하고 관인이 되는 것은 (율령에) 명확하다. 그러나 이유가 있어 해임된다면[10] 또 다시 백정[11]이 되어 버린다. 앞서의 관력은 쓸모없게 되어 후에 어려움도 실로 많다. 義로서 헤아려 보면 심히 도리에 어긋나 있다. 등용되는 법에 따라 비록 해임되었더라도 國府에 나아가 근무를 계속하도록 한다. 내외 산위는 잡요를 면제한다"라고 하였다.

5월 갑오삭(1일), 일식이 있었다.

을미(2일), 越前國의 羽咋, 能登, 鳳至, 珠洲 4군을 분할하여 처음으로 能登國을 설치하였다. 上總國의 平群, 安房, 朝夷, 長狹 4군을 분할하여 安房國을 설치하였다. 陸奧國의 石城, 標葉, 行方, 宇太, 曰理, 常陸國의 菊多 6군을 분할하여 石城國을 설치하였다. (陸奧國의) 白河, 石背, 會津, 安積, 信夫 5군을 분할하여 石背國을 설치하였다. 常陸國 多珂郡의 향 210호를 菊多郡으로 명명하고 石城國에 속하게 하였다.

경자(7일), 土左國에서 언상하기를, "公私의 사자가 직접 토좌국을 향하려고 해도 그 길은 伊豫國을 거치고 행로가 멀고 산과 계곡이 험난하다. 다만 阿波國은 국경이 서로 접해있고 왕래하기가 대단히 편리하다. 청컨대 그 국으로 나아가 통로로 삼고자 한다"라고 하였다. 이를 허락하였다.

---

9) 郡에서 郡司는 4등관제 하에서 大領, 少領, 主政, 主帳으로 구성되어 있고 主政, 主帳은 서기, 산술 등의 업무를 맡는다. 이들은 모두 종신관이다.

10) 「選叙令」9 「義解」에는, "其以理解官, 惣有七色, 致仕, 考滿, 廢官, 省員, 充侍, 遭喪, 患解, 是也"라고 하여, 부득이한 사정에 의해 해임되는 7가지를 들고 있다. 이 중에서 致仕는 70세 이상의 경우이고, 廢官, 省員은 관사의 폐지, 充侍, 遭喪, 患解는 부모의 병간호로 200일 이상, 자신의 병으로 120일 이상 출근할 수 없을 때 해관된다.

11) 白丁은 율령제 하에서 무위, 무관의 공민, 즉 庸, 調를 부담하는 正丁, 老丁 남자를 가리킨다.

갑진(11일), 3關[12] 및 大宰府, 陸奥國 등을 傔仗[13]으로 백정을 취하는 것을 금지하였다.

병진(23일), 견신라사 등이 (천황을) 배견하였다.

경신(27일), 위사[14]의 정원을 정하였다. 국마다 차이가 있었다.

계해(30일), 종4위상 石上朝臣豊庭이 죽었다.

6월 정묘(4일), 대재부의 관할 국에 명하여 징수하는 庸은 기타의 제국과 동일하게 하였다. 이에 앞서 경감된 庸을 이에 이르러 원래대로 복구하였다.[15] 처음으로 대취료[16]의 史生을 4인 증원하였다.

추8월 갑술(13일), 재궁료[17]의 공문에 처음으로 印을 사용하였다.[18]

을해(14일), 出羽國 및 渡嶋[19]의 蝦夷 87인이 와서 말 1천필을 바쳤다.

---

12) 不破, 鈴鹿, 愛發.

13) 律令制 하에서 변경의 관인에게 지급되어 경호 등의 임무를 맡는 무관. 和銅 원년(708) 3월 을미조에 처음 보이고, 雜任으로서 式部省이 판단하여 태정관이 보임한다.『延喜式』 권제18 式部省上에 "凡太宰帥, 大貳并陸奥出羽按察使及守等傔仗者, 申太政官補之, 不得輒取白丁"이라고 하여 관련 규정이 있다. 이들의 처우는 史生에 준하고, 교체 근무로 과역이 면제되고 職分田이 지급된다. 관위상당은 없지만, 6년의 평가를 받아 서위된다. 대체로 변경지역 관인인 大宰帥, 大宰大貳, 尾張守, 伊勢守, 美濃守, 越前守, 近江守, 陸奥守, 惣管, 節度使, 出羽守, 陸奥按察使, 鎮守將軍 등에게 지급되었다.

14) 衛士는 율령제 하에서 조정과 왕경의 경호를 담당하던 병사. 제국의 군단에 있는 병사 중에서 선발되어 왕경에 올라와 1년 교대로 근무하고(후에 3년), 5衛府, 左右衛士 등 3부에 배속되었다. 衛士에게는 과역이 면제되고 귀향 후에는 군단 근무가 면제되는 등 특전이 주어졌다.

15) 慶雲 3년 2월 경인조의 대재부 관내 국들의 면제된 庸을 복구한 것이다.

16) 大炊寮는 宮內省에 소속된 관부로서 御料地를 관리하며 稻粟을 수납하고, 잡곡을 제관사에 분배하고, 궁중 연회, 佛事, 神事 때의 음식 등을 관리한다. 징원은 頭, 助, 允, 大屬, 少屬이 각 1인, 大炊部 60인, 使部 20인, 直丁 2인, 駈使丁 30인으로 구성된다.

17) 齋宮寮는 伊勢神宮에 봉사하고 있는 미혼의 황녀가 맡은 齋宮[伊勢齋王]의 제반 사무를 돕는 관사. 장관인 頭를 비롯하여 120인이 넘는 대규모 관사이고 배속된 13개 부서에서 각각의 사무를 분장한다.

18) 제 관사의 官印의 주조와 지급에 대해서는 大寶令의 규정은 없었다고 보인다. 대보령 시행기간 중인 養老令 편찬 시에 관련 규정이 들어가 부분적으로 제 관사에 官印이 지급되었다. 令外官인 齋宮寮가 이 시기에 사용하기 시작한 것은 특별 관리대상이었음을 말해준다. 令內官에서는 中務省이 가장 빨리 사용한 것 같고 養老 3년 12월에 式部省, 治部省, 民部省, 兵部省, 刑部省, 大藏省, 宮內省, 春宮坊 등에 관인이 배포되었다. 그 밖에는 公印의 지급이 늦다.「公式令」40의 義解에 "省台寮司等, 各皆有印也"라고 한 것을 보아『令義解』편찬 시기에는 관인의 공적 사용이 보편화된 것 같다.

19) 북해도 남서부의 渡島半島, 津輕地方, 出羽國 관내 등 다양한 추정이 가능하다. 蝦夷와

이에 관위와 녹을 내렸다.

9월 경술(19일), 종4위상 藤原朝臣武智麻呂를 식부경으로 삼고, 정5위상 穗積朝臣老를 식부대보로 삼고, 종5위하 中臣朝臣東人을 식부소보로 삼고, 종5위하 波多眞人与射를 원외소보[20]로 삼았다.

갑인(23일), 법흥사[21]를 신경으로 이전하였다.

동10월 경오(10일), 태정관이 승강에게 고하기를, "지혜롭고 식견이 으뜸이어서 사람들에게 추앙받고 법문의 사범이 될 만한 그러한 사람을 추천하여 높은 덕을 현창해야 한다. 또 가르침을 받으면서 태만하지 않고 스승의 뒤를 이어 후진의 영수를 감당할 자가 있으면 역시 법명과 경력을 기록하여 추천해서 보고한다.[22] 5宗[23]의 학, 삼장[24]의 가르침을 토론하는 데에 차이가 있고, 논의의 방식도 한결같지 않다. 스스로 제대로 宗의 교의에 도달한 사람은 宗師라고 칭할 수 있다. 종마다 추천할 사람을 함께 기록한다. 다음에는 덕의 뿌리는 타고난 차이가 있고, 학업에도 넓거나 세밀한 것이 있다. 소질에 따라 모두 학문에 나아가야 한다. 무릇 승도들은 여기저기 돌아다녀서는 안 된다. 교리를 강론하거나 교의를 학습하고, 혹은 경문을 암송하고 조용히 불도를 닦아 각각의 학업을 나누어 모두 도를 체득해야 한다. 지덕을 갖춘 승려를 존숭하여 나타내고 그 품행과 능력을 명확히 기록하여 燕石[25]과 楚璞[26]이 각각 빛나는 차이를 분별하고, 虞韶[27]와 鄭音[28]의 곡조가 섞이지

관련된 기사에 산견된다.

20) 정원외 관인, 員外官.

21) 飛鳥寺. 平城京 천도 이후에는 元興寺로 개칭하였다. 靈龜 2년 5월 신묘조의 元興寺 移轉 기사는 大安寺의 移轉 사실과 혼동한 것이다.

22) 僧鋼으로부터 태정관에의 의사전달 형식은 「公式令」12 移式條에 "其僧綱与諸司相報答, 亦准此式, 以移代牒, 署名准省〈三綱亦同.〉"이라고 하듯이 移式에 준한 牒式으로 한다고 규정되어 있다. 移式은 8省 상호간의 전달방식으로 내외의 제 관사가 서로 관할 내지 소속 관계가 아닐 경우에 사용한다. 牒式은 主典 이상이 제 관사에 申牒하는 式이다. 여기서는 牒式 형식을 취하라는 것이다.

23) 宗은 국가 공인 하에 각 사원에 설치한 학단을 말한다. 사료상에도 東大寺, 元興寺, 法隆寺, 大安寺, 弘福寺 등 제 사원에 설치된 기록이 나온다.

24) 經, 律, 論의 三藏.

25) 燕石은 燕山에서 산출된 玉으로 옥과 비슷하지만 옥이 아닌 돌, 모조품.

26) 楚에서 산출되는 우수한 옥.

27) 중국고대의 전설적 왕인 舜의 별명인 有虞氏를 虞라고 지칭하며, 虞韶는 舜 임금의

않도록 해야 한다. 덕이 높은 고승의 청정한 물이 커다란 파도가 되어 승려들의 마음에 스며들고, 고승의 지혜의 빛이 아름답게 빛나 조정에까지 미치게 하는 것이다. 뿐만 아니라 승려가 불법을 비방하면 오히려 불교를 추락시키는 일이고, 이것은 불교의 가르침에서 깊이 경계하고 있는 바이다. 불자가 불도에서 벗어나는 일은 천황이 정한 법을 가볍게 여기는 것이고, 역시 율령에서 엄중히 금하고 있다. 승강은 잘 살펴서 맑은 의론을 설파해야 한다. 승려가 절에 살지 않고 수행을 그릇되게 하고 마음대로 산에 들어가 암자와 석굴을 만드는 일은 청정한 山河를 혼탁시키고 인위적인 연기로 노을과 안개의 아름다움을 더럽히는 일이다. 또 불경에서 말하기를, 날로 시정에 잡거하며 걸식하는 행위는 마음은 수행을 내세우지만 그 모습은 빈자의 걸식과 다름없다고 한다. 이러한 무리들에 대해서는 힘써 깨우쳐 금하게 한다"라고 하였다.

경진(20일), 대재부에서 언상하기를, "견당사 종4위하 多治比眞人縣守가 돌아왔다"라고 하였다.

11월 임인(12일), 혜성이 달에 접근하였다.

계축(23일), 처음으로 기내의 병사를 차출하여 궁성을 지키게 하였다.

12월 병인(7일), (천황이) 조를 내려, "짐은 삼가 황위를 계승하고 하늘의 절서를 받들어 의지하고 천하의 군주로서 임한 지 4년이 되었다. 위로는 하늘의 법칙에 따르고 밑으로는 민생을 보살펴 왔다. 어리석은 백성들은 스스로 느슨한 법망에 걸리고 관사의 법은 상치되어 있다. 이를 생각할 때마다 짐은 심히 연민을 느낀다. 널리 지극한 도를 펼치고 멀리 순박한 풍속을 장려하여 나쁜 짓을 하는 자도 깊이 어진 마음을 느껴 착하게 되고, 죄를 범한 자도 법을 준수하여 좋은 풍속에 따르기를 바라고 있다. 다만 예로부터 지금까지 종종 대사면이라고 하는 것은 단지 작은 죄만을 사면하고 팔학은 제외되었다. 짐은 삼가 태상천황[29]의 덕으로 지극한 은혜를 받아왔다

음악을 말한다.

28) 춘추시대 鄭國의 음악. 난세의 음악 혹은 망국의 음악을 의미한다.

29) 元明太上天皇. 元明은 靈龜 원년(715) 9월에 그의 딸 元正에게 양위하였다. 元正이 대사면을 내린 養老 2년 때에 나이는 58세로 병약한 상태였다. 이 때문에 대사면과 진휼을 행한 것이다.

고 생각한다. 천하에 대사면을 내린다. 양로 2년 12월 7일 자시[30] 이전의 사형죄 이하는 경중을 묻지 않고, 미결수이거나 현재 수감자이거나, 사주전, 강도와 절도, 팔학, 통상의 사면에 있지 아니한 자는 모두 사면한다. 질병으로 자활할 수 없는 자는 헤아려 구휼한다. 이에 장관은 직접 위문에 나서고 아울러 탕약을 지급한다. 승니에 대해서도 동일하게 한다. 천하에 포고하여 짐의 뜻을 알리도록 한다"라고 하였다.

임신(13일), 多治比眞人縣守[31] 등이 당에서 돌아왔다.

갑술(15일), (견당사가) 節刀를 바쳤다. 이번 사절은 거의 결원이 없었다.[32] 전년[33]의 대사 종5위상 坂合部宿禰大分[34]도 역시 따라 귀국하였다.

○ 養老 3년(719) 춘정월 경인삭(1일), 대풍이 불어 원단의 신년하례의식을 중지하였다. 대재부에 대형선 2척, 독저선[35] 10척을 보충하였다.

신묘(2일), 천황이 대극전에 임하여 신년하례를 받았다.[36] 종4위상 藤原朝臣武智麻呂, 종4위하 多治比眞人縣守 2인이 황태자[37]를 선도해서 안내하였다.

기해(10일), (당에서 돌아온) 견당사들이 (천황을) 배견하였다. 모두 당에서 지급한 조복을 입었다.

임인(13일), 종4위상 路眞人大人·巨勢朝臣邑治·石川朝臣難波麻呂·大伴宿禰旅人·多治比眞人三宅麻呂·藤原朝臣武智麻呂, 종4위하 多治比眞人縣守에게 함께 정4위하를 내리고, 종4위하 阿倍朝臣首名·石川朝臣石足·藤原朝臣房前에게 함

30) 子時. 밤 12시 전후.
31) 多治比眞人縣守는 10월 20일 대재부에 도착한 소식이 전해졌고, 이날 입경하였다.
32) 사절 전원이 무사 귀국한 것을 말한다.
33) 大寶 원년 정월에 임명된 견당사.
34) 文武 5년(701) 정월에 粟田眞人을 遣唐執節使, 高橋笠間을 遣唐大使로 하는 견당사절의 부사로 임명되어 동년 4월에 천황을 배견했는데, 풍랑으로 늦어져 大寶 2년(702) 6월에 출항하였다. 이때 대사 高橋笠間이 造大安寺長官으로 임명되는 바람에 그가 대사를 맡아 당에 파견되었다. 遣唐執節使인 粟田眞人은 慶雲 원년(704)에 귀국하지만, 그는 당에 체재하다가 養老 2년 견당대사 多治比縣守 일행의 귀국길에 맞춰 17년 만에 귀국한다. 견당의 공로로 이듬해 정월 종5위상에서 정5위하를 받았다.
35) 獨底船은 대형선에 실린 소형선으로 추정된다.
36) 전날의 원일 조하의식을 이날 행한 것이다.
37) 聖武天皇으로 즉위하는 首皇子.

께 종4위상을, 정5위하 小治田朝臣安麻呂·縣犬養宿祢筑紫·大伴宿禰山守·藤原朝臣馬養에게 함께 정5위상을, 종5위상 坂合部宿禰大分·阿倍朝臣安麻呂에게 함께 정5위하를, 정6위상 三野眞人三嶋·吉智首[38]·角兄麻呂,[39] 정6위하 大野朝臣東人·小野朝臣老·酒部連相武, 종6위상 板持連內麻呂, 종6위하 石上朝臣堅魚·佐伯宿祢馬養·大宅朝臣小國·笠朝臣御室에게 함께 종5위하를 내렸다.

을사(16일), 정4위하 安八萬王이 죽었다.

2월 임술(3일), 처음으로 천하의 백성에게 옷깃을 여밀 때 右襟[40]으로 하게 하였다. 직무가 있는 주전 이상에게 홀[41]을 소지하는 것을 허용하였다. 5위 이상에게는 상아제 홀을 사용하게 하고, 산위에게도 허용하였다. 6위 이하는 목제 홀을 사용하였다.

갑자(5일), 정3위 粟田朝臣眞人이 죽었다.

기사(10일), 견신라사 정5위하 小野朝臣馬養 등이 돌아왔다.

경오(11일), (천황이) 和泉宮으로 순행하였다.

병자(17일), 천황이 환궁하였다.

3월 신묘(2일), 처음으로 造藥師寺司[42]의 史生 2인을 두었다.

---

38) 『신찬성씨록』 좌경황별의 「吉田連」조에는 "故謂其苗裔之姓爲吉氏. 男從五位下知須等 … 神龜元年賜吉田連姓"이라고 하여 (吉)知須의 인명이 나온다. 知須는 바로 吉智首이고 吉宜와 함께 신귀원년에 吉田連의 성을 받는다.

39) 『일본서기』 天智 10년조의 백제 망명인에 대한 관위수여식에서 음양에 능통하여 소산하의 관위를 받은 角福牟의 아들로 생각된다. 大寶 원년 8월 임인조에 환속한 승 慧耀, 본명 錄兄麻呂 및 神龜 원년 5월 계해조의 都能兄麻呂과 동일 인물이다. 都能는 觮, 錄, 角으로도 나온다. 天平年中 「官人考試帳」에는 「從六位下行陰陽博士觮兄麻呂[年四十三/右京]」(『大日本古文書』 24-552·553)이라고 하여 陽博士 觮兄麻呂로 표기되었다. 『萬葉集』(292~295)에도 「角麻呂歌四首」라고 하여 단가 4수가 기록되어 있다. 292수에 나오는 天探女는 『고사기』, 『일본서기』 神代에 등장하는 女神으로 저자가 일본 고전에도 밝고 和歌에도 조예가 깊었음을 알 수 있다. 그는 丹後守로 재임중인 神龜 4년(727) 12월 범법이 심해 순찰사에게 적발되어 流罪에 처해졌다.

40) 의복 상의를 입을 때 입는 사람 쪽에서 보면, 우측 옷깃을 먼저 여미고 나서 좌측 옷깃을 그 위에 덮어 여미는 방식을 말하는데 이를 右襟이라고 한다. 고대중국에서는 左襟을 化外의 풍속으로 간주하였다. 중국의 영향을 받은 일본에서도 大寶令에서는 右襟으로 했는데, 이 시기에 이르러 일반 백성들에게까지 右襟으로 통일한 것이다.

41) 笏은 격식에 맞게 의복을 갖추고 위용있게 보이기 위해 오른손에 든 손잡이 있는 장방형의 장식품을 말한다. 중국에서는 관인이 비망 기록을 써서 여기에 붙이고 다녔고, 일본에서도 그 영향을 받아 공무 시에 사용했던 것 같다. 후에는 국가의 중요 神職의 의례용으로 사용되었다.

을묘(26일), 지진이 있었다.

하4월 정묘(9일), 秦朝元[43]에게 忌寸의 성을 내렸다.

을유(27일), (천황이) 제를 내려 (군단의) 大毅와 少毅[44]는 그 맡은 바 임무를 헤아려 보면 主政과 동일하다. 지금 이후로는 판관의 임무로 해당하게 하였다.[45]

병술(28일), 志摩國 塔志郡의 5개 향을 분할하여 처음으로 佐藝郡을 설치하였다.

5월 기축삭(1일), 일식이 있었다.

을미(7일), 신라의 공조사 급찬 金長言 등 40인이 내조하였다.[46]

계묘(15일), 무위 紀臣龍麻呂 등 18인, 종7위상 巨勢斐太臣大男 등 2인, 종8위

---

42) 藥師寺는 藤原京에서 평성경 천도 시에 우경 6조 2방으로 이전되었다. 「藥師寺緣起」에는 養老 2년에 이전한 것으로 기록되어 있다. 養老 6년 7월에는 僧綱의 거주지가 藥師寺로 정해졌다. 天平 2년 3월 東塔이 조영되었고(『扶桑略記』), 이 시기에 공사가 완료된 것 같다. 天平 7년 5월에는 大安寺, 元興寺, 興福寺와 함께 藥師寺에서도 대반야경 轉讀이 행해졌다. 평성경 내의 4대사의 하나였고, 東大寺가 건립되면서 동대사와 함께 제1급 사찰로서 중시되었다. 天平勝寶 원년 7월 제 사찰에 대한 개간지 면적을 정할 때에 東大寺 4천 정, 元興寺 2천 정, 大安寺, 藥師寺, 興福寺, 大和의 法華寺, 제국의 國分寺는 1천 정으로 정해졌다. 天平勝寶 원년 윤5월, 동 2년 2월 천황이 藥師寺宮으로 이전했다는 기록이 있어 그 인접지에 離宮이 설치된 것으로 보인다.

43) 秦朝元은 『懷風藻』에 漢詩 2수를 남긴 승 弁正의 아들이다. 『懷風藻』 15 釋弁正傳에는 "弁正法師者, 俗姓秦氏, 性滑稽, 善談論, 少年出家, 頗洪玄學, 大寶年中, 遣學唐國, 時 遇李隆基龍潛之日, 以善囲棊, 屢見賞遇, 有子朝慶朝元, 法師及慶在唐死, 元歸本朝, 仕至大夫, 天平年中, 拜入唐判官, 到大唐見天子, 天子以父故, 特優詔厚賞賜, 還至本朝尋卒"이라고 기록되어 있다. 弁正法師의 속성은 秦氏이고 소년시절에 출가하여 학문에 밝았다고 하고, 대보 연간에 견당사로 파견되어 당 여인과의 사이에서 朝慶, 朝元 두 아들을 낳았다. 弁正과 朝慶은 당에서 사망하였지만, 朝元은 養老 2년(718)에 귀국하는 견당사와 함께 일본에 왔다. 그는 의술에 뛰어난 재능이 있었고, 漢語에도 능통하여 어학 전문가로 평가받았다(天平 2년 3월 신해조). 天平 9년(737) 12월에 圖書頭에 임명되었고, 동 18년(746) 3월에는 외종5위상 主計頭가 되었다.

44) 「軍防令」13에는 "무릇 군단의 大毅와 少毅는 모두 부내의 散位와 勳位 및 庶人으로 무예가 뛰어난 자를 취해서 충당한다"고 하고, 「軍防令」1에는 "軍团의 大毅는 1천 인을 통솔하고 少毅을 副領으로 한다"라고 되어 있다. 「職員令」79 군단조에는 大毅와 少毅는 각각 1인으로 병사를 검교하고 무기를 갖추어 궁술과 마술을 훈련시키는 역할을 한다.

45) 군단에 소속되어 있는 대곡과 소곡은 郡司의 판관(4등관제에서 3등관)인 主政에 상당하는 임무를 진다는 것.

46) 동년 윤7월에 귀국하였다.

상 中臣習宜連笠麻呂 등 4인, 종6위상 中臣熊凝連古麻呂 등 7인, 종8위하 榎井連弄麻呂에게 함께 朝臣의 성을 내렸다. 대초위하 若湯坐連家主, 정8위하 阿刀連人足 등 3인에게 함께 宿禰의 성을 내리고, 무위 文部此人 등 2인에게 文忌寸의 성을 내리고, 종5위하 板持史內麻呂 등 19인에게 連 성을 내렸다.

신해(23일), 제국에서 공상하는 調에 대해, 길이가 짧은 명주, 폭이 좁은 비단, 폭이 좁은 명주, 美濃國의 폭이 좁은 비단의 규정을 정하여 각각 길이 6장, 폭 1척 9촌으로 하였다.[47)]

6월 정묘(10일), 황태자[48)]가 처음으로 조정회의에 참석하였다.

경오(13일), 종4위상 平群女王이 죽었다.

신미(14일), 처음으로 제국에 명하여 史生, 主政, 主帳, 大毅, 少毅에게 笏 소지를 허용하였다.[49)]

계유(16일), (천황이) 제를 내려 "곡물은 시간이 지나면 썩는 물체이기 때문에 지금 이후로는 정세 및 (出擧)稻는 반드시 곡[50)]으로서 수납하도록 한다"라고 하였다.

병자(19일), 신기관의 궁주,[51)] 좌우대사인료의 別勅의 장상,[52)] 화공사의 화사, 아악료의 諸師,[53)] 造宮省, 主計寮, 主稅寮의 算師,[54)] 典藥寮의 乳長上,[55)]

---

47) 「賦役令」1에는 調의 絹, 絁의 길이는 5장 1척, 폭은 2척 2촌을 1疋로 하고 美濃國 絁는 길이 5장 2척, 폭 2장 2촌을 1疋로 한다고 규정하고 있다.

48) 聖武天皇으로 즉위하는 首皇子.

49) 동년 2월 임술조 참조.

50) 穀은 껍질을 벗기지 않은 벼. 「倉庫令」7에서는 穀의 보존기간이 粟과 함께 9년으로서 장기간 보관할 수 있어 조세와 出擧用 곡물로 수납하도록 한 것이다.

51) 신기관 직원은 「職員令」에 4등관제로 神部, 卜部, 使部, 直丁으로 구성되어 있는데, 宮主의 경우는 『延喜式』 臨時祭式에 宮主는 卜部로부터 취하여 임무를 맡기고, 卜部는 卜術에 우수한 자를 선발한다고 규정되어 있다.

52) 별칙으로부터 상근출근자인 長上의 대우를 받는 자. 임시직은 番上.

53) 「職員令」17 雅樂寮條에 歌師 4인, 舞師 4인, 笛師 2인, 唐樂師 12인, 高麗樂師 4인, 百濟樂師 4인, 新羅樂師 4인, 伎樂師 1인, 腰鼓師 2인 등이 있다. 대보령에서는 관위상당을 규정하고 있지 않으나 養老官位令에서는 종8위상으로 규정되어 있다.

54) 율령제 하에서 계산을 담당하는 관직으로 主計寮, 主稅寮, 大宰府 등에 설치되었다. 主計寮, 主稅寮의 算師의 정원은 2인, 관위상당은 종8위하였다. 造宮省은 왕궁 조영을 위해 설치한 영외관으로 4등관 외에도 長上工, 算師, 史生, 医師, 省掌 및 다수의 工人, 仕丁 등이 소속되어 있었다.

55) 典藥寮는 궁내성 산하의 관사로 약물, 질병치료, 약초재배 등의 직무를 담당하고,

좌우위사부의 의사, 좌우마료의 馬醫 등에게 처음으로 홀 소지를 허용하였다. 종4위하 但馬女王이 죽었다.

추7월 신묘(4일), 처음으로 拔出司[56]를 두었다.

병신(9일), 동해, 동산, 북륙 3도의 백성 200호를 出羽柵으로 이주시켰다.

경자(13일), 종6위상 賀茂役首石穗, 정6위하 千羽三千石 등 160인에게 賀茂役君의 성을 내렸다. 처음으로 안찰사[57]를 설치하였다. 伊勢國守 종5위상 門部王에게 伊賀, 志摩 2국을 관할시키고, 遠江國守 정5위상 大伴宿禰山守에게 駿河, 伊豆, 甲斐 3국을 관할시키고, 常陸國守 정5위상 藤原朝臣宇合에게 安房, 上總, 下總 3국을 관할시키고, 美濃國守 종4위상 笠朝臣麻呂에게 尾張, 參河, 信濃 3국을 관할시키고, 武藏國守 정4위하 多治比眞人縣守에게 相摸, 上野, 下野 3국을 관할시키고, 越前國守 정5위하 多治比眞人廣成에게 能登, 越中, 越後 3국을 관할시키고, 丹波國守 정5위하 小野朝臣馬養에게 丹後, 但馬, 因幡 3국을 관할시키고, 出雲國守 종5위하 息長眞人臣足에게 伯耆, 石見 2국을 관할시키고, 播磨國守 종4위하 鴨朝臣吉備麻呂에게 備前, 美作, 備中, 淡路 4국을 관할시키고, 伊豫國守 종5위상 高安王에게 阿波, 讚岐, 土左 3국을 관할시키고, 備後國守 정5위하 大伴宿禰宿奈麻呂에게 安藝, 周防 2국을 관할시켰다. 만약 이들 제국을 관할하는 국사에게 비위나 백성에게 착취하는 일이 있으면, 바로 안찰사가 직접 순찰하여 근무상태를 헤아려 관위를 강등시키고, 도형죄 이하는 판결하여 처벌하고, 유형죄 이하는 진상을 기록하여 주상하게 하였다.

乳長上은 典藥寮 乳牛院의 직원으로 조정에 약용으로 우유를 공급하고 그 휘하에 乳戶를 통솔한다. 『일본서기』 孝德朝에 처음 보이고, 天長 2년(825)에 乳師로 개칭하였다.

56) 拔出司는 일본 씨름인 스모를 여는 相撲節의 일을 관장하는 관으로, 平安朝에는 相撲司로 호칭하였다. 『속일본기』 天平 6년 7월 병인조에 聖武天皇이 相撲戲를 관람했다는 기록이 있다.

57) 지방관을 감독하는 관리로 巡察使가 있었지만, 이는 임시로 파견되는 관으로 한계가 있었기 때문에 養老 3년에 신설된 관직이다. 율령국가의 지방행정단위인 道의 범위에 상관없이 수개 국을 단위로 그중에 특정국의 유능한 국사가 겸임하여 관할국의 행정을 감시하였다. 순찰사에 비해 위계가 높고 현지에 상주하였다. 이해에 11개국에 안찰사를 두어 주변 제국을 감찰하게 하였다. 점차 증설되어 西海道와 畿內를 제외하고 전국적으로 실시되었다. 서해도의 경우는 大宰府가 그 역할을 하였고, 畿內는 攝官이 설치되어 그 직무를 맡았다. 攝官은 畿內 제국의 행정을 직접 관장하는 의정관이다.

만약 교화하여 여러 성과가 있고, 관내를 잘 다스려 평온하다면 상세히 善과 最[58]를 기록하여 언상하도록 하였다.

을사(18일), 大宰大貳 정4위하 路眞人大人이 죽었다.

병오(19일), 안찰사의 (속관인) 典을 임명하였다.

윤7월 계해(7일), 신라사인[59]이 조물 및 노새[60]를 암수 1마리씩 바쳤다.

정묘(11일), 金長言 등에게 연회를 베풀고 신분에 따라 녹을 내렸다. 이날 大外記 종6위하 白猪史廣成[61]을 견신라사로 삼았다.

신미(15일), 산위 종4위상 忌部宿禰子人이 죽었다.

계유(17일), 金長言 등이 본국으로 돌아갔다.

정축(21일), 石城國에 처음으로 驛家 11곳을 설치하였다.

---

58) 「考課令」50의 규정에는, 最는 관인들의 직무에 관한 것, 善은 도덕에 관한 것으로 이에 관한 조항을 만들어 最, 善이 많을수록 근무평가가 좋아진다. 평가는 上上에서 下下까지 9등급으로 나뉘는데, 예컨대 最가 1개 이상이고 善이 4개 이상이면 上上이고, 最가 1개 이상이고 最는 없지만 善이 4개 이상이면 上中 식으로 성적을 평가하였다. 최하 성적인 下下는 最나 善이 하나도 없고 아첨하고 속이고 욕심이 많아 흐트러진 정황이 있는 경우에 해당한다.

59) 동년 5월 을미조에 金長言 등 40인이 보인다.

60) 일본에는 노새나 당나귀가 없어 진귀한 동물로 인식되었다. 『일본서기』 天武 8년 10월조, 朱鳥 원년 4월조에도 신라에서 보냈다는 기사가 있고, 天平 4년에는 신라사가 당나귀 2필, 노새 4필을 보냈다고 기록되어 있다.

61) 白猪史廣成은 백제계 도래인 王辰爾 일족의 후손으로 선조의 본거지는 河內國 志紀郡 長野鄕으로 현재의 大阪府 藤井寺市 부근이다. 『日本書紀』 欽明紀 30년(569)에 설치된 白猪屯倉에 王辰爾의 조카인 胆津이 파견되어 田部를 편성하고 丁의 호적을 작성한 공로로 白猪史의 씨성을 받았고, 둔창의 관리자인 田令에 임명되었다. 또 민달기 3년(574)에는 백저둔창과 田部를 증액하고, 田部의 名籍을 백저사담진에게 주었다고 한다. 둔창 田令의 직무는 후에 대보율령에 의해 國司制가 시행되면서 폐지된 田領(『속일본기』 대보 원년 4월 무오조)과 유사하며, 담진이 백저둔창 전부의 丁籍을 관리한 것은 율령국가가 전 주민을 상대로 호적을 만든 역사적 단서가 된다. 白猪史氏는 養老 4년 5월 葛井連으로 개성하고, 이후 白猪史廣成은 葛井連廣成으로 사료에 등장한다. 白猪史廣成은 天平 15년(743) 신라사 金序貞이 일본에 왔을 때 신라사신을 응접하기 위해 筑前國에 파견되었고, 동년 외종5위하 備後守에 서임된다. 天平 20년(748) 8월 천황이 葛井連廣成의 자택에 행차하자 군신과 더불어 연회를 베풀었는데, 날이 저물어 천황이 그의 집에서 숙박하게 되었고, 다음 날 그는 부인 縣犬養八重과 함께 정5위상을 서위받았다. 天平勝寶 원년(749)에는 中務省 차관인 少輔에 보임되었다. 『藤氏家伝』下에는 神龜 연간(724~729)에 문장에 뛰어난 학사로 이름을 남기고 있고, 『萬葉集』에 단가 3수와 『懷風藻』에 한시 2수, 『經國集』에도 天平 3년(731)의 대책문 2편이 남아 있다.

갑신(28일), 무위 紀臣廣前에게 朝臣의 성을 내렸다.

8월 기축(4일), 有司[62]가 처분하기를, "별칙으로 관사에 상근하게 된 기능자를 직사관에 임명할 경우에는 녹은 초임의 관인과 동등하게 한다"라고 하였다.

계사(8일), 견신라사 白猪史廣成 등이 (천황에게) 출발 인사를 하였다.

9월 계해(8일), 정4위하 多治比眞人三宅麻呂를 河內國 攝官으로 삼았다. 정4위하 巨勢朝臣邑治를 攝津國 섭관으로 삼았다. 정4위하 大伴宿禰旅人을 山背國 섭관으로 삼았다.[63]

정축(22일), 조를 내려 천하의 민호에게 밭 1정 이상 20정 이하를 내리고, 납입하는 地子[64]는 1단에 조 3승으로 하였다. 6도 제국이 가뭄으로 기근이 들어 의창을 열어 진휼하였다.[65]

신사(26일), 처음으로 衛門府에 의사 2인에 두었다.

동10월 계사(9일), 대화국 사람 腹太得麻呂가 성을 고쳐서 葛로 하였다.

무술(14일), 경기 및 7도의 제국의 군단 및 大毅, 小毅, 병사 등의 정원을 지역에 따라 감축하였다. 다만 志摩, 若狹, 淡路 3국의 병사는 모두 폐지하였다.

신축(17일), (천황이) 조를 내려, "하늘이 열린 이래 법령은 오래 이어졌다. 군신의 지위는 정해져 있고, 우주의 운행과 사회의 질서는 지켜져 왔다. 중고시대에 이르기까지 (법령에) 따라서 행해졌지만, 아직 체계있는 법은 나오지 않았다. 시대는 내려와 近江의 치세[66]에 이르러 (법의) 강약이 모두 갖추어졌다. 藤原朝[67]에 이르러 자못 (법령의) 증감은 있지만 근본으로 하여 시행하고 고친 바가 없이 항법으로 하였다. 이로부터 먼 선조의 바른 법전을

---

62) 태정관.

63) 畿內 제국의 攝官은 중앙 고관이 해당국의 행정을 직접 통치하기 위해 설치하였고 별도로 국의 장관인 國司는 두지 않았다. 다만 대화국에는 설치하지 않았다.

64) 율령제 하에서 公田인 관유지를 백성에게 빌려주고 받는 임대료로 그 수확의 5분의 1을 국가가 수납한다. 「田令」11 公田條에는 "諸國公田, 皆國司隨鄕土估價賃租, 其價送太政官, 以充雜用"이라고 하여 제국의 공전은 국사가 현지 시세에 따라 임대하고 지대료는 태정관의 잡용으로 한다고 규정되어 있다.

65) 『令集解』「賦役令」99水旱條의 「古記」에 "養老三年, 諸國按察使等請事, 答, 官判云, 諸國卒飢, 給義倉穀, 五百斛以下二百斛以上聽之, 若應數外給者, 使專知狀.給義倉穀, 五百斛以下二百斛以上聽之"라고 하여 같은 해 기근과 구호물자의 지급에 대해 기술하고 있다.

66) 天智朝.

67) 文武朝에 大寶律令을 제정한 일.

생각하고, 역대 천황의 황위계승의 법칙을 고려해 보면, 대업의 계승자는 황태자이다. 그러나 아직 나이가 어리고 정치에는 익숙하지 않다. 다만 생각해 보면, 鳳曆[68]을 장악하여 황위에 오르고, 龍圖[69]의 뜻대로 정치를 행하는 것도 역시 보좌하는 인재를 통해 태평을 이룰 수 있고, 필히 힘써 돕는 노력으로 비로소 우주의 운행을 안정시킬 수 있다. 舍人親王, 新田部親王은 백년이 된 소나무, 계수나무의 뿌리와 줄기와 같이 장유의 서열의 위치에 있고,[70] 거대한 성과 같이 국가의 중요한 인물이다. 도리로서 청직하게 주상하고 후사를 도와 인의로서 받들어 실로 젊은 황태자[71]를 도와야 한다. 그렇게 한다면 태평의 치세를 기하고 융성과 안태의 운세를 이룰 수 있을 것이다. 진실로 좋은 일이 아닌가. 지금 두 친왕은 종실의 어른이고 짐에게 이미 중요한 분이다. 참으로 포상을 내려 남다른 표창을 해야 한다. 더구나 덕을 존숭하는 도는 예로부터의 관습인데, 친족을 귀히 여기는 도리는 현재 없어서야 되겠는가. 이에 1품 舍人親王에게 內舍人 2인, 大舍人 4인, 衛士 30인, 봉호 800호를 증액하여 이전 봉호를 합하여 2천호로 하고, 2품 新田部親王에게 내사인 2인, 대사인 4인 위사 20인, 봉호 5백호를 증액하여 이전 봉호와 합하여 1,500호로 하였다. 그 사인은 신변에서 잡사로 봉사하고, 위사는 출타시의 경호에 충당한다. 이 어찌 좋은 일이 아니겠는가. 짐의 뜻이 그러하다. 무릇 공경들은 모두 받들도록 한다"라고 하였다.

11월 을묘삭(1일), 승강에게 조를 내려 "짐은 듣건대, 재능있는 자를 우대하고 지혜를 존숭하는 일은 국가를 통치하는 자가 우선으로 삼는 바이고, 선에 힘쓰고 학문을 장려하는 일은 군자의 소임이다. 이것은 이미 속세에도

---

68) 鳳曆은 당시 일본에서 사용된 儀鳳曆을 말한다. 唐의 麟德曆이 신라에 수용되면서 儀鳳曆으로 지칭되었는데, 이것이 일본에 전해져 持統 4년(690)부터 元嘉曆과 함께 사용되었다. 曆을 장악하는 것은 시간을 지배하는 황제의 특권으로서 매우 중요한 의미를 지닌다.

69) 龍圖는 중국 고대의 황하에서 용마가 나타나 聖天子에게 주었다는 河圖를 말하는데, 주역의 이치의 기본이 되었다고 한다.

70) 舍人親王, 新田部親王은 天武天皇의 아들로서, 황태자인 首皇子의 아버지인 草壁皇子와 형제간이다. 즉 양 친왕은 황태자와 혈통상 서열관계에 있다.

71) 이때 황태자의 나이는 19세의 청년기로 본문의 '幼齡'이라는 표현과는 어울리지 않는다. 젊고 경험이 없어 잘 보좌해야 한다는 의미로 쓰였을 것이다.

있고 불도에서도 그렇게 해야 한다. 神叡法師[72]는 어려서부터 탁월하였고, 타고난 불성으로 새가 불계의 숲에서 머물고, 물고기가 고요한 물속으로 들어가는 것과 같다. 안원[73]의 가르침을 받지 않았는데 학문은 三空[74]에 도달하고, 징집[75]의 훌륭한 가르침을 받지 않았는데도 지혜는 2체[76]를 섭렵하였다. 이로 인해 몸소 학업을 받은 자는 이미 진실의 귀결을 깨우치고 스승으로부터 가르침을 받는 자는 모두 불법의 동량이 되었다. 道慈法師[77]는 멀리 창파를 건너 이역만리에 새로운 학문을 찾아 당으로 건너가 우수한 능력으로 불법을 연구하였다. 고승에게 가르침을 받아 명성이 중국에까지 떨쳤다. 아울러 계율은 진주이고 만월을 품은 것과 같다. 지혜의 물은 푸른 바닷물과 같이 풍성하다. 만약 천하의 승려에게 이 같은 지혜와 덕행을 배우게 한다면 어찌 선을 낳는 근본이 되는 福田이나 속세의 고해를 건너는 보배로운 배가 되지 않겠는가. 짐은 매양 기쁨을 멈출 수 없다. 마땅히 식봉 각각 50호를 내리고 아울러 후히 예우하여 덕을 현창해야 한다"라고 하였다.

신유(7일), 소초위상 朝妻手人龍麻呂에게 海語連의 성을 내리고 잡호에서

---

72) 養老 원년 추7월조 261쪽 각주 92) 참조.

73) 安遠은 중국 초기 불교계의 고승인 道安과 慧遠 2인을 가리킨다. 道安은 312년에 태어나 385년 70세에 사망하였다. 佛圖澄을 스승으로 하여 불전 연구에 힘써 그 덕화가 널리 퍼져 사방의 학사들이 몰렸다고 한다. 慧遠은 334년에 태어나 416년 83세로 사망하였다. 道安에게 사사하고, 법성론, 석삼보론, 大智度論抄, 沙門不敬王者論 등을 저술하였고, 長安에 온 鳩摩羅什과 친교를 맺고 아미타불 蓮宗의 시조가 되었다.

74) 我空, 法空, 俱空의 삼공. 일체의 것이 空임을 깨닫는 것.

75) 澄什은 서역 출신의 佛圖澄과 鳩摩羅什을 가리키며 초기 중국 불교계의 위인이다. 佛圖澄은 龜玆國 사람으로 384년 117세로 죽었다고 전한다. 後趙王 石勒, 石虎의 존경을 받아 大和尙으로 칭해졌으며 佛寺를 일으켜 그 문도가 1만 명에 이르렀다고 한다. 鳩摩羅什은 天竺國 사람으로 그의 아버지는 龜玆國에서 출생하였다. 344년에 태어나 413년에 사망하였다. 401년 長安에서 국사의 예우를 받았고, 3백권에 달하는 불경을 번역하여 중국불교계에 커다란 영향을 끼쳤다.

76) 二諦는 법계의 진리와 속계의 진리.

77) 道慈法師에 대해서는 『속일본기』 天平 16년 10월조에도 나온다. 『懷風藻』는 한시 2수를 싣고, 동 소전에 그의 경력을 다음과 같이 전한다. 道慈의 속성은 額田氏이고 大寶 2년(702) 견당사선에 동승하여 당에 건너가 西明寺에서 삼론에 통하여 인왕반야경을 강론하는 1백 인의 고승에 들어갔다. 養老 2년(718) 17년 만에 귀국하여 天平 원년(729) 律師에 임명되었고, 大安寺의 平城京 이전에 힘썼다. 이후 律師를 그만두고 『懷風藻』에 전하는 대로 자유롭게 수행한 것 같다.

삭제하였다.

무인(24일), 소초위하 河內手人大足에게 不下譯의 성을, 忍海手人廣道에게 久米直의 성을 내리고 함께 잡호에서 삭제하였다.

12월 을유(2일), 式部, 治部, 民部, 兵部, 刑部, 大藏, 宮內, 春宮 등 諸省에 印을 각각 1개씩 지급하였다.

무자(5일), 처음으로 부녀의 의복 모양을 정하였다.

경인(7일), 처음으로 외6위,[78] 내외초위 및 훈7등[79]의 子 중에서 20세 이상인 자는 位分資人으로 삼고, 8년마다 교체한다. 또 5위 이상의 家에 사업,[80] 방합,[81] 장신[82]을 임명하는 일이 여기에 이르러 시작되었다.

무술(15일), 備後國 安那郡의 茨城, 葦田郡의 常城을 폐지하였다.

◯ 養老 4년(720) 춘정월 갑인삭(1일), 대재부에서 흰 비둘기[83]를 바쳤다. 殿上에서 친왕 및 근신에게 연회를 베풀었다. 즐거움을 만끽하고 끝났다. 신분에 따라 녹을 내렸다.

정사(4일), 처음으로 승니에게 공험[84]을 주었다.

갑자(11일), 정5위하 大伴宿禰宿奈麻呂·大伴宿禰道足·多治比眞人廣成에게 함께 정5위상을 내리고, 종5위상 三國眞人人足·阿倍朝臣秋麻呂·佐味朝臣加佐

---

78) 外6位 이하 8位 이상의 의미. 「軍防令」47에 규정되어 있는 內6位 이하 8位 이상을 개정해서 임용 범위를 外位까지 확대한 조치.

79) 훈7위는 정6위상에 해당한다.

80) 事業은 5위 이상의 집의 家務에 종사하는 직원. 3위 이상의 집에 있는 家司에 준하고 家에서 발급하는 문서에 서명을 추가한다.

81) 防閤은 관인의 경호, 잡무에 종사한다. 『唐六典』 권3 戶部條에 "凡京司文武職事官皆有防閤"이라고 기록되어 있는데, 防閤과 杖身의 차이점에 대해서는 알 수 없다.

82) 仗身은 신변을 경호하는 보위관.

83) 『延喜式』 권제21 治部省에서는 中瑞에 해당한다. 大瑞, 上瑞, 中瑞, 下瑞 등 4단계로 되어 있다.

84) 公驗은 得度한 승니에게 수여하는 국가공인 신분증명서로 度牒, 告牒, 度緣이라고도 한다. 得度의 緣由를 기록한 문서라는 의미에서 일반적으로 度緣이라고 한다. 太政官이 발행하고, 治部省, 玄蕃寮의 담당관, 僧綱 등의 僧官이 서명하면 효력이 발생한다. 得度者가 사망하거나 환속하면 폐기된다. 授戒 때에는 度牒은 폐기하고 대신 戒牒을 발행한다. 『令集解』 「僧尼令」14 「令釋」, 동 21 「讚說」에 인용된 養老 4년 2월 4일格에는 "凡僧尼給公驗, 其數有三, 初度給一, 受戒二, 師位給三"이라고 되어 있다. 得度 시에 度緣, 受戒 시에 戒牒, 師位 시에 僧位 등 3종이 있다.

麻呂·上毛野朝臣廣人·大伴宿禰牛養에게 함께 정5위하를 내리고, 종5위하 民忌寸于志比·車持朝臣益·阿倍朝臣駿河·山田史三方[85)]·忍海連人成·榎井朝臣廣國·中臣朝臣東人·粟田朝臣人上·鍜治造大隅·石川朝臣若子에게 함께 종5위상을 내리고, 정6위상 佐伯宿禰智連·猪名眞人石楯·下毛野朝臣虫麻呂·美乃眞人廣道, 高向朝臣人足·石川朝臣夫子·多治比眞人占部·縣犬養宿禰石次·當麻眞人老·阿倍朝臣若足·巨勢朝臣眞人·紀朝臣麻路, 정6위하 田中朝臣稻敷에게 함께 종5위하를 내렸다. 이날 하늘에 흰 무지개[86)]가 남북에 걸쳐 있었다.

경오(17일), 화성의 운행이 역행하였다.[87)]

병자(23일), 渡嶋의 津輕津司[88)] 종7위상 諸君鞍男 등 6인을 말갈국[89)]에 보내 그 풍속[90)]을 관찰시켰다.

경진(27일), 처음으로 授刀舍人寮에 의사 1인을 두었다. 大納言 정3위 阿倍朝臣宿奈麻呂가 죽었다. 後岡本朝[91)]의 筑紫大宰帥 大錦上[92)] 比羅夫[93)]의 아들이다.

2월 을유(2일), 檢校造器司[94)]에 釋奠[95)]의 기물을 만들게 하여 大膳職과 大炊寮에 충당하였다.

무술(15일), 밤에 지진이 있었다.

임자(29일), 대재부에서 언상하기를, "隼人이 반란을 일으켜 大隅國守 陽侯史

---

85) 山田史御形으로도 표기한다. 慶雲 4년 4월조 149쪽 각주 153) 참조.

86) 흰무지개는 안개 속에서 나타난다.

87) 戰火의 전조로 인식되었다.

88) 渡嶋는『日本書紀』齊明紀 4년 4월조, 持統紀 10년 3월조에도 보인다. 津輕은 齊明紀 원년 7월조에 津刈라는 명칭으로 나오고, 동 4년 4월조에 津輕郡 郡領을 두었다고 기록되어 있다. 津輕郡은 青森縣 津輕地方이다. 津司는 津을 관리하는 관사이다.

89) 이때의 말갈은 발해일 가능성이 높다. 말갈은 중국 동북부의 아무르강에서 연해주에 걸쳐 거주하고 있던 종족으로 7세기말 발해가 건국되면서 대부분 그 지배 하에 들어갔다. 일본은 발해의 건국에 대한 정보가 어두워 말갈족이 다수 거주하고 있던 발해를 말갈로 표기한 것이 아닌가 생각한다.

90) 풍토와 습속.

91) 齊明朝.

92) 대보령제에서 정4위 상당.

93) 阿倍引田臣比羅夫. 齊明朝 때 蝦夷 정벌에 나갔고, 天智 2년 백제부흥운동에 後將軍으로 참가하였다.『일본서기』에는 筑紫大宰帥 大錦上이란 기록은 보이지 않는다.

94) 원문에는 檢校造器二司로 되어 있으나 '二'는 衍字로 보인다.

95) 석존은 공자 등을 제사지내는 의식.「學令」3에는 대학의 國學에서 매년 춘추 2仲의 달(2월, 8월)의 上丁(최초의 丁日) 날에 공자를 제사지낸다고 기록되어 있다.

麻呂를 죽였다"라고 하였다.

3월 병진(4일), 중납언 정4위하 大伴宿禰旅人을 征隼人持節大將軍으로 삼았다. 授刀助 종5위하 笠朝臣御室, 민부성 少輔 종5위하 巨勢朝臣眞人을 부장군으로 삼았다.

계해(11일), 칙을 내려 320인을 득도, 출가시켰다.

갑자(12일), 칙이 있었다. 특별히 우대신 정2위 藤原朝臣不比等에게 授刀資人 30인을 증강시켰다.

기사(17일), 태정관에서 상주하기를, "요즈음 백성은 대저 궁핍하여 公私의 대부[96]를 감당할 수 없는 자가 많다. 만약 헤아려 돕지 않는다면 살아가기 어려울 것이다. 청하건대, 조만간 제국에 명을 내려 매년 초봄에 정세의 벼를 백성에게 대여하여 그 생업을 잇게 하고, 가을의 수확 후에 대여 수량에 따라 징수하여 납부시켜야 한다. 그 벼에는 이제 이자를 붙이지 않도록 하고, 그 해에 납부시키고 연체되어 미납이 되는 일이 없도록 한다. 또 조세 이외의 관아의 비용으로 충당하고 있는 公稻[97]를 일괄적으로 무이자로 하면 本稻 마저 고갈될 우려가 있으니, 바라건대, 제국에 매년 10속을 출거하면 이자로 3속을 취하고[98] 그 해의 원 이자를 함께 납입시키고자 한다. 또 백성 중에는 벼를 대여받은 자가 많은데 변제할 방법이 없어 기한을 넘기는 경우가 빈번하다.[99] 만약 징수를 강압하면 그로 인해 도망가 흩어져 버린다.[100] 청하건대 養老 2년 이전에 한하여 공사의 채무를 묻지 않고 모두 면제해야 한다. 이에 따라 가난한 백성도 각자 생업을 유지할 수 있을 것이다. 또 삼가 和銅 4년 11월 22일 칙을 살펴보면 私稻를 빌린 자는 지금 이후로는

96) 백성들이 국가에서 혹은 사적으로 빌린 도곡. 公出擧, 私出擧.

97) 租稅 이외의 公稻는 郡稻, 驛起展의 잡색 官稻.

98) 「雜令」20에는 관에서 대여하는 公出擧는 5할이고, 私出擧는 원금의 1배를 넘지 못하도록 규정하고 있다. 상환 기한은 1년으로 하고 있다.

99) 「雜令」19 公私以財物條에는 채무불이행의 경우 "家資盡者, 役身折酬"라고 하여 노역으로 대체할 수 있다고 규정하고 있다. 또 대출 이자에 대해 60일마다 이자를 주고, 원금의 8분의 1을 넘지 못하며, 480일이 지나도 원금의 1배 이상을 넘지 못하게 하고 있다("凡公私以財物出擧者, 任依私契, 官不爲理, 每六十日取利, 不得過八分之一, 雖過四百八十日, 不得過一倍").

100) 당시 관에서 빌려준 도곡을 변제하지 못해 가족이 집을 떠나 이산하는 경우가 적지 않았다. 권12 天平 9년 9월 계사조 참조.

(이자는 원금의) 과반을 넘지 못한다고 되어 있다. 요즈음 출거는 법에 의하지 않은 바가 많다. 만약 때가 되어 징수하려는데 상환할 벼가 없는 경우에 그 아들이나 조카의 명의로 바꾸어 거듭 출거를 하게 한다.101) 이러한 간계로 원금보다 많은 이자를 취하고 있고,102) 누적된 관습이 되어 심히 도리에 벗어나 있다. 청하건대, 그 빌린 벼가 여러 해가 지났더라도 역시 과반은 넘지 않게 해야 한다. 또 養老 2년 6월 4일자 문서의 안을 살펴보니, 庸, 調의 운송자는 노정의 원근, 수하물의 경중을 헤아려 각 戶에서 운송비를 균등하게 내어 인부의 노비로 사용하도록 하였다. 이 문안에 의하면 용, 조를 운송하는 비용만 언급하고 있고, 기타의 잡물을 왕경으로 보내는 경우는 정해져 있지 않다. 단 백성의 운송물이 왕경에 도착하여 일을 마치면 조속히 귀환시켜야 한다. 귀향길에 식량이 떨어지기 때문에 노상에서 심한 고통에 시달린다. 청컨대, 경내에 관물을 비축해 두고 공적인 일로 물건을 보내고 돌아갈 때마다 그 여정에 따라 식량을 지급하여 굶주림의 고통에서 벗어나 빨리 고향으로 돌아가게 해야 한다. 또 무지한 백성이 율령의 조문에 익숙하지 않아 요역을 기피하고 도망하는 자가 많다. 타지로 떠돌아 세월이 지나면 귀향하는 것도 잊어버리고 있다. 그 중에 참회하여 본관으로 돌아오는 자가 있어도 생업이 없어져 살아갈 방도가 없다. 바라건대 도피한 지 6년 이상 지나 충분히 참회하고 돌아온 자에게는 1년의 과역을 면제하여 생업을 이어가게 해야 한다"라고 하였다. (천황은) 이 주상을 허락하였다. 안찰사의 典103)을 고쳐서 記事104)라고 칭하였다.

---

101) 稻粟의 出擧는 원래 백성을 구제하는 재원으로 사용하고 권농의 의미가 있었다. 그러나 공출거는 연리 5할의 고리였기 때문에 國府와 郡家 등에서 춘추로 正稅의 도곡을 대여하고 추수기에 상환하여 많은 수입을 확보할 수 있었다. 이 때문에 지방의 國司나 郡家가 백성들에게 공출거를 강제하여 재원으로 삼았다. 결국 공출거가 조세의 일부로 자리매김하게 되고 이 공출거로 인해 백성이 피폐해지자 그 이자를 3할로 감했던 것이다. 그러나 3할 이자는 5할로 다시 되돌아간다.

102) 원금보다 이자를 많이 취한다는 것은, 원금은 상환했지만 이자를 갚지 못한 경우 미지불 이자를 원금으로 간주해서 여기에 이자를 더하는 이른바 복리로 계산하는 것이다.

103) 안찰사의 속관.

104) 記事는 안찰사 속관인 典을 개칭한 용어. 『文德實錄』 仁壽 3년 12월 정축조에 山田古嗣가 天長 3년 陸奧按察記事가 되었다는 기록이 있다.

을해(23일), 안찰사가 왕경으로 향할 때 소관 국을 순찰하는 날에는 전마[105]의 사용을 허가하고 식량을 지급한다. 이에 따라 常陸國은 10극,[106] 遠江國 7극, 伊豆, 出雲은 각각 1개의 驛鈴을 지급하였다.

하4월 경술(28일), (천황이) 제를 내려 3위 이상의 처자 및 4위, 5위의 처는 함께 소방색[107] 복장을 허락하였다.

5월 신유(9일), 제를 내려 황친의 服制는 왕손[108]은 5위에 준하고, 먼 황친은 6위에 준하게 하였다.

임술(10일), 白猪史의 氏를 고쳐서 葛井連의 성을 내렸다.[109]

계유(21일), 태정관에서 주상하기를, "제관사에서 국에 보내는 小事의 문서에 날인하지 않은 상태로 시행하는 일은 도리에 맞지 않다. 더욱이 內印[110]을 청하는 일은 황공하게도 천황의 판단을 번거롭게 하는 일이다. 청컨대 지금 이후로는 문무백관이 제국에 보내는 문서는 大事가 아니면, 도망간 衛士, 仕丁의 교체 및 年料[111]의 재촉, 잔여 물품의 전용, 아울러 兵衛, 采女에 사용되는 물품 등의 사안에 대해서는 태정관인으로 날인하고자 한다"라고 하였다. (천황은) 이를 허락하였다. (도량형의) 尺의 견본을 제국에 반포하였

---

105) 「廐牧令」16에 따르면 傳馬는 郡마다 5필씩 두며 모두 官馬로 한다고 되어 있다. 郡司는 國司가 감독한다.

106) 剋은 驛鈴에 새겨진 사용할 수 있는 驛馬, 傳馬의 숫자를 말한다. 「公式令」42에는 "무릇 역마, 전마를 지급하는 경우에는 驛鈴과 驛符의 剋數에 따른다"라고 규정되어 있다. 신분에 따라 차이가 있으며 왕경에서 돌아오면 2일 이내에 반납하도록 되어 있다.

107) 「衣服令」7-10에는 蘇芳色 의복이 허용되는 부인은 內親王, 5위 이상의 女王, 3위 이상의 內命婦 및 남편이 3위 이상인 外命婦로 한정되어 있다. 이후 『日本後紀』 弘仁 6년 10월 임술의 칙에는 親王, 內親王, 女御, 3위 이상의 嫡妻子로 축소하였다.

108) 王孫은 孫王을 말하고 諸王의 2세이다.

109) 葛井連氏의 선조는 6세기 전반 백제에서 도래한 王辰爾의 일족인 胆津이다. 胆津은 白猪屯倉에 파견되어 田部를 편성하고 호적을 작성한 공로로 白猪史의 성을 받았고, 문필씨족으로 성장하였다. 葛井寺는 이 씨족의 氏寺이다.

110) 천황의 御印. 內印은 「公式令」40 天子神璽條에 5위 이상의 位記와 제국에 내리는 공문에 사용되며, 크기는 方 3寸이라고 되어 있다(天子神璽.〈謂, 踐祚之日壽璽, 寶而不用.〉內印〈方三寸.〉五位以上位記, 及下 諸國公文, 則印, 外印.〈方二寸半.〉六位以下位記, 及太政官文案, 則印, 諸司印.〈方二寸二分.〉上官公文, 及案移牒, 則印, 諸國印.〈方二寸.〉上京公文, 及案調物, 則印).

111) 제국에서 매년 공상하는 정해진 수량의 물품.

다. 이에 앞서 1품 舍人親王이 칙을 받들어 日本紀[112]를 찬수하였다. 이에 이르러 완성하여 주상하였다. 紀 30권, 계도[113] 1권이었다.

을해(23일), 伊豆, 駿河, 伯耆의 國에 3극의 역령을 각각 1개씩 지급하였다.

6월 임진(11일), 文部黑麻呂 등 11인에게 文忌寸의 성을 내렸다.

무술(17일), (천황이) 조를 내려, "蠻夷가 해를 끼친 것은 오래 전부터이다. 한나라가 5장군에게 명하여 교만한 흉노를 신복시키고, 주나라가 2번이나 친히 원정하여 거친 야만인을 왕에게 내조시켰다. 지금 서쪽 변방의 적[114]이 난을 일으켜 덕화를 거역하고 누차 양민을 해치고 있다. 이로 인해 지절장군 정4위하 중납언 겸 중무경 大伴宿禰旅人을 보내 그 죄를 벌하고 소굴을 일소하였다. 무장한 병사를 통솔하여 흉도를 토벌하고 그 수령은 포박하여 하급관인에게 명을 청하게 하였더니, 도적의 무리들은 머리를 조아리고 다투어 좋은 풍습에 복속하게 되었다. 그러나 장군은 거친 야영에서 한달이나 지났고, 때는 무더워 어찌 고난이 없겠는가. 사자를 보내 위로하고 충심의 마음을 갖도록 한다"라고 하였다.

갑진(23일), 처음으로 신기관의 史生 4인을 증원하였다.

무신(27일), 河內國 若江郡 사람 정8위상 河內手人刀子作廣麻呂의 성을 고쳐 下村主[115]의 성을 내리고 잡호에서 제적하였다.

기유(28일), 漆部司[116]의 令史 종8위상 丈部路忌寸石勝, 直丁 秦犬麻呂가 관사의 옻칠을 훔친 죄를 물어 함께 유형죄에 처해졌다. 이에 石勝의 아들

112) 日本書紀를 말한다. 天武朝에서 편찬이 시작되어 거의 40여 년 만에 완성하였다. 현존하는 고사본을 비롯하여 『令集解』「公式令」1의 「古記」, 『萬葉集』 6, 18의 左記 등에는 日本書紀로 기록되어 있다.

113) 역대 천황의 계보. 현존하지 않는다.

114) 九州 南部의 隼人.

115) 『新撰姓氏錄』 좌경제번에 下村主는 後漢 光武帝의 7세손인 愼近王으로부터 나왔고, 『속일본기』 天平 6년(634) 12월조에는 외종5위하 烏安麿가 하촌주의 씨성을 받았다고 기록하고 있다. 하촌주씨 일족으로는 『속일본후기』 承和 3년(836) 윤5월조에 下村主氏成과 下村主三仲에게 春瀧宿禰의 씨성을 내리고, 출자에 대해서는 선조가 후한 광무제라고 기록하고 있다. 春瀧宿禰의 일족으로는 『일본삼대실록』 元慶 3년(879) 12월조에 春瀧宿禰春岳이 山城國 班田使로 임명되었고, 동 7년(883) 12월조에는 大和國 班田使가 되어 현지에 파견되었다는 기록이 보인다.

116) 기물, 불상, 회화 등 도색, 칠을 담당한 관사. 대장성의 속관으로, 장관은 漆部正이고 4등관으로 구성되어 있다.

祖父麻呂 12세, 安頭麻呂 9세, 乙麻呂年 7세 3인이 함께 아뢰기를 "아버지 석승은 우리들을 부양하기 위해 관사의 칠을 훔쳐 유용하여 그 죄로 멀리 유배되어 사역을 받게 되었다. 조부마려 등은 아버지의 마음을 위로하기 위해 죽음을 무릅쓰고 상신하게 되었다. 청컨대 형제 3인을 관노로 삼고 아버지의 중죄를 면제받게 해달라"라고 하였다. 조를 내려 "사람에게는 항상 행해야 할 5개의 덕목이 있는데, 그중에서 인, 의는 중요하다. 인간에게는 여러 행해야 일이 있는데, 효를 다하여 공경하는 것이 우선이다. 지금 조부마려 등은 몸을 던져 관노가 되어 아버지의 죄를 용서받아 육친을 구하려고 한다. 도리로서 동정을 베풀지 않을 수 없다. 청한 바에 따라 관노로 하고 아버지 석승의 죄를 면제한다. 단 犬麻呂는 형부성의 판단에 따라 유배지로 보낸다"라고 하였다.

추7월 갑인(3일), 정서장군[117] 이하 抄士[118]에 이르기까지 신분에 따라 녹을 내렸다.

임신(21일), 조부마려, 안두마려 등을 사면하여 양인으로 되돌렸다.

8월 신사삭(1일), 우대신 정2위 藤原朝臣不比等이 병이 들었다. 득도자 30인을 내렸다. (천황이) 조를 내려, "우대신 정2위 등원조신은 병에 걸려 위중한 상태이고 침식도 불안하다. 짐은 병색을 보니 마음이 아프다. 회복을 바라는 마음이지만 어찌할 방도가 없다. 이에 천하에 대사면을 내려 병환에서 구하고자 한다. 養老 4년 8월 1일 오시[119] 이전에 사형죄 이하는 죄의 경중을 묻지않고, 이미 발각되었거나 발각되지 않았거나, 판결이 났거나 심리중이거나, 수감되어 있거나 미결수이거나, 사주전, 절도와 강도 및 팔학, 통상의 사면에서 면제되지 않는 자 모두 사면한다. 병약자, 장애자는 헤아려 진휼한다. 소관 관사의 장관은 직접 위문하고 헤아려 탕약을 지급하고 힘써 관대하고 친절하게 대한다. 승니도 역시 동일하게 한다"라고 하였다.

임오(2일), 왕도 내의 48사에 명하여 1일1야 약사경을 독경하게 하였다.

---

117) 征西將軍은 征隼人持節將軍大伴旅人.

118) 배의 운항에 관여하는 선원의 1인. 『延喜式』 권제30 大藏省, 「入諸蕃」 항목에 '入唐使'에는 絁師, 挟杪, 水手長, 水手, '入新羅使'에는 絁師, 水手長, 狭杪, 水手, '入渤海使'에는 挟杪, 水手 등의 명칭이 나온다.

119) 정오 12시 전후.

관호[120] 10인을 방면하여 양인으로 하고, 노비 10인을 면제하여 관호에 편입하였다. 우대신의 병을 구제하기 위함이다.

임진[121](12일), 칙을 내려 "征隼人持節將軍 大伴宿禰旅人은 조만간 입경시키도록 한다. 다만 부장군 이하는 아직 준인이 평정되지 않아 머물러 주둔해야 한다"라고 하였다.

계미(3일), 조를 내려 "치부성의 상주를 살펴보니, 공험을 수여한 승니에게 허위가 많다. 다만 학업을 이룬 15인에게는 마땅히 공험을 주고 나머지는 중지해야 한다[122]"라고 하였다. 이날, 우대신 정2위 藤原朝臣不比等이 죽었다. 천황은 깊이 애도하였다. 조정의 정무를 중지하고 내전에서 애도의 예를 표하였다. 특히 천황의 마음을 담은 칙이 있었다. 조문과 부의물의 예는 (여타의) 군신과는 다른 특별한 것이었다. 대신은 近江朝[123]의 내대신이자 大織冠[124] (藤原)鎌足의 제2자이다.

갑신(4일), 조를 내려 舍人親王을 知太政官事로 삼고, 新田部親王을 知五衛及 授刀舍人事[125]로 삼게 하였다.

정해(7일), 조를 내려 모든 內印[126]의 날인을 신청하는 경우에는, 지금 이후로는 2통을 작성하여 1통은 내부[127]에 바치고 1통은 시행하게 하였다.

9월 경술삭(1일), 일식이 있었다.

신미(22일), 제국으로부터 태정관에 상신하는 공문을 처음으로 역마를 사용하여 올리게 하였다.

---

120) 宮內省 官奴司의 관할 하에 관사의 잡역에 사역. 律令制 하에서 五色의 賤[陵戶, 官戶, 家人, 官奴婢(公奴婢), 私奴婢]의 하나로, 모반·대역을 범한 자의 부자에 대해 沒官하여 관호에 편입시키고, 61세가 된 노비도 관호로 편입시켜 노비보다는 신분을 상위에 두었다. 호를 구성할 수 있고, 양민과 동일하게 구분전이 지급되었다. 76세 이상(반역 연루자는 80세 이상)이 되면 해방되어 양민 신분이 된다.

121) 간지의 순서로 보면 정해조 다음에 배열되어야 한다.

122) 養老 4년 3월 계유조에 득도한 320명 중에 승니로서 부적절한 자가 많았다고 보고 이미 이들에게 준 公驗을 회수하라는 것이다.

123) 天智朝.

124) 大化 5년의 18계 관위 중 최고위. 大織冠은 藤原鎌足만이 유일하게 받았다.

125) 五衛府 및 授刀舍人寮를 총괄하고 궁정 내외를 경호하는 친위대.

126) 천황의 御印. 동년 5월조 292쪽 각주 110) 참조.

127) 中務省 문서고.

정축(28일), 陸奧國에서 “하이가 반란을 일으켜 안찰사 정5위하 上毛野朝臣廣人을 살해했다”라고 언상하였다.

무인(29일), 播磨按察使 정4위하 多治比眞人縣守를 持節征夷將軍으로 삼고, 左京亮 종5위하 下毛野朝臣石代를 부장군으로 삼고, 軍監[128] 3인, 軍曹[129] 2인으로 하였다. 종5위상 阿倍朝臣駿河를 持節鎭狄將軍으로 삼고 군감 2인, 군조 2인으로 하였다. 이날 節刀를 수여하였다.

동10월 무자(9일), 종4위상 石川朝臣石足를 좌대변으로 삼고, 종4위상 笠朝臣麻呂를 우대변으로 삼고, 종5위상 中臣朝臣東人을 우중변으로 삼고, 종5위하 小野朝臣老를 우소변으로 삼고, 종5위하 大伴宿禰祖父麻呂를 식부소보로 삼고, 종5위하 巨勢朝臣足人을 원외소보로 삼고, 종5위상 石川朝臣若子를 병부대보로 삼고, 정5위상 大伴宿禰道足을 민부대보로 삼고, 종5위하 高向朝臣大足을 민부소보로 삼고, 종5위상 車持朝臣益을 主稅頭로 삼고, 종5위상 鍜治造大隅를 형부소보로 삼고, 종5위하 阿倍朝臣若足을 대장소보로 삼고, 종5위하 高橋朝臣安麻呂를 궁내소보로 삼고, 종5위하 當麻眞人老를 造宮少輔로 삼고, 종5위하 縣犬養宿禰石次를 彈正弼로 삼고, 종5위하 大宅朝臣大國을 攝津守로 삼고, 종5위하 高向朝臣人足을 尾張守로 삼고, 종5위상 忍海連人成을 安木守로 삼았다.

병신(17일), 처음으로 養民,[130] 造器[131] 및 造興福寺佛殿[132] 3司를 두었다.

임인(23일), 대납언 정3위 長屋王, 중납언 정4위하 大伴宿禰旅人을 보내 우대신의 저택[133]에 가서 조서를 전하고 太政大臣 정1위로 추증하였다.

---

128) 출정군의 判官.

129) 출정군의 主典.

130) 養民司는 능묘 조영을 위해 동원된 役夫를 부양하고 관리하기 위해 설치한 임시 관사. 『속일본기』에는 藤原不比等, 光明皇太后(天平寶 4년 6월조), 황태후 高野新笠(延曆 8년 12월), 황후 藤原乙牟漏(延曆 9년 윤3월) 등의 사례가 있다. 천황이 사망하면 養役夫司가 설치되는데, 元正太上天皇(天平 20년 4월조), 聖武太上天皇(天平勝寶 8년 5월조), 稱德天皇(寶龜 원년 8월조), 光仁太上天皇(天應원년 12월조) 등에도 나온다. 칭덕천황의 경우 京畿 등지에서 6,300명의 役夫가 동원되었다.

131) 釋迦用의 기물을 만드는 것.

132) 藤原不比等의 추복을 위한 佛殿의 조영을 담당한 관사.

133) 興福寺는 藤原氏의 氏寺. 〈興福寺流記所引寶字記〉에 따르면 天智 8년 藤原鎌足이 병중에 있을 때 부인 鏡女王이 藤原鎌足이 조영한 석가삼존상을 안치하기 위해 山城國 山階에 세운 山階寺가 그 시작이며, 飛鳥로 천도하면서 지명에 따라 廐坂寺로 명명하였다고 한다. 和銅 3년 平城京 천도에 동반하여 재이전되어 興福寺가 되었다.

11월 병진(8일), 南嶋人 232인에게 신분에 따라 녹을 내렸다. 원방의 사람들을 순종시키기 위해서이다.

을해(27일), 河內國의 堅下, 堅上 2군을 고쳐서 大縣郡이라고 하였다.

12월 을해(21일), 春宮坊[134]의 少屬 초소위상 朝妻金作大歲[135]와 동족인 河麻呂 2인을 남녀의 잡호의 호적에서 삭제하고 大歲에게 池上君의 성을, 河麻呂에게 河合君의 성을 내렸다.

계묘(25일), 조를 내려, "석가의 도는 교리가 심원하여 轉經,[136] 唱禮[137]는 이전부터 항례의 규칙이 전한다. 도리로서 존중하고 계승해야 하고 쉽게 고쳐서는 안 된다. 요즈음 승니가 스스로의 방법을 생각해 함부로 별도의 음독을 만들어낸다. 마침내 후진들이 배워 쌓이면 습관이 되어 버린다. 이를 바르게 고치지 않으면 아마도 법문을 오염시키는 일은 여기에서 시작될 것이다. 마땅히 漢[138]의 사문 道榮[139]을 모범으로 하여 학문승 勝曉[140] 등이 轉經, 唱禮하고 기타의 독경은 중지해야 한다"라고 하였다.

○ 養老 5년(721) 춘정월 무신삭(1일), 武藏, 上野 2국에서 나란히 붉은 새를 바치고, 甲斐國에서 흰 여우를 바쳤다.[141] 尾張國에서 작은 새가 큰 새를 낳는다고 말했다.[142]

---

134) 春宮坊의 職掌은 황태자의 가정기관으로 東宮坊이라고도 쓴다. 大夫(長官), 亮(次官), 大少進, 大少屬, 史生 등이 있고, 황태자 보좌역으로 傅, 學士 2인이 임명되었다.

135) 朝妻는 大和國 葛上郡의 지명으로 현재의 奈良縣 御所市 朝妻이다. 朝妻金作은 大和國 朝妻에 정주한 金工에게 주어진 성으로 보인다.

136) 轉讀이라고도 쓴다. 긴 경전의 전문을 읽는 대신 제목과 처음과 중간, 후반의 문장만을 발췌해서 독송하는 것을 말한다.

137) 참회의 글과 願文을 읽으면서 부처에게 예배하는 일.

138) 唐나라.

139) 『元亨釋書』 권15에 "釋道榮, 唐人, 尤善梵唄"라고 하여 당인 道榮이 梵唄에 뛰어났다고 기록하고 있다. 梵唄란 인도의 독경법인 詠法에 의한 歌唱으로, 佛德을 찬송하기 위해 곡조를 붙여 읊는 것이다.

140) 기타 사료에는 보이지 않지만, 당 혹은 신라의 학문승으로 생각된다.

141) 『延喜式』 式部省에는 赤鳥, 白狐는 上瑞로 나온다.

142) '小鳥生大鳥'란 다른 새 둥지에 托卵하는 것을 말한다. 뻐꾸기, 두견새 등의 큰 새가 숙주 역할을 하는 뱁새, 붉은머리 오목눈이, 종달새 등의 작은 새의 둥지에 알을 낳아 키우게 하는 것으로, 이것도 祥瑞의 한 현상으로 인식되었던 것 같다.

기유(2일), 제를 내려, "제사의 관인은 소속 관사의 차관 이상에게 아부하는 일은 항상 허용되어 왔다. 지금 이후로는 그러한 일을 해서는 안 된다. 만약 이 취지를 위반하여 1인이라도 卿門[143]에 들어선다면 그 사람은 해임하고 동료는 근무평정을 감하도록 한다"라고 하였다.

경술(3일), 천둥이 쳤다.

임자(5일), 정3위 長屋王에게 종2위를 내리고, 정4위하 巨勢朝臣祖父·大伴宿禰旅人·藤原朝臣武智麻呂, 종4위상 藤原朝臣房前에게 함께 종3위를, 종4위하 六人部王에게 종4위상을, 종5위상 高安王·門部王·葛木王에게 함께 정5위하를, 종5위하 櫻井王·佐爲王에게 함께 종5위상을, 정4위하 多治比眞人縣守·多治比眞人三宅麻呂, 정5위상 藤原朝臣馬養에게 함께 정4위상을, 종5위하 藤原朝臣麻呂에게 종4위상을, 종5위하 下毛野朝臣虫麻呂·吳肅胡明[144]에게 함께 정5위상을 내렸다. 大納言 종2위 長屋王을 우대신으로 삼고, 종3위 多治比眞人池守를 대납언으로 삼고, 종3위 藤原朝臣武智麻呂를 중납언으로 삼았다. 또 종3위 縣犬養橘宿禰三千代에게 종3위를 내렸다.

경오(23일), 조를 내려, 종5위상 佐爲王, 종5위하 伊部王, 정5위상 紀朝臣男人, 日下部宿禰老, 종5위상 山田史三方,[145] 종5위하 山上臣憶良[146]·朝來直賀須夜·紀朝臣淸人,[147] 정6위상 越智直廣江·船連大魚[148]·山口忌寸田主, 정6위하 樂浪

---

143) 8省의 장관인 卿의 저택.

144) 吳肅胡明은 의술에 뛰어난 관인으로 알려져 있다. 『藤氏家傳』에도 神龜 연간에 학예의 士로 거론된 다수의 인물 중에 御立連吳明으로 나오고, 황태자 교육을 위해 근시하였다. 天平 2년(730) 3월 신해조에 후진 양성을 위해 3인의 제자를 취하여 교육시켰다고 하는 御立連淸道도 동일한 인물로 추정된다. 한편 『新撰姓氏錄』 「未定雜姓」에 吳氏는 百濟國人 德率 吳伎側의 후손이라고 나오고 있어 백제계 도래계 씨족으로서 吳肅胡明과는 동족으로 생각된다.

145) 山田史御形이라고도 한다. 권3 慶雲 4년 2월조 149쪽 각주 153) 참조.

146) 권6 和銅 7년(714) 춘정월조 221쪽 각주 48) 참조.

147) 和銅 7년(714) 종6위상의 관인으로 『일본서기』의 편찬에 관여하였다. 동 8년에는 3단계 승진하여 종5위하에 서위되었다. 그는 우수한 학자로서 중시되었고, 황태자에 근시하여 학문을 교습하였다. 이후 右京亮, 治部大輔, 文章博士를 역임하고, 天平 16년(744)에 종4위하로 승서되었으며 동 18년 武藏守에 임명되었다.

148) 船連氏는 백제 도래씨족인 王辰爾의 후예이다. 문필에 능한 왕진이가 船司로서 船史의 씨성을 받았고, 이후 船史氏는 天武 12년(683) 連을 하사받아 船連氏가 되었다. 본거지는 河內國 丹比郡 野中鄕, 현재의 大阪府 藤井寺市 野中 및 羽曳野市이다. 野中寺는 이 씨족의 氏寺이다. 船連大魚는 養老 7년 정6위하에서 종5위하에 승서되었다.

河内,[149] 종6위하 大宅朝臣兼麻呂, 정7위상 土師宿禰百村, 종7위하 鹽家連吉麻呂·刀利宣令[150] 등에게는 퇴조 후에 동궁에 근시하게 하였다.

신미(24일), 지진이 있었다.

임신(25일), 또 지진이 있었다.

갑술(27일), 조를 내려, "지극히 공평하고 사심이 없는 것은 일국의 항상의 풍습이다. 忠으로서 임금을 섬기는 일은 臣子[151]의 상도이다. 바로 각자의 직무에 충실하고 퇴근하여 식사하는 것은 公의 일이다[152] 康哉의 노래[153]가 울려퍼지는 날도 머지않을 것이고, 태평의 근본은 여기에 있다. 하늘로부터 재이가 내리는 일도 없고, 지상에서는 길조가 나타날 것이다. 문무 제관인은 금후 만약 풍우, 벼락, 지진 등의 재이가 있다면 각자 마음을 다하여 말하고 충심의 뜻을 가져야 한다"라고 하였다.

또 조를 내려 "문인, 무사는 국가가 중히 여기는 바이다. 의술, 복서, 방술은 고금으로 숭상되어 왔다. 마땅히 백료 중에서 학업이 우수하고 능히 사범이 될 만한 자를 선발하여 특별히 상을 내리고, 후진들을 격려하고 양성에 힘써야 한다"라고 하였다. 이에 명경 제1박사 종5위상 鍜治造大隅, 정6위상 越智直廣江에게 각각 비단 20필, 명주실 20구, 삼베 30단, 가래 20구를 내리고, 제2박사 정7위상 背奈公行文,[154] 調忌寸古麻呂, 정7위상 額田首千足, 명법박사 정6위상 箭集宿禰虫万呂, 종7위하 鹽屋連吉麻呂, 문장의 종5위상

149) 天智 2년(663) 백제망명자인 沙門詠의 자손. 권5 화동 5년 추7월조 203쪽 각주 69) 참조.

150) 『經國集』에 대책문 2책, 『懷風藻』에 한시 2수를 남기고 있다. 사망 시 정6위상 伊豫掾, 나이 59세였다.

151) 군주의 아들이라고 할 수 있는 신하.

152) 본문의 '職退食自公'은 『詩經』「召南」의 羔羊에 "退食自公, 委蛇委蛇"에서 나온 말이다. 『詩經』에서 의미하는 바는 "관에서 퇴청하여 집에 돌아가 밥을 먹으니 의젓하고 의젓하도다", 혹은 "公이 스스로 식사를 줄이니 의젓하고 의젓하도다"로, 상기의 기록은 관인들의 검소한 생활을 칭송한 말이다.

153) 『古文尙書』에 보이는 皐陶가 지은 노래로, 임금이 명군이고 봉사하는 신하가 훌륭하다면 모든 일이 무사할 수 있다는 내용을 담고 있다.

154) 고구려 멸망 시에 망명한 背奈福德의 아들로 靈龜 2년(716)에 武藏國 高麗郡에 거주하였다. 후에 조정에 출사하여 養老 5년(721) 정7위상 明經 제2박사 때 학업이 우수하여 포상받았다. 神龜 4년(727) 정6위상에서 종5위하로 승진되었다. 消奈行文大夫의 이름으로 『萬葉集』에 단가 1수, 『懷風藻』에 오언시 2수를 남기고 있다.

山田史御方,[155] 종5위하 紀朝臣淸人·下毛野朝臣虫麻呂, 정6위하 樂浪河內[156]에게 각각 비단 15필, 명주실 15구, 삼베 30단, 가래 20구를 내리고, 산술의 정6위상 山口忌寸田主, 정8위상 悉斐連三田次, 정8위하 私部首石村, 음양의 종5위상 大津連首, 종5위하 津守連通·王仲文[157]·角兄麻呂,[158] 정6위상 余秦勝[159]·志我閇連阿彌陀, 의술의 종5위상 吉宜,[160] 종5위하 吳肅胡明, 종6위하 秦朝元·太羊甲許母, 解工의 정6위상 惠我宿禰國成·河內忌寸人足·堅部使主石前, 정6위하 賈受君,[161] 정7위하 胸形朝臣赤麻呂에게 각각 비단 10필, 명주실 10구, 삼베 20단, 가래 20구, 和琴師 정7위하 文忌寸廣田, 唱歌師 정7위하 大窪史五百足, 정7위하 記多眞玉, 종6위하 螺江臣夜氣女, 茨田連刀自女, 정7위하 置始連志祁志女에게 각각 비단 6필, 명주실 6구, 삼베 10단, 가래 10구를 내리고, 武藝 정7위하 佐伯宿禰式麻呂, 종7위하 凡海連興志, 板安忌寸犬養, 정8위하 置始連首麻呂에게 각각 비단 10필, 명주실 10구, 삼베 20단, 가래 20구를

---

155) 권3 慶雲 4년 4월조 149쪽 각주 153) 참조.

156) 天智 2년(663) 백제망명자인 沙門詠의 자손으로, 백제 8성 대족의 沙氏, 沙宅氏이다. 권5 和銅 5년(712) 추7월조 203쪽 각주 110) 참조.

157) 권2 大寶 원년 8월조 103쪽 각주 72) 참조.

158) 大寶 원년 8월 임인조에 보이는 환속한 승 慧耀. 본명은 錄兄麻呂로 神龜 원년(724) 5월 계해조의 都能兄麻呂와 동일 인물이다. 『일본서기』 天智 10년조에 백제망명인에 대한 관위수여식에서 음양에 능통하여 소산하의 관위를 받은 角福牟의 아들로 생각된다. 養老 3년(719) 정월 종6위상에서 정5위하로 승진한 角兄麻呂와 동일 인물이다. 天平年中 「官人考試帳」에는 "從六位下行陰陽博士觮兄麻呂[年四十三/右京]"(『大日本古文書』 24-552·553)이라고 하여 陽博士 觮兄麻呂로 표기되었다. 『萬葉集』(292~295)에도 "角麻呂歌四首"라고 하여 단가 4수가 기록되어 있다. 292수에 나오는 天探女는 『고사기』, 『일본서기』 神代에 등장하는 女神으로 저자가 일본 고전에도 밝고 和歌에도 조예가 깊었음을 알 수 있다. 丹後守로 재임중인 神龜 4년(727) 12월, 범법이 심해 순찰사에게 적발되어 流罪에 처해졌다.

159) 백제 멸망 후 일본으로 망명한 좌평 余自信[余自進]의 후예이다. 余秦勝은 여기에만 나온다.

160) 환속승으로 백제멸망 시에 망명한 吉大尙의 후손이다. 和銅 7년 종5위하로 승진하였고 養老 5년(721) 의술 방면에서 포상받아 종5위상에 올랐다. 神龜 元年(724)에는 吉에서 吉田連을 사성받았다. 天平 5년(733) 圖書頭에 임명되었고, 동 10년(738)에는 典藥寮의 장관인 典藥頭를 역임하였다. 『회풍조』에도 만엽단가 4수를 남기는 등 다방면에 업적을 남겼다.

161) 백제계 후예씨족으로 神龜 원년(724) 5월 계해조에 神前連의 성을 받았다고 한다. 『신찬성씨록』 좌경제번하에 "神前連은 百濟國人 정6위상 賈受君으로부터 나왔다"고 하고, 同 우경제번하에도 "賈氏는 백제국인 賈義持으로부터 나왔다"고 한다.

내렸다.

병자(29일), 천하의 백성에게 명하여 은전 1개에 동전 25개를 해당시키고, 은 1량에 1백전을 해당시켜 사용하게 하였다.

2월 갑신(7일), 지진이 있었다.

임진(15일), 대장성 창고에서 저절로 소리가 울렸다.[162)]

계사(16일), 태양에 테가 걸려있어 흰 무지개가 관통한 듯이 보이고, 테의 남북 끝단에 귀고리와 같은 둥근 모양이 있었다. 이에 좌우대변 및 8성의 경들을 불러 궁전 앞에서 바라보았다. 조를 내려 "짐은 덕이 부족하고 백성을 잘 인도할 재능도 갖추지 못했다. 아침 일찍 일어나 잘 다스릴 수 있는가를 구하고 밤이 되어 잠자리에 들 때까지 생각하고 있다. 몸은 궁중 깊숙한 곳에 있지만 마음은 백성에게 있다. 경들에게 맡기지 않으면 어떻게 천하를 이끌 수 있겠는가. 국가의 일로서 정사에 유익한 일이 있으면 반드시 주상하도록 한다. 받아들이지 않는 일이 있으면, 거듭해서 간언하고, 그대들은 면전에서 복종하고 물러난 후에 뒷말이 있어서는 안 된다"라고 하였다.

갑오(17일), 조를 내려, "세간의 이야기로는, 申의 해에는 항상 사고가 있다고 하는데, 이것은 말한 대로이다. 지난 경신년에는 하늘의 경종의 징후가 빈번히 보였고, 홍수와 가뭄이 모두 일어나 백성들은 유랑하거나 죽고, 가을 수확도 흉작이어서 국가가 소요하고 만백성이 고난을 겪고 있다. 끝내 조정의 의표인 藤原大臣이 갑자기 서거하여 짐의 마음은 비통한 심정이다. 지금은 지난해 재이의 여파가 이어져 금년에도 미치고 있다. 또 풍운의 기색이 통상과 다름이 있다. 짐의 마음은 두렵고 밤낮없이 편치가 않다. 더구나 '옛 전적을 보니 왕자의 정치가 불편하게 되면 천지가 질책하여 허물의 표시를 보인다'고 한다. 혹은 도리에 벗어남이 있어 재이가 일어나는 것일까. 지금 그대들은 고위에 있고 임무는 크다. 어찌 충정을 다하지 않겠는가. 따라서 정치에 어긋난 일이 있으면 모두 꺼리지 말고 진술하라. 모든 생각을 직언하고 숨기는 바 없도록 하라. 짐이 직접 읽어 볼 것이다"라고 하였다. 공경들은 조를 받들고 물러나서 각각 소관 관사에서 명하여 의견을

162) 대장성에는 調, 庸 등의 물자가 수납된 正藏을 비롯한 부속건물이 있는데 이곳에서 소리가 울렸다는 것은 심상치 않은 조짐이 있었음을 말해준다.

언상하였다.

3월 계축(7일), 칙을 내려, "짐은 천하에 군림하여 백성을 위무하며 보살펴 집집마다 풍족하여 사람들이 안락하기를 바라고 있다. 어떻게 예측을 했겠는가. 요즈음 날씨가 고르지 못해 가뭄과 홍수로 인해 농경과 양잠에 피해를 주고 있고, 드디어 옷과 음식이 부족하여 기아와 추위에 시달리게 된다. 이 일을 생각하면 참으로 측은한 마음이 더하다. 지금 과역을 경감하고 생업을 도와야 한다. 좌우의 경 및 기내 5국[163]에 함께 금년의 調를 면제하고, 그 외의 7도, 제국도 역시 당년의 역역[164]을 중지한다"라고 하였다.

을묘(9일), 조를 내려, "절제하고 지나침을 삼가하고 사치와 음욕을 금지하고 막는 일은 정사를 행하는데 우선으로 삼는 바이다. 많은 제왕들의 불변의 도리이다. 왕, 공경, 관인 및 부호의 민들은 좋은 말을 많이 기르고 앞다투어 구하는 일이 한이 없다. 단지 가재의 손실만이 아니다. 끝내 서로 다투어 난투에까지 이르게 된다. 이에 조례를 정하여 제한하고 금지해야 한다"라고 하였다. 이에 태정관에서 조례를 상주하여 "관품의 석차에 따라 말을 기르는 것을 제한하도록 한다. 친왕 및 대신은 20필을 넘을 수 없고, 제왕, 제신, 3위 이상은 2駟,[165] 4위는 6필, 5위는 4필, 6위 이하 서민은 3필로 한다.[166] 일정 기간이 지난 후에 결손이 생기면 보충하고 만약 말을 타거나 이용할 수 없게 되면 상황을 기록하여 소관 관사에 신고하고 즉시 馬帳[167]을 점검한 후에 (장부에서) 삭제하고 보충한다. 만약 위반한 자는 위칙죄[168]로 처벌한

163) 天平寶字 원년 5월조에 和泉國이 분립될 때까지 畿內國 大和, 山背, 河內, 攝津 4국이었다고 하였다. 『續日本紀』 靈龜 2년(716) 3월조에 따르면, 河內國에서 和泉郡, 日根郡을 분할하여 和泉監을 두고 國司가 아닌 監이라는 특별한 관사를 설치하였다. 이 시기의 목간에 "和泉國和泉(郡)"이 보여 당시부터 和泉國으로도 불린 것으로 보인다. 그 후 天平 12년(740) 8월 和泉監은 폐지되고 河內國에 편입되었는데, 天平勝寶 9년(757) 5월에 다시 분리되어 和泉國이 설치되었다.

164) 庸을 말함.

165) 駟. 한 수레를 끄는 4필의 말을 가리킨다. 2駟은 8마리.

166) 「廐牧令」25에는 "凡官私馬牛帳, 每年附朝集使, 送太政官"이라고 하여 관인뿐 아니라 민간의 馬牛도 조사하고 있다.

167) 우마의 현황을 기록한 장부. 「廐牧令」25 「官私馬牛」條에 "凡官私馬牛帳, 每年附, 朝集使送太政官"이라는 규정이 나온다. 민간의 우마도 조사대상이 되고 있다.

168) 불법을 행한 자를 신고하면 그 신고자에게 포상을 하는 제도.

다. 품계에 따른 말을 초과하면 모두 몰수하여 관에 귀속시킨다"라고 하였다.

신미(25일), 종5위하 路眞人麻呂를 散位頭로 삼고, 종5위하 高橋朝臣廣嶋를 형부소보로 삼았다. 칙을 내려 우대신 종2위 長屋王에게 帶刀資人 10인을 지급하고, 중납언 종3위 巨勢朝臣邑治, 大伴宿禰旅人, 藤原朝臣武智麻呂에게 각각 4인을 지급하고, 그 考選[169]은 오로지 職分資人에 준하게 한다.

하4월 병신(20일), 佐渡國의 雜太郡을 분할하여 처음으로 賀母, 羽茂 2군을 두었다. 備前國의 邑久, 赤坂 2군의 향을 분할하여 처음으로 藤原郡을 두었다. 備後國의 安那郡을 분할하여 深津郡을 두고, 周防國의 熊毛郡을 분할하여 玖珂郡을 두었다.

계묘(27일), 천하제국에 명하여 力田之人[170]을 추천하라고 하였다.

을유(9일), 정이장군 정4위상 多治比眞人縣守, 鎭狄將軍 종5위상 阿倍朝臣駿河 등이 귀환하였다.

5월 기유(3일), 태상천황[171]이 병환이 들어 천하에 대사면을 내렸다.

신해(5일), 7도 안찰사 및 대재부에 명하여 제사찰을 순찰시켜 편의에 따라 병합하였다.

임자(6일), 조를 내려 "태상천황의 건강이 안좋아 침식이 날로 어려워지고 있다. 이를 생각할 때마다 마음과 간장이 찢어지는 것 같다. 불법에 귀의하여 회복되기를 바라고자 한다. 정행한 남녀 1백인을 선발하여 출가시켜 수행하게 하고, 연장자로서 충분히 사범이 될 만한 자는 비록 출가의 조건을 갖추지 않았더라도 모두 득도를 허락하도록 한다[172]"라고 하였다. 명주실 9천구를 6宗의 문도에 보시하여 후진의 학문을 위해 힘쓰기를 권장하고 영원히 전하도

---

169) 근무평정의 연한을 채우고 서위되는 것.

170) 力田, 力田者라고도 함. 다량의 토지와 동산을 보유한 부농가로 빈농을 도와 국가로부터 포상을 받고 있다. 중국에서는 漢代 이래 황제 즉위와 개원 시에 力田을 추천받아 포상하였는데 이를 모방했다고 보인다. 태정관부 등에 殷富, 富豪之輩 등으로 칭하던 사람들과 일치하며, 私出擧 등으로 신분상승을 꾀하는 경우도 있다.

171) 양위한 元明天皇.

172) 출가의 조건을 得色이라고 한다. 일정한 불전을 배우고 수행한 자, 天平 6년 11월 戊寅의 制에서는 최승왕경 1권을 암송하고, 예불을 이해하고, 淨行 3년 이상인 자의 득도를 허락하고, 延曆 25년 정월 26일 관부에서는 법화경, 금강명경을 읽고 大義 10조를 물어 5조 이상을 대답한 자를 득도시킨다고 하였다.

록 하였다.

무오(12일), 우대변 종4위상 笠朝臣麻呂가 태상천황을 위해 출가하여 수행하고 싶다고 청하자, 칙을 내려 허락하였다.

을축(19일), 정3위 縣犬養橘宿禰三千代가 출가했기 때문에 식봉, 資人을 사양했으나 예우하는 조를 내려 허락하지 않았다.

6월 무인(3일), 조를 내려 "사문 法蓮[173]은 마음은 禪定의 경지에 있고, 행함은 佛法의 중추에 있다. 더구나 의술에 정통하여 백성의 어려움을 구제하였다. 이러한 훌륭한 사람을 어찌 포상하지 않겠는가." 이에 그의 3등 이상의 친족에게 宇佐君의 성을 내렸다.

을유(10일), 태정관에서 주상하기를 "국, 군의 관인이 백성을 착취하는 행위는 조정의 법규를 문란하게 하는 일이다. 따라서 안찰사를 두고 비위를 규탄하며 사악을 숙청하는 것이다. 이미 이에 상당하는 관위를 정하고 마땅히 녹봉도 정해져야 한다. 청하건대 안찰사는 정5위관에 준하여 녹 및 공해전 6전, 仕丁 5인을 내리고, 記事[174]는 정7위관에 준하고 녹 및 공해전 2전, 사정 2인, 아울러 調物[175]을 내어 지급하도록 한다"라고 하였다. 조를 내려, "짐의 수족이자 백성의 부모라고 할 수 있는 것은 안찰사가 유일하다. 그 직무는 중요하고 번잡해 여타의 군신과는 다르다. 녹봉을 1배 더하고, 당지의 물자를 조물에 준하여 지급하도록 한다"라고 하였다.

또 (태정관에서 주상하기를) "陸奧, 筑紫의 변경의 백성은 자주 전란을 직면하여[176] 군역으로 병약해져 있다. 게다가 父子가 사망하면 집안이 이산되어 버린다. 이런 상황을 생각하면 깊은 연민의 정을 느낀다. 마땅히 당해년의 조, 용을 면제한다. 제국의 군인이 스스로 병사를 이끌고 역적을 죽이거나 사로잡고, 승기를 잡아 추격하는 자는 2년간 과역을 면제한다. 죽음을 무릅쓰고 화살, 돌에 맞아 사망한 자의 父子에게는 과역 1년을 면제한다. 만약 자식이 없으면 향리에 있는 자식에 준하는 친족을 심의하여 과역의 면제를

173) 大寶 3년 9월조에 뛰어난 의술로 豊前國의 야지 40정을 받았다고 기록되어 있다.
174) 안찰사의 속관.
175) 안찰사가 겸임하고 있는 국의 調物을 중앙에 공상하지 않고 국에 체류하고 있는 안찰사의 재원으로 한다는 것.
176) 동북지방의 蝦夷와 九州 남단의 隼人과의 전쟁.

허락한다. 또 왕경 및 제국에 관인의 월봉에 따라 輕稅를 징수하였다. 금후에는 이를 모두 폐지한다. 令[177]에 따라 지급되는 事力[178]을 먼 지역으로 사역시켜 힘들게 해서는 안 된다. 만약 경세를 징수하는 경우에는 1달에 30전으로 한다. 또 정원 이외의 내외문무 산위로 6위 이하 및 훈위 아울러 5위 이상의 자손은, 제각기 재물을 바쳐 번상관의 근무평정을 받을 수 있도록 하고 있다. 이것은 근무평정의 연한은 쌓고 있지만, 오히려 의식이 결핍되어 있다. 마땅히 금년부터는 재물을 바치지 않도록 하고, 이들을 귀농시켜 집집마다 곡물을 축적할 수 있게 한다. 만약 축적 자산이 풍족하여 재물을 바쳐 근무평정을 받기를 원하는 자가 있으면 뜻대로 허락한다. 또 5위 이상의 자손으로 21세 이상인 자가 음서제로 관인이 되는 경우도 아울러 상례에 의거한다. 따라서 삼베로 만든 첩의 공험[179]을 함께 지급하는 것은 分番官의 경우와 동일하게 한다"라고 하였다. (천황은) 이 주상을 허락하였다.

무술(23일), 조를 내려 "사문 行善[180]은 책상자를 둘러메고 유학하기를 7대를 경과하여 어려움을 극복하고 삼오[181]의 술수를 체득하여 바야흐로 본국으로 돌아왔다. 실로 상을 내릴 일이다. 천하의 제사찰에서 수행하는 일이 있으면 공경하여 공양하고, 승강의 예와 같이 한다. 또 백제의 사문 道藏은 실로 법문의 영수이고, 釋道의 동량이다. 나이 80이 넘어 기력이 쇠약해져 있다. 최고의 예물로 보시하지 않으면 어찌 노승에 대한 공경의 정이라고 할 수 있겠는가. 마땅히 소관 관사는 사시로 물품을 지급하도록

---

177) 軍防令.

178) 「軍防令」51의 규정에 의하면, 大宰府 관인과 國司에게 지급되어 雜事에 종사한 正丁이다.

179) 公驗은 番上官에게 주어지는 신분증명서.

180) 『日本靈異記』(제16권 力遊9)에 俗姓은 堅部氏이고 河邊法師라고 칭했다. 동 기록에 의하면, 推古朝 때에 고구려 유학중에 다리가 무너져 강을 건널 수 없게 되자 觀音에게 기도를 올린바, 관음이 노옹으로 변해서 배를 태워 주었다고 한다. 그 후 日夜로 불심을 공경했다고 하며, 당에 유학하여 養老 2년(718)에 귀국하였다. 장년의 유학중에 난관을 극복하여 포상을 받았다. 추고조 때 고구려에 유학했다는 설화는 그의 귀국연대를 생각하면 100여 년의 시차가 있다. 고구려에 유학을 했는지는 알 수 없으나 고구려와 뭔가 인연이 있었던 것은 분명하다고 생각된다. 한편 7대를 경과했다는 내용에 근거하여 元正으로부터 7대를 소급할 경우 齊明朝가 되어 660년 전후가 된다. 그렇다고 해도 50년 전의 일이 된다.

181) 三은 日, 月, 星의 三辰으로 천문을 말하고 五는 음양오행을 가리킨다.

한다. 비단 5필, 목면 10둔, 삼베 10단이다. 또 노스승과 출생이 같은 호적의 친족에게는 과역을 면제하고, 노승의 몸이 끝날 때까지 보살피도록 한다"라고 하였다.

신축(26일), 정4위하 阿倍朝臣廣庭을 좌대변으로 삼고, 정4위상 多治比眞人縣守를 중무경으로 삼고, 종5위상 石川朝臣君子를 시종으로 삼고, 종5위하 紀朝臣麻路를 식부소보로 삼고, 종5위하 下毛野朝臣虫麻呂를 원외소보로 삼고, 종4위하 坂合部王을 치부경으로 삼고, 종5위하 御炊朝臣人麻呂를 병부소보로 삼고, 종5위하 當麻眞人大名을 형부대보로 삼고, 종4위하 門部王, 종5위하 紀朝臣國益을 함께 대판사로 삼고, 종5위하 布勢朝臣廣道를 대장소보로 삼고, 阿倍朝臣若足을 木工頭로 삼고, 종4위상 藤原朝臣麻呂를 좌우경대부로 삼고, 종4위상 百濟王南典[182]을 播磨按察使로 삼고, 종4위상 石川朝臣石足을 大宰大貳로 삼고, 종5위하 縣犬養宿禰石次를 右衛士佐로 삼았다. 信濃國을 분할하여 처음으로 諏方國을 설치하였다.

계묘(28일), 처음으로 좌우병위부에 의사 각각 1인을 두었다.

추7월 기유(4일), 처음으로 문무백관에게 명하여 처, 딸, 자매를 데리고 6월과 12월 그믐날에 大祓[183]의 장소에 모이게 하였다.

임자(7일), 征隼人副將軍 종5위하 笠朝臣御室, 종5위하 巨勢朝臣眞人 등이 귀환하였다. 참수하고 노획한 자 합계 1,400여 인이었다.

경오(25일), 조를 내려 "무릇 황위에 올라 천하에 군림하면 仁은 동식물에 미치고 은혜는 금수에까지 미친다고 한다. 고로 주공과 공자의 가르침에는 인애를 우선으로 하고 노자와 석가의 가르침에는 살생을 깊이 금하고 있다. 마땅히 放鷹司[184]의 매, 개, 大膳職[185]의 가마우지, 제국의 닭, 돼지 등을

---

182) 권4, 和銅 원년 3월조 169쪽 각주 40) 참조.

183) 祓은 정화 의식으로 궁중과 신사에서 행해지는데, 특히 천하 만민의 죄를 씻는다는 의미의 罪穢를 祓한다고 해서 大祓이라고 한다. 대상제 전후와 미증유의 역병 시에 임시로 행하는 경우도 있다. 『養老律令』의 「神祇令」에는 매년 6월과 12월 晦日에 행하고, 中臣氏가 백관의 남녀에게 大祓詞를 하면 卜部가 解除를 한다. 장소는 대부분 朱雀門이고, 주작문 앞 광장에 친왕, 대신, 관인들이 모여 大祓詞를 읽어 백성들의 죄와 부정을 씻는 의식을 치른다.

184) 兵部省에 소속된 관부로 主鷹司를 말하며 매, 사냥개를 사육, 조련한다. 司 중에서는 가장 격이 낮아 4등관인 主典밖에 두지 않았다. 매의 사육은 品部인 鷹戶가 담당하였다.

모두 본거지로 방생하여 본성을 되찾을 수 있도록 한다. 금후에는 만약 필요시에는 먼저 그 상황을 주상하고 칙을 기다린다. 放鷹司의 관인 및 大膳職의 長上 등은 또 폐지한다. 사역하고 있던 품부는 공민과 동일하게 취급한다. 대재부 성문에 화재가 났다.

8월 신묘(17일), 섭관[186]의 記事를 개칭하여 檢事라고 하였다.

계사(19일), 長門에 안찰사를 두고 周防, 石見 2국을 관할하게 하였다. 또 諏方, 飛驒을 美濃按察使에 예속시키고, 出羽를 陸奧按察使에 예속시키고, 佐渡를 越前按察使에 예속시키고, 隱岐를 出雲按察使에 예속시키고, 備中을 備後按察使에 예속시키고, 紀伊를 大和國守에 예속시켰다.

9월 을묘(11일), 천황이 內安殿에 임하여, 사자를 이세태신궁에 보내 봉폐하였다. 황태자의 딸 井上王을 齋內親王으로 삼았다.

동10월 계미(9일), 태정관이 처분하기를, "唱考[187]의 날에는 3위는 卿으로 부르고, 4위는 姓을 부르고, 5위는 이름을 먼저 부르고 뒤에 姓을 부른다. 지금 이후로는 영원히 항례로 한다"라고 하였다.

정해(13일), 태상천황이 우대신 종2위 長屋王, 참의 종3위 藤原朝臣房前을 불러들여 조를 내리기를, "짐은 듣건대 만물의 생명에는 반드시 죽음이 있다고 한다. 이것은 천지의 이치이다. 어찌 슬퍼할 일인가. 장례를 성대히 하는 것은 생업을 방해하는 일이고, 상복을 중시하는 것은 삶을 훼손하는

不殺生의 불교사상에서 이 해에 폐지되고 道鏡政權이 유지되는 764년에서 769년까지는 放生司가 설치되었다. 이후 延曆 연간에 부활되었다.

185) 宮內省에 소속된 관사. 대보령 제정 시 천황의 식사를 담당하는 內膳司와 연회를 담당하는 大膳職으로 분리되어 있었다. 다만 연회 시의 주식은 大炊寮가 담당하고, 大膳職은 부식, 조미료 등의 조달, 조리, 공급 등을 담당하였다.

186) 攝官은 畿內 제국의 행정을 직접 담당하는 議政官 직. 國司를 두지 않고 섭관이 정무를 장악하였고, 記事는 그 속관이다.

187) 授位, 任官 시에 관인을 호칭하는 방법. 「公式令」68 授位任官條에는 "凡授位任官之日, 喚辭, 三位以上, 先名後姓, 四位以下, 先姓後名, 以外, 三位以上, 直稱姓〈若右大臣以上, 稱官名〉. 四位, 先名後姓, 五位, 先姓後名, 六位以下, 去姓稱名, 唯於, 太政官三位以上稱大夫, 四位稱姓, 五位先名後姓, 其於寮以上, 四位稱大夫, 五位稱姓, 六位以下, 稱姓名司及中國以下, 五位稱称大夫"라고 하여 구체적인 사례를 규정하고 있다. 이 내용을 보면, 3위 이상은 이름을 부른 후 성을 부르고, 4위도 이름, 성의 순으로 부르고, 5위는 성, 이름 순이고, 6위 이하는 이름만 부른다. 단 태정관에서는 3위 이상은 대부로, 4위는 성을, 5위는 이름, 성 순으로 부른다.

일이다. 이것은 짐이 심히 하고 싶지 않은 일이다. 짐이 죽은 후에 반드시 大和國 添上郡의 藏寶山 雍良岑에 가마를 만들어 화장하고, 다른 장소에 개장해서는 안 된다. 시호는 '其國其郡朝庭馭宇天皇'이라고 칭하고,[188] 후세에 전하도록 한다. 또 천황의 정무는 평일과 같이 한다. 王侯, 공경 및 문무백관은 직무를 떠나 운구 수레를 따라가서는 안 된다. 각각의 관사를 지키고 평상시와 같이 근무하도록 한다. 近侍 및 五衛府는 엄중히 경계에 임하도록 하고, 철저히 수호하여 걱정없도록 대비해야 한다"라고 하였다.

무자(14일), 陸奧國 柴田郡의 2향을 분할하여 苅田郡을 두었다.

경인(16일), 태상천황이 또 조를 내려 "장의에 사용하는 것은 하나라도 앞의 칙에 의거하고 빠트려서는 안 된다. 운구 수레와 상여[189]에는 금옥으로 새기거나 단청하여 장식하지 말고 소박하게 하여 절제의 순리에 따른다. 언덕을 깎아 내리지 말고 산에 가마[190]를 만들고 가시덤불을 베어 토지를 열고 장지로 한다. 또 그 토지에는 모두 상록수를 심고 문자를 새긴 비를 세우도록 한다[191]"라고 하였다.

무술(24일), 조를 내려 "무릇 집에 고질병이 있으면 대소사가 편하지 않아 돌연 사고가 일어난다. 공경 그대 (藤原)房前은 바야흐로 내신이 되어 내외를 아우르는 대책을 논의하고, 칙에 준해서 시행하고 제업을 보좌하여 영원히 국가를 평안하게 한다"라고 하였다.

12월 무인(6일), 태상천황의 병이 위중하였다. 천하에 대사면을 내렸다. 왕도 내의 제사찰에 명하여 轉經을 시켰다.

---

188) 「公式令」34 「義解」에서는 "謂, 謚者, 累生時之行跡爲死後之稱"이라 하여 생시의 행적에 기초해서 시호를 정한다고 되어 있다. 『延喜式』 권제21 諸陵寮에는 "奈保山東陵.〈平城宮御宇元明天皇, 在大和國添上郡, 兆域東西三町, 南北五町, 守戶五烟.〉"이라고 능묘 소재지가 기록되어 있다.

189) 轜車는 관을 실은 수레이고, 靈駕도 시신을 운반하는 상여이다. 『令集解』 「喪葬令」8 「古記」에는 "轜車謂, 送屍車也"라고 되어 있다.

190) 火葬을 위한 것으로 보인다. 화장에 대한 기록은 『속일본기』 권제1 文武 4년 3월조의 道照和尙 사례가 최초인데, "천하의 화장은 이로부터 시작되었다"라고 기록되어 있다.

191) 『東大寺要錄』 8에는 元明天皇 비문이 채록되어 있다. "元明天皇山陵佐保山陵, 碑文馬腦石高三尺許, 大倭國御谷郡平城之宮馭宇八側大上天皇之陵·是其所也·養老五年歲次辛酉冬十二月癸酉撥十三日乙酉葬". 여기에는 원명천황의 유지대로 某國, 某郡에 표기된 '大倭國御谷郡平城之宮馭岑八側大上天皇'이라는 시호가 보인다.

기묘(7일), 천황이 평성궁 중안전[192]에서 붕어하였다. 때의 춘추는 61세였다. 사자를 보내 3관을 엄중히 지키게 하였다.

경진(8일), 종2위 長屋王, 종3위 藤原朝臣武智麻呂 등을 御裝束事로 삼고, 종3위 大伴宿禰旅人을 營陵司로 삼았다.

을유(13일), 태상천황을 大倭國 添上郡의 椎山陵에 매장하였다. 장례의식은 행하지 않았다. 이것은 遺詔에 따른 것이다.

신축(29일), 지진이 있었다. 태정관이 주상하기를 '授刀寮 및 오위부는 별도로 징, 북 각각 1개씩 준비하여 장군이 호령하는 수단으로 사용하여 병사의 이목을 집중시키고, 진퇴와 동정을 통제하고자 한다"라고 하였다. 주상한 것을 허락하였다. 薩摩國은 인구는 적고 토지는 넓어 편의에 따라 (村里 등을) 합병하였다.

이달에 신라의 공조사 대사 일길찬 金乾安, 부사 살찬 金弼等 등이 축자에 왔다. 태상천황의 죽음으로 대재부에서 되돌아갔다.

『속일본기』 권제8

---

192) 中安殿은 內裏 안에 있는 殿舍.

續日本紀卷第八

〈起養老二年正月, 盡五年十二月〉

從四位下行民部大輔兼左兵衛督皇太子學士臣菅野朝臣眞道等奉勅撰

日本根子瑞淨足姬天皇中〈元正天皇 第四十四〉

◯ **二年**春正月庚子, 詔授二品舍人親王一品, 從四位上廣湍王正四位下, 無位大井王從五位下, 從四位下忌部宿禰子人, 阿倍朝臣廣庭並從四位上, 正五位下賀茂朝臣吉備麻呂從四位下, 正五位下穗積朝臣老·紀朝臣男人並正五位上, 從五位上道君首名正五位下, 正六位上坂合部宿禰賀佐麻呂, 久米朝臣三阿麻呂·當麻眞人東人, 高橋朝臣安麻呂, 巨勢朝臣足人, 縣犬養宿禰石足, 大伴宿禰首·村國連志賀麻呂, 王仲文並從五位下.

二月壬申, 行幸美濃國醴泉. 甲申, 從駕百寮·至于輿丁, 賜絁布錢有差. 己丑, 行所經至, 美濃, 尾張, 伊賀, 伊勢等國郡司及外散位已上, 授位賜祿各有差.

三月戊戌, 車駕自美濃至. 乙巳, 以正三位長屋王, 安倍朝臣宿奈麻呂並爲大納言, 從三位多治比眞人池守, 從四位上巨勢朝臣祖父, 大伴宿禰旅人並爲中納言. 乙卯, 以少納言正五位下小野朝臣馬養, 爲遣新羅大使.

夏四月乙丑朔, 從四位下佐伯宿禰百足卒. 乙亥, 筑後守正五位下道君首名卒. 首名少治律令, 曉習吏職. 和銅末, 出爲筑後守, 兼治肥後國, 勸人生業, 爲制條, 敎耕營, 頃畝樹菓菜, 下及鷄肫, 皆有章程, 曲盡事宜. 旣而時案行, 如有不遵敎者·隨加勘當, 始者老少竊怨罵之, 及收其實, 莫不悅服, 一兩年間, 國中化之. 又興築陂池, 以廣漑灌, 肥後味生池, 及筑後往往陂池皆是也. 由是, 人蒙其利, 于今溫給, 皆首名之力焉. 故言吏事者, 咸以爲稱首, 及卒百姓祠之. 癸酉, 太政官處分, 凡主政主帳者, 官之判補, 出身灼然. 而以理解任更從白丁, 前勞徒廢, 後苦實多, 於義商量, 甚違道理. 宜依出身之法, 雖解見任, 猶上國府, 令續其勞, 內外散位, 仍免雜徭.

五月甲午朔, 日有蝕之. 乙未, 割越前國之羽咋, 能登, 鳳至, 珠洲四郡, 始置能登國. 割上總國之平群, 安房, 朝夷, 長狹四郡, 置安房國. 割陸奥國之石城, 標葉, 行方, 宇太, 曰理, 常陸國之菊多六郡, 置石城國. 割白河, 石背, 會津, 安積, 信夫五郡, 置石背國. 割常陸國多珂郡之鄕二百一十烟, 名曰菊多郡, 屬石城國焉. 庚子, 土左國言, 公私使直指土左. 而其道經伊與國, 行程迂遠, 山谷險難. 但阿波國, 境土相接, 往還甚易, 請就此國, 以爲通路. 許之. 甲辰, 禁三關及大宰陸奥等國司傔仗取白丁. 丙辰, 遣新羅使等辭見. 庚申, 定衛士數, 國別有差. 癸亥, 從四位上石上朝臣豊庭卒.

六月丁卯, 令大宰所部之國輸庸同於諸國. 先是減庸, 至是復舊焉. 始置大炊寮史生四員.

秋八月甲戌, 齋宮寮公文, 始用印焉. 乙亥, 出羽幷渡嶋蝦夷八十七人來, 貢馬千疋, 則授位祿.

九月庚戌, 以從四位上藤原朝臣武智麻呂, 爲式部卿, 正五位上穗積朝臣老爲大輔, 從五位下中臣朝臣東人爲少輔, 從五位下波多眞人與射爲員外少輔. 甲寅, 遷法興寺於新京.

冬十月庚午, 太政官告僧綱曰, 智鑑冠時, 衆所推讓, 可爲法門之師範者, 宜擧其人顯表高德. 又有請益無倦繼踵於師, 材堪後進之領袖者. 亦錄名臘, 擧而牒之. 五宗之學, 三藏之教, 論討有異, 辨談不同. 自能該達宗義, 最稱宗師. 每宗擧人並錄. 次德根有性分, 業亦麤細, 宜隨性分皆令就學. 凡諸僧徒, 勿使浮遊. 或講論衆理, 學習諸義, 或唱誦經文, 修道禪行, 各令分業, 皆得其道, 其崇表智德, 顯紀行能. 所以燕石楚璞各分明輝, 虞韶鄭音不雜聲曲. 將須象德定水瀾波澄於法襟, 龍智慧燭芳照聞於朝聽. 加以, 法師非法還墜佛教, 是金口之所深誡. 道人違道, 輒輕皇憲. 亦玉條之所重禁, 僧綱宜迴靜鑑, 能叶淸議, 其居非精舍, 行乖練行, 任意入山, 輒造菴窟, 混濁山河之淸, 雜燻煙霧之彩. 又經曰, 日乞告穢雜市里, 情雖逐於和光, 形無別于窮乞. 如斯之輩愼加禁喩. 庚辰, 大宰府言, 遣唐使從四位下多治比眞人縣守來歸.

十一月壬寅, 彗星守月. 癸丑, 始差畿內兵士, 守衛宮城.

十二月丙寅, 詔曰, 朕虔承寶位, 仰憑霄構, 君臨天下, 四年于茲, 上則昊穹, 下字黎庶, 庸愚之民, 自挂踈網, 有司之法, 寘于常憲, 每念於此, 朕甚愍焉. 思欲廣開至道, 遐扇淳風, 爲惡之徒, 感深仁以遷善, 有犯之輩, 遵令軌以靡風. 但自昔及今, 雖言大赦, 唯該小罪, 八虐不霑, 朕恭奉爲太上天皇, 思降非常之澤, 可大赦天下. 養老二年十二月七日子時已前大辟罪已下, 罪無輕重, 繫囚見徒, 私鑄錢并盜人及八虐, 常赦所不原, 咸赦除之. 其癈疾之徒, 不能自存, 量加賑恤. 仍令長官親自慰問, 兼給湯藥, 僧尼亦同. 布告天下知朕意焉. 壬申, 多治比眞人縣守等自唐國至. 甲戌, 進節刀, 此度使人略無闕亡, 前年大使從五位上坂合部宿禰大分亦隨而來歸.

◯ **三年**春正月庚寅朔, 廢朝, 大風也. 以舶二艘, 獨底船十艘, 充大宰府. 辛卯, 天皇御大極殿, 受朝. 從四位上藤原朝臣武智麻呂, 從四位下多治比眞人縣守二人, 贊引皇太子也. 己亥, 入唐使等拜見, 皆着唐國所授朝服. 壬寅, 授從四位上路眞人大人, 巨勢朝臣邑治, 石川朝臣難波麻呂, 大伴宿禰旅人, 多治比眞人三宅麻呂, 藤原朝臣武智麻呂, 從四位下多治比眞人縣守並正四位下, 從四位下阿倍朝臣首名, 石川朝臣石足, 藤原朝臣房前並從四位上, 正五位下小治田朝臣安麻呂, 縣犬養宿禰筑紫, 大伴宿禰山守, 藤原朝臣馬養並正五位上, 從五位上坂合部宿禰大分, 阿倍朝臣安麻呂並正五位下, 正六位上三野眞人三嶋, 吉智首, 角兄麻呂, 正六位下大野朝臣東人, 小野朝臣老, 酒部連相武, 從六位上板持連內麻呂, 從六位下石上朝臣堅魚, 佐伯宿禰馬養, 大宅朝臣小國, 笠朝臣御室並從五位下. 乙巳, 正四位下安八萬王卒.

二月壬戌, 初令天下百姓右襟. 職事主典已上把笏, 其五位以上牙笏, 散位亦聽把笏, 六位已下木笏. 甲子, 正三位粟田朝臣眞人薨. 己巳, 遣新羅使正五位下小野朝臣馬養等來歸. 庚午, 行幸和泉宮. 丙子, 車駕還宮.

三月辛卯, 始置造藥師寺司史生二人. 乙卯, 地震.

夏四月丁卯, 秦朝元賜忌寸姓. 乙酉, 制, 諸大小毅, 量其任, 與主政同. 自今以後, 爲官判任. 丙戌, 分志摩國塔志郡五鄕, 始置佐藝郡.

五月己丑朔, 日有蝕之. 乙未, 新羅貢調使級湌金長言等四十人來朝. 癸卯, 無位紀臣龍麻呂等十八人, 從七位上巨勢斐太臣大男等二人, 從八位上中臣習宜連笠麻呂等四人, 從六位上中臣熊凝連古麻呂等七人, 從八位下榎井連弄麻呂並賜朝臣姓, 大初位下若湯坐連家主, 正八位下阿刀連人足等三人並賜宿禰姓, 無位文部此人等二人賜文忌寸姓, 從五位下板持史內麻呂等十九人賜連姓, 辛亥, 制定諸國貢調短絹, 狹絁, 䴥狹絹, 美濃狹絁之法, 各長六丈, 濶一尺九寸.

六月丁卯, 皇太子始聽朝政焉. 庚午, 從四位上平群女王卒. 辛未, 初令諸國史生主政主帳大少毅把笏焉. 癸酉, 制, 穀之爲物, 經年不腐. 自今以後, 稅及雜稻, 必爲穀而收之. 丙子, 令神祇官宮主, 左右大舍人寮, 別勅長上, 畫工司畫師, 雅樂寮諸師, 造宮省, 主計寮, 主稅寮算師, 典藥寮乳長上, 左右衛士府醫師, 左右馬寮馬醫等, 始把笏焉. 從四位下但馬女王卒.

秋七月辛卯, 初置拔出司. 丙申, 遷東海, 東山, 北陸三道民二百戶, 配出羽柵焉. 庚子, 從六位上賀茂役首石穗, 正六位下千羽三千石等一百六十人, 賜賀茂役君姓. 始置按察使. 令伊勢國守從五位上門部王管伊賀志摩二國, 遠江國守正五位上大伴宿禰山守管駿河, 伊豆, 甲斐三國, 常陸國守正五位上藤原朝臣宇合管安房, 上總, 下總三國, 美濃國守從四位上笠朝臣麻呂管尾張, 參河, 信濃三國, 武藏國守正四位下多治比眞人縣守管相摸, 上野, 下野三國, 越前國守正五位下多治比眞人廣成管能登, 越中, 越後三國, 丹波國守正五位下小野朝臣馬養, 管丹後, 但馬, 因幡三國, 出雲國守從五位下息長眞人臣足, 管伯耆石見二國, 播磨國守從四位下鴨朝臣吉備麻呂, 管備前, 美作, 備中, 淡路四國, 伊豫國守從五位上高安王, 管阿波, 讚岐, 土左三國, 備後國守正五位下大伴宿禰宿奈麻呂, 管安藝周防二國. 其所管國司, 若有非違及侵漁百姓, 則按察使親自巡省, 量狀黜陟. 其徒罪以下斷决, 流罪以上錄狀奏上. 若有聲敎條條, 脩部內肅淸, 具記善最言上. 乙巳, 大宰大貳正四位下路眞人大人卒. 丙午, 補按察使典.

閏七月癸亥, 新羅使人等, 獻調物幷騾馬牡牝各一疋. 丁卯, 賜宴於金長言等, 賜國王及長言等祿有差. 是日, 以大外記從六位下白猪史廣成, 爲遣新羅使. 辛未, 散位從四位上忌部宿禰子人卒. 癸酉, 金長言等還蕃. 丁丑, 石城國始置驛家一十處. 甲申, 賜無位紀臣廣前朝臣姓.

八月己丑, 有司處分, 別勅才伎長上者任職事, 貢與初任同. 癸巳, 遣新羅使白猪史廣成等拜辭.

九月癸亥, 以正四位下多治比眞人三宅麻呂爲河內國攝官, 正四位下巨勢朝臣邑治爲攝津國攝官, 正四位下大伴宿禰旅人爲山背國攝官. 丁丑, 詔, 給天下民戶, 陸田一町以上廿町以下, 輸地子段粟三升也. 六道諸國遭旱飢荒, 開義倉賑恤之. 辛巳, 始置衛門府医師一人.

冬十月癸巳, 大和國人腹太得麻呂姓改爲葛. 戊戌, 減定, 京畿及七道諸國軍團幷大小毅兵士等數, 有差. 但志摩, 若狹, 淡路三國兵士並停. 辛丑, 詔曰, 開闢已來, 法令尙矣. 君臣定位, 運有所屬. 洎于中古, 雖由行, 未彰綱目. 降至近江之世, 弛張悉備. 迄於藤原之朝, 頗有增損, 由行無改. 以爲恒法. 由是稽遠祖之正典, 考列代之皇綱, 承纂洪緖,此皇太子也. 然年齒猶稚, 未閑政道. 但以握鳳曆而登極, 御龍圖以臨機者, 猶資輔佐之才, 乃致太平, 必由翼贊之功, 始有安運. 況及舍人, 新田部親王, 百世松桂本枝合於昭穆, 萬雉城石, 維盤, 重乎國家. 理須吐納淸直, 能輔洪胤, 資扶仁義, 信翼幼齡, 然則太平之治可期, 隆泰之運應致. 可不愼者哉. 今二親王, 宗室年長, 在朕既重, 實加褒賞, 深須旌異. 然崇德之道, 既有舊貫, 貴親之理, 豈無於今. 其賜一品舍人親王, 內舍人二人, 大舍人四人, 衛士卅人, 益封八百戶, 通前二千戶. 二品新田部親王, 內舍人二人, 大舍人四人, 衛士廿人, 益封五百戶, 通前一千五百戶. 其舍人以供左右雜使, 衛士以充行路防禦, 於戲欽哉, 以副朕意焉. 凡在卿等, 並宜聞知.

十一月乙卯朔, 詔僧綱曰, 朕聞, 優能崇智, 有國者所先. 勸善獎學, 爲君者所務, 於俗既有, 於道宜然. 神叡法師, 幼而卓絶, 道性夙成, 撫翼法林, 濡鱗定水, 不踐安遠之講肆, 學達三空, 未漱澄什之言河, 智周二諦. 由是, 服膺請業者已知實歸, 函丈挹教者悉成宗匠, 道慈法師, 遠涉蒼波, 覈異聞於絶境, 遐遊赤縣, 硏妙機於秘記. 參跡象龍, 振英秦漢, 並以, 戒珠如懷滿月, 慧水若寫滄溟, 儻使天下桑門智行如此者, 豈不殖善根之福田, 渡苦海之寶筏. 朕每嘉歎不能已也. 宜施食封各五十戶, 並標揚優賞, 用彰有德. 辛酉, 少初位上朝妻手人龍麻呂賜海語連姓, 除雜戶號. 戊寅, 少初位下河內手人大足賜不下譯姓, 忍海手人廣道賜久米直姓, 並除雜戶號.

十二月乙酉, 充式部, 治部, 民部, 兵部, 刑部, 大藏, 宮內, 春宮, 印各一面. 戊子, 始制定婦女衣服樣. 庚寅, 始以外六位內外初位及勳七等子年廿以上, 爲位分資人. 八年一替. 又五位已上家, 補事業防閤仗身, 自是始矣. 戊戌, 停備後國安那郡茨城, 葦田郡常城.

◯ **四年**春正月甲寅朔, 大宰府獻白鳩. 宴親王及近臣於殿上, 極歡而罷, 賜物有差. 丁巳, 始授僧尼公驗. 甲子, 授正五位下大伴宿禰宿奈麻呂, 大伴宿禰道足, 多治比眞人廣成並正五位上, 從五位上三國眞人人足, 阿倍朝臣秋麻呂, 佐味朝臣加佐麻呂, 上毛野朝臣廣人, 大伴宿禰牛養並正五位下, 從五位下民忌寸于志比, 車持朝臣益, 阿倍朝臣駿河, 山田史三方, 忍海連人成, 榎井朝臣廣國, 中臣朝臣東人, 粟田朝臣人上, 鍜治造大隅, 石川朝臣若子並從五位上, 正六位上佐伯宿禰智連, 猪名眞人石楯, 下毛野朝臣虫麻呂, 美乃眞人廣道, 高向朝臣人足, 石川朝臣夫子, 多治比眞人占部, 縣犬養宿禰石次, 當麻眞人老, 阿倍朝臣若足, 巨勢朝臣眞人, 紀朝臣麻路, 正六位下田中朝臣稻敷並從五位下. 是日, 白虹南北竟天. 庚午, 熒惑逆行. 丙子, 遣渡嶋津輕津司從七位上諸君鞍男等六人於靺鞨國, 觀其風俗. 庚辰, 始置授刀舍人寮醫師一人. 大納言正三位阿倍朝臣宿奈麻呂薨. 後岡本朝筑紫大宰帥大錦上比羅夫之子也.

二月乙酉, 令檢校造器二司造釋奠器, 充大膳職大炊寮. 戊戌, 夜地動. 壬子, 大宰府奏言, 隼人反殺大隅國守陽侯史麻呂.

三月丙辰, 以中納言正四位下大伴宿禰旅人, 爲征隼人持節大將軍, 授刀助從五位下笠朝臣御室, 民部少輔從五位下巨勢朝臣眞人爲副將軍. 癸亥, 勅度三百廿人出家. 甲子, 有勅, 特加右大臣正二位藤原朝臣不比等授刀資人卅人. 己巳, 太政官奏, 比來百姓例多乏少, 至於公私不辨者衆. 若不矜量, 家道難存. 望請, 比年之間, 令諸國每年春初出稅, 貸與百姓, 繼其産業, 至秋熟後, 依數徵納. 其稻旣不息利, 令當年納足, 不得延引數有逋懸. 又除租稅外公稻, 擬充國用. 一槪無利, 恐其頓絶. 望請, 令諸國每年出擧十束, 取利三束. 仍令當年本利俱納. 又百姓之間, 負稻者多, 緣無可還, 頻經歲月. 若致切徵, 因卽逃散. 望請, 限養老二年以前, 無論公私, 皆從放免, 庶使貧乏百姓, 各存家業. 又謹檢和銅四年十一月廿二日勅, 出擧私稻者, 自今以後, 不得過半倍者, 比來出擧多不依法. 若臨時徵索, 無稻可償者, 令其子姪易名重擧, 依此姦計, 取利過本, 積習成俗, 深非道理. 望請, 其稻雖經多年, 仍不過半倍. 又檢養老二年六月四日案內云, 庸調運脚者, 量路程遠近, 運物輕重, 均出戶內脚獎資行人勞費者, 據案, 唯言運送庸調脚直, 自餘雜物送京, 未有處分. 但百姓運物入京, 事了卽令早還. 爲無歸國程粮, 在路極難辛. 望請, 在京貯備官物, 每因公事送物還, 准程給粮. 庶免飢弊, 早還本土. 又無知佰姓不閑條章, 規避徭役, 多有逃亡. 涉歷他鄕, 積歲忘歸, 其中縱有悔過還本貫者, 緣其家業散失, 無由存濟. 望請, 逃經六年以上, 能悔過歸者, 給復一年, 繼其産業. 奏可之. 改按察使典, 號記事. 乙亥, 按察使向京, 及巡行屬國之日, 乘傳給食, 因給常陸國十剋, 遠江國七剋, 伊豆出雲二國鈴各一.

夏四月庚戌, 制, 三位已上妻子及四位五位妻, 並聽服蘇芳色.

五月辛酉, 制, 皇親服制者, 以王孫准五位, 疎親准六位焉. 壬戌, 改白猪史氏, 賜葛井連姓. 癸酉, 太政官奏, 諸司下國小事之類, 以白紙行下, 於理不穩, 更請內印, 恐煩聖聽. 望請, 自今以後, 文武百官下諸國符, 自非大事, 差逃走衛士仕丁替, 及催年料廻殘物, 幷兵衛采女養物等類事, 便以太政官印印之. 奏可之. 頒尺樣于諸國. 先是, 一品舍人親王奉勅, 修日本紀, 至是功成奏上, 紀卅卷系圖一卷. 乙亥, 給伊豆,駿河, 伯耆國三剋鈴各一.

六月壬辰, 文部黑麻呂等十一人賜文忌寸姓. 戊戌, 詔曰, 蠻夷爲害, 自古有之, 漢命五將, 驕胡臣服, 周勞再駕, 荒俗來王, 今西隅小賊, 怙發逆化, 屢害良民. 因遣持節將軍正四位下中納言兼中務卿大伴宿禰旅人, 誅罰其罪, 盡彼巢居, 治兵率衆, 剪掃兇徒, 酋帥面縛, 請命下吏, 寇黨叩頭, 爭靡敦風, 然將軍暴露原野, 久延旬月, 時屬盛熱. 豈無艱苦, 使使慰問, 宜念忠勤. 甲辰, 始置神祇官史生四員. 戊申, 河內國若江郡人正八位上河內手人刀子作廣麻呂, 改賜下村主姓, 免雜戶號. 己酉, 漆部司令史從八位上丈部路忌寸石勝, 直丁秦犬麻呂坐盜司漆, 並斷流罪. 於是石勝男祖父麻呂年十二, 安頭麻呂年九, 乙麻呂年七, 同言曰, 父石勝爲養己等, 盜用司漆, 緣其所犯, 配役遠方. 祖父麻呂等爲慰父情冒死上陳, 請兄弟三人沒爲官奴, 贖父重罪, 詔曰, 人稟五常, 仁義斯重, 士有百行, 孝敬爲先, 今祖父麻呂等, 沒身爲奴, 贖父犯罪, 欲存骨肉, 理在矜愍. 宜依所請爲官奴, 卽免父石勝罪. 但犬麻呂依刑部斷, 發遣配處.

秋七月甲寅, 賜征西將軍已下至于抄士物各有差, 壬申, 免祖父麻呂安頭麻呂等從良焉.

八月辛巳朔, 右大臣正二位藤原朝臣不比等病, 賜度卅人. 詔曰, 右大臣正二位藤原朝臣疹疾漸留, 寢膳不安, 朕見疲勞, 惻隱於心, 思其平復, 計無所出. 宜大赦天下. 以救所患, 養老四年八月一日午時以前大辟罪已下, 罪無輕重, 已發覺, 未發覺, 已結正, 未結正, 繫囚見徒, 私鑄錢, 及盜人, 弁八虐, 常赦所不免, 咸悉赦除, 其癈疾之徒, 不能自存者, 量加賑恤, 因令長官親自慰問, 量給湯藥,勤從寬優, 僧尼亦同之. 壬午, 令都下四十八寺一日一夜讀藥師經, 免官戶十一人爲良, 除奴婢一十人從官戶, 爲救右大臣病也. 壬辰, 勅, 征隼人持節將軍大伴宿禰旅人宜且入京. 但副將軍已下者, 隼人未平, 宜留而己屯焉. 癸未, 詔, 治部省奏, 授公驗僧尼多有濫吹, 唯成學業者一十五人, 宜授公驗, 自餘停之. 是日, 右大臣正二位藤原朝臣不比等薨. 帝深悼惜焉, 爲之廢朝, 擧哀內寢. 特有優勅, 弔賻之禮異于群臣, 大臣近江朝內大臣大織冠鎌足之第二子也. 甲申, 詔以舍人親王爲知太政官事, 新田部親王爲知五衛及授刀舍人事. 丁亥, 詔, 諸請內印. 自今以後,應作兩本, 一本進內, 一本施行.

九月庚戌朔, 日有蝕之. 辛未, 諸國申官公文, 始乘驛言上. 丁丑, 陸奥國奏言, 蝦夷反發, 殺按察使正五位下上毛野朝臣廣人. 戊寅, 以播磨按察使正四位下多治比眞人縣守爲持節征夷將軍, 左京亮從五位下下毛野朝臣石代爲副將軍, 軍監三人, 軍曹二人,以從五位上阿倍朝臣駿河, 爲持節鎭狄將軍, 軍監二人, 軍曹二人, 卽日授節刀.
冬十月戊子, 以從四位上石川朝臣石足, 爲左大弁, 從四位上笠朝臣麻呂爲右大弁, 從五位上中臣朝臣東人爲右中弁, 從五位下小野朝臣老爲右少弁, 從五位下大伴宿禰祖父麻呂爲式部少輔, 從五位下巨勢朝臣足人爲員外少輔, 從五位上石川朝臣若子爲兵部大輔, 正五位上大伴宿禰道足爲民部大輔, 從五位下高向朝臣大足爲少輔, 從五位上車持朝臣益爲主稅頭, 從五位上鍜治造大隅爲刑部少輔, 從五位下阿倍朝臣若足爲大藏少輔, 從五位下高橋朝臣安麻呂爲宮內少輔, 從五位下當麻眞人老爲造宮少輔, 從五位下縣犬養宿禰石次爲彈正弼, 從五位下大宅朝臣大國爲攝津守, 從五位下高向朝臣人足爲尾張守, 從五位上忍海連人成爲安木守. 丙申, 始置養民, 造器及造興福寺佛殿三司. 壬寅, 詔遣大納言正三位長屋王, 中納言正四位下大伴宿禰旅人, 就右大臣第宣詔, 贈太政大臣正一位.
十一月丙辰, 南嶋人二百卅二人, 授位各有差, 懷遠人也. 乙亥, 河內國堅下堅上二郡, 更號大縣郡.
十二月己亥, 詔除春宮坊少屬少初位上朝妻金作大歲, 同族河麻呂二人, 弁男女雜戶籍, 賜大歲池上君姓, 河麻呂河合君姓. 癸卯, 詔曰, 釋典之道, 敎在甚深, 轉經唱禮, 先傳恒規, 理合遵承, 不須輒改. 比者, 或僧尼自出方法, 妄作別音, 遂使後生之輩積習成俗, 不肯變正, 恐汚法門, 從是始乎. 宜依漢沙門道榮, 學問僧勝曉等轉經唱禮, 餘音並停之.

◯ **五年**春正月戊申朔, 武藏上野二國並獻赤烏. 甲斐國獻白狐. 尾張國言, 小鳥生大鳥. 己酉, 制, 諸司官人, 於本司次官以上致敬, 常所聽許. 自今以後, 不得更然. 若違此旨, 一人到卿門者, 到人解官, 同僚降考. 庚戌, 雷. 壬子, 授正三位長屋王從二位, 正四位下巨勢朝臣祖父, 大伴宿禰旅人, 藤原朝臣武智麻呂, 從四位上藤原朝臣房前並從三位, 從四位下六人部王從四位上, 從五位上高安王, 門部王, 葛木王並正五位下, 從五位下櫻井王, 佐爲王並從五位上, 正四位下多治比眞人縣守, 多治比眞人三宅麻呂, 正五位上藤原朝臣馬養並正四位上, 從五位下藤原朝臣麻呂從四位上, 從五位下下毛野朝臣虫麻呂, 吳肅胡明並從五位上. 以大納言從二位長屋王爲右大臣, 從三位多治比眞人池守爲大納言, 從三位藤原朝臣武智麻呂爲中納言. 又授從三位縣犬養橘宿禰三千代正三位. 庚午, 詔從五位上佐爲王, 從五位下伊部王, 正五位上紀朝臣男人, 日下部宿禰老, 從五位上山田史三方, 從五位下山上臣憶良, 朝來直賀須夜, 紀朝臣淸人, 正六位上越智直廣江, 船連大魚, 山口忌寸田主, 正六位下樂浪河內, 從六位下大宅朝臣兼麻呂, 正七位上土師宿禰百村, 從七位下塩家連吉麻呂, 刀利宣令等, 退朝之後, 令侍東宮焉. 辛未, 地震. 壬申, 亦地震. 甲戌, 詔曰, 至公無私, 國士之常風, 以忠事君, 臣子之恒道焉. 當須各勤所職退食自公. 康哉之歌不遠, 隆平之基斯在, 災異消上, 休徵叶下. 宜文武庶僚, 自今以去. 若有風雨雷震之異, 各存極言忠正之志. 又詔曰, 文人武士, 國家所重, 醫卜方術, 古今斯崇. 宜擢於百僚之內, 優遊學業, 堪爲師範者, 特加賞賜, 勸勵後生. 因賜明經第一博士從五位上鍜治造大隅, 正六位上越智直廣江, 各絁廿疋, 絲廿絇, 布卅端, 鍬廿口. 第二博士正七位上背奈公行文, 調忌寸古麻呂, 從七位上額田首千足, 明法正六位上箭集宿禰虫萬呂, 從七位下塩屋連吉麻呂, 文章從五位上山田史御方, 從五位下紀朝臣淸人, 下毛野朝臣虫麻呂, 正六位下樂浪河內各絁十五疋, 絲十五絇, 布卅端, 鍬廿口. 算術正六位上山口忌寸田主, 正八位上悉斐連三田次, 正八位下私部首石村, 陰陽從五位上大津連首, 從五位下津守連通, 王仲文, 角兄麻呂, 正六位上余秦勝, 志我閇連阿彌陀, 醫術從五位上吉宜, 從五位下吳肅胡明, 從六位下秦朝元, 太羊甲許母, 解工正六位上惠我宿禰國成, 河內忌寸人足, 堅部使主石前, 正六位下賈受君, 正七位下胸形朝臣赤麻呂各絁十疋, 絲十絇, 布廿端, 鍬廿口. 和琴師正七位下文忌寸廣田, 唱歌師正七位下大窪史五百足, 正八位下記多眞玉, 從六位下螺江臣夜氣女, 茨田連刀自女, 正七位下置始連志祁志女, 各絁六疋, 絲六絇, 布十端,鍬十口, 武藝正七位下佐伯宿禰式麻呂, 從七位下凡海連興志, 板安忌寸犬養, 正八位下置始連首麻呂各絁十疋, 絲十絇, 布廿端, 鍬廿口. 丙子, 令天下百姓以銀錢一, 當銅錢廿五, 以銀一兩當一百錢, 行用之.

二月甲申, 地震. 壬辰, 大藏省倉自鳴有聲. 癸巳, 日暈如白虹貫, 暈南北有珥. 因召見左右大弁及八省卿等於殿前, 詔曰, 朕德菲薄, 導民不明, 夙興以求, 夜寐以思, 身居紫宮, 心在黔首, 無委卿等, 何化天下. 國家之事, 有益萬機, 必可奏聞, 如有不納, 重爲極諫. 汝無面從退有後言. 甲午, 詔曰, 世諺云, 歲在申年, 常有事故. 此如所言, 去庚申年, 咎徵屢見, 水旱並臻, 平民流沒, 秋稼不登. 國家騷然, 萬姓苦勞. 遂則朝庭儀表, 藤原大臣奄焉薨逝. 朕心哀慟. 今亦去年災異之餘, 延及今歲, 亦猶風雲氣色, 有違于常. 朕心恐懼, 日夜不休, 然聞之舊典, 王者政令不便事, 天地譴責以示咎徵, 或有不善, 則致之異乎. 今汝臣等位高任大, 豈得不罄忠情乎. 故有政令不便事, 悉陳無諱, 直言盡意, 無有所隱, 朕將親覽. 於是, 公卿等奉勅詔退, 各仰屬司令言意見.

三月癸丑, 勅曰, 朕君臨四海, 撫育百姓, 思欲家家貯積, 人人安樂. 何期. 頃者旱澇不調, 農桑有損, 遂使衣食乏短, 致有飢寒. 言念於茲, 良增惻隱. 今減課役, 用助産業. 其左右兩京及畿內五國, 並免今歲之調. 自餘七道諸國亦停當年之役. 乙卯, 詔曰, 制節謹度, 禁防奢淫, 爲政所先, 百王不易之道也. 王公卿士及豪富之民, 多畜健馬, 競求亡限, 非唯損失家財, 遂致相爭鬪發. 其爲條例令限禁焉. 有司條奏, 依官品之次定畜馬之限. 親王及大臣不得過卄疋, 諸王諸臣三位已上二駟, 四位六疋, 五位四疋, 六位已下至于庶人三疋, 一定以後, 隨闕充補. 若不能騎用者, 錄狀申所司, 卽校馬帳, 然後除補. 如有犯者, 以違勅論, 其過品限, 皆沒入官. 辛未, 以從五位下路眞人麻呂爲散位頭, 以從五位下高橋朝臣廣嶋爲刑部少輔. 勅給右大臣從二位長屋王帶刀資人十人, 中納言從三位巨勢朝臣邑治, 大伴宿禰旅人, 藤原朝臣武智麻呂, 各四人, 其考選一准職分資人.

夏四月丙申, 分佐渡國雜太郡, 始置賀母羽茂二郡. 分備前國邑久赤坂二郡之鄕, 始置藤原郡. 分備後國安那郡, 置深津郡. 分周防國熊毛郡, 置玖珂郡. 癸卯, 令天下諸國, 擧力田之人. 乙酉, 征夷將軍正四位上多治比眞人縣守, 鎭狄將軍從五位上阿倍朝臣駿河等還歸.

五月己酉, 太上天皇不豫, 大赦天下. 辛亥, 令七道按察使及大宰府, 巡省諸寺, 隨便併合. 壬子, 詔曰, 太上天皇, 聖體不豫, 寢膳日損. 每至此念, 心肝如裂. 思歸依三寶, 欲令平復. 宜簡取淨行男女一百人, 入道修道. 經年堪爲師者, 雖非度色, 並聽得度. 以絲九千絇, 施六郡門徒, 勸勵後學, 流傳萬祀. 戊午, 右大弁從四位上笠朝臣麻呂, 請奉爲太上天皇出家入道. 勅許之. 乙丑, 正三位縣犬養橘宿禰三千代, 緣入道辭食封資人, 優詔不聽.

六月戊寅, 詔曰, 沙門法蓮, 心住禪枝, 行居法梁, 尤精医術, 濟治民苦, 善哉若人. 何不褒賞, 其僧三等以上親, 賜宇佐君姓. 乙酉, 太政官奏言, 國郡官人, 漁獵黎元, 擾發朝憲, 故置按察使, 糺彈非違, 肅淸姦詐. 旣定官位, 宜有料祿. 請以按察使, 准正五位官, 賜祿幷公廨田六町仕丁五人, 記事准正七位官, 祿幷公廨田二町仕丁二人. 並折留調物, 便給之. 詔曰, 朕之股肱, 民之父母, 獨在按察, 寄重務繁, 與群臣異, 加祿一倍, 便以當便物, 准度給之. 又陸奧筑紫邊塞之民, 數遇煙塵, 疚勞戎役, 加以父子死亡, 室家離散, 言念於此, 深以矜懷. 宜令免當年調庸, 諸國軍衆, 親帥戰兵, 殺獲逆賊, 乘勝追北者, 賜復二年. 冒犯矢石, 身死去者, 父子並復一年. 如無子者, 昭穆相當鄕里者, 議亦聽復之. 又京及諸國, 因官人月俸, 收斂輕稅. 自今以去, 皆悉停之. 隨令給事力, 不得遠役他, 致使艱辛. 若有收課, 一月卅錢. 又除定額外, 內外文武散位六位以下及勳位, 幷五位以上子孫, 並令納資便成番考. 此則雖積考年, 還乏衣食. 宜始今年, 不須發資, 人人歸田, 家家貯穀. 若有豊稼穡, 納資成考者, 恣聽之. 其五位以上子孫, 年廿一以上, 取蔭出身, 並依常例. 因結告麻牒公驗, 一同分番之法. 奏可之. 戊戌, 詔曰, 沙門行善, 負笈遊學, 旣經七歲, 備嘗難行, 解三五術, 方歸本鄕. 矜賞良深, 如有修行天下諸寺, 恭敬供養, 一同僧綱之例. 又百濟沙門道藏, 寔惟法門領袖, 釋道棟梁, 年逾八十, 氣力衰耄. 非有束帛之施, 豈稱養老之情哉. 宜仰所司四時施物. 絁五疋, 綿十屯, 布廿端. 又老師所生同籍親族, 給復終僧身焉. 辛丑, 以正四位下阿倍朝臣廣庭爲左大弁, 正四位上多治比眞人縣守爲中務卿, 從五位上石川朝臣君子爲侍從, 從五位下紀朝臣爲臣麻路爲式部少輔, 從五位下下毛野朝臣虫麻呂爲員外少輔, 從四位下坂合部王爲治部卿, 從五位下御炊朝臣人麻呂爲兵部少輔, 從五位下當麻眞人大名爲刑部大輔, 從四位下門部王, 從五位下紀朝臣國益並爲大判事, 從五位下布勢朝臣廣道爲大藏少輔, 阿倍朝臣若足爲木工頭, 從四位上藤原朝臣麻呂爲左右京大夫, 從四位上百濟王南典爲播磨按察使, 從四位上石川朝臣石足爲大宰大貳, 從五位下縣犬養宿禰石次爲右衛士佐. 割信濃國始置諏方國. 癸卯, 始置左右兵衛府醫師各一人. 秋七月己酉, 始令文武百官率妻女姉妹, 會於六月十二月晦大祓之處. 壬子, 征隼人副將軍從五位下笠朝臣御室, 從五位下巨勢朝臣眞人等還歸, 斬首獲虜合千四百餘人. 庚午, 詔曰, 凡膺靈圖, 君臨宇內, 仁及動植, 恩蒙羽毛. 故周孔之風, 尤先仁愛, 李釋之敎, 深禁殺生. 宜其放鷹司鷹狗, 大膳職鸕鷀, 諸國鷄猪, 悉放本處. 令遂其性. 從今而後, 如有應須, 先奏其狀待勅. 其放鷹司官人, 幷職長上等且停之. 所役品部並同公戶. 大宰府城門災.

八月辛卯, 改攝官記事, 號爲檢事. 癸巳, 置長門按察使, 管周防石見二國. 又以諏方飛驒, 隸美濃按察使, 出羽隸陸奧按察使, 佐渡隸越前按察使, 隱岐隸出雲按察使, 備中隸備後按察使, 紀伊隸大和國守焉.

九月乙卯, 天皇御內安殿. 遣使供幣帛於伊勢太神宮, 以皇太子女井上王爲齋內親王. 冬十月癸未, 太政官處分, 唱考之日, 三位稱卿, 四位稱姓, 五位先名後姓. 自今以去,永爲恒例. 丁亥, 太上天皇召入右大臣從二位長屋王, 參議從三位藤原朝臣房前. 詔曰,朕聞, 萬物之生, 靡不有死. 此則天地之理, 奚可哀悲, 厚葬破業, 重服傷生, 朕甚不取焉. 朕崩之後, 宜於大和國添上郡藏寶山雍良岑造竈火葬. 莫改他處. 謚號稱其國其郡朝庭馭宇天皇, 流傳後世. 又皇帝攝斷萬機, 一同平日, 王侯卿相及文武百官, 不得輒離職掌, 追從喪車, 各守本司視事如恒. 其近侍官并五衛府, 務加嚴警, 周衛伺候, 以備不虞, 戊子, 令陸奥國分柴田郡二鄕置苅田郡. 庚寅, 太上天皇又詔曰, 喪事所須, 一事以上, 准依前勅. 勿致闕失, 其轜車靈駕之具, 不得刻鏤金玉, 繪餝丹靑, 素薄是用, 卑謙是順. 仍丘體無鑿, 就山作竈, 芟棘開場, 卽爲喪處. 又其地者, 皆殖常葉之樹, 卽立刻字之碑. 戊戌, 詔曰, 凡家有沈痼, 大小不安, 卒發事故者, 汝卿房前, 當作內臣計會內外, 准勅施行, 輔翼帝業 永寧國家.

十二月戊寅, 太上天皇彌留, 大赦天下. 令都下諸寺轉經焉. 己卯, 崩于平城宮中安殿. 時春秋六十一. 遣使固守三關. 庚辰, 從二位長屋王, 從三位藤原朝臣武智麻呂等, 行御裝束事. 從三位大伴宿禰旅人供營陵事. 乙酉, 太上天皇葬於大倭國添上郡椎山陵, 不用喪儀, 由遺詔也. 辛丑, 地震. 太政官奏, 授刀寮及五衛府, 別設鉦鼓各一面, 便作將軍之號令, 以爲兵士之耳目, 節進退動靜. 奏可之. 薩摩國人希地多, 隨便弁合. 是月, 新羅貢調使大使一吉湌金乾安, 副使薩湌金弼等來朝於筑紫, 緣太上天皇登遐, 從大宰放還.

續日本紀卷第八

『속일본기』 권제9

〈養老 6년(722) 정월부터 神龜 3년(726) 12월까지〉

종4위하 行民部大輔 겸 左兵衛督 황태자학사
신 菅野朝臣眞道 등이 칙을 받들어 편찬하다

日本根子瑞淨足姬天皇中〈元正天皇 제44〉

◯ 養老 6년(722) 춘정월 계묘삭(1일), 천황이 신년하례를 받지 않았다.

(천황이) 조를 내려 "짐은 하늘의 도움을 받지 못하여 갑자기 흉사를 만났다. 효행을 하려고 해도 할 수 없는 비통한 마음이고, 끝없이 받고 자란 깊은 정을 생각할 뿐이다. 슬프고 그리운 마음이 떠나지 않아 신년하례를 행할 수가 없다. 조정의 의례를 모두 중지한다"라고 하였다.

임술(20일), 정4위상 多治比眞人三宅麻呂가 무고하게 모반을 고발하고,[1] 정5위하 穗積朝臣老는 천황을 가리키며 비난했다 하여 함께 참형에 처해지게 되었다. 그러나 황태자의 주상에 의해 사형죄 1등을 감하여 三宅麻呂는 伊豆嶋로, 老는 佐渡嶋로 유배되었다.

경신(18일), 서쪽에서 천둥이 있었다.

경오(28일), 산위 정4위하 廣湍王이 죽었다.

2월 임신삭(1일), 정4위하 安部朝臣廣庭을 조정에 참의[2]시켰다.

정해(16일), 遠江國 佐益郡의 8개 향을 분할하여 처음으로 山名郡을 두었다.

---

1) 이 모반죄 무고사건과 천황에 대한 설화사건은 藤原氏를 중심으로 한 세력과 長屋王을 대표로 하는 왕족 간의 대립이 표출된 것으로 보인다. 결국 이 사건은 藤原家가 정적을 제거할 목적으로 만들어낸 모략일 가능성이 크다. 이들은 거의 죽음의 문턱까지 갔으나 황태자의 건의로 사형은 면제되었다.

2) 參議는 태정관을 구성하는 의정관으로 관직명이지만, 의정관 회의에 참석한다는 의미에서 參議라는 용어를 사용했다고 보인다.

갑오(23일), 조를 내려, "지난 양로 5년 3월 27일 병부경 종4위상 阿倍朝臣首名 등이 주상하기를, "諸府[3]의 위사[4]는 공공연히 말하면서 도망가는 상황을 금지하기가 어렵다.[5] 그러한 까닭은 장년[6]이 되어 (상경하여) 역을 담당하면 백발이 되어야 고향에 돌아가니 그 고통은 대단히 깊고, 끝내 느슨한 법망에도 걸려들게 된다. 바라건대 3년을 주기로 교체하여 귀향의 마음을 위로하고자 한다"라고 하였다. (이에 천황은) "짐은 군주로서 천하를 통치한 이래 지금까지 8년이 되었다. 백성을 구제하는 마음은 취침 중에도 식사 중에도 잊은 적이 없다. 뒤돌아 나홀로 아픔 마음이다. 지금 이후로는 諸衛士와 仕丁의 근무연한을 감하여 자식된 자의 (부모를 생각하는) 마음을 위로해 주고자 한다. 그 기한은 3년이고 1회로 하여 式의 규정[7]에 따라 교체하고 (기한을 넘겨) 체류시켜서는 안 된다"라고 하였다.

무술(27일), (천황이) 조를 내려, "市에서의 교역에는 원래 가격이 정해져 있다. 요즈음 대다수가 법에 따르지 않고 있다. 이에 근본을 단절시키려고 하면 생업을 잃어버리는 집이 있고, 끝내 금지하지 않으면 간사한 무리들이 나온다. 더욱 錢 사용의 편의를 헤아려 백성이 이윤을 얻을 수 있게 한다. 그래서 동전 200전을 銀 1량으로 환산하여 이용하게 한다. 이에 사고자 하는 물건의 가치와 지불하는 동전의 액수는 때에 따라 정하지만, (銀과 錢의 비율은) 영원히 항상의 원칙으로 한다. 이를 위반하는 자는 직사관으로 주전 이상은 그 해의 근무평정을 제외시키고, 그 외의 자들은 蔭, 贖[8]의 특권을 고려하지 않고 장 60대에 처한다"라고 하였다.

정6위상 矢集宿禰虫麻呂에게 전지 5정을, 종6위하 陽胡史眞身[9]에게 4정을,

---

3) 衛門府, 左右衛士府.

4) 「軍防令」12 兵士向京條에 "凡兵士向京者, 名衛士, …守辺者, 名防人"이라고 되어 있다.

5) 이 詔가 나온 2월과 阿倍朝臣首名이 주상한 3월은, 衛士들의 고향에서 농사가 시작되는 시기이다.

6) 『禮記』 曲禮에 "三十曰壯"이라고 하여 30여 세를 말한다.

7) 『養老律令』의 「賦役令」38 仕丁條에 "凡仕丁者, 每五十戶二人〈以一人充廝丁〉. 三年一替"라고 하여 3년에 한 번 교체근무, 『延喜式』권제28 兵部省에는 "凡衛士相替, 三年爲限, 其替人至京"이라고 하여 역시 3년 근무로 규정되어 있다.

8) 상당액의 銅錢을 바쳐 죄를 면제받는 것으로, 贖錢이라고 한다. 「名例律」11 贖罪條 참조.

9) 도래계 씨족의 후예인 陽侯氏. 후에 陽侯史, 陽侯忌寸으로 씨성의 변천이 있다. 『신찬성

종6위상 大倭忌寸小東人에게 4정을, 종7위하 鹽屋連吉麻呂에게 5정을, 정8위하 百濟人成[10]에게 4정을 내렸다. 모두 율령[11]을 찬정한 공이 있기 때문이다. 또 학술자[12] 23인에게 전지를 각각 수 정씩 내렸다.

3월 임인삭(1일), 일식이 있었다.

무신(7일), 정4위하 阿倍朝臣廣庭을 知河內和泉事[13]로 삼았다.

신해(10일), 伊賀國의 金作部東人, 伊勢國의 金作部牟良, 忍海漢人安得,[14] 近江

씨록』 좌경제번상에는 陽侯忌寸의 출자를 隋 양제의 자손인 達率 楊候阿子王의 후손으로 밝히고 있다. 『일본서기』 推古 10년(602)조에는 "백제의 승려 觀勒이 내조하여 역서, 천문지리 서적과 아울러 둔갑, 방술 서적을 바쳤다. 이때 書生 3, 4명을 선발하여 관륵에게 학습하게 하였다. 陽胡史의 선조 玉陳은 역법을 배우고, … 모두 배워서 학업을 성취하였다"라고 한다. 달솔관을 갖고 있어 백제계 씨족일 가능성이 높으며, 후에 중국계로 출자 개변이 있었다고 추정된다. 楊候, 楊胡, 陽候, 陽胡라고도 표기한다. 文武 4년(700) 승 通德이 환속해서 陽侯史의 성을 받았다고 하는 사례도 나온다. 陽胡史眞身은 天平 2년(730)에 통역을 양성하기 위해 粟田馬養 등 4인과 함께 제자 2인씩을 취하여 漢語를 교습하였다. 天平 7년 외종5위하에 서위되었고, 동 10년 豊後守, 동 13년 但馬守를 역임하였다. 天平 2년 종5위하로 승진되었고, 동대사 대불조영에 동전 1천 관, 소 1마리를 바쳤다.

10) 天長 3년(826) 10월 5일의 太政官符(令義解 수록)에 인용된 額田今足의 解文에는, 「養老年中」에 藤原不比等이 율령을 편찬할 때 5인의 박사 이름을 거론하였는데, 그중 百濟人成이 山田連白金으로 개성, 개명하여 나온다. 白金은 銀으로도 쓰며, 天平寶字 원년 12월 이후에는 山田史銀(후에 山田連으로 개성)으로 나오는 동 2년 7월까지 山田白金은 天平寶字 2년 7월 정6위상에서 외종5위하로 승서되고, 동 3년 12월 連으로 개성한다. 동 5년 10월 명법박사로 主計助를 겸직하고, 동 7년 4월 河內介에 임명되었다. 『文德實錄』 天安 2년 6월 기유조의 大學助 山田連春城의 졸년 기사에 따르면 그의 증조부인 白金은 明法博士로 율령의 뜻을 통달하였고, 후에 법률을 배우는 자가 모두 그 학설을 준거로 삼았다고 한다. 『신찬성씨록』 逸文에는 百濟氏가 백제국 牟利加佐王의 후손으로 나온다.

11) 大寶律令이 律 6권, 令 11권인 데 비해, 養老律令은 律 10권 13편, 令 10권 30편으로 구성되어 있다. 弘仁格式 序에는 養老 2년(718) 우대신 藤原不比等이 칙을 받들어 편찬했다고 한다. 율령이 시행된 것은 天平寶字 원년(757) 5월으로 거의 40여 년 만의 일이다. 平安 전기에 편찬된 양로령의 공적 주석서인 令義解, 사적 주석서인 令集解를 통해 저간의 내용을 살필 수 있다. 大寶律令과 養老律令은 戶令 등 일부 개정과 자구, 표현, 법령의 미비점 수정 등이 가해졌지만 대체로 차이는 없다.

12) '學術'이라는 용어는 처음 나온다. 養老 5년 정월 갑술조에 '學業' 우수자에 대한 포상이 나온다.

13) '知…事'라는 관직은 지배보다는 관리의 성격이 강하다. 知河內和泉事는 畿內에 설치된 攝官과 동일한 성격으로 생각된다. 養老 6년 정월 임술조에 무고의 모반죄로 유형에 처해진 多治比三宅麻呂는 河內國攝官에 임명된 사실이 있다(養老 3년 9월 계해조). 攝官은 天平 4년경까지 국사를 두지 않고 중앙 고관이 직접 행정을 담당하였다.

國의 飽波漢人伊太須, 韓鍛冶百嶋[15]·忍海部乎太須, 丹波國의 韓鍛冶首法麻呂·弓削部名麻呂, 播磨國의 忍海漢人麻呂·韓鍛冶百依, 紀伊國의 韓鍛冶杭田·鎧作名床 등 합 71호는 그 성이 잡공[16]과 관련되어 있으나 본원을 조사해 보면 원래 잡호와 관련이 없다는 것을 알 수 있다. 따라서 그 칭호를 제거하고 公戶로 하였다.

하4월 병술(16일), 陸奧의 蝦夷, 大隅·薩摩의 隼人 등을 정토한 장군 이하, 정토에 공이 있는 蝦夷, 아울러 譯語人[17]에게 신분에 따라 훈위를 내렸다. 처음으로 제를 내려 "대재부 관내의 大隅, 薩摩, 多褹, 壹伎, 對馬 등에 결원이 생기면 대재부의 관인을 선발하여 임시로 보임한다"라고 하였다.

경인(20일), 조를 내려 "周防國守를 역임했던 종5위상 山田史御方[18]이 감독해야 할 관물을 훔치는 죄를 범하였다. 법리로 보아 관인의 명적에서 제적하고, 면직하는 것이 합당하지만,[19] 앞서 은사에 의해 죄를 사면받았다.[20] 그러나 훔친 재물은 법에 따라 변상해야 하지만,[21] 집에는 1척의 삼베도

---

14) 한반도에서 건너온 鍛冶기술을 가진 공인집단. 『신찬성씨록』 逸文에 阿智王은 譽田天皇 시대에 본국의 난을 피해 어머니 및 처자, 모제인 遷興德과 7성의 漢人을 이끌고 귀화하였다고 하고, 忍海村主 등 많은 촌주들이 그 후예라고 기록하고 있다. 『日本書紀』 神功紀 5년조에는 葛城襲津彦이 신라 草羅城을 공략할 때, 데리고 온 포로가 桑原, 佐糜, 高宮, 忍海 4개 지역에 사는 漢人의 조상이라고 나온다.

15) 韓鍛冶는 한반도에서 이주한 鍛冶部로 도래계 신기술을 이용하여 조직한 鍛冶職 집단. 『古事記』 應神天皇段에 백제에서 보낸 手人韓鍛 卓素가 나온다. 그들은 韓鍛冶首의 통솔 아래 철제 무기, 농기구, 마구 등을 제작하고, 율령시대에는 雜戶의 鍛戶로 편성되어 造兵司, 鍛冶司, 典鑄司 등에 배속되었다. 韓鍛冶라는 명칭은 辛鍛冶, 辛鍛部, 辛金部, 韓鐵師部, 韓鍛 등으로 나타나고, 분포지역도 近江, 丹波, 播磨, 紀伊, 讚岐 등에 산재해 있다.

16) 雜工은 광의로는 工人을 의미하지만, 협의로는 兵部省 造兵司, 大藏省 典鑄司에 예속된 雜工戶를 가리킨다. 광의의 雜工의 성 가운데 雜工戶의 성으로 혼동할 수 있어 이를 삭제해 달라는 청원이다.

17) 蝦夷, 隼人에 대한 통역을 맡아봄.

18) 권3 慶雲 4년 4월조 149쪽 각주 153) 참조.

19) 「名例律」18 「除名」조는 범죄자에 대해 관인 명적에서 삭제한다고 하고, 「名例律」19 「免官」조에는 관위, 훈위를 박탈한다고 규정되어 있다.

20) 養老 4년 5월 기유조, 동 12월 무인조에 보이는 대사면을 말하는 것으로 보인다.

21) 「名例律」33 「以贓入罪」조에는 훔친 물건은 2배로 본주에게 반환하거나 혹은 관에서 몰수하고, 소비해 버렸다면 대가를 징수하는 것이 원칙이다. 다만 범인이 사망했거나 유형에 처해졌다면 면제된다.

없었다. 짐은 생각건대, 山田史御方은 책상자를 둘러메고 원방의 신라에 유학하였고,[22] 귀국 후에는 학생들을 가르쳐 전수하여 文館의 학사들이 매우 능숙하게 문장을 쓸 수 있었다. 진실로 이러한 인물을 아끼지 않으면 아마도 문장의 도는 추락할 것이다. 마땅히 특별 은총을 내리고 훔친 재물은 징수하지 않도록 한다"라고 하였다.

신묘(21일), 조를 내려 "짐은 먼 천년의 일을 생각하며, 널리 9류[23]의 학문을 보고, 구체적으로 정치의 방법을 생각해 왔다. 자비와 온정보다 우선인 것은 없다. 따라서 진휼의 은혜는 먼 곳까지, 사랑의 보살핌은 널리 국내에 두루 미쳤다. 지금 태정관이 주상하기를, "제국의 죄인 총 41인은 법에 준하여 모두 유형 이상에 해당한다"라고 하였다. (천황은) "이 주상을 들을 때마다 짐은 심히 동정을 느끼고, 만방의 허물이 있다면 나 한사람에게 있다.[24] 주상한 죄인과 아울러 처벌되어야 할 자들은 모두 사면하고 조사해서는 안 된다"라고 하였다. 唐人 王元仲이 처음으로 飛舟[25]를 만들어 진상하였다. 천황은 기뻐하며 종5위하를 내렸다. 신묘[26](21일), 主稅寮의 史生 2인을 증원하여 합계 6인이 되었다.

윤4월 을축(25일), 태정관에서 주상하기를, "요즈음 변경의 백성들이 갑자기 구적[27]들에게 피해를 입어 여기저기로 도망쳐 혼란에 빠졌다. 만약 (寇賊들에게) 온정을 베풀지 않으면 아마도 후환을 남길 것이다. 이에 성왕의 제도를 세우고 또 변경을 충실하게 하는 일은 바로 中國[28]을 안정시키는 일이다.

---

22) 『日本書紀』 持統 6년(692) 10월조에 沙門이 되어 신라에 유학간 적이 있다고 기록되어 있다.

23) 九流는 춘추전국시대에 출현한 각종 학파로 『漢書』 藝文志에 나오는 儒家, 道家, 陰陽家, 法家, 墨家, 名家, 縱横家, 雜家, 農家의 총칭이다.

24) 『書經』 湯誥에 "萬方有罪, 在予一人"이라고 기록되어 있다.

25) 飛舟와 관련해서는, 먼저 『扶桑略記』 養老 4년 4월조에 "唐人王元仲造飛車貢朝, 天子嘉歎, 授從五位下"라고 하여 王元仲이 飛車를 만들자 천자가 기뻐하여 종5위하를 내렸다는 기록이 보인다. 그런데 飛舟가 아닌 飛車라는 차이가 있다. 한편 『令集解』 「選叙令」12 「考滿應敍」조에 "无參合和飛丹藥, 授五位之類"라고 하여 飛丹의 藥을 調合하면 5위를 내린다고 하였는데 혹 道家의 仙藥을 말한 것이 아닌가 추정된다. 여기에서는 후자인 선약으로 보는 것이 타당하다고 생각된다.

26) 앞의 진묘조와 간지가 중복된다.

27) 隼人과 蝦夷.

28) 중화사상에 의해 이적들에 대한 상대적인 의미로 일본을 中國으로 표현.

바라건대 陸奥按察使 관내의 백성의 용, 조를 면제하고, 농잠을 권장하여 궁술과 승마를 훈련시키고, 그 위에 변경을 지원하는 재원을 세로 취하여 하이에게 주는 祿으로 충당시키고자 한다. 이 세는 병졸 1인당 길이 1장 3척, 폭 1척 3촌의 삼베를 내게 하고, 3丁의 삼베를 1단으로 한다. 陸奥國의 授刀, 兵衛, 衛士 및 位子, 帳內, 資人 및 防閣, 仕丁, 采女, 仕女의 부류는 모두 귀향시키고 각각 원래의 신분으로 돌아가게 한다. 만약 근무평정의 자격이 있으면 6년을 평가하여 관위를 수여한다. 한번 서위된 자는 外考[29]로 한다. 타지의 사람이 (陸奥國에) 몇 년을 거주했다면 종래의 예에 따라 세를 징수한다. 현재 이주해 와서 토지를 소유한 자는 1년간 세를 면제하고 그 후에는 종래의 예에 따른다. 또 먹는 것이 근본이고, 이것은 백성이 하늘로 삼는 바이다.[30] 때에 따라 방책을 세우는 것은 국가를 통치하는 중요한 정책이다. 바라건대 농업을 장려하여 곡물을 축적하고, 홍수와 가뭄에 대비한다. 이에 관할 관사에 위임하고 인부를 징발하여 비옥한 토지 양전 1백 만정을 개간하고자 한다.[31] 그 인부의 노역은 10일을 기한으로 하여 식량을 지급하고, 필요한 도구는 관물을 빌려주고 추수가 끝난 후 만들게 하여 준비시킨다. 만약 국사나 군사가 핑계를 대고 지체하여 개간하지 않으면 모두 즉시 해임한다. 비록 은사가 있어도 사면에 포함하지 않는다. 만약 국내의 백성 중에서 황무지를 힘써 개간하여 수확이 잡곡 3천석 이상이면 훈6등을 내리고, 1천석 이상이면 종신토록 과역을 면제한다. 현재 8위 이상의 위계를 갖고 있으면 훈위 1계를 더한다. 포상받은 후 일을 태만히 하여 경작을 하지 않는다면 位記[32]를 박탈하고 각각 원래의 신분으로 되돌린다. 또 공사의 출거의 이율은 10분의 3을 취한다"라고 하였다.

---

29) 지방관으로서의 근무평정. 8~9년마다 서위된다.

30) 『漢書』 酈食其傳에 "王者以民爲天, 而民以食爲天"이라고 기록되어 있다.

31) 국가에서 개간 도구를 지급하여 10일에 한해 백성을 징발하여 추진한 계획인데, 良田 1백만 정이면, 良田을 토질이 좋은 上田으로 볼 경우, 1町에서 수확량은 벼 500석이고, 이는 현재의 쌀 10석분으로 추정된다. 그렇다면 1백만 정은 쌀 1천만 석이 되어 당시 일본의 인구 5, 6백만 명의 2년치 식량으로 추정된다. 하지만 이는 성공했을 경우이며 1인당 노동력 10일로는 사실상 불가능한 수치여서, 실현되지 않은 선언적 계획의 성격이 강하다.

32) 위계 수여의 증명서.

또 (태정관이) 주상하기를, "병사를 활용하는 데에 중요한 것은 의식을 근본으로 하는 것이다. 군영에 식량이 없으면 어떻게 굳게 지켜낼 수 있겠는가. 백성에게 곡물을 모아 바치게 하여 군영으로 운송시키고, 거리의 원근에 따라 차등을 두도록 한다. 맡긴 운송이 원거리이면 2천석으로, 다음은 3천석으로, 근거리이면 4천석으로 하고, 외종5위하를 수여했으면 한다"라고 하였다. (천황은) 주상한 것을 허락하였다. 그 외에 6위 이하에서 8위 이상에 대해서는 거리의 원근, 운반 곡물의 수량에 따라 각각 차등을 두었다. 내용은 격에 상세하다.

5월 기묘(10일), 식부성 大錄 정7위하 津史主治麻呂[33]를 견신라사로 삼았다.

기축(20일), 우대신 長屋王에게 벼 10만속, 나락[34] 4백석을 내렸다.

무술(29일), 견신라사 진사주치마려 등이 배조하였다.

6월 임인(3일), 처음으로 목공료에 史生 4인을 두었다.

추7월 임신(3일), 客星[35]이 나타나 북두칠성 주변에 무릇 5일이나 보였다.

병자(7일), (천황이) 조를 내려, "음양이 조화롭지 않아 재해와 가뭄이 빈번히 일어난다. 이에 명산에 봉폐하고 천신지기에 제사지냈지만, 단비는 내리지 않아 백성은 생업을 잃어버렸다. 짐의 덕이 부족하여 이렇게 된 것이 아닌가. 백성들이 무슨 죄가 있어 대지가 타들어 가고 식물이 시들어가는가. 마땅히 천하에 대사면을 내린다. 국사, 군사에게 억울하게 옥살이 하는 자를 기록하여 보고하고, 노상에 방치된 뼈와 썩은 육신을 묻어주고, 음주와 도살을 금지하고, 고령자에게 힘써 온정을 베풀도록 한다. 양로 6년 7월 7일부터 동트기 전의 유배형 이하로 수감중이거나 미결수인 자도 모두 사면한다. 팔학, 강도, 관인이 뇌물을 받고 법을 왜곡 적용한 죄, 물품관리 책임자가 스스로 관물을 훔치거나 관할 지역의 백성의 물품을 훔친 자,[36] 강도와

---

33) 津史氏는 백제계 도래 씨족으로, 敏達 3년(574) 王辰爾의 弟인 牛가 津史의 성을 받았다. 이후 天平寶字 2년(758)에 連으로 개성하여 津連氏가 되고, 延曆 9년(790) 7월 津連眞道가 상표하여 菅野朝臣으로 개성하였다.

34) 稻는 벼이삭 상태의 쌀, 糙은 탈곡하기 전의 겨가 있는 쌀이다. 탈곡한 쌀은 米로 표기한다.

35) 일시적으로 나타나는 혜성이나 新星.

36) 日本律이 모범으로 삼은 唐律에서는 「賊盜律」36에 "諸監臨主守自盜, 及盜所監臨財物者.〈若親王財物, 而監守自盜亦同〉, 加凡盜二等三十匹絞.〈本條已有加者,亦累加之〉."이라고

절도, 고의 살인, 사주전 등 통상의 사면에서 면제되지 않는 자는 이 예에 포함하지 않는다. 만약 절도로 사형에 처해졌으면 모두 1등을 감하고, 절도는 한번으로 계산하여 (훔친 물품이) 삼베 3단 이하이면[37] 사면의 범위에 포함시킨다"라고 하였다.

기묘(10일), 태정관에서 주상하기를, "內典과 外敎[38]에서는 설법의 방법은 달라도 재능을 헤아려 적절한 직무를 맡기는 점에서 이치는 동일하다. 요즈음 승강[39]들은 도좌[40]에 있는 일이 드물고 마음대로 돌아다녀 이미 공평하게 관리하기가 어렵게 되어 있다. 여기저기 돌아다녀 헛되이 시간을 보내 문서 초안도 결재하지 못하고 사소한 사무도 극히 적체되어 있는 것이 많다. 승강은 지덕을 모두 갖춘 자이고 승려와 속인의 동량이다. 교리에 해박하고 수계와 수업에 정진하는 자이다. 이에 승려는 겸양하게 받들고, 속인은 이로부터 우러러보게 된 것이다. 그러나 거처가 하나가 아니고 불교 업무가 처리되지 않아 잡사가 쌓이게 되어 끝내 율령의 규정을 위반하고 있다. 마땅히 약사사에 (僧綱을) 항상 거주시켜야 한다"라고 하였다.

또 (태정관이) 주상하기를 "감화시켜 설법하는 일은 법규에 따르면 바야흐로 통하고, 풍속을 선도하여 백성을 가르치는 일이 법규에 어긋나면 이루지 못한다. 요즈음 왕경에 있는 승니들은 천박한 지식과 가벼운 지혜로 죄복의 인과를 교묘하게 설파하며 계율을 지키지 않고, 경내의 백성들을 속여 꾀여낸다.[41] 안으로는 부처의 가르침을 더럽히고, 밖으로는 천황의 도를 어지럽히고 있다. 드디어 남의 처자들을 삭발시키고 피부에 (신자임을) 표시하여 어쩌다 잘못되면 佛法이라고 칭하며 빈번히 집을 떠나고 있다. 법 규정을 두려워하지 않고 부모나 남편을 돌아보지도 않는다. 혹은 경전을 둘러메고 바리때를

하여 감독하고 지배해야 할 官과 보관책임자가 직접 그 대상물을 훔친 경우 일반인보다 2등 가중 처벌된다고 규정하였다. 그러나 이 가중처벌법은 일본 도적률에는 보이지 않고 일반인 형과 동일하게 적용되었다. 이것은 군주권에 대한 관인귀족의 세력이 강했기 때문으로 추측된다.

37) 「賊盜律」34 「强盜」조에 의하면, 훔친 물품을 布로 환산하여 15端 이상이면 絞에 처한다.

38) 內典은 불교, 外敎는 유교를 말한다.

39) 당시의 僧綱은 僧正은 義淵, 大僧都는 觀成, 少僧都는 弁正(弁靜), 律師는 神叡.

40) 都座는 사무와 회의하는 장소, 집무실.

41) 養老 원년 4월 임진조에 보이는 行基 등이 백성들에게 포교하는 행위를 말한다.

들고 거리에서 걸식하기도 하고, 혹은 거짓 사악한 설을 말하며 마을에 머물고 여럿이 모여 기거하는 것을 보통으로 하고 있다. 요설에 동화되어 무리를 이루고 있어 처음에는 수도와 비슷하지만 끝내는 나쁜 상태로 어지럽혀지고 있다. 멀리 그 폐단을 생각해 보면 특히 단호하게 금지시켜야 한다"라고 하였다. (이 2개의) 주상을 허락하였다. 목성이 낮에 보였다.

무자(19일), (천황이) 조를 내려 "짐은 범용하고 부족한데도 황위를 물려받아 자신을 극복하고 스스로 힘써 왔지만, 천심에는 이르지 못하였다. 이로 인해 지금 여름철인데도 비가 오지 않아 벼는 여물지 않고 있다. 마땅히 천하의 국사에게 명하여 백성에게 권하여 벼, 메밀 및 보리, 밀을 심게 하여 비축해 두고 흉년에 대비하도록 한다"라고 하였다.

정유(28일), 금성이 목성을 범하였다.[42] 5월부터 이달까지 비가 오지 않았다.

8월 임자(14일), 조를 내려 "듣고 있듯이 금년에는 비가 적어 벼가 익지 않아 경사 및 천하 제국의 당해년의 전조를 모두 면제한다"라고 하였다.

정묘(29일), 제국사에게 명하여 柵戶 1천인을 징발하여 陸奧國의 鎭所에 배치하였다. 伊勢, 志摩, 尾張, 參河, 遠江, 美濃, 飛驒, 若狹, 越前, 丹後, 但馬, 因幡, 播磨, 美作, 備前, 備中, 淡路, 阿波, 讚岐의 국사들은 이제까지 사자를 보내 입경할 때에 역마를 이용할 수 없었으나 여기에 이르러 처음으로 허용되었다.[43] 단 伊賀, 近江, 丹波, 紀伊 4국은 이 범위에 포함하지 않는다.

9월 경인(22일), 伊賀, 伊勢, 尾張, 近江, 越前, 丹波, 播磨, 紀伊 등 제국에 명하여 처음으로 調를 동전으로 바치게 하였다.[44]

동11월 갑술(7일), 처음으로 여의박사[45]를 두었다.

---

42) 금성이 목성을 범하는 것은 병화, 재난, 질병 등이 닥칠 불길한 조짐으로 보았다.

43) 이들 19국은 東海道, 東山道, 北陸道, 山陰道, 山陽道, 南海道 순으로 열기되어 있으며 왕경으로부터 원거리에 해당한다. 그러나 畿內와 伊賀, 近江, 丹波, 紀伊 등 그 주변국들에 대해서는 驛馬가 아닌 종전대로 백성의 말을 빌려 이용하도록 하였다.

44) 調錢은 和銅 5년 12월 신축조의 制에서 시작되었다.

45) 女醫를 양성하는 남자 박사. 女醫는 「醫疾令」16 逸文(『政事要略』 95 至要雜事)에 "女医, 取官戶·婢, 年十五以上卄五以下, 性識慧了者三十人, 別所安置, 敎以安胎·産難·及創·腫·傷·折·針·灸之法, 皆案文口授, 每月医博士試, 年終內藥司試, 限七年成"이라고 하듯이 官戶 여자, 婢 가운데 머리 좋은 자 30인을 뽑아 內藥司 별원을 만들어 거주케 하고, 産科,

병술(19일), (천황이) 조를 내려, "짐의 정성은 감응하지 않았고, 점괘도 따라주지 않았다. 하늘이 화를 내려 흉사의 그림자가 미치자, 태상천황[46]은 돌연 천하를 포기하였다. 진실로 바라는 것은 북극성이 천체의 질서에 화합하듯이 영생을 가호하고 南山과 같은 수명을 바라여 언제나 조석으로 정성을 다하고자 했는데 사방을 주재하는 것을 싫어하여 백운 속으로 들어가 현세를 멀리할 것을 어찌 예측이나 했겠는가. 보경을 받들어 보고 있으면 슬픔이 마음에서 떠나지 않고, 삼가 의관을 받들어 보면 평생 없어지지 않는 비탄이 영원히 마음을 붙들고 있다. 그러나 시간은 멈추지 않아 돌연 1주기를 맞이하게 되었다. 큰 사랑의 은혜는 보답하고자 해도 할 수가 없다. 불법을 받들지 않으면 어떻게 영생의 길을 도울 것인가. 이에 태상천황을 위해 삼가 화엄경 80권, 大集經[47] 60권, 열반경 40권, 대보살장경 20권, 관세음경 200권을 전사하고, 관정의 幡 8수, 도장의 幡 1천수, 상아를 입힌 옻칠 책상 36개, 동제 식기 168개, 柳箱[48] 82개를 만들고, 12월 27일부터 왕경 및 기내의 제사찰의 승니 2,638인을 불러 공양을 하도록 한다"라고 하였다.

12월 경술(13일), 칙을 내려 淨御原宮에서 천하를 통치하신 御宇天皇[49]을 위해 미륵상을, 藤原宮에서 천하를 통치하신 태상천황[50]에게는 석가상을 만들게 하였다. 그 本願의 연기는 금으로 서사하여 불전에 안치하였다.

경신(23일), 견신라사 津史主治麻呂 등이 귀국하였다.

○ 養老 7년(723) 춘정월 병자(10일), 천황이 중궁에 임하여, 종3위 多治比眞人池守에게 정3위를, 정4위하 阿倍朝臣廣庭, 정4위하 息長王에게 함께 정4위상을,

---

內科, 外科 등의 의술을 전문의사가 의학서 대신 구술을 통해 교육하여 매월 의박사가 시험을 치르고, 연말에 내약사에서 시험을 쳐서 7년 이내에 수료시키게 되어 있다. 그러나 여의사 양성을 책임지는 전문 의박사를 두지 않았기 때문에 이 칙이 나오고 나서 1년 후 내약사에 설치되었다. 『類聚三代格』 寬平 8년 10월 5일 內藥司가 典藥寮에 병합될 때의 태정관부에 의하면 정원은 1인이다. 관위상당은 정7위하이다.

46) 元明天皇.

47) 大方等大集經을 말한다. 北涼의 曇無讖 등이 한역한 30권을 隋 開皇 6년에 증보한 60권본이 일본에 전래되었다.

48) 의복 등을 수납하는 상자.

49) 天武天皇.

50) 持統天皇.

종4위상 六人部王에게 정4위하를, 종4위하 大石王에게 종4위상을, 무위 栗栖王·三嶋王·春日王에게 함께 종4위하를, 정5위하 葛木王에게 정5위상을, 무위 志努太王에게 종5위하를, 종4위상 阿倍朝臣首名·石川朝臣石足·百濟王南典[51]에게 함께 정4위하를, 정5위상 大伴宿禰道足·紀朝臣男人에게 함께 종4위하를, 정5위하 阿倍朝臣船守, 종5위하 調連淡海에게 함께 정5위상을, 종5위상 鴨朝臣堅麻呂에게 정5위하를, 종5위하 引田朝臣眞人·路眞人麻呂·紀朝臣淸人·大伴宿禰祖父麻呂·土師宿禰豊麻呂·津守連通에게 함께 종5위상을, 정6위상 引田朝臣秋庭·河邊朝臣智麻呂·紀朝臣猪養·波多眞人足嶋·阿曇宿禰坂持·布勢朝臣國足·息長眞人麻呂·角朝臣家主·高橋朝臣嶋主·平群朝臣豊麻呂·石川朝臣樽·中臣朝臣廣見·石川朝臣麻呂·余仁軍,[52] 정6위하 船連大魚[53]·河內忌寸人足·丸連男事·志我閇連阿彌太·越智直廣江·堅部使主石前·高金藏[54]·高志連惠我麻呂에게 함께 종5위하를 내렸다. 또 夫人[55] 藤原朝臣宮子[56]에게 종2위를, 日下女王·廣背女王·粟田女王·六人部女王·星河女王·海上女王·智努女王·葛野女王에게 함께 종4위하를, 他田舍人인 直刀自賣에게 정5위상을, 太宅朝臣諸姉·薩妙觀[57]에게 함께 종5위상을, 大春日朝臣家主에게 종5위하를 내렸다.

임오(16일), 4위 이하 주전 이상에게 중궁에서 연회를 베풀었다.

---

51) 권4 和銅 원년(708) 3월조 169쪽 각주 40) 참조.

52) 『藤氏家伝』 武智麻呂傳에 呪禁의 명인으로 나온다. 백제망명자 余自信[余自進]의 후예로 생각된다.

53) 권8 養老 5년(721) 춘정월조 298쪽 각주 148) 참조.

54) 권2 大寶 원년(701) 8월조 103쪽 각주 71) 참조.

55) 「後宮職員令」2 「夫人」조에 따르면, 夫人은 정원이 3인이며 3위 이상의 자로 규정되어 있다. 천황은 황후 1인을 비롯하여 妃 2인, 夫人 3인, 嬪 4인을 둘 수 있다. 황후는 율령 규정에는 나오지 않는다.

56) 文武 원년(697) 8월 持統天皇의 양위로 文武 즉위 직후 文武天皇의 夫人이 되었다. 藤原不比等의 장녀로, 생모는 賀茂比賣이고, 聖武天皇의 황후 光明皇后는 異母妹이다. 聖武天皇이 즉위한 이듬해인 724년에 정1위를 받는다. 생전에 정1위를 받은 최초의 인물이다.

57) 元正天皇 재위시에 命婦(5위 이상의 女官)로서 봉사하고 天平 9년 정5위하에 서위되었다. 『萬葉集』에 「薩妙觀應詔奉和歌一首」(4438), 「天平元年班田之時, 使葛城王從山背國贈薩妙觀命婦等所歌一首」(4455), 薩妙觀命婦報贈歌一首」(4456) 등 단가 3수를 남기고 있다. 『일본서기』 持統 5년 9월조에 나오는 音博士인 薩弘恪이고, 文武 4년 9월조의 勤大壹 薩弘恪의 일족으로 생각된다. 한편 薩은 薛의 異体字와 유사하여 본래의 성은 薛이라는 견해도 있다.

2월 정유(2일), 칙을 내려 승 滿誓〈俗名은 종4위상 笠朝臣麻呂.〉를 축자에 보내 관세음사를 조영하게 하였다.

무신(13일), 常陸國 那賀郡의 대령 외정7위상 宇治部直荒山이 사재 곡식 3천석을 陸奥國 군영에 바쳐 외종5위하를 내렸다.

기유(14일), (천황이) 조를 내려 "천지가 조화를 이루면 하늘이 감싸고 대지가 받쳐주는 덕은 깊어지고, 천자가 매우 공평하게 다스릴 때 인덕은 널리 퍼진다. 그러한 즉 南面[帝王]에 있는 자는 반드시 하늘을 대신해서 덕화를 베풀고, 북진[58]을 규범으로 통치하는 자도 역시 때의 절기에 맞추어 백성들을 윤택하게 보살펴야 한다. 이에 짐은 경성을 순행하여 멀리 교야를 바라보니, 춘2월에 초목이 자라고 꽃이 피고 봄기운이 도래하여 장정은 농사일에 힘쓰고, 때에 맞춰 내리는 비에 점차 겨울잠을 자던 벌레들은 몸을 적셔 기뻐하고 있다. 무언가 너그러운 자애를 베풀어 백성들을 평안하게 하고, 교화해서 만물을 구제해야 하지 않겠는가. 마땅히 호주인 백성에게 각각 종자 2석, 삼베 1상, 가래 1구를 내리고, 농잠을 행하는 집에는 영원히 생업을 잃어버리지 않도록 하고, 관인이 되고자 하는 자는 사사로움에 번민하지 말고 오로지 학업에 열중하도록 한다"라고 하였다.

무오(23일), 처음으로 矢田에 저수지를 만들었다.

계해(28일), 但馬國 사람 寺人小君[59] 등 5인에게 고쳐서 道守臣[60]의 성을 내렸다.

3월 기묘(14일), 산위 종4위하 佐伯宿禰麻呂가 죽었다.

무자(23일), 常陸國 信太郡 사람 物部國依에게 信太連의 성을 내렸다.

하4월 임인(8일), 대재부에서 언상하기를, "日向, 大隅, 薩摩 3국의 사졸이

58) 北辰은 北極星을 말하며, 중국에서는 이 별을 중심으로 천공의 성좌가 회전하여 방위를 정하는 데 이용되었다. 『史記』 天官書 등의 기술에 따르면 북극성은 天帝太一神의 거소이고 紫宮, 紫微宮으로 불렸다. 漢代에는 太一神의 제사를 지냈고, 그 후 참위사상이 유행함에 따라 北辰北斗信仰이 성진신앙의 중핵이 되었고, 唐代에는 도교신앙의 영향으로 太一神을 비롯한 九宮貴神의 순행에 기초하여 禍福을 예언하기도 하였다.

59) 寺人의 성은, 사찰에 종속된 민으로 오해받아 卑姓으로 보일 것을 꺼려 개성한 것이다.

60) 道守臣은 『日本書紀』 開化記에 보이는 開化皇子의 建豊波豆羅和氣王을 선조로 하고 있고, 『新撰姓氏錄』 左京皇別에도 동일한 내용이 실려 있다. 또 동 소전에는 武內宿禰의 아들 波多八代宿禰의 후예로도 나온다. 天武 13년 11월조에 朝臣의 성을 받았다.

隼賊을 정토하기 위해 자주 군역에 차출되었고,[61] 아울러 곡물이 익지 않았고 번갈아 기근과 추위가 닥쳐왔다. 삼가 고사[62]를 살펴보면 병역 이후에는 때에 기근과 질병이 일어난 일이 있다. 바라건대 천은을 내려 과역을 3년간 면제해 주었으면 한다"라고 하였다. 이를 허락하였다.

신해(17일), 태정관이 상주하여 "요즈음 백성들이 점차 많아져 전지와 용수시설이 모자란다. 바라건대 천하의 백성들에게 전지의 개간을 할당시키고, 수로와 못을 새로 만들어 개간한 자에게는[63] 그 대소에 제한없이 3대에 걸쳐 소유하게 하고,[64] 만약 이전의 수로와 못을 이용하는 경우에는 1대에 한하여 소유하도록 한다"라고 하였다. (천황은) 이 주상을 허락하였다.

5월 계유(9일), (천황이) 芳野宮[65]으로 순행하였다.

정축(13일), (천황이) 순행에서 환궁하였다.

기묘(15일), 제를 내려 "神戶[66]의 호적과 계장을 만들 때에는 호의 증감이 없으면 원래의 수로 정하고, 만약 증가가 있으면 이를 감하고 사망으로 호구 수가 감소하면 보충한다"라고 하였다.

신사(17일), 大隅, 薩摩 2국의 隼人 등 624인이 조공하였다.

갑신(20일), 준인에게 연회를 베풀었다. (隼人들은) 각각 그 풍속의 가무를 선보였다. 酋師 34인에게는 신분에 따라 관위와 녹을 내렸다.

6월 경자(7일), 준인이 귀향하였다.

---

61) 隼人 정토의 군역에 종사한 자에 대해서는 蝦夷 정토자와 함께 전년도 養老 6년 4월에 훈위가 내려졌다.

62) 『老子』에 "師之所處荊棘生焉, 大軍之後必有凶年"이라고 기록되어 있다.

63) 이는 종전의 국책사업으로 條理制에 의한 경지정비 및 용수시설 개발과 함께 私功에 의한 경지, 용수시설 개발이 중층적으로 존재하였음을 말해준다.

64) 三世一身法은 기왕의 용수시설을 이용한 자에게는 본인이 사망할 때까지 소유권을 인정하고 사적인 노력으로 새로운 용수시설을 만든 경우 3세에 걸쳐 소유권을 인정하는 법이다. 다만 「田令」6 「功田」조에는 "凡功田, 大功世世不絶, 上功傳三世, 中功傳二世, 下功傳子"라고 규정되어 있듯이 下功인 1世가 子로 나오고, 中功 2世는 孫이 되고, 上功의 '傳三世'의 경우는 曾孫으로 규정되어 있다. 상기 본문에서의 3세는 孫까지를 가리킨다고 해석되는데 田令과는 다르다. 한편 天平 15년(743) 5월 을축조에는 墾田永年私財法의 조가 내려져 개간토지에 대해서는 영구 상속이 가능하게 되었다.

65) 吉野宮. 『萬葉集』(907)에 "養老七年癸亥夏五月幸于芳野離宮時, 笠朝臣金村作歌一首〈并短歌〉"라고 하여 순행 사실을 기록하고 있다.

66) 神社의 封戶.

추7월 경오(7일), 민부경 종4위하 太朝臣安麻呂가 죽었다.

8월 갑오(2일), 태정관이 처분하기를 "조정의 의식과 의관의 형태는 탄정대와 식부성이 모두 조사하여 잘못을 밝혀낸다. 만약 뜻에 따라 조사하면 자연히 예에 부합할 것이다. 요즈음 문무관인, 잡임[67] 이상이 의관의 규정을 어기고, 관사를 출입할 때에 흐트러져 있다. 혹은 채색무늬의 얇은 비단 속옷에 가벼운 겉옷 차림이고, 혹은 관의 끈을 길게 늘어뜨려 옷소매까지 미치고, 혹은 옷깃이 둥글고 고운 비단옷을 걸쳐 가슴골이 드러나기도 하고, 혹은 치마를 짧게 동여매어 정강이와 발목이 드러나고 있다. 이와 같은 자들이 점차 많아지고 있다. 탄정대, 식부성 2사는 이러한 사실을 밝혀 고시하도록 한다"라고 하였다.

경자(8일), 신라사 韓奈麻 金貞宿, 부사 韓奈麻 昔楊節 등 15인[68]이 조공하러 왔다.

신축(9일), 金貞宿 등에게 조당에서 연회를 베풀었다. 射禮 의식[69]을 열고 여러나라의 음악을 연주하였다.[70]

신해(19일), 因幡國에 驛 4곳을 증치하였다.

정사(25일), 신라사가 귀국하였다.

9월 신미(9일), 화성이 太微와 左執法[71] 속으로 들어갔다.

기묘(17일), 出羽國司 정6위상 多治比眞人家主가 아뢰기를, "하이 총 52인이 (蝦夷 정토의) 공적이 이미 현저한데, 아직 포상의 은혜에는 미치지 않았다. 목을 빼고 천은이 내리기를 오랫동안 바라고 있다. 삼가 생각건대, 좋은 미끼로 유인하면 반드시 심연의 물고기를 잡을 수가 있듯이, 무겁게 녹을 내리면 반드시 충절의 신하가 될 것이다. 지금 우매한 이적들은 처음에는 몸을 다하여 군주의 명에 따를 것이지만, 오래도록 온정을 베풀지 않으면

---

67) 官位相當의 長上官뿐 아니라 番上官인 舍人, 史生 등의 잡임을 포함하고 있다.

68) 신라사 15인은 왕경에 들어온 인원이다. 筑紫에 도착한 사실은 기록이 없는데, 전체 인원은 이보다 많았을 것이다. 사신 중에 昔楊節이라는 인물은 일본측 소전의 昔氏 성을 가진 유일한 인물이다.

69) 靈龜 원년 정월 경자조에도 신라사 金元靜 일행을 위해 활쏘기 大射를 열었다.

70) 慶雲 3년(706) 정월 임오조에도 신라사 金儒吉 일행에 대한 諸方의 음악인 당악, 고려악, 신라악, 백제악, 기악 등을 연주하였다.

71) 太微와 左執法은 星座의 이름.

아마도 다시 흩어지게 될 것이다. 이에 서장을 갖추어 재가를 청한다"라고 하였다. 칙을 내려 그들의 훈적에 따라 모두 포상하고 작위를 내렸다.

동10월 경자(8일), 칙을 내려, 안찰사 관할 국에는 박사, 의사를 보충하고 여타의 국의 박사는 모두 폐지하였다.

계묘(11일), 좌경인 무위 紀朝臣家가 흰 거북을 바쳤다. 길이 1촌 반, 폭 1촌으로 양눈은 모두 적색이었다.

기유(17일), 危村에 다리를 놓았다.

을묘(23일), (천황이) 조를 내려, "금년 9월 7일, 좌경인 紀朝臣家가 흰 거북을 바쳐 이에 소관 관사에 알렸는데, 도첩[72]을 살펴보고 주상하기를, 『효경원신계』[73]에서는 '천자가 효를 다하면 하늘에서 용이 내려오고 땅에서는 거북이 나온다'고 하고, 『웅씨서응도』[74]에서는 '군주는 공평하고 당파에 치우치지 않고, 노인을 공경하고, 옛 친구를 버리지 않으면 은덕이 흘러 퍼져서 신령스러운 거북이 나온다'고 하였다. 이것은 천지가 내린 영물이고, 국가의 상서임을 알았다. 실로 짐은 부덕한데 이러한 영물이 나타났다고 생각한다. 마땅히 친황, 제왕, 공경, 대부, 백료 등 관인들과 함께 이 상서를 경축해야 한다"라고 하였다. 이에 曲赦[75]를 행하고, 거북을 바친 군은 금년 租, 調[76]를 면제하고, 친황 및 경관, 주전 이상, 좌우대사인, 수도사인, 좌우병위, 동궁사인에게 각각 녹을 내렸다. 紀朝臣家에게는 종6위상과 함께 비단 20필, 목면 40둔, 삼베 80단, 벼 2천석을 내렸다. 大倭國造[77] 大倭忌寸五百足에

72) 圖諜은 참위, 상서 관련 책. 『속일본기』에는 圖諜의 용어가 4회 나온다.

73) 孝經援神契는 『孝經』에 근거한 미래 예언의 참위설로서 후한대에 만들어졌다. 『隋書』 經籍志의 「孝經援神契七卷〈宋均注〉」을 말한다.

74) 熊氏는 熊理의 저작으로 『舊唐書』 經籍志에 「瑞應圖讚三卷〈熊理撰〉」이라고 나온다. 「熊氏瑞應圖」의 내용은 「孝經援神契」와 같이 참위설에 의한 祥瑞를 주석한 것이다. 神護景雲 2년 9월 신사조에도 나온다.

75) 전국적인 大赦에 대해 부분적인 사면을 말한다.

76) 「賦役令」1 調絹條에는 "凡調絹 糸綿布, …京及畿內, 皆正丁一人, 調布一丈三尺"이라고 하고, 「賦役令」4 歲役條에는 "庸者, 布二丈六尺, …畿內, 不在取庸之例"라고 규정되어 있다. 즉 왕경과 畿內의 調布는 畿外지역의 布 2장 6척에 대해 1장 3촌으로 반이다. 왕경과 기내의 庸은 면제되었다.

77) 大倭國(大和國) 國造에게 포상을 한 것은 白龜 출현을 大倭國 地祇의 은혜로 생각한 때문이다. 大倭國造의 관할지역은 大倭國의 중심지역으로 현재의 天理市 주변이고, 左京人 紀朝臣家의 바로 인접지역이다.

게 비단 10필, 목면 100둔, 삼베 20단을 내렸다.

11월 계해(2일), 천하 제국의 12세 이상이 된 노비에게 구분전을 내렸다.[78]

정축(16일), 下總國의 香取郡, 常陸國의 鹿嶋郡, 紀伊國의 名草郡 등의 소령 이상에게 3등 이상의 친족의 연임을 허락하였다.

무자(27일), 밤에 달이 房星[79]을 범하였다.

12월 정유(6일), 관비인 花를 방면하여 양인에 따라 高市의 성을 내렸다.

신해(20일), 산위 종4위하 山前王이 죽었다.

○ 神龜 원년(724), 춘정월 임술삭(1일), 비가 내려 신년하례를 중지하였다.

계해(2일), 천황이 대극전에 임하여 신년하례를 받았다.

무진(7일), 천황이 中宮에서 5위 이상에게 연회를 베풀고 차등있게 녹을 내렸다.

무자(27일), 出雲國造 외종7위하 出雲臣 廣嶋奏神賀가 사임하였다.

기축(28일), 廣嶋 및 祝, 神部 등에게 차등있게 각각 관위와 녹을 내렸다.

2월 갑오(4일), 천황이 황태자에게 양위하였다.

天璽國押開豊櫻彦天皇 〈勝寶感神聖武皇帝〉

○ 천새국압개풍앵언천황〈삼가 勝寶 8년(756)의 칙을 살펴보면, 태상천황이 출가해서 부처에 귀의했기 때문에 시호를 바치지 않았다. 寶字 2년(758)에 이르러 칙을 내려 이 시호를 추존하였다.〉은 天之眞宗豊祖父天皇[80]의 황자이다. 母는 藤原夫人으로 증 태정대신 不比等의 딸이다. 和銅 7년(714) 6월 황태자가 되었다. 때에 나이 14세이다.

○ 神龜 원년(724) 2월 갑오(4일), 태극전에서 선양을 받아 즉위하였다. 천하에 대사면을 내렸다. (천황이 다음과 같이) 조를 내렸다(宣命體).

---

78) 사노비에 대한 구분전으로 양인 남녀의 3분의 1이다(「田令」27). 종전의 규정(「田令」3)에서는 만 6세에 지급하였는데, 12세로 조정된 것이다.

79) 천체 28星座 중에 동방의 네 번째 星宿.

80) 文武天皇.

"現神으로 대팔주를 통치하는 왜근자천황[81]이 조를 내려 하신 말씀을 친왕, 제왕, 제신, 백관들, 천하의 공민들은 들으라고 분부하였다. 고천원에 신으로 계신 황실의 조상인 남신, 여신이 황손에게 통치해야 할 국토를 주시어 고천원에서 시작하여 사방의 국토에 이르는 통치를, 보다 크고 보다 넓게 황손의 자손으로서 황위에 임하여, 이 대팔도국을 통치하신 왜근자천황[82]의 대명으로 말씀하기를, '이 통치해야 할 국은 말하기조차 황송한 藤原宮에서 천하를 통치한 그대의 아버지이신 (문무)천황이 그대에게 주신 천하의 과업이다'라고 하였다. 이에 조를 내린 대명을 받아 삼가 황송하다고 하신 말씀을 모두 들으라고 분부하였다. (元正이 말씀하기를, 文武天皇이) 황위를 물려줄 때에 그대 친왕[83]의 나이가 어려 무거운 짐을 감당하기 어려울 것이라고 생각하여 황조모[84]에 해당하는 말하기조차 황송한 우리 천황[85]에게 물려주시고, 이에 따라 평성대궁에서 現御神으로서 대팔도국을 통치했는데, 靈龜 원년(715)에 이 황위의 과업인 천하의 통치권을 짐[86]에게 물려주고 (다음과 같이) 조를 내렸다. '말하기조차 황공한 담해 대진궁에서 천하를 통치한 왜근자천황[87]의 만세에 고쳐서는 안 되는 常典[88]으로 세워 펼친 법에 따라 그 후 마침내 우리 아들[89]에게 분명하게 물려준다'라고 하였다. 위탁받은 조에 따라 물려주려고 하던 바, 작년 9월 천지가 내린 大瑞가 나타났다. 또 통치하는 사방의 국에서 그 해에 풍년이 들어 신으로서 생각해 보니, 짐의 치세를 축하하여 내려준 현상으로 보인다. 바로 황위를 잇는 치세 이름의 표시로서 (황태자의 덕에) 감응하여 나타난 것이라고 생각한다. 지금 '神護' 2자를 (황태자) 치세의 연호로 정하고 養老 8년을 고쳐서 神護

81) 倭根子天皇은 일본국을 통치하는 천황을 공경의 의미로 사용하는 칭호. 聖武天皇.
82) 元明天皇.
83) 首皇子인 聖武天皇.
84) 황조모는 천황가 여성의 尊長을 의미.
85) 元明天皇.
86) 元正 天皇.
87) 天智天皇.
88) 고쳐서는 안 되는 항상의 법인 不改常典. 황위계승에 대한 규정으로 추정된다.
89) 聖武天皇. 元正天皇은 文武의 누이로 聖武에게는 고모에 해당하지만, 여기서는 자손이라는 의미의 '我子'라는 표현을 사용하였다.

원년으로 하고, 황위를 계승하여 천하를 통치하는 우리 아들인 그대에게 물려준다고 한 (원정)천황의 말씀을 삼가 받들게 되어 두렵고, 물리친다면 천황의 대명인데 황공한 일이고, 받아들이기에는 능력이 모자라 어떻게 해야 할지 모르는 상태이다. 진퇴를 어떻게 결정해야 할지 모르고, 천지의 마음이 어떤지 무거운 심정이고 백관의 입장에서 생각해도 부끄러운 일이라고 신으로서 생각하고 있다. 따라서 친왕을 비롯한 왕신 그대들은 깨끗하고 밝고 바른 마음으로 황조를 도와 천하의 공민에게 알리라고 한 말씀을 모두 들으라고 분부하였다. 별도로 조를 내려 먼 황조의 어세로부터 중간을 거쳐 지금에 이르기까지 이어져 황위에 올라 이 천하를 위무하고 은혜를 베푸는 일은 그때그때의 실정에 따라서 다스리고 자비를 내리는 과업이라고, 신으로서 생각하고 있다. 이에 우선 천하에 은혜를 베풀어 다스리고자 한다. 천하에 대사면을 내린다. 내외[90]의 문무의 직사관 및 5위 이상의 아버지의 후계자에게 훈1급을 내리고, 100세 이상 고령자에게 벼 1석 5두, 90세 이상에게 1석을, 80세 이상과 아울러 고아, 독거노인으로 자활할 수 없는 자에게 5두를 내린다. 효자, 순손, 의부, 절부는 모두 집문과 마을 입구에 표시하고 과역을 종신토록 면제한다. 천하의 병사에게 금년의 조를 반감하고,[91] 왕경과 기내는 모두 면제한다.[92] 또 제관사에서 출사하는 韓人部[93] 1, 2인에게 그 봉사하는 관직명을 빗대어 씨성을 내린다. 또 백관의 관인 및 경내의 승니에게는 친히 물품을 하사한다고 하신 천황의 말씀을 모두 듣도록 하라고 분부하였다".

이날, 1품 舍人親王에게 봉호 500호를 증액하였다. 2품 新田部親王에게 1품을, 종2위 長屋王에게 정2위를, 정3위 多治比眞人池守에게 봉호 50호를 증액하고, 종3위 巨勢朝臣邑治, 大伴宿禰多比等, 藤原朝臣武智麻呂, 藤原朝臣房前에게 함께 종3위를 내리고 아울러 봉호를 증액하고 물품을 하사하였다. 또 우대신 정2위 長屋王을 좌대신으로 삼았다.

병신(6일), 칙을 내려 정1위 藤原夫人[94]을 대부인으로 존칭하였다. 3품

90) 京官과 外官, 京內의 中央官과 전국의 地方官.
91) 전국 군단의 병사는 「賦役令」19에 의하면 庸과 雜徭를 면제받는다.
92) 왕경과 畿內는 「賦役令」1에 의해 調는 반액, 「賦役令」4에 의해 庸을 면제받는다.
93) 한반도계 도래인 후손. 韓人이라는 氏도 있고 辛人으로도 표기한다.
94) 藤原不比等의 딸 藤原宮子. 文武天皇의 부인이고 황태자 聖武의 생모이다.

田形內親王·吉備內親王[95]에게 함께 2품을 내렸다. 종4위하 海上女王·智奴女王·藤原朝臣長娥子에게 함께 종3위를, 정4위하 山形女王에게 정4위상을 내렸다.

임자(22일), 천황이 대극전에 임하여, 정4위하 六人部王에게 정4위상을, 종4위하 長田王에게 종4위상을, 무위 高田王·膳夫王, 정5위상 葛木王에게 함께 종4위하를, 정5위하 高安王·門部王에게 종5위상을, 종5위상 佐爲王·櫻井王에게 함께 정5위하를, 종5위하 夜珠王에게 종5위상을, 정5위상 大伴宿禰宿奈麻呂·多治比眞人廣成·日下部宿禰老에게 함께 종4위하를, 정5위하 阿倍朝臣駿河·阿倍朝臣安麻呂, 종5위상 大宅朝臣大國에게 함께 정5위상을, 종5위상 中臣朝臣東人·榎井朝臣廣國·粟田朝臣人上·石川朝臣君子에게 함께 정5위하를, 종5위하 石河朝臣足人·高橋朝臣安麻呂·佐伯宿禰豊人·高向朝臣大足·當麻眞人老·縣犬養宿禰石足·大野朝臣東人·巨勢朝臣眞人·粟田朝臣人·佐伯宿禰馬養·土師宿禰大麻呂·大藏忌寸老에게 함께 종5위상을, 정6위상 石川朝臣枚夫·多治比眞人屋主·波多朝臣僧麻呂·紀朝臣和比等·大神朝臣通守·大春日朝臣果安, 정5위하 石上朝臣乙麻呂·藤原朝臣豊成, 종6위상 鴨朝臣治田, 종7위상 鴨朝臣助에게 조5위하를 함께 내렸다. 종7위하 大伴直南淵麻呂, 종8위하 錦部安麻呂, 무위 烏安麻呂, 외종7위상 角山君內麻呂, 외종7위하 大伴直國持, 외정8위상 壬生直國依, 외정8위하 日下部使主荒熊, 외종7위상 香取連五百嶋, 외정8위하 大生部直三穗麻呂, 외종8위상 君子部立花, 외정8위상 史部虫麻呂, 외종8위상 大伴直宮足 등이 私穀을 陸奧國 鎭所에 바쳐 함께 외종5위하를 내렸다.

을묘(25일), 陸奧國 진수부에 징발된 군졸들이 자신의 본적을 삭제하고 이곳으로 옮겨 부모, 처자와 함께 살고 싶다고 청원하자,[96] 이를 허락하였다.

3월 경신삭(1일), 천황이 芳野宮으로 순행하였다.

갑자(5일), (천황이) 순행에서 환궁하였다.

신사(22일), 좌대신 정2위 長屋王 등이 아뢰기를, "삼가 2월 4일자 칙을 보건대, 藤原夫人을 천하 모두가 대부인으로 칭하고 있다. 신 등이 공식령을

---

95) 草壁皇子와 元明天皇 사이에서 태어난 차녀. 元正天皇의 여동생이자 文武天皇의 누이, 長屋王의 비. 長屋王 모반사건에 연좌되어 자결하였다.

96) 養老 6년 8월 정묘조에 보이는 柵戶 1천 인을 陸奧國으로 옮겼다는 기록에 대응한다. 아마도 3년 교체로 근무하는 防人과는 달리 그 연한이 정해져 있지 않았던 것 같다. 한편으로는 주둔지의 삶이 본적지보다 적합하다는 판단이 있었을 가능성도 있다.

검토해 보니 황태부인으로 되어 있어,[97] 칙의 호칭에 따르면 '皇'자가 누락된 것이고, 令文에 따르면 칙에 어긋나니 정하는 바를 모르겠다. 삼가 판단해 주기를 청한다"라고 하였다. (천황이) 조를 내려 "마땅히 문자로는 皇太夫人으로, 구두로는 大御祖라고 하고, 앞의 칙은 철회하고 뒤의 호칭을 반포한다"라고 하였다.

임오(23일), 처음으로 催造司[98]를 두었다.

경신,[99] 유배지의 원근의 규정을 정하였다. 伊豆, 安房, 常陸, 佐渡, 隱岐, 土左 6국은 遠으로, 諏方, 伊豫의 국은 中으로, 越前, 安藝의 국은 近으로 하였다.

갑신(25일), 7도 제국에 명하여 국의 대소에 따라 정세 벼[100]로서 4만 이상 25만속을 별치하고 매년 출거하여 그 이자를 재경의 朝集使 및 임시로 보내는 사자, 調, 庸 이외의 물자를 왕경으로 운송하는 인부의 식료로 충당하게 하였다. 그 내용은 격에 있다. 陸奧國에서 언상하기를 "海道[101]에서 하이가 반란을 일으켜 大掾 종6위상 佐伯宿禰兒屋麻呂를 죽였다"라고 하였다.

하4월 경인삭(1일), 7도 제국에 명하여 수량을 정하여 군사기물인 천막, 가마솥 등을 만들게 하였다.

임진(3일), 육오국의 大掾 佐伯宿禰兒屋麻呂에게 종5위하를 추증하고 부의물로 비단 10필, 삼베 20단, 전지 4정을 내렸다.[102] 직무로 사망했기 때문이다.

---

97) 「公式令」36 「平出」조에 "皇太后〈皇太妃, 皇太夫人同.〉"로 규정되어 있다.

98) 聖武朝 神龜 전후에서 天平 6년(734)경 平城宮 조영과 관련한 임시 관사. 天平 2년(730) 9월 정4위하 左大弁 葛城王과 종4위하 皇后宮大夫 小野牛養을 催造司의 監(長官)으로 겸임시켰다는 기록이 보인다.

99) 경신은 3월의 삭일이다. 이 기사는 날짜가 잘못 배열된 오류로 보인다.

100) 제국의 정창에 보관중인 正稅稻[大稅], 公廨稻 설치 기사. 和銅 원년 윤8월 10일의 太政官符에서는 정세인 도곡(正稅稻) 일부를 不動穀으로 저장하고 不動倉을 설치하는 일이 장려된다. 즉 국아, 군아의 정창에 부동곡을 저장하여 모두 채워지면 국사, 군사의 승인을 거쳐 봉인되어 부동창이 된다. 부동창의 열쇠는 태정관이 보관한다. 부동창의 개봉은 기근이나 재해 시로 한정되는데, 제국에서 不動倉開檢申請解라고 하는 문서를 태정관에 제출해서 승인을 얻고 不動開用符 또는 不動充符의 太政官符가 발부되면 열쇠를 받는다. 관리체제는 엄중하여 저장량은 현전하는 正稅帳으로 추정하면 田租의 약 30년분에 해당하는 양(田地의 1년 수확량)이 된다.

101) 일본 동북지역의 태평양을 접한 해안.

102) 「喪葬令」5에 따르면 종5위의 賻物은 絁 10정, 布 40단, 鐵 2連이다.

병신(7일), 식부경 정4위상 藤原朝臣宇合을 지절대장군으로 삼고, 궁내대보 종5위상 高橋朝臣安麻呂를 부장군으로 삼고, 판관 8인, 주전 8인으로 편성하였다. 해도의 하이를 정벌하기 위해서이다.

계묘(14일), 판동 9국[103]의 병사 3만인에게 승마, 궁술을 교습시켜 군진을 훈련시켰다.[104] 채색비단 2백필, 비단 1천필, 목면 6천둔 삼베 1만단을 육오국의 군영에 보냈다.

정미(18일), 造宮卿 종4위하 縣犬養宿禰筑紫가 죽었다. 달이 화성을 범했다.

5월 계해(5일), 천황이 重閣[105]의 중문에 임하여 궁마술[106]을 관람하였다. 1품 이하 무위에 이르기까지 부호가[107] 및 좌우경, 기내 5국, 근강 등의 국사, 군사와 그 자제, 병사, 서민 중에서 강건하고 장식말을 준비할 수 있는 자는 모두 궁마의 행사에 봉사시켰다. 병사 이상에게 두루 차등 있게 녹을 내렸다.

신미(13일), 종5위상 薩妙觀[108]에게 河上忌寸의 성을 내리고, 종7위하 王吉勝에게 新城連[109]을, 정8위상 高正勝에게 三笠連[110]을, 종8위상 高益信에게 男捄

---

103) 坂東은 東國地方, 현재의 關東地方으로 駿河와 相模를 경계로 相模, 武藏, 上總, 下總, 安房, 常陸, 上野, 下野 등을 坂東 8國이라 하고, 陸奧國을 포함해 坂東 9國으로 하였다.

104) 「軍防令」2 「隊伍」조에는 "凡兵士, 各爲隊伍, 便弓馬者, 爲騎兵隊, 余爲步兵隊"라고 하여, 궁마, 기병대, 보병 등으로 군진을 편재하고 있다.

105) 중층 건물.

106) 원문에 獵騎로 표현된 말을 타고 활로 과녁을 맞히는 행사. 『延喜式』 권제11 太政官에 "凡五月五日, 天皇觀騎射幷走馬"라고 하여 5월 5일 단오절에 騎射 행사가 열리고 있다.

107) 弘仁 6년 3월 20일부 태정관부에 권세있는 귀족의 사자와 부호의 민이 경쟁적으로 陸奧國, 出羽國의 양마를 구하고 있다는 陸奧出羽按察使의 보고를 받고 이에 대한 반출 금지령을 내리고 있다(『類聚三代格』 권19 「禁斷出馬事」, "右中納言兼右近衛大將從三位行陸奧出羽按察使勳三巨勢朝臣野足奏狀. 軍團之用莫先於馬, 而權貴之使豪富之民, 爭相往來, 搜求無絶…, 勅宜强壯之馬堪充軍用者勿出國堺, 若違此制者罪依先, 物則沒官, 但駄馬者不在禁限, 其出羽國准此").

108) 앞의 養老 7년(723) 춘정월조 332쪽 각주 57) 참조.

109) 『新撰姓氏錄』 좌경제번하에는 "新城連은 高麗國人 高福裕로부터 나왔다"고 한다. 『삼국사기』 고구려본기 봉산왕 2년조에는 "新城宰北部小兄高奴子"라고 하여 신성태수인 북부 소형 高奴子가 나온다. 고복유는 고노자의 후예이므로 그의 선조가 신성태수로 있던 新城이라는 지명을 관칭했다고 생각된다. 이들 기록으로부터 추정하면 王吉勝이 新城連의 씨성을 취한 것은 원향의 지명에서 유래했거나, 같은 고구려계인 高福裕와 의제적 동족관계를 맺었을 가능성이 있다. 신성련씨의 일족으로는 『속일본기』 天平 11년(739)에 등장하는 新城連吉足이 있다.

110) 『新撰姓氏錄』 좌경제번하에는 "御笠連 高麗國人 종5위하 高庄子로부터 나왔다"고 한다. 상기 高正勝은 高庄子와 동족이다.

連[111]을, 종5위상 吉宜,[112] 종5위하 吉智首[113]에게 함께 吉田連[114]을, 종5위하 都能兄麻呂[115]에게 羽林連을, 정6위하 賈受君[116]에게 神前連을, 정6위하 樂浪河內[117]에게 高丘連을, 정7위상 四比忠勇[118]에게 椎野連을, 정7위상 荊軌武[119]에게 香山連을, 종6위상 金宅良[120]·金元吉[121]에게 함께 國看連[122]을, 정7위하

---

111) 『新撰姓氏錄』 좌경제번하에 "男捄連은 高麗國인 高道士로부터 나왔다"고 한다. 상기 高益信과 高道士는 동족관계로 생각되지만, 구체적인 혈연관계는 알 수 없다.

112) 백제멸망 후 망명한 吉大尙의 아들로 추정되며, 일본에서 태어나 출가했다가(승려 때 이름은 惠俊) 文武 4년(700) 의술에 뛰어나 관인으로 발탁되어 환속하였다. 和銅 7년(714) 정6위하에서 종5위하로 승진하고, 養老 5년(721) 의술에 뛰어난 관인으로 선발되어 포상받았다. 神龜 원년(724) 상기 본문에 기록되어 있듯이 일족인 吉智首와 함께 吉田連으로 개성하였다. 天平 5년(733)에 圖書頭, 天平 10년에 典藥頭를 역임하고 天平 9년 정5위하에 서임되었다. 『藤氏家傳』下 「武智麻呂傳」에 각계 명망가의 이름이 열거된 가운데 "方士有吉田連宜"라고 하여 점복이나 의술, 연금술 등에 능한 方士의 필두에 이름을 올렸다. 그는 『회풍조』에도 「正五位下図書頭吉田連宜, 二首[年七十]」라고 하여 2편의 시를 남기고 있다. 그 중 하나는 「秋日於長王宅宴新羅客, 一首」로 長屋王의 저택에서 신라사를 맞이할 때 지은 것이다. 『萬葉集』에도 大宰府 장관으로 부임해 있던 大伴旅人에게 보낸 화답의 서간과 短歌 4首(『万葉集』 5-864·865·866·867)를 남겼다. 漢詩와 일본 和歌의 벽을 넘나든 당대 최고의 교양인으로 꼽힌다.

113) 吉智首는 吉宜와 형제간으로 보인다. 『신찬성씨록』 좌경황별의 「吉田連」조에 "故謂其苗裔之姓爲吉氏. 男從五位下知須等, …神龜元年賜吉田連姓"이라고 하여 (吉)知須라는 인명이 나온다. 여기에서의 知須는 吉智首이며, 吉宜와 함께 신귀 원년 吉田連의 성을 받는다.

114) 吉田連으로의 사성에 대해 『신찬성씨록』 좌경황별의 「吉田連」조에는, 천황이 塩垂津彦命을 己汶의 땅에 보내 鎭守시켰는데, 그 나라 풍속에 宰를 칭하여 吉이라고 했기 때문에 씨족의 姓으로 삼았다고 한다. 이어 일족이 奈良京 田村里에 거주한 연유로 聖武 神龜 원년(724) 吉田連의 성을 하사했는데 그 분주에 "吉本姓, 田取居地名也"라고 하여 거주지명인 '田'자를 따서 吉田連으로 했고, 今上(嵯峨) 때인 弘仁 2년(811)에 宿禰로 개성했다고 한다. 吉氏는 백제망명인 吉大尙의 씨명으로 위에서 언급한 宰와는 관계가 없다. 吉田氏는 吉이라는 씨명과 거주지명인 '田'을 결합하여 '吉田'의 씨명을 갖게 된 것으로 생각된다.

115) 都能兄麻呂는 大寶 원년 8월 임인조에 환속한 승 慧耀. 본명 錄兄麻呂와 동일인물이며 都能은 觮, 錄, 角으로도 나온다. 권8 養老 5년(721) 춘정월조 300쪽 각주 158) 참조.

116) 백제계 도래씨족. 권8 養老 5년(721) 춘정월조 300쪽 각주 161) 참조.

117) 樂浪河內는 天智 2년(663)에 백제망명자인 沙門詠의 자손으로, 문사에 뛰어난 관인으로 이름을 남겼다. 天平 3년(731) 외종5위하로 승진하여 右京亮이 되었고, 이후 정5위하로 大學頭에 임명되었다. 和銅 5년 7월조 203쪽 각주 69) 참조.

118) 『일본서기』 天智 4년(665) 8월조의 筑紫의 大野城, 椽城의 축성을 맡은 백제망명인 四比福夫의 일족으로 생각된다. 和銅 7년 1월 무자조에 나오는 四比信紗도 일족이다.

119) 和銅 6년 정월 갑자조에 나오는 관위수여식에서 정6위하에서 종5위하로 승진한 荊義善과 동족으로서 백제계 도래인이다.

高昌武[123]에게 殖槻連을, 종7위상 王多寶[124]에게 蓋山連을, 勳12등 高祿德[125]에게 淸原連을, 무위 狛祁乎理和久[126]에게 古衆連을, 종5위하 吳肅胡明[127]에게 御立連을, 정6위상 物部用善에게 物部射園連을, 정6위상 久米奈保麻呂에게 久米連[128]을, 정6위하 賓難大足에게 長丘連을, 정6위하 胛巨茂에게 城上連을, 종6위하 谷那庚受[129]에게 難波連을, 정8위상 荅本陽春[130]에게 麻田連의 성을 내렸다.

임오(24일), 종5위상 小野朝臣牛養을 鎭狄將軍으로 삼고 出羽國의 蝦狄을

---

120) 신라계 도래인으로 文武 3년 10월 갑술조에 나오는 환속승 隆觀의 본명인 金財와 동일 인물로 보인다. 이름 財와 宅良은 모두 '타카라'로 훈독한다.

121) 기타 사료에는 보이지 않는다.

122) 國看連은 神護慶雲 원년 8월 계사조에 國見連으로 나온다.

123) 고구려계 도래인으로 이 인물에 대해서는 기타 사료에는 보이지 않는다.

124) 고구려계 도래인으로 기타 사료에는 보이지 않는다.

125) 고구려계 도래인으로 기타 사료에는 보이지 않는다.

126) 狛氏는 『신찬성씨록』에 狛國人이라고 하여 고구려계 씨족임을 나타내고 狛首, 狛造, 大狛連, 狛染部, 狛人 등 다양한 사례가 나온다. 또 和銅 4년(711) 7월조에 山背國 相樂郡의 狛部宿禰奈賣, 正倉院文書에도 狛人黑麻呂(『大日本古文書』 25-65), 지명으로서 大狛鄕(『大日本古文書』 23-616), 평성궁 발굴조사에서 출토된 목간에도 大狛里 등이 보인다. 狛氏 계열의 씨족들은 대부분 고구려 멸망 이전에 이주한 전승을 갖고 있다.

127) 養老 5년(721) 종5위하에서 종5위상으로 승진되었고, 의술에 뛰어난 관인으로 알려졌다. 『藤氏家傳』에도 神龜 연간에 학예의 士로 거론된 다수의 인물 가운데 御立連吳明으로 나오며, 황태자 교육을 위해 근시하였다. 天平 2년(730) 3월 신해조의 후진 양성을 위해 3인의 제자를 취해 교육시켰다는 御立連淸道는 吳肅胡明과 동일인물이다. 한편 『新撰姓氏錄』 「未定雜姓」에 "吳氏는 百濟國人 德率 吳伎側의 후손이다"라고 하여 백제계 도래계 씨족으로 나오는데 吳肅胡明과는 동족으로 생각된다.

128) 『新撰姓氏錄』 河內諸蕃에 佐佐良連의 출자를 백제국인 久米都彦에서 나왔다고 하듯이 久米連氏는 백제계 도래씨족일 가능성이 높다.

129) 谷那庚受는 天智 2년(663) 9월조의 일본 망명자들 중에 나오는 谷那晋首의 후손으로 생각된다. 谷那晋首는 천지 10년 정월의 관위수여식에서 병법에 밝다고 하였으며 大山下를 받았다. 『家傳』下에도 음양에 정통한 학자로 谷那庚受의 이름이 나온다.

130) 荅本陽春은 『일본서기』 天智 4년(665) 8월조에 "달솔 荅㶱春初를 보내 長門國에 성을 쌓게 하였다"고 하듯이 백제망명인의 후손이다. 『萬葉集』(569)에 "傳聞三韓人"이라고 하여 개성된 씨명으로 麻田陽春의 이름이 보이고, 또 『萬葉集』(570)에도 "右二首, 大典麻田連陽春"이라고 기록되어 있으며, 『懷風藻』에도 "外從五位下石見守麻田連陽春 一首[年五十六]"라고 하여 외종5위하 石見守 麻田連陽春이 남긴 한시 1수가 있고, 나이 56세라고 기록되어 있는데 漢詩와 和歌 모두에 능한 인물로 전한다. 天平勝寶 3년(751) 10월 정축조에 보이는 정6위상에서 외종5위하로 승진한 荅本忠節은 그 일족으로 생각된다. 또 일족인 麻田連眞淨은 大學直講(神護慶雲 원년 2월 정해조), 대학박사(延曆 7년 2월 병오조), 대학조교(연력 10년 12월 병오조) 등을 역임하였다. 한편 『신찬성씨록』 우경제번에 "麻田連은 百濟國人 朝鮮王 淮로부터 나왔다"는 전승도 갖고 있다.

진압시켰다. 또 군감 2인, 군조 2인을 임명하였다.

6월 계사(6일), 중납언 정3위 巨勢朝臣邑治가 죽었다. 難波朝[131] 좌대신 大繡德多[132]의 손이고, 중납언 小錦中 黑麻呂[133]의 아들이다.

추7월 무오삭(1일), 일식이 있었다.

경오(13일), 夫人 정3위 石川朝臣大蕤比賣가 죽었다. 종3위 阿倍朝臣廣庭, 정4위하 石川朝臣石足 등을 보내 장의를 감독시켰다. 또 중납언 정3위 大伴宿禰旅人 등을 자택에 보내 (천황의) 조를 말하고 정2위로 추증하고 부의물 비단 300필, 명주실 400필, 삼베 400단을 내렸다.

정축(20일), 6월 1일에서 이날까지 화성이 역행하였다.

8월 정미(21일), 종5위상 土師宿禰豊麻呂[134]를 遣新羅大使로 삼았다.

동10월 정해삭(1일), 치부성이 주언하기를, "왕경 및 제국의 승니 명적을 조사해 보니,[135] 출가의 사유에 대해 진술이 명확하지 않고, 혹은 이름이 승강의 장부에는 있는데 관적[136]에는 누락되어 있고, 혹은 얼굴모양,[137] 점, 사마귀 등이 (명적 기록과는) 완전히 다른 자가 총 1,121인[138]이다. 격, 식에 따라서 헤아려보면, 公驗을 지급해야 합당하지만, 어떻게 처분해야 할지 모르겠다. 삼가 천황의 재가를 청하고자 한다"라고 하였다. (천황이)

---

131) 孝德朝.

132) 巨勢大繡德多. 巨勢는 許勢라고도 쓴다.

133) 巨勢黑麻呂. 그의 관위는 智. 3년에 제정된 26계의 11등.

134) 元明朝인 和銅 8년(715) 종6위하에서 종5위하로 승진하고, 養老 7년(723) 종5위상에 올랐다. 이때의 신라 파견은 聖武天皇의 즉위를 알리기 위한 慶賀使로서였던 것으로 보인다. 神龜 2년(725)에 귀국하였다.

135) 『養老令』「雜令」38의 「造僧尼籍」조에 보이는 승니의 造籍에 관한 규정은 다음과 같다. 왕경 및 제국의 관사는 6년마다 僧尼의 명적 3통을 작성하는데 출가 연월, 수행승으로서의 夏臈, 덕업을 기록하여 1통은 임지에 두고 나머지는 太政官을 통해 1통은 中務省에 보내고 1통은 치부성에 보내면 소관 관사인 玄蕃寮의 승니 명적에 등재된다.

136) 官籍은 式部省 玄蕃寮에 보관되어 있는 僧尼의 호적. 「職員令」18의 「玄蕃寮」조에는 "頭一人.〈掌, 仏寺, 僧尼名籍…〉"이라고 하여 승니의 명적을 관리하고 있다.

137) 僧尼의 명적에는 計帳과 같이 개개인의 신체의 특징을 주기하고 있다. 이것은 玄蕃寮의 관인이 당사자를 면접하며 기록한 것으로 보인다.

138) 『續日本紀』 天平 13년(741) 3월 을사조에는 제국의 國分寺는 僧寺에는 20인, 尼寺에는 10인을 둔다는 규정이 나온다. 이에 따르면 율령국가의 국이 60여 개로 구성되어 있으므로 공적으로 대략 1,800인의 승니가 존재했을 것으로 추정된다. 1,122인이라는 숫자는 자격미달 승려가 적지 않았음을 말해준다.

조를 내려, "白鳳 이래 朱雀[139] 이전은 먼 시대의 일로서 찾아서 밝히기가 어렵다. 또 소관 관사의 기록에도 소략한 것이 많으니, 오로지 현재의 명적을 인정해서 그대로 공험을 지급한다"라고 하였다.

신묘(5일), 천황이 紀伊國에 순행하였다.

계사(7일), 일행은 紀伊國 那賀郡의 玉垣勾頓宮에 도착하였다.

갑오(8일), 海部郡의 玉津嶋頓宮에 이르러 10여일 묵었다.

무술(12일), 岡東에 이궁을 조영하였다. 이날 순행에 동행한 관인 6위 이하에게 伴部에 이르기까지 신분에 따라 녹을 내렸다.

임인(16일), 造離宮司 및 紀伊國의 국사, 군사 아울러 행궁 부근의 70세 이상의 고령자에게 각각 차등있게 녹을 내렸다. 백성의 금년의 調, 庸과 名草, 海部 2군의 전조는 모두 면제하였다. 또 사형죄 이하의 죄인은 사면하였다.[140] 名草郡의 대령 외종8위상 紀直摩祖를 국조로 삼고, 관위 3계를 올리고, 소령 정8위하 大伴櫟津連子人, 海部直土形에게 2계를 올리고, 그외의 52인에게는 각각 관위 1계를 올려주었다.

또 조를 내려 "산에 올라 바다를 바라보니, 이곳이 가장 좋다. 멀리 가지 않아도 유람하기에 족하다. 따라서 弱濱이라는 명칭을 고쳐서 明光浦로 하고, 守戶를 설치하여 방치하거나 더럽혀서는 안 된다. 춘추 2회로 관인을 파견하여 玉津嶋의 신 明光浦에게 제사지내도록 한다"라고 하였다. 忍海手人大海 등 형제 6인에게 手人[141]의 명칭을 삭제하고 외조부 외종5위상 津守連通의 성을 따르도록 하였다.

정미(21일), 돌아오는 길에 和泉國 所石頓宮에 이르렀다. 군사의 소령 이상에게 관위 1계를 내리고, 監正 이하 백성에게는 각각 차등있게 녹을 내렸다.

기유(23일), 천황이 紀伊國에서 돌아왔다.

을묘(29일), 산위 종5위하 息長眞人臣足을 出雲按察使에 임명하였다. 재임시에 노골적으로 부정하게 재물을 취해 행적이 나빠 위록을 박탈하였다.

---

139) 白鳳, 朱雀의 연호는 正史에 나오지 않는 연호이다. 여기서는 대체로 650년대 孝德朝에서 680년대 天武朝 시대를 말한다.

140) 이상은 모두 천황이 순행한 紀伊國 백성들을 말한다.

141) 手人은 잡호이고 공민의 호적으로 편입한 것.

11월 갑자(8일), 태정관에서 주언하기를 "상고에는 소박하게 겨울에는 토굴에서 거주하고, 여름에는 나무에 둥지를 만들어 살았다. 후세의 성인은 대대로 궁실을 만들었고, 또 경사에는 제왕이 거주하였다. 만국[142)]이 내조하는 곳이 웅장하고 화려하지 않으면 어찌 덕을 펼칠 수가 있겠는가. 판잣집, 초가집은 중고시대[143)]가 남긴 제도이고, 조영하기는 어려워도 부수기는 쉬워 헛되게 백성들의 재산을 없애 버리게 된다. 청컨대 5위 이상 및 백성 중에서 조영할 수 있는 여력이 있는 자에게는 기와집을 세우게 하고 적색, 백색으로 도색하도록 한다"라고 하였다.[144)] 이 주상을 허락하였다.

신미(15일), 近江國에 內舍人[145)]을 보내 持節大使 藤原朝臣宇合을 위로하였다.[146)]

기묘(23일), 대상제를 열었다. 備前國을 由機로 삼고, 播磨國을 須機로 삼았다.[147)] 종5위하 石上朝臣勝男·石上朝臣乙麻呂, 종6위상 石上朝臣諸男, 종7위상 榎井朝臣大嶋 등이 內物部[148)]를 이끌고 齋宮의 남북 2문에 神楯을 세웠다.

신사(25일), 조당에서 5위 이상에게 연회를 베풀었다. 이어 내리로 불러 어주 및 녹을 내렸다.

---

142) 율령국가의 지방 제국, 蝦夷, 隼人 등 이종족을 말한다. 『일본서기』 孝德紀 大化 원년 8월조, 持統紀 3년 정월조에도 '萬國'의 사례가 있는데 국내를 가리킨다. 여기서는 당시 교류가 많았던 新羅를 의식했을 가능성도 있다. 한편 『속일본기』에 자주 보이는 '天下'라는 용어도 일본 국내를 말한다.

143) 中古時代는 大和政權 시대를 말한다.

144) 기와집에 도색작업을 하라는 것은 왕경의 도시 미관 정비이다. 『家傳』下에도 이 시기의 일로서 "營飾京邑及諸驛家, 許人瓦屋赭堊渥飾"이라고 하여 瓦屋을 세워 기둥과 벽을 적백색으로 칠하고, 아름답게 장식하는 것을 허락한다고 기술하고 있다. 『일본후기』 大同 원년 5월 정축조에는 "勅, 備後, 安藝, 周防, 長門等國驛館, 本備蕃客瓦葺粉壁"이라고 하여, 외국 사신이 왕래하는 平城京과 山陽道 驛家를 중심으로 기와를 이고 도색작업을 하라는 칙을 내리고 있다. 이 역시 외국사절에게 일본의 우수함을 알리기 위한 번국관의 일환으로 보인다.

145) 천황 측근의 舍人.

146) 神龜 원년(724) 3월에 海道의 蝦夷가 반란을 일으켜 陸奥國 大掾 佐伯兒屋麻呂를 살해했기 때문에 式部卿 藤原朝臣宇合이 4월에 持節大將軍에 임명되어 정토에 올랐다. 이 기사는 원정을 종료하고 개선하는 장군을 환영하기 위해 왕경 도착 전 귀환로에 있는 近江에 간 것이다. 「軍防令」18에는 "凡大將…凱旋之日, 奏遣使郊勞"라는 규정이 있다.

147) 由機와 須機는 대상제 때 新穀을 재배하여 바치는 국을 말한다.

148) 衛門部에 소속된 物部의 民. 궁중문의 경비 등을 담당하였다.

임오(26일), 조당에서 백료의 주전 이상에게 연회를 베풀었다. 또 무위 황친, 제관사의 번상관 및 양 국사, 군사[149]와 그 처자에게 술과 음식 및 녹을 내렸다.

경신[150](4일), 제관사의 장관 및 수재,[151] 공무에 힘쓴 자에게 중궁에서 연회를 베풀고 각각 명주실 10구를 내렸다.

을유(29일), 征夷指節大使 정4위상 藤原朝臣宇合, 鎭狄將軍 종5위상 小野朝臣牛養 등이 귀환하였다.

◯ 神龜 2년(725) 춘정월 병진삭(1일), 山背國, 備前國에서 각각 흰 제비를 1마리씩 바쳤다.

경오(15일), 대초위하 漢人法麻呂에게 中臣志斐連의 성을 내렸다.

기묘(24일), 華蓋[152]에 혜성이 나타났다.

윤정월 기축(4일), 육오국의 포로[153] 14인을 伊豫國으로 보내고, 578인을 축자로 보내고, 15인을 和泉監으로 보냈다.

임인(17일), 궁중에서 승 600인을 불러 대반야경[154]을 독송하였다. 재이를 제거하기 위해서이다.

무자(3일),[155] 밤에 달이 토성을 범하였다.

정미(22일), 천황이 조정에 임하여 조를 내려, "정이장군 이하 1,696인에게 신분에 따라 훈위를 서위하였다. 정4위상 藤原朝臣宇合에게 종3위 훈2등을, 종5위상 大野朝臣東人에게 종4위하 훈4등을, 종5위상 高橋朝臣安麻呂에게 정5위하 훈5등을, 종5위하 中臣朝臣廣見에게 종5위상을, 종7위하 後部王起,[156]

149) 由機와 須機를 바치는 備前國·播磨國의 國司와 郡司.
150) 경신(4일) 기사는 갑자(8일)조 앞으로 배열해야 한다.
151) 式部省이 행하는 관인채용시험에서 최고 난관인 方略試에 합격한 자.
152) 星座의 이름.
153) 藤原朝臣宇合이 蝦夷 정토에서 데리고 온 포로를 말하며, 이들을 각지로 분산, 이주시켰다.
154) 大乘佛教經典으로 반야경전을 집대성한 것.
155) 이 戊子 간지는 순서가 잘못되어 있다.
156) 後部王起는 고구려 5부 중 後部에 씨명인 王이 합쳐져 씨성이 된 것이다. 王紀의 출신부인 후부에서 王의 성을 관칭한 것이다. 天平 원년 3월 외종5위하, 天平 4년 10월 右衛士佐에 서임되었다. 동 『신찬성씨록』 우경제번하에 "後部王은 高麗國 長王周의

정8위상 佐伯宿禰首麻呂·五百原君虫麻呂, 종7위하 君子龍麻呂, 종8위상 出部直佩刀, 소초위상 紀朝臣牟良自, 정8위상 田邊史難波,[157] 종6위하 坂本朝臣宇頭麻佐, 외종6위상 丸子大國, 외종8위상 國覓忌寸勝麻呂[158] 등 11인에게 함께 훈6등을 내리고, 전지 2정[159]을 하사하였다.

3월 경자(17일), 常陸國의 백성이 俘賊[160]의 폭동으로 가옥이 불타 재물이 손실되었다. 9분[161] 이상의 손실이면 3년간 과역을 면제하였고, 4분이면 2년을, 2분이면 1년을 면제하였다.

하5월 갑진(22일), 견신라사 土師宿禰豊麻呂가 귀국하였다.

6월 정사(6일), 和德史龍麻呂[162] 등 38인에게 大縣史의 성을 내렸다.

후손이다"라고 그 출자를 기록하고 있다. 後部王氏 일족으로는 和銅 5년(712) 정월에 後部王同, 神龜 2년(725) 윤정월에 後部王起, 天平勝寶 6년(762) 정월에 後部王吉 등이 나온다. 天平寶字 5년(761) 3월에는 後部王安成 등 2인이 高里連 씨성을 받는다. 이 해에 5부를 관칭한 많은 고구려계 씨족들이 새로운 씨성을 받는다. 이 밖에 『寧樂遺文』(中-633)에 後布王公人, 後部王虫名 등의 인명이 보인다.

157) 天平 9년 4월에 정6위하 出羽國守로 재임하고, 天平 11년 4월 정6위상에서 외종5위하로, 동 16년 11월에는 종5위하에 서위되었다. 天平勝寶 2년 2월에는 上毛野君으로 개성하고, 동 6년 정월에 종5위상으로 승진하였다. 田邊史氏는 河內國 安宿鄕의 田邊지역을 본거지로 하는 백제계 도래씨족이다. 『新撰姓氏錄』 左京皇別에는 황족의 후예로 나와 있으나 개변된 것이다.

158) 國覓忌寸氏는 백제계 東漢氏의 지족으로 『신찬성씨록』 逸文 및 正倉院文書 등에 동 씨족의 인명이 다수 보인다.

159) 田地 2정에 대해서는 서위된 모든 사람에게 주었다는 설과 마지막 훈6등에게만 주었다는 설이 있다. 신분에 따른 차등 지급이 보이지 않아 해석에 난점이 있다.

160) 포로로 잡히거나 귀순한 蝦夷.

161) 『令集解』 「賦役令」6 「古記」에는 자산을 호별로 9등분하여 구분하고 있다. 피해율은 그 자산율에 따라 산출한다. 和銅 6년 2월 19일자 格에는 錢貨의 보유량으로 구분을 명시하고 있다. "其資財百貫以上爲上上戶, 六十貫以上爲上中, 四十貫以上爲上下, 廿貫以上爲中上, 十六貫以上爲中中, 十二貫以上爲中下, 八貫以上位爲中上, 四貫以上爲下中, 二貫以上爲下下戶也"라고 규정하고 있고, 和銅 8년 5월 19일 格에는 "其資財准錢, 三十貫以上爲上上, 廿五貫爲爲上中, 廿貫以上爲上下, 十五貫以上爲中上, 十貫以上爲中中, 六貫以上爲中下, 三貫以上爲下上, 二貫以上位爲下中, 一貫以上爲下下也"라고 규정하고 있다. 노비에 대해서도 "奴一口, 准直六百文, 婢一口, 四百文"으로 규정하고 있다.

162) 『신찬성씨록』 우경제번하에, "大縣史는 백제국 사람 和德의 후손이다"라고 나온다. 大縣史의 씨명은 河內國 大縣郡의 지명에서 유래하고, 옛 성은 和德史이다. 大縣史씨 일족으로는 『일본서기』 大化 2년(646) 3월조에 和德史가 나온다. 평성궁 출토 목간에도 "少初位下大縣史[萬][呂]錢五百文·神龜五年九月廿八日"이 명기되어 있다. 이 목간은 이른바 '續勞錢'이라고 하는 付札로 근무를 계속하기 위해 돈을 지불하는 것이다. 이 목간은 神龜 5년명이 기록되어 있듯이 상기 본문의 和德史龍麻呂 등 38인이 대현사의 씨성을

계유(22일), 낮에 금성이 보였다.

추7월 병술(5일), 河內國 丹比郡 사람 정8위하 川原椋人子虫[163] 등 46인에게 河原史의 성을 내렸다.

무술(17일), 7도 제국에 조를 내려 "재이를 없애고 복을 바라는 일은 반드시 영적인 힘에 의지하고, 神을 공경하고 佛을 존숭하는 일은 청정이 우선이다. 지금 천신, 지신을 모시는 신사 내에는 불결하여 악취가 많고, 잡다한 가축을 기르고 있다고 한다. 신을 공경하는 예가 어떻게 이러한가. 마땅히 국사인 장관이 직접 봉폐하여 힘써 청소하고 항상 연중행사로 제사지낸다. 또 제사찰의 경내는 힘써 청소하고 승니에게 금광명경을 독경하게 하고, 만약 이 경이 없으면 최승왕경을 전독시켜 국가를 평안하게 한다"라고 하였다.

임인(21일), 伊勢, 尾張 2국의 전지를 처음으로 志摩國 백성에게 구분전으로 반급하였다.

9월 임인(22일), 조를 내려 "짐은 듣건대, 옛 현명한 왕들은 군주로서 천하에 임하여 천지의 은덕에 따라서 백성을 보살피고, 사계의 질서에 따라서 평등하게 다스렸다. 음양이 조화롭고 풍우가 절기에 부합하여 재해를 없애고 좋은 징조가 나타났다. 따라서 훌륭한 실적을 내고 좋은 평판을 얻어 세상의 으뜸으로 칭하게 되었다. 짐은 덕이 부족하고 능력이 보잘 것 없는데 황위에 올라 두렵고 저녁이 되어도 과실이 없었는지 걱정하고 있다. 하나의 사물도 있는 곳을 잃어버리지 않을까 두려워하고, 생명이 있는 것은 편안하게 돌보기 위해 마음을 다하고 있지만 (천지의) 가르침과 명하는 바가 확실하지 않아 지성을 다해도 감응하지 않고, 하늘은 별의 이변을 보이고, 땅은 진동을 일으키고 있다. 삼가 생각해 보니, 재화의 책임은 전적으로 나에게 있다. 옛적 은의 고종은 덕을 닦아서 꿩이 우는[164] 나쁜 징조를 없애고, 송의 景公은 인을 행하여 화성의 이변[165]을 멈추게 했다고 한다. 옛적 선인의

받은 3년 후에 기록된 것이다.

163) 川原椋人氏는 『신찬성씨록』 河內諸蕃에 "河原藏人은 上村主와 조상이 같으며, 陳思王 植의 후손이다"라고 기록되어 있다. 椋人[藏人]은 조정 재정을 담당하는 倉과 관련된 관직명이 성으로 전화한 것이다. 동족인 上村主는 『일본서기』 持統紀 5년(691) 4월조의 '大學博士 上村主百濟'라는 인명으로 보아 백제계 도래씨족으로 보인다.

164) 꿩의 울음은 災異의 전조.

행적을 돌이켜 보면 어떻게 두렵고 근심하는 마음을 잊을 수 있겠는가. 마땅히 소관 관사에서는 3천인을 출가, 득도시키고 아울러 왕경 및 대왜국 관내의 제사찰에게 이달 17일부터 전경하게 하여 복을 빌어 재이를 없애고자 한다"라고 하였다.

동10월 경신(10일), 천황이 難波宮으로 행차하였다.

신미(21일), 조를 내려 난파궁 부근의 2명의 郡司에게 신분에 따라 관위와 녹을 내렸다. 攝津國 사람 소초위하 掃守連族廣山[166] 등의 이름에서 '族'자를 삭제해 주었다.

기묘(29일), 낮에 금성과 목성의 빛이 서로 만났다.

11월 기축(10일), 천황이 대안전에 임하여 동지의 하례를 받았다. 친왕 및 侍臣 등이 진귀한 물품과 식물을 갖고 진상하였다. 문무의 백료 이상 및 제관사의 장관, 대학박사 등에게 종일 주연을 베풀고 즐거움을 만끽한 후에 끝마쳤다. 차등있게 녹을 내렸다.

이날 대납언 정3위 多治比眞人池守에게 靈壽杖[167] 및 비단, 목면을 내렸다. 중무성 少丞 종6위상 佐味朝臣虫麻呂, 典鑄[168] 정6위상 播磨直弟兄에게 함께 종5위하를 내렸다. 弟兄은 처음으로 당국에서 돌아올 때 甘子[169]를 갖고 왔고 虫麻呂에게 먼저 그 종자를 심게 하여 열매를 맺게 하였다. 이 때문에 관위를 내린 것이다.

12월 경술삭(1일), 일식이 있었다.

경오(21일), 조를 내려, "사형을 받은 자는 살아올 수 없고, 수형자는 편함이 없다. 이는 고전에서 중시하는 바이다. 어떻게 형벌을 구제하지 않을 수 있겠는가. 지금 (형부성이) 주상한 바에 의하면, 왕경 및 천하 제국에 수감되어 있는 죄인 중에서 사형죄는 마땅히 流刑으로 내리고, 유형은 마땅히 囚刑에

---

165) 화성의 이변은 병란의 전조. 이 古事는 『史記』 宋微子 世家에 실려 있다.
166) 掃守連의 族民으로, 大化 前代로부터 攝津國에서 館舍의 설치, 청소 등의 잡역에 종사한 부역민으로 보인다.
167) 多治比眞人池守의 父 좌대신 多治比眞人嶋도 文武 4년(704) 춘정월에 장수하여 靈壽杖을 받았다.
168) 大藏省 鑄錢司의 장관인 典鑄正은 정6위상 상당.
169) 감귤류의 일종.

따르고, 수형 이하는 형부성의 주상에 의거하도록 한다"라고 하였다.

○ 神龜 3년(726), 춘정월 신사(2일), 京職이 흰 쥐[170]를 바쳤다. 대왜국에서 흰 거북을 바쳤다.

경자(21일), 천황이 대극전에 임하여, 종4위하 鈴鹿王에게 종4위상을, 무위 石川王에게 종4위상을, 종4위상 藤原朝臣麻呂에게 정4위상을, 정5위상 阿倍朝臣駿河, 정5위하 石川朝臣君子에게 함께 종4위하를, 정5위하 中臣朝臣東人에게 정5위상을, 종5위상 多治比眞人廣足·巨勢朝臣眞人·大伴宿禰邑治麻呂·忍海連人成·鍛冶造大隅, 종5위하 佐伯宿禰沙美麻呂에게 함께 정5위하를, 종5위하 石上朝臣勝雄·笠朝臣御室·大倭忌寸五百足·置始連秋山에게 함께 종5위상을, 정6위상 路眞人虫麻呂·阿倍朝臣粳虫·大宅朝臣廣麻呂·粟田朝臣馬養·田口朝臣家主·紀朝臣宇美·秦忌寸足國·葛井連毛人,[171] 종6위상 縣犬養宿禰大唐에게 함께 종5위하를, 정6위상 多胡吉師手에게 외종5위하를 내렸다.

2월 경술삭(1일), 제를 내려 "5위 이상은 薨卒[172] 이후 6년간은 위전[173]을 몰수해서는 안 된다"라고 하였다.

신해(2일), 出雲國造 종6위상 出雲臣廣嶋가 재회 의식을 마치고 신사의 검, 경 및 백마, 황새를 바쳤다. 廣嶋와 祝 2인에게 관위 2계를 승서하고, 광도에게 비단 20필, 목면 50둔, 삼베 60단을 내리고, 그 외 祝部 193인에게 각각 차등있게 녹을 지급하였다.

---

170) 흰쥐는 『延喜式』 式部省의 祥瑞에는 보이지 않지만, 『속일본기』에 4례가 나온다.

171) 葛井連氏는 백제계 도래씨족인 王辰爾의 일족인 胆津의 후예이다. 胆津은 6세기 후반 白猪屯倉에 파견되어 田部를 편성하고 호적을 작성한 공로로 白猪史의 성을 받고, 문필씨족으로서 성장하였다. 葛井寺는 이 씨족의 氏寺이다.

172) 「喪葬令」15에 따르면 薨은 3위 이상, 卒은 4, 5위의 관인이 사망할 때 쓴다. 位田은 5위 이상 1품 이하에게 品位에 따라 지급한다. 「田令」4 「位田」조에는 "凡位田, 一品八十町, 二品六十町, 三品五十町, 四品四十町, 正一位八十町, 從一位七十四町, 正二位六十町, 從二位五十四町, 正三位四十町, 從三位三十四町, 正四位卄四町, 從四位卄町, 正五位十二町, 從五位八町.〈女減三分之一.〉"이라고 규정되어 있다. 1町의 크기는 사방 60보, 109평방미터로 3,600평에 달한다.

173) 「田令」9 「應給位田」조에는 "凡應給位田未請, 及未足而身亡者, 子孫不合追請"이라고 하여 위전은 본인이 사망하여 자손이 청하지 않으면 지급하지 않는다고 되어 있다. 즉 위전은 사실상 본인의 사망과 함께 관에 회수되며, 이번 조치로 6년간은 자손에게 상속된 것으로 보인다.

경신(11일), (천황이) 제를 내려 "내명부 5위의 신분으로 6위 이하의 관직에 임명된 자는 지금 이후로는 정6위관의 녹을 지급한다"라고 하였다.

기사(20일), 태정관이 주상하기를, "選人[174] 중에서 태정관이 소집하여 호명했는데 도착하지 않은 자는 다음날 소집해서 호명하고,[175] 또 오지 않으면 거듭 소집하지 않기로 한다. 만약 그해 상등의 근무평정을 받으면 중등으로 강등하고, 만약 중등이면 1년의 평가를 감하고 (1년 연장해서) 평가가 중등이면 다시 1년분의 평가를 감하여 1년을 연장한다. 그리고 두 해의 평가가 중등이면 그 전의 모든 평가를 취소한다. 지금 이후로는 영원히 항례로 삼는다"라고 하였다. 이 주상을 허락하였다.

3월 신사(3일), 南苑에서 5위 이상에서 연회를 베풀었다. 다만 6위 이하의 관인 및 대사인, 수도사인, 병위 등은 모두 어재소에 불러 지위에 따라 소금, 가래를 내렸다.

하5월 신축(24일), 신라사 살찬 金造近 등이 내조하였다.

6월 신해(5일), 천황이 대극전에 임하였다. 신라사가 조물을 바쳤다.

임자(6일), 조당에서 김조근 등에게 연회를 베풀고 신분에 따라 녹을 내렸다.

경신(14일), 조를 내려 "무릇 백성 중에는 고질병에 걸려 시간이 지나도 치료되지 않거나 혹은 중병을 얻어 밤낮으로 고통받고 있는 자가 있다. 짐은 부모가 되어 어찌 불쌍히 여기지 않겠는가. 마땅히 좌우경, 기내 4국 및 6도 제국에 의사와 약을 보내 이러한 병자들을 치료하여 모두 편안함을 얻을 수 있게 한다. 병의 경중에 따라 곡물을 지급하여 진휼하고 소관 관사에서는 힘써 짐의 뜻에 맞도록 한다"라고 하였다.

신유(15일), 태상천황이 병환이 들었다. 천하 제국에 명하여 방생을 하였다.

정묘(21일), 태상천황을 위해 승 28인 비구니 2인을 득도시켰다.

추7월 무자(13일), 金奏勳[176] 등이 귀국하였다. (천황이) 새서[177]를 내리며

---

174) 근무평정의 연한을 채워 위계를 받을 수 있게 된 사람.

175) 관인의 성적심사에서 대상자는 구두로 심사를 받는다. 이 심문에는 「考課令」1의 규정에 따라 매년 해당 관사의 장관이 행하는 考問과 「選叙令」1의 규정에 근거해서 成選의 해에 소집하여 呼名[引唱]하는 2종류가 있다. 본문의 太政官奏는 호명 시 불참자에 대한 처리 규정이다. 長上官은 太政官에서 소집하여 호명하고 番上官은 式部省에서, 제국의 國司, 郡司는 國에서 소집하여 호명한다.

말하기를, "이찬 金順貞[178]에게 칙을 내리니, 그대 경은 국내에서 평안하게 잘 다스리고, 우리 조정에 충실하게 직무를 다하였다. 공조사 살찬 김주훈 등이 주상하여 '順貞은 작년 6월 30일에 죽었다'고 하였다. 애통하도다. 현신은 나라를 지켰고 짐의 소중한 신하였는데,[179] 지금은 (이 세상에) 없다. 나의 좋은 신하를 잃어버렸다. 이에 부의물로 황금빛 비단 100필, 목면 100둔을 보낸다. 그 공적을 잊지 않고 육체를 떠난 혼에게 바쳐 위로하고자 한다"라고 하였다.

계사(18일), 조를 내려 "태상천황이 건강이 악화된 지 이미 2계절이 지났다. 천하에 대사면을 내리고, 병자들에게 헤아려 탕약을 지급하도록 한다"라고 하였다.

갑오(19일), 승 15인, 비구니 7인을 득도시켰다.

을미(20일), 石成, 葛木, 住吉, 賀茂 등의 신사에 사자를 보내 봉폐하였다.

8월 계축(8일), 태상천황을 위해 석가상을 만들고 법화경을 서사하는 일을 마쳤다. 이에 藥師寺에서 재를 올렸다.

임술(17일), 鼓吹戶[180] 300호, 鷹戶[181] 10호를 설정하였다.

을해(30일), 태정관이 처분하기를, "신임 국사가 임지로 향하는 날, 伊賀, 伊勢, 近江, 丹波, 播磨, 紀伊 등 6국은 식량과 말을 지급하지 않고, 志摩, 尾張, 若狹, 美濃, 參川, 越前, 丹後, 但馬, 美作, 備前, 備中, 淡路 등 12국은 모두 식량을 제공한다. 그 외의 제국은 모두 傳符[182]를 지급한다. 다만 대재부

---

176) 동년 5월 신축조에 보이는 신라사 金造近과 동일 인물로 보인다.

177) 천황의 御印이 날인된 문서. 일본 천황의 國書.

178) 『삼국사기』 景德王 원년조에는 경덕왕의 비가 伊飡 (金)順貞의 딸이라고 나온다. 김순정은 이 시기 대일외교의 주역으로 활동한 것으로 보인다. 寶龜 5년(774) 3월 계미조에도 김순정 관련 기사가 나온다.

179) 원문은 股肱으로 일본천황의 다리와 팔과 같은 존재, 즉 신뢰할 수 있는 소중한 신하라는 의미이다. 『史記』 太史公自序에서 '왕과 황제를 받드는 신하'를 股肱之臣이라고 표현한 고사에서 유래한다. 이는 신라왕의 사자를 마치 자신의 신하처럼 표현한 것으로 신라 번국관의 발로이지만, 김순정이 대일외교에서 보여준 특별한 인상이 반영된 것이라고 생각된다.

180) 兵部省 鼓吹司에 소속된 品部. 軍陣에 상용되는 鼓, 角을 다루는 職業民이다. 『令集解』 「職員令」의 「伴說」 소인의 和銅 2년(709) 右大弁官宣에 의하면, 10월부터 2월까지 上番해서 鼓角을 교습받고 調를 면제했다고 한다.

181) 兵部省 산하의 主鷹司(放鷹司)에서 매, 사냥개를 사육, 조련하는 품부.

및 관할 제국의 5위 이상의 자는 마땅히 傳符를 지급하고 그 외 자는 편의에 따라 배를 이용한다. 도중에 있는 제국은 전례에 따라 (식량을) 제공한다. 史生도 이에 준한다"라고 하였다.

9월 정축(2일), 경관의 史生 및 坊令[183]에게 처음으로 조복을 착용시키고 홀[184]을 소지하게 하였다.

기묘(4일), 安房國의 安房郡, 出雲國의 意宇郡[185]의 采女를 폐지하고 兵衛를 바치도록 하였다.

정해(12일), 천황이 대극전에 임하여 조를 내리기를, "금년 가을은 대풍작을 이루어 백성의 생활이 풍요롭게 되었다. 천하의 백성들과 이 기쁨을 함께 나누고 싶다. 마땅히 금년의 전조를 면제한다"라고 하였다.

경인(15일), 내리에 대추[186]가 열렸다. 칙을 내려 조야의 승려, 백성에게 대추의 운문을 짓게 하였다.

임인(27일), 문인 112인이 대추 운문을 지어 바쳤다. (천황은) 그 등급에 따라 녹을 내렸다. 1등은 비단 20필, 목면 30둔, 삼베 30단, 2등은 비단 10필, 목면 20둔, 삼베 20단, 3등은 비단 6필, 목면 6둔, 삼베 8단, 4등은 비단 4필, 목면 4둔, 삼베 6단을 내리고, 등외의 자에게는 비단 1필, 목면 1둔, 삼베 3단을 내렸다.

정4위상 六人部王·藤原朝臣麻呂, 정5위하 巨勢朝臣眞人, 종5위하 縣犬養宿禰石次·大神朝臣道守 등 27인을 裝束司로 삼고, 종4위하 門部王, 정5위하 多治比眞人廣足, 종5위하 村國連志我麻呂 등 18인을 造頓宮司로 삼았다. 바야흐로 播磨國

---

182) 傳馬의 이용 허가서.
183) 왕경의 4坊마다 백성 중에서 책임자를 두어 치안, 납세 등을 담당.
184) 笏은 격식에 맞게 의복을 갖추고 위용있게 보이기 위해 오른손에 든 손잡이 있는 장방형의 장식품을 말한다. 중국에서는 관인이 비망 기록을 써서 여기에 붙이고 다녔고, 일본에서도 그 영향을 받아 공무 시에 사용했던 것 같다. 후에는 국가의 중요 神職의 의례용으로 사용되었다.
185) 이 2郡은 모두 神郡으로, 율령제 하에서는 郡 전체가 특정 神社의 所領, 神域으로 정해졌다. 社領[神領]의 일종으로 郡에서 나오는 수입은 그 신사의 수리, 제사 비용으로 충당된다. 神郡에서는 각 신사의 奉齋 氏族이 神宮司와 함께 郡領도 담당하고 있다. 郡司 씨족은 그 지역에서 전통적으로 재씨 호족이 된다.
186) 玉棗는 대추의 미칭. 약재로 이용되었는데, 오래 복용하면 신선까지 될 수 있다고 한 祥瑞의 식물이다.

의 印南野로 순행하기 위해서이다.

동10월 신해(7일), 播磨國의 인남야에 순행하였다.

갑인(10일), 인남야의 邑美頓宮에 이르렀다. 순행에 수행한 사람 및 행재소에 봉사한 播磨國의 국사, 군사, 백성에게 차등있게 관위와 녹을 내렸다. 또 행궁 부근의 明石, 賀古 2군의 백성, 70세 이상의 고령자에게 각각 곡물 1곡을 내렸다. 播磨國 내의 사형죄 이하는 사면하였다.

계해(19일), 귀로에 難波宮에 이르렀다.

경오(26일), 식부경 종3위 藤原朝臣宇合을 知造難波宮事[187]로 삼았다. 수행한 무위 諸王, 6위 이상, 재능과 기예로 장상관이 된 자 및 잡색인,[188] 난파궁의 관인, (攝津國의) 군사 이상의 관인에게 신분에 따라 녹을 내렸다.

계유(29일), 천황이 난파궁에서 돌아왔다.

11월 기해(26일), 備前國 藤原郡의 이름을 고쳐 藤野郡으로 하였다.

기축[189](16일), 5위의 郡司가 죽으면 처음으로 부의물을 내리도록 하였다. 또 훈9등 이하의 자를 장상관에 임명할 때에는 과역을 면제하였다.

12월 을묘(12일), 금성이 토성을 범하였다.

정묘(24일), 尾張國의 백성 총 2,242호의 수확이 줄어들어 기근이 발생하고, 遠江國의 5郡이 수해로 피해를 입어 함께 3년에 한하여 무이자로 대여하게 하였다.

임신(29일), 태정관이 처분하기를, "東文忌寸 등은 지금 이후로는 弁官[190]에 임명된 자는 大祓의 刀[191]를 바친다"라고 하였다.

『속일본기』 권제9

---

187) 難波宮은 孝德朝 때에 조영된 이래 朱鳥 원년(686)에 화재로 재건되었다. 이후 延曆 16년까지 平城京의 副都로 기능하여 종종 천황이 순행하고 천도를 계획했던 곳이다. 知造難波宮事는 난파궁의 조영을 담당했던 임시직이다.

188) 잡다한 직종에 종사하는 하급관인.

189) 앞의 기해조와 날짜 순서가 바뀌었다.

190) 태정관을 구성하는 左右大弁, 左右中弁, 左右少弁의 총칭. 문서사무, 제관사, 제국과의 연락 등을 맡았다. 大弁은 종4위상 상당, 中弁은 정5위상 상당, 少弁은 정5위하 상당이다.

191) 大祓은 죄와 不淨을 씻기 위한 정화의식.

續日本紀卷第九

〈起養老六年正月, 盡神龜三年十二月〉

從四位下行民部大輔兼左兵衛督皇太子學士臣菅野朝臣眞道等奉勅撰

日本根子瑞淨足姬天皇中〈元正天皇 第四十四〉

◯ **六年**春正月癸卯朔, 天皇不受朝, 詔曰, 朕以不天, 奄丁凶酷. 嬰蓼莪之巨痛, 懷顧復之深慈. 悲慕纏心, 不忍賀正. 宜朝廷禮儀皆悉停之. 壬戌, 正四位上多治比眞人三宅麻呂, 坐誣告謀反, 正五位上穗積朝臣老指斥乘輿, 並處斬刑. 而依皇太子奏, 降死一等, 配流三宅麻呂於伊豆嶋, 老於佐渡嶋. 庚申, 西方雷. 庚午, 散位正四位下廣湍王卒.

二月壬申朔, 以正四位下安部朝臣廣庭參議朝政. 丁亥, 割遠江國佐益郡八鄕, 始置山名郡. 甲午, 詔曰, 去養老五年三月廿七日兵部卿從四位上阿倍朝臣首名等奏言, 諸府衛士, 往往偶語, 逃亡難禁. 所以然者, 壯年赴役, 白首歸鄕. 艱苦彌深. 遂陷踈網, 望令三周相替, 以慰懷土之心. 朕君有天下, 八載於今, 思濟黎元, 無忘寢膳. 向隅之怨, 在余一人. 自今以後, 諸衛士仕丁, 便減役年之數, 以慰人子之懷, 其限三載, 以爲一番, 依式與替. 莫令留滯. 戊戌, 詔曰, 市頭交易, 元來定價. 比日以後, 多不如法. 因玆本源欲斷, 則有廢業之家, 末流無禁, 則有姦非之侶. 更量用錢之便宜, 欲得百姓之潤利. 其用二百錢, 當一兩銀. 仍買物貴賤, 價錢多少, 隨時平章, 永爲恒式. 如有違者, 職事官主典已上, 除却當年考勞, 自餘不論蔭贖, 決杖六十. 賜正六位上矢集宿禰虫麻呂田五町, 從六位下陽胡史眞身四町, 從七位上大倭忌寸小東人四町, 從七位下塩屋連吉麻呂五町, 正八位下百濟人成四町, 並以撰律令功也. 又賜諸有學術者廿三人田各有數.

三月壬寅朔, 日有蝕之. 戊申, 以正四位下阿倍朝臣廣庭知河內和泉事. 辛亥, 伊賀國金作部東人, 伊勢國金作部牟良, 忍海漢人安得, 近江國飽波漢人伊太須, 韓鍛治百嶋, 忍海部乎太須, 丹波國韓鍛冶首法麻呂, 弓削部名麻呂, 播磨國忍海漢人麻呂, 韓鍛冶百依, 紀伊國韓鍛冶杭田, 鎧作名床等, 合七十一戶, 雖姓涉雜工, 而尋要本源, 元來不預雜戶之色, 因除其號並從公戶.

夏四月丙戌, 征討陸奧蝦夷, 大隅薩摩隼人等將軍已下及有功蝦夷, 幷譯語人, 授勳位各有差. 始制, 大宰管內大隅, 薩摩, 多褹, 壹伎, 對馬等司有闕, 選府官人權補之. 庚寅, 詔曰, 周防國前守從五位上山田史御方, 監臨犯盜. 理合除免. 先經恩降, 赦罪已訖. 然依法備贓, 家無尺布. 朕念, 御方負笈遠方, 遊學蕃國. 歸朝之後, 傳授生徒, 而文舘學士, 頗解屬文. 誠以不矜若人, 盖墮斯道歟. 宜特加恩寵, 勿使徵贓焉. 辛卯, 詔曰, 朕遐想千載, 旁覽九流, 詳思布政之方, 莫先仁恕之典. 故賑恤之惠, 無隔遐方, 撫育之仁, 普覃宇內. 今者, 有司奏言, 諸國罪人惣四十一人, 准法並當流已上者. 每聞此奏, 朕甚愍之, 萬方有辜, 在余一人. 宜所奏罪人, 並從坐者, 咸皆放免, 勿案檢焉. 唐人王元仲始造飛舟進之. 天皇嘉歎, 授從五位下, 主稅寮加史生二人, 通前六員.

閏四月乙丑, 太政官奏曰, 迺者, 邊郡人民, 暴被寇賊, 遂適東西, 流離分散, 若不加矜恤, 恐貽後患. 是以聖王立制, 亦務實邊者, 蓋以安中國也. 望請, 陸奧按察使管內, 百姓庸調浸免, 勸課農桑, 教習射騎, 更稅助邊之資, 使擬賜夷之祿. 其稅者, 每卒一人, 輸布長一丈三尺, 濶一尺八寸, 三丁成端, 其國授刀兵衛衛士及位子帳內資人, 幷防閤仕丁, 采女仕女, 如此之類, 皆悉放還, 各從本色. 若有得考者, 以六年爲敍, 一敍以後, 自依外考. 卽他境之人, 經年居住, 准例徵稅, 以見來占附後一年, 而後依例. 又食之爲本, 是民所天, 隨時設策, 治國要政. 望請, 勸農積穀, 以備水旱, 仍委所司, 差發人夫, 開墾膏腴之地良田一百萬町, 其限役十日, 便給粮食, 所須調度, 官物借之, 秋收而後, 卽令造備, 若有國郡司詐作逗留, 不肯開墾, 並卽解却, 雖經恩赦, 不在免限, 如部內百姓, 荒野閑地, 能加功力, 收獲雜穀三千石已上, 賜勳六等. 一千石以上終身勿事. 見帶八位已上加勳一轉. 卽酬賞之後, 稽遲不營, 追奪位記, 各還本色. 又公私出擧, 取利十分之三. 又言, 用兵之要, 衣食爲本. 鎭無儲粮, 何堪固守. 募民出穀, 運輸鎭所, 可程道遠近爲差. 委輸以遠二千斛, 次三千斛, 近四千斛, 授外從五位下. 奏可之. 其六位已下, 至八位已上, 隨程遠近運穀多少, 亦各有差, 語具格中.

五月己卯, 以式部大錄正七位下津史主治麻呂, 爲遣新羅使. 己丑, 賜右大臣長屋王, 稻十萬束, 糗四百斛. 戊戌, 遣新羅使津史主治麻呂等拜朝.

六月壬寅, 始置木工寮史生四員.

秋七月壬申, 有客星, 見閣道邊凡五日. 丙子, 詔曰, 陰陽錯謬, 災旱頻臻. 由是奉幣名山, 奠祭神祇, 甘雨未降, 黎元失業, 朕之薄德, 致于此歟. 百姓何罪, 燋萎甚矣. 宜大赦天下, 令國郡司審錄獄, 掩骼埋胔, 禁酒斷屠, 高年之徒, 勤加存撫, 自養老六年七月七日昧爽已前, 流罪以下, 繫囚見徒, 咸從原免. 其八虐, 刧賊, 官人枉法受財, 監臨主守自盜, 盜所監臨, 强盜, 竊盜, 故殺人, 私鑄錢, 常赦所不免者, 不在此例. 如以贓入死, 並降一等. 竊盜一度計贓, 三端以下者入赦限. 己卯, 太政官奏言, 內典外教, 道趣雖異, 量才揆職, 理致同歸. 比來僧綱等, 既罕都座, 縱恣橫行, 既難平理. 彼此往還, 空延時日, 尺牘案文, 未經決斷, 一曹細務, 極多擁滯, 其僧綱者, 智德具足, 眞俗棟梁. 理義該通, 戒業精勤, 緇侶以之推讓, 素衆由是歸仰. 然以居處非一, 法務不備, 雜事荐臻, 終違令條. 宜以藥師寺常爲住居. 又奏言, 垂化設教, 資章程以方通. 導俗訓人, 違彝典而即妨. 近在京僧尼, 以淺識輕智, 巧說罪福之因果, 不練戒律, 詐誘都裏之衆庶. 內黷聖教, 外虧皇猷. 遂令人之妻子剃髮刻膚, 動稱佛法, 輒離室家. 無懲綱紀, 不顧親夫, 或負經捧鉢, 乞食於街衢之間, 或僞誦邪說, 寄落於村邑之中, 聚宿爲常, 妖訛成羣. 初似脩道終挾姦發, 永言其弊, 特須禁斷. 奏可之. 太白晝見. 戊子, 詔曰, 朕以庸虛, 紹承鴻業, 剋己自勉, 未達天心. 是以今夏無雨, 苗稼不登. 宜令天下國司勸課百姓, 種樹晩禾蕎麥及大小麥, 藏置儲積, 以備年荒. 丁酉, 太白犯歲星. 自五月不雨, 至是月.

八月壬子, 詔曰, 如聞, 今年少雨, 禾稻不熟. 其京師及天下諸國當年田租, 並宜免之. 丁卯, 令諸國司簡點柵戶一千人, 配陸奧鎭所焉. 伊勢, 志摩, 尾張, 參河, 遠江, 美濃, 飛驒, 若狹, 越前, 丹後, 但馬, 因幡, 播磨, 美作, 備前, 備中, 淡路, 阿波, 讃岐等國司, 先是, 奉使入京, 不聽乘驛, 至是始聽之. 但伊賀, 近江, 丹波, 紀伊四國, 不在茲限.

九月庚寅, 令伊賀, 伊勢, 尾張, 近江, 越前, 丹波, 播磨, 紀伊等國, 始輸錢調.

冬十一月甲戌, 始置女醫博士. 丙戌, 詔曰, 朕精誠弗感穆卜罔從. 降禍彼蒼, 閔凶遄及, 太上天皇奄弃普天, 誠冀, 北辰合度, 永庇生靈, 南山協期, 遠常承定省, 何圖, 一旦厭宰萬方, 白雲在馭, 玄猷遂遠, 瞻奉寶鏡, 痛酷之情纏懷, 敬事衣冠終身之憂永結, 然光陰不駐, 倏忽及期, 汎愛之恩, 欲報無由, 不仰眞風, 何助冥路, 故奉爲太上天皇, 敬寫華嚴經八十卷, 大集經六十卷, 涅槃經四十卷, 大菩薩藏經廿卷, 觀世音經二百卷, 造灌頂幡八首, 道場幡一千首, 着牙漆几卅六, 銅鋺器一百六十八, 柳箱八十二, 即從十二月七日, 於京弁畿內諸寺, 便屈請僧尼二千六百卅八人, 設齋供也,十二月庚戌, 勅奉爲淨御原宮御宇天皇造彌勒像, 藤原宮御宇太上天皇釋迦像, 其本願緣記, 寫以金泥, 安置佛殿焉. 庚申, 遣新羅使津史主治麻呂等還歸.

◯ **七年**春正月丙子, 天皇御中宮, 授從三位多治比眞人池守正三位, 正四位下阿倍朝臣廣庭, 正四位下息長王並正四位上, 從四位上六人部王正四位下, 從四位下大石王從四位上, 無位栗栖王, 三嶋王, 春日王並從四位下, 正五位下葛木王正五位上, 無位志努太王從五位下, 從四位上阿倍朝臣首名, 石川朝臣石足, 百濟王南典並正四位下, 正五位上大伴宿禰道足, 紀朝臣男人並從四位下, 正五位下阿倍朝臣船守, 從五位上調連淡海並正五位上, 從五位上鴨朝臣堅麻呂正五位下, 從五位下引田朝臣眞人, 路眞人麻呂, 紀朝臣清人, 大伴宿禰祖父麻呂, 土師宿禰豊麻呂, 津守連通並從五位上, 正六位上引田朝臣秋庭, 河邊朝臣智麻呂, 紀朝臣猪養, 波多眞人足嶋, 阿曇宿禰坂持, 布勢朝臣國足, 息長眞人麻呂, 角朝臣家主, 高橋朝臣嶋主, 平群朝臣豊麻呂, 石川朝臣樽, 中臣朝臣廣見, 石川朝臣麻呂, 余仁軍, 正六位下船連大魚, 河內忌寸人足, 丸連男事, 志我閇連阿彌太, 越智直廣江, 堅部使主石前, 高金藏, 高志連惠我麻呂並從五位下, 又授夫人藤原朝臣宮子從二位, 日下女王, 廣背女王, 粟田女王, 六人部女王, 星河女王, 海上女王, 智努女王, 葛野女王並從四位下, 他田舍人直刀自賣正五位上, 太宅朝臣諸姉, 薩妙觀並從五位上, 大春日朝臣家主從五位下. 壬午, 饗四位已下主典已上於中宮.

二月丁酉, 勅遣僧滿誓〈俗名從四位上笠朝臣麻呂.〉於筑紫, 令造觀世音寺. 戊申, 常陸國那賀郡大領外正七位上宇治部直荒山, 以私穀三千斛, 獻陸奧國鎭所, 授外從五位下. 己酉, 詔曰, 乾坤持施, 壽載之德以深, 皇王至公, 亭毒之仁斯廣. 然則居南面者, 必代天而闢化, 儀北辰者, 亦順時以涵育. 是以, 朕巡京城, 遙望郊野, 芳春仲月, 草木滋榮, 東候始啓, 丁壯就隴畝之勉, 時雨漸注, 蟄蠢有浴灌之悅. 何不流寬仁以安黎元, 布淳化而濟萬物乎. 宜給戶頭百姓, 種子各二斛, 布一常, 鍬一口, 令農蚕之家永無失業, 宦學之徒專忘私. 戊午, 始築矢田池. 癸亥, 但馬國人寺人小君等五人, 改賜道守臣姓.

三月己卯, 散位從四位下佐伯宿禰麻呂卒. 戊子, 常陸國信太郡人物部國依, 改賜信太連姓.

夏四月壬寅, 大宰府言, 日向, 大隅, 薩摩三國士卒, 征討隼賊, 頻遭軍役, 兼年穀不登,交迫飢寒, 謹案故案故事, 兵役以後, 時有飢疫, 望降天恩, 給復三年. 許之. 辛亥, 太政官奏, 頃者, 百姓漸多, 田池窄狹. 望請, 勸課天下, 開闢田疇. 其有新造溝池,營開墾者, 不限多少, 給傳三世. 若逐舊溝池, 給其一身. 奏可之.

五月癸酉, 行幸芳野宮. 丁丑, 車駕還宮. 己卯, 制, 神戶當造籍帳, 戶無增減, 依本爲定. 若有增益卽減之. 死損卽加之. 辛巳, 大隅薩摩二國隼人等六百廿四人朝貢. 甲申, 賜饗於隼人, 各奏其風俗歌舞, 酋師卅四人, 敍位賜祿, 各有差.

六月庚子, 隼人歸鄕.

秋七月庚午, 民部卿從四位下太朝臣安麻呂卒.

八月甲午, 太政官處分, 朝廷儀式, 衣冠形制, 彈正式部總知糺彈. 若其存意督察, 自然合禮, 頃者, 文武官人, 雜任以上, 衣冠違制, 進退緩惰. 或彩綾著裏, 輕羅致表. 或冠纓長垂, 過越接領. 或領曲細綾, 露其胸節. 或袴口所括, 出其脛踝, 如此之徒, 其類稍多. 臺省二司, 明加告示. 庚子, 新羅使韓奈麻金貞宿, 副使韓奈麻昔楊節等一十五人來貢. 辛丑, 宴金貞宿等於朝堂, 賜射幷奏諸方樂. 辛亥, 加置因幡國驛四處. 丁巳, 新羅使歸蕃.

九月辛未, 熒惑入太微左執法中. 己卯, 出羽國司正六位上多治比眞人家主言, 蝦夷等惣五十二人, 功效已顯, 酬賞未霑, 仰頭引領, 久望天恩, 伏惟, 芳餌之末, 必繫深淵之魚, 重祿之下, 必致忠節之臣. 今夷狄愚闇, 始趨奔命. 久不撫慰, 恐二解散, 仍具狀請裁. 有勅, 隨彼勳績,並加賞爵.

冬十月庚子, 勅, 按察使所治之國補博士醫師, 自餘國博士並停之. 癸卯, 左京人無位紀朝臣家獻白龜, 長一寸半, 廣一寸, 兩眼並赤. 己酉, 造危村橋. 乙卯, 詔曰, 今年九月七日, 得左京人紀朝臣家所獻白龜. 仍下所司, 勘檢圖諜, 奏稱, 孝經援神契曰, 天子孝, 則天龍降, 地龜出. 熊氏瑞應圖曰, 王者不偏不黨, 尊用耆老, 不失故舊, 德澤流洽, 則靈龜出. 是知, 天地靈貺, 國家大瑞, 寔謂, 以朕不德, 致此顯貺. 宜共親王諸王公卿大夫百寮在位, 同慶斯瑞. 仍曲赦, 出龜郡免今年租調, 親王及京官主典已上, 左右大舍人, 授刀舍人, 左右兵衛, 東宮舍人, 賜祿有差. 紀朝臣家授從六位上, 賜絁廿疋, 綿四十屯, 布八十端, 稻二千束. 大倭國造大倭忌寸五百足, 絁十疋, 綿一百屯, 布廿端.

十一月癸亥, 令天下諸國奴婢口分田, 授十二年已上者. 丁丑, 下總國香取郡, 常陸國鹿嶋郡, 紀伊國名草郡等少領已上, 聽連任三等已上親. 戊子, 夜月犯房星.

十二月丁酉, 放官婢花, 從良賜高市姓. 辛亥, 散位從四位下山前王卒.

◯ **神龜元年**春正月壬戌朔, 廢朝. 雨也. 癸亥, 天皇御大極殿. 受朝. 戊辰, 御中宮宴五位已上, 賜祿有差. 戊子, 出雲國造外從七位下出雲臣廣嶋奏神賀辭. 己丑, 廣嶋及祝神部等, 授位賜祿各有差.

二月甲午, 天皇禪位於皇太子.

天璽國押開豊櫻彦天皇〈勝寶感神聖武皇帝〉, 天璽國押開豊櫻彦天皇〈謹案勝寶八歲勅曰, 太上天皇出家歸佛, 更不奉謚, 至寶字二年, 勅追上此號謚.〉, 天之眞宗豊祖父天皇之皇子也. 母曰藤原夫人, 贈太政大臣不比等之女也. 和銅七年六月, 立爲皇太子, 于時年十四.

二月甲午, 受禪卽位於大極殿. 大赦天下, 詔曰, 現神大八洲所知倭根子天皇詔旨〈止〉勅大命〈乎〉親王諸王諸臣百官人等天下公民衆聞食宣. 高天原〈爾〉神留坐皇親神魯岐神魯美命吾孫將知食國天下〈止〉與佐〈斯〉奉〈志〉麻爾麻爾. 高天原〈爾〉事波自米而四方食國天下〈乃〉政〈乎〉彌高彌廣〈爾〉天日嗣〈止〉高御座〈爾〉坐而大八嶋國所知倭根子天皇〈乃〉大命〈爾〉坐詔〈久〉. 此食國天下者掛畏〈岐〉藤原宮〈爾〉天下所知美麻斯〈乃〉父〈止〉坐天皇〈乃〉美麻斯〈爾〉賜〈志〉天下之業〈止〉詔大命〈乎〉聞食恐〈美〉受賜懼〈理〉坐事〈乎〉衆聞食宣, 可久賜時〈爾〉美麻斯親王〈乃〉齡〈乃〉弱〈爾〉荷重〈波〉不堪〈自加止〉所念坐而皇祖母坐〈志志〉掛畏〈岐〉我皇天皇〈爾〉授奉〈岐〉. 依此而是平城大宮〈爾〉現御神〈止〉坐而大八嶋國所知而靈龜元年〈爾〉此〈乃〉天日嗣高御座之業食國天下之政〈乎〉朕〈爾〉授賜讓賜而敎賜詔賜〈都良久〉. 挂畏淡海大津宮御宇倭根子天皇〈乃〉萬世〈爾〉不改常典〈止〉立賜敷賜〈閇留〉隨法後遂者我子〈爾〉佐太加〈爾〉牟倶佐加〈爾〉無過事授賜〈止〉負賜詔賜〈比志爾〉依〈弖〉今授賜〈牟止〉所念坐間〈爾〉去年九月天地貺大瑞物顯來〈理〉. 又四方食國〈乃〉年實豊〈爾〉牟倶佐加〈爾〉得在〈止〉見賜而隨神〈母〉所念行〈爾〉于都斯〈久母〉皇朕〈賀〉御世當顯見〈留〉物〈爾〉者不在. 今將嗣座御世名〈乎〉記而應來顯來〈留〉物〈爾〉在〈良志止〉所念坐而. 今神龜二字御世〈乃〉年名〈止〉定〈氐〉改養老八年爲神龜元年而天日嗣高御座食國天下之業〈乎〉吾子美麻斯王〈爾〉授賜讓賜〈止〉詔天皇大命〈乎〉頂受賜恐〈美〉持而辭啓者, 天皇大命恐被賜仕奉者拙〈久〉劣而無所知, 進〈母〉不知退〈母〉不知天地之心〈母〉勞〈久〉重百官之情〈母〉辱愧〈美奈母〉隨神所念坐. 故親王等始而王臣汝等淸〈支〉明〈支〉正〈支〉直〈支〉心以皇朝〈乎〉穴〈奈比〉扶奉而天下公民〈乎〉奏賜〈止〉詔命衆聞食宣, 辭別詔〈久〉遠皇祖御世始而中今〈爾〉至〈麻氐〉天日嗣〈止〉高御座〈爾〉坐而此食國天下〈乎〉撫賜慈賜〈波久波〉. 時時狀狀〈爾〉從而治賜慈賜來業〈止〉隨神所念行〈須〉. 是以宜天下〈乎〉慈賜治賜〈久〉大赦天下. 內外文武職事及五位已上爲父後者, 授勳一級, 賜高年百歲已上穀一石五斗, 九十已上一石, 八十已上, 并惸獨不能自存者五斗, 孝子, 順孫, 義夫, 節婦, 咸表門閭, 終身勿事, 天下兵士減今年調半, 京畿悉免之. 又官官仕奉韓人部一人二人〈爾〉其負而可仕奉姓名賜. 百官官人及京下僧尼大御手物取賜治賜〈久止〉詔天皇御命衆聞食宣. 是日, 一品舍人親王益封五百戶, 二品新田部親王授一品, 從二位長屋王正二位, 正三位多治比眞人池守益封五十戶, 從三位巨勢朝臣邑治, 大伴宿禰多比等, 藤原朝臣武智麻呂, 藤原朝臣房前並正三位, 並益封賜物. 又以右大臣正二位長屋王爲左大臣. 丙申, 勅尊正一位藤原夫人稱大夫人. 授三品田形內親王, 吉備內親王並二品, 從四位下海上女王, 智奴女王, 藤原朝臣長娥子並從三位, 正四位下山形女王正四位上. 壬子, 天皇臨軒, 授正四位下六人部王正四位上, 從四位下長田王從四位上, 無位高田王, 膳夫王, 正五位上葛木王並從四位下, 正五位下高安王, 門部王並正五位上, 從五位上佐爲王, 櫻井王並正五位下, 從五位下夜珠王從五位上, 正五位上大伴宿禰宿奈麻呂, 多治比眞人廣成, 日下部宿禰老並從四位下, 正五位下阿倍朝臣駿河, 阿倍朝臣安麻呂, 從五位上大宅朝臣大國並正五位上, 從五位上中臣朝臣東人, 榎井朝臣廣國, 粟田朝臣人上, 石川朝臣君子並正五位下, 從五位下石河朝臣足人, 高橋朝臣安麻呂, 佐伯宿禰豊人, 高向朝臣大足, 當麻眞人老, 縣犬養宿禰石足, 大野朝臣東人, 巨勢朝臣眞人, 粟田朝臣人, 佐伯宿禰馬養, 土師宿禰大麻呂, 大藏忌寸老並從五位上, 正六位上石川朝臣枚夫, 多治比眞人屋主, 波多朝臣僧麻呂, 紀朝臣和比等, 大神朝臣通守, 大春日朝臣果安, 正六位下石上朝臣乙麻呂, 藤原朝臣豊成, 從六位上鴨朝臣治田, 從七位上鴨朝臣助並從五位下. 從七位下大伴直南淵麻呂, 從八位下錦部安麻呂, 無位烏安麻呂, 外從七位上角山君內麻呂, 外從八位下大伴直國持, 外正八位上壬生直國依, 外正八位下日下部使主荒熊, 外從七位上香取連五百嶋, 外正八位下大生部直三穗麻呂, 外從八位上君子部立花, 外正八位上史部虫麻呂, 外從八位上大伴直宮足等, 獻私穀於陸奧國鎭所, 並授外從五位下. 乙卯, 陸奧國鎭守軍卒等, 願除己本籍便貫此部, 率父母妻子共同生業. 許之.

三月庚申朔, 天皇幸芳野宮. 甲子, 車駕還宮. 辛巳, 左大臣正二位長屋王等言, 伏見二月四日勅, 藤原夫人天下皆稱大夫人者. 臣等謹檢公式令, 云皇太夫人. 欲依勅號, 應失皇字, 欲須令文, 恐作違勅, 不知所定, 伏聽進止. 詔曰, 宜文則皇太夫人, 語則大御祖, 追收先勅, 頒下後號. 壬午, 始置催造司. 庚申, 定諸流配遠近之程, 伊豆, 安房, 常陸, 佐渡, 隱岐, 土左六國爲遠, 諏方, 伊豫爲中, 越前, 安藝爲近. 甲申, 令七道諸國依國大小, 割取稅稻四萬已上廿萬束已下, 每年出擧, 取其息利, 以充朝集使在京及非時差使, 除運調庸外, 向京擔夫等粮料, 語在格中. 陸奧國言, 海道蝦夷反, 殺大掾從六位上佐伯宿禰兒屋麻呂.

夏四月庚寅朔, 令七道諸國造軍器幕釜等, 有數. 壬辰, 陸奧國大掾佐伯宿禰兒屋麻呂贈從五位下, 賻絁一十疋, 布廿端, 田四町, 爲其死事也. 丙申, 以式部卿正四位上藤原朝臣宇合爲持節大將軍, 宮內大輔從五位上高橋朝臣安麻呂爲副將軍, 判官八人, 主典八人, 爲征海道蝦夷也. 癸卯, 敎坂東九國軍三萬人敎習騎射, 試練軍陳. 運綵帛二百疋, 絁一千疋, 綿六千屯, 布一萬端於陸奧鎭所. 丁未, 造宮卿從四位下縣犬養宿禰筑紫卒. 月犯熒惑.

五月癸亥, 天皇御重閣中門, 觀獵騎. 一品已下至無位, 豪富家及左右京, 五畿內, 近江等國郡司幷子弟兵士, 庶民勇健堪裝飾者, 悉令奉獵騎事. 兵士已上普賜祿有差. 辛未, 從五位上薩妙觀賜姓河上忌寸, 從七位下王吉勝新城連, 正八位上高正勝三笠連, 從八位上高益信男捄連, 從五位上吉宜, 從五位下吉智首並吉田連, 從五位下都能兄麻呂羽林連, 正六位下賈受君神前連, 正六位下樂浪河內高丘連, 正七位上四比忠勇椎野連, 正七位上荊軌武香山連, 從六位上金宅良, 金元吉並國看連, 正七位下高昌武殖槻連, 從七位上王多寶蓋山連, 勳十二等高祿德淸原連, 無位狛祁乎理和久古衆連, 從五位下吳肅胡明御立連, 正六位上物部用善物部射園連, 正六位上久米奈保麻呂久米連, 正六位下賓難大足長丘連, 正六位下胛巨茂城上連, 從六位下谷那庚受難波連, 正八位上答本陽春麻田連. 壬午, 從五位上小野朝臣牛養爲鎭狄將軍, 令鎭出羽蝦狄, 軍監二人, 軍曹二人.

六月癸巳, 中納言正三位巨勢朝臣邑治薨. 難波朝左大臣大繡德多之孫, 中納言小錦中黑麻呂之子也.

秋七月戊午朔, 日有蝕之. 庚午, 夫人正三位石川朝臣大蕤比賣薨, 遣從三位阿倍朝臣廣庭, 正四位下石川朝臣石足等, 監護葬事. 又遣中納言正三位大伴宿禰旅人等, 就第宣詔, 贈正二位, 賻絁三百疋, 絲四百絇, 布四百端. 丁丑, 自六月朔, 至是日, 熒惑逆行, 八月丁未, 以從五位上土師宿禰豊麻呂爲遣新羅大使.

冬十月丁亥朔, 治部省奏言, 勘檢京及諸國僧尼名籍. 或入道元由, 披陳不明. 或名存綱帳, 還落官籍. 或形貌誌黶, 旣不相當, 惣一千一百卄二人. 准量格式, 合給公驗, 不知處分. 伏聽天裁. 詔報曰, 白鳳以來, 朱雀以前, 年代玄遠, 尋問難明. 亦所司記注, 多有粗略, 一定見名, 仍給公驗. 辛卯, 天皇幸紀伊國. 癸巳, 行至紀伊國那賀郡玉垣勾頓宮. 甲午, 至海部郡玉津嶋頓宮, 留十有餘日. 戊戌, 造離宮於岡東. 是日, 從駕百寮, 六位已下至于伴部, 賜祿各有差. 壬寅, 賜造離宮司及紀伊國國郡司, 并行宮側近高年七十已上祿, 各有差. 百姓今年調庸. 名草海部二郡田租咸免之. 又赦罪人死罪已下. 名草郡大領外從八位上紀直摩祖爲國造, 進位三階, 少領正八位下大伴櫟津連子人, 海部直土形二階, 自餘五十二人各位一階. 又詔曰, 登山望海, 此間最好, 不勞遠行, 足以遊覽, 故改弱濱名, 爲明光浦. 宜置守戶勿令荒穢, 春秋二時, 差遣官人, 奠祭玉津嶋之神明光浦之靈. 忍海手人大海等兄弟六人, 除手人名, 從外祖父外從五位上津守連通姓. 丁未, 行還至和泉國所石頓宮, 郡司少領已上給位一階, 監正已下至于百姓, 賜祿各有差. 己酉, 車駕至自紀伊國. 乙卯, 散位從五位下息長眞人臣足任出雲按察使,時贖貨狼籍, 惡其景迹, 奪位祿焉.

十一月甲子, 太政官奏言, 上古淳朴, 冬穴夏巢, 後世聖人, 代以宮室. 亦有京師, 帝王爲居, 萬國所朝, 非是壯麗, 何以表德, 其板屋草舍, 中古遺制, 難營易破, 空殫民財, 請仰有司. 令五位已上及庶人堪營者搆立瓦舍, 塗爲赤白. 奏可之. 辛未, 遣內舍人於近江國, 慰勞持節大使藤原朝臣宇合. 己卯, 大嘗. 備前國爲由機, 播磨國爲須機. 從五位下石上朝臣勝男, 石上朝臣乙麻呂, 從六位上石上朝臣諸男, 從七位上榎井朝臣大嶋等, 率內物部, 立神楯於齋宮南北二門. 辛巳, 宴五位已上於朝堂. 因召內裏, 賜御酒并祿. 壬午, 賜饗百寮主典已上於朝堂. 又賜無位宗室, 諸司番上及兩國郡司并妻子酒食并祿. 庚申, 召諸司長官并秀才及勤公人等, 賜宴於中宮, 賜絲各十絇. 乙酉, 征夷持節大使正四位上藤原朝臣宇合, 鎭狄將軍從五位上小野朝臣牛養等來歸.

◯ **二年**春正月丙辰朔, 山背, 備前國獻白燕各一. 庚午, 大初位下漢人法麻呂賜姓中臣志斐連. 己卯, 有星孛于華蓋.

閏正月己丑, 陸奥國俘囚百四十四人配于伊豫國, 五百七十八人配于筑紫, 十五人配于和泉監焉. 壬寅, 請僧六百人於宮中, 讀誦大般若經, 爲除災異也. 戊子, 夜月犯填星. 丁未, 天皇臨朝, 詔敍征夷將軍已下一千六百九十六人勳位, 各有差. 授正四位上藤原朝臣宇合從三位勳二等, 從五位上大野朝臣東人從四位下勳四等, 從五位上高橋朝臣安麻呂正五位下勳五等, 從五位下中臣朝臣廣見從五位上勳五等, 從七位下後部王起, 正八位上佐伯宿禰首麻呂, 五百原君虫麻呂, 從七位下君子龍麻呂, 從八位上出部直佩刀, 少初位上紀朝臣牟良自, 正八位上田邊史難波, 從六位下坂下朝臣宇頭麻佐, 外從六位上丸子大國, 外從八位上國覓忌寸勝麻呂等一十人並勳六等, 賜田二町. 三月庚子, 常陸國百姓, 被俘賊燒, 損失財物, 九分已上者給復三年, 四分二年, 二分一年.

夏五月甲辰, 遣新羅使土師宿禰豊麻呂等還歸.

六月丁巳, 和德史龍麻呂等卅八人, 賜姓大縣史. 癸酉, 太白晝見.

秋七月丙戌, 河內國丹比郡人正八位下川原椋人子虫等四十六人賜河原史姓. 戊戌, 詔七道諸國, 除寃祈祥, 必憑幽冥, 敬神尊佛, 淸淨爲先. 今聞, 諸國神祇社內, 多有穢臭, 及放雜畜, 敬神之禮, 豈如是乎. 宜國司長官自執幣帛, 愼致淸掃, 常爲歲事. 又諸寺院限, 勤加掃淨, 仍令僧尼讀金光明經. 若無此經者, 便轉最勝王經, 令國家平安也. 壬寅, 以伊勢尾張二國田, 始班給志摩國百姓口分.

九月壬寅, 詔曰, 朕聞, 古先哲王, 君臨寰宇, 順兩儀以亭毒, 叶四序而齊成. 陰陽和而風雨節, 災害除以休徵臻. 故能騰茂飛英, 鬱爲稱首. 朕以寡薄, 嗣膺景圖, 戰戰兢兢, 夕惕若厲, 懼一物之失所, 眷懷生之便安, 敎命不明, 至誠無感, 天示星異, 地顯動震, 仰惟, 災眚, 責深在予, 昔殷宗脩德消雊雉之寃, 宋景行仁, 弭熒惑之異, 遙瞻前軌, 寧忘誠惶. 宜令所司, 三千人出家入道, 幷左右京及大倭國部內諸寺, 始今月廿三日一七日轉經, 憑此冥福, 冀除災異焉.

冬十月庚申, 天皇幸難波宮. 辛未, 詔近宮三郡司授位賜祿各有差. 人少初位下掃守連族廣山等除族字. 己卯, 晝太白與歲星芒角相合.

十一月己丑, 天皇御大安殿. 受冬至賀辭. 親王及侍臣等奉持奇翫珍贄, 進之. 卽引文武百寮五位已上及諸司長官, 大學博士等, 宴飮終日, 極樂乃罷. 賜祿各有差. 是日, 大納言正三位多治比眞人池守賜靈壽杖幷絁綿. 中務少丞從六位上佐味朝臣虫麻呂, 典鑄正六位上播磨直弟兄並授從五位下, 弟兄初齎甘子從唐國來, 虫麻呂先殖其種結子, 故有此授焉.

十二月庚戌朔, 日有蝕之. 庚午, 詔曰, 死者不可生, 刑者不可息, 此先典之所重也. 豈無恤刑之禁. 今所奏在京及天下諸國, 見禁囚徒, 死罪宜降從流, 流罪宜從徒, 徒以下並依刑部奏.

◯ **三年**春正月辛巳, 京職獻白鼠. 大倭國獻白龜. 庚子, 天皇臨軒. 授從四位下鈴鹿王從四位上, 無位石川王從四位下, 從四位上藤原朝臣麻呂正四位上, 正五位上阿倍朝臣駿河, 正五位下石川朝臣君子並從四位下, 正五位下中臣朝臣東人正五位上, 從五位上多治比眞人廣足, 巨勢朝臣眞人, 大伴宿禰邑治麻呂, 忍海連人成, 鍛冶造大隅, 從五位下佐伯宿禰沙美麻呂並正五位下, 從五位下石上朝臣勝雄, 笠朝臣御室, 大倭忌寸五百足, 置始連秋山並從五位上, 正六位上路眞人虫麻呂, 阿倍朝臣粳虫, 大宅朝臣廣麻呂, 粟田朝臣馬養, 田口朝臣家主, 紀朝臣宇美, 秦忌寸足國, 葛井連毛人, 從六位上縣犬養宿禰大唐並從五位下, 正六位上多胡吉師手外從五位下.
二月庚戌朔, 制, 五位已上薨卒之後, 例限六年, 勿收其位田. 辛亥, 出雲國造從六位上出雲臣廣嶋, 齋事畢, 獻神社劒鏡并白馬鵠等, 廣嶋并祝二人並進位二階, 賜廣嶋絁廿疋, 綿五十屯, 布六十端, 自餘祝部一百九十四人祿各有差. 庚申, 制, 內命婦身帶五位, 任六位以下官者, 自今以後, 給正六位官祿. 己巳, 太政官奏, 諸選人於官引唱不到者, 明日引唱, 亦不到者後日引唱不到者, 不在重引之限, 當年若與上考, 降爲中等, 若居中考, 減一年勞. 卽減勞年亦居中等, 更復減一年勞, 兩年考第, 頻注中等者, 惣除前勞. 自今以後, 永爲恒例. 奏可之.
三月辛巳, 宴五位已上於南苑. 但六位已下官人及大舍人, 授刀舍人, 兵衛等皆喚御在所, 給鹽鍬, 各有數.
夏五月辛丑, 新羅使薩湌金造近等來朝.
六月辛亥, 天皇臨軒. 新羅使貢調物. 壬子, 饗金造近等於朝堂, 賜祿有差. 庚申, 詔曰, 夫百姓或染沈痼病, 經年未愈, 或亦得重病, 晝夜辛苦. 朕爲父母, 何不憐愍. 宜遣醫藥於左右京, 四畿及六道諸國, 救療此類, 咸得安寧, 依病輕重, 賜穀振恤. 所司存懷, 勉稱朕心焉. 辛酉, 太上天皇不豫, 令天下諸國放生焉. 丁卯, 奉爲太上天皇, 度僧廿八人尼二人等.
秋七月戊子, 金奏勳等歸國. 賜璽書曰, 勅, 伊湌金順貞, 汝卿安撫彼境, 忠事我朝, 貢調使薩湌金奏勳等奏稱, 順貞以去年六月卅日卒. 哀哉. 賢臣守國, 爲朕股肱. 今也則亡. 殲我吉士. 故贈賻物黃絁一百疋, 綿百屯. 不遺爾績, 式獎遊魂. 癸巳, 詔曰, 太上天皇不豫, 稍經二序, 宜大赦天下. 疹疾之徒量給湯藥. 甲午, 度僧十五人, 尼七人. 乙未, 遣使奉幣帛於石成, 葛木, 住吉, 賀茂等神社.

八月癸丑, 奉爲太上天皇, 造寫釋迦像幷法華經訖. 仍於藥師寺設齋焉. 壬戌, 定鼓吹戶三百戶, 鷹戶十戶. 乙亥, 太政官處分, 新任國司向任之日, 伊賀, 伊勢, 近江, 丹波, 播磨, 紀伊等六國不給食馬, 志摩, 尾張, 若狹, 美濃, 參川, 越前, 丹後, 但馬, 美作, 備前, 備中, 淡路等十二國並給食, 自外諸國, 皆給傳符. 但大宰府幷部下諸國五位以上者, 宜給傳符, 自外隨使駕船, 緣路諸國, 依例供給, 史生亦准此焉.

九月丁丑, 令京官史生及坊令, 始着朝服把笏. 己卯, 停安房國安房郡, 出雲國意宇郡采女, 令貢兵衛. 丁亥, 天皇臨軒. 詔曰, 今秋大稔, 民産豊實, 思與天下共茲歡慶, 宜免今年田租. 庚寅, 內裏生玉棗, 勅令朝野道俗等作玉棗詩賦. 壬寅, 文人一百十二人上玉棗詩賦, 隨其等第, 賜祿有差, 一等絁卄疋, 綿卅屯, 布卅端, 二等絁十疋, 綿卄屯, 布卄端, 三等絁六疋, 綿六屯, 布八端, 四等絁四疋, 綿四屯, 布六端, 不第絁一疋, 綿一屯, 布三端. 以正四位上六人部王, 藤原朝臣麻呂, 正五位下巨勢朝臣眞人, 從五位下縣犬養宿禰石次, 大神朝臣道守等卄七人, 爲裝束司, 以從四位下門部王, 正五位下多治比眞人廣足, 從五位下村國連志我麻呂等一十八人, 爲造頓宮司, 爲將幸播磨國印南野也.

冬十月辛亥, 行幸播磨國印南野. 甲寅, 至印南野邑美頓宮. 從駕人及播磨國郡司百姓等, 供奉行在所者, 授位賜祿各有差. 又行宮側近, 明石賀古二郡百姓, 高年七十已上, 賜穀各一斛, 曲赦播磨堺內大辟已下罪. 癸亥, 行還至難波宮. 庚午, 以式部卿從三位藤原朝臣宇合, 爲知造難波宮事, 陪從無位諸王, 六位已上才藝長上幷雜色人, 難波宮官人, 郡司已上賜祿各有差. 癸酉, 車駕至自難波宮.

十一月己亥, 改備前國藤原郡名, 爲藤野郡. 己丑, 五位郡司身卒. 始賜賻物. 又勳九等以下, 任長上官者免課役.

十二月乙卯, 太白犯塡星. 丁卯, 尾張國民惣二千二百四十二戶, 稼傷飢饉, 遠江國五郡被水害, 並限三年, 令加賑貸. 壬申, 太政官處分, 東文忌寸等自今以後, 令任辨官人, 上大祓刀.

續日本紀卷第九

『속일본기』 권제10

〈神龜 4년(727) 정월에서 天平 2년(730) 12월까지〉

종4위하 行民部大輔 겸 左兵衛督 황태자 학사
신 菅野朝臣眞道 등이 칙을 받들어 편찬하다.

天璽國押開豊櫻彦天皇 〈聖武天皇〉

◯ 神龜 4년(727), 춘정월 갑술삭(1일), 신년하례를 중지하였다. 비가 내렸기 때문이다.

병자(3일), 천황이 대극전에서 신년하례를 받았다. 이날, 좌경직이 흰 참새를 바치고, 河內國에서 상서의 벼를 바쳤다. 다른 이랑의 벼가 합해져 같은 이삭된 것이다.[1)]

경진(7일), (천황이) 조당에서 5위 이상에게 연회를 베풀었다.

임오(9일), 남쪽 뜰에서 5위 이상에게 차등있게 명주, 삼베를 내렸다.

을미(22일), 밤에 달이 心大星[2)]을 범하였다.

경자(27일), 정3위 多治比眞人池守에게 종2위를 내리고, 정5위상 高安王, 정5위하 佐爲王, 무위 船王에게 함께 종5위하를, 무위 池邊王에게 종5위하를, 정5위하 榎井朝臣廣國에게 정5위상을, 종5위하 平羣朝臣豊麻呂에게 종5위상을, 정6위상 柿本朝臣建石·阿曇宿禰刀·錦部連吉美에게 함께 종5위하를 내렸다.

2월 임자(9일), 난파궁을 조영하는 고역민[3)]에게 과역 및 房[4)]의 잡요[5)]를

---

1) 『延喜式』 권제21 式部省, "嘉禾〈或異畝同穎, 或孽連數穗, 或一稃二米也.〉"라고 하여 다른 이랑에서 하나의 이삭이 나오거나, 여러 개의 이삭이 연이어 새끼쳐 나거나 혹은 하나의 껍질 속에 2개의 쌀이 들어 있는 것을 말한다.

2) 천제 28宿 중 동방의 心宿의 主星, 星食을 말한다.

3) 雇民. 임금 혹은 식량을 지불하고 사역시키는 일. 8세기에 행해진 평성경 조영과 같은 대규모 조영사업에 國司 등이 인부를 징발하여 雇役시키는 고용노동이라고

면제하였다.

병진(13일), 벼락과 폭풍우가 있었다. 병부경 정4위하 阿倍朝臣首名이 죽었다.

신유(18일), 승 600인, 尼 300인을 중궁으로 초청하여 금강반야경을 전독시켰다. 재이를 방지하게 위해서이다.

갑자(21일), 천황이 內安殿에 임하여 조를 내려 문무백료의 주전 이상을 불러들였다. 좌대신 정2위 長屋王이 (천황의) 칙을 말하여, "요즈음 하늘이 (군주의 부덕을) 질책하여 재이의 기색이 끊이질 않는다. 듣는 바에 의하면, 때의 정치가 도리에 어긋나고 백성이 근심과 원망하는 마음이 있으면, 천지는 허물을 꾸짖고 귀신은 災異를 보인다고 한다. 짐의 베푸는 덕이 현저하지 않아 이에 나태하고 어지러움이 있는 것인가. 또 백료의 관인이 공무에 힘쓰지 않았기 때문은 아닌가. (짐은) 몸이 구중궁궐에 있어 자세한 일은 모르는 바가 많다. 마땅히 제관사의 장관은 해당 관사의 주전 이상을 대상으로 공무에 마음을 쏟고 청렴하게 근무하고 있는 자와 부정한 마음으로 직무를 다하지 않는 자, 이러한 두 부류에 대해 상세하게 이름 등을 기록하여 주상하도록 한다. (평가가) 좋은 자는 헤아려 승진시키고, 나쁜 자는 실상을 헤아려 지위를 낮춘다. 마땅히 숨기는 일이 없이 짐의 뜻에 따르도록 한다"라고 하였다. 이날, 7도 제국에 사자를 보내 국사의 정무의 상황과 근무의 실태를 돌아보고 감독하게 하였다.[6]

할 수 있다. 다만 인부를 강제적으로 징발한다는 점에서는 연간 10일 강제노역인 歲役과 동일하다. 「賦役令」22 「雇役丁」조에 의하면, 해당 관사에서 연간 사업에 필요한 자재와 고용민의 예산을 편성하여 태정관에 제출하면 태정관은 主計寮에 집계시키고, 제국의 국사는 9등호로 나누어 고역민을 징발하여 보낸다. 소요경비는 歲役 10일 노동에 상당하는 布, 米, 鹽 등의 庸으로 충당하고 있다.

4) 房戶. 國-郡-里 행정조직은 靈龜 元年의 式에 의해 里를 鄕으로 개칭하고 그 밑에 2, 3개의 里를 두는 鄕里制가 되어 國-郡-鄕-里의 구조가 되었다. 50호 1里制의 戶는 鄕戶로 불렸고, 鄕戶 밑에는 2~4개의 호를 두어 房戶라고 하였다. 天平 12년에 향리제가 폐지됨에 따라 방호도 소멸된 것으로 보인다(岸俊男, 「古代村落と鄕里制」, 『日本古代帳籍の硏究』).

5) 「賦役令」37에는 연간 60일 이내의 잡역으로 규정.

6) 동년 12월 정해조에는 國司의 치적을 상등, 중등, 하등의 3단계로 나누어 보고하고 있다.

병인(23일), 조를 내려 "때는 봄의 농사철이고, 사람들은 밭으로 향하고 있다. 기후는 조화롭고 화창하니 봄농사는 이미 시작되었다. 농사의 번성함을 생각하고, 오곡의 풍요를 기원하고 있다. 이 계절에 순응하여 백성들에게 자애를 미치게 하고자 한다. 마땅히 왕경의 6위 이하로부터 백성의 호주에 이르기까지 1인당 소금 1과, 곡물 2두를 내리도록 한다"라고 하였다.

3월 을해(3일), 백관이 칙을 받들어 관인의 선악의 실상을 올렸다.

을유(13일), 천황이 정전에 임하여 조를 내려, 선정을 베푼 관인에게 물품을 하사하였다. 최상을 받은 2위의 관인은 비단 100필을, 5위 이상은 40필을, 6위 이하는 20필을 내리고, 차상을 받은 5위 이상은 20필을, 6위 이하는 10필을 내리고, 그 중등에게는 포상의 범위에서 제외하고, 하등은 모두 해임한다고 하였다.

갑오(22일), 천황이 남쪽 뜰에 임하였다. 참의 종3위 阿倍朝臣廣庭이 칙을 대독하여, 衛府의 관인들은 밤낮으로 궁정을 숙위하고 있어 그 관사를 떠나 다른 곳으로 사역시켜서는 안 된다. 이에 오위부 및 授刀寮의 의사 이하 위사에 이르기까지 신분에 따라 삼베를 내렸다.

정유(25일), 화성이 동정[7]의 西亭門에 들어왔다.

하4월 을사(3일), 산위 종4위하 上道王이 죽었다.

5월 임신삭(1일), 일식이 있었다.

을해(4일), (천황이) 甕原의 이궁으로 순행하였다.

병자(5일), (甕原의) 남쪽 들에 임하여 주마, 기사를 관람하였다.[8]

정축(6일), 천황이 옹원궁에 이르렀다.

신묘(20일), 순파지[9]로부터 돌연 회오리바람이 불어 남쪽 뜰의 나무 2그루가 부러졌는데, 바로 化하여 꿩이 되었다.

추7월 정유(27일), 筑紫[10]의 제국이 경오의 호적[11] 770권에 官印으로 날인

---

7) 東井은 28宿 중의 남방이 井宿.
8) 5월 5일의 단오절 행사.
9) 楯波池는 평성궁 서북에 있는 못.
10) 九州의 筑紫를 포함한 諸國.
11) 天智 9년(670)에 만든 庚午年籍. 『和名類聚抄』에 따르면 서해도 九州 2島의 鄕[里]의 수는 509개이다. 이후 일부 변동이 있지만, 경오년적의 구주지역 호적 770권은 향리

하였다.

8월 임술(23일), 齋宮寮의 관인 121인을 보충하였다.

9월 임신(3일), 井上內親王을 이세대신궁에 보내 근시시켰다.

경인(21일), 渤海郡王[12]의 사신 수령 高齊德 등 8인이 出羽國에 내착하여 存問使를 보내 시복[13]을 지급하였다.

윤9월 정묘(29일), 황자가 탄생하였다.[14]

동10월 경오(2일), 安房國에서 언상하기를, "대풍으로 나무가 뽑히고 가옥이 날아가고 가을 수확에 피해를 주었다"라고 하고, 上總國에서 언상하기를, "산사태가 일어나 백성 70인이 압사하였다"라고 하였다. 이에 모두 진휼하였다.

계유(5일), 천황이 중궁에 임하였다. 황자의 탄생을 축하하기 위해 천하에 사형죄 이하를 사면하였다. 또 백관들에게 물품을 내리고, 천하에 황자와 같은 날 태어난 자에게 삼베 1단, 목면 2둔, 벼 20속을 내렸다.

갑술(6일), 왕신 이하 좌우대신의 舍人, 兵衛, 授刀舍人, 中宮舍人, 雜工舍人, 太政大臣家[15]의 資人, 女孺[16]에게 각각 차등있게 녹을 내렸다. 종3위 阿倍朝臣廣庭을 중납언으로 삼았다.

11월 기해(2일), 천황이 중궁에 임하였다. 태정관 및 8성이 각각 상표하여 황자의 탄생을 봉축하고 아울러 장난감을 바쳤다. 이날, 문무백료 이하 사부에 이르기까지 조당에서 연회를 베풀고, 5위 이상에게는 신분에 따라 목면을 내렸다. 오래된 가문의 적자로 5위 이상의 자에게는 비단 10필을 더 내렸다. 다만 정5위상 調連淡海, 종5위상 大倭忌寸五百足 2인은 나이가 많아 이 예에 포함시켰다. (천황이) 조를 내려 "짐은 천지 신의 도움을 받고, 종묘 영령의 덕택으로 오래도록 神器를 보존하고 새 황자의 탄생을 맞이하게 되었으니 마땅히 황태자로 세워야 한다. 백관들에게 포고하고 모두에게

숫자와 차이를 보이는데, 보다 세부적인 단위로 편적되었다고 보인다.

12) 발해의 제2대 武王 大武藝. 渤海郡王은 712년 大祚榮이 당으로부터 책봉받은 작호. 발해의 공적 사절은 최초이다. 발해 사절단에 지방의 재지 유력자인 수령이 포함되어 있고, 出羽國에 도착하였던 것은 사전 교섭의 결과로 생각된다.

13) 時服은 절기에 맞는 옷.

14) 藤原光明子의 소생. 이 황자는 태정태신 고 藤原不比等의 집에서 태어났다.

15) 故 藤原不比等의 家에 소속된 資人.

16) 後宮 12사에 소속된 女官으로 태정대신의 집에서 임시로 근무하는 자를 말한다.

알리도록 한다"라고 하였다.

경자(3일), 승강 및 승니 90인이 상표하여 황자의 탄생을 봉축하였다. 보시의 물품을 각각 차등있게 내렸다.

을사(8일), 남도인 132인이 내조하였다. 차등있게 서위하였다.

신해(14일), 대납언 종2위 多治比眞人池守가 백관 史生 이상을 이끌고 태정대신 저택[17]에 가서 황태자를 배견하였다.

병진(19일), 5위 이상 및 무위 제왕에게 연회를 베풀고, 차등있게 녹을 내렸다.

무오(21일), 종3위 藤原夫人[18]에게 식봉 1천호를 내렸다.

12월 정축(10일), (천황이) 칙을 내려 "승정 義淵法師〈속성은 市往氏이다.〉는 일찍부터 불법을 체득하여 선의 경지에 올라 법계의 동량이 되었고, 심원한 교의를 사방에 전하고, 은혜의 등불을 삼계[19]에 비추었다. 이에 더하여 선제의 치세로부터 짐의 대에 이르기까지 내리[20]에서 봉사하였고, 일체의 허물이나 과오가 없었다. 생각건대 이와 같은 사람은 나이가 들으면서 함께 덕이 쌓여간다. 마땅히 市往氏를 고쳐서 岡連의 성을 내리고 그 형제에게 이어지도록 한다"라고 하였다. 정3위 縣犬養橘宿禰三千代가 아뢰기를, "縣犬養連五百依, 安麻呂, 小山守, 大麻呂 등은 바로 한 조상의 자손이고 근친자이다. 청컨대 함께 천은으로 宿禰의 성을 하사받고 싶다"라고 하였다. (천황은) 조를 내려 이를 허락하였다.

정해(20일), 이에 앞서 7도에 사자를 보내 국사의 정무의 상황과 근무의 실태를 돌아보고 감독하게 하였다. 사자들이 이에 이르러 그 상황을 올렸다. 조를 내려 사자가 올린 문안에 따라, 상등을 받은 자는 관위 2계를 진급시키고, 중등의 자는 1계를, 하등의 자는 그 해의 근무평가를 취소하였다. 범법이 보다 심한 丹後守 종5위하 羽林連兄麻呂는 유형에 처하고, 周防目 川原史石庭

---

17) 故 藤原不比等의 저택.

18) 황태자의 모친은 藤原不比等의 딸인 光明子. 聖武天皇의 부인으로 부인은 천황 배우자 신분의 하나이다. 「後宮職員令」에 따르면 妃는 황족으로 4품 이상에 정원은 2인, 夫人은 3위 이상의 귀족으로 정원은 3인, 嬪은 5위 이상에 정원은 4인이다.

19) 중생이 생사를 반복해서 윤회하는 세계. 欲界, 色界, 無色界.

20) 內裏의 도장에서 佛法을 공봉하는 것.

등은 제명[21]하였다. 정6위상 背奈公行文[22]에게 종5위하를 내렸다. 발해군왕의 사자 高齊德 등 8인이 입경하였다.

병신(29일), 사자를 보내 高齊德 등에게 의복, 冠, 신발을 내렸다. 발해군은 옛 高麗國이다. 淡海朝廷[23] 7년 동10월에 唐將 李勣[24]이 고구려를 멸망시켰다. 그 후 조공이 끊어진 지 오래되었다. 이에 이르러 발해군왕이 寧遠將軍 高仁義 등 24인을 보내 조빙하였다. 蝦夷의 지역에 표착하여 仁義 이하 16인이 모두 살해되었고, 수령 齊德 등 8인은 겨우 죽음을 모면하고 온 것이다.

○ 神龜 5년(728), 춘정월 무술삭(1일), 비가 내려 신년하례를 중지하였다.

경자(3일), 천황이 대극전에 임하였다. 왕신, 백료 및 발해사 등이 하례하였다.

갑진(7일), 천황이 남쪽 뜰에 임하여 5위 이상에게 연회를 베풀고 차등있게 녹을 내렸다.

갑인(17일), 천황이 중궁에 임하였다. 高齊德 등은 왕의 서계 및 방물을 바쳤다. 그 국서에서 말하기를, "武藝[25]가 말씀 드린다.[26] 산과 강의 경역은 다르고 국토는 같지 않다. 멀리서도 군자의 도를 행하고 있다고 듣고 있다.[27] 다만 마음을 기울여 흠모할 따름이다. 삼가 생각하온대, 대왕은 天朝[28]의 명을 받아 일본에 기틀을 열어 대대로 영광을 거듭하여 선대로부터 1백세에 이르렀다. 武藝는 황공하게도 열국[29]의 위치에서 분에 넘치게 제번을 지배하

---

21) 「名例律」2 「除法」조에는 "凡除名者, 官位, 勳位悉除, 課役從本色"이라고 하여 제명자에 대해서는 관위, 훈위를 모두 박탈하고 과역은 원래 신분으로 되돌려 부과한다고 규정되어 있다.

22) 권8 養老 5년(721) 춘정월조 299쪽 각주 154) 참조.

23) 天智朝.

24) 李世勣. 당 고조 李世民의 諱를 피하여 李勣으로 명명하였다.

25) 발해 2대왕 大武藝. 발해국을 건국한 高王 大祚榮의 아들이다. 713년 唐이 高王을 渤海郡王으로 책봉할 때, 대무예도 桂婁郡王에 봉해졌다. 719년 3월 부왕이 죽자 왕위에 올랐다.

26) 본문의 啓는 중국왕조의 책봉체제에 속한 국왕 상호간에 사용하는 외교문서 형식.

27) 본문의 '風猷'는 중국 천자의 덕으로부터 교화된 국, 즉 일본천황이 君子의 道로써 일본국을 잘 이끌고 있다는 의미로 생각된다.

28) 天朝는 천자의 조정. 형식적으로 당의 책봉을 받고 있는 발해에서 볼 때, 일본도 중국의 번속국으로 인식한 것.

고 있다. 고려의 옛 영토를 회복하고 부여의 습속을 갖고 있다. 다만 길은 천애로 막혀 있고 바다와 강으로 아득하여 음신이 통하지 않고 경조의 소식도 끊어졌다. 친애와 인덕으로 맺어 서로 돕고, 전력에 맞추어[30] 사신을 통해 인국과 교빙하기를 금일부터 시작하고자 한다. 삼가 寧遠將軍[31] 낭장 高仁義, 游將軍[32] 果毅都尉 德周, 별장 舍航 등 24인을 보내고 서장을 갖추었다. 아울러 담비가죽 300장을 사절 편에 보낸다. 토지의 산물은 비록 천하지만, 정성의 표시로 보낸다. 가죽과 예물은 진기한 물건은 아니어서 오히려 비웃음을 사 질책받지 않을까 부끄럽다. 생에는 기한이 있는데, 마음의 성의가 전해졌는지는 모르겠으나, 때마다 교신을 계속하여 영원히 인호관계를 돈독히 하고자 한다"라고 하였다. 이에 高齊德 등 8인에게 정6위상을 내리고 그에 해당하는 색복을 지급하였다. 이어서 5위 이상 및 고제덕 등에게 연회를 베풀고, 大射[33] 및 아악료[34]의 음악을 열었다. 연회가 끝나자 신분에 따라 녹을 내렸다.

2월 임오(16일), 종6위하 引田朝臣虫麻呂를 (발해사를 보내는) 送渤海客使로 삼았다.

계미(17일), 칙을 내려 정5위하 鍛冶造大隅[35]에게 守部連의 성을 내렸다.

3월 기해(3일), 천황이 鳥池[36]에 임하여 5위 이상에게 연회를 베풀고 차등있게 녹을 내렸다. 또 문인을 불러 曲水[37]의 시를 짓게 하였다. 신분에 따라 비단 10필, 삼베 10단을 내리고, 내친왕 이하 백관의 使部[38] 이상에게 각각

---

29) 大國.

30) 본문의 '前經'은 앞서 고구려와 일본이 교류한 역사, 前歷을 말한다.

31) 唐制에서는 武散官으로 정5품하에 해당한다.

32) 唐制에서는 武散官으로 종5품상에 游騎將軍과 종5품하에 游擊將軍이 있다. 果毅都尉는 折衝府의 무관.

33) 弓射 의식.

34) 외국사절에 대한 연회 때 행해진 음악 연주에 대해서는 『延喜式』 권제21 雅樂寮에 "凡賜蕃客宴饗日, 官人率雜樂人供事, 所須樂色, 臨時聽官處分"이라고 기록되어 있다.

35) 동년 8월 갑오조의 守部連大隅.

36) 평성경 근처의 못.

37) 「雜令」40에는 3월 3일을 節日로 기록하고 그날의 연회를 曲水의 宴이라고 한다. 술잔을 물 위에 올려 부정한 것을 없앴다는 제의에서 유래한 것으로, 물가에 연회석을 설치하고 술잔을 띄워 시를 지었다. 평성경의 궁정정원에서 8세기에 曲水를 행하는 蛇行의 못이 발견되었다.

차등있게 녹을 내렸다.

신축(5일), 2품 田形內親王이 죽었다 정4위하 石川朝臣石足 등을 보내 장의를 감독하게 하였다. 天渟中原瀛眞人天皇[39]의 황녀이다.

정미(11일), (천황이) 제를 내려, "위계를 수여하는 날에는, 宣命[40]이 내려지기 이전에 재상[41]들은 청사 앞에 나와 기립하고, 끝나면 반드시 자리로 돌아간다. 지금 이후로는 영구히 항례로 한다"라고 하였다.

갑자(28일), 칙을 내려 외5위의 위록과 음위의 위계의 등급에 대해 정하였다. 또 칙을 내려 "事業,[42] 位分資人에 대해서는 양로 3년 12월 7일 격에 따라 행하고, 더 고칠 필요는 없다. 그러나 資人의 위계승진에 대해서는 만 8년간의 성적으로 사정하고 처음으로 그에 합당한 위계를 주는 것을 허락한다. 외위의 資人은 10년간의 성적을 사정한다. 아울러[43] 本主의 청원에 맡기고 산위, 훈위, 位子[44] 및 庶人 중에서 택하여 시험을 치른 후에 신청한다.[45] 시험을 본 후에 죄를 범한 경우에는 소관 관사[46]에 알려 심문해서 사실로 드러나면 장 1백에 처하고, 位記[47]를 몰수하고 원래의 신분으로 돌아간다. 3관 및 筑紫, 飛驒, 陸奧, 出羽의 제국의 사람은 資人으로 충당할 수 없다.[48] 그 외에는 令에 따른다"라고 하였다.

칙을 내려 "경관의 문무 직사관으로 5위 이상에게 지급되는 防閤[49]은

38) 중앙 제관사에 소속되어 잡사에 종사한 하급관인.
39) 天武天皇.
40) 재상들은 선명이 선포되기 전에 조당 앞에 나와 기립하여 선명을 듣고, 그 후 조당의 자리로 돌아가 앉는다. 선명을 선포하는 宣命使는 4, 5위의 弁官이 맡는다.
41) 태정관의 參議 이상의 공경.
42) 5위 이상 집의 가정기구에 근무하는 직원.
43) 內位, 外位의 資人 모두.
44) 관인의 임용자격이 부여되는 신분의 하나. 內位의 6위 이하 8위 이상의 嫡子를 말한다.
45) 式部省은 本主가 선택하여 신청한 후보자를 대상으로 시험을 치른 후, 그 합격자를 본주가 신청하면 位分資人으로 삼는다.
46) 式部省.
47) 위계를 수여한 증명서.
48) 位分資人의 채용에서 제외되는 지역은 鈴鹿, 不破, 愛發 등 3關과 筑紫 등 서해도, 동북지방의 陸奧, 出羽, 東山道의 飛驒 등지로 군사상의 요충지이다. 「軍防令」48에는 "凡帳內, …其資人, …並不得取三關及大宰部內, 陸奧, 石城, 石背, 越中, 越後國人"이라는 규정이 있다.
49) 『唐六典』 권3 「戶部」조에 "凡京司文武職事官皆有防閤"이라는 규정이 있다. 관료의 경호

상경 도중에 지치고, 몸은 부과된 역으로부터 벗어나 버린다.[50] 이는 공사에 걸쳐 비용이 들고 양쪽 모두에게 손실이다. 지금 이후로는 이를 폐지한다. 관에 있는 자의 이름은 무거우니 (방합 대신에) 馬料[51]를 지급하기로 한다"라고 하였다. 지급의 방법은 신분에 따라 차등이 있고 그 내용은 格에 있다.

하4월 정묘삭(1일), 일식이 있었다.

정축(11일), 陸奥國에서 새로 白河郡에 군단을 설치하고, 또 丹取軍團을 玉作軍團으로 개칭해 줄 것을 청하자 모두 허락하였다.

신사(15일), 태정관이 주상하기를, "美作國에서 언상하기를 '관내의 大庭, 眞嶋 2군이 1년 내에 용으로 바치는 쌀 860여 석을 보내는 데에 산천이 험로하여 운송하기가 대단히 어렵고, 사람과 말이 모두 지쳐서 손실되는 비용이 매우 많다. 바라건대 무거운 쌀을 가벼운 목면, 철로 바꾸었으면 한다'라고 하였다. 또 제국의 국사가 언상하기를, '調를 운송하는 데에 여정이 너무 멀어 백성들의 피로가 극히 많다. 바라건대 외위의 위록은 왕경으로 보낼 일부를 (외5위가 거주하는) 당지에 두고 편의에 따라 지급했으면 한다'라고 하였다. 신들이 헤아려 본 바 모두 신청한 대로이니 천황의 재가를 바라고자 한다"라고 하였다. (천황은) 이 주상을 허락하였다. 이때부터 제국의 군사 및 隼人 등 외5위를 받은 자는 모두 당지에서 위록을 지급하기로 하였다.

임오(16일), (발해사) 高齊德 등 8인에게 각각 채색비단, 무늬가 있는 비단, 목면을 차등있게 내렸다. 이어 그 왕에게 璽書를 주며 말하기를, "천황이 삼가 발해군왕에게 문안드린다. 서계를 보니 자세히 알 수 있다. 옛 영토를 회복하고 여기에 앞의 우호관계를 닦으려고 하니 짐은 이를 기쁘게 생각하고 있다. (왕께서는) 의와 인의 마음으로 경역을 다스렸다. 비록 창파로 격해 있지만, 끊이지 않고 왕래하고자 한다. 이에 수령 고제덕 등이 돌아가는 길에 서계 및 信物로서 채색비단 10필, 무늬있는 비단 10필, 비단 20필, 명주실 100구, 목면 200둔을 보낸다. 다소 더운 날씨이지만 평안하게 잘

와 잡사에 종사한다. 養老 6년 윤4월 을축조에는 陸奥按察使 관내에서 징발된 防閤을 본적지로 돌려보내고 있다.

50) 방합을 피해 도망을 쳐서 과역을 부과하지 못한다는 의미. 差課는 庸, 調, 雜徭, 兵役 등을 부과하는 일.

51) 말 사육에 필요한 비용.

지내셨으면 한다"라고 하였다.

신묘(25일), 칙을 내려 "듣는 바로는 제국의 군사 등은 관할 지역 내에 騎射, 相撲[52] 및 膂力者[53]가 있으면 빈번히 왕족, 공경, 재상의 저택에 보내고 있다고 한다. 조를 내려 (이들을) 찾아도 바칠 만한 사람이 없다. 지금 이후로는 그렇게 해서는 안 된다. 만약 위반자가 있으면 국사가 추적하여 位記를 몰수하고, 현직을 해임한다. 군사는 먼저 처벌을 결정한 후에 칙에 따라 해임한다. (이들을) 부추겨서 구하려고 하는 자[54]는 위칙죄로 처벌한다. 다만 먼저 帳內,[55] 資人으로 충당한 자는 이 범위에 포함하지 않는다.[56] 무릇 이러한 재능있는 자들이 있으면 국사, 군사는 미리 알아서 마음에 두고 선정에 놓고 칙이 내리는 날에 즉시 공진하도록 한다. 이를 내외에 고하여 모두 알도록 한다"라고 하였다.

5월 신해(16일), 좌우 경내의 백성이 큰 홍수로 피해를 입은 700여호에 삼베, 곡물, 소금을 각각 차등있게 내렸다.

을묘(20일), 금성이 낮에 보였다.

병진(21일), 정5위상 門部王에게 종5위하를, 정4위하 石川朝臣石足에게 정4위상을, 정5위상 大宅朝臣大國·阿倍朝臣安麻呂에게 함께 종4위하를, 종5위상 小野朝臣牛養에게 정5위하를, 종5위하 多治比眞人占部에게 종5위상을, 정7위상 阿倍朝臣帶麻呂, 정7위하 巨勢朝臣少麻呂, 종6위하 中臣朝名代, 정6위상 高橋朝臣首名·大伴宿禰首麻呂, 정6위하 紀朝臣雜物, 정6위상 坂本朝臣宇頭麻佐·

---

52) 일본 씨름인 相撲에 대해서는 『일본서기』 垂仁紀 7년 7월조에 野見宿禰, 當麻蹶速에게 명하여 相撲을 행했다는 相撲節 기원전승이 기록되어 있다. 皇極紀 원년 7월 을해조에는 백제왕자 翹岐 앞에서 健兒들에게 相撲을 시켰다고 하고, 天武紀 11년 7월 갑오조에도 大隅隼人, 阿多隼人에게 조정에서 相撲을 시켰다고 한다. 養老 3년 7월 신묘조에 相撲을 관장하는 拔出司를 두었고, 제국으로부터 相撲 인력을 공진시켰다고 하듯이 국가적 행사로서 체제를 갖춘 것으로 보인다. 『萬葉集』에도 天平 2년 大宰府에서 相撲部領使(864~867)의 일이 보인다. 平安朝에 들면 相撲司라고 칭했고, 相撲節會(매년 7월 7일)에 맞추어 式部省(후에 兵部省)에 설치되었다.

53) 膂力者는 力婦, 膂力婦女라고도 하여 힘이 좋은 여자를 지칭한다. 이들은 제국으로부터 공상되어 縫殿寮의 관리 하에 後宮에 배속되었다.

54) 공상을 요구하는 왕족, 귀족들.

55) 親王, 內親王에 지급되어 경호, 잡역에 종사한 하급관인. 귀족에게 지급되는 資人과 함께 舍人이라고도 하였다.

56) 騎射, 相撲 및 膂力者 등을 帳內, 資人으로 임명한 자.

田口朝臣年足, 정7위하 笠朝臣三助·下毛野朝臣帶足, 외정6위상 津嶋朝臣家道, 종6위상 上毛野朝臣宿奈麻呂, 정6위상 若湯坐宿禰小月·葛野臣廣麻呂·丸部臣大石·葛井連大成[57]에게 함께 외종5위하를 내렸다. 이날 처음으로 외5위를 내렸다. 이에 칙을 내려 "지금 외5위를 받은 사람들은 이 위계에 머무르는 것이 아니다. 그 근무에 따라 장차 내위에 서임될 것이니, 모두 노력하여 태만하지 않도록 한다"라고 하였다.

6월 경오(5일), 발해사를 보내는 사신이 출발 인사를 하였다.

임신(7일), 수부 이상 총 62인에게 차등있게 관위를 내렸다.[58]

추7월 계축(19일), 종4위하 河內王이 죽었다.

을묘(21일), 칙을 내려 3품 대장군 新田部親王에게 1품을 내렸다.

8월 갑오,[59] 조를 내리기를, "짐은 생각하는 바가 있어 요즈음 매 사육을 하지 않으려 하니 천하의 사람들도 역시 기르지 않도록 한다. 후에 칙을 기다려 기르도록 한다. 만약 위반자가 있으면 위칙죄에 처한다. 천하에 선포하여 모두가 알도록 한다"라고 하였다.

이날, 처음으로 내장료[60]를 두었다. 頭 1인, 助 1인, 大允 2인, 少允 2인, 大屬 1인, 少屬 2인, 史生 8인, 使部 이하 각종의 匠手 각각 약간명을 두었다. 또 중위부[61]를 두었다. 大將[62] 1인〈종4위상〉, 少將[63] 1인〈정5위상〉, 將監[64]

---

57) 葛井連의 선조는 6세기 전반 백제에서 도래한 王辰爾의 일족인 胆津이다. 胆津은 白猪屯倉에 파견되어 田部를 편성하고 호적을 작성한 공로로 白猪史의 성을 받고, 문필씨족으로 성장하였다. 養老 4년 5월 葛井連으로, 延曆 10년 정월에 葛井宿禰로 개성하였다. 葛井寺는 이 씨족의 氏寺이다.

58) 외국에 파견되는 사절단의 일원으로 공적 사절단임을 표시하기 위해 水夫에게도 관위를 준 것으로 보인다. 水夫에 대한 관위 수여는 이때 발해에 송사로서 파견된 사절이 유일하다.

59) 8월에는 甲午가 없다. 甲子朔의 오기로 보인다.

60) 內匠寮는 中務省의 산하관부로서 內廷에서 필요로 하는 調度品 등의 물품을 제조하고 조달하는 업무를 맡은 令外官司이다. 기왕의 수공업 제품을 제조하는 유관 관사가 있었으나 이를 효율적으로 조달하기 위해 총괄하는 역할을 했던 것으로 추정된다.

61) 이때 신설된 中衛府는 慶雲 4년 7월, 元明이 즉위한 직후 설치된 授刀舍人寮를 계승한 것으로 神龜 원년에 聖武의 즉위에 동반하여 경호를 담당했던 授刀舍人을 기반으로 새로 衛府를 편성하고 기존의 五衛府를 능가하는 지위와 권력을 부여했다고 보인다.

62) 中衛府의 장관.

63) 中衛府의 차관.

64) 判官.

4인〈종6위상〉, 將曹[65] 4인〈종7위상〉, 府生[66] 6인, 番長[67] 6인, 中衛[68] 3백인〈東舍人이라고 한다〉, 使部 이하는 또 약간명을 두었다. 그 직장은 항상 내리에 있고, 천황의 주위를 호위하는 일이다. 그 내용은 모두 격이 있다. 정5위하 守部連大隅[69]가 서장을 올려 사직을 구했지만, 예우의 조를 내려 허락하지 않았다. 이에 명주 10필, 목면 100둔, 삼베 40단을 내렸다.

갑신(21일), (천황이) 칙을 내리기를, "황태자의 병이 날이 지나도 차도가 없다. 삼보의 위력을 빌리지 않으면 어떻게 병고를 벗어날 수 있겠는가. 이에 삼가 관세음보살 177구를 만들고 아울러 경전 177권을 전사하고 예불과 轉經, 1일 行道[70]를 행하여, 이 공덕으로 회복을 바라고자 한다"라고 하였다. 또 칙을 내려 "천하에 대사면을 내려 병환을 구제하고자 한다. (다만) 팔학을 범한 자, 관인으로 법을 어기고 뇌물을 받은 자, 감독하고 지켜야 할 물품을 훔친 자, 관할 지역의 물품을 훔친 자, 강도와 절도로 재물을 얻은 자, 통상의 사면에서 허락되지 않는 자는 모두 사면의 범위에 포함하지 않는다"라고 하였다.

임신[71](9일), 태정관의 심의, 상주에 따라 제국의 史生, 박사, 의사의 정원 및 승진에 필요한 심사의 연한을 개정하였다. 사생은 대국 4인, 상국은 3인, 중하국은 2인을 두고, 6년간의 근무평정으로 승진여부를 사정하고, 평정기간인 6년을 채우면 교체한다. 박사, 의사는 8년간의 평정으로 사정한다. 다만 박사는 3, 4국에 1명을 임명하고, 의사는 국마다 임명한다. 평정기간인 8년이 차면 史生과 마찬가지로 교체한다. 이 내용은 격에 있다.

---

65) 主典.

66) 서기 등 서무를 담당하는 직원.

67) 교체로 근무하는 舍人을 통솔하는 직원.

68) 천황과 그 일족을 근시하며 경호를 맡은 무장병력.

69) 神龜 5년 2월 守部連으로 개성하기 이전의 이름은 鍛師造大隅, 鍛冶造大隅이다. 文武 4년(700)의 大寶律令 찬정자의 1인이고, 和銅 4년 4월에 종5위하, 養老 4년 10월에 刑部少輔에 보임되었다. 동년 정월에는 明經 제1박사로서 포상받았다. 「賦役令」19 集解 「古記」 소인의 神龜 4년 정월 26일자 日格에 "令師正五位下鍛冶造大隅"라고 하여 이름이 보이고, 『家傳』下에 神龜年中에 명망있는 학자라고 하는 宿儒의 1인으로 이름을 올리고 있다. 한편 『新撰姓氏錄』 河內國神別에는 守部連이 振魂命의 후손으로 나온다.

70) 경전을 독송하면서 불상과 불전 주위를 도는 의식.

71) 일자 배열의 오류라고 보인다.

병술(23일), 천황이 동궁에 임하였다. 황태자의 병 때문에 (선제들의) 능묘에 보내 폐백을 올렸다.

정묘[72](4일), 금성이 천공을 지났다.

9월 병오(13일), 황태자가 죽었다.[73]

임자(19일), 那富山[74]에 장사지냈다. 때에 2살이었다. 천황이 심히 애도하였다. 3일간 조정의 업무를 중지하였다.[75] 태자가 유아인 까닭에 장례 의식은 행하지 않았다. 다만 왕경의 관인 이하 및 기내의 백성은 3일간 소복을 입고, 제국의 군사는 각각 해당 군에서 3일간 곡으로 애도하였다.

임술(29일), 밤에 유성이 보였다. 길이가 2장 정도이고 붉은 빛을 발하면서 4개로 분리되어 궁중으로 떨어졌다.

동10월 임오(20일), 승정 義淵法師[76]가 죽었다. 치부성 관인을 보내 장의를 감독시켰다. 또 조를 내려 부의물로 비단 100필, 명주실 200구, 목면 300둔, 삼베 200단을 보냈다.

11월 계사삭(1일), 천둥이 있었다.

을미(3일), 종4위하 智努王[77]을 造山房司[78] 장관으로 삼았다.

임인(10일), 제를 내려 위부[79]의 府生은 병부성이 임명하도록 하였다.

을사(13일), 동지에 천황이 남쪽 뜰에 임하여 친황 이하 5위 이상에게 연회를 베풀고, 차등있게 녹을 내렸다.

경신(28일), 지혜와 수행에 뛰어난 승 9인을 선발해 산방에 거주하게 하였

---

72) 일자 배열의 오류라고 보인다.

73) 출생일이 神龜 4년 윤9월 29일이므로 만 1세가 안 된 시기에 사망한 것이다.

74) 奈保山, 奈良市 法蓮町에 소재하는 那富山墓가 황태자의 墓로 전해지고 있다.

75) 「儀制令」7에 "皇帝二等以上親, 及外祖父母, 右大臣以上, 若散一位喪, 皇帝不視事三日"이라고 규정되어 있다.

76) 『扶桑略記』大寶 3년 3월 을유조에 따르면 興福寺僧 義淵이 승정에 임명되었다. 大和國 高市郡 사람으로 俗姓은 阿刀氏이고, 龍蓋寺, 龍門寺, 龍福寺 등 5龍寺를 건립했다고 전한다. 神龜 4년 12월조에 자세히 보인다.

77) 天武天皇의 孫으로 1품 長親王의 子. 靈龜 3년(717) 무위에서 종4위하에 서위되고 養老 2년(718) 大舍人頭에 임명되었다. 神龜 6년 長屋王의 변 직후 종4위상에 올랐다.

78) 山房을 만들기 위한 임시관사로서 황태자를 위한 불당. 이후 광명황후의 보호를 받아 金鍾山寺가 되고 東大寺의 전신인 金光明寺가 된다. 平城京 左京 2방2조에서 '山房解'라고 명기된 목간이 출토되어 山房의 존재가 확인되었다.

79) 五衛府와 中衛府.

다.

12월 기축(28일), 금광명경 64질, 640권을 국별로 10권씩 제국에 배포하였다. 이에 앞서 제국이 소유하고 있는 금광명경은 어느 국은 8권, 어느 국은 4권이었다. 여기에 이르러 전사하여 갖추게 하였다. 경이 도착하는 날에 따라 즉시 전독하게 하였다. 국가의 평안을 위해서이다.

○ 天平 원년(729), 춘정월 임진삭(1일), 중궁에서 군신 및 내외의 명부[80]에게 연회를 베풀고 차등있게 비단을 내렸다.

무술(7일), 조당에서 5위 이상에게 연회를 베풀었다.[81]

임인(11일), 정4위상 六人部王이 죽었다.

정미(16일), 칙을 내려 "맹춘[82]의 정월, 만물이 화합하고 희열이 넘치고 있다. 경 및 기내의 관인 이하에게 술과 음식 값을 지급하고 아울러 하루 저녁을 베풀도록 한다"라고 하였다.

임자(21일), 조를 내려 "5위 이상의 고령으로 조정에 오기 어려운 자는 사자를 사저에 보내 위문하고 물품을 내린다"라고 하였다. 80세 이상에게는 비단 10필, 목면 20둔, 삼베 30단이고, 70세 이상에게는 비단 6필, 목면 10둔, 삼베 20단이다.

2월 신미(10일), 좌경인 종7위하 漆部造君足, 무위 中臣宮處連東人 등이 밀고하여 "좌대신 정2위 長屋王이 몰래 邪道를 배워 국가를 전복시키려고 한다"라고 하였다. 그날 밤, 사자를 보내 3관을 굳게 지키게 하고, 식부경 종3위 藤原朝臣宇合, 위문좌 종5위하 佐味朝臣虫麻呂, 좌위사좌 외종5위하 津嶋朝臣家道, 우위사좌 외종5위하 紀朝臣佐比物 등이 6위부[83]의 병력을 이끌고 장옥왕 저택을 포위하였다.

임신(11일), 대재대이 정4위상 多治比眞人縣守, 좌대변 정4위상 石川朝臣石足, 탄정윤 종4위하 大伴宿禰道足을 임시 참의로 삼았다. 이날 오전 10시경

80) 內命婦는 5위 이상의 女官, 外命婦는 5위 이상의 관인의 처.
81) 매년 정월 7일에 행하는 白馬節會. 천황이 豊樂院에 임하여 군신들에게 베푸는 연회에서 장식한 白馬를 돌며 사악한 기운을 떨치고 부정을 씻는 의식.
82) 孟春은 정월 봄, 2월은 仲春, 3월은 季春, 夏, 冬, 秋도 동일.
83) 中衛府의 설치로 五衛府를 합쳐 六衛府가 되었다.

1품 舍人親王·新田部親王, 대납언 종2위 多治比眞人池守, 중납언 정3위 藤原朝臣武智麻呂, 우중변 정5위하 小野朝臣牛養, 소납언 외종5위하 巨勢朝臣宿奈麻呂 등이 장옥왕 저택에서 그 죄를 심문하였다.

계유(12일), (長屋)王에게 자결하도록 하였다. 그의 처 2품 吉備內親王,[84] 아들 종4위하 膳夫王, 무위 桑田王·葛木王·鉤取王 등도 같이 자결하였다. 이에 집안의 모든 사람들을 체포하여 좌우위사부, 병위부 등에 구금하였다.

갑술(13일), 사자를 보내 장옥왕, 길비내친왕의 시신을 生馬山에 묻었다. 이에 칙을 내려, "길비내친왕은 죄가 없다. 마땅히 장송의 예에 준한다. 다만 북, 피리의 악기는 중지한다.[85] 그 家令,[86] 帳內[87] 등은 모두 방면한다. 장옥왕은 죄를 범하여 주살되었지만, 비록 죄인이라고 해도 그 장례는 추하게 해서는 안 된다. 장옥왕은 천무천황의 손이고, 高市親王[88]의 자이다. 길비내친왕은 日並知皇子尊[89]의 황녀이다"라고 하였다.

병자(15일), 칙을 내려 "좌대신 정2위 장옥왕은 잔인하고 흉악하여 그 실상이 그대로 드러났고, 사악한 짓을 다하여 돌연 느슨한 법망에 걸렸다. 간악한 무리를 제거하고 악한 적을 없애 멸하려고 한다. 국사는 그 무리들을 놓쳐서는 안 된다"라고 하였다. 이에 2월 12일부[90]로 상례에 따라 시행한다.

무인(17일), 외종5위하 上毛野朝臣宿奈麻呂 등 7인이 장옥왕과 통하고 있었다는 이유로 연루되어 유형에 처해지고, 그 외의 90인은 모두 사면되었다.

기묘(18일), 좌대변 정4위상 石川朝臣石足 등을 사자로 장옥왕의 동생 종4위상 鈴鹿王 저택에 보내 칙명을 전하기를, "장옥왕 형제, 자매, 자손 및 첩 등은 남녀 불문하고 모두 사면한다"라고 하였다. 이날 백관은 大祓[91]을

84) 草壁皇子의 딸. 모친은 元明天皇. 聖武天皇의 백모 혹은 숙모에 해당한다. 平城宮의 長屋王 저택 유적 발굴조사에서 '吉備內親王' 문자가 명기된 목간이 발견된 바 있다.

85) 「喪葬令」8에 정해진 친황, 내친왕의 葬送具 중에서 鼓, 大角, 小角을 말한다.

86) 親王, 內親王, 3위 이상 王臣의 저택 가정기관을 통솔하는 직원.

87) 親王, 內親王에게 지급되어 경호, 잡역 등에 종사하였다. 2품 내친왕의 帳內는 70인. 長屋王 저택 유적에서 帳內, 帳內司, 馬司帳內 등이 새겨진 목간이 발견되었다.

88) 天武天皇의 장남. 持統天皇 즉위 후 太政大臣이 된다.

89) 天武天皇의 황태자였던 草壁皇子.

90) 長屋王 일족이 자결한 그 날짜로 소급하여 포고한 것.

91) 長屋王 사건으로 악한 기운, 부정한 것을 씻어버리려는 大祓 의식으로 보인다.

행하였다.

임오(21일), 좌우의 경에 사형죄 이하를 사면하였다. 아울러 장옥왕 사건 때에 징발된 백성의 잡요를 면제하였다. 또 고발인 漆部造君足, 中臣宮處連東人에게 함께 외종5위하를 내리고, 식봉 30호, 전지 10정을 하사하고, 漆部駒長에게는 종7위하를 내렸다. 아울러 신분에 따라 물품을 하사하였다.

정해(26일), 장옥왕의 제, 자매 및 자녀들 중 생존자에게 녹을 지급하는 것을 허락하였다.

3월 계사(3일), 천황이 松林苑[92)]에 임하여 군신들에게 연회를 베풀었다.[93)] 제관사 및 朝集使의 주전 이상을 어재소에 불러 신분에 따라 물품을 내렸다.

갑오(4일), 천황이 대극전에 임하였다. 정4위상 石川朝臣石足·多治比眞人縣守·藤原朝臣麻呂에게 함께 종3위를, 종4위상 鈴鹿王에게 정4위상을, 종4위상 長田王, 종4위하 葛城王에게 함께 정4위하를, 종4위하 智努王·三原王에게 함께 종4위상을, 정5위하 櫻井王에게 정5위상을, 무위 阿紀王에게 종5위하를, 종4위하 大伴宿禰道足에게 정4위하를, 정5위하 粟田朝臣人上에게 정5위상을, 종5위상 車持朝臣益·佐伯宿禰豊人에게 함께 정5위하를, 종5위하 息長眞人麻呂·伊吉連古麻呂[94)]·縣犬養宿禰石次·小野朝臣老·布勢朝臣國에게 함께 종5위상을, 외종5위하 中臣朝臣名代·巨勢朝臣少麻呂·阿部朝臣帶麻呂·坂本朝臣宇頭麻佐에게 함께 종5위하를, 정6위상 巨勢朝臣奈氐麻呂·紀朝臣飯麻呂·大神朝臣乙麻呂·三國眞人大浦, 정6위하 小治田朝臣諸人·坂上忌寸大國, 정6위상 後部王起[95)]·垣津連比奈에게 함께 외종5위하를 내렸다. 중납언 정3위 藤原朝臣武智麻呂를 대납언으로 삼았다.

계축(23일), 태정관이 주상하기를, "제국에서 공상하는 4장 크기의 비단을 중지하고 모두 6장의 좁은 비단으로 하고, 또 구분전의 반급은 令에 따라 收授하고 있는데, 실제로는 불편하니 청컨대 모두 회수하여 다시 반급하고자 한다"라고 하였다. 이를 모두 허락하였다.

---

92) 평성궁의 북쪽에 위치한 정원. 天平 3월 정해조에는 松林宮으로 나온다.
93) 3월 3일 연못가에서 술잔을 띄우며 행하는 曲水의 연회.
94) 伊吉連은 중국계 도래씨족. 伊吉連古麻呂는 和銅 6년에 종5위하, 天平 4년에 下野守에 임명되었다.
95) 권9, 神龜 2년(725) 춘정월조 348쪽 각주 156) 참조.

정사(27일), 정8위상 紀直豊嶋를 紀伊國造로 삼았다.

하4월 임술(2일), 播磨國의 賀茂郡에 主政, 主帳 각 1인을 증원하였다.

계해(3일), 칙을 내려, "내외의 문무백관 및 천하의 백성은 사도를 배우고 환술을 몸에 익히거나, 그림, 인형을 만들어 사람을 저주하는 주술 행위자에 대해서는 주범은 참형이고 종범은 유형에 처한다. 만약 산속에 거주하면서 거짓으로 佛法을 말하고 스스로 교화를 이루었다고 하여 가르쳐 전하고, 부적을 써서 봉인하고. 약을 섞어 독을 만들어 만방에 괴이한 짓을 하여 칙령에서 금지사항을 위반한 자는 역시 죄는 앞의 경우와 동일하다. 요술서를 갖고 있는 자는 칙을 내린 후 50일 이내에 자수해야 한다. 만약 기한 내에 자수하지 않아 후에 고발된 자는 주범, 종범을 불문하고 모두 유형에 처한다. 그 고발인은 명주 30필을 포상하고 이를 죄인의 집에서 징발한다"라고 하였다. 또 칙을 내려 "매년 伊勢의 신에게 공상하는 調인 비단 300필을 할애하여 신기관의 직무를 맡은 中臣朝臣 등에게 지급한다"라고 하였다. 태정관이 처분하기를, "舍人親王이 조정의 청사[96]에 들어올 때 제관사의 관인은 자리에서 내려오지 않도록 한다[97]"라고 하였다. 산양도 제국의 역가를 만들기 위해 驛起稻 5만속을 충당하였다.

을축(5일), 筑前國 宗形郡의 대령 종7위상 宗形朝臣鳥麻呂가 (宗像)신에게 齋를 올리게 된 사실을 주상하였다. 이에 외종5위하를 내리고, 여러 물품을 지급하였다.

경오(10일), 제국에서 상경하는 병위의 물자는 해당 군에 재임하고 있는 군사가 직급에 따라서 보내도록 한다.[98] 그리고 공조사에 위탁해서 관할 관사에 보낸다. 그 납부 방식은 상등의 비단 1필은 은 2량에 해당시키고, 상등의 명주실은 小 2근, 庸의 목면 小 8근, 庸의 삼베 4단, 쌀 1석은 모두

96) 朝堂.

97) 『令集解』「儀制令」12의 「古記」, 「令釋」에는 친왕 및 태정대신이 들어오면, 5위 이상은 등받이가 없는 의자에서 내려오고, 6위 이상은 자리에서 내려와 무릎을 꿇고, 청사 밖에 있는 사람은 땅에 서 있는다고 하였다. 이번의 칙은 舍人親王에 대한 예의로 관인들이 기왕에 해온 자리에서 내려오거나 무릎을 꿇는 것으로부터 기립한 채로 있는 것을 말한다.

98) 兵衛가 왕경에서 보내는 생활비를 병위의 본관지 郡司가 향리로부터 공급하는 것. 絁, 米, 布 등을 錢으로 환산하기 위해 환전율을 정하고 있다.

은 1량으로 한다. 해당 지역에서의 산물로 (1인당) 은 20량에 준하도록 하였다.

5월 갑오(5일), 천황이 松林苑에 임하여 왕신, 5위 이상에게 연회를 베풀고 차등있게 녹을 내렸다. 또 말을 타고 (수행에) 봉사한 사람들에게는 위계를 묻지 않고 錢 1천문을 내렸다.

경술(21일), 태정관이 처분하기를, "令에 의거하면 제국의 史生 및 傔仗[99] 등은 식부성이 임명하고 부임하는 날에 식부성이 문서를 발행하는 것이 통례이다. 그런데 그 문서의 내용에 關司[100]가 통행시에 검사하라고 기록되어 있다. 이 문구는 弁官이 내리는 문서가 아니면 어울리지 않는다. 지금 이후로는 임명이 끝나면 이들 명부를 변관에 보내고 다시 변관이 문서를 발행해서 제국에 보내도록 한다"라고 하였다.

6월 경신삭(1일), 조당원과 기내, 7도 제국에서 인왕경을 강설하였다.

신유(2일), 營廚司를 폐지하였다.

기묘(20일), 좌경직이 길이 5촌 3분, 폭 4촌 5분의 거북을 바쳤다. 등에는 글자가 새겨져 있었는데, '天王貴平知百年'[101]이라고 하였다.

경진(21일), 薩摩, 隼人 등이 조물을 바쳤다.

계미(24일), 천황이 대극전의 閤門에 임하자, 준인 등이 향토의 가무를 선보였다.

갑신(25일), 준인 등에게 신분에 따라 관위와 녹을 내렸다.

을유(26일), 화성이 대미궁[102] 속으로 들어갔다.

추7월 기유(20일), 大隅의 준인 등이 調의 물품을 바쳤다.

신해(22일), 大隅의 隼人인 始孅郡의 소령 외종7위하 훈7등 加志君和多利, 외종7위상 佐須岐君·夜麻等久久賣에게 함께 외종5위상을 내리고, 그 외에게는

99) 大宰府, 三關 등 군사상의 요충지에서 지방장관 등을 호위하는 무관. 처우는 史生에 준하고, 式部省에 권한이 주어졌다. 和銅 원년(708)에 처음으로 大宰帥에게 8인, 大宰大貳, 尾張守에게 4인, 三關의 國守에게 2인이 지급되었고, 이어 近江守에게도 2인이 주어졌다. 후에는 出羽守, 陸奧出羽按察使, 鎭守將軍에게도 지급되었다.

100) 伊勢國 鈴鹿關, 美濃國 不破關, 越前國 愛發關을 三關이라 하고, 「軍防令」에 의해 병사와 무기류가 배치되고 해당 國司가 關司를 맡았다.

101) 천황의 고귀하고 태평한 치세가 100년에 미친다는 의미이다.

102) 大微宮은 천자의 궁전에 해당하는 星座.

신분에 따라 관위와 녹을 내렸다.

계축(24일), 달이 東井[103]으로 들어갔다.

8월 계해(5일), 천황이 대극전에 임하여, 조를 내렸다(宣命體).

"現神으로서 천하를 통치하는 倭根子天皇[104]이 조를 내려 하신 말씀을 친왕들, 제왕들, 제신들, 백관의 사람들 및 천하의 공민들은 삼가 들으라고 분부하였다. 고천원에서 강림하신 천황으로부터 시작하여 황위에 올라 천지팔방을 조화롭게 다스리는 일은, 성군이 있고 현신이 받들어 봉사하여 천하가 태평하고 인민이 편안해져야 천지의 大瑞가 나타나게 된다고, 신으로서 생각하고 있다고 한 말씀을 모두 들으라고 분부하였다. 이와 같이 말하는 것은 천황인 짐의 치세를 맞이하여 천황으로 있는 짐도 들어 알고 있는 지식이 부족하고, 보고 깨달아 행하는 일도 적고, 짐의 신하가 되어 봉사하고 있는 사람들도 한두 번의 소홀함은 있는 것이어서, (짐은) 송구하고 부끄럽게 생각하여 나의 태상천황[105]의 어전에 두려움으로 엎드려 말씀 올리기를, '경들이 찾아와 묻는 정치에 대해, 이렇게 답하는가, 저렇게 답하는가'를 묻고, 또 '(누구에게) 관직을 맡길 것인지'를 물으면, 가르치고 이끌어주시고 답해주는 대로 이 통치하는 천하의 정치를 행하고 받드는 사이에, 京職의 대부 종3위 藤原朝臣麻呂 등이 등에 문자가 새겨진 거북 1마리를 바치면서 주상하는 것을 듣고 놀라고 이상했는데, 이것을 보고 기쁘고 축하할 일이라고 생각하는 것은, 천황인 짐의 치세에 나타난 것이지만, 태상천황의 깊고 넓은 덕을 입어 높고 귀한 행함이 있어 나타난 大瑞의 물건이라고, 하신 말씀을 모두 들으라고 하였다. 말을 바꾸어, 이 大瑞의 물건은 하늘에 계신 신과 땅에 계신 신이 함께 축복을 내려 나타난 고귀한 징표라는 사실로부터 치세의 연호를 개정하려고 한다. 이로부터 神龜 6년을 고쳐서 天平 원년으로 하고, 천하에 대사면을 내리고 백관 중에서 주전 이상에게 관위 1계를 올려주는 것을 시작으로 1, 2개의 축하의 은혜를 베푼다는 천황의 말씀을 모두 듣도록 하라고 분부하였다".

103) 천체의 성좌 28宿의 하나.

104) 聖武天皇.

105) 元明天皇.

그 하사한 물품은 친왕은 비단 100필, 대납언은 70필을, 3위는 40필, 4위는 15필, 5위는 10필, 정6위상은 비단 5필, 목면 10둔으로 하였다. 정원 내의 산위 및 좌우의 大舍人, 6위부 舍人, 중궁직 舍人, 제관사의 장상관 및 史生에게 각각 2단, 使部, 伴部, 門部, 主帥에게 각각 1단, 女孺, 采女는 大舍人에 준하고, 宮人은 使部에 준거하였다. 또 천하의 백성으로 고령의 80세 이상 및 효자, 순손, 의부, 절부, 홀아비, 과부, 고아, 독거노인, 질병으로, 자활할 수 없는 자에게는 和銅 원년의 격에 의거하였다. 또 좌우 양경의 금년의 전조, 재경에 있는 승니의 父가 금년에 내야 할 조세, (왕경에서) 대재부의 도중의 驛戶의 租, 調와 神龜 3년 이전까지의 관물의 미납분[106]은 모두 면제하였다. 또 陸奧鎭守兵 및 3관의 병사는 3등으로 나누어 평가하고, 진군과 퇴각은 군법에 맞게 했는지, 적에게 위력을 가했는지, 죽음의 위험에도 목숨을 생각하지 않고 싸웠는지, 아울러 성명, 나이, 본적지, 군역의 햇수를 상세히 기록하고, 사자를 전담시켜 주상하게 하였다. 또 여러 위부 중에서 무예에 뛰어난 자도 그 이름을 올리게 하였다. 또 大陵[107]에 사자를 보내 봉폐하고 諸陵司를 寮[108]로 고치고 정원, 봉록을 늘렸다. 또 제국의 천신, 지기는 마땅히 장관이 제사지내고, 규정 이외의 제사지내야 할 산천이 있으면 제사를 허락하였다. (신사의) 祝部의 금년도 전조는 면제하였다. 또 近江國 紫鄕山寺[109]를 官寺로 하였다. 또 5세왕의 적자[110] 이상이 孫王[111]을 취하여 낳은 자녀는 황친[112]의 범위에 포함하였다. 그 외는 慶雲 3년의 격에 따랐다. 그 거북을 포획한 河內國 古市郡 사람 무위 賀茂子虫에게 종6위상을 내리고, 비단 20필, 목면 40둔, 삼베 80단, 대세의 벼 2천속을 하사하였다.

---

106) 관물은 正稅이고 미납은 정세의 대출에 대한 미납.

107) 선조 천황의 능묘.

108) 諸陵司를 諸陵寮로 승격, 개칭하는 것. 諸陵寮, 諸陵司의 직무는 능묘, 陵戶의 관리, 상장의례, 황족의 장례 의례 등이 있다.

109) 志我山寺, 崇福寺.

110) 5세왕의 적자이면 6세손이 되어 황친의 범위에 들어가지 않지만, 이 경우는 천황의 손녀를 취할 경우 예외적으로 허락하고 있다.

111) 천황의 손녀.

112) 皇親은 천황의 친족을 말하고, 천황의 형제와 황자를 親王, 친왕의 아들은 왕이라고 한다. 친왕으로부터 5세까지는 왕이라고 칭하지만, 황친의 범위는 4세왕까지이다.

또 칙을 내려 "唐僧 道榮은 몸은 본향[113]에서 태어났지만, 마음은 천황의 덕화를 흠모하여 먼 창파를 건너 우리 법사가 되었다. 더하여 (賀茂)子虫을 훈도하여 大瑞를 바치게 하였다. 마땅히 종5위하의 위계에 준하고, 이어 붉은 빛 가사와 물품을 내렸다. 그 위록은 모두 令에 따른다"라고 하였다. 이에 따라 정5위하 小野朝臣牛養, 정5위상 榎井朝臣廣國에게 함께 종4위하를, 정5위하 大伴宿禰祖父麻呂·佐伯宿禰豊人에게 함께 종5위상을, 종5위상 中臣朝臣廣見에게 종5위하를, 종5위하 大伴宿禰首·田口朝臣家主에게 함께 종5위상을, 외종5위하 高橋朝臣首名·紀朝臣飯麻呂, 정6위상 多治比眞人多夫勢·藤原朝臣鳥養에게 함께 종5위하를 내렸다.

정묘(9일), 좌대변 종3위 石川朝臣石足이 죽었다. 淡海朝의 대신 大紫連子[114]의 손이고 소납언 小花下 安麻呂[115]의 자이다.

무진(10일), 조를 내려 정3위 藤原夫人[116]을 황후로 삼았다.

임오(24일), 5위 및 제관사의 장관을 내리로 불렀다. 知太政官事 1품 舍人親王이 (다음과 같이) 칙명을 말하였다(宣命體).

"천황의 대명으로 친왕들, 또 그대 왕신들에게 알리라고 말씀하기를, '천황인 짐이 황위에 오르고 나서 금년에 이르기를 6년이 되었다. 이 사이에 천황의 위를 이어야 할 순서로서 황태자가 있었다. 이로부터 생모이신 藤原夫人을 황후로 정했다. 이와 같이 정한 것은 천황인 짐의 몸에도 세월이 쌓였고, 천하의 군주로서 오랫동안 해가 지나도록 황후가 없는 것도 하나의 좋지 않은 일이다. 또 천하의 정치는 혼자 할 수 있는 일이 아니고 반드시 내조가 있어야 한다. 이것은 특별한 일이 아니다. 하늘에 일월이 있듯이 땅에는 산천이 있는 것과 같이 함께 있어야 하는 것은 그대 왕신들도 잘 알고 있는 바이다. 그러나 이 자리가 늦게 정해졌던 것은, 신분이 낮은 사람 사이에서도 나의 가산을 맡길 사람은 하루이틀은 걸려 선택하고 열흘 스무날에 걸쳐서 시험하여 정하는데, 이 중대한 천하의 일을 이렇게 빨리 결정해도

113) 唐 본토.
114) 蘇我臣連子.
115) 蘇我臣安麻呂.
116) 藤原不比等의 딸 藤原光明子.

좋을 것인가를 생각하여 이 6년간에 걸쳐 살피고 택해서 금일 이 시간에 눈앞에 모두 불러 상세한 사정을 말하는 것이다'라고 한 말씀을 모두 들으라고 분부하였다. 이와 같이 말씀한 것은 말조차 하기 황공한 평성궁에서 現神으로 천하를 통치하는 倭根子天皇이신 나의 조모인 천황[117]이 처음으로 이 황후를 짐에게 주신 날에 칙을 내리기를, '여자라고 하면 모두 한결같기 때문에 내가 이렇게 말한 것은 아니다. 그녀의 아버지인 대신은 우리 황조를 도와 힘써 봉사하고, 밤이나 새벽에도 휴식도 없이 깨끗하고 밝은 마음으로 힘쓰고 정성을 다해 받들고 있는 것을 보고 그 사람의 인품과 근면성을 잊을 수가 없다. 나의 아들 나의 왕께서는 (그녀가) 과오나 죄가 없으면 버리지 말라, 잊지 말도록 하라'는 말씀에 따라 그동안 6년을 살펴보고 황후의 위를 내리는 것이다. 더구나 짐의 시대만이 아니다. 難波의 高津宮에서 천하를 통치하신 大鷦鷯天皇[118]은 葛城의 曾豆比古의 딸 伊波乃比賣命을 황후로 삼아 결혼하였고 천황이 통치해야 할 천하의 정치를 행하여 왔다. 이제 와서 드물고 새로운 일이 아니고 원래부터 행해 온 선례라고 하신 말씀을 모두 듣도록 하라고 분부하였다".

이어서 중납언 종3위 阿倍朝臣廣庭이 재차 칙을 말하기를, "천황의 말씀으로 지금 내린 조칙은 통상의 일이 아니다. (그대들에게) 두터운 정을 전해야 하는 까닭에 이대로 있을 수가 없다고 생각하여 하사품을 내리는 것이다"라고 하였다. 친왕[119]에게 비단 300필, 대납언[120]에게 200필, 중납언[121]에게 100필, 3위에게 30필, 4위에게 30필, 5위에게 20필, 6위에게 5필, 내친왕에게 100필, 내명부 3위에게 60필, 4위에게 15필, 5위에게 10필을 내렸다.

9월 경인(3일), 대재부에 명하여 調의 목면 10만 둔을 진상시켰다.

신축(14일), 陸奥鎭守將軍 종4위하 大野朝臣東人 등이 아뢰기를, "진수부의 병사와 백성 중에 근무와 군공을 기록해야 할 자에게 관위를 수여하여 후인의 모범으로 삼고자 한다"라고 분부하였다. 칙을 내려 (공적) 1등급 30인에게

---

117) 元明天皇.
118) 仁德天皇.
119) 이때의 친왕은 舍人親王, 新田部親王.
120) 이때의 대납언은 多治比池守, 藤原武智麻呂.
121) 이때의 중납언은 大伴旅人, 阿倍廣庭.

각각 위계 2급을 올리고, 2등급 74인에게는 각각 1급을 올리고, 3등급 96인에게는 각각 삼베 10단을 내렸다.

을묘(28일), 정4위하 葛城王을 좌대변으로 삼고, 정4위하 大伴宿禰道足을 우대변으로 삼고, 정3위 藤原朝臣房前을 중무경으로 삼고, 종4위하 小野朝臣牛養을 황후궁대부로 삼고, 정4위하 長田王을 衛門督으로 삼았다.

동10월 무오삭(1일), 일식이 있었다.

갑자(7일), 辨淨法師[122]를 대승도로 삼고, 神叡法師[123]를 소승도로 삼고, 道慈法師[124]를 율사로 삼았다.

11월 계사(7일), 경 및 기내의 반전사[125]를 임명하였다.

태정관이 주상하기를, "친황 및 5위 이상, 제왕신 등의 위전,[126] 공전,[127] 賜田[128] 및 寺家의 寺田, 神家의 신전은 (班田할 때에) 바꾸지 말고 원래의 토지로 반급해야 한다. 그 位田은 보유자가 上田을 다른 장소의 상전으로

---

122) 養老 원년 7월에 율사, 천평 원년 10월에 소승도가 되었다. 『懷風藻』에 "辨正法師者, 俗姓秦氏"라고 하여 속성이 秦氏이고, 도래계 씨족임을 알 수 있다. 大寶 연중에 입당하여 학문을 배웠으나 당에서 사망했다고 전한다. 한시 2수를 남기고 있다.

123) 持統 7년(693) 신라에 학문승으로 파견되어 신라불교를 체득하고 養老 원년 7월에 율사에 임명되었다. 大安寺의 道慈와 함께 釋門의 수재로 칭해졌다.

124) 권8 養老 3년 11월조 287쪽 각주 77) 참조.

125) 班田司는 班田授口帳에 근거하여 畿內에 班田을 위해 民部省에서 파견된 관인. 畿內 이외의 제국은 國司가 담당하였다. 班田授口帳이란 田籍과 田圖로서 토지의 경작 상황, 소유자 등을 기록한 토지대장이다. 이 문서는 민부성에서 관리하고, 제국의 국아에도 보존되었다. 班田使의 임명 혹은 파견은 持統 6년 9월에 처음 보이는데, 飛鳥淨御原令의 班田收授法에 의해 시행된 것이다. 班田 사례는 慶雲 원년, 和銅 3년, 靈龜 2년, 養老 5년 등 5회가 나오지만, 班田使의 파견 기사는 여기서 처음 나온다.

126) 「田令」4 「位田」조에는 "凡位田, 一品八十町, 二品六十町, 三品五十町, 四品四十町, 正一位八十町, 從一位七十四町, 正二位六十町, 從二位五十四町, 正三位四十町, 從三位三十四町, 正四位卄四町, 從四位卄町, 正五位十二町, 從五位八町.〈女減, 三分之一〉"이라고 하여 1품에서 4품, 5위 이상의 왕족, 귀족에게 위전이 지급되고 있다.

127) 「田令」6 「功田」조에는 "凡功田, 大功世世不絶, 上功傳三世, 中功伝二世, 下功傳子.〈大功, 非謀叛以上以外, 非八虐之除名, 並不收.〉"라고 하여 공적에 따라 상속 범위를 정하고 있다.

128) 「田令」12 「賜田條」조에 특별한 칙명에 의해 사여되는 전지를 賜田으로 규정하고 있는데 別勅賜田이라고도 한다. 이 규정에 의해 천황은 자신의 의사에 의해 특정한 사람에게 토지를 지급하였는데, 그 대상은 대체로 유력 귀족층이었다. 이 賜田은 田租의 부과대상인 輸租田으로, 賜田을 받은 자가 면직되면 位田, 職分田뿐 아니라 賜田도 국가에 환수되었다.

바꾸고자 할 때에는 원래의 전지 면적을 계산하여 허용한다. 中田을 상전으로 바꾸고자 하는 경우는 도리로서 허용해서는 안 된다.[129] 가령 이를 허가한다고 해도, 백성을 위해 필요하다면 우선 어려운 집안에 반급하도록 한다. 賜田을 지급해야 할 사람은 우선적으로 지급해야 한다. 현실적으로 사전을 지급할 토지가 없다면 관할 관사[130]가 협의해서 결정한다. 위전도 동일하다. 그 외에는 슈에 따른다. 직전은 민부성이 미리 지급해야 할 전지의 면적을 계산하고 토지의 넓고 좁음에 따라 中田, 上田을 취하여 반은 기내에 반은 기외의 국을 설정하여, 결원이 생기면 (전임자의 전지를) 걷어들여 (후임자에게) 주고, 비옥한 토지를 구하려고 다투어서는 안 된다. 또 제국의 국사들이 재임 중에 개간한 수전은 養老 7년 이후는 처음부터 공을 들여 얻는 사람이나 금전으로 매매해서 얻은 집안을 묻지 않고 모두 환수해서 해당 지역의 백성에게 반급한다. 만약 아직 전임하지 못한 자가 있으면 통상대로 경작하는 것을 허락한다. 그 외에는 개간한 토지는 오로지 양로 7년의 격에 따른다. 또 阿波國, 山背國의 陸田은 신분의 고하를 막론하고 국가에서 환수하여 해당 지역의 백성에게 반급한다. 다만 山背國의 3위 이상인 자의 陸田은 상세히 그 면적을 기록해서 사자를 보내 상주하고, 그 외에는 모두 환수한다. 또 황무지를 개간하여 좋은 전지로 만든 경우는 양국 모두 (소유를) 허락한다. 칙으로 받은 육전과 공적에 의해 받은 육전은 환수의 대상에 들어가지 않도록 한다"라고 하였다. (천황은) 이를 모두 허락하였다.

◯ 天平 2년(730), 춘정월 병술삭(1일), 신년하례를 중지하였다. 비가 내렸기 때문이다.

정해(2일), 천황이 대극전에서 하례를 받았다.

임진(7일), 중궁에서 5위 이상에게 연회를 베풀고,[131] 신분에 따라 녹을 내렸다.

---

129) 『延喜式』 권제26 主稅寮上에 "凡公田獲稻, 上田五百束, 中田四百束, 下田三百束, 下下田一百五十束"이라고 하여, 전지를 上田, 中田, 下田, 下下田의 4등으로 나누고, 산출량은 1町에 500속, 400속, 300속, 150속 등으로 차등하여 정했다.

130) 民部省.

131) 매년 정월 7일에 장식말을 관람하면서 연회를 베푸는 궁중행사.

신축(16일), 천황이 대안전[132]에서 5위 이상에게 연회를 베풀었다. 날이 저물자 천황은 황후궁으로 이동하였다. 백관의 주전 이상이 답가[133]를 행하면서 행렬을 이루며 따라갔다. 황후궁 안으로 들어오게 하여 술과 음식을 베풀고 단적[134]을 뽑았다. 仁·義·禮·智·信 5자가 (각각) 쓰여져 있고, 글자에 따라 물품을 내렸다. 인을 뽑은 사람은 비단, 의는 명주실, 예는 목면, 지는 삼베, 신은 1단분의 삼베였다.

신해(26일), 陸奧國에서 언상하기를 "관할 하에 있는 田夷村의 하이 등이 오랜 동안의 적대하는 마음을 버리고 이미 교화에 따르고 있다. 田夷村에 郡家[135]를 세워 같은 백성으로 삼고자 한다"라고 하였다. 이를 허락하였다.

2월 정사(2일), 釋奠의식을 행하였다. 조를 내려 우중변 정5위하 中臣朝臣廣見이 대학료에 나아가 칙명을 전하고 박사, 학생들을 격려하고 학업에 힘쓰도록 권장하였다. 이에 신분에 따라 물품을 지급하였다.

3월 정해(3일), 천황이 松林宮에 임하여 5위 이상에게 연회를 베풀었다.[136] 문장생들을 불러 曲水의 시문을 짓도록 하고 신분에 따라 비단, 삼베를 내렸다.

신묘(7일), 대재부에서 언상하기를 "大隅, 薩摩 양국 백성은 국을 세운 이래 아직 반전을 수급하지 못했다. 그 소유한 전지는 모두 간전으로 상속받아 경작하고 있고, 전지의 이동을 원하지 않는다. 만약 반전을 행한다면, 아마도 많은 상소가 이어질 것이다. 이에 구례에 따라 전지를 이동하지 않고[137] 각자 경작하도록 한다"라고 하였다.

---

132) 大安殿은 內裏의 正殿.

133) 「雜令」40에는 정월 16일을 節日로 정하고 있다. 踏歌는 발을 구르며 박자에 맞춰 춤추고 노래 부르는 것을 주요 내용으로 하는 궁중연회로 일반적으로 歌垣이라고 한다. 『日本書紀』 持統 7년 정월조에 "漢人等奏踏歌", 동 8년 정월조에 "漢人奏請踏歌", "唐人奏踏歌"라고 하는 사례가 나온다.

134) 短籍은 패찰과 같은 목재에 글자를 새겨 엎어놓은 상태에서 한 개씩 뽑아 그에 해당하는 물품을 주는 놀이. 『日本書紀』 齊明紀 4년(658) 11월조 분주의 或本에 有間皇子와 蘇我臣赤兄 등이 短籍의 점을 쳐서 모반을 모의했다고 전한다.

135) 郡의 청사.

136) 3월 3일은 曲水의 연회.

137) 공민들에게 반급하는 구분전을 받지 않고 개간하여 상속받은 전지를 그대로 경작한다는 의미.

정유(13일), 周防國 熊毛郡에 있는 牛嶋의 서쪽 물가와 吉敷郡의 達理山에서 산출되는 동을 야금하고 정련해 본 바, 함께 실용하기에 충분하였다. 이에 해당국에서 채광, 야금시켜 長門國의 주전에 충당하도록 하였다.

경자(16일), 화성이 낮에 보였다.

신해(27일), 태정관에서 주상하기를, “대학에 있는 학생은 이미 세월이 지났는데도 학습의 성취가 낮고, 아직 높은 수준에는 이르지 못하고 있다. 실은 이것은 생계가 곤궁하여 뒷받침할 여력이 없기 때문이다. 비록 학문을 좋아한다고 해도 그 뜻을 이루기는 어렵다. 바라건대, 재능과 지혜가 있고 학업이 우수한 자 10인 이하 5인 이상을 선발하여 학문에 전념하게 하여 (후진들에게) 좋은 가르침을 주었으면 한다. 이에 여름, 겨울 의복과 식료를 지급하도록 한다. 또 음양, 의술 및 칠요, 반력 등의 학술은 국가의 要道이니 중지하거나 빠져서는 안 된다. 다만 제박사를 보면, 나이가 들어 노쇠하다. 만약 가르칠 수 없다면 아마도 학업이 단절되어 버릴 것이다. 바라건대, 吉田連宜,[138] 大津連首,[139] 御立連淸道,[140] 難波連吉成,[141] 山口忌寸田主, 私部首石村, 志斐連三田次 등 7인은 각각 제자를 취하여 학습시키도록 한다. 그 時服[142]과 식료는 대학의 학생에 준하고, 그 학생 수는 음양과 의술은 각각 3인, 칠요와 반력은 각각 2인으로 한다. 또 제번은 이역으로 풍속도 같지 않다. 만약 통역이 없다면 소통하는 일이 어렵다. 이에 粟田朝臣馬養, 播磨直乙

---

138) 吉宜는 백제 멸망 시에 망명한 吉大尙의 후손으로 환속한 관인이다. 和銅 7년 종5위하로 승진하고 養老 5년(721)에는 의술 방면에서 포상받아 종5위상에 올랐다. 神龜 원년(724) 吉에서 吉田連을 사성받았다. 天平 5년(733)에 圖書頭에 임명되었고, 동 10년(738)에 典藥寮의 장관인 典藥頭를 역임하였다. 『懷風藻』에도 단가 4수를 남기는 등 다방면에 업적을 남겼다.

139) 환속한 관인. 법명은 義法. 권3 慶雲 4년 5월조 150쪽 각주 164) 참조.

140) 神龜 원년(724) 5월 신미조에 종5위하 吳肅胡明이 御立連으로 개성하였다고 나온다. 『藤氏家傳』에도 神龜 연간에 학예의 士로서 거론된 다수의 인물 중에 御立連吳明으로 나오고, 황태자 교육을 위해 근시하였다. 天平 2년(730) 3월 신해조에 후진 양성을 위해 3인의 제자를 취해 교육시켰다는 御立連淸道가 吳肅胡明과 동일인물로 추정된다.

141) 神龜 원년(724) 5월조에 종6위하 谷那庚受라는 인물이 難波連으로 개성된 기사가 나오는데, 그는 백제멸망 후 망명한 谷那晉首의 후예이다. 천지 10년 백제 망명인들에 대한 관위수여식에서 ‘達率 谷那晉首’는 병법에 밝아 대산하의 관위를 받았다고 하는데, 難波連吉成 역시 谷那氏의 후손이다.

142) 계절마다 지급하는 의복.

安, 陽胡史眞身,[143] 秦忌寸朝元,[144] 文元貞[145] 등 5인에게 명하여 제자를 각각 2인씩 취하여 漢語를 학습시키고자 한다"라고 하였다. (천황이) 조를 내려 함께 허락하였다.

하4월 갑자(10일), 태정관이 처분하기를, "기내, 7도 제국의 주전 이상은 개개의 직무가 있어도 일을 행함에 있어 반드시 함께 알아야 한다. 혹은 국사들이 사적으로 稅帳[146]을 만들고 작성이 완료되면 서명을 받는데,[147] 서명을 꺼리는 경우가 있다. 이로 인해 상하의 관인 사이에 의견의 차이가 생긴다. 또 大稅의 수납은 경솔히 해서는 안 된다. 세장을 바치는 날에는 穎穀[148]을 불문하고 창고마다 담당 관인명을 서명한다. 또 국내에서 산출되는 진귀한 식료품 등은 국사, 군사가 숨기고 또 결핍되고 적다는 이유로 진상하지 않는 일이 있다. 지금 이후로는 물건이 모자라고 적어도 역마, 전마에 한정하지 말고 편리한 수단으로 공진한다. 국내에서 시행하는 여러 일들은 주전 이상의 관인은 함께 알아야 한다. 만약 史生이 일을 잘못 처리했다면[149] 역시 같은 죄에 처한다"라고 하였다.

경오(16일), (천황이) 조를 내려, "성인의 大寶는 (천자의) 位라고 한다. 이에 따라 성인은 일월 즉 하늘로 향하고 백성의 풍속을 듣는다. 재물을 관리하고 옳고 그름을 바로잡는 것을 의라고 한다. 까닭에 의상을 만들고 때의 풍속을 정비하게 되었다. 풍속을 바르게 하는 일은 짐 한사람에게 있다. 지금 이후로는 천하의 부녀들은 구습의 의복을 고쳐 새로운 복제를 이용한다. 영원히 이를 염두에 두고 맡은 바 직무에 충실하도록 한다. 공경과

---

143) 권9 養老 6년(722) 2월조 323쪽 각주 9) 참조.

144) 大寶 2년(702)에 유학승으로 당에 건너간 弁正의 아들로 당에서 출생하였다. 養老 3년(719) 忌寸 성을 받고, 동 5년 학문 우수자로 의술분야에서 포상받았다. 天平 4년(7320) 入唐判官으로 당에 파견되었고, 귀국한 후 天平 7년에 외종5위상에 서위되었다. 동 9년에 圖書頭에 임명되고, 동 18년에 主計頭가 되었다.

145) 도래계 씨족의 후예로 보이며, 일본의 씨성을 갖지 않은 인물로서 여기에만 나온다.

146) 正稅帳, 大稅帳.

147) 正稅帳 등 국아의 상신문서에는 國司 4등관 전원의 서명이 필요하다.

148) 穎은 벼이삭, 穀은 탈곡하기 전의 볏알(籾米).

149) 史生은 관사의 4등관 밑에서 서기관을 담당하면서 공문서를 작성하고 4등관의 서명을 받는 일을 맡는다. 史生이 일을 잘못 처리할 경우, 국사인 4등관 모두 사생과 같은 죄로 처벌한다고 한다.

백료들은 어떻게 정비하지 않을 수 있겠는가"라고 하였다.

신미(17일), 처음으로 황후궁직 내에 시약원을 두었다. 제국에 명하여 황후궁직 및 대신가의 봉호의 庸의 물품을 대가로 충당하여 약초를 구입하여 매년 진상시키도록 하였다.[150)]

6월 갑인삭(1일), 태정관이 처분하기를, "지금 이후로는 史生 이상의 출근일수를 매월 장관[151)]에게 읽어서 보고하고 장관이 부재중이면 大納言에게 읽어서 보고한다"라고 하였다.[152)]

경진(27일), 가뭄으로 인해 기내 4국의 논과 밭을 조사시켰다. 신기관의 관사에 화재가 일어났다.

임오(29일), 천둥이 치고 비가 내렸다. 신기관의 지붕에 (낙뢰로) 화재가 일어났다. 이따금 사람과 가축이 낙뢰로 죽은 자가 있었다.

윤6월 갑오(11일), (천황이) 제를 내려, "이세대신궁에 봉폐하는 자는 5위 이상으로 龜卜을 할 수 있는 자를 사자로 하고 6위 이하로 해서는 안 된다"라고 하였다.

경자(17일), 지난 달의 낙뢰 때문에 新田部親王에게 칙을 내려 신기관의 관인을 데리고 점을 보게 하였다. 이에 사자를 보내 기내, 7도의 신사에 봉폐하고 예배하고 죄를 빌었다.

경술(27일), 칙을 내려, "요즈음 가뭄이 심해 곡물의 흉작이 예상된다. 마땅히 기내 4국에 사자를 보내 백성들의 농업의 상황을 조사하도록 한다"라고 하였다.

추7월 계해(11일), 조를 내려 "(伊勢의) 齋宮에 공급하는 매년의 물자는 지금 이후로는 모두 관물로서 이용하도록 한다.[153)] 구례에 따라 神戶의

---

150) 봉호가 바치는 庸으로 바치는 물품 대신에 그에 상응하는 약초를 구입하여 진상하라는 것. 封主는 封戶가 바치는 調와 庸의 전액과 田租의 반을 갖는다. 「賦役令」8 「封戶」조에는 "凡封戶者, 皆以課戶充, 調庸全給, 其田租爲二分一分入官, 一分給主"라고 규정되어 있다.

151) 태정관의 장관. 보통 태정대신이 임명되지 않아 좌대신이나 우대신이 장관직을 맡았다.

152) 「職員令」2 「太政官」조에 "大外記二人.〈掌, 勘詔奏及讀申公文, 勘署文案, 檢出稽失〉, 少外記二人.〈掌同, 大外記〉"이라 하여 태정관에 속한 外記가 공문을 읽고 보고하는 형식이 있었다.

153) 이때의 齋宮은 聖武의 황녀인 井上內親王이다.

용, 조 등의 물자를 충당해서는 안 된다. 대신궁의 禰宜 2인에게 위계 2계를 올리고, 內人 6인에게는 1계를 올린다. 나이의 많고 적음을 묻지 않는다"라고 하였다.

8월 기축(7일), 금성이 大微宮 안으로 들어갔다.

신해(29일), 견발해사 정6위상 引田朝臣虫麻呂[154] 등이 돌아왔다.

9월 임자삭(1일), 일식이 있었다.

계축(2일), 천황이 중궁에 임하였다. (引田朝臣)虫麻呂 등이 발해군왕의 信物을 바쳤다.

기미(8일), 종2위 대납언 多治比眞人池守가 죽었다. 좌대신 정2위 嶋之第의 제1자이다.

병자(25일), 사자를 보내 渤海郡의 신물을 6곳의 산릉에 바치고, 아울러 고 태정대신 藤原朝臣의 묘에 제사지냈다.

무인(27일), 정4위하 葛城王, 종4위하 小野朝臣牛養을 催造司[155]의 장관에 임명하였다. 本官[156]은 그대로이다.

기묘(28일), 제국의 防人을 폐지하였다.

경진(29일), 조를 내려 "왕경 및 제국에 도적이 많이 발생하고 있다. 혹은 민가에 침입해서 약탈하고 혹은 해상에서 침탈하고 있다. 백성에게 피해를 주는 것은 이보다 심한 것은 없다. 마땅히 소재 관사는 엄하게 체포의 수단을 강구하여 반드시 사로잡아야 한다. 또 安藝, 周防 양국 사람들 중에는 멋대로 화복을 설교하고 많은 사람들을 모아 사자의 영혼을 주술로 제사지내고 기도하는 자가 있다고 한다. 또 왕경의 가까운 동방의 구릉에 많은 사람을 모아 요언으로 설교하고 사람을 현혹시키는 자가 있다. 많게는 1만인, 적게는 수천인이나 된다. 이러한 자들은 심히 憲法[157]에 위반된다. 만약 망설이다가

154) 神護 5년(728) 2월 送渤海客使에 임명되어 동년 6월에 출발 인사를 하였다. 이 사절단은 730년 9월에 귀국하여 2년 3개월이라는 적지않은 기간이 소요되었음을 알 수 있다. 발해국에 대한 최초의 사절이라는 점에서 단순한 送使의 역할을 떠나 발해에 대한 전반적인 상황 파악을 위해 보낸 것으로 생각된다.

155) 神龜 원년(724) 전후한 시기에서 天平 6년(734)경까지 평성경 조영을 위해 설치한 임시 관사.

156) 葛城王의 本官은 左大弁이고 小野朝臣牛養의 本官은 皇后宮大夫로 모두 겸직이다.

157) 국법인 율령. 憲法이라는 용례는 『속일본기』에만 5회, 六國史 전체에서는 15회가

대처하지 않으면 그 피해는 심해질 것이다. 지금 이후로는 그렇게 해서는 안 된다. 또 포획 시설을 만들어 금수를 잡는 일은 선조대에서 금지하고 있다.158) 마음대로 병마, 사람들을 징발하는 것은 지금도 허락하지 않는다. 그런데 제국에서는 덫, 함정을 설치하고 백성과 병사를 징발하여 멧돼지와 사슴을 잡아 죽이고 있다. 그 머리 숫자는 셀 수 없을 정도이다. 단지 많은 생명을 해하는 것만이 아니고, 실로 법을 위반하는 것이다. 마땅히 諸道에 반포하여 함께 금지해야 한다"라고 하였다.

동10월 을유(4일), 대승도 弁法師159)를 승정으로 삼았다.

병오(25일), 彈正尹 종4위하 酒部王이 죽었다.

경술(29일), 발해의 信物을 제국의 名神 신사에 바쳤다.

11월 정사(7일), 천둥과 비, 대풍이 있었다. 나무가 부러지고 가옥을 쓸어버렸다.

『속일본기』 권제10

나온다.

158) 『日本書紀』 天武 4년(675) 4월조에 "庚寅, 詔諸國曰, 自今以後, 制諸漁獵者, 莫造檻穽及施機槍等之類"라고 하여 어업, 수렵에 종사하는 자가 함정을 파거나 기계를 이용한 창 등을 설치하는 행위를 금하고 있다.

159) 弁正, 弁淨이라고도 한다. 『懷風藻』15 釋弁正傳에는 "弁正法師者, 俗姓秦氏, 性滑稽, 善談論, 少年出家, 頗洪玄學, 大寶年中, 遣學唐國, 時 遇李隆基龍潛之日, 以善囲碁, 屢見賞遇, 有子朝慶朝元, 法師及慶在唐死, 元歸本朝, 仕 至大夫, 天平年中, 拜入唐判官, 到大唐見天子, 天子以父故, 特優詔厚賞賜, 還至本朝尋卒"이라고 기록되어 있다. 弁正法師의 속성은 秦氏이고 소년시절에 출가하여 학문에 밝았다고 하며, 大寶 연간에 견당사로 파견되어 당 여인과의 사이에서 朝慶, 朝元 두 아들을 낳았다.

續日本紀卷第十

〈起神龜四年正月, 盡天平二年十二月〉

從四位下行民部大輔兼左兵衛督皇太子學士臣菅野朝臣眞道等奉勅撰

天璽國押開豊櫻彦天皇〈聖武天皇〉

◯ **四年**春正月甲戌朔, 廢朝. 雨也. 丙子, 天皇御大極殿受朝. 是日, 左京職獻白雀, 河內國獻嘉禾異畝同穗. 庚辰, 宴五位已上於朝堂. 壬午, 御南苑宴五位已上, 賚帛有差. 乙未, 夜, 月犯心大星. 庚子, 授正三位多治比眞人池守從二位, 正五位上高安王, 正五位下佐爲王, 無位船王並從四位下, 無位池邊王從五位下, 正五位下榎井朝臣廣國正五位上, 從五位下平羣朝臣豊麻呂從五位上, 正六位上栜本朝臣建石, 阿曇宿禰刀, 錦部連吉美並從五位下.

二月壬子, 造難波宮雇民免課役弁房雜徭. 丙辰, 夜雷雨大風. 辛酉, 請僧六百, 尼三百於中宮, 令轉讀金剛般若, 爲銷災異也. 甲子, 天皇御內安殿. 詔召入文武百寮主典已上, 左大臣正二位長屋王宣勅曰, 比者咎徵荐臻, 災氣不止. 如聞, 時政違乖, 民情愁怨, 天地告譴, 鬼神見異. 朕施德不明, 仍有懈缺耶, 將百寮官人不勤奉公耶, 身隔九重, 多未詳委. 宜令其諸司長官精擇當司主典已上, 勞心公務淸勤著聞者, 心挾姦僞不供其職者, 如此二色, 具名奏聞, 其善者量與昇進, 其惡者隨狀貶黜. 宜莫隱諱副朕意焉. 是日, 遣使於七道諸國, 巡監國司之治迹勤怠也. 丙寅, 詔曰, 時臨東作, 人赴田疇, 膏澤調暢, 春事旣起, 思九農之方茂. 冀五稼之有饒, 順是令節, 仁及黎元. 宜賜京邑六位已下至庶人戶頭人鹽一顆, 穀二斗.

三月乙亥, 百官奉勅, 上官人善惡之狀. 乙酉, 天皇御正殿, 詔賜善政官人物, 最上二位絁一百疋, 五位已上絁疋, 六位已下卄疋, 次上五位以上卄疋, 六位以下一十疋, 其中等不在賜例, 下等皆解黜焉. 甲午, 天皇御南苑. 參議從三位阿倍朝臣廣庭宣勅云, 衛府人等, 日夜宿衛闕庭, 不得輒離其府散使他處. 因賜五衛府及授刀寮醫師已下至衛士布. 人有差. 丁酉, 熒惑入東井西亭間.

夏四月乙巳, 散位從四位下上道王卒.

五月壬申朔, 日有蝕之. 乙亥, 幸甕原離宮. 丙子, 天皇御南野榭, 觀餝騎騎射. 丁丑, 車駕至自甕原宮. 辛卯, 從楯波池, 飄風忽來, 吹折南苑樹二株, 卽化成雉.

秋七月丁酉, 筑紫諸國. 庚午籍七百七十卷, 以官印印之.

八月壬戌, 補齋宮寮官人一百卄一人.

九月壬申, 遣井上內親王, 侍於伊勢大神宮焉. 庚寅, 渤海郡王使首領高齊德等八人, 來着出羽國, 遣使存問, 兼賜時服.

閏九月丁卯, 皇子誕生焉.

冬十月庚午, 安房國言, 大風拔木發屋, 損破秋稼. 上總國言, 山崩壓死百姓七十人, 並加賑恤. 癸酉, 天皇御中宮, 爲皇子誕生. 赦天下大辟罪已下. 又賜百官人等物, 及天下與皇子同日産者, 布一端, 綿二屯, 稻卄束. 甲戌, 王臣以下, 至左右大臣舍人, 兵衛, 授刀舍人, 中宮舍人, 雜工舍人, 太政大臣家資人, 女孺, 賜祿各有差. 以從三位阿倍朝臣廣庭爲中納言.

十一月己亥, 天皇御中宮. 太政官及八省各上表, 奉賀皇子誕育, 幷獻玩好物. 是日, 賜宴文武百寮已下至使部於朝堂, 五位已上賜綿有差, 累世之家嫡子身帶五位已上者, 別加絁十疋. 但正五位上調連淡海, 從五位上大倭忌寸五百足, 二人年齒居高, 得入此例焉. 詔曰, 朕賴神祇之祐, 蒙宗廟之靈, 久有神器, 新誕皇子, 宜立爲皇太子, 布告百官, 咸令知聞. 庚子, 僧綱及僧尼九十人上表, 奉賀皇子誕生, 施物各有差. 乙巳, 南嶋人百卅二人來朝, 敍位有差. 辛亥, 大納言從二位多治比眞人池守引百官史生已上, 拜皇太子於太政大臣第. 丙辰, 賜宴於五位已上幷無位諸王, 祿各有差. 戊午, 賜從三位藤原夫人食封一千戶.

十二月丁丑, 勅曰, 僧正義淵法師.〈俗姓市往氏也.〉禪枝早茂, 法梁惟隆, 扇玄風於四方, 照惠炬於三界. 加以, 自先帝御世, 迄于朕代, 供奉內裏, 無一咎愆, 念斯若人, 年德共隆. 宜改市往氏, 賜岡連姓, 傳其兄弟. 正三位縣犬養橘宿禰三千代言, 縣犬養連五百依, 安麻呂, 小山守, 大麻呂等, 是一祖子孫, 骨肉孔親. 請共沐天恩, 同給宿禰姓. 詔許之. 丁亥, 先是遣使七道, 巡檢國司之狀迹, 使等至是復命. 詔依使奏狀, 上等者進位二階, 中等者一階, 下等者破選. 其犯法尤甚者, 丹後守從五位下羽林連兄麻呂處流, 周防目川原史石庭等除名焉. 授正六位上背奈公行文從五位下. 渤海郡王使高齊德等八人入京. 丙申, 遣使賜高齊德等衣服冠履. 渤海郡者舊高麗國也. 淡海朝廷七年冬十月, 唐將李勣伐滅高麗, 其後朝貢久絶矣. 至是渤海郡王遣寧遠將軍高仁義等廿四人朝聘. 而着蝦夷境, 仁義以下十六人並被殺害, 首領齊德等八人僅免死而來.

◯ **五年**春正月戊戌朔, 廢朝. 雨也. 庚子, 天皇御大極殿, 王臣百寮及渤海使等朝賀. 甲辰, 天皇御南苑. 宴五位已上, 賜祿有差. 甲寅, 天皇御中宮, 高齊德等上其王書弁方物, 其詞曰, 武藝啓, 山河異域, 國土不同. 延聽風猷, 但增傾仰, 伏惟大王, 天朝受命, 日本開基, 奕葉重光, 本枝百世, 武藝忝當列國, 濫惣諸蕃, 復高麗之舊居, 有扶餘之遺俗. 但以天崖路阻, 海漢悠悠, 音耗未通, 吉凶絶問, 親仁結援. 庶叶前經, 通使聘隣, 始乎今日. 謹遣寧遠將軍郎將高仁義, 游將軍果毅都尉德周, 別將舍航等廿四人, 齎狀, 幷附貂皮三百張奉送. 土宜雖賤, 用表獻芹之誠, 皮幣非珍, 還慚掩口之誚, 主理有限, 披瞻未期, 時嗣音徽, 永敦隣好. 於是高齊德等八人並授正六位上, 賜當色服. 仍宴五位已上及高齊德等, 賜大射及雅樂寮之樂. 宴訖賜祿有差.

二月壬午, 以從六位下引田朝臣虫麻呂, 爲送渤海客使. 癸未, 勅正五位下鍛冶造大隅, 賜守部連姓.

三月己亥, 天皇御鳥池塘, 宴五位已上, 賜祿有差. 又召文人, 令賦曲水之詩, 各齎絁十疋, 布十端, 內親王以下百官使部已上賜祿亦有差. 辛丑, 二品田形內親王薨. 遣正四位下石川朝臣石足等, 監護喪事, 天渟中原瀛眞人天皇之皇女也. 丁未, 制, 選敍之日, 宣命以前, 諸宰相等, 出立廳前, 宣竟就座. 自今以後, 永爲恒例. 甲子, 勅定外五位位祿蔭階等科. 又勅, 補事業位分資人者, 依養老三年十二月七日格, 更無改張. 雖然, 資人考選者, 廻聽待滿八考始選當色. 外位資人十考成選. 並任主情願, 通取散位勳位位子及庶人, 簡試後請. 請後犯罪者, 披陳所司, 推問得實, 決杖一百, 追奪位記, 却還本色. 其三關, 筑紫, 飛驒, 陸奥, 出羽國人, 不得補充, 餘依令. 勅京官文武職事, 五位以上給防閤者, 人疲道路, 身逃差課. 公私同費, 彼此共損. 自今以後, 不須更然, 其有官人重名. 特給馬料, 給式有差. 事並在格.

夏四月丁卯朔, 日有蝕之. 丁丑, 陸奥國請新置白河軍團. 又改丹取軍團爲玉作軍團. 並許之. 辛巳, 太政官奏曰, 美作國言, 部內大庭眞嶋二郡, 一年之內, 所輸庸米八百六十餘斛, 山川峻遠, 運輸大難, 人馬並疲, 損費極多. 望請, 輸米之重, 換綿鐵之輕. 又諸國司言, 運調行程遙遠, 百姓勞幣極多. 望請, 外位位祿, 割留入京之物, 便給當土者, 臣等商量, 並依所請, 伏聽天裁, 奏可之. 是時, 諸國郡司及隼人等授外五位, 並以位祿便給當土也. 壬午, 齊德等八人, 各賜綵帛綾綿有差. 仍賜其王璽書曰, 天皇敬問渤海郡王, 省啓具知, 恢復舊壤, 聿修曩好. 朕以嘉之. 宜佩義懷仁監撫有境, 滄波雖隔, 不斷往來, 便因首領高齊德等還次, 付書并信物綵帛一十疋, 綾一十疋, 絁廿疋, 絲一百絇, 綿二百屯. 仍差送使發遣歸鄕. 漸熱. 想平安好. 辛卯, 勅曰, 如聞, 諸國郡司等, 部下有騎射相撲及膂力者, 輒給王公卿相之宅, 有詔搜索, 無人可進. 自今以後, 不得更然, 若有違者, 國司追奪位記, 仍解見任, 郡司先加決罰, 准勅解却. 其誂求者, 以違勅罪罪之. 但先充帳內資人者, 不在此限. 凡如此色人等, 國郡預知, 存意簡點, 臨勅至日, 卽時貢進. 宜告內外咸使知聞.

五月辛亥, 左右京百姓遭澇被損七百餘烟, 賜布穀鹽各有差. 乙卯, 太白晝見. 丙辰, 授正五位上門部王從四位下, 正四位下石川朝臣石足正四位上, 正五位上大宅朝臣大國, 阿倍朝臣安麻呂並從四位下, 從五位上小野朝臣牛養正五位下, 從五位下多治比眞人占部從五位上, 正七位上阿倍朝臣帶麻呂, 正六位下巨勢朝臣少麻呂, 從六位下中臣朝名代, 正六位上高橋朝臣首名, 大伴宿禰首麻呂, 正六位下紀朝臣雜物, 正六位上坂本朝臣宇頭麻佐, 田口朝臣年足, 正七位下笠朝臣三助, 下毛野朝臣帶足, 外正六位上津嶋朝臣家道, 從六位上上毛野朝臣宿奈麻呂, 正六位上若湯坐宿禰小月, 葛野臣廣麻呂, 丸部臣大石, 葛井連大成並外從五位下. 是日, 始授外五位. 仍勅曰, 今授外五位人等, 不可滯此階, 隨其供奉, 將敍內位. 宜悉茲努力莫怠.

六月庚午, 送渤海使使等拜辭. 壬申, 水手已上惣六十二人, 賜位有差.

秋七月癸丑, 從四位下河內王卒. 乙卯, 勅三品大將軍新田部親王授明一品.

八月甲午, 詔曰, 朕有所思, 比日之間, 不欲養鷹, 天下之人, 亦宜勿養. 其待後勅, 乃須養之, 如有違者, 科違勅之罪. 布告天下, 咸令聞知. 是日, 勅始置內匠寮, 頭一人, 助一人, 大允二人, 少允二人, 大屬一人, 少屬二人, 史生八人. 使部已下雜色匠手各有數. 又置中衛府, 大將一人〈從四位上〉, 少將一人〈正五位上〉, 將監四人〈從六位上〉, 將曹四人〈從七位上〉, 府生六人, 番長六人, 中衛三百人〈號曰東舍人〉, 使部已下亦有數. 其職掌常在大內, 以備周衛, 事並在格. 正五位下守部連大隅上書乞骸骨. 優詔不許. 仍賜絹一十疋, 絁一十疋, 綿一百屯, 布四十端. 甲申, 勅, 皇太子寢病, 經日不愈. 自非三寶威力, 何能解脫患苦. 因茲, 敬造觀世音菩薩像一百七十七軀并經一百七十七卷, 禮佛轉經, 一日行道. 緣此功德, 欲得平復. 又勅, 可大赦天下, 以救所患, 其犯八虐及官人枉法受財, 監臨主守自盜, 盜所監臨, 强盜竊盜得財, 常赦所不免者, 並不在赦限. 壬申, 太政官議奏, 改定諸國史生博士醫師員幷考選敍限. 史生大國四人, 上國三人, 中下國二人, 以六考成選, 滿卽與替, 博士醫師以八考, 成選. 但補博士者, 惣三四國而一人, 醫師每國補焉. 選滿與替, 同於史生, 語並在格. 丙戌, 天皇御東宮, 緣皇太子病. 遣使奉幣帛於諸陵. 丁卯, 太白經天.

九月丙午, 皇太子薨. 壬子, 葬於那富山, 時年二. 天皇甚悼惜焉. 爲之廢朝三日, 爲太子幼弱, 不具喪禮. 但在京官人以下及畿內百姓素服三日, 諸國郡司, 各於當郡擧哀三日. 壬戌, 夜流星, 長可二丈, 餘光照赤, 四斷散墮宮中.

冬十月壬午, 僧正義淵法師卒. 遣治部官人監護喪事. 又詔賻絁一百疋, 絲二百絇, 綿三百屯, 布二百端.

十一月癸巳朔, 雷. 乙未, 以從四位下智努王, 爲造山房司長官. 壬寅, 制, 衛府府生者兵部省補焉. 乙巳, 冬至. 御南苑. 宴親王已下五位已上, 賜絁有差. 庚辰, 擇智行僧九人, 令住山房焉.

十二月己丑, 金光明經六十四帙六百四十卷頒於諸國. 國別十卷. 先是, 諸國所有金光明經, 或國八卷. 或國四卷. 至是寫備頒下, 隨經到日, 卽令轉讀. 爲令國家平安也.

◯ **天平元年**春正月壬辰朔, 宴羣臣及內外命婦於中宮, 賜絁有差. 戊戌, 饗五位以上於朝堂. 壬寅, 正四位上六人部王卒. 丁未, 勅, 孟春正月, 萬物和悅, 宜給京及畿內官人已下酒食價直, 幷餔一日. 壬子, 詔, 五位以上高年不堪朝者, 遣使就第慰問兼賜物. 八十已上者, 四十十疋, 綿廿屯, 布卅端. 七十已上者, 絁六疋, 綿十屯, 布廿端.

二月辛未, 左京人從七位下漆部造君足, 無位中臣宮處連東人等告密, 稱左大臣正二位長屋王私學左道, 欲傾國家. 其夜, 遣使固守三關, 因遣式部卿從三位藤原朝臣宇合, 衛門佐從五位下佐味朝臣虫麻呂, 左衛士佐外從五位下津嶋朝臣家道, 右衛士佐外從五位下紀朝臣佐比物等, 將六衛兵, 圍長屋王宅. 壬申, 以大宰大貳正四位上多治比眞人縣守, 左大辨正四位上石川朝臣石足, 彈正尹從四位下大伴宿禰道足, 權爲參議, 巳時, 遣一品舍人親王, 新田部親王, 大納言從二位多治比眞人池守, 中納言正三位藤原朝臣武智麻呂, 右中弁正五位下小野朝臣牛養, 少納言外從五位下巨勢朝臣宿奈麻呂等, 就長屋王宅窮問其罪. 癸酉, 令王自盡, 其室二品吉備內親王, 男從四位下膳夫王, 無位桑田王, 葛木王, 鉤取王等, 同亦自經. 乃悉捉家內人等, 禁着於左右衛士兵衛等府. 甲戌, 遣使葬長屋王吉備內親王屍於生馬山. 仍勅曰, 吉備內親王者無罪, 宜准例送葬, 唯停鼓吹, 其家令帳內等並從放免. 長屋王者依犯伏誅, 雖准罪人莫醜其葬矣. 長屋王天武天皇之孫, 高市親王之子也. 吉備內親王日並知皇子尊之皇女也. 丙子, 勅曰, 左大臣正二位長屋王, 忍戾昏凶, 觸途則著, 盡慝窮姦, 頓陷踈網, 苅夷姦黨, 除滅賊惡, 宜國司莫令有衆, 仍以二月十二日依常施行. 戊寅, 外從五位下上毛野朝臣宿奈麻呂等七人, 坐與長屋王交通並處流, 自餘九十人悉從原免. 己卯, 遣左大辨正四位上石川朝臣石足等, 就長屋王弟從四位上鈴鹿王宅. 宣勅曰, 長屋王昆弟姉妹子孫及妾等合緣坐者, 不問男女, 咸皆赦除. 是日, 百官大祓. 壬午, 曲赦左右京大辟罪已下, 幷免緣長屋王事徵發百姓雜徭. 又告人漆部造君足, 中臣宮處連東人並授外從五位下, 賜食封卅戶, 田十町, 漆部駒長從七位下, 並賜物有差. 丁亥, 長屋王弟姉妹幷男女等見存者, 預給祿之例.

三月癸巳, 天皇御松林苑宴羣臣, 引諸司幷朝集使主典以上于御在所, 賜物有差. 甲午, 天皇御大極殿. 授正四位上石川朝臣石足, 多治比眞人縣守, 藤原朝臣麻呂並從三位, 從四位上鈴鹿王正四位上, 從四位上長田王, 從四位下葛城王並正四位下, 從四位下智努王, 三原王並從四位上, 正五位下櫻井王正五位上, 無位阿紀王從五位下, 從四位下大伴宿禰道足正四位下, 正五位下粟田朝臣人上正五位上, 從五位上車持朝臣益, 佐伯宿禰豊人並正五位下, 從五位下息長眞人麻呂, 伊吉連古麻呂, 縣犬養宿禰石次, 小野朝臣老, 布勢朝臣國足並從五位上, 外從五位下中臣朝臣名代, 巨勢朝臣少麻呂, 阿部朝臣帶麻呂, 坂本朝臣宇頭麻佐並從五位下, 正六位上巨勢朝臣奈氐麻呂, 紀朝臣飯麻呂, 大神朝臣乙麻呂, 三國眞人大浦, 正六位下小治田朝臣諸人, 坂上忌寸大國, 正六位上後部王起, 垣津連比奈並外從五位下. 以中納言正三位藤原朝臣武智麻呂爲大納言. 癸丑, 太政官奏曰, 令諸國停四丈廣絁, 皆成六丈狹絁. 又班口分田, 依令收授, 於事不便, 請悉收更班. 並許之. 丁巳, 以正八位上紀直豊嶋爲紀伊國造.

夏四月壬戌, 播磨國賀茂郡加主政主帳各一人. 癸亥, 勅, 內外文武百官及天下百姓, 有學習異端蓄積幻術, 壓魅呪咀害傷百物者, 首斬從流. 如有停住山林詳道佛法, 自作教化, 傳習授業, 封印書符, 合藥造毒, 萬方作怪, 違犯勅禁者, 罪亦如此. 其妖訛書者, 勅出以後五十日內首訖. 若有限內不首後被糺告者, 不問首從, 皆咸配流. 其糺告人賞絹卅疋, 便徵罪家. 又勅, 每年割取伊勢神調絁三百疋, 賜任神祇官中臣朝臣等. 太政官處分, 舍人親王參入朝廳之時, 諸司莫爲之下座. 爲造山陽道諸國驛家, 充驛起稻五萬束. 乙丑, 筑前國宗形郡大領外從七位上宗形朝臣鳥麻呂奏可供奉神齋之狀, 授外從五位下, 賜物有數. 庚午, 諸國兵衛資物, 令當郡見在郡司節級輸之. 仍附貢調使送所司, 其輸法以上絁一疋充銀二兩, 以上絲小二斤, 庸綿小八斤, 庸布四段, 米一石, 並充銀一兩. 卽依當土所出, 准銀廿兩.

五月甲午, 天皇御松林, 宴王臣五位已上. 賜祿有差. 亦奉騎人等, 不問位品給錢一千文. 庚戌, 太政官處分, 准令, 諸國史生及傔仗等, 式部判補. 赴任之日, 例下省符, 符內仍稱關司勘過. 自非辨官不合此語. 自今以後, 補任已訖, 具注交名, 申送辨官, 更造符乃下諸國,

六月庚申朔, 講仁王經於朝堂及畿內七道諸國. 辛酉, 廢營廚司. 己卯, 左京職獻龜長五寸三分, 闊四寸五分, 其背有文云, 天王貴平知百年. 庚辰, 薩摩隼人等貢調物. 癸未, 天皇御大極殿, 閤門隼人等奏風俗歌舞. 甲申, 隼人等授位賜祿各有差. 乙酉, 熒惑入大微中.

秋七月己酉, 大隅隼人等貢調物. 辛亥, 大隅隼人姶孋郡少領外從七位下勳七等加志君和多利, 外從七位上佐須岐君夜麻等久久賣並授外從五位下, 自餘叙位賜祿亦各有差. 癸丑, 月入東井.

八月癸亥, 天皇御大極殿. 詔曰, 現神御宇倭根子天皇詔旨勅命〈乎〉親王等諸王等諸臣等百官人等天下公民衆聞宣. 高天原〈由〉天降坐〈之〉天皇御世始而許能天官御座坐而天地八方治調賜事者聖君〈止〉坐而賢臣供奉天下平〈久〉百官安〈久〉爲而〈之〉天地大瑞者顯來〈止奈母〉隨神所念行〈佐久止〉詔命〈乎〉衆聞宣. 如是詔者大命坐皇朕御世當而者皇〈止〉坐朕〈母〉聞持〈流〉事乏〈久〉見持〈留〉行少〈美〉. 朕臣爲供奉人等〈母〉一二〈乎〉漏落事〈母〉在〈牟加止〉辱〈美〉愧〈美〉所思坐而我皇太上天皇大前〈爾〉恐〈古士物〉進退匍匐廻〈保理〉白賜〈比〉受被賜〈久〉者卿等〈乃〉問來政〈乎〉者加久〈耶〉答賜加久〈耶〉答賜〈止〉白賜官〈爾 耶〉治賜〈止〉白賜〈倍婆〉, 敎賜於毛夫氣賜答賜宣賜隨〈爾〉, 此〈乃〉食國天下之政〈乎〉行賜敷賜乍供奉賜間〈爾〉, 京職大夫從三位藤原朝臣麻呂等〈伊〉負圖龜一頭獻〈止〉奏賜〈不爾〉所聞行, 驚賜怪賜所見行歡賜嘉賜〈氏〉所思行〈久〉者, 于都斯久母皇朕政〈乃〉所致物〈爾〉在〈米耶〉. 此者太上天皇厚〈支〉廣〈支〉德〈乎〉蒙而高〈支〉貴〈支〉行〈爾〉依而顯來大瑞物〈曾止〉詔命〈乎〉衆聞宣, 辭別詔〈久〉此大瑞物者天坐神地坐神〈乃〉相宇豆奈〈比〉奉福奉事〈爾〉依而顯〈久〉出〈多留〉瑞〈爾〉在〈羅之止奈母〉神隨所思行

〈須〉. 是以天地之神〈乃〉顯奉〈留〉貴瑞以而御世年號改賜換賜, 是以改神龜六年爲天平元年而大赦天下百官主典已上等冠位一階上賜事〈乎〉始一二〈乃〉慶命詔賜惠賜行賜〈止〉詔天皇命〈乎〉衆聞食宣. 其賜物, 親王絁一百疋, 大納言七十疋, 三位絁疋, 四位一十五疋, 五位一十疋, 正六位上絁四疋, 綿一十屯, 定額散位及左右大舍人, 六衛府舍人, 中宮職舍人, 諸司長上及史生各布二端, 使部伴部, 門部主帥各布一端, 其女孺采女准大舍人, 宮人准使部. 又天下百姓高年八十已上及孝子順孫, 義夫節婦, 鰥寡惸獨, 疹疾不能自存者, 依和銅元年格. 又左右兩京今年田租, 在京僧尼之父今年所出租賦, 及到大宰府路次驛戶租調. 自神龜三年已前官物未納者皆免. 又陸奧鎭守兵及三關兵士, 簡定三等, 具錄進退如法臨敵振威, 向冐萬死, 不顧一生之狀, 并姓名年紀居貫軍役之年, 便差專使, 上奏. 其諸衛府內武藝可稱者, 亦以名奏聞. 又諸大陵差使奉幣, 其改諸陵司爲寮, 增員加秩. 又諸國天神地祇者, 宜令長官致祭. 若有限外應祭山川者聽祭. 卽免祝部今年田租. 又在近江國紫鄉山寺者入官寺之例. 又五世王嫡子已上, 娶孫王生男女者入皇親之限. 自餘依慶雲三年格. 其獲龜人河內國古市郡人無位賀茂子虫授從六位上, 賜物絁廿疋, 綿四十屯, 布八十端, 大稅二千束. 又勅, 唐僧道榮, 身生本鄕, 心向皇化, 遠涉滄波, 作我法師, 加以訓導子虫, 令獻大瑞, 宜擬從五位下階, 仍施緋色袈裟并物, 其位祿料一依令條. 旣而授正五位下小野朝臣牛養, 正五位上榎井朝臣廣國並從四位下, 正五位下大伴宿禰祖父麻呂, 佐伯宿禰豊人並正五位上, 從五位上中臣朝臣廣見正五位下, 從五位下大伴宿禰首, 田口朝臣家主並從五位上, 外從五位下高橋朝臣首名, 紀朝臣飯麻呂, 正六位上多治比眞人多夫勢, 藤原朝臣鳥養並從五位下. 丁卯, 左大辨從三位石川朝臣石足薨. 淡海朝大臣大紫連子之孫, 少納言小花下安麻呂之子也. 戊辰, 詔立正三位藤原夫人爲皇后. 壬午, 喚入五位及諸司長官于內裏. 而知太政官事一品舍人親王宣勅曰, 天皇大命〈良麻止〉親王等又汝王臣等語賜〈幣止〉勅〈久〉, 皇朕高御座〈爾〉坐初〈由利〉今年〈爾〉至〈麻氐〉六年〈爾〉成〈奴〉, 此〈乃〉間〈爾〉天〈都〉位〈爾〉嗣坐〈倍伎〉次〈止〉爲〈氐〉皇太子侍〈豆〉. 由是其婆婆〈止〉在〈須〉藤原夫人〈乎〉皇后〈止〉定賜. 加久定賜者皇朕御身〈毛〉年月積〈奴〉, 天下君坐而年緖長〈久〉皇后不坐事〈母〉一〈豆乃〉善有〈良努〉行〈爾〉在. 又於天下政置而獨知〈倍伎〉物不有. 必〈母〉斯理幣〈能〉政有〈倍之〉, 此者事立〈爾〉不有. 天〈爾〉日月在如, 地〈爾〉山川有如, 並坐而可有〈止〉言事者, 汝等王臣等明見所知在. 然此位〈乎〉遲定〈米豆良久波〉刀比止麻爾 母己〈我〉夜氣授〈留〉

人〈乎波〉, 一日二日〈止〉擇〈比〉十日廿日〈止〉試定〈止斯〉伊波〈婆〉, 許貴太斯〈伎〉意保〈伎〉天下〈乃〉事〈乎夜〉多夜須〈久〉行〈無止〉所念坐而, 此〈乃〉六年〈乃〉內〈乎〉擇賜試賜而, 今日今時眼當衆〈乎〉喚賜而細事〈乃〉狀語賜〈布止〉詔勅聞宣, 賀久詔者挂畏〈支〉於此宮坐〈支〉現神大八洲國所知倭根子天皇我王祖母天皇〈乃〉始斯皇后〈乎〉朕賜日〈爾〉勅〈豆良久〉, 女〈止〉云〈波婆〉等〈美夜〉, 我加久云. 其父侍大臣〈乃〉皇〈我〉朝〈乎〉助奉輔奉〈氐〉頂〈伎〉恐〈美〉供奉乍夜半曉時〈止〉休息無〈久〉淨〈伎〉明心〈乎〉持〈氐〉波波刀比供奉〈乎〉所見賜者, 其人〈乃〉宇武何志〈伎〉事款事〈乎〉遂不得忘. 我兒我王過無罪無有者捨〈麻須奈〉忘〈麻須奈止〉負賜宣賜〈志〉大命依而, 加〈爾〉加久〈爾〉年〈乃〉六年〈乎〉試賜使賜〈氐〉此皇后位〈乎〉授賜, 然〈毛〉朕時〈乃未爾波〉不有, 難波高津宮御宇大鷦鷯天皇葛城曾豆比古女子伊波乃比賣命皇后〈止〉御相坐而食國天下之政治賜行賜〈家利〉, 今米豆良可〈爾〉新〈伎〉政者不有, 本〈由理〉行來迹事〈曾止〉詔勅聞宣. 既而中納言從三位阿倍朝臣廣庭更宣勅曰, 天皇詔旨今勅御事法者常事〈爾波〉不有, 武都事〈止〉思坐故猶在〈倍伎〉物〈爾〉有〈禮夜止〉思行〈之氐〉大御物賜〈久止〉宣. 賜親王絁三百疋, 大納言二百疋, 中納言一百疋, 三位八十疋, 四位卌疋, 五位廿疋, 六位五疋, 內親王一百疋, 內命婦三位六十疋, 四位一十五疋, 五位一十疋.

九月庚寅, 仰大宰府令進調綿一十萬屯. 辛丑, 陸奧鎭守將軍從四位下大野朝臣東人等言, 在鎭兵人勤功可錄, 請授官位勸其後人, 勅宜一列卌人各進二級, 二列七十四人各一級, 三列九十六人各布十常. 乙卯, 正四位下葛城王爲左大弁, 正四位下大伴宿禰道足爲右大弁, 正三位藤原朝臣房前爲中務卿, 從四位下小野朝臣牛養爲皇后宮大夫, 正四位下長田王爲衛門督.

冬十月戊午朔, 日有蝕之. 甲子, 以辨淨法師爲大僧都, 神叡法師爲少僧都, 道慈法師爲律師.

十一月癸巳, 任京及畿內班田司. 太政官奏, 親王及五位已上, 諸王臣等位田, 功田, 賜田幷寺家神家地者不須改易, 便給本地. 其位田者如有情願以上易上者, 計本田數任聽給之, 以中換上者不合與理. 縱有聽許, 爲民要須者, 先給貧家. 其賜田人先入賜例. 見無實地者, 所司卽與處分. 位田亦同. 餘依令條. 其職田者民部預計合給田數, 隨地寬狹取中上田, 一分畿內, 一分外國, 隨闕收授, 勿使爭求膏腴之地. 又諸國等前任之日, 開墾水田者, 從養老七年以來, 不論本加功人轉買得家, 皆咸還收. 便給土人.

若有其身未得遷替者, 依常聽佃, 自餘開墾者一依養老七年格. 又阿波國山背國陸田者不問高下, 皆悉還公, 卽給當土百姓. 但在山背國三位已上陸田者, 具錄町段附使上奏, 以外盡收, 開荒爲熟, 兩國並聽. 其勅賜及功者, 不入還收之限. 並許之.

◯ **二年**春正月丙戌朔, 廢朝. 雨也. 丁亥, 天皇御大極殿受朝. 壬辰, 宴五位已上於中朝. 賜祿有差. 辛丑, 天皇御大安殿宴五位已上. 晩頭, 移幸皇后宮. 百官主典已上陪從踏歌. 且奏且行, 引入宮裏, 以賜酒食. 因令探短籍, 書以仁義禮智信五字, 隨其字而賜物, 得仁者絁也. 義者絲也. 禮者綿也. 智者布也. 信者段常布也. 辛亥, 陸奧國言, 部下田夷村蝦夷等, 永悛賊心, 旣從敎喩, 請建郡家于田夷村, 同爲百姓者. 許之.
二月丁巳, 釋奠. 詔遣右中辨正五位下中臣朝臣廣見, 就大學寮宣勅, 慰勞博士學生等勸勉其業, 仍賜物有差.
三月丁亥, 天皇御松林宮. 宴五位以上, 引文章生等令賦曲水, 賜絁布有差. 辛卯, 大宰府言, 大隅薩摩兩國百姓, 建國以來, 未曾班田. 其所有田悉是墾田, 相承爲佃, 不願改動. 若從班授, 恐多喧訴. 於是隨舊不動, 各令自佃焉. 丁酉, 周防國熊毛郡牛嶋西汀, 吉敷郡達理山所出銅, 試加冶練. 並堪爲用, 便令當國採冶, 以充長門鑄錢. 庚子, 熒惑晝見. 辛亥, 太政官奏稱, 大學生徒旣經歲月習業庸淺, 猶難博達. 實是家道困窮無物資給. 雖有好學, 不堪遂志. 望請, 選性識聰惠藝業優長者十人以下五人以上專精學問, 以加善誘. 仍賜夏冬服幷食料. 又陰陽醫術及七曜頒曆等類, 國家要道, 不得廢闕. 但見諸博士, 年齒衰老. 若不敎授, 恐致絶業. 望仰, 吉田連宜, 大津連首, 御立連淸道, 難波連吉成, 山口忌寸田主, 私部首石村, 志斐連三田次等七人, 各取弟子將令習業. 其時服食料亦准大學生. 其生徒陰陽醫術各三人, 曜曆各二人. 又諸蕃異域, 風俗不同. 若無譯語, 難以通事. 仍仰粟田朝臣馬養, 播磨直乙安, 陽胡史眞身, 秦忌寸朝元, 文元貞等五人, 各取弟子二人令習漢語者. 詔並許之.
夏四月甲子, 太政官處分, 畿內七道諸國主典已上, 雖各職掌, 至於行事, 必應共知. 或國司等私造稅帳, 竟後取署, 不肯署名. 因此上下觸事相違. 又大稅收納不得輕忽, 進稅帳日, 不問穎穀, 倉別署主當官人名. 又國內所出珍奇口味等物, 國郡司蔽匿不進. 亦有因乏少而不進. 自今以後, 物雖乏少, 不限驛傳, 任便貢進. 國內施行雜事, 主典已上共知, 其史生預事有失, 科罪亦同也. 庚午, 詔曰, 聖人大寶曰位, 因茲嚮重明, 以聽民風, 理財正辭曰義, 所以裁衣裳而齊時俗, 安不之事在予一人. 自今以後, 天下婦女, 改舊衣服施用新樣. 永言念茲, 懋允所職, 公卿百寮豈不愼歟. 辛未, 始置皇后宮職施藥院. 令諸國以職封并大臣家封戶庸物充價, 買取草藥, 每年進之.

六月甲寅朔, 太政官處分, 自今以後, 史生已上上日數, 每月讀申長官, 如長官不參, 讀申大納言. 庚辰, 緣旱令檢校四畿內水田陸田. 神祇官曹司災. 壬午, 雷雨. 神祇官屋災, 往往人畜震死.

閏六月甲午, 制, 奉幣伊勢大神宮者, 卜食五位已上充使. 不須六位已下. 庚子, 緣去月霹靂, 勅新田部親王, 率神祇官卜之. 乃遣使奉幣於畿內七道諸社, 以禮謝焉. 庚戌, 勅, 比者亢陽稍盛, 思量年穀不登, 宜遣使者四畿內, 令檢百姓産業矣.

秋七月癸亥, 詔曰, 供給齋宮年料, 自今以後皆用官物. 不得依舊充用神戶庸調等物. 其大神宮禰宜二人進位二階, 內人六人一階. 莫問年之長幼.

八月己丑, 太白入大微中. 辛亥, 遣渤海使正六位上引田朝臣虫麻呂等來歸.

九月壬子朔, 日有蝕之. 癸丑, 天皇御中宮, 虫麻呂等獻渤海郡王信物. 己未, 從二位大納言多治比眞人池守薨. 左大臣正二位嶋之第一子也. 丙子, 遣使以渤海郡信物, 令獻山陵六所. 并祭故太政大臣藤原朝臣墓. 戊寅, 正四位下葛城王, 從四位下小野朝臣牛養, 任催造司監, 本官如故. 己卯, 停諸國防人. 庚辰, 詔曰, 京及諸國多有盜賊, 或捉人家劫掠, 或在海中侵奪, 蠹害百姓莫甚於此. 宜令所在官司嚴加捉搦必使擒獲. 又安藝周防國人等妄說禍福, 多集人衆, 妖祠死魂. 云有所祈. 又近京左側山原, 聚集多人妖言惑衆, 多則萬人, 少乃數千, 如此徒深違憲法. 若更因循爲害滋甚. 自今以後, 勿使更然. 又造陆多捕禽獸者, 先朝禁斷, 擅發兵馬人衆者, 當今不聽. 而諸國仍作陆籬, 擅發人兵, 殺害猪鹿, 計無頭數, 非直多害生命, 實亦違犯章程. 宜頒諸道並須禁斷.

冬十月乙酉, 大僧都辨靜法師爲僧正. 丙午, 彈正尹從四位下酒部王卒. 庚戌, 遣使奉渤海信物於諸國名神社.

十一月丁巳, 雷雨大風,折木發屋.

續日本紀卷第十

『속일본기』 권제11

〈天平 3년(731) 정월에서부터 6년(734) 12월까지〉

종4위하 行民部大輔 겸 左兵衛督 황태자학사
신 菅野朝臣眞道 등이 칙을 받들어 편찬하다

天璽國押開豊櫻彦天皇 〈聖武天皇〉

○ 天平 3년(731), 춘정월 경술삭(1일), 천황이 중궁에 임하여 군신들에게 연회를 베풀었다. 美作國에서 목연리[1]를 바쳤다.

을해(26일), 신기관이 주상하기를, "정화어조[2]는 사시로 제사지내 영원히 항례로 하고자 한다"라고 하였다.

병자(27일), 정3위 大伴宿禰旅人에게 종2위를, 종4위하 門部王·春日王·佐爲王에게 함께 종4위상을, 정5위상 櫻井王에게 종5위하를, 종5위하 大井王에게 종5위상을, 종4위하 多治比眞人廣成·紀朝臣男人·大野朝臣東人에게 함께 종4위상을, 정5위상 大伴宿禰祖父麻呂에게 종4위하를, 정5위하 中臣朝臣廣見에게 정5위상을, 종5위상 石上朝臣勝雄·平群朝臣豊麻呂·小野朝臣老, 종5위하 石川朝臣比良夫에게 함께 정5위하를, 종5위하 波多眞人繼手·久米朝臣麻呂·石川朝臣夫子·高橋朝臣嶋主·村國連志我麻呂에게 함께 종5위상을, 외종5위하 巨勢朝臣奈氐麻呂·津嶋朝臣家道, 정6위상 石川朝臣加美·大伴宿禰兄麻呂에게 함께 종5

1) 木連理는 뿌리가 다른데 줄기가 하나로 이어져 자란 나무로, 『延喜式』 式部省式에는 下瑞로 나온다.

2) 庭火御竈. 庭火는 궁중의 內膳司에서 모시는 竈(부엌)의 신. 부엌은 매일 천황에게 식사를 준비하기 위해 불을 지피는 장소이기 때문에 火의 부정을 꺼리는 竈神에게 제사를 지내 수호를 기원했다. 『文德實錄』 齊衡 2년 12월 병자조에 庭火皇神, 『三代實錄』 元慶 2년 7월 8일조에 庭火神 등이 보인다. 『延喜式』 권제3 神祇3 臨時祭에는 鎭竈鳴祭, 御竈祭 등이 보이고 제사에 올리는 음식의 종류를 기록하고 있다.

위하를, 정6위상 息長眞人名代·當麻眞人廣人·巨曾倍朝臣足人·紀朝臣多麻呂·引田朝臣虫麻呂·巨勢朝臣又兄·大伴宿禰御助·佐伯宿禰人足·佐味朝臣足人·佐伯宿禰伊益·土師宿禰千村·箭集宿禰虫麻呂·物部韓國連廣足[3)]·船連藥[4)]·難波連吉成[5)]·田邊史廣足[6)]·葛井連廣成[7)]·高丘連河內[8)]·秦忌寸朝元[9)]에게 함께 외종5위하를 내렸다.

2월 경진삭(1일), 일식이 있었다.

3월 을묘(7일), (천황이) 제를 내려, "지금 이후로는 산술을 습득하였지만 주비[10)]를 이해하지 못한 자는 단지 (식부)성에 머무는 것을 허락한다[11)]"라고

---

3) 韓國氏는 『신찬성씨록』 攝津國神別에 物部韓國連, 동 和泉國神別에 物部連으로 나온다. 『일본서기』 武烈紀에 선조인 物部鹽兒가 한국에 파견된 연유로 物部連에서 韓國連으로 개성되었다는 전승이 있다. 동 欽明紀에는 백제에서 倭系百濟官僚로 활동한 物部施德麻奇牟, 物部奈率用奇多, 物部奈率奇非 등의 인물도 나온다. 韓國連廣足은 天平 3년 정월에 외종5위하 典藥頭가 되었다.

4) 이 인물은 여기에만 나온다. 船連氏는 백제계 도래씨족의 후예이다. 『日本書紀』 欽明紀 14년(553) 7월조에, 蘇我大臣이 천황의 칙을 받들어 백제 도래씨족인 王辰爾를 파견하여 선박에 관련된 일을 기록하게 하였는데, 이때 왕진이는 船司로서 船史의 씨성을 받았고, 天武 12년(683)에는 連으로 개성하여 船連氏가 되었다. 본거지는 河內國 丹比郡 野中鄕, 현재의 大阪府 藤井寺市 野中 및 羽曳野市이다. 野中寺는 이 씨족의 氏寺이다.

5) 백제계 도래인 王辰爾 일족의 후손으로 개성하기 전의 白猪史廣成이다. 권10 天平 2년 3월조 394쪽 각주 141) 참조.

6) 田邊史에 대해서는 『신찬성씨록』 우경제번에 漢王의 후손인 知惣으로부터 나왔다고 되어 있으나 河內國 安宿郡 資母鄕 지역을 본거지로 하는 백제계 도래씨족이다. 이 해 12월 甲斐守에 임명되었다.

7) 권8 養老 3년(719) 윤7월조 284쪽 각주 61) 참조.

8) 天智 2년(663) 백제망명자인 沙門詠의 자손으로 養老 5년(721) 退朝 후 황태자인 首皇子에게 근시를 명받고 교육시켰다. 동년 정월에 학업이 뛰어나고 모범이 될 만한 관인을 포상하는데 樂浪河內의 이름이 나온다. 『家傳』下(『寧樂遺文』下-885)에도 문사에 뛰어난 인물로 紀朝臣淸人, 山田史御方 葛井連廣成, 百濟公倭麻呂, 大倭忌寸小東人 등 당대의 석학들과 더불어 高丘連河內의 이름이 열기되어 있다. 天平 3년(731)에 외종5위하로 승진하여 右京亮이 되었고, 이후 정5위하로 대학료의 장관인 大學頭에 임명되었다. 『만엽집』에도 天平 15년(743) 「高丘河內連謌二首」(6-1038, 1039)라고 하여 단가 2수를 남기고 있다.

9) 권10 天平 2년 3월조 395쪽 각주 144) 참조.

10) 周髀은 천체를 관측하는 우주구조론을 설명하는 天文算術書이다. 後漢代에 편찬된 천문학 교과서로서 周髀算經이라고도 칭한다. 일본고대 율령제 하의 대학에서도 算生의 교재의 사용되었다. 『養老令』 「職員令」 大學寮에는 算博士 2인, 算生 30인으로 규정되어 있다.

11) 周髀를 이해하지 못하는 算生은 급제를 해도 서위되거나 관도에 나가지 못하며,

하였다. 추방국[12]을 폐지하고 신농국에 병합시켰다.

하4월 을사(27일), 정5위하 平羣朝臣豊麻呂를 讚岐守로 삼았다.

5월 신유(14일), 외종5위하 巨勢朝臣又兄을 信濃守로 삼고, 종5위상 布勢朝臣國足을 武藏守로 삼고, 종5위하 大伴宿禰兄麻呂를 尾張守로 삼고, 외종5위하 紀朝臣多麻呂를 上總守로 삼았다.

6월 경인(13일), 종5위하 石川朝臣麻呂를 좌소변으로 삼고, 종5위하 阿倍朝臣粳虫을 도서두로 삼고, 외종5위하 土師宿禰千村을 제릉두[13]로 삼고, 외종5위하 許曾倍朝臣足人을 대장소보로 삼고, 외종5위하 引田朝臣虫麻呂를 주전두[14]로 삼고, 외종5위하 佐味朝臣足人을 중위소장으로 삼고, 외종5위하 佐伯宿禰人足을 우위사독으로 삼고, 정5위하 巨勢朝臣眞人을 대재소이[15]로 삼았다. 紀伊國 阿弖郡의 바닷물이 변하여 피와 같았다.[16] 5일이 지나자 색이 원래대로 돌아왔다.

추7월 신미(25일), 대납언 종2위 大伴宿禰旅人[17]이 죽었다. 難波朝[18] 우대신 大紫[19] 長德의 손이고, 대납언 贈종2위 安麻呂의 제1자이다.

을해(29일), 아악료의 잡악생의 정원을 정했다.[20] 대당악[21] 39인, 백제악[22]

다만 식부성 散位寮에 出仕시켜 매년 근무평가를 받게 하는 것은 허용한다. 『延喜式』 권제18 式部省上, "凡算得業生, 不解周髀者, 雖得及第, 不須敍位. 但聽留省".

12) 養老 5년에 信濃國을 분할하여 諏方國을 설치하였다.

13) 諸陵寮의 장관. 諸陵司에서 神龜 6년[天平 元年]에 寮로 승격되었고 능묘 관리, 상장의례, 황족 장의 등을 담당하였다.

14) 主殿頭는 主殿寮의 장관. 內裏에서 사용되는 생활용품의 관리, 공급을 담당하였다.

15) 大宰府 차관. 장관은 守이고, 차관은 大貳, 少貳가 있다.

16) 赤潮 현상.

17) 『萬葉集』(454-458)에 大伴宿禰旅人의 죽음을 추도한 백제계 도래인 余明軍의 단가가 실려 있다. 동 459에는 縣犬養人上의 단가도 남아 있다.

18) 孝德朝.

19) 大紫는 大化 5년 4월의 관위제에서 제5위.

20) 「職員令」17 「雅樂寮」, "雅樂寮, 頭一人.〈掌, 文武雅曲, 正, 雜樂, 男女樂人音聲人名帳, 試練曲課事.〉 助一人, 大允一人, 少允一人, 大屬一人, 少屬一人, 歌師四人.〈二人, 掌, 教歌人歌女二人, 掌, 臨時取有聲音堪供奉者教之.〉 歌人四十人, 歌女一百人, 師四人.〈掌, 教雜.〉 生百人.〈掌, 習雜 笛師二人.〈掌, 教雜笛.〉 笛生六人.〈掌, 習雜笛.〉 笛工八人, 唐樂師十二人.〈掌, 教樂生高麗百濟新羅樂師准此.〉 樂生六十人.〈掌, 習樂, 余樂生准此.〉 高麗樂師四人, 樂生卄人, 百濟樂師四人, 樂生卄人, 新羅樂師四人, 樂生卄人, 伎樂師一人.〈掌, 教伎樂生其生以垩戶爲之, 腰鼓生准此.〉 腰鼓師二人.〈掌, 教腰鼓生〉 使部卄人, 直丁二人, 樂戶". 음악의 종류와 직무, 구성 인원이 규정되어 있는데, 당악사는 12인, 악생 60인, 고려, 백제, 신라의

26인, 고려악[23] 8인, 신라악[24] 4인, 도라악[25] 62인, 제현무[26] 8인, 축자무[27] 20인이다. 대당악의 악생은 일본과 외국을 묻지 않고 교습을 해낼 수 있는 자를 취하고, 백제, 고려, 신라는 모두 해당국 음악을 해낼 수 있는 자를 취한다. 다만 도라악, 제현무, 축자무의 학생은 함께 악호[28]에서 취한다.

8월 신사(5일), 제관사의 주전 이상의 관인을 내리에 불러들였다. 1품 舍人親王이 (천황의) 칙을 말하기를, "정무를 담당하는 공경들이 사망하거나 혹은 고령으로 병이 들면 직무를 수행하기 어렵다. 각각 직무를 감당할 능력이 있는 자를 추천하도록 한다"라고 하였다.

계미(7일), 주전 이상 396인[29]이 궁궐에 이르러 상표하여 추천한 명단을 올렸다. 칙을 내려 "요즈음 행기법사를 따라다니는 우바새,[30] 우바이 등 법에 따라 수행하는 자 중에서 남자 61세 이상, 여자 55세 이상은 모두

악사는 4인, 악생 각각 20인으로 되어 있다. 『일본서기』 天武 12년 정월조에도 고려, 백제, 신라의 음악을 연주했다는 기록이 나온다. 상기 본문의 악사, 악생의 숫자는 대보령제의 아악료의 구성을 새로 재편한 것이다.

21) 중국 당대의 음악으로 横笛, 合笙, 簫, 篳篥, 尺八, 箜篌, 箏, 琵琶, 方磬, 鼓 등 각종 악기를 사용하여 연주의 규모가 크다.

22) 백제에서 전래된 음악으로 箜篌, 横笛 등을 사용한다. 『일본서기』 흠명기 15년 2월조에 樂人 三斤이 왜국에 파견된 기록이 있고, 天平 16년 2월 병진조, 延暦 10년 10월 기해조에 百濟王氏가 연주한 기록이 나온다. 平安時代에 高麗樂으로 흡수된다.

23) 고구려 전래의 음악. 악사의 수는 「職員令」 아악료조에 4인으로 되어 있지만, 『令集解』에 인용된 雅樂大屬 尾張淨足說에서는 儛師, 散樂師, 箜篌師 등 3인이고, 大同 4년(809) 3월의 격에서는 横笛師, 箜篌師, 莫目師, 儛師 등 4인이다. 天平 15년(734) 7월 13일의 高麗樂人貢文에는 "高麗樂人合卄五人〈一人官人, 二人師〉"이라고 되어 있다. 天平 13년 7월에는 聖武天皇이 恭仁宮에서 연회를 베풀 때 女樂과 高麗樂을 연주시켰다고 한다. 平安時代에는 백제악, 신라악을 통합해서 高麗樂이 형성되었고, 좌측의 唐樂에 대해 우측에 高麗樂이 자리잡아 양대 음악을 이루었다.

24) 신라 전래의 음악으로 정창원에 신라금 등의 악기가 남아 있다.

25) 度羅에 대해서는 天平寶字 7년 정월 경신조에 吐羅로 기록되어 있어 중앙아시아의 吐火羅에 비정하는 설이 있고, 『일본서기』 白雉 5년 4월조에 吐火羅人 도래기사가 나온다.

26) 諸縣은 九州南部의 지명. 『延喜式』 民部省式上에 日向國에 諸縣郡이 있다.

27) 筑紫傀儡子라고 하는 사람들에 의해 예로부터 전래된 전통 춤.

28) 樂戶는 樂生을 육성하기 위해 설치한 호로, 아악료 소속이다.

29) 『養老令』 직원령에 따르면 主典 이상의 관인은 432인이다.

30) 優婆塞는 出家하지 않고 집에서 생활하면서 佛道에 귀의하는 在家 신자를 말한다. 남자를 優婆塞, 여자를 優婆夷라고 부른다.

출가하는 것을 허락한다. 그 외의 노상에서 탁발을 행하는 자는 소관 관사에서 엄하게 조사해서 체포한다. 다만 부모, 남편의 상을 당하여 1년 이내에 수행하고 있으면 논외로 한다"라고 하였다.

정해(11일), 조를 내려 제관사의 추천에 따라, 식부경 종3위 藤原朝臣宇合, 민부경 종3위 多治比眞人縣守, 병부경 종3위 藤原朝臣麻呂, 대장경 정4위상 鈴鹿王, 좌대변 정4위하 葛城王, 우대변 정4위하 大伴宿禰道足 등 6인을 함께 참의로 삼았다.

신축(25일), 조를 내려 "듣는 바와 같이 천지가 내린 선물 중에서 풍년이 가장 좋은 것이라고 한다. 금년은 곡물이 잘 익어 짐은 심히 기쁘다. 천하의 백성과 함께 이 경사를 나누고자 한다. 이에 경 및 제국의 금년도 전조의 반을 면제한다. 다만 淡路, 阿波, 讚岐, 隱伎 등의 국의 租 및 천평 원년(729) 이전의 공사의 출거[31]로 미납된 벼는 모두 면제한다"라고 하였다.

9월 무신(2일), 좌우경직이 언상하기를, "3위 이상의 저택문은 대로에 면해서 세우는 것은 앞서 이미 허락되었다.[32] 만약 사망하면 저택문은 어떻게 처분하면 되는가"라고 하였다. 칙을 내려 "사망자의 저택문은 (대로에) 두어서는 안 된다"라고 하였다.

계유(27일), 외종5위하 高丘連河内[33]를 右京亮[34]으로 삼았다. 대납언 정3위 藤原朝臣武智麻呂[35]에게 大宰帥를 겸직시켰다.

---

31) 公出擧, 私出擧로 대여받은 稻와 그 이자를 미납한 것.

32) 왕경 내의 大路는 조방제에 따라 동서, 남북으로 구획되어 있다. 예컨대 주작대로를 중심으로 좌우로 각각 1坊大路에서 4坊大路가 있고, 남북으로는 1條大路에서 9條大路가 있다. 또 개개의 坊은 여러 개의 小路로 구획되어 있다. 원래 저택의 문은 이 坊 내의 小路에 설치되는 구조였으나, 天平 3년 이전의 어느 시기부터 3위 이상 관인의 저택에 한정해서 대로에 면한 곳에 설치할 수 있게 되었다. 상기 본문은 해당 관인이 사망한 후 저택 문의 처리에 대해 묻고 있는 것으로, 사망 후에는 불가능하다고 한다. 이런 경우 대로에 면한 저택 문은 小路 쪽으로 재설치해야 한다. 그 후 『三代實錄』 貞觀 12년 12월 25일조에 3위 이상 및 4위 參位에 대해서는 사망 후에도 그대로 유지하도록 개정되었다. 이 조항은 『延喜式』 권제42 左右京職에 "凡大路建門屋者, 三位已上, 及參議聽之. 雖身薨卒, 子孫居住之間亦聽. 自餘除非門屋不在制限. 其城坊垣不聽開"라고 규정되어 있다.

33) 앞의 춘정월조 411쪽 각주 8) 참조.

34) 右京職 차관. 京內의 행정, 사법, 경찰 등의 권한을 행사한다. 장관은 大夫이고, 좌우에 1명씩 있다.

동11월 정미(2일), 태정관이 처분하여, “무관[36]인 의사, 使部[37] 및 左右馬監[38]의 馬醫로서 무기를 휴대할 수 있는 자의 근무평정, 서위와 무관의 해임은 선례에서는 식부성의 관할로 되어 있다. 이 일은 처리하는데 불편하다. 지금 이후로는 병부성이 관장하도록 한다. 다만 이들 자신은 구례에 따라 산위료[39]에서 근무한다”라고 하였다.

경술(5일), 동지 날이다. 천황이 南樹苑에 임하여 친왕에게 동전 300관을, 대납언에게 250관을, 정3위에게 200관을 내리고, 그 외는 차등있게 하사하였다.

신유(16일), 이에 앞서 천황이 왕경 내에 순행하였다. 도중에 감옥을 지나가게 되었는데, 죄수들이 비명, 절규하는 소리를 들었다. 천황이 불쌍히 여겨 사자를 보내 범죄의 경중을 다시 심사하게 하였다. 이에 은혜를 내려 사형죄 이하는 모두 사면하였다. 아울러 의복을 하사하고 스스로 개선하도록 하였다.

정묘(22일), 처음으로 기내에 총관,[40] 제도에 진무사[41]를 두었다. 1품

---

35) 天平 2년 11월 大伴旅人이 大納言으로 승진 발령된 후임 인사인데, 藤原朝臣武智麻呂는 조정의 대납언으로서 직무를 수행하고 大宰帥는 겸직만 하였다. 일은 대재부 차관인 大宰大貳가 대행하였다.

36) 무관은 5衛府, 군단 등의 관인으로, 5衛府, 中衛府에 소속된 의사는 무관 신분이다. 「公式令」52 「內外諸司」조에는 “五衛府, 軍団及諸帶仗者, 為武”라고 규정되어 있다.

37) 使部는 왕경의 제 관사에 배속되어 잡사에 종사하는 하급관인.

38) 左右馬監은 左右馬寮의 監 즉 장관을 의미하지만, 여기서는 관사명을 가리킨다. 大寶律令에서 말을 사육하고 조련하는 左馬寮, 右馬寮가 설치되었는데, 당초에는 左馬頭, 右馬頭를 장으로 했지만, 군사, 의식의 중요성 때문에 황족인 葛木王(후에 橘諸兄)이 令外官인 馬寮監에 임명되어 左右馬寮를 통할하게 되었다.

39) 式部省 산하의 관부. 근무평정과 서위의 권한은 병부성으로 이관되었지만, 무관 신분인 散位는 그대로 산위료에서 근무하였다.

40) 惣管은 畿內의 치안과 행정감찰을 위해 설치된 令外官. 天平 초기 이래 長屋王의 變, 자연재해, 민심동요 등 사회불안이 지속되자 이에 대한 대책으로 鎭撫使와 더불어 설치되어 천황의 칙명을 직접 받아 수행하였다. 判吏[判官] 2인, 主事[主典] 4인이 수행하는데 內外 6위 이상의 문무관 중에서 병술, 문필에 능한 자가 선발 임명되었다. 大惣管에게는 경호원인 傔仗 10인, 副惣管에게는 6인이 주어졌다. 惣管이 관할구역을 현지 방문할 경우에는 기병 30인이 수행하였고, 평성경과 기내의 병마를 동원할 수 있는 권한이 부여되었다.

41) 鎭撫使는 지방의 치안유지와 행정감찰을 위해 설치되었다. 휘하의 判吏 1인, 主事 1인 등은 6위 이상의 내외 문무관 중에서 병술, 문필에 능한 자를 선발하여 임명하였다. 惣管과 마찬가지로 관할구역을 현지 방문할 경우, 기병 30인이 수행하였다. 天平 3년의 惣管, 鎭撫使의 정지에 관한 기사는 없고, 天平 4년 8월 17일 節度使가 임명되어

新田部親王을 대총관으로 삼고, 종3위 藤原朝臣宇合을 부총관으로 삼고, 종3위 多治比眞人縣守를 산양도진무사로 삼고, 종3위 藤原朝臣麻呂를 산음도진무사로 삼고, 정4위하 大伴宿禰道足을 남해도진무사로 삼았다.

계유(28일), (천황이) 제를 내려, "대총관은 검을 휴대하고 칙명에 대비한다. 부총관도 대총관과 동일하다. 판사 2인, 주사 4인을 둔다. 진무사의 직무도 총관과 동일하다. 판관 1인, 주전 1인을 둔다. (이들은) 6위 이하의 내외 문무관으로 병술과 문필에 능한 자로 한다. 대총관에게는 傔仗 10인, 부총관에게는 6인을 부속시킨다. 3위 이상의 진무사에게는 경호병 4인, 4위에게는 2인을 부속시킨다. 아울러 활궁을 갖고 조석으로 (惣管, 鎭撫使를) 수행한다. (이들은) 주인의 요망에 따라 충원하고, 근무평정을 받아 서위될 수 있다. 총관이 관할 지역을 순찰할 때에는 기병 30명이 수행하는 것을 허락한다. 그 직무는 왕경 및 기내의 병사와 군마를 징발하고, 도당을 조직하여 무리의 세력을 믿고 노인과 연소자, 빈천한 자를 억압하고 약탈하고, 시정을 시비하여 그 인물을 비난하고, 부정을 하거나 무고하게 피해주는 행위를 조사해서 체포하는 일이다. 또 도적과 요언, 위부에 있지 않으면서 병기류를 소지하는 행위 등을 단죄하는 것이다. 때에 따라 국사, 군사의 치적을 순찰하여 만약 잘잘못을 확인했다면 즉시 주상한다. 시간을 지체하여 사면의 은혜를 받게 하는 일이 없도록 한다.[42] 만약 죄를 범한 자가 있으면 곤장 1백대 이하이면 미리 판결을 내리고, 그런 연후에 주상한다. 다만 진무사는 병마를 징발해서는 안 된다"[43]라고 하였다.

12월 병자(2일), 甲斐國이 신마를 바쳤다 몸은 흑색인데 갈기와 꼬리는 백색이었다.

을유(11일), 대재부에 명하여 처음으로 壹伎, 對馬에 의사를 두게 하였다.[44]

대치되었다고 보인다.

42) 이 조치는 같은 관인으로서 죄상을 비호하는 행위를 금지한다는 것이다.

43) 지방을 순찰하는 鎭撫使의 병마권을 제약하는 조치로 이들의 이탈행위에 대한 방지책으로 보인다.

44) 「選叙令」27에, "凡國博士醫師者, 並於部內取用, 若無者, 得於傍國通取"라는 규정이 있다. 국박사, 의사는 관할지역에서 채용하지만, 없을 경우에는 인근 국에서 취하는 것으로 되어 있다. 大宰府의 관할지역은 해당 장관이 임명해서 보낸 것이다. 『文德實錄』 天安 원년 11월조에 "先是, 所管九國二嶋醫師博士, 惣府所自任也"라고 되어 있다.

경인(16일), 武官 散位의 정원을 200명으로 정했다.

을미(21일), 조를 내려 말하기를, “짐은 九州[45]에 군주로서 군림하고 만백성을 보살피고 날이 질 때까지 식사하는 것도 잊고, 밤에 잠자리에 드는 것도 잊을 정도이다. 치부경 종4위상 門部王 등이 주상한 바에 따르면, ‘甲斐國守 외종5위하 田邊史廣足 등이 바친 신마는 몸은 흑색이고 갈기와 꼬리는 백색이다. 『부서도』[46]를 살펴보니 신마는 강의 정기라고 한다. 『원신계』[47]에는 덕이 산릉에 이르면 신마가 출현한다고 한다. 실로 大瑞에 부합하는 것이다’라고 하였다. 이것은 종묘[48]가 내린 것이고, 사직[49]이 주신 것이다. 짐은 부덕한데 어찌 혼자서 받을 수 있겠는가. 천하가 함께 기뻐하고 도리는 변하지 않는 법칙이다. 마땅히 천하에 대사면을 내린다. 효자, 順孫, 고령자, 홀아비, 과부, 고아, 독거노인으로 자활할 수 없는 자들을 진휼한다. 말을 포획한 자에게 위계 3계를 올리고, 甲斐國의 금년도 용 및 말을 바친 해당 군의 용, 조를 면제한다. 그 국사의 史生 이상과 상서를 잡은 사람에게 각각 차등있게 물품을 내린다”라고 하였다.

○ 天平 4년(732), 춘정월 을사삭(1일), (천황이) 대극전에서 신년하례를 받았다. 천황이 처음으로 (대례 의식의) 면류관[50]과 예복을 입었다. 좌경직이 흰 참새를 바쳤다.

갑자(20일), 정4위상 鈴鹿王, 정4위하 葛城王을 함께 종3위를 내리고, 무위 小治田王에게 종5위하를, 종4위하 榎井朝臣廣國에게 종4위상을, 종5위하 石上朝臣乙麻呂·藤原朝臣豊成에게 함께 종5위상을 내렸다. 종3위 多治比眞人縣守

45) 전국. 고대 중국에서 전국을 九州라고 한 것에 의한다.

46) 『구당서』 經籍志, 『신당서』 藝文志에 顧野王 符瑞圖 40권이 나온다.

47) 援神契는 『孝經』에 근거하여 미래 예언의 참위설로서 후한대에 만들어졌다. 『隋書』 經籍志의 「孝經援神契七卷〈宋均注〉」.

48) 선제 천황의 영령.

49) 국가를 수호하는 신.

50) 冕冠은 중국에서 대부 이상이 朝儀, 祭禮 시 착용하는 평평한 관을 옥으로 장식하여 늘어지게 한 것으로 중국의 전통양식을 모방한 것이다. 신라의 경우도 출토된 왕관을 보면 금옥으로 장식되어 얼굴 주위에 늘어지게 되어 있어 오히려 신라제를 모방했을 가능성도 있다. 正倉院 유물 중에도 聖武天皇이 착용한 冕冠으로 파손된 상태의 ‘御冠殘欠’이 있다.

를 中納言으로 삼고, 종5위하 角朝臣家主[51]를 견신라사로 삼았다.

병인(22일), 신라사가 내조하였다.[52]

2월 갑술삭(1일), 일식이 있었다.

무자(15일), 고 태정대신[53]의 직전, 위전 및 養戶[54]를 모두 관에서 회수하였다.[55]

을미(22일), 중납언 종3위 겸 催造宮[56] 장관으로 知河內和泉等國事[57] 阿倍朝臣廣庭이 죽었다. 우대신 종2위 御主人의 아들이다.

경자(27일), 견신라사 등이 출발 인사를 하였다.

3월 무신(5일), 신라사 한내마 金長孫 등을 대재부로부터 불렀다.

을축(22일), 산위 종4위하 日下部宿禰老가 죽었다.

기사(26일), 知造難波宮事 종3위 藤原朝臣宇合 등 이하로부터 仕丁 이상에게 차등있게 따라 물품을 내렸다.

하5월 임인삭(1일), 정6위하 物部依羅連人會에게 조신의 성을 내렸다.

임자(11일), 신라사 金長孫 등 40인이 입경하였다.

경신(19일), 김장손 등이 배조하여 여러 재물을 바쳤다. 아울러 앵무새 1마리, 구관조 1마리, 촉구[58] 1마리, 사냥개 1마리, 당나귀 2마리, 노새 2마리를 바쳤다. 이어 내조의 기한[59]에 대해 주청하였다.

---

51) 角은 都努, 都濃이라고도 쓴다. 紀氏와 동족으로, 紀角宿禰의 자손인 小鹿火宿禰가 紀小弓의 사망 소식을 듣고 신라에서 귀국하던 중에 角國에 머물렀기 때문에 角臣의 성을 받았다는 전승이 있다. 天武 13년에 朝臣을 사성받았다. 角朝臣家主는 동년 8월에 귀국하였고, 天平 5년 諸陵頭에 임명되었다.

52) 동년 3월 무신조에 보이는 金長孫 일행이다.

53) 藤原不比等. 養老 4년 8월에 정2위 우대신으로 사망하였다.

54) 養戶는 封戶. 우대신의 職封과 位封은 각각 2천 호.

55) 藤原不比等은 養老 4년(720) 8월에 사망하였다. 모든 관인은 사망하면 위전, 직전이 몰수되지만, 神龜 3년(726) 2월 경술조에 "5위 이상은 薨卒 이후 6년간 위전을 몰수해서는 안 된다"라는 制가 내려져 위전은 6년 연장되었다. 등원불비등은 6년 더 연장되어 사망 후 12년 만에 관에서 회수한 경우로, 특별 우대조치였다.

56) 催造宮은 平城宮 조영을 위한 관사의 장관.

57) 河內國, 和泉國의 행정을 관리하는 직. 知河內和泉事라고도 한다. 이 경우 별도로 국의 장관을 두지 않는다.

58) 중국 泗川省 蜀 지방의 犬. 티베트 계통의 코가 납작한 소형견을 말한다.

59) 年期는 일본에 사절을 보내는 시간적 간격, 몇 년마다라는 의미이다.

임술(21일), 조당에서 金長孫 등에게 연회를 베풀었다. 조를 내려 내조의 기한은 3년에 1회로 한다고 하였다. 연회가 끝나자 신라왕 및 사인들에게 차등있게 녹을 내렸다.

갑자(23일), 기내 5국에 사자를 보내어 기우제를 지냈다.

을축(24일), 對馬嶋司에게 연례적으로 연간의 식료를 지급하고 있다.[60] 임기만료의 날에 통상의 식료가 중지되었다. 이렇게 되면 본관으로 돌아갈 때에 식량이 떨어져 버린다. 또 薩摩國司는 季祿[61]을 정지했기 때문에 의복이 부족하였다. 아울러 청한 대로 이를 지급하였다.

6월 정유(26일), 신라사가 귀국하였다.

기해(28일), 이 여름 가뭄이 심해 백성들은 경작하지 못했다. 수차 기우제를 지냈지만, 끝내 비는 오지 않았다.

추7월 병오(5일), 좌우경, 기내 4국 및 2감[62]에 명하여 내전법[63]에 의거하여 비가 내리도록 하였다.

조를 내려, "봄부터 가뭄이 심해 여름까지 비가 오지 않았다. 많은 강은 물이 줄어들고 오곡은 피폐해졌다. 실로 짐의 부덕의 소치이다. 백성이 무슨 죄가 있어 이렇게 심히 말라가는가. 왕경 및 제국에 명을 내려 천신지기, 명산대천에 폐백을 올리도록 한다. 또 억울하게 옥사에 있는 자를 조사해 기록하고, 방치된 유골과 사체를 묻고, 음주와 도살을 금지하고, 고령자 및 홀아비, 과부, 고아, 독거노인 등 자활할 수 없는 자를 진휼하도록 한다. 천하에 사면을 내린다. 천평 4년 7월 5일 동트기 이전에 사형죄 이하, 수감된 자나 수감되지 않은 자 모두 사면한다. 팔학, 폭력으로 겁박해서 강탈한 자, 청탁을 받아 재물을 받은 관인, 관리감독해서 지켜야 할 물건을 훔친

---

60) 「祿令」1에 따르면 문무 직사관 및 大宰府, 壹岐, 對馬에게는 모두 관위에 의거하여 1년에 2회 녹을 지급한다. 즉 지방 관인인 外官 중에 녹을 지급받는 대상은 大宰府, 壹岐, 對馬로 한정된다.

61) 季祿은 관직에 따라 매년 2월과 8월에 지급하는 녹봉이다. 外官의 경우는 大宰府와 對馬, 壹伎의 嶋司만 지급 대상이었는데, 어느 시점에서 薩摩國司에게도 지급되었다. 도중에 중지된 것이 다시 지급된 것이다.

62) 芳野監, 和泉監.

63) 內典法은 불교경전, 內典에 보이는 기우의 修法. 『일본서기』 皇極紀 원년 7월조에도 大雲經을 읽고 비가 내리기를 기원한 기록이 보인다.

자, 관할 지역의 물건을 훔친 자, 강도, 절도 고의 살인, 사주전, 통상으로 사면이 허용되지 않은 자는 이 사면의 대상에 포함하지 않는다.〈만약 물품의 양을 헤아려 사형죄에 해당하는 자에게는 죄 1등을 감하고, 절도는 한번으로 계산하고 훔친 물건을 헤아려 (삼베) 3단 이하이면 사면의 범위에 포함된다〉." 라고 하였다.

정미(6일), 조를 내려 "기내의 백성이 사적으로 사육하는 멧돼지 40마리를 구입해 산야에 풀어주어 그 생명을 다하도록 한다"라고 하였다.

병진(15일), 지진이 있었다.

8월 갑술(4일), 처음으로 폭풍우가 있었다.[64]

신사(11일), 견신라사 종5위하 角朝臣家主 등이 귀국하였다.

정해(17일), 종4위상 多治比眞人廣成을 견당대사로 삼고, 종5위하 中臣朝臣名代를 부사로 삼았다. 판관 4인, 녹사 4인이다. 정3위 藤原朝臣房前을 東海, 東山 2도의 절도사로 삼고, 종3위 多治比眞人縣守를 산음도절도사로, 종3위 藤原朝臣宇合을 서해도절도사로 삼았다. 도 마다 판관 4인, 주전 4인 의사 1인, 음양사 1인을 두었다.

임진(22일), 칙을 내려 "동해, 동산 2도 및 산음도 등의 제국에 있는 병기, 우마는 모두 다른 곳에 팔아서는 안 된다.[65] (이러한 일들은) 일체 금단하며 경계 밖으로 반출해서는 안 된다. 통상 국가에 바치기 위해 목장에서 사육하는 우마는 금지 범위에 포함하지 않는다.[66] 다만 서해도는 항상의 법에 의거한다. 또 절도사가 관할하는 제국의 군단의 천막과 솥이 부족하면 (해당 국으로부터) 금년에 왕경으로 들어오는 관물을 할애하여 그 대금으로 충당하여

64) 5월 이후 가뭄이 계속되어 기우제, 진휼, 사면, 방생 등을 행한 결과라는 인식이 내포되어 있다.

65) 天平 6년 4월에 절도사 설치가 정지되어 東海道, 東山道, 山陰道 제국의 우마 반출도 해제되었다.

66) 제국의 官牧에서 사육하는 우마. 『延喜式』 권제48 左右馬寮에는 "凡諸國所貢繫飼馬牛者, 二寮均分檢領. 訖, 移兵部省. 其數, 遠江國馬四疋, 駿河國牛四頭, 相摸國馬四疋, 牛八頭, 武藏國馬十疋, 上總國馬十疋, 下總國馬四疋, 常陸國馬十疋, 上野國馬四十五疋, 牛六頭, 下野國馬四疋, 周防國馬四疋, 長門國牛二頭, 讚岐國馬四疋, 伊豫國馬六疋, 牛二頭. 每年十月以前, 長牽貢上,〈路次之國不充秣芻牽夫.〉並放飼近都牧"이라고 하여 13개 국으로부터 말 101마리, 소 26마리를 공상시키고 있다.

신속히 보전한다. 또 4도[67]의 병사는 (군방)령에 의거하여 4분의 1이 되도록 징발한다. 그 병기는 재고품을 수리해서[68] 쓰고, 100석 이상을 적재할 수 있는 배를 건조한다. 또 편의를 위해 벼를 탈곡하고, 소금을 구워 만든다. 또 축자의 병사의 과역은 모두 면제한다. 또 백정은 調는 면제하고 庸은 납입시킨다. 근무연한은 칙에 의해 처분하도록 한다. 절도사 이하 겸인[69] 이상에게는 모두 검을 소지하도록 한다. 그 국인[70]은 (학문, 무예를) 습득해서 3종의 직에 들어갈 수 있다. (절도사에 소속된) 박사는 학생의 많고 적음에 따라 3등으로 나누어 상등은 전지 1정 5단을 지급하고, 중등은 1정, 하등은 5단을 지급한다. 병사는 매월 시험을 치르고 상등을 얻은 자는 庸의 목면 2둔, 중등은 1둔을 지급한다"라고 하였다.

정유(27일), 대풍이 불고 폭우가 내렸다. 백성들의 가옥과 도처의 사찰의 건물, 탑이 무너졌다. 이 여름, 비가 적게 내려 가을에 벼가 여물지 않았다. 산음도절도사의 판관 巨曾倍朝臣津嶋, 서해도절도사의 판관 佐宿禰東人에게 함께 외종5위하를 내렸다.

9월 신축삭(1일), 和泉監[71] 백성을 진휼하였다.

갑진(4일), 近江, 丹波, 播磨, 備中 등의 제국에 사자를 보내어 견당사를 위해 선박 4척을 건조하게 하였다.

을사(5일), 정5위상 中朝臣廣見을 神祇伯으로 삼고, 정5위하 高橋朝臣安麻呂를 우중변으로 삼고, 종5위상 縣犬養宿禰石次를 소변으로 삼고, 외종5위하 箭集宿禰虫麻呂를 대판사로 삼고, 정5위상 佐伯宿禰豊人을 좌경량으로 삼고, 정5위하 石川朝臣枚夫를 造難波宮長官으로 삼고, 종4위상 榎井朝臣廣國을 大倭守로 삼고, 외종5위하 佐伯宿禰伊益을 三河守로 삼고, 외종5위하 田口朝臣年足을 越中守로 삼고, 종5위상 石上朝臣乙麻呂를 丹波守로 삼고, 외종5위하 土師宿

67) 東海道, 東山道, 山陰道, 西海道.

68) 「營膳令」8에는 "무릇 창고에 쌓아둔 병기와 의장에 녹이 슬거나 이음매가 끊어진 것이 있으면 3년에 한 번씩 수리한다"고 되어 있다. 원문의 '舊物'은 창고에 보관된 무기류 중에서 녹슬고 훼손된 재고품으로 생각된다.

69) 傔人. 절도사 밑의 하급관인.

70) 4道의 國人.

71) 靈龜 2년(716) 河內國에 珍努宮을 조영할 때 同國의 大鳥, 和泉, 日根 3군을 분할하여 설치한 특별행정구획이다. 이는 天平 12년(740) 다시 河內國에 합병되어 폐지되었다.

禰千村을 備前守로 삼고, 종5위상 石川朝臣夫子를 備後守 겸 知安藝守事[72]로 삼았다.

정묘(27일), 제도의 절도사의 요청으로 驛鈴 각 2개씩을 지급하였다.

동10월 계유(3일), 처음으로 造客館司[73]를 두었다.

신사(11일), 절도사에게 백동의 인장을 지급하였다. 도별로 1개씩이다.

정해(17일), 외종5위하 箭集宿禰虫麻呂를 대학두로 삼고, 외종5위하 大神朝臣乙麻呂를 산위두로 삼고, 외종5위상 久米朝臣麻呂를 주세두로 삼고, 정5위상 中臣朝臣東人을 병부대보로 삼고, 외종5위하 當麻眞人廣人을 대장소보로 삼고, 종5위상 多治比眞人占部를 궁내소보로 삼고, 외종5위하 物部韓國連廣足[74]을 전약두로 삼고, 종5위상 紀朝臣淸人을 우경량으로 삼고, 정4위하 長田王을 섭진대부로 삼고, 정5위상 粟田朝臣人上을 造藥師寺大夫로 삼고, 종4위하 高安王을 위문독으로 삼고, 외종5위하 後部王起[75]를 우위사좌로 삼고, 외종5위하 大伴宿禰御助를 우병위솔로 삼고, 외종5위하 大伴直南淵麻呂를 좌병고두로 삼고, 종5위상 伊吉連古麻呂를 下野守로 삼았다.

11월 병인(27일), 동지가 되었다. 천황이 남쪽 뜰에 임하여 군신들에게 연회를 베풀고, 친왕 이하 및 고령자에게 차등있게 목면을 내렸다. 또 경 및 기내, 2감에 대해서 천평 4년 11월 27일 동트기 이전의 사형죄 이하는 사면하였다. 팔학, 폭력으로 겁박해서 강탈한 자, 청탁을 받아 재물을 받은 관인, 관리감독해서 지켜야 할 물건을 훔친 자, 자신의 관리하에 있는 물자를 훔친 자, 강도, 절도 고의 살인, 사주전, 통상으로 사면이 허용되지 않은 자는 이 사면의 대상에 포함시키지 않았다. 경 및 왜국[76] 백성으로 70세 이상, 홀아비, 과부, 고아, 독거노인으로 자활할 수 없는 자에게 차등있게 목면을 내렸다.

---

72) 인근 국의 國守를 겸직하는 경우에 사용하는 명칭. "兼治肥後國"(養老 2년 4월 을해조)의 예도 있다.

73) 『令集解』「職員令」18「玄蕃寮」조 소인의「古記」에 따르면 館舍는 "謂在京及津國館舍"라고 하여 평성경과 연안지역에 조영한 숙박시설이다. 造客館司는 이를 조영하기 위한 임시 관사이다.

74) 앞의 天平 3년(731), 춘정월조 411쪽 각주 3) 참조.

75) 고구려계 후예씨족. 권9, 神龜2년(725) 윤정월조 348쪽 각주 156) 참조.

76) 大倭國, 大和國.

12월 병술(17일), 河內國 丹比郡에 狹山下池[77]를 축조하였다.

신묘(22일), 지진이 있었다.

○ 天平 5년(733) 춘정월 경자삭(1일), 천황이 中宮에 임하여 侍臣[78]에게 연회를 베풀었다. 그 외의 5위 이상의 자에게는 조당에서 연회를 베풀었다. 越前國에서 흰 까마귀를 바쳤다.

병오(7일), 천둥이 치고 비가 내렸다.

무신(9일), 화성이 헌원[79]으로 들어갔다.

경술(11일), 內命婦 정3위 縣犬養橘宿禰三千代[80]가 죽었다. 종4위하 高安王 등을 보내 장의를 감독하게 하였다. 장의는 산위 1위에 준하게 하였다. 命婦는 (광명)황후의 모친이다.

병인(27일), 芳野監, 讃岐, 淡路 등의 제국이 작년에 흉작으로 백성들이 기근에 처했다. 칙을 내려 (正稅稻를) 무이자로 대여하였다.

2월 을해(7일), 紀伊國이 가뭄으로 피해를 입었다. 물품을 지급하여 구제하였다. 태정관이 상주하여, "전임하는 국사 등에 대해서는, 부임하는 날에는 전마, 역마를 지급하고 있다.[81] (그러나) 입경할 때에는 무엇을 타고 가야하는가. 바라건대 4위의 국수에게는 말 6필, 5위는 5필, 6위 이하의 국수[82]는 4필, 介, 掾은 각각 3필, 目, 史生에게는 각각 2필을 지급하여 돌아갈 수 있게 한다. 만약 재임 중인 국사가 다른 국의 국사로 가는 경우에는 (지급되는

---

77) 『類聚和名抄』에 河內國 丹比郡 狹山鄕, 狹山下池는 재래의 狹山池와는 별도로 신축된 용수지. 현재의 大阪狹山市의 太滿池.

78) 「職制律」7에는 侍臣이 少納言, 侍從, 中務判官 이상, 內舍人으로 되어 있고, 『令集解』 「宮衛令」14의 「令釋」 및 「義解」에는 少納言, 侍從, 中務少輔 이상으로 나온다. 주로 천황 측근에서 근시하는 관인들이 중심이다.

79) 軒轅은 북두칠성의 북쪽 부분으로, 궁정의 불길한 사태를 예고하는 凶兆.

80) 황족인 美努王과 결혼했으나 다시 藤原不比等과 재혼하여 聖武天皇의 황후가 되는 光明子를 낳았다. 중류귀족 출신이지만, 이후 승승장구하여 정3위에까지 오른다.

81) 신임국사가 임지로 떠날 때에는 국의 원근에 따라 식량과 말, 傳符가 지급되는 규정이 있다. 그러나 국사가 다른 국으로 전임하지 않고 上京하는 경우에는 규정이 없어 이에 대한 대책을 새로 만든 것이다.

82) 「官位令」의 규정에는 大國의 國守의 상당위는 종5위상, 上國은 종5위하, 中國은 정6위하, 下國은 종6위하로 되어 있다. 여기서는 상당위가 아닌 현실의 위계에 따라 지급하도록 하고 있다.

말의 숫자가) 많은 쪽에 따르고 양쪽에서 지급해서는 안 된다. 죄를 범하여 해임된 경우에는 지급의 예에 들어가지 않는다"라고 하였다. 칙을 내려 이를 허락하였다.

갑신(18일), 大倭國, 河內國의 오곡이 여물지 않아 백성들이 기근에 처했다. 아울러 물품을 지급하여 구제하였다.

3월 신해(14일), 무위 鹽燒王, 정5위상 中臣朝臣東人에게 함께 종4위하를, 정5위하 小野朝臣老에게 정5위상을, 종5위하 中臣朝臣名代·坂本朝臣宇頭麻佐·紀朝臣飯麻呂·巨勢朝臣少麻呂, 외종5위하 大神朝臣乙麻呂에게 함께 종5위상을, 외종5위하 下息長眞人名代·當麻眞人廣人에게 함께 종5위하를, 정6위상 大伴宿禰小室·小治田朝臣廣千·高向朝臣諸足·河內藏人首麻呂에게 함께 외종5위하를 내렸다.

계축(16일), 遠江國, 淡路國이 기근이 들어 진휼하였다.

무오(21일), 견당대사 종4위상 多治比眞人廣成 등이 배조하였다.

윤3월 기사(2일), 칙을 내려 "和泉監, 紀伊, 淡路, 阿波 등 제국이 가뭄이 특히 심하여 오곡이 여물지 않았다. 마땅히 금년중에는 大稅[83]를 무이자로 대여하여 백성의 생업을 이어갈 수 있도록 한다"라고 하였다.

무자(21일), 諸生[84] 중에 곤궁한 자 213인을 궁전으로 불러 각각 쌀과 소금을 내렸다. 조를 내려, 그 나태함을 질책하고 생업을 살피라고 하였다.

임진(25일), 칙을 내려 調布 10,000단, 商布[85] 31,929단을 西海道의 각종 병기를 제작하는 비용으로 충당하였다.[86]

계사(26일), 견당대사 多治比眞人廣成이 출발 인사를 하였다.[87] 節刀를

---

83) 율령제 하의 諸國의 正倉에 보관된 도곡. 正稅.

84) 기타 판본에는 諸王으로 되어 있다. 諸王으로 볼 경우 숫자가 과다하여 諸生이 타당하다. 諸生은 중앙관사에 소속된 學生이 대학료에 400명 등, 800명에 이른다.

85) 商布는 調, 庸 이외의 自家用, 교역용의 布.

86) 제국이 매년 정해진 병기류를 제작하는 데 드는 비용에 대한 규정은 서해도에서는 天平寶字 5년 7월에 적용되었다. 제국이 매년 만드는 이른바 年料器仗에 대해서는 『延喜式』 권제28 兵部省 「諸國器仗」에 제국이 제작해서 진상해야 할 무기의 종류, 숫자가 기록되어 있는데, 병기류는 甲, 橫刀, 弓, 征箭, 胡籙 등이다.

87) 「儀制令」6 「文武官」조에는 "凡文武官三位以上, 仮使者, 去皆奉辭, 還皆奉見, 其五位以上, 奉勅差使者, 辭見亦如之, 卽外官三位以上, 以理去任, 至京者, 亦奉見"이라고 하여, 문무관 3위 이상이 휴가나 사신으로 떠날 때, 돌아올 때 모두 알현하고, 5위 이상이 칙을

내렸다.

하4월 기해(3일), 견당사 4척의 배가 難波津에서 출발하였다.

신축(5일), 제를 내려 "제국의 국사 등이 교체되어 귀경하는 경우에 후임 국사가 도착하기 전에 상경하거나, 혹은 비록 교체는 했으나 解由[88]를 전하지 않는 일이 있다. 이로 인해 지난 天平 3년에 朝集使 등에게 이미 고지한 바 있다. 그러나 국사 등은 개의치 않고 선뜻 행하지 않는다. 이에 따라 관직을 옮긴 사람은 새로운 직에 나아갈 수 없다. 또 무직의 사람들이 들어가는 산위료에도 출사할 수 없어 헛되이 세월을 보내니 어찌 도리에 맞는 일이겠는가. 국은 마땅히 그 사정을 알고 교체되어 부임하는 사람에게는 반드시 해유를 주고, 태정관에 보고한다. 금일 이후로는 영원히 항례로 한다"라고 하였다.

5월 신묘(26일), 칙을 내려, "황후는 침상에서 편치 않은 지 이미 여러 세월이 지났다. 백방으로 치료해도 차도가 보이지 않는다. 이 괴로움과 고통을 생각하면 자는 것도 먹는 것도 잊을 정도이다. 천하에 대사면을 내려 이 병을 구제하고자 한다. 천평 5년 5월 26일 동트기 이전의 사형죄 이하, 통상의 사면에서 면제되지 않는 자를 모두 사면한다. 반역 및 연좌에 의한 유배형을 받은 자는 경중에 따라 감한다. 다만 강도와 절도는 사면의 범위에 포함하지 않는다"라고 하였다.

6월 정유(2일), 多褹嶋[89]의 熊毛郡 대령 외종7위하 安志託 등 11인에게 多褹後國造의 성을 내리고, 益救郡 대령 외종6위하 加理伽 등 136인에게 多褹直의 성을, 能滿郡 소령 외종8위상 粟麻呂 등 969인에게 거주명을 따라 直 성을 내렸다. 武藏國 埼玉郡의 신라인 德師 등 남녀 53인에게 청에 따라 金 성을 내렸다.[90]

받아 사신이 된 경우도 동일하다고 규정하고 있다.

88) 官人의 해임이 정해진 직후 새로 부임하는 관인이 連署해서 전임자에게 주는 문서로, 후임자가 전임자로부터 업무인계를 인정받는 증명서이다. 전임자는 이 문서를 태정관에 제출하여 재임중에 관물의 미납 등이 없었는가를 증명한다. 이 규정은 주로 국사들이 교체될 때 적용된다.

89) 多褹嶋는 壹岐, 對馬와 같이 國에 준하는 행정단위로 취급되었다. 九州南部의 鹿兒島縣 種子嶋, 屋久島 및 주변제도를 관할한다.

90) 신라계 도래씨족의 후예들이 일본 성이 아닌 신라의 대표적인 金 성을 요청한 것은

갑진(9일), 금성이 東井에 들어갔다.

추7월 을축삭(1일), 일식이 있었다.

경오(6일), 처음으로 大膳職에 명하여 盂蘭盆[91]의 공양을 준비시켰다.

8월 신해(17일), 천황이 조당에 임하여 처음으로 여러 정무를 들었다.

9월 정해(23일), 遠江國 蓁原郡 사람 君子部眞鹽의 딸이 한번에 3남을 낳았다. 벼 200속, 유모 1인을 내렸다.

동10월 병신(3일), 외종5위하 大伴宿禰小室을 攝津亮으로 삼고, 정5위하 多治比眞人廣足을 上總守로 삼았다.

12월 기미(26일), 出羽柵을 秋田村 高清水岡으로 옮겨 설치하였다. 또 雄勝村에 군을 설치하여 백성들을 거주시켰다.

경신(27일), 종5위상 縣犬養宿禰石次를 소납언으로 삼고, 종5위상 吉田連宜[92]를 도서두로 삼고, 종5위하 路眞人虫麻呂를 내장두로 삼고, 종5위하 阿倍朝臣糠虫을 봉전두[93]로 삼고, 종4위하 栗栖王을 아악두로 삼고, 종5위하 角朝臣家主를 제릉두로 삼았다.

신유(28일), 1품 舍人親王, 대납언 정3위 藤原朝臣武智麻呂, 식부경 종3위 藤原朝臣宇合, 대장경 종3위 鈴鹿王, 우대변 정4위하 大伴宿禰道足을 縣犬養橘宿禰의 저택에 보내 (천황의) 조를 말하고, 종1위로 추증하였다. 별칙으로 食封, 資人을 환수하지 않도록 하였다.

이해, 좌우경 및 제국에 굶주리고 역병에 걸린 자가 많았다. 함께 (正倉의 도곡을) 무이자로 대여를 하였다.

특이한 사례이다. 변방지역인 武藏國에 사민정책으로 이주한 사람들로서 원출자 의식이 강하게 존재했다고 보인다.

91) 산스크리스트 언어인 울란바나의 음역. 餓鬼道에 빠져 고통받는 망자를 위해 불사를 행하고 그 고통을 없애는 의식을 가리키는데, 불제자 目連이 餓鬼道에 빠진 모친의 고통을 구제하기 위해 승려들에게 공양했다고 하는 盂蘭盆經 전설에 기초하고 있다. 일본에서는 推古 14년(606)에 재를 올린 것이 처음이며, 본격적으로 시작된 것은 齊明 3년(657)이고, 天平 5년(733)부터 궁중의 항례적 佛事가 되었다.

92) 백제 멸망 후 망명한 吉大尙의 아들로 추정되는데, 文武 4년(700)에 의술에 뛰어나 관인으로 발탁되었다. 일본에서 태어나 출가했다가 환속하였고 승려 때 이름은 惠俊이다. 권9 神龜 원년(724) 5월조 343쪽 각주 113) 참조.

93) 縫殿頭는 縫殿寮의 장관으로 궁중의 의복 제조를 감독하고 後宮 女官의 인사를 담당하였다.

○ 天平 6년(734), 춘정월 계해삭(1일), 천황이 중궁에 임하여 근시하는 신들에게 연회를 베풀었다. 5위 이상에게는 조당에서 연회를 베풀었다. 但馬, 安藝, 長門 등 3국이 각각 木連理[94]를 바쳤다.

정축(15일), 제국의 국사에게 매년 관도를 대여하는 것을 허락하였다. 대국은 14만속 이하, 상국은 12만속 이하, 중국은 10만속 이하, 하국은 8만속 이하로 하고, 이를 초과하면 법에 의거하여 죄를 과하였다.

기묘(17일), 정3위 藤原朝臣武智麻呂에게 종2위를, 종3위 多治比眞人縣守·藤原朝臣宇合에게 함께 정3위를, 무위 小田王·野中王에게 함께 종5위하를, 정5위상 小野朝臣老에게 종4위하를, 종5위하 紀朝臣麻路에게 종5위상을, 정6위상 石川朝臣乙麻呂, 정6위하 藤原朝臣仲麻呂에게 함께 종5위하를, 종6위하 三國眞人廣庭, 정6위하 當麻眞人鏡麻呂, 정6위상 大伴宿禰麻呂·大伴宿禰老人·小野朝臣鎌麻呂·波多朝臣安麻呂, 종6위하 田中朝臣淨足에게 함께 외종5위하를, 內命婦 무위 大市女王·神社女王에게 종4위하를, 정5위하 播磨女王에게 정5위상을, 종5위상 新家女王에게 정5위하를, 종7위상 秦忌寸大宅에게 외종5위하를 내리고, 종2위 藤原朝臣武智麻呂를 右大臣으로 삼았다.

경진(18일), 칙을 내려 "제국에 명하여 잡색[95]의 관도는 驛起稻 이외에는 모두 정세로 혼합하여 (出擧)시킨다"라고 하였다.

2월 계사삭(1일), 천황이 주작문에 임하여 歌垣[96]을 관람하였다. 남녀 240여 인으로, 5품 이상으로 풍류를 아는 자는 모두 그 안으로 들어가 즐겼다. 정4위하 長田王, 종4위하 栗栖王·門部王, 종5위하 野中王 등을 (歌)頭[97]로 삼았다. 本末[98]로써 창화[99]하였다. 難波曲, 倭部曲, 淺茅原, 廣瀨曲, 八裳刺曲의

---

94) 뿌리가 다른 2개의 나무의 줄기가 접합되어 있는 나무. 상서로 인식되었다.

95) 雜稻를 正稅로 혼합하는 칙. 雜色官稻는 雜稻, 雜官稻라고도 하며 郡稻를 비롯한 다양한 종류가 있다. 出擧해서 고율의 이자를 받을 목적으로 이용한다.

96) 歌垣은 발을 구르면서 박자를 맞추고 노래를 부르는 踏歌. 이를 주요 내용으로 하는 궁중연회 사례는 『日本書紀』 持統 7년 정월조에 "漢人等奏踏歌", 동 8년 정월조에 "漢人奏請踏歌", "唐人奏踏歌"에 보인다.

97) 寶龜 원년(770) 3월 신묘조에는 가무의 모습에 대해 "男女相並, 分行徐進"이라고 하여 남녀가 서로 나란히 행을 나누고 서서히 진행했다고 한다. 이는 남녀가 2열로 서서 춤을 추며 동작에 맞춰 움직이는 모습이다. 상기 본문에 4인의 頭는 각각 4열의 선두에 서서 가무를 이끌었던 것으로 생각된다.

98) 노래의 앞부분과 뒷부분을 각각 부르는 것을 말한다.

음악을 연주하였다. 왕도 안의 사람들에게도 관람하게 하였다. 즐거움을 만끽하고 끝났다. 歌垣의 남녀들에게 녹을 차등있게 내렸다.

경자(8일), 2품 泉內親王이 죽었다. 天智天皇의 황녀이다.

3월 신미(10일), (천황이) 난파궁으로 순행하였다.

임신(11일), 산위 종4위하 百濟王遠寶[100]가 죽었다.

병자(15일), 사천왕사에 3년 기한으로 식봉 200호를 시주하였다.[101] 아울러 승들에게 비단, 삼베를 보시하였다. 攝津職이 吉師部樂[102]을 연주하였다.

정축(16일), (천황을) 수행한 제관사의 위사 이상과 아울러 造難波宮司, 국사, 군사, 악인 등에게 차등있게 녹을 내렸다. 난파궁에 봉사한 동서 2군의 금년도 田租와 調를 면제하고, 그 외의 10군은 조를 면제하였다.

무인(17일), 천황이 難波를 출발하여 竹原井頓宮에 숙박하였다.

경진(19일), 천황이 환궁하였다.

하4월 갑오(3일), 河內國의 安宿, 大縣, 志紀 3군의 금년도 전조를 면제하였다. 竹原井頓宮에 봉사했기 때문이다.

무술(7일), 땅이 크게 흔들렸다. 천하의 백성의 가옥이 무너져 압사한 사람이 많았다. 산사태가 일어나고 하천이 막혔다. 땅의 균열이 자주 일어나 셀 수 없을 정도이다.

계묘(12일), 기내, 7도 제국에 사자를 보내 지진으로 피해를 입은 신사를 조사시켰다.

무신(17일), 조를 내려 "이번 달 7일의 지진은 평상보다 심하였다. 아마도 산릉을 흔들 정도였을 것이다. 諸王, 眞人[103]과 土師宿禰[104] 1인을 대동하여

---

99) 唱和는 한 사람이 선창하면 이어서 모두가 화합하여 따라 부르는 것을 가리킨다.

100) 百濟王禪廣의 孫이고 百濟王昌成의 子로, 文武天皇 4년(700) 10월 직광삼[정5위하]으로 常陸守를 역임하였다. 和銅 원년(708) 4월 정5위상으로 左衛士督에 임명되었고, 동 6년(713) 종4위상으로 승진하였다.

101) 「祿令」14 「寺不在食封之例」조에는 "凡寺, 不在食封之例, 若以別勅權封者, 不拘此令.〈權, 謂, 五年以下.〉"이라고 규정되어 있다. 즉 사원에는 식봉이 지급되지 않지만, 별칙으로 5년 이하의 한도 내에서 지급할 수 있다고 한다.

102) 吉師部樂은 한반도계 씨족인 吉士氏와 吉士部가 전하는 음악으로, 攝津職의 관할지역인 難波에는 難波吉士氏가 많이 거주하고 있었다.

103) 眞人 성을 가진 사람, 즉 왕족출신의 인물을 말한다. 역대 천황, 제왕의 능묘 피해를 조사하는 일이기 때문에 왕족들을 보낸 것이다.

천황릉 8곳과 공이 있는 왕의 묘를 조사하도록 한다"라고 하였다. 또 조를 내려 "지진의 재앙은 아마도 政事의 결함으로부터 오는 것이다.[105] 무릇 제관사에서는 그 직무에 힘써 수행하도록 한다. 지금 이후로는 만약 마음을 고쳐서 노력하지 않으면 그 상황에 따라 반드시 강등시킬 것이다"라고 하였다.

임자(21일), 경 및 기내에 사자를 보내 백성의 고충을 듣게 하였다. 조를 내려 "요즈음 천지의 재난은 평상과 다르다. 생각건대 짐이 베푸는 덕화가 이들 백성에게 부족함이 있는 것인가. 이 때문에 지금 사자를 보내 고충을 듣게 하는 것이다. 짐의 마음을 잘 헤아렸으면 한다"라고 하였다. 각 도의 절도사의 임무는 이미 종료하였다. 이에 국사의 主典 이상에게 그 일을 담당하게 하였다.

갑인(23일), 동해도, 동산도, 산음도의 제국에 소, 말을 매매하고, (국의) 경계로 반출하는 것을 허용하였다. 또 각 도의 健兒,[106] 儲士,[107] 選士[108]의 전조 및 잡요의 반을 면제하였다.

정사(26일), 나이 70세 이상의 사람을 새로 군사로 채용하는 것을 금지하였다.[109]

5월 무자(28일), 태정관이 주상하기를 "좌우경의 백성은 여름에 徭錢[110]을

104) 土師氏는 고분시대에 出雲, 吉備, 河內, 大和 등지에서 고분 조영과 장송 의례를 담당했던 호족이다. 후예씨족들 중에는 이 일에 종사하던 사람들이 가업으로 전통을 계승하였다.

105) 지진의 재앙 등 자연재해는 위정자의 부덕으로 하늘이 내리는 징벌이라는 災異思想에 근거하고 있다.

106) 『일본서기』 皇極紀 원년 7월조, 天知紀 2년 8월조에 따르면 健兒의 훈독은 '힘이 센 사람'으로 武勇있는 자를 말한다. 절도사의 관내에 배치되었다.

107) 절도사의 설치에 동반하여 병사 중에서 선발하여 절도사의 관내에 배치하였다.

108) 選士는 병사 중에서 弓射 등의 무예에 능한 자를 선발하여 大宰府 管內에 배치하였다.

109) 「選叙令」21 「官人致仕」조에 "凡官人年七十以上, 聽致仕, 五位以上上表, 六位以下申, 牒官奏聞"이라고 하여 70세가 되면 관직에서 물러나는 것을 허용한다고 되어 있다. 『延喜式』 권제18 式部省上에도 "凡年七十已上二十四已下, 及帳內, 職分位分資人, 不得銓擬郡司, 但有主許牒者聽之"라고 하여 상기 본문의 규정을 따르고 있다.

110) 雜徭 대신에 납부하는 錢. 좌우 京에 한해서 시행한 것으로 보이며, 京職은 徭錢으로 임금을 주고 고용하는 雇役으로 제반 공사를 행하였다. 徭錢은 正丁에게는 120文, 次正은 60文, 少丁(中男)은 30文을 납입하게 하였다. 그러나 이들이 납입하는 調錢의 경우는 9문에 불과하여 차이가 컸고, 徭錢 대신 연간 60일의 노역이 실질적으로 부담이 적은 경우도 생겼다.

납입하는 것은 심히 감당하기 어려운 일이다.[111] 마땅히 正丁,[112] 次丁[113]은 9월부터 납입하도록 하고, 少丁[114]은 납입하지 않는다. 또 天平 4년의 가뭄 이래 백성들은 궁핍해져 있다. 1년에 한해서 좌우 京, 芳野, 和泉, 畿內 4국 백성의 大稅를 무이자로 대여하도록 한다. 또 大倭國 14군의 公私[115]의 出擧稻는 군마다 존재하고 있다. 어리석은 백성들은 앞다투어 빌리는데 징수에 이르러서는 (갚을) 준비가 전혀 되어 있지 않고, 재물은 이미 바닥이 나서 마침내 전지와 가옥으로 상환하게 된다. 더구나 매년 이자를 원금에 보태 징수하여 이자의 수취가 원금을 넘어서고 있다. 또한 아버지의 부채를 사정을 모르는 처자에게 징수하고, 아들의 부채를 사정을 모르는 부모에게 징수하고 있다. 지금 이후로는 이를 모두 금지한다"라고 하였다. (천황은) 주상한 사안을 허락하였다.

6월 계묘(14일), 大倭國 葛下郡 사람인 백정 花口宮麻呂는 자신의 사재 벼를 내어 빈곤자를 도와 보살폈다. 이에 소초위상을 내렸다.

추7월 병인(7일), 천황이 씨름 경기를 관람하였다.[116] 이날 저녁 남쪽 뜰로 자리를 옮겨 문인에게 명하여 칠석의 시를 짓게 하고,[117] 차등있게 녹을 내렸다.

신미(12일), 조를 내려, "짐이 백성들을 보살핀 지 여러 해가 지났지만, 덕화가 아직도 이르지 못하고 감옥은 비어있지 않다. 밤새 잠못 이루고 이 일에 대해 걱정하고 고민하고 있다. 요즈음 하늘이 빈번히 이변 현상을

---

111) 가을 추수 이전의 미가 폭등은 물가 상승을 가져와 상대적으로 錢의 가치를 떨어뜨려 徭錢의 부담이 커지게 된다.

112) 「戶令」6에 따르면, 21세부터 61세까지의 남자.

113) 61세 이상 65세 이하의 남자.

114) 17세 이상 20세 이하의 남자.

115) 官稻와 私稻.

116) 7월 7일의 相撲節.

117) 七夕은 음력 7월 7일 저녁에 詩賦를 행하고, 「雜令」40에도 節日로 규정되어 있다. 칠석의 詩賦 행사는 중국에서 유래한 것으로 견우와 직녀가 1년에 한 번 재회한다는 설화에 근거하고 있다. 중국에서는 『玉台新詠』, 『藝文類聚』 등에 六朝시대 시문이 많이 실려 있다. 일본에서도 『懷風藻』, 『萬葉集』에 다수의 시가 전해지며 귀족, 관인들 사이에 칠석 의식이 연중행사처럼 자리잡고 민간으로도 퍼져나갔다. 이 설화는 이미 한반도로도 들어와 민속적인 풍습으로 유행하였다.

보이고, 땅은 자주 진동하고 있다. 참으로 짐의 훈도가 밝지 못하여 죄를 짓는 백성들이 많다. 책임은 짐 한사람에게 있고 많은 백성들에게 있는 것이 아니다. 관용을 베풀고 인자의 마음으로 범한 과오를 씻고 갱신할 수 있도록 용서해야 한다. 이에 천하에 대사면을 내린다. (다만) 팔학을 범한 자, 고의 살인, 살인을 모의하여 죽게 한 자. 별칙으로 장기간 구금된 자, 산적 등 집단강도, 관인, 史生이 뇌물을 받고 법을 왜곡한 죄,[118] 관할하고 있는 곳의 물건을 훔친 자, 사망으로 위장한 자, 양인을 납치하여 노비로 삼은 자, 강도와 절도 및 통상의 사면에서 면제되지 않는 자는 모두 사면의 예에 포함하지 않는다"라고 하였다.

9월 무진(10일), 唐人 陳懷玉에게 千代連의 성을 내렸다.

신미(13일), 難波京의 택지를 나누어 주었다. 3위 이상은 1정 이하, 5위 이상은 2분의 1정 이하, 6위 이하는 4분의 1정 이하이다.

갑술(16일), 제를 내려 安藝, 周防 2국은 大竹河를 국의 경계로 삼았다.

임오(24일), 땅이 크게 흔들렸다.

동10월 신묘(4일), 왕경 내의 사형죄에 한하여 사면하였다.

11월 정축(20일), 入唐大使 종4위상 多治比眞人廣成 등이 多褹嶋[119]에 도착하였다.

무인(21일), 태정관이 주상하기를 "佛法을 알리는 일은 승니에 달려있다. 득도하는 사람의 재능과 수행은 소관 관사에 의해 좌우된다. 요즈음 출가는 학업을 심사하지 않고 청탁에 의한 바가 많다. 심히 법의 뜻에 어긋난다. 지금 이후로는 승니와 속인을 불문하고 추천된 득도자 중에서 오직 법화경 1부, 혹은 최승왕경 1부를 암송하고 아울러 예불을 이해하고 정행 3년 이상인 자만을 선정하여 득도시키고자 한다. 이에 학문은 점점 높아지고 청탁은 자연히 줄어들게 된다. 승니의 자식을 자신의 자녀라고 속이고 출가시킨다면, 법에 의거하여 죄를 묻는다. 소관 관사가 이를 알면서 바로잡지 않으면 같은 죄로 처벌하고 득도자는 환속시키도록 한다"라고 하였다. (천황은)

118) 「職制律」(46-49)에 관인이 뇌물을 받고 소관 관사에 법을 왜곡하여 면죄받을 수 있게 청구하는 행위를 말한다. 이 경우에 가중처벌된다.

119) 鹿兒島縣의 種子島, 屋久島.

상주한 것을 허락하였다.

12월 무자삭(1일), 일식이 있었다.

계사(6일), 대재부가 주상하기를, "신라 공조사 급벌찬 金相貞 등이 도착하였다"라고 하였다.

병신(9일), 외종5위하 烏安麿에게 下村主[120]의 성을 내렸다.

『속일본기』 권제11

120) 『신찬성씨록』 좌경제번상에 "下村主는 後漢 光武帝의 7세손인 愼近王으로부터 나왔다"고 한다. 養老 4년(720) 6월조에 河內國 若江郡 사람 內手人 刀子作廣麻呂가 下村主의 씨성을 받았다고 기록하고 있다. 하촌주씨 일족으로는 『속일본후기』 承和 3년(836) 윤5월조에 下村主氏成과 下村主三仲에게 春瀧宿禰의 씨성을 내리고, 출자에 대해서는 후한 광무제를 선조로 기록하고 있다.

續日本紀卷第十一

〈起天平三年正月, 盡六年十二月〉

從四位下行民部大輔兼左兵衛督皇太子學士臣菅野朝臣眞道等奉勅撰

天璽國押開豊櫻彦天皇〈聖武天皇〉

◯ **三年**春正月庚戌朔, 天皇御中宮宴羣臣. 美作國獻木連理. 乙亥, 神祇官奏, 庭火御竈四時祭祀, 永爲常例. 丙子, 授正三位大伴宿禰旅人從二位, 從四位下門部王, 春日王, 佐爲王並從四位上, 正五位上櫻井王從四位下, 從五位下大井王從五位上, 從四位下多治比眞人廣成, 紀朝臣男人, 大野朝臣東人並從四位上, 正五位上大伴宿禰祖父麻呂從四位下, 正五位下中臣朝臣廣見正五位上, 從五位上石上朝臣勝雄, 平群朝臣豊麻呂, 小野朝臣老, 從五位下石川朝臣比良夫並正五位下, 從五位下波多眞人繼手, 久米朝臣麻呂, 石川朝臣夫子, 高橋朝臣嶋主, 村國連志我麻呂並從五位上, 外從五位下巨勢朝臣奈氐麻呂, 津嶋朝臣家道, 正六位上石川朝臣加美, 大伴宿禰兄麻呂並從五位下, 正六位上息長眞人名代, 當麻眞人廣人, 巨曾倍朝臣足人, 紀朝臣多麻呂, 引田朝臣虫麻呂, 巨勢朝臣又兄, 大伴宿禰御助, 佐伯宿禰人足, 佐味朝臣足人, 佐伯宿禰伊益, 土師宿禰千村, 箭集宿禰虫麻呂, 物部韓國連廣足, 船連薬, 難波連吉成, 田邊史廣足, 葛井連廣成, 高丘連河内, 秦忌寸朝元並外從五位下.

二月庚辰朔, 日有蝕之.

三月乙卯, 制, 自今已後, 習算出身, 不解周髀者, 只許留省焉. 廢諏方國幷信濃國.

夏四月乙巳, 正五位下平羣朝臣豊麻呂爲讃岐守.

五月辛酉, 外從五位下巨勢朝臣又兄爲信濃守, 從五位上布勢朝臣國足爲武藏守, 從五位下大伴宿禰兄麻呂爲尾張守, 外從五位下紀朝臣多麻呂爲上總守.

六月庚寅, 以從五位下石川朝臣麻呂爲左少弁, 從五位下阿倍朝臣粳虫爲圖書頭, 外從五位下土師宿禰千村爲諸陵頭, 外從五位下許曾倍朝臣足人爲大藏少輔, 外從五位下引田朝臣虫麻呂爲主殿頭, 外從五位下佐味朝臣足人爲中衛少將, 外從五位下佐伯宿禰人足爲右衛士督, 正五位下巨勢朝臣眞人爲大宰少貳. 紀伊國阿弖郡海水變如血, 色經五日乃復.

七月辛未, 大納言從二位大伴宿禰旅人薨. 難波朝右大臣大紫長德之孫, 大納言贈從二位安麻呂之第一子也. 乙亥, 定雅樂寮雜樂生員. 大唐樂卅九人, 百濟樂廿六人, 高麗樂八人, 新羅樂四人, 度羅樂六十二人, 諸縣舞八人, 筑紫舞廿人. 其大唐樂生不言夏蕃, 取堪教習者, 百濟高麗新羅等樂生並取當蕃堪學者. 但度羅樂, 諸縣, 筑紫舞生並取樂戶.

八月辛巳, 引入諸司主典已上於內裏. 一品舍人親王宣勅云, 執事卿等或薨逝, 或老病不堪理務, 宜各擧所知可堪濟務者. 癸未, 主典已上三百九十六人詣闕上表, 擧名以聞. 詔曰, 比年隨逐行基法師, 優婆塞優婆夷等, 如法修行者, 男年六十一已上, 女年五十五以上, 咸聽入道, 自餘持鉢行路者, 仰所由司嚴加捉搦, 其有遇父母夫喪, 期年以內修行, 勿論. 丁亥, 詔, 依諸司擧, 擢式部卿從三位藤原朝臣宇合, 民部卿從三位多治比眞人縣守, 兵部卿從三位藤原朝臣麻呂, 大藏卿正四位上鈴鹿王, 左大辨正四位下葛城王, 右大弁正四位下大伴宿禰道足等六人, 並爲參議. 辛丑, 詔曰, 如聞, 天地所貺, 豊年最好, 今歲登穀. 朕甚嘉之. 思與天下共受斯慶. 宜免京及諸國今年田租之半. 但淡路, 阿波, 讚岐, 隱伎等國租幷天平元年以往公私未納稻者, 咸免除之.

九月戊申, 左右京職言, 三位已上宅門, 建於大路先已聽許. 未審身薨, 宅門若爲處分. 勅, 亡者宅門不在建例. 癸酉, 外從五位下高丘連河內爲右京亮, 大納言正三位藤原朝臣武智麻呂爲兼大宰帥.

冬十一月丁未, 太政官處分, 武官醫師使部, 及左右馬監馬醫帶仗者考選, 及武官解任者, 先例並屬式部. 於事不便. 自今以後, 令兵部掌焉. 但正身依舊在寮上下. 庚戌, 冬至. 天皇御南樹苑, 宴五位已上. 賜錢親王三百貫, 大納言二百五十貫, 正三位二百貫, 自外各有差. 辛酉, 先是, 車駕巡幸京中, 道經獄邊, 聞囚等悲吟叫呼之聲. 天皇憐愍, 遣使覆審犯狀輕重. 於是, 降恩咸免死罪已下, 幷賜衣服令其自新. 丁卯, 始置畿內惣管, 諸道鎭撫使. 以一品新田部親王, 爲大惣管. 從三位藤原朝臣宇合爲副惣管, 從三位多治比眞人縣守爲山陽道鎭撫使, 從三位藤原朝臣麻呂爲山陰道鎭撫使, 正四位下大伴宿禰道足爲南海道鎭撫使. 癸酉, 制, 大惣管者, 帶劒待勅. 副惣管者, 與大惣管同. 判史二人, 主事四人. 鎭撫使掌與惣管同, 判官一人, 主典一人, 其抽內外文武官六位已下, 解兵術文筆者充. 仍給大惣管傔仗十人. 副惣管六人, 鎭撫使三位隨身四人, 四位二人, 並負持弓箭, 朝夕祇承. 隨主願充, 令得入考. 惣管如有緣事入部者, 聽從騎兵卅疋. 其職掌者, 差發京及畿內兵馬, 搜捕結徒集衆, 樹黨假勢, 劫奪老少, 壓略貧賤, 是非時政, 臧否人物, 邪曲寃枉之事. 又斷盜賊妖言, 自非衛府執持兵刃之類. 取時巡察國郡司等治績, 如得善惡卽時奏聞. 不須連延日時令會恩赦. 其有犯罪者, 先決杖一百已下, 然後奏聞. 但鎭撫使不得差發兵馬.

十二月丙子, 甲斐國獻神馬. 黑身白髦尾. 乙酉, 令大宰府始補壹伎對馬医師. 庚寅, 定武散位定額員二百人. 乙未, 詔曰, 朕君臨九州, 字養萬姓, 日昃忘膳, 夜寐失席, 粤得治部卿從四位上門部王等奏稱, 甲斐國守外從五位下田邊史廣足等所進神馬, 黑身白髦尾. 謹檢符瑞圖曰, 神馬者河之精也. 援神契曰, 德至山陵則澤出神馬, 實合大瑞者. 斯則宗廟所輸, 社稷所貺, 朕以不德何堪獨受, 天下共悅, 理允恒典. 宜大赦天下. 賑給孝子順孫, 高年, 鰥寡惸獨, 不能自存者, 其獲馬人進位三階, 免甲斐國今年庸, 及出馬郡庸調, 其國司史生以上并獲瑞人, 賜物有差.

◯ **四年**春正月乙巳朔, 御大極殿受朝. 天皇始服冕服. 左京職獻白雀. 甲子, 正四位上鈴鹿王, 正四位下葛城王並授從三位, 無位小治田王從五位下, 從四位下榎井朝臣廣國從四位上, 從五位下石上朝臣乙麻呂, 藤原朝臣豊成並從五位上. 以從三位多治比眞人縣守爲中納言, 以從五位下角朝臣家主爲遣新羅使. 丙寅, 新羅使來朝.

二月甲戌朔, 日有蝕之. 戊子, 故太政大臣職田, 位田并養戶, 並收於官. 乙未, 中納言從三位兼催造宮長官知河內和泉等國事阿倍朝臣廣庭薨, 右大臣從二位御主人之子也. 庚子, 遣新羅使等拜朝.

三月戊申, 召新羅使韓奈麻金長孫等於大宰府. 乙丑, 散位從四位下日下部宿禰老卒. 己巳, 知造難波宮事從三位藤原朝臣宇合等已下仕丁已上. 賜物各有差.

夏五月壬寅朔, 正六位下物部依羅連人會賜朝臣姓. 壬子, 新羅使金長孫等四十人入京. 庚申, 金長孫等拜朝, 進種々財物, 并鸚鵡一口, 鴝鵒一口, 蜀狗一口, 獵狗一口, 驢二頭, 騾二頭. 仍奏請來朝年期. 壬戌, 饗金長孫等於朝堂. 詔, 來朝之期, 許以三年一度. 宴訖, 賜新羅王幷使人等祿各有差. 甲子, 遣使者于五畿內, 祈雨焉. 乙丑, 對馬嶋司, 例給年粮, 秩滿之日, 頓停常粮, 比還本貫, 食粮交絶. 又薩摩國司停止季祿, 衣服乏少, 並依請給之.

六月丁酉, 新羅使還蕃. 己亥, 此夏陽旱, 百姓不佃, 雖數雩祭, 遂不得雨.

秋七月丙午, 令兩京四畿內及二監依內典法以請雨焉. 詔曰, 從春亢旱, 至夏不雨, 百川減水, 五穀稍彫, 實以朕之不德所致也. 百姓何罪, 燋萎之甚矣. 宜令京及諸國, 天神地祇名山大川, 自致幣帛. 又審錄寃獄, 掩骼埋胔, 禁酒斷屠, 高年之徒及鰥寡惸獨, 不能自存者, 仍加賑給. 其可赦天下. 自天平四年七月五日昧爽已前, 流罪已下, 繫囚見徒, 咸從原免. 其八虐劫賊, 官人枉法受財, 監臨主守自盜,盜所監臨, 强盜竊盜, 故殺人, 私鑄錢, 常赦所不免者, 不在此例. 如以贓入死, 降一等, 竊盜一度計贓, 三端以下者入赦限. 丁未, 詔, 和買畿內百姓私畜猪四十頭, 放於山野令遂性命. 丙辰, 地震.

八月甲戌, 始大風雨. 辛巳, 遣新羅使從五位下角朝臣家主等還歸. 丁亥, 以從四位上多治比眞人廣成爲遣唐大使, 從五位下中臣朝臣名代爲副使, 判官四人, 錄事四人, 正三位藤原朝臣房前爲東海東山二道節度使, 從三位多治比眞人縣守爲山陰道節度使, 從三位藤原朝臣宇合爲西海道節度使, 道別判官四人, 主典四人, 醫師一人, 陰陽師一人. 壬辰, 勅, 東海東山二道及山陰道等國兵器牛馬並不得賣與他處, 一切禁斷勿令出界. 其常進公牧繫飼牛馬者, 不在禁限. 但西海道依恒法. 又節度使所管諸國軍團幕釜有欠者, 割取今年應入京官物, 充價速令塡備. 又四道兵士者, 依令差點滿四分之一, 其兵器者脩理舊物, 仍造勝載百石已上船. 又量便宜造糒燒鹽. 又筑紫兵士課役並免. 其白丁者免調輸庸, 年限遠近聽勅處分. 又使已下傔人已上並令佩劒, 其國人習得入三色, 博士者以生徒多少爲三等, 上等給田一町五段, 中等一町, 下等五段, 兵士者每月一試, 得上等人賜庸綿二屯, 中等一屯. 丁酉, 大風雨, 壞百姓廬舍及處處佛寺堂塔. 是夏, 少雨. 秋稼不稔, 山陰道節度使判官巨曾倍朝臣津嶋, 西海道判官佐宿禰東人並授外從五位下.

九月辛丑朔, 賑給和泉監佰姓. 甲辰, 遣使于近江, 丹波, 播磨, 備中等國, 爲遣唐使造舶四艘. 乙巳, 以正五位上中朝臣廣見爲神祇伯, 正五位下高橋朝臣安麻呂爲右中弁, 從五位上縣犬養宿禰石次爲少弁, 外從五位下箭集宿禰虫麻呂爲大判事, 正五位上佐伯宿禰豊人爲左京亮, 正五位下石川朝臣枚夫爲造難波宮長官, 從四位上榎井朝臣廣國爲大倭守, 外從五位下佐伯宿禰伊益爲三河守, 外從五位下田口朝臣年足爲越中守, 從五位上石上朝臣乙麻呂爲丹波守, 外從五位下土師宿禰千村爲備前守, 從五位上石川朝臣夫子爲備後守, 兼知安藝守事. 丁卯, 依諸道節度使請, 充驛鈴各二口.

冬十月癸酉, 始置造客館司. 辛巳, 給節節度使白銅印, 道別一面. 丁亥, 以外從五位下箭集宿禰虫麻呂爲大學頭, 外從五位下大神朝臣乙麻呂爲散位頭, 從五位上久米朝臣麻呂爲主稅頭, 正五位上中臣朝臣東人爲兵部大輔, 外從五位下當麻眞人廣人爲大藏少輔, 從五位上多治比眞人占部爲宮內少輔, 外從五位下物部韓國連廣足爲典藥頭, 從五位上紀朝臣淸人爲右京亮, 正四位下長田王爲攝津大夫, 正五位上粟田朝臣人上爲造藥師寺大夫, 從四位下高安王爲衛門督, 外從五位下後部王起爲右衛士佐, 外從五位下大伴宿禰御助爲右兵衛率, 外從五位下大伴直南淵麻呂爲左兵庫頭, 從五位上伊吉連古麻呂爲下野守.

十一月丙寅, 冬至. 天皇御南苑宴群臣, 賜親王已下絁及高年者綿有差. 又曲赦京及畿內二監, 天平四年十一月廿七日昧爽已前徒罪已下, 其八虐劫賊,官人枉法受財, 監臨主守自盜, 盜所監臨, 强盜竊盜, 故殺人, 私鑄錢, 常赦所不免者不在此例, 其京及倭國百姓年七十以上, 鰥寡惸獨不能自存者, 給綿有差.

十二月丙戌, 築河內國丹比郡狹山下池. 辛卯, 地震.

◯ **五年**春正月庚子朔, 天皇御中宮宴侍臣. 自餘五位已上者, 賜饗於朝堂. 越前國獻白鳥. 丙午, 雷風. 戊申, 熒惑入軒轅. 庚戌, 內命婦正三位縣犬養橘宿禰三千代薨. 遣從四位下高安王等監護喪事. 賜葬儀准散一位, 命婦皇后之母也. 丙寅, 芳野監, 讚岐, 淡路等國, 去年不登, 百姓飢饉. 勅賑貸之.

二月乙亥, 紀伊國旱損, 賑給之. 太政官奏, 遷替國司等, 赴任之日官給傳驛, 入京之時何乘來歸. 望請, 給四位守馬六疋, 五位五疋, 六位已下守四疋, 介掾各三疋, 目史生各二疋, 放去. 若歷國之人者, 依多給不給兩所. 緣犯解却, 不入給例者. 勅許之. 甲申, 大倭, 河內五穀不登, 百姓飢饉. 並加賑給.

三月辛亥, 授無位鹽燒王, 正五位上中臣朝臣東人並從四位下, 正五位下小野朝臣老正五位上, 從五位下中臣朝臣名代, 坂本朝臣宇頭麻佐, 紀朝臣飯麻呂, 巨勢朝臣少麻呂, 外從五位下大神朝臣乙麻呂並從五位上, 外從五位下息長眞人名代, 當麻眞人廣人並從五位下, 正六位上大伴宿禰小室, 小治田朝臣廣千, 高向朝臣諸足, 河內藏人首麻呂並外從五位下. 癸丑, 遠江, 淡路飢, 賑恤之. 戊午, 遣唐大使從四位上多治比眞人廣成等拜朝.

閏三月己巳, 勅, 和泉監, 紀伊, 淡路, 阿波等國, 遭旱殊甚, 五穀不登. 宜今年之間借貸大稅, 令續百姓産業. 戊子, 諸生飢乏者二百十三人召入於殿前, 各賜米鹽. 詔責其懶惰令治生業. 壬辰, 勅, 以調布一萬端, 商布三萬一千九百廿九段, 充西海道造雜器仗之料. 癸巳, 遣唐大使多治比眞人廣成辭見, 授節刀.

夏四月己亥, 遣唐四船自難波津進發. 辛丑, 制, 諸國司等相代向京. 或替人未到以前上道. 或雖交替訖不付解由. 因茲, 去天平三年, 告知朝集使等已訖. 然國司寬縱不肯遵行. 仍遷任之人不得居官, 無職之徒不許直寮, 空延日月豈合道理. 國宜知狀, 遷替之人必付解由, 申送於官. 今日以後, 永爲恒例.

五月辛卯, 勅, 皇后枕席不安, 已經年月. 百方療治未見其可. 思斯煩苦忘寢與煩. 可大赦天下救濟此病. 自天平五年五月廿六日昧爽以前大辟已下, 常赦所不免皆悉原放. 其反逆幷緣坐流之類者, 便隨輕重降. 但强竊二盜不在免例.

六月丁酉, 多褹嶋熊毛郡大領外從七位下安志託等十一人, 賜多褹後國造姓. 益救郡大領外從六位下加理伽等一百卅六人多褹直, 能滿郡少領外從八位上粟麻呂等九百六十九人, 因居賜直姓. 武藏國埼玉郡新羅人德師等男女五十三人, 依請爲金姓. 甲辰, 太白入東井.

秋七月乙丑朔, 日有蝕之. 庚午, 始令大膳職備盂蘭盆供養.

八月辛亥, 天皇臨朝始聽庶政.

九月丁亥, 遠江國蓁原郡人君子部眞鹽女, 一産三男, 賜大稅二百束, 乳母一人.

冬十月丙申, 外從五位下大伴宿禰小室爲攝津亮, 正五位下多治比眞人廣足爲上總守.

十二月己未, 出羽柵遷置於秋田村高淸水岡. 又於雄勝村建郡居民焉. 庚申, 以從五位上縣犬養宿禰石次爲少納言, 從五位上吉田連宜爲圖書頭, 從五位下路眞人虫麻呂爲內藏頭, 從五位下阿倍朝臣糠虫爲縫殿頭, 從四位下栗栖王爲雅樂頭, 從五位下角朝臣家主爲諸陵頭. 辛酉, 遣一品舍人親王, 大納言正三位藤原朝臣武智麻呂, 式部卿從三位藤原朝臣宇合, 大藏卿從三位鈴鹿王, 右大辨正四位下大伴宿禰道足, 就縣犬養橘宿禰第, 宣詔贈從一位. 別勅莫收食封資人. 是年, 左右京及諸國飢疫者衆, 並加賑貸.

◯ **六年**春正月癸亥朔, 天皇御中宮宴侍臣, 饗五位已上於朝堂. 但馬, 安藝, 長門等三國各獻木連理. 丁丑, 聽諸國司每年貸官稻, 大國十四萬以下, 上國十二萬以下, 中國十萬以下, 下國八萬已下, 如過茲數, 依法科罪. 己卯, 授正三位藤原朝臣武智麻呂從二位, 從三位多治比眞人縣守, 藤原朝臣宇合並正三位, 無位小田王, 野中王並從五位下, 正五位上小野朝臣老從四位下, 從五位下紀朝臣麻路從五位上, 正六位上石川朝臣乙麻呂, 正六位下藤原朝臣仲麻呂並從五位下, 從六位下三國眞人廣庭, 正六位下當麻眞人鏡麻呂, 正六位上大伴宿禰麻呂, 大伴宿禰老人, 小野朝臣鎌麻呂, 波多朝臣安麻呂, 從六位下田中朝臣淨足並外從五位下, 內命婦無位大市女王, 神社女王並從四位下, 正五位下播磨女王正五位上, 從五位上新家女王正五位下, 從七位上秦忌寸大宅外從五位下, 以從二位藤原朝臣武智麻呂爲右大臣. 庚辰, 勅令諸國雜色官稻, 除驛起稻以外, 悉混合正稅.

二月癸巳朔, 天皇御朱雀門覽歌垣, 男女二百四十餘人, 五品已上有風流者皆交雜其中. 正四位下長田王, 從四位下栗栖王, 門部王, 從五位下野中王等爲頭. 以本末唱和, 爲難波曲, 倭部曲, 淺茅原曲, 廣瀨曲, 八裳刺曲之音. 令都中士女縱觀, 極歡而罷, 賜奉歌垣男女等祿有差. 庚子, 二品泉內親王薨. 天智天皇之皇女也.

三月辛未, 行幸難波宮. 壬申, 散位從四位下百濟王遠寶卒. 丙子, 施入四天王寺食封二百戶, 限以三年, 并施僧等絁布, 攝津職奏吉師部樂. 丁丑, 陪從百官衛士已上, 并造難波宮司, 國郡司, 樂人等, 賜祿有差, 免供奉難波宮東西二郡今年田租調, 自餘十郡調. 戊寅, 車駕發自難波, 宿竹原井頓宮. 庚辰, 車駕還宮.

夏四月甲午, 免河內國安宿, 大縣, 志紀三郡今年田租. 以供竹原井頓宮也. 戊戌. 地大震. 壞天下百姓廬舍, 壓死者多, 山崩川壅, 地往往坼裂不可勝數. 癸卯, 遣使畿內七道諸國, 檢看被地震神社. 戊申, 詔曰, 今月七日地震殊常, 恐動山陵. 宜遣諸王眞人, 副土師宿禰一人, 檢看諱所八處及有功王之墓. 又詔曰, 地震之災恐由政事有闕. 凡厥庶寮勉理職事, 自今以後, 若不改勵, 隨其狀迹, 必將貶黜焉. 壬子, 遣使於京及畿內, 問百姓所疾苦. 詔曰, 比日天地之災有異於常, 思朕撫育之化, 於汝百姓有所闕失歟. 今故發遣使者問其疾苦, 宜知朕意焉. 諸道節度使事既訖, 於是令國司主典已上掌知其事. 甲寅, 許東海, 東山, 山陰道諸國賣買牛馬出堺. 又免諸道健兒儲士選士, 田租弁雜徭之半. 丁巳, 禁斷以年七十已上人新擬郡司.

五月戊子, 太政官奏稱, 左右京百姓, 夏輸徭錢甚不堪弁. 宜其正丁次丁自九月始令輸之, 少丁勿輸. 又天平四年亢旱以來, 百姓貧乏. 宜限一年借貸左右京, 芳野, 和泉, 四畿內百姓大稅. 又大倭國十四郡公私擧稻, 每郡有之. 愚民競貸至于責徵, 不能盡備, 資財既罄. 遂償田宅. 而每年廻擧, 取利過本, 及父負物徵不知情妻子, 子負物徵不知情父母者. 自今以後, 皆悉禁斷之. 奏可之.

六月癸卯, 大倭國葛下郡人, 白丁花口宮麻呂, 散己私稻, 救養貧乏, 仍賜少初位上.

秋七月丙寅, 天皇觀相撲戲. 是夕徙御南苑. 命文人賦七夕之詩, 賜祿有差. 辛未, 詔曰, 朕撫育黎元, 稍歷年歲. 風化尙擁, 囹圄未空. 通旦忘寐, 憂勞在茲. 頃者天頻見異, 地數震動, 良由朕訓導不明, 民多入罪, 責在一人. 非關兆庶. 宜令存寬宥而登仁壽, 蕩瑕穢而許自新. 可大赦天下. 其犯八虐, 故殺人, 謀殺殺訖, 別勅長禁, 劫賊傷人, 官人史生枉法受財, 盜所監臨, 造僞至死, 掠良人爲奴婢, 强盜竊盜及常赦所不免, 並不在赦例.

九月戊辰, 唐人陳懷玉賜千代連姓, 辛未, 班給難波京宅地, 三位以上一町以下, 五位以上半町以下, 六位以下四分一町之一以下, 甲戌, 制, 安藝, 周防二國, 以大竹河爲國堺也, 壬午, 地大震.

冬十月辛卯, 曲赦京中死罪,

十一月丁丑, 入唐大使從四位上多治比眞人廣成等來著多禰嶋. 戊寅, 太政官奏, 佛敎流傳必在僧尼, 度人才行實簡所司, 比來出家不審學業, 多由囑請, 甚乖法意. 自今以後, 不論道俗, 所擧度人, 唯取闇誦法華經一部, 或最勝王經一部, 兼解禮佛, 淨行三年以上者, 令得度者, 學問彌長, 囑請自休. 其取僧尼兒詐作男女, 令得出家者, 准法科罪. 所司知而不正者與同罪, 得度者還俗. 奏可之,

十二月戊子朔, 日有蝕之. 癸巳, 大宰府奏, 新羅貢調使級伐湌金相貞等來泊. 丙申, 外從五位下烏安麿賜下村主姓.

續日本紀卷第十一

『속일본기』 권제12

〈天平 7년(735) 정월부터 9년(737) 12월까지〉

정4위하 行民部大輔 겸 左兵衛督 황태자학사
신 菅野朝臣眞道 등이 칙을 받들어 편찬하다.

天璽國押開豊櫻彦天皇 〈聖武〉

◯ 天平 7년(735), 춘정월 무오삭(1일), 천황이 중궁에 임하여 근시하는 신하들에게 연회를 베풀었다. 또 조당원에서 5위 이상에게 연회를 베풀었다.

2월 계묘(17일), 신라사 金相貞 등이 입경하였다.

계축(27일), 중납언 종3위 多治比眞人縣守[1]를 병부조사[2]에 보내 신라사 입조의 취지를 묻도록 하였다. 신라국이 안이하게 본래의 국호를 고쳐서 王城國[3]으로 했다고 하였다. 이에 그 사절을 돌려보냈다.

---

1) 多治比眞人縣守의 경력을 보면 和銅 8년(715)에 종4위하 造宮卿이 되고, 靈龜 2년(716)에 遣唐押使로 입당하였고, 養老 3년(719) 武藏國守, 相摸上野下野按察使, 播磨按察使 등을 역임하였다. 養老 4년에는 蝦夷를 정벌하는 持節征夷將軍에 임명되었고, 養老 5년에는 中務卿, 神龜 6년(729)에는 權參議, 民部卿 그리고 天平 3년(731)에는 參議, 山陽道鎭撫使, 天平 4년에는 中納言, 山陰道節度使를 역임하는 등 文武에 걸쳐 다양한 보직을 거쳤다. 특히 持節征夷將軍, 山陰道節度使 같은 군사적 직무의 경험은 병부성에 대응책을 마련하기 위한 조치가 아니었을까 생각된다. 병부성 장관은 상당관위가 정4위하인 데 비해 多治比眞人縣守는 정3위로 공경의 지위여서 병부성 장관과는 업무상 상하의 지시관계에 서기 때문이다.

2) 兵部省의 曹司, 병부성 산하의 한 관사. 신라사의 입국 취지를 조사하는 일을 병부성 기구에게 맡겼는지는 불명이지만, 일본의 대신라 대응과 인식을 엿볼 수 있는 내용이다. 원래 외교 관련 사무는 式部省 산하의 玄蕃寮에서 담당하는데, 이번 경우는 특수한 사례에 속한다.

3) 王城國이란 이름은 신라사 金相貞이 외교의례에 즉해서 多治比眞人縣守와 문답을 나누는 과정에서 나타난 것으로 국호가 아니다. 8세기 초 신라 國制의 정비와 신라문화의 흥륭을 과시하고자 王城의 國으로 표현한 것이다. 즉 신라의 일본에 대한 강한 자존의식의 발로라고 생각된다. 일본조정으로서는 이 외교적 언사가 일본에 대한

3월 병인(10일), 입당대사 종4위상 多治比眞人廣成 등이 당으로부터 돌아와 節刀를 바쳤다.

신사(25일), (견당사절단이) 천황을 배견하였다.

하4월 무신(23일), 무위 長田王·池田王에게 함께 종4위하를 내렸다. 정4위하 百濟王南典,[4] 종4위상 多治比眞人廣成에게 함께 정4위상을, 정5위상 粟田朝臣人上에게 종4위하를, 종5위하 阿倍朝臣粳虫에게 종5위상을, 정6위상 石河朝臣年足·多治比眞人伯·百濟王慈敬[5]·阿倍朝臣繼麻呂에게 함께 종5위하를, 외종5위하 秦忌寸朝元[6]에게 외종5위상을, 외정6위상 上毛野朝臣今具麻呂, 정6위상 土師宿禰五百村·城上連眞立·陽侯史眞身[7]에게 함께 외종5위하를 내렸다.

신해(26일), 입당 유학생 종8위하 下道朝臣眞備[8]가 당례[9] 130권, 太衍曆經[10]

신라의 과시와 압박으로 보였을 것이다.

4) 『日本書紀』 持統 5년(691) 정월에 百濟王 余禪廣, 遠寶, 良虞 등 백제왕 일족과 함께 일본조정으로부터 경제적 지원을 받았다. 持統 10년(696) 直大肆(종5위상 상당)에 서임되고, 備前守로 재임중이던 和銅 6년(713) 備前國에서 6군을 분할하여 美作國을 만들었다. 和銅 8년에 종4위하, 養老 5년(735)에 播磨按察使, 養老 7년(737)에 정4위하, 天平 9년에 종3위에 서임되어 공경의 반열에 올랐다.

5) 左衛士督 百濟王遠寶의 아들. 天平 12년 종5위상, 동 13년(741) 宮內大輔에 보임되었고, 天平 16년 聖武天皇이 安曇江에 순행했을 때도 백제악을 연주하여 정5위하에 서임되었다.

6) 권10 天平 2년 3월조 395쪽 각주 144) 참조.

7) 陽侯는 楊候, 楊胡, 陽候, 陽胡라고도 표기하고 陽侯史, 陽侯忌寸으로 씨성이 변화하고 있다. 『신찬성씨록』 좌경제번상에 수 양제의 자손인 達率 楊候阿子王으로 나왔다고 출자를 밝히고 있지만, 이는 시조전승의 개변이고 사실은 달솔 관위를 가진 백제계 도래씨족이다. 陽侯史眞身은 養老 6년(722) 矢集虫麻呂, 大和長岡 등과 함께 養老律令을 편찬한 공로로 공전을 지급받았고, 天平 2년(730)에는 통역을 양성하기 위해 粟田馬養 등 4인과 함께 제자 2인씩을 취하여 漢語를 가르쳤다고 한다. 天平 7년 외종5위하에 서임된 후, 동 10년 4월에 豊後守, 동 13년 8월에 但馬守를 역임하였고, 天平 20년(748)에 종5위하로 승진하였고, 孝謙朝 초기에 但馬守를 역임하였다. 『東大寺要錄』에 의하면, 대불 건립에 錢 1천 관, 牛 1두를 헌상하였다고 한다.

8) 下道朝臣眞備는 후의 吉備眞備이다. 持統 9년(695) 備中國 下道郡 也多鄕에서 출생하였다. 靈龜 2년(716) 견당유학생으로 이듬해 養老 원년(717) 阿倍仲麻呂, 玄昉 등과 함께 당에 건너가 18년간 체재하면서 경서, 사서, 천문학, 음악, 병학 등을 습득하였다. 天平 7년(735) 4월에 귀국하여 많은 전적을 헌상하고 종8위하에서 정6위하로 파격적인 승진을 하면서 大學助에 보임되었다. 天平 13년 東宮學士에 임명되었고, 동 15년에 종4위하 春宮大夫 겸 春宮學士에 보임되어 황태자 阿倍內親王의 교육을 담당하였다. 天平 18년 下道朝臣에서 吉備朝臣으로 개성하였다. 天平勝寶 2년(750) 筑前守, 肥前守에 보임되어 지방관으로 근무하였다. 天平勝寶 4년에 다시 견당부사로 당에 파견되기도

1권, 태연력입성[11] 12권, 측영철척[12] 1매, 동률관[13] 1부, 철여방향사률관성[14] 12조, 악서요록[15] 10권, 현전칠각궁[16] 1장, 마상음수칠각궁[17] 1장, 노면칠사절각궁[18] 1장, 사갑전[19] 20척, 평사전[20] 10척을 바쳤다.

5월 기미(4일), 밤하늘에 많은 별들이 뒤섞여 어지럽게 운행하여 평상의 위치가 아니었다.[21]

경신(5일), 천황이 북쪽의 송림[22]에 임하여 기마궁술[23]을 관람하였다.

하였다 天平勝寶 6년에는 정4위하 大宰大貳에 임명되어 九州地方으로 내려가 10년 가까이 근무하며 실질적으로 大宰府의 책임자 역할을 하였다. 天平勝寶 8년(756) 신라에 대한 방비로 현해탄이 바라다보이는 筑前國에 怡土城을 축성하고, 天平寶字 2년(758)에는 당의 안사의 난에 대비하라는 칙을 받았다. 동 8년 9월 藤原仲麻呂의 난이 일어나면서 종3위 參議에 서임되었고 中衛大將으로서 토벌군을 지휘하여 난을 진압하였다. 이 공으로 이듬해 天平神護 원년(765) 훈2등을 받고, 이듬해에 中納言, 大納言을 거쳐 종2위 우대신에 보임되었다.

9) 唐禮는 唐朝의 典禮를 칙명으로 편찬한 책으로 隋代의 五禮, 江都集禮를 계승하여 새롭게 정비한 것이다. 唐禮에는 貞觀(100권), 永徽(130권), 開元(150권) 등 3종이 있으나 현존하는 것은 開元 20년(732)에 완성한 開元禮이다. 下道朝臣眞備가 가져온 唐禮 130권은 永徽禮로, 開元禮는 아직 유포되지 않았다. 天平勝寶 3년 遣唐副使로 다시 견당사가 되어 동 6년 귀국했을 때 가져왔을 가능성이 있다.

10) 太衍曆은 唐僧 一行이 편찬한 曆法으로 開元 15년(727)에 완성되어 一行 사망 후 宰臣 張說과 曆官 陳玄景이 정리하여 開元 17년에 반포하였다. 廣德 원년(763) 五紀曆으로 교체될 때까지 35년간 당조의 실용력이 되었다.

11) 太衍曆立成 12권은 準則, 數表, 曆計算의 실제를 표시한 것으로 太衍曆을 실용하는 데 필요한 부분이다. 天平寶字 원년(757) 11월 계미의 칙에 曆算生에게 漢晋律曆志 등과 함께 太衍曆議를 강의시켰고, 동 7년 8월 무자에 儀鳳曆을 폐지하고 太衍曆을 이용하게 된다.

12) 測影鐵尺. 높이 8척 크기의 철봉으로 지상에 수직으로 세워 정오에 태양 그림자를 측정하고, 동지의 일시를 정하는 데 사용한 천체 관측기구이다.

13) 銅律管. 音律의 표준음을 정하기 위해 사용한 銅製의 管으로, 이를 불어 기준음을 구한다. 아악에서는 크기에 따라 12관을 1조로 하여 12율을 구한다.

14) 鐵如方響寫律管聲. 중국에서 전래된 타악기로, 작은 철판 16개를 상하 2단으로 정렬하고 봉으로 쳐서 선율을 내는 궁정악기이다.

15) 樂書要錄. 唐代의 음악이론서이다. 당 측천무후의 칙찬으로 전 10권 중 일본에 5~7권이 남아 있다.

16) 絃纏漆角弓. 줄을 감고 그 위에 칠을 한 角弓.

17) 馬上飮水漆角弓.

18) 露面漆四節角弓.

19) 射甲箭. 갑옷을 꿰뚫는 날카로운 화살.

20) 平射箭.

21) 유성이 무리 지어 쏟아지는 이른바 流星雨 현상이다.

귀국한 견당사와 당인이 당악, 신라악을 연주하고 槍 춤을 추었다. 5위 이상에게 신분에 따라 녹을 주었다.

임술(7일), 견당사가 청익생[24] 秦大麻呂의 문답[25] 6권을 바쳤다.

을해(20일), 기내 및 7도 제국의 외산위[26]와 훈위의 정원[27]을 처음으로 정하고, 국별로 차이를 두었다. 그 (정원) 외는 격[28]에 준하고 재물을 바치고 근무를 계속하는 것을 허락하였다.[29]

병자(21일), 제를 내려, "기내, 7도 제국은 마땅히 국에서 (郡司를) 전형[30]하는 이외에 별도로 難波朝廷[31] 이래 중대한 계보[32]를 갖는 4, 5인을 뽑아 (그 명부를) 첨부하여 (式部省에) 보낸다.[33] 만약 계보가 없더라도 보유한 재능이 뛰어나고, 아울러 많은 사람으로부터 성실하게 노력하고 근무한다고 평을 받는 자가 있다면 별도의 서식을 첨부하여 함께 조집사[34] 편에 보내도록 한다. 이들은 12월 1일까지 식부성에 모이도록 한다"라고 하였다.

---

22) 평성경 북쪽의 松林苑이다.
23) 騎射. 5월 5일의 節會이다.
24) 請益生. 이미 수학한 자가 더 수학하기 위해 단기로 유학한 사람.
25) 견당사와 당 관인과의 대화를 기록한 책. 일본사절이 당 관인에게 필요한 정보를 묻고 당 측에서 답변하는 형식으로 되어 있다.
26) 관직이 없고 관위만 있는 것을 散位, 散官이라고 하고, 여기에 지방관인 外位일 경우 外散位라고 한다.
27) 지방의 國衙 등에 출근하는 정원수.
28) 養老 5년 6월 10일 格.
29) 재화를 바치고 계속 근무하는 것을 續勞라고 하고 이때의 전화를 續勞錢이라고 한다. 散位 및 무위의 훈위자가 散位寮 혹은 國衙, 軍團 등에 근무한다. 이것은 관위에 대한 열망이 높은 것을 이용하여 국가재원을 증가시키려 한 것이다.
30) 『延喜式』 권제18 式部省上, "凡郡司有闕, 國司銓擬歷名, 附朝集使申上. 其身正月內集省"이라고 규정되어 있다.
31) 孝德朝. 『類聚三代格』 弘仁 2년 2월 20일 詔에도 "夫郡領者, 難波朝庭始置其職, 有勞之人世序其官"이라고 하여 郡司制의 기원을 孝德朝에서 구하고 있다.
32) 郡領職을 세습해서 임용되어 온 씨족 가문의 인물을 말한다.
33) 畿內와 5도의 제국이 그 하부 행정조직인 郡의 郡司를 선발하는 전형방법에 대한 조칙이다. 郡司를 선발할 때 대대로 郡司職으로 임명되어 온 계보를 갖는 인물을 추천하여 보내고, 특별히 재능이 있거나 성실한 자를 선발하여 朝集使 편에 式部省에 상신하라는 내용이다.
34) 朝集使는 大(計)帳使, 貢調使, 正稅帳使와 함께 이른바 국가의 행정, 재정과 관련된 일을 맡은 四度使를 말한다.

무인(23일), 칙을 내려 "짐은 덕이 부족한데도 만백성의 위에 군림하고 있다. 스스로 천하를 다스리는 통치력이 밝지 못해 백성이 아직 편안함에 이르지 못하고 있다. 요즈음 재이가 빈번이 일어나고 이를 질책하는 징후가 거듭 보이고 있다. 전전긍긍하는 마음이며 그 책임은 나에게 있다. 이에 사형죄는 경감하고 백성의 곤궁함을 불쌍히 여겨 관용과 시혜를 베풀어야 한다고 생각한다. 천하에 대사면을 내린다. 天平 7년 5월 23일 동트기 이전의 사형죄 이하는 모두 사면한다. 다만 팔학, 고의 살인, 모의 살인죄, 물품관리의 책임자가 스스로 관물을 훔치거나, 관할 지역의 백성의 물품을 훔친 자 및 통상의 사면에서 면제되지 않는 자는 모두 사면의 범위에 포함하지 않는다. 다만 사사로이 鑄錢한 자가 사형죄에 들어가면 1등을 감한다. 경 및 기내, 2감[35]의 고령자, 홀아비, 과부, 고아, 독거노인, 질병 등으로 자활할 수 없는 자에게는 헤아려 진휼하도록 한다"라고 하였다. 100세 이상에게는 곡[36] 1석, 80세 이상에게는 곡 6두, 그 외에는 곡 4두를 내리도록 하였다. 제국이 바치는 力婦[37]는 지금 이후로는 사정의 예에 준하여 그 房戶[38]의 잡요를 면제하고 아울러 전지[39] 2정을 지급하여 생활의 물자에 충당하도록 하였다.

기묘(24일), 宮中 및 大安,[40] 藥師,[41] 元興,[42] 興福[43] 4사에 대반야경을 전독시켰다. 재해를 없애고 국가의 안녕을 위해서이다.

6월 기축(5일), 칙을 내려 "앞서 (칙령을 내려) 사원을 병합시켰는데, 지금 이후로는 더 이상 병합해서는 안 된다. 제사원들이 힘써 수리하고 조영해야

---

35) 和泉監, 芳野監.

36) 穀은 탈곡하지 않은 쌀.

37) 力婦는 여자 仕丁의 일종. 남자 仕丁이 50호마다 2인씩 할당되어 제관사에서 3년 교대로 잡역에 종사하듯 力婦도 같은 성격이다.

38) 율령제 하에서는 50호를 1里로 했는데, 靈龜 원년(715) 里를 鄕으로 고쳐 불렀다. 이때 鄕 내에 2~3개의 里를 두었는데, 동시에 鄕戶 내부에 2~4개의 房戶를 두었다. 향호가 20~30인 정도라면 방호는 10인 내외의 단혼가족 형태이지만, 어디까지나 행정단위이다.

39) 膂力婦女田. 『延喜式』 권제26 主稅寮上에는 "膂力婦女田… 自餘皆爲不輸租田."이라고 하여 田租를 납입하지 않는 不輸租田으로 되어 있다.

40) 大安寺의 전신인 百濟大寺, 高市大寺, 大官大寺. 당시 官大寺의 필두 사찰이다.

41) 天武天皇이 발원하여 세운 절.

42) 飛鳥寺(法興寺).

43) 藤原氏의 氏寺.

한다. 만약 나태하여 수조하지 않으면 전례[44]에 준하여 이를 합병한다. 이미 합병하고 수조가 끝났다면 분리해서는 안 된다"라고 하였다.

추7월 기묘(26일), 大隅, 薩摩 2국의 隼人 296인이 입조하여 조를 바쳤다.

경진(27일), 忌部宿禰虫名, 烏麻呂 등이 호소한 바에 따라 때의 기록을 검토하여 忌部 등을 (伊勢神宮의) 폐백사로 삼는 것을 허락하였다.

8월 을유(2일), 금성과 수성이 서로 범하였다.

신묘(8일), 천황이 대극전에 임하였다. 大隅, 薩麻 2국의 준인 등이 향토 음악을 연주하였다.

임진(9일), 2국의 준인 382인에게 신분에 따라 각각 작위와 녹을 내렸다.

을미(12일), 칙을 내려 "듣는 바에 의하면, 요즈음 대재부에 역병으로 사망자가 많다고 한다. 역병을 치료하고 백성의 생명을 구제하고자 한다"라고 하였다. 이에 대재부 관내의 神祇에게 봉폐하고 백성을 위해 기도시켰다. 또 대재부의 대사 및 국별로 제사찰에 금강반야경을 독경시키고 사자를 보내 역병에 걸린 백성들을 진휼하고 아울러 탕약을 내렸다. 또 長門國으로부터 제국의 守 혹은 介는 오로지 齋戒해서 道饗[45]의 제사를 지내도록 하였다.[46]

병오(23일), 대재부에서 언상하기를 "관내의 제국에 역창[47]이 크게 발생하여 백성이 모두 와병이므로 금년 1년간 조를 바치는 것을 정지한다"라고 하였다. 이를 허락하였다.

9월 경진(28일), 이에 앞서 美作守 종5위하 阿部朝臣帶麻呂 등이 고의로 4인을 살해하였다. 그 일족의 사람이 관[48]에 나아가 고소하였다. 우대변 정4위하 大伴宿禰道足, 우중변 정5위하 高橋朝臣安麻呂, 우소변 종5위상 縣犬養

---

44) 권7 靈龜 2년(716) 5월 경인의 詔에 의한 병합. 251쪽 참조.

45) 『令集解』「神祇令」5 「道饗祭」에 "謂. 卜部等於京城四隅道上而祭之. 言欲令鬼魅白(自)外來者不敢入京師. 故預迎於路而饗遏也. 釋云. 京四方大路最極. 占部(卜部)等祭. 牛皮并鹿猪皮用也. 此爲魑魅自外莫來宮內祭之. 左右京職相預〈古記无別〉". 이에 따르면 京의 사방대로에서 鬼魅가 밖으로부터 들어오는 것을 방지하기 위해 神祇官의 卜部 등이 지내는 제사가 道饗祭이다.

46) 역병이 長門國으로부터 山陽道 제국을 거쳐 畿內, 王京으로 침투하는 것을 막기 위한 조치.

47) 疫瘡은 천연두를 의미한다.

48) 태정관의 弁官을 말한다.

宿禰石次, 大史 정6위하 葛井連諸會,[49] 종6위하 板茂連安麻呂, 少史 정7위하 志貴連廣田 등 6인이 고소인의 사건을 심리하지 않아 죄를 묻게 되었다. 이에 소관관사[50]에 위임하여 처벌을 내리고 이미 여기에 승복하였다. (천황의) 조가 있어 모두 죄를 용서받았다.

임오(30일), 1품 新田部親王이 죽었다. 종4위하 高安王 등을 보내 장례를 감독시켰다. 또 조를 내려 1품 舍人親王을 저택에 보내 위문하였다. 친왕은 天渟中原瀛眞人天皇[51]의 제7황자이다.

동10월 정해(5일), (천황이) 조를 내려, "친왕이 사망하면 매 7일마다 재를 올리고, 승 100인으로 한도를 정한다. 49재까지 올리면 끝내도록 한다. 지금 이후로는 이를 정례로 행한다"라고 하였다.

11월 기미(8일), 정4위상 賀茂朝臣比賣가 죽었다. 칙을 내려 산위 1위에 준하여 장의를 하게 하였다.[52] 천황의 외조모이다.

을축(14일), 知太政官事 1품 舍人親王이 죽었다. 종3위 鈴鹿王 등을 보내 장의를 감독하게 하였다. 그 장의는 태정대신에 준하였다. 황족의 남녀 모두에게 장례 장소에 모이게 하였다. 중납언 정3위 多治比眞人縣守 등을 저택에 보내 천황의 칙을 전하게 태정대신으로 추증하였다. 친왕은 천정중원영진인천황[53]의 제3황자이다.

윤11월 임오삭(1일), 일식이 있었다.

기축(8일), 궁내경 종4위하 高田王이 죽었다.

무술(17일), 조를 내려 "재해와 이변이 자주 발생하고 역병도 멈추질 않으니 천하에 대사면을 내린다. 天平 7년 윤11월 17일 동트기 이전에 사형죄 이하는

---

49) 葛井連氏의 선조는 6세기 전반 백제에서 도래한 王辰爾의 일족인 胆津이다. 葛井連諸會는 天平 13년(741) 山背介를 역임하고 동 17년 외종5위하, 天平 19년에 相模守에 보임되었다. 天平勝寶 9년(757) 종5위하에 이른다. 天平 18년 정월 대설의 날에 좌대신 橘諸兄, 中納言 藤原豊成 등이 元正上皇의 御在所에서 베풀어진 주연에서 지은 단가가 『萬葉集』(3925)에 남아 있고, 『經國集』 222에도 和銅 4년(711)의 대책문 2首가 실려 있다.

50) 刑部省. 탄정대의 조사로 발각되어 형부성이 처벌을 내린 것이다.

51) 天武天皇.

52) 「喪葬令」5에 의하면 산위 3위 이상의 부의물은 職事官의 3분의 2로 정해져 있고, 여자도 이에 준한다고 되어 있다.

53) 天武天皇.

죄의 경중을 묻지않고, 이미 발각되었거나 발각되지 않았거나, 이미 판결이 났거나 아직 심리중이거나, 팔학을 범하여 통상의 사면에서 면제되지 않는 자, 모두 사면한다. 사주전 및 강도와 절도는 모두 사면의 범위에 포함하지 않는다. 다만 사주전과 강도, 절도로 사형죄에 들어간 자는 1등 감면한다. 100세 이상의 고령에게는 곡 3석, 90세 이상에게는 곡 2석, 80세 이상에게는 곡 1석을 내리고, 효자, 순손, 의부, 절부는 집문과 마을 입구에 징표를 세우고 종신 과역을 면제한다. 홀아비, 과부, 고아, 독거노인과 질병으로 자활할 수 없는 자들은 관할 관사에서 헤아려 진휼하도록 한다"라고 하였다.

경자(19일), 새로 鑄錢司를 설치하였다.

임인(21일), 천황이 조정에 임하여 제국의 朝集使[54] 등을 불렀다. 중납언 多治比眞人縣守가 칙을 읽으며 "짐은 경들을 택하여 국사의 직을 맡겼는데, 법조문을 준수하고 있는 사람은 1, 2인에 불과하다. 어떤 사람은 허위 사적으로 명성을 구하려고 하고, 어떤 사람은 공무를 생각하지 않고 사리를 취하고 있다. 이로 인해 요즈음 국내는 피폐하고 백성들은 곤궁해지고 있다. 도리에 맞지 않는 일이다. 지금 이후로는 직무에 충실하고 법을 지키는 자는 상을 내리고, 나태하고 실적이 없는 자는 관직에서 물러나게 한다. 마땅히 이 뜻을 알려 각자 노력하도록 한다"라고 하였다.

이해, 매우 곡물이 익지 않았다. 여름에서 겨울에 이르기까지 천하가 완두창[55]〈속칭 裳瘡이라고 한다.〉으로 병들었다. 어린 나이에 죽은 자가 많았다.

○ 天平 8년(736), 춘정월 정유(17일), 천황이 남전에서 군신들에게 연회를

---

54) 율령제 하에서 大宰府, 제국으로부터 근무평정, 고과에 필요한 자료 등 행정문서를 제출하고 보고하기 위해 매년 중앙에 파견되는 관인, 국사 중에서 유능한 인물을 선발하여 파견되었다.

55) 豌豆瘡. 천연두를 가리킨다. 延曆 9년 是年條에도 京畿지역의 남녀 30세 이하 사람은 모두 걸려 죽은 자가 대단히 많았다고 한다. 이 해의 역병은 이듬해 일단 종료되었지만, 천평 9년에 다시 만연되었다. 감염 경로에 대해서는 천평 9년의 경우 견신라사의 귀국과 관련되었을 가능성도 있다. 역병의 유행을 보고한 국들은, 『속일본기』를 보면 大宰府 관내 제국을 비롯하여 長門, 大倭, 紀伊, 伊賀, 若狹, 駿河, 伊豆 등 광역에 걸쳐 있어 감염지역이 九州에서 畿內 쪽으로 이어지고 있음을 알 수 있다.

베풀고 신분에 따라 녹을 내렸다.

무신[56](28일), 정6위상 坂上忌寸犬養에게 외종5위하를 내렸다.

신축(21일), 천황이 조당에 임하였다. 종4위상 紀朝臣男人에게 정4위하를, 종5위상 石川朝臣夫子, 정5위하 石上朝臣勝雄에게 함께 정5위상을, 종5위하 巨勢朝臣奈弖麻呂, 종5위상 石上朝臣乙麻呂에게 함께 정5위하를, 종5위하 賀茂朝臣助에게 종5위상을, 외종5위하 三國眞人廣庭·當麻眞人鏡麻呂·下毛野朝臣帶足, 정6위상 石川朝臣東人·多治比眞人國人·百濟王孝忠[57]에게 함께 종5위하를, 정6위상 波多朝臣古麻呂·田口朝臣三田次·紀朝臣必登·田中朝臣三上·巨勢朝臣首名·阿倍朝臣車借·佐伯宿禰淨麻呂·土師宿禰祖麻呂·丹比宿禰人足, 정6위하 下道朝臣眞備, 정6위상 大藏忌寸廣足에게 함께 외종5위하를 내렸다.

2월 정사(7일), 입당 학문승 玄昉法師[58]에게 봉호 100호, 전지 10정, 시중드는 동자 8인을 내렸다. 율사 道慈法師[59]에게는 시중드는 동자 6인을 내렸다.

무인(28일), 종5위하 阿倍朝臣繼麻呂[60]를 견신라대사로 삼았다.

3월 신사삭(1일), (천황이) 甕原의 이궁으로 순행하였다.

을유(5일), 천황이 환궁하였다.

경자(20일), 태정관이 주상하여 "제국의 공전은 국사가 그 지방의 소작료에 따라 대여하고[61] 그 대가를 태정관에 보내 관사의 비용으로 충당하고자

---

56) 무신조는 신축조 뒤에 배열되어야 한다.

57) 攝津亮 百濟王郎虞의 아들. 天平 8년(736) 종5위하에 서위되었고, 동 10년 遠江守, 동 15년 橘諸兄의 좌대신 임관과 동시에 종5위상으로 승진하였다. 天平 16년 정5위하, 동 19년 정5위상, 동 20년 종4위하로 승진하였다. 天平勝寶 2년(750) 出雲守, 동 4년 東大寺大 대불개안회 때는 鎭裏京使에 임명되어 內裏와 平城京 경호를 담당하였다.

58) 養老 원년(717) 견당사의 학문승으로 파견되어 18년간 체재하였다. 당 현종의 총애를 받아 3품에 준하는 가사를 하사받았고, 天平 7년(735) 경론 5천 권의 일체경을 갖고 귀국하였다. 동 9년에 승정에 임명되었다. 천평 18년 6월 기해조의 그의 卒年 기사에 상세하다.

59) 권8 養老 3년 11월조 287쪽 각주 77) 참조.

60) 天平 7년(735) 종5위하에 서임되고 天平 8년 2월 견신라대사에 임명되어 天平 9년 2월 귀국하던 도중에 對馬에서 병사하였다. 신라로 출발할 때 불렀다는 단가 1수가 『萬葉集』에 남아 있다. 그의 사후에 견신라사 일행이 입경하고 왕경에서 천연두가 유행하였기 때문에 역병이 신라에서 옮겨왔다는 전승이 유포되었다.

61) 국가 소유 토지를 백성들에게 소작료를 받고 임대하는 행위. 임대료는 수확물의 2할 정도이다.

한다"라고 하였다. 이 주상을 허락하였다.

하4월 병인(17일), 견신라사 阿倍朝臣繼麻呂 등이 배조하였다.

무인(29일), 陸奧, 出羽 2국의 공이 있는 郡司 및 부수[62] 27인에게 신분에 따라 작위를 내렸다.

5월 경진삭(1일), 일식이 있었다.

신묘(12일), 제국의 調布는 길이 2장 8척, 폭 1척 9촌을, 庸布는 길이 1장 4척, 폭 1척 9촌을 각각 1단으로 하여 납입하도록 하였다. 常陸國의 曝布,[63] 上總國 望陀의 細貲,[64] 安房國의 세포[65] 및 비단을 바치는 향의 용포는 구례에 따르기로 하였다.

병신(17일), 이보다 앞서 칙이 내려져, "제국의 국사들은 공해전,[66] 사력,[67] 차대[68] 이외에는 운송할 수 없다고 되어 있다. 대재부 관내의 제국은 이미 처분을 받았다. 다만 대재부 관인은 변경의 요충지에 근무하고 있으면서 녹봉은 京官과 동일하다. 이에 별도로 사정, 공해도를 지급한다. 또 해상으로 운송하는 물자는 품목과 수량의 범위를 정한다. 또 재임 중에는 국내에서 교역하는 것을 허락하지 않는다. 다만 의복, 식량을 구매하는 것은 허락한다"라고 하였다.

6월 을해(27일), (천황이) 芳野의 이궁으로 순행하였다.

추7월 정해(10일), 조를 내려 芳野監 및 주변의 백성들에게 물품을 내렸다.

경인(13일), 천황이 환궁하였다.

신묘(14일), 조를 내려 "요즈음 태상천황[69]의 침식이 편치가 않다. 짐은

---

62) 俘囚는 귀순한 蝦夷.

63) 常陸國의 특산물로서 햇볕에 희게 바래도록 말린 것.

64) 細貲는 가는 실로 촘촘하게 짠 上質의 삼베.

65) 가는 실로 짠 고급 삼베.

66) 『大寶令』에서는 大宰府, 諸國의 國司, 郡司 등에게 지급하는 田을 公廨田이라고 하고, 이를 不輸租田으로 하였다. 본문의 공해전은 여기에서 수확한 稻이다. 『養老令』에서는 職分田으로 개칭하였다.

67) 事力은 공해전의 경작, 잡역 등에 종사하는 正丁으로 大宰府 및 國衙의 관인에게 주어진다.

68) 國司에게 무이자로 빌려주는 借貸稻. 국사는 무이자로 빌린 官稻를 사적으로 대여하여 거기에서 나온 이자를 자신의 수입으로 하였다. 이를 國司借貸라고 한다.

69) 元正天皇.

심히 마음이 아프고 평상과 같이 회복하기를 바라고 있다. 이에 100인을 득도시켜 왕경 내의 4대사에서 7일간 行道[70]하도록 한다. 또 경기 및 7도 제국의 백성 및 승니에게 병자가 있으면 탕약과 식량을 지급하고 고령자로 100세 이상에게는 사람마다 곡물 4석, 90세 이상은 3석, 80세 이상은 2석, 70세 이상은 1석을 지급한다. 홀아비, 과부, 고아, 독거노인, 고질병자, 중병자로 자활할 수 없는 자는 소관 관사에서 헤아려 진휼하도록 한다"라고 하였다.

8월 경오(23일), 입당부사 종5위상 中臣朝臣名代[71] 등이 당인 3인, 파사인[72] 1인과 함께 배조하였다.

동10월 무신(2일), 당승 道璿,[73] 바라문승 菩提[74] 등에게 시복을 지급하였다.

무진(22일), 조를 내려, "듣는 바에 의하면 근년 대재부 관내의 제국에 공적인 일이 점점 많아져 노역도 적지 않다. 게다가 작년 겨울에는 역병이 유행하고 남녀 모두가 어려움에 처해 농사일도 할 수 없어서 오곡도 넉넉하지 않다. 금년의 전조를 면제하고 백성이 연명할 수 있도록 한다"라고 하였다.

계유(27일), 밤에 금성이 달 속으로 들어갔다. (다른) 별들은 빛을 발하였다.

11월 무인(3일), 천황이 조당에 임하였다. 조를 내려, 입당부사 종5위상 中臣朝臣名代에게 종4위하를 주고, 고 판관 정6위상 田口朝臣養年富·紀朝臣馬主에게 함께 종5위하로 추증하였다. 준판관 종7위하 大伴宿禰首名, 당인 皇甫東朝, 파사인 李密翳 등에게 차등있게 관위를 수여하였다.

---

70) 行道는 예불공양을 위해 불좌 주위를 돌면서 경을 읽는 의식.

71) 天平 5년에 파견된 견당사 중, 제1선에 승선한 대사 多治比廣成은 天平 7년 3월에 귀국하였다. 그러나 제2선에 승선한 中臣朝臣名代는 조난을 당하여 당으로 돌아갔다가 귀국하였는데 이때 僧 道璿, 菩提, 佛徹 등이 함께 왔다.

72) 波斯는 페르시아를 가리키며 현재의 이란 영토이다. 파사인은 동년 11월 무인조에 등장하는 李密翳를 말한다. 唐 長安에 거주하고 있던 페르시아인으로 생각된다.

73) 唐僧. 일본의 입당승 榮叡, 普照의 요청에 따라 鑑眞보다 먼저 일본에 와 계율을 전하였다. 견당사 中臣朝臣名代는 일본에 귀국할 때 인도출신 僧 菩提僊那, 베트남 출신 僧 佛哲과 동행하였다. 道璿은 北宗 禪의 홍법을 위해 大安寺에 禪院을 설치하고 『梵網経疏』라는 계율서를 편찬하였다.

74) 인도 출생 승려로 히말라야를 넘어 당 장안의 崇福寺를 거점으로 활동하였다. 당에 체재하던 중에 일본의 입당승 理鏡과 견당부사 中臣名代 등의 요청으로 唐僧 道璿과 함께 일본에 왔다. 大安寺 中院에 거주하며 天平勝寶 3년 승정이 되었다. 天平勝寶 4년 4월 대불개안회에 開眼師로 참석하고 동 6년 鑑眞이 일본에 오자 道璿과 함께 東大寺에 가서 위문하였다.

병술(11일), 종3위 葛城王, 종4위상 佐爲王 등이 상표하여 아뢰기를, "臣 葛城 등이 말씀드린다. 지난 天平 5년 고 知太政官事 1품 舍人親王, 대장군 1품 新田部親王이 칙을 받들어 말하기를 '듣건대, 제왕 등은 臣, 連을 사성받아 조정에 봉사하기를 원한다고 한다. 이런 이유로 (葛城)王 등을 불러 그 사정을 들어보게 하라'고 하였다. 신 葛城 등은 마음에는 품고 있었지만, 말씀드리지 못했다. 다행이 은칙을 받아 죽을 각오로 말씀을 올린다. 옛적 輕堺原의 대궁에서 천하를 통치하시는 천황[75]의 증손인 建內宿禰는 충성을 다하여 군주를 섬겼고, 신하로서의 절의를 보여 처음으로 8씨의 조상이 되어 영원히 만대의 기틀을 남겼다. 이로부터 이후 성을 받고 씨명을 사용하게 되어, 혹은 眞人, 혹은 朝臣이라 하고, 기원은 왕가에서 시작되고 말류는 신하의 가문에 이르게 되었다. 飛鳥淨御原의 대궁에서 대팔주를 통치하시는 천황[76]은 덕이 사해를 덮고, 위엄은 천하에 떨치고, 도리에 밝고 문재가 뛰어나고 사려가 깊어 천지의 질서를 세워 다스렸다. 태상천황[77]은 안으로는 4덕을 닦고 밖으로는 만민을 위무하고 그 덕화는 날짐승, 물고기에 미치고, 초목까지 은택을 입고 있다. 후태상천황[78]은 선제의 길을 고치지 않고 어긋남이 없도록 지키고 있다. 국토를 청정하게 이끌고 백성은 편안하게 하였다. 때에 갈성의 친모 증 종1위 縣犬養橘宿禰는 위로는 淨御原朝廷에서 아래로는 藤原大宮에 이르기까지 군을 섬기기를 목숨을 다하고, 효심으로 충성을 삼았다. 아침부터 밤까지 힘든 것도 잊고 누대로 힘을 다하여 봉사해 왔다. 和銅 원년(708) 11월 21일 거국적인 대상제를 열고 25일의 연회에서 천황은 그 충성을 칭찬하며 술잔에 귤을 띄워 하사하였다. 칙을 내려 말하기를, '귤은 과일의 으뜸이고 사람들이 좋아하는 것이다. 가지는 서리와 눈에도 견디고 번성한다. 잎은 추위나 더위가 와도 시들지 않는다. 광택은 주옥과 더불어 경쟁하고 금은과 비교해도 아름다움이 넘친다. 이에 따라 그대의 성으로 橘宿禰[79]를 내린다'라고 하였다. 그런데 지금 (그 성의) 계승자가 없으면, 내리신 밝은 조의 뜻이

75) 缺史 8대 시대의 孝元天皇.
76) 天武天皇.
77) 持統天皇.
78) 元明天皇.
79) 橘宿禰는 『신찬성씨록』 좌경황별상에 敏達天皇의 후예로 나온다.

잃게 되지 않을까 두렵다. 삼가 생각하온대, 황제폐하는 천하에 빛을 비추어 땅끝까지 충만해 있다. 덕화는 해로가 통하는 곳까지 미치고, 육로 끝까지 입고 있다. 사방에서 배로 가져온 공물로 창고는 비어있는 때가 없다. 河圖의 靈[80]은 역사 기록에서 끊어지지 않는다. 사민은 생업에 편안하고, 만백성은 거리에서 찬양하고 있다. 신 葛城은 다행히도 때의 은혜를 만나 외람되게도 공경의 말석에 서서 옳고그름을 진언하는 것은 충의를 다하려는 뜻이다. 몸은 높은 곳에 오르고 처자는 집에서 편안하게 보내고 있다. 대저 왕들이 성을 받아 씨를 정한 유래는 오래되었다. 이에 臣 葛城 등은 바라건대 橘宿禰의 성을 받아 선제의 두터운 명을 받들어 橘氏라고 하는 특별한 이름을 전하고 만세무궁하고 천대에 전하고자 한다"라고 하였다.

임진(17일), 조를 내려 "종3위 葛城王 등이 올린 상표문을 보니, 그 취지를 잘 알았다. 왕 등이 (군주를 생각하는) 정은 깊고, 겸양하고 부모를 현창하려는 뜻이 있다. 황족의 높은 칭호를 물리치고 외가의 橘 성을 청하고 주장하는 바를 생각하면 진실로 시의적절한 일이다. 오로지 청원에 따라서 橘宿禰를 내린다. 천추만세하고 서로 이어져 무궁하기를 바란다"라고 하였다.

갑오(19일), 조를 내려 왕경, 기내 4국 및 2감[81]의 국의 금년도 전조를 면제하였다. 가을 수확이 매우 피해를 입었기 때문이다.

○ 天平 9년(737) 춘정월 신유(8일), 정8위하 車持君長谷에게 朝臣 성을 내렸다.

병신(21일), 이보다 앞서 陸奥按察使 大野朝臣東人[82] 등이 아뢰기를, "육오국에서 出羽柵에 이르는 길은 男勝村을 경유하고 있어 행로가 너무 멀다. 청하건대 남승촌을 정복하여 직로로 통하고자 한다"라고 하였다. 이에 持節大使

80) 중국 상고의 복희씨 치세에 황하에서 나타났다는 용마의 등에 새겨진 지도. 주역의 이치의 기본이 되었다고 한다.

81) 芳野國, 和泉國.

82) 和銅 7년(714) 기병 170기를 이끌고 신라사의 입경을 맞이하였고, 養老 4년(720)의 蝦夷의 반란 후 多賀柵을 축조하였다. 神龜 원년(724) 3월 蝦夷가 반란을 일으키자, 持節副將軍으로 종군하여 그 군공으로 종4위하 훈4등을 받았다. 天平 원년(729) 陸奥鎮守將軍에 임명되었고, 동 3년 종4위상에 올랐다. 天平 11년에는 陸奥國按察使 겸 鎮守府將軍, 大養德守를 겸직하고, 아울러 참의가 되었다. 동 12년 大宰少貳 藤原廣嗣의 난을 진압하기 위해 출정하여 그 공으로 종3위에 서위되었다.

병부경 종3위 藤原朝臣麻呂, 부사 정5위상 佐伯宿禰豊人, 常陸守 종5위상 훈6등 坂本朝臣宇頭麻佐 등을 육오국으로 파견하고, 판관 4인, 주전 4인도 함께 하였다.

신축(27일), 견신라사 대판관 종6위상 壬生使主宇太麻呂,[83] 소판관 정7위상 大藏忌寸麻呂[84] 등이 입경하였다. 대사 종5위하 阿倍朝臣継麻呂가 대마도에서 머물다 죽었다. 부사 종6위하 大伴宿禰三中[85]이 병에 감염되어 입경하지 못하였다.

2월 무오(14일), 천황이 조당에 임하였다. 종4위하 栗林王에게 종4위상을, 무위 三使王·八釣王에게 함께 종5위하를, 종4위상 橘宿禰佐爲에게 정4위하를, 종5위상 藤原朝臣豊成에게 정5위상을, 정6위상 多治比眞人家主, 외종5위하 佐伯宿禰淨麻呂·阿倍朝臣豊繼·下道朝臣眞備에게 함께 종5위하를, 정6위상 三使連人麻呂에게 외종5위하를, 4품 水主內親王·長谷部內親王·多紀內親王에게 함께 3품을 내렸다. 夫人 무위 藤原朝臣 2인〈闕名〉 함께 정3위를, 정5위하 縣犬養宿禰廣刀自, 무위 橘宿禰古那可智에게 함께 종3위를, 종4위상 多伎女王에게 정4위하를, 종4위하 檜前女王에게 종4위상을, 무위 矢代女王에게 정5위상

---

83) 天平 18년(74) 외종5위하 右京亮에 서임되고 孝謙朝인 天平勝寶 2년(750)에 但馬守에 임명되어 지방관으로 근무했으나 天平勝宝 6년 玄蕃頭가 되어 京官으로 복귀하였다. 신라에 대판관으로 파견되었을 당시 지은 단가 5수가 『萬葉集』(3412, 3669, 3675, 3702, 3707)에 실려 있다. 天平 6년 4월에는 절도사의 錄事로 出雲國에 파견된 적도 있다(『大日本古文書』 1-596).

84) 大藏忌寸麻呂는 백제계 도래인 東漢氏의 한 지족이다. 天平勝寶 3년(751) 11월 정6위상 造東大寺司 判官으로 나오고(『大日本古文書』 12-175), 天平勝寶 7년 3월에는 造東大寺司 차관으로 造寺司解에 서명하였다(『大日本古文書』 4-51). 『속일본기』 天平勝寶 6년 정월에 외종5위하가 되었고, 동 천평승보 8년 5월 造方相司에 임명되었다. 동 天平寶字 2년(758) 정월 丹波守 외종5위하 大藏忌寸麻呂가 종5위하로 승진되었다는 기록이 나오고, 동 天平寶字 4년(760) 6월에 養民司에, 天平寶字 7년(763) 정월에 玄蕃頭에, 天平神護 원년(764) 10월에 御後騎兵副將軍이 되었고, 天平神護 원년 윤10월에는 종5위상으로, 寶龜 3년(772) 정월에 정5위하로 승진하였다. 『萬葉集』(3703)에도 단가 1수를 남기고 있다.

85) 天平 9년(737) 3월 병이 회복되어 拝朝하고, 遣新羅副使로서의 공을 인정받아 종6위하에서 정6위상으로 승진되었다. 天平 12년(740) 외종5위하에 오르고, 이듬해 天平 13년에 刑部少輔 겸 大判事에 임명되었다. 이후 兵部少輔를 거쳐 天平 17년(745)에 大宰少貳가 되었고, 天平 18년에 長門守, 종5위하에 서위되었다. 天平 19년에는 刑部 大判事로서 京官에 복귀하였다.

을, 종5위하 住吉女王에게 종5위상을, 무위 忍海女王에게 종5위하를, 종4위하 大神朝臣豊嶋에게 종4위상을, 종5위상 河上忌寸妙觀·大宅朝臣諸姉에게 함께 정5위하를, 종5위하 曾禰連五十日虫·大春日朝臣家主에게 함께 종5위상을, 무위 藤原朝臣吉日에게 종5위하를, 정6위상 大田部君若子, 종6위상 黃文連許志,[86] 종7위상 丈部直刀自, 정7위상 朝倉君時, 종7위하 尾張宿禰小倉, 정8위하 小槻山君廣虫, 무위 廬郡君에게 함께 외종5위하를 내렸다.

기미(15일), 견신라사가 신라국이 상례를 잃어버리고 使旨를 받아들이지 않았다고 주상하였다.[87] 이에 5위 이상 및 6위 이하의 관인[88] 모두 45인을 내리로 불러 의견을 진술하게 하였다.

병인(22일), 제관사가 의견을 모은 상표문을 주상하였다. 혹은 그 사유를 묻는 사신을 보내자고 하고, 혹은 병력을 동원하여 정벌에 나서야 한다고 하였다.

3월 정축(3일), 조를 내려 국마다 석가불상 1구, 협시보살 2구를 만들게 하고, 아울러 대반야경 1부를 서사하도록 하였다.[89]

임인(28일), 견신라사 부사 정6위상 大伴宿禰三中 등 30인이 배조하였다.[90]

하4월 을사삭(1일), 伊勢神宮, 大神社,[91] 筑紫住吉,[92] 八幡 2社[93] 및 香椎宮[94]

---

86) 黃文連氏는 『신찬성씨록』 山城國諸蕃 「黃文連」조에 고구려인 久斯那王으로부터 나왔다고 나와 있다. 이 씨족은 고구려계 도래인으로 화공씨족으로 저견된다. 『일본서기』 推古 12년 9월조에 "是月, 始定黃書畫師·山背畫師"라고 하여 황서화사 등 화공집단을 관사조직 내에 편입하였다.

87) 使旨는 일본조정의 신라에 대한 요구사항, 주장을 말한다. 신라는 이것이 대일 외교방침과 어긋난다며 거부하였다. 일본조정은 신라를 번국으로 보고, 국서 지참, 고위 관인의 파견 등을 요구하였으나 전혀 이루어지지 않았으며, 신라에 와서도 외교는 성공하지 못하였다. 이에 45인의 관인이 참석한 조정회의에서 대신라 대책이 강구되었으나, 공허한 논의만 계속되었을 뿐, 실질적인 대책은 나오지 않았다.

88) 5위 이상 6위 이하의 관인이면 조정의 전체 관인을 말하는데, 조정회의에 참석한 45인은 권력의 중추세력과 외교, 국방 관련 관인들이었을 것이다.

89) 견신라사의 보고에 자극받아 신라적 퇴치라는 인식 하에 불상과 대반야경 필사를 명한 것이 아닌가 생각된다.

90) 역병에 감염되어 정월 27일 견신라사 일행이 배조할 때 참석하지 못해 이날 大伴宿禰三中 등 30인이 천황에게 귀국인사를 한 것이다.

91) 『延喜式』 권제9 神名帳上, "大神大物主神社〈名神大, 月次相嘗新嘗〉". 현재 奈良縣 櫻井市 大字三輪에 鎭座, 祭神은 倭大物主櫛甕玉命. 神功皇后 攝政前紀에 신공황후가 신라를 정벌하려고 할 때 大三輪神을 筑紫에 勸請해서 기도하여 군세가 스스로 모여 신라를

에 사자를 보내 봉폐하고 신라의 무례한 상황을 보고하였다.

임자(8일), 律師道慈[95]가 아뢰기를, "道慈는 천황의 칙을 받들어 이 大安寺에 주거하게 되었다. (대안사를) 조영한 이래 이 가람에 화재가 있을 것을 우려하여 사적으로 정행승 등을 불러 매년 대반야경 1부 600권을 전독시키고 있다. 이로 인해 천둥이 있어도 재해가 없는 바이다. 청컨대 지금 이후로는 제국에서 바치는 조, 용(의 布)을 각각 3단을 취하여 보시로 충당하도록 하고, 승 150인에게 이 경을 전독시키고자 한다. 삼가 바라건대 사찰을 보호하고 국가를 진호하고 성조를 평안하게 하기 위해 이 공덕을 영원히 항례로 삼고자 한다"라고 하였다. 칙을 내려 허락하였다.

무오(14일), 遣陸奧持節大使 종3위 藤原朝臣麻呂 등이 (다음과 같이) 언상하였다.

"지난 2월 19일 육오국 多賀柵[96]에 도착하여 진수장군 종4위상 大野朝臣東人

정벌할 수 있었다는 전승이 있다. 三輪神은 軍神의 성격을 띠며 신라와 긴장관계에 있을 때 출현하는 신이다.

92) 『延喜式』 권제10 神名帳下, "住吉神社三座〈並名神大〉". 福岡市 博多區 住吉町에 鎭座, 祭神은 底筒男命, 中筒男命, 表筒男命을 主神으로 한다. 神功 攝政前紀에 보면, 신공황후가 신라를 정벌할 때 主神인 三神의 협력을 얻어 정벌할 수 있었다고 한다. 신라와 긴장관계에 있을 때 기원의 대상이 되었다.

93) 『延喜式』 권제10 神名帳下 豊前國 宇佐郡, "八幡大菩薩宇佐宮〈名神大〉". 현재의 大分縣 宇佐市 南宇佐에 鎭座, 祭神은 譽田別尊(應神天皇)이 主神이고 比賣大神(宗像三女神), 神功皇后를 八幡三神으로 모시고 있다. 일찍부터 神佛習合이 이루어져 八幡大菩薩이라고 칭하였다.

94) 香椎宮, 香椎神宮은 仲哀天皇, 神功皇后를 祭神으로 하고 應神天皇, 住吉大神을 配祀한다. 香椎는 橿日, 樫日, 香襲이라고도 한다. 福岡市 東區 香椎에 鎭座. 『萬葉集』(957~961) 題詞에는 神龜 5년 11월 大宰府 관인이 香椎廟에 奉拝했다고 하여 廟라는 표기가 보이고, 天平寶字 3년 8월 기해조, 동 6년 11월 경인조에도 香椎廟가 보여 9세기에는 香椎廟가 공식 명칭으로 사용되었던 것 같다. 『延喜式』 권제18 式部省上에는 "凡諸神宮司幷橿日廟司"라고 하여 諸神宮司, 廟司를 병기하고 있다. 신라와 외교상의 문제가 생길 시 신공황후 전설에 기초하여 신에 기도하는 대응책으로서 나온 것이다.

95) 道慈法師에 대해서는 『속일본기』 天平 16년 10월조에도 나온다. 『懷風藻』에는 한시 2수가 전하고, 동 소전에 그의 경력에 대해 다음과 같이 기록하고 있다. 道慈의 속성은 額田氏이고 大寶 2년(702) 견당사선에 동승하여 당에 건너가 西明寺에서 삼론에 통하여 인왕반야경을 강론하는 1백인의 고승에 들어갔다. 養老 2년(718) 17년 만에 귀국하여 天平 원년(729) 律師에 임명되었고, 大安寺의 平城京 이전에 힘썼다. 이후에는 律師를 그만두고 『懷風藻』에 전하는 대로 자유롭게 수행한 것 같다.

96) 多賀城柵, 多賀城. 율령국가의 蝦夷 지배를 위한 군사시설로 조영하였고, 평시에는

과 함께 협의하였다. 또 常陸, 上總, 下總, 武藏, 上野, 下野 등 6국의 기병 총 1천인을 불러서 산과 연해의 양도를 열었기 때문에 이적 등이 모두 의구심을 품고 있었다. 이에 田夷遠田郡의 군령 외종7위상 遠田君雄人을 해도로부터, 귀복한 하이 和我君計安壘를 산도로부터 각각 파견하여 함께 사자의 취지를 알리고, 위로하고 이를 진무하였다. 이에 용감하고 강건한 자 196인을 뽑아 장군 東人에게 위임하고, 459인을 玉造 등 5책에 나누어 배속시켰다. 麻呂 등은 그 외 345인을 이끌고 多賀柵을 지키고, 부사 종5위상 坂本朝臣宇頭麻佐를 보내 玉造柵을 진수시키고, 판관 정6위상 大伴宿禰美濃麻呂에게 新田柵을 진수시키고, 육오국의 大掾 정7위하 日下部宿禰大麻呂는 牡鹿柵을 진수시키고 그 외의 柵은 종전대로 지키고 있다. (2월) 25일, 장군 東人은 다하책에서 출발하였다. 3월 1일, 지절대사의 부하인 판관 종7위상 紀朝臣武良士 등과 (東人에게) 위임된 기병 196인, 진수부의 병사 499인, 육오국의 병사 5천인, 귀복한 夷狄 249인을 관내의 色麻柵에서 출발하여 당일 出羽國 大室驛에 도착하였다. 출우국수 정6위하 田邊史難波[97]는 관내의 병사 500인과 귀복한 이적 140인을 이끌고 이 역에서 3일간 체재하고 대기하다가 장군 東人과 함께 적지에 들어갔다. 또 길을 개척하면서 행군하였다. 다만 적지는 눈이 깊게 쌓여 말먹이를 얻기가 어려웠다. 이에 눈이 녹고 풀이 돋아나기를 기다려 다시 출발하기로 하였다. 동월 11일, 장군 東人이 회군하여 다하책으로 돌아왔다. (東人) 자신이 지도하여 새로 개통한 길은 총 160리이고, 혹은 돌을 깨거나 벌목하고 혹은 계곡을 메우고 봉우리를 넘어 통과하였다. 賀美郡에서 出羽國의 最上郡의 玉野에 이르는 80리는 전부 산야이고 지형이 험난하지만, 사람과 말의 왕래에는 큰 난관은 없다. 옥야에서 적지인 比羅保許山에 이르는 80리는 지세가 평탄하고 위험은 존재하지 않았다. (귀순한) 이적들이 말하기를, '비라보허산에서 雄勝村에 이르는 50여리는 그 사이 역시 평탄하다. 다만 2개의 하천이 있어 매번 물이 넘치면 배를 이용하여 건너야 한다'고 하였다. 4월 4일, (장군 東人의) 군대는 적지인 비라보허산에 주둔하였다. 이에 앞서

陸奥國 통치를 위한 國府로서 기능하였다. 神龜 원년(724) 按察使 大野東人이 축성하였고, 11세기 초까지 존속하였다.

97) 권9 神龜 2년 춘정월조 349쪽 각주 157) 참조.

田邊史難波의 서신에서 雄勝村長 등 3인이 와서 항복하여 머리숙여 말하기를 '관군이 우리 마을에 들어온다는 소식을 듣고 불안을 감당하지 못하여 항복을 청하러 왔다'고 하였다. 東人이 말하기를 '대체로 이적은 간계함이 많아 그 말은 항상 같지 않고 용이하게 믿을 수가 없다. 거듭 귀순의 말이 있다면, 그때 함께 합의하자'고 하였다. (이에 대해) 難波가 건의하기를, '군대가 적지에 들어가는 것은 이적들을 가르쳐 깨우치게 하고 성을 쌓아 백성을 거주시키기 위함이다. 반드시 무력을 행사하여 귀복하는 자를 살상해서는 안 된다. 만약 투항의 청원을 허락하지 않고 압박하여 진격한다면 이적들은 두려워 산야로 도망칠 것이다. 힘만 들고 공은 적어 아마도 상책은 아니다. 다만 관군의 위세를 보여주고 이 지역에서 돌아가는 것이다. 그런 연후에 이 難波가 귀순의 행복을 논하고, 관대한 은혜로 마음을 달래면 성곽은 쉽게 지킬 수 있고, 백성은 영원히 편안하게 될 것이다'라고 했기 때문에 東人은 그렇다고 생각하였다. 東人의 본래 계책은 조기에 적지에 들어가 경작하고 곡식을 저장하여 군량미의 운송비를 줄이는 것이었다. 그러나 금년 봄은 대설이 예년에 비해 2배나 되어 조기에 들어가 경작하기가 어려워졌다. 날씨가 이와 같으니 이미 원래의 뜻과 어긋나 있다. 그러나 성곽을 조영하는 일은 바로 해낼 수 있지만, 성을 지키는 것은 인간이고, 인간의 생존은 먹는 것에 달려있다. 경작의 시후를 잃어버리면 장차 무엇을 취하여 지급하겠는가. 또 대저 병사는 이익을 보고 행하고, 이익이 없으면 멈춘다. 그런 까닭에 군대를 철수하여 돌아가서 바야흐로 훗날을 기다린 후에 성곽을 만든다. 다만 東人은 스스로 적지에 들어가기 위해 장군으로서 다하책을 진수하기를 주청하였다. 지금 새 길은 이미 개통되어 있고 지형도 직접 시찰했기 때문에 훗날 스스로 진공하지 않아도 성사될 수 있다. 신 (藤原朝臣) 麻呂 등은 우매하고 사정에 밝지 않다. 다만 東人은 오랫동안 장군으로서 변방의 요충지에서 계략이 적중하지 않은 경우가 드물다. 스스로 적의 경계에 임하여 그 형세를 살피고 깊이 생각하고 멀리까지 고민하여 이와 같이 결정하였다. 삼가 일의 실상을 기록하여 칙을 내려 주기를 청한다. 다만 요즈음 무사하고, 농작의 시기가 되었다. 징발한 군사는 일단 해방시키고 동시에 주상하는 바이다."[98]

신유(17일), 참의 겸 민부경 정3위 藤原朝臣房前이 죽었다. 대신의 예로서 장의를 하려고 했지만, 집안에서 고사하고 받아들이지 않았다. 房前은 증 태정대신 정1위 藤原不比等의 제2자이다.

계해(19일), 대재부 관내의 제국에 역병이 때때로 유행하여 백성이 많이 죽었다. 조를 내려 관내 제신사에 봉폐하고 기도를 올렸다. 또 가난하고 역병에 걸린 집에 진휼하고 아울러 탕약을 지급하였다.

5월 갑술삭(1일), 일식이 있었다. 승 600인을 궁중으로 청하여 대반야경을 독경시켰다.

임진(19일), (천황이) 조를 내려, "4월 이래 역병과 가뭄이 함께 발생하여 논의 모가 말라 시들었다. 이에 산천에 기도하고 천신지기에 제사지냈지만, 효험이 없고 지금에 이르기까지 변함없이 고통을 받고 있다. 짐이 부덕하여 실로 이 재앙을 초래하게 되었다. 관대하고 자애를 베풀어 백성의 고통을 구제하고자 한다. 국, 군으로 하여금 억울하게 옥에 갇혀있는 자들을 소상하게 기록하고, 방치된 유골과 부패한 시신을 묻어주고, 음주를 금하고 도살을 중지한다. 고령자들, 홀아비, 과부, 고아, 독거노인 및 왕경 내의 승니, 일반 남녀, 와병으로 자활할 수 없는 자를 헤아려 진휼한다. 또 문무의 직사관 이상에게 두루 물품을 내린다. 천하에 대사면을 내린다. 天平 9년 5월 19일 동트기 이전의 사형죄 이하는 모두 사면한다. 팔학, 협박하여 강탈한 자, 관인이 뇌물을 받고 법을 왜곡한 자, 물품관리 책임자가 스스로 관물을 훔치거나 관할 지역의 백성의 물품을 훔친 자, 강도와 절도, 고의 살인자, 사주전, 통상의 사면에서 면제되지 않는 자는 사면에 포함하지 않는다"라고 하였다.

6월 갑진삭(1일), 조정의 원일 의식을 중지하였다. 백관의 관인들이 역병에 걸렸기 때문이다.

계축(10일), 산위 종4위하 大宅朝臣大國이 죽었다.

갑인(11일), 大宰大貳 종4위하 小野朝臣老가 죽었다.

---

98) 주상한 사안에 대해 천황의 재가를 받은 후 군대를 해산시키는 것이 아니라 최고 지휘관인 藤原朝臣麻呂의 권한으로 常陸國 등 6국의 기병 1천 명과 陸奧國의 병사 1천5백 명을 복귀시키면서, 동시에 글을 올려 조정의 양해를 구하는 것이다.

신유(18일), 산위 정4위하 長田王이 죽었다.

병인(23일), 중납언 정3위 多治比眞人縣守가 죽었다. 좌대신 정2위 (多治比眞人)嶋의 자이다.

추7월 정축(5일), 大倭, 伊豆, 若狹 3국에 기근과 역병으로 고생하는 백성을 진휼하였다. 산위 정4위하 大野王이 죽었다.

임오(10일), 伊賀, 駿河, 長門 3국의 역병과 기근으로 고통받는 백성에게 물품을 지급하였다.

을유(13일), 참의 겸 병부경 종3위 藤原朝臣麻呂가 죽었다. 증 태정대신 藤原不比等의 제4자이다.

기축(17일), 산위 종4위하 百濟王郎虞[99]가 죽었다.

을미(23일), 천하에 대사면을 내렸다. 조를 내려 "요즈음 역병이 다발적으로 일어나 천신, 지기에 제사지내고 있지만 아직 효험을 얻지 못하고 있다. 지금 우대신의 몸은 피로해 있고 침식은 편치가 않다. 천하에 대사면을 내려 이 병고를 구제하고자 한다. 天平 9년 7월 22일 동트기 이전의 사형죄 이하는 모두 사면한다. 팔학, 사주전 및 강도, 절도, 통상의 사면에서 면제되지 않는 자는 모두 사면의 범위에 포함하지 않는다"라고 하였다.

정유(25일), 칙을 내려 좌대변 종3위 橘宿禰諸兄, 우대변 정4위하 紀朝臣男人을 보내어 우대신 저택에 가서 정1위를 내리고 좌대신으로 보임하였다. 이날 (좌대신은) 죽었다. 종4위하 中臣朝臣名代 등을 보내 장의를 감독하게 하였다. (장의의 물품은) 관에서 지급하였다. 武智麻呂는 증 태정대신 藤原不比等의 제1자이다.

8월 임인삭(1일), 중궁대부 겸 右兵衛率 정4위하 橘宿禰佐爲가 죽었다.

계묘(2일), 기내 4국, 2監 및 7도 제국에 명하여 몸을 정결히 한 승니에게 1개월 내에 2, 3번 최승왕경을 독경시키고, 또 매월 6재일[100]에 살생을 금단하

99) 朱鳥 원년(686)에 天武天皇의 장의에서 조부 百濟王善光을 대신해서 조사를 읽었다. 持統 5년(691) 정월 연회에서는 조부 善光, 동생 南典과 함께 종정으로부터 특별히 경제적 지원을 받았다. 大寶 3년 伊予守에 임명되었고, 攝津亮, 大學頭를 역임하였다.

100) 阿含經 등의 경전에서 유래하는 것으로 매달 8일, 14일, 15일, 23일, 29일, 30일을 6齋日이라고 한다. 이날은 천계에서 사천황 혹은 사자가 내려와 중생을 감시하니, 사람들은 심신을 정결히 하고 善事를 행하고 정진할 것을 요구받는다. 「雜令」5에도

도록 하였다.

병오(5일), 참의 및 식부경, 大宰守를 겸직한 정3위 藤原朝臣宇合이 죽었다. 증 태정대신 藤原不比等의 제3자이다.

갑인(13일), (천황이) 조를 내려, "짐이 천하에 군림한 지 벌써 많은 해가 지났다. 그러나 선정을 베풀어 감화시키지 못하고, 백성들은 불안한 상태이다. 밤새 잠자리에 드는 것도 잊어버리고 근심으로 힘든 것은 여기에 있다. 또 봄은 이미 왔는데, 재앙의 기운은 빈발하고 있다. 천하의 백성은 사망하는 일이 대단히 많다. 백관의 관인들도 줄어들고 죽은 자가 적지 않다. 실로 짐이 부덕한 탓으로, 이 재앙에 이른 것이다. 하늘을 우러러 부끄럽고 두려워 결코 편치가 않다. 따라서 백성에게 세금을 면제하여 살아갈 수 있도록 한다. 천하의 금년도 전조 및 백성이 부채로 지고 있는 公私稻를 면제한다. 公稻는 8년 이전으로 한하고, 私稻는 7년 이전으로 한다. 제국에서 풍우를 일으키고 국가를 위해 효험이 있는데 아직 폐백을 받지 못한 신들은 모두 봉폐의 예에 들어가도록 한다. 대궁주,[101] 御巫,[102] 坐摩[103]의 어무, 生嶋[104]의 어무 및 제신사의 祝部 등에게 위계를 내린다"라고 하였다.

병진(15일), 천하태평, 국토안녕을 위해 궁중 15곳에 승 700인을 불러 대반야경, 최승왕경을 전경시키고 400인을 득도시켰다. 기내 4국, 7도 제국에서도 578인을 출가시켰다.

경신(19일), 정4위상 多治比眞人廣成을 참의로 삼았다.

신유(20일), 3품 水主內親王이 죽었다. 天智天皇의 황녀이다.

갑자(23일), 정5위하 巨勢朝臣奈弖麻呂를 造佛像司 장관으로 삼았다.

정묘(26일), 玄昉法師를 승정으로 삼고, 良敏法師를 대승도로 삼았다.

9월 계사(22일), (천황은) 조를 내려, "듣는 바에 의하면, 臣家의 稻는 제국에

"凡月六齋日, 公私皆斷殺生"이라고 규정되어 있다.

101) 「職員令」에 정해진 神祇官의 직원은 4등관으로 神部 30인, 卜部 20인, 使部 30인, 直丁 2인 등이다. 그러나 7세기말 에서 8세기에는 신기관에 御巫, 戶坐 등 다수의 직원이 소속되어 있었다. 宮主도 그러한 직원들 중 하나로, 천황, 동궁, 중궁 등에 宮主가 부수되어 있었다. 大宮主는 천황에 부수된 직으로 추정된다.

102) 御巫는 신에게 제사지내고 神意를 구하는 인물.

103) 궁중을 지키는 신.

104) 국토의 靈格을 나타내는 신.

축적하여 백성들에게 출거하고, 이익을 찾아 교역하고 있다고 한다. 무지하고 우매한 백성들은 나중에 피해를 생각하지 않고, (일시적인) 편안함에 유혹되어 (出擧의) 양식을 구하고 이 농사일을 잊어버리고 있다. 마침내 궁핍해지고 다른 지역으로 도망쳐 부자간에 유리되고 부부가 서로를 잃어버리게 된다. 백성의 궁핍은 이로 인하여 더욱 심해진다. 참으로 이것은 국사가 가르치고 깨닫게 하는 방법이 잘못된 탓이다. 짐은 심히 걱정하고 있다. 백성을 구제하는 길이 어떻게 이와 같을 수 있는가. 지금 이후로는 모두 다 금지한다. 백성을 독려하고 오로지 생업에 나아가게 하고 반드시 토지의 본질을 잃어버리지 않는다면 사람들은 풍요롭고 집들은 넉넉해질 것이다. 만약 이를 어기는 자는 위칙죄로 그 물품을 관에서 몰수하고, 국, 군의 관인은 즉시 현직에서 해임시킨다"라고 하였다. 이날, 축자의 防人을 정지하고 본향으로 돌아가게 하였다.[105] 筑紫人[106]을 징발하여 壹伎, 對馬에 진수하게 하였다.

기해(28일), 종3위 鈴鹿王을 知太政官事로 삼고, 종3위 橘宿禰諸兄을 대납언으로 삼고, 정4위상 多治比眞人廣成을 중납언으로 삼았다. (多治比眞人)廣成 및 百濟王南典[107]에게 함께 종3위를 내리고, 종4위하 高安王에게 종4위상을, 무위 諱[108]〈天宗高紹天皇[109]이다.〉·道祖王[110]에게 함께 종4위하를, 무위 倉橋王·明石王·宇治王·神前王·久勢王·河內王·尾張王·古市王·大井王·安宿王에게 함께 종5위하를, 정5위하 巨勢朝臣奈弖麻呂, 정5위상 藤原朝臣豊成에게 함께 종4위하를, 정5위하 大伴宿禰牛養·高橋朝臣安麻呂·石上朝臣乙麻呂에게 함께

---

105) 이때의 防人의 정지와 귀향에 대해 天平 10년 筑後國 正稅帳에 "依勅還鄕防人"(『大日本古文書』 2-147), 동년 周防國 正稅帳에 "向京防人參般供給穎稻壹仟捌伯陸拾漆束"(『大日本古文書』 2-139)이라고 하여 왕경으로 향하는 防人에 대한 급식을 稻 1,867속으로 기록하고 있어 그 수는 약 2,300명 정도로 추산된다. 또 동년 駿河國 正稅帳(『大日本古文書』 2-113)에도 이 국을 통과한 防人 1,082인의 숫자를 기록하고 있다.

106) 筑紫라는 용어는 西海道를 총칭하는 경우가 있고, 九州의 북반부인 筑前, 筑後, 豊前, 豊後, 肥前, 肥後 6국을 합쳐 부르거나 筑前과 筑後 혹은 筑前 1국만을 가리키는 경우도 있다. 여기서 말하는 筑紫人은 6국에서 징발한 병력으로 보인다.

107) 권4의 和銅 원년 3월조 169쪽 각주 40) 참조.

108) 白壁王. 즉위하여 光仁天皇이 되며 桓武天皇의 父이다.

109) 光仁天皇의 國風 시호.

110) 天武天皇의 孫으로 1품 新田部親王의 子. 孝謙天皇의 황태자로 세워졌으나 후에 廢太子가 되었으며, 橘奈良麻呂의 난에 연좌되어 고문을 받고 옥사하였다.

정5위상을, 종5위상 縣犬養宿禰石次·吉田連宜[111]에게 함께 정5위하를, 종5위하 石河朝臣麻呂에게 종5위상을, 정6위상 阿倍朝臣吾人·石川朝臣牛養·多治比眞人牛養·阿倍朝臣佐美麻呂, 종6위하 巨勢朝臣淨成, 종6위상 藤原朝臣乙麻呂·藤原朝臣永手·藤原朝臣廣嗣에게 함께 종5위하를, 정6위상 爲奈眞人馬養·紀朝臣鹿人·賀茂朝臣高麻呂·路眞人宮守·波多朝臣孫足, 종6위하 佐伯宿禰常人, 정6위상 平羣朝臣廣成〈唐에서 돌아오지 않았다.〉·大宅朝臣君子·穗積朝臣老人, 종6위상 大伴宿禰祜信備, 정6위상 柿本朝臣濱名·太朝臣國吉, 정6위하 巨勢斐太朝臣嶋村·菅生朝臣古麻呂, 정6위상 小野朝臣東人, 정6위하 中臣熊凝朝臣五百嶋, 정7위상 阿倍朝臣虫麻呂, 종7위상 縣犬養宿禰大國, 정6위상 土師宿禰御目·高麥太[112]·民忌寸大梶·於忌寸人主·文忌寸馬養[113]·大津連船人에게 함께 외종5위하를 내렸다. 양경, 기내 4국, 2감의 승정 이하 사미니[114] 이상 총 2,376인에게 목면, 소금을 차등있게 각각 지급하였다.

동10월 임인(2일), 좌우 경직에게 요전[115]을 징수하는 것을 정지시켰다.

정미(7일), 정원 외의 산위가 속로전[116]을 납입하는 것을 정지시켰다. 민부경 정3위 藤原朝臣房前에게 정1위 좌대신을 추증하고 아울러 식봉 2천호를 그 집안에 20년 한도로 지급하였다.

기미(19일), 지진이 있었다.

경신(20일), 천황이 남쪽 뜰에 임하여 종5위하 安宿王에게 종5위하를, 무위 黃文王에게 종5위하를, 종5위하 圓方女王·紀女王·忍海部女王에게 함께 종4위하를 내렸다.

갑자(24일), 백관의 관인들에게 명하여 땔감[117] 1천단를 바치게 하였다.

---

111) 권10 天平 2년(730) 3월조 394쪽 각주 138) 참조.

112) 고구려 멸망 직후 망명한 씨족으로 高氏 중에는 일본 성으로 개성하지 않고 본국의 성을 유지한 인물들이 적지 않은데 高麥太도 그중 한 명이다. 이 해 12월 임술조에 "외종5위하 高麥太는 陰陽頭 겸 음양사가 되었다"고 한다.

113) 文忌寸氏는 백제계 도래씨족의 후예이다. 文忌寸馬養은 靈龜 2년(716) 父인 文忌寸根麻呂가 임신의 난에서 세운 공로로 간전을 지급받았다. 이후 主稅頭, 筑後守, 鑄錢長官을 역임하고, 天平寶字 2년(758) 종5위하에 서위되었다.

114) 沙彌尼는 출가하여 십계를 지키고 있지만 具足戒를 받기 이전의 여자로 비구니가 되기 위해 수행하는 자.

115) 徭錢은 雜徭 대신 바치는 錢을 말한다.

116) 續勞錢은 재화를 바치고 계속 근무하는 것을 말한다.

종3위 鈴鹿王 이하 문관 番上 이상은 스스로 짐을 지고 중궁의 供養院에 진상하도록 하였다.

병인(26일), 대극전에서 금광명경, 최승왕경을 강설하였다. 조정의 의식은 완전히 원일과 동일하였다. 율사 道慈[118]를 강사로 삼고, 堅藏을 讀師[119]로 삼았다. 청중 100명, 사미 100명이었다.

11월 계유(3일), 기내 및 7도에 사자를 보내 신사를 조영하게 하였다.

갑술(4일), 주전사에 史生 6인을 증원하여 앞서 인원과 합쳐 16인이다.

기축(19일), 종4위하 石川王을 궁내경으로 삼았다.

임진(22일), 중궁에서 군신들에게 연회를 베풀었다. 산위 정6위상 大倭忌寸小東人, 대외기 종6위하 大倭忌寸水守 2인에게 宿禰의 성을 내리고, 그 외의 (大倭忌寸의) 일족에게는 連 성을 내렸다. 신탁이 있었기 때문이다.[120] 또 (大倭宿禰)小東人에게 외종5위하를 내렸다. 연회가 끝나고 5위 이상에게 신분에 따라 물품을 내렸다. 다만 대왜숙네소동인, (대왜기촌)수수에게는 각각 비단 20필을 내렸다.

12월 신해(12일), 병부경 종4위하 藤原朝臣豊成을 참의로 삼았다.

임술(23일), 외종5위하 菅生朝臣古麻呂를 神祇大副로 삼고, 외종5위하 阿倍朝臣虫麻呂를 황후궁량으로 삼고, 외종5위하 中臣熊凝朝臣五百嶋를 (황후궁) 원외량으로 삼고, 종5위하 池邊王을 內匠頭로 삼고, 외종5위상 秦忌寸朝元을 도서두로 삼고, 종5위하 宇治王을 內藏頭로 삼고, 외종5위하 高麥太를 음양두 겸 음양사로 삼고, 외종5위하 小治田朝臣諸人을 산위두로 삼고, 종5위하 神前王을 치부대보로 삼고, 외종5위하 大倭宿禰清國을 현번두로 삼고, 외종5위하

---

117) 본문에는 薪, 「雜令」26 「文武官人」조에 "凡文武官人, 每年正月十五日, 並進薪.〈長七尺, 以卄株爲一担.〉一位十担, 三位以上八担, 四位六担, 五位四担, 初位以上二担, 無位一担, 諸王准此.〈無位皇親, 不在此例.〉其帳內資人, 各納本主"라고 규정되어 있다. 즉 매년 정월 15일에 관인들은 신분에 따라 조정에 땔감을 바치게 되어 있다. 땔감을 바치는 이 의식은 중국에서는 남의 노복임을 표시하는 것, 일본에서는 관인이 천황에게 충성 표시로 행하는 의식으로 받아들여졌다. 상기 조는 임시 조치라고 생각된다.

118) 道慈를 강사로 삼은 것은 그가 최초로 금강명경, 최승왕경을 중국에서 가져온 승으로 이 경전을 가장 잘 이해하고 있었기 때문이다.

119) 安居. 법회에서 경론을 독경하는 승.

120) 大倭國造인 大倭忌寸이 제사하는 大倭坐大國魂神의 託宣이다.

土師宿禰三目을 제릉두로 삼고, 종5위하 阿倍朝臣吾人을 주계두로 삼고, 종5위하 大伴宿禰兄麻呂를 주세두로 삼고, 종5위하 石川朝臣牛養을 대장소보로 삼고, 외종5위하 紀朝臣鹿人을 주전두로 삼고, 종4위상 御原王을 탄정윤으로 삼고, 외종5위하 穗積朝臣老人을 좌경량으로 삼고, 종4위하 門部王을 우경대부로 삼고, 외종5위하 太朝臣國吉을 우경량으로 삼았다.

병인(27일), 大倭國을 고쳐 大養德國[121]으로 하였다. 이날 皇太夫人[122] 藤原氏가 황후궁으로 나아가 승정 玄昉法師를 인견하였다. 천황도 황후궁에 행차하였다. 황태부인은 우울증에 빠져 오랫동안 정상적인 생활이 불가능하였다. 천황을 출산한 이후 미증유의 상견이었다. 법사가 한번 간병한 후에 정신이 맑아지게 되었다. 이에 이르러 천황과 상견하게 되었다. 천하가 기뻐해 마지 않았다. 이에 법사에게 비단 1천필, 목면 1천둔, 명주실 1천구, 삼베 1천단을 보시하였다. 또 中宮職[123] 관인 6인에게 각각 차등있게 관위를 내렸다. 중궁량[124] 종5위하 下道朝臣眞備[125]에게 종5위상을 내리고, 少進[126] 외종5위하 阿倍朝臣虫麻呂에게 종5위하를, 외종5위하 文忌寸馬養에게 외종5위상을 내렸다.

이해 봄, 역병이 크게 발생하였다. 처음 筑紫에서 시작하여 여름을 지나 가을에 이르니 공경 이하 천하의 백성이 연이어 죽어나가 셀 수 없을 정도였다. 근래에 없었던 일이었다.

『속일본기』 권제12

---

121) 天平 7년, 9년의 역병 유행과 기근, 재해 등을 천자의 薄德으로 인한 하늘의 징벌이라는 인식 아래 천자는 덕을 배양하고 하늘의 뜻에 따른다는 생각에 기초하여 大倭國을 大養德國으로 개칭한 것이다. 天平 19년 3월 다시 大倭國으로 되돌렸다.

122) 藤原宮子. 藤原不比等의 장녀로 文武天皇의 妃이고 聖武天皇의 친모이다.

123) 中務省에 속하여 后妃에 관한 사무를 관장한다. 원래 모든 后妃의 일을 돕는 관사였지만, 후에 皇后와 中宮, 皇太后 등으로 병립되어 太皇太后宮職, 皇太后宮職, 皇后宮職이라는 독립된 직이 생겼다.

124) 중궁직 4등관의 2등관, 차관에 해당.

125) 吉備眞備.

126) 중궁직 3등관. 大進, 少進이 있다.

續日本紀卷第十二

〈起天平七年正月, 盡九年十二月〉

從四位下行民部大輔兼左兵衛督皇太子學士臣菅野朝臣眞道等奉勅撰

天璽國押開豊櫻彦天皇〈聖武天皇〉

◯ **七年**春正月戊午朔, 天皇御中宮宴侍臣. 又饗五位已上於朝堂.

二月癸卯, 新羅使金相貞等入京. 癸丑, 遣中納言正三位多治比眞人縣守於兵部曹司, 問新羅使入朝之旨. 而新羅國輙改本號曰王城國, 因茲返却其使.

三月丙寅, 入唐大使從四位上多治比眞人廣成等, 自唐國至進節刀. 辛巳, 朝拜.

夏四月戊申, 授無位長田王, 池田王並從四位下, 正四位下百濟王南典, 從四位上多治比眞人廣成並正四位上, 正五位上粟田朝臣人上從四位下, 從五位下阿倍朝臣粳虫從五位上, 正六位上石河朝臣年足, 多治比眞人伯, 百濟王慈敬, 阿倍朝臣繼麻呂並從五位下, 外從五位下秦忌寸朝元外從五位上, 外正六位上上毛野朝臣今具麻呂, 正六位上土師宿禰五百村, 城上連眞立, 陽侯史眞身並外從五位下. 辛亥, 入唐留學生從八位下下道朝臣眞備獻唐禮一百卅卷, 太衍暦經一卷太衍暦立成十二卷, 測影鐵尺一枚, 銅律管一部, 鐵如方響寫律管聲十二條, 樂書要錄十卷, 絃纏漆角弓一張, 馬上飲水漆角弓一張, 露面漆四節角弓一張, 射甲箭廿隻, 平射箭十隻.

五月己未, 夜天衆星交錯發行無常所. 庚申, 天皇御北松林覽騎射. 入唐廻使及唐人, 奏唐國新羅樂弄槍, 五位已上賜祿有差. 壬戌, 入唐使獻請益秦大麻呂問答六卷. 乙亥, 畿內及七道諸國, 外散位及勳位始作定額, 國別有差. 自餘聽准格納資續勞. 丙子, 制, 畿內七道諸國, 宜除國擬外, 別簡難波朝廷以還, 譜第重大四五人副之. 如有雖無譜第, 而身才絶倫, 并勞勤聞衆者, 別狀亦副, 並附朝集使申送. 其身限十二月一日, 集式部省. 戊寅, 勅, 朕以寡德臨馭萬姓. 自暗治機未克寧濟, 迺者災異頻興, 咎徵仍見, 戰戰兢兢, 責在予矣. 思緩死愍窮以存寛恤. 可大赦天下. 自天平七年五月廿三日昧爽已前大辟罪已下, 咸赦除之, 其犯八虐, 故殺人, 謀殺殺訖, 監臨主守自盜, 盜所監臨, 强盜竊盜及常赦所不免, 並不在赦限. 但私鑄錢人, 罪入死者降一等, 其京及畿內二監高年鰥寡惸獨篤疾等, 不能自存者, 量加賑恤. 百歲已上穀一石, 八十已上穀六斗, 自餘穀四斗, 諸國所貢力婦. 自今以後, 准仕丁例免其房徭. 幷給田二町以充養物. 己卯, 於宮中及大安, 藥師, 元興, 興福四寺, 轉讀大般若經. 爲消除災害, 安寧國家也.

六月己丑, 勅曰, 先令幷寺者, 自今以後, 更不須幷. 宜令寺寺務加修造. 若有懈怠不肯造成者, 准前幷之, 其旣幷造訖, 不煩分拆.

秋七月己卯, 大隅, 薩摩二國隼人二百九十六人, 入朝貢調物. 庚辰, 依忌部宿禰虫名, 烏麻呂等訴, 申檢時時記, 聽差忌部等爲幣帛使.

八月乙酉, 太白與辰星相犯. 辛卯, 天皇御大極殿, 大隅, 薩麻二國隼人等奏方樂. 壬辰, 賜二國隼人三百八十二人爵幷祿. 各有差. 乙未, 勅曰, 如聞, 比日大宰府疫死者多, 思欲救療疫氣以濟民命. 是以, 奉幣彼部神祇. 爲民禱祈焉. 又府大寺及別國諸寺, 讀金剛般若經. 仍遣使賑給疫民, 幷加湯藥, 又其長門以還諸國守若介, 專齋戒道饗祭祀. 丙午, 大宰府言, 管內諸國疫瘡大發, 百姓悉臥, 今年之間欲停貢調. 許之.

九月庚辰, 先是, 美作守從五位下阿部朝臣帶麻呂等故殺四人, 其族人詣官申訴. 而右大弁正四位下大伴宿禰道足, 中弁正五位下高橋朝臣安麻呂, 少辨從五位上縣犬養宿禰石次, 大史正六位下葛井連諸會, 從六位下板茂連安麻呂, 少史正七位下志貴連廣田等六人坐不理訴人事. 於是下所司科斷, 承伏旣訖, 有詔並宥之. 壬午, 一品新田部親王薨. 遣從四位下高安王等監護葬事. 又詔, 遣一品舍人親王就第弔之. 親王天渟中原瀛眞人天皇之第七皇子也.

冬十月丁亥, 詔, 親王薨者每七日供齋, 以僧一百人爲限, 七七齋訖者停之, 自今以後爲例行之.

十一月己未, 正四位上賀茂朝臣比賣卒. 勅以散一位葬儀送之. 天皇之外祖母也. 乙丑, 知太政官事一品舍人親王薨. 遣從三位鈴鹿王等監護葬事, 其儀准太政大臣, 命王親男女, 悉會葬處. 遣中納言正三位多治比眞人縣守等就第宣詔, 贈太政大臣. 親王天渟中原瀛眞人天皇之第三皇子也.

閏十一月壬午朔, 日有蝕之. 己丑, 宮內卿從四位下高田王卒. 戊戌, 詔, 以災變數見, 疫癘不已. 大赦天下. 自天平七年閏十一月十七日昧爽以前大辟罪以下, 罪無輕重, 已發覺未發覺, 已結正未結正, 及犯八虐, 常赦所不免, 咸赦除之. 其私鑄錢, 幷强盜竊盜, 並不在赦限. 但鑄盜之徒應入死罪各降一等. 高年百歲以上賜穀三石, 九十以上穀二石, 八十以上穀一石, 孝子順孫, 義夫節婦表其門閭, 終身勿事. 鰥寡惸獨篤疾之徒不能自存者, 所在官司量加賑恤. 庚子, 更置鑄錢司. 壬寅, 天皇臨朝, 召諸國朝集使等, 中納言多治比眞人縣守宣勅曰, 朕選卿等任爲國司, 奉遵條章僅有一兩人. 而或人以虛事求聲譽. 或人背公家向私業. 因此, 比年國內弊損, 百姓困乏, 理不合然. 自今以後, 勤恪奉法者褒賞之, 懈怠無狀者貶黜之, 宜知斯意各自努力. 是歲, 年頗不稔, 自夏至冬, 天下患豌豆瘡〈俗曰裳瘡.〉夭死者多.

◯ **八年**春正月丁酉, 天皇宴羣臣於南殿, 賜祿有差. 戊申, 授正六位上坂上忌寸犬養外從五位下. 辛丑, 天皇臨朝, 授從四位上紀朝臣男人正四位下, 從五位上石川朝臣夫子, 正五位下石上朝臣勝雄並正五位上, 從五位下巨勢朝臣奈弖麻呂, 從五位上石上朝臣乙麻呂並正五位下, 從五位下賀茂朝臣助從五位上, 外從五位下三國眞人廣庭, 當麻眞人鏡麻呂, 下毛野朝臣帶足, 正六位上石川朝臣東人, 多治比眞人國人, 百濟王孝忠並從五位下, 正六位上波多朝臣古麻呂, 田口朝臣三田次, 紀朝臣必登, 田中朝臣三上, 巨勢朝臣首名, 阿倍朝臣車借, 佐伯宿禰淨麻呂, 土師宿禰祖麻呂, 丹比宿禰人足, 正六位下下道朝臣眞備, 正六位上大藏忌寸廣足並外從五位下.

二月丁巳, 入唐學問僧玄昉法師, 施封一百戶, 田一十町, 扶翼童子八人, 律師道慈法師, 扶翼童子六人. 戊寅, 以從五位下阿倍朝臣繼麻呂, 爲遣新羅大使.

三月辛巳朔, 行幸甕原離宮. 乙酉, 車駕還宮. 庚子, 太政官奏, 諸國公田, 國司隨鄕土沽價賃租, 以其價送太政官, 以供公廨. 奏可之.

夏四月丙寅, 遣新羅使阿倍朝臣繼麻呂等拜朝. 戊寅, 賜陸奧出羽二國有功郡司及俘囚廿七人爵各有差.

五月庚辰朔, 日有蝕之. 辛卯, 諸國調布, 長二丈八尺, 闊一尺九寸, 庸布長一丈四尺, 闊一尺九寸, 爲端貢之, 常陸曝布, 上總望陀細貲, 安房細布及出絁鄕庸布, 依舊貢之. 丙申, 先是有勅, 諸國司等除公廨田事力借貸之外, 不得運送者. 大宰管內諸國已蒙處分訖. 但府官人者, 任在邊要祿同京官. 因此別給仕丁公廨稻. 亦漕送之物, 色數立限. 又一任之內不得交關所部. 但買衣食者聽之.

六月乙亥, 行幸芳野離宮.

秋七月丁亥, 詔賜芳野監及側近百姓物. 庚寅, 車駕還宮. 辛卯, 詔曰, 比來, 太上天皇寢膳不安. 朕甚惻隱, 思欲平復. 宜奉爲度一百人, 都下四大寺七日行道. 又京畿內及七道諸國百姓并僧尼有病者, 給湯藥食粮. 高年百歲以上穀人四石, 九十以上三石, 八十以上二石, 七十以上一石, 鰥寡惸獨癈疾篤疾不能自存者, 所司量加賑恤.

八月庚午, 入唐副使從五位上中臣朝臣名代等, 率唐人三人波斯人一人拜朝.

冬十月戊申, 施唐僧道璿, 波羅門僧菩提等時服. 戊辰, 詔曰, 如聞, 比年大宰所管諸國, 公事稍繁, 勞役不少. 加以, 去冬疫瘡, 男女惣困, 農事有廢, 五穀不饒. 宜免今年田租令續民命. 癸酉, 夜, 太白入月, 星有光.

十一月戊寅, 天皇臨朝, 詔授入唐副使從五位上中臣朝臣名代從四位下, 故判官正六位上田口朝臣養年富, 紀朝臣馬主並贈從五位下, 准判官從七位下大伴宿禰首名, 唐人皇甫東朝, 波斯人李密翳等授位有差. 丙戌, 從三位葛城王, 從四位上佐爲王等上表曰, 臣葛城等言, 去天平五年, 故知太政官事一品舍人親王, 大將軍一品新田部親王宣勅曰, 聞道, 諸王等願賜臣連姓, 供奉朝廷. 是故召王等令問其狀者. 臣葛城等本懷此情, 無由上達, 幸遇恩勅, 昧死以聞. 昔者, 輕堺原大宮御宇天皇曾孫建內宿禰, 盡事君之忠, 致人臣之節. 創爲八氏之祖, 永遺萬代之基. 自此以來, 賜姓命氏. 或眞人, 或朝臣. 源始王家, 流終臣氏. 飛鳥淨御原大宮御大八州天皇, 德覆四海, 威震八荒. 欽明文思, 經天緯地, 太上天皇內脩四德, 外撫萬民. 化及翼鱗, 澤被草木, 後太上天皇, 無改先軌, 守而不違, 率土淸淨, 民以寧一. 于時也. 葛城親母贈從一位縣犬養橘宿禰, 上歷淨御原朝廷, 下逮藤原大宮, 事君致命, 移孝爲忠. 夙夜忘勞, 累代竭力. 和銅元年十一月廿一日, 供奉擧國大嘗. 廿五日御宴. 天皇譽忠誠之至, 賜浮杯之橘. 勅曰, 橘者果子之長上, 人之所好, 柯凌霜雪而繁茂, 葉經寒暑而不彫, 與珠玉共競光, 交金銀以逾美, 是以汝姓者賜橘宿禰也. 而今無繼嗣者, 恐失明詔. 伏惟皇帝陛下, 光宅天下, 充塞八埏, 化被海路之所通, 德盖陸道之所極. 方船之貢, 府無空時, 河圖之靈, 史不絶記, 四民安業, 萬姓謳衢, 臣葛城, 幸蒙遭時之恩, 濫接九卿之末, 進以可否, 志在盡忠, 身隆絳闕, 妻子康家. 夫王賜姓定氏由來遠矣. 是以, 臣葛城等, 願賜橘宿禰之姓, 戴先帝之厚命, 流橘氏之殊名, 萬歲無窮, 千葉相傳. 壬辰, 詔曰, 省從三位葛城王等表, 具知意趣, 王等情深謙讓, 志在顯親, 辭皇族之高名, 請外家之橘姓. 尋思所執, 誠得時宜. 一依來乞賜橘宿禰, 千秋萬歲相繼無窮. 甲午, 詔免京四畿內及二監國今年田租, 以秋稼頗損也.

◯ **九年**春正月辛酉正八位下車持君長谷賜朝臣姓. 丙申, 先是, 陸奧按察使大野朝臣東人等言, 從陸奧國達出羽柵道經男勝, 行程迂遠,請征男勝村以通直路. 於是詔持節大使兵部卿從三位藤原朝臣麻呂, 副使正五位上佐伯宿禰豊人, 常陸守從五位上勳六等坂本朝臣宇頭麻佐等, 發遣陸奧國, 判官四人, 主典四人. 辛丑, 遣新羅使大判官從六位上壬生使主宇太麻呂, 少判官正七位上大藏忌寸麻呂等入京. 大使從五位下阿倍朝臣繼麻呂泊津嶋卒. 副使從六位下大伴宿禰三中染病不得入京.

二月戊午, 天皇臨朝, 授從四位下栗林王從四位上, 無位三使王, 八釣王並從五位下, 從四位上橘宿禰佐爲正四位下, 從五位上藤原朝臣豊成正五位上, 正六位上多治比眞人家主, 外從五位下佐伯宿禰淨麻呂, 阿倍朝臣豊繼, 下道朝臣眞備並從五位下, 正六位上三使連人麻呂外從五位下, 四品水主內親王, 長谷部內親王, 多紀內親王並授三品, 夫人無位藤原朝臣二人〈闕名〉並正三位, 正五位下縣犬養宿禰廣刀自, 無位橘宿禰古那可智並從三位, 從四位上多伎女王正四位下, 從四位下檜前女王從四位上, 無位矢代女王正五位上, 從五位下住吉女王從五位上, 無位忍海女王從五位下, 從四位下大神朝臣豊嶋從四位上, 從五位上河上忌寸妙觀, 大宅朝臣諸姉並正五位下, 從五位下曾禰連五十日虫, 大春日朝臣家主並從五位上, 無位藤原朝臣吉日從五位下, 正六位上大田部君若子, 從六位上黃文連許志, 從七位上丈部直刀自, 正七位上朝倉君時, 從七位下尾張宿禰小倉, 正八位下小槻山君廣虫, 無位廬郡君並外從五位下. 己未, 遣新羅使奏新羅國失常禮不受使旨. 於是召五位已上幷六位已下官人惣三十五人于內裏, 令陳意見. 丙寅, 諸司奏竟見表, 或言, 遣使問其由, 或言發兵加征伐.

三月丁丑, 詔曰, 每國令造釋迦佛像一軀, 挾侍菩薩二軀, 兼寫大般若經一部. 壬寅, 遣新羅使副使正六位上大伴宿禰三中等三十人拜朝.

夏四月乙巳朔, 遣使於伊勢神宮, 大神社, 筑紫住吉, 八幡二社及香椎宮, 奉幣以告新羅無禮之狀. 壬午, 律師道慈言, 道慈奉天勅住此大安寺, 修造以來, 於此伽藍恐有災事, 私請淨行僧等, 每年令轉大般若經一部六百卷. 因此, 雖有雷聲, 無所災害, 請自今以後, 撮取諸國進調庸各三段物以充布施, 請僧百五十人令轉此經. 伏願, 護寺鎭國平安聖朝, 以此功德永爲恒例. 勅許之. 戊午, 遣陸奧持節大使從三位藤原朝臣麻呂等言, 以去二月十九日到陸奧多賀柵, 與鎭守將軍從四位上大野朝臣東人共平章. 且追常陸, 上總, 下總, 武藏, 上野, 下野等六國騎兵惣一千人, 開山海兩道, 夷狄等咸懷疑懼. 仍差田夷遠田郡領外從七位上遠田君雄人, 遣海道, 差歸服狄和我君計安壘, 遣山道, 並以使旨慰喩鎭撫之. 仍抽勇健一百九十六人委將軍東人, 四百五十九人分配玉造等五柵. 麻呂等帥所餘三百四十五人鎭多賀柵. 遣副使從五位上坂本朝臣宇頭麻佐鎭玉造柵. 判官正六位上大伴宿禰美濃麻呂鎭新田柵. 國大掾正七位下日下部宿禰大麻呂鎭牡鹿柵, 自餘諸柵依舊鎭守. 廿五日, 將軍東人從多賀柵發. 三月一日, 帥使下判官從七位上紀朝臣武良士等及所委騎兵一百九十六人, 鎭兵四百九十九人, 當國兵五千人, 歸服狄俘二百四十九人從部內色麻柵發. 卽日到出羽國大室驛, 出羽國守正六位下田邊史難破將部內兵五百人, 歸服狄一百四十人, 在此驛, 相待以三日, 與將軍東人共入賊地. 且開道而行. 但賊地雪深馬芻難得, 所以雪消草生, 方始發遣. 同月十一日, 將軍東人廻至多賀柵, 自導新開通道惣一百六十里, 或剋石伐樹, 或塡澗疏峯. 從賀美郡至出羽國最上郡玉野八十里, 雖惣是山野形勢險阻, 而人馬往還無大艱難, 從玉野至賊地比羅保許山八十里, 地勢平坦無有危嶮. 狄俘等曰, 從比羅保許山至雄勝村五十餘里, 其間亦平. 唯有兩河, 每至水漲並用船渡. 四月四日, 軍屯賊地比羅保許山. 先是, 田邊難波狀稱, 雄勝村俘長等三人來降, 拜首云, 承聞官軍欲入我村, 不勝危懼, 故來請降者. 東人曰, 夫狄俘者其多姦謀, 其言無恒, 不可輒信. 而重有歸順之語. 仍共平章. 難破議曰, 發軍入賊地者, 爲敎喩俘狄築城居民, 非必窮兵殘害順服. 若不許其請, 凌壓直進者, 俘等懼怨遁走山野, 勞多功少, 恐非上策, 不如示官軍之威從此地而返. 然後, 難破訓以福順, 懷以寬恩, 然則城郭易守, 人民永安者也. 東人以爲然矣. 又東人本計, 早入賊地, 耕種貯穀, 省運糧費. 而今春大雪倍於常年. 由是不得早入耕種, 天時如此, 已違元意, 其唯營造城郭一朝可成. 而守城以人, 存人以食, 耕種失候, 將何取給. 且夫兵者, 見利則爲, 無利則止, 所以引軍而旋, 方待後年始作城郭. 但爲東人自入賊地, 奏請將軍鎭多賀柵, 今新道旣通, 地形親視, 至於後年, 雖不自入可以成事者, 臣麻呂等愚昧, 不明事機. 但東人久將邊要, 尠謀不中, 加以親臨賊境, 察其形勢, 深思遠慮, 量定如此. 謹錄事狀, 伏聽勅裁. 但今間無事, 時屬農作, 所發軍士且放且奏. 辛酉, 參議民部卿正三位藤原朝臣房前薨. 送以大臣葬儀. 其家固辭不受. 房前贈太政大臣正一位不比等之第二子也. 癸亥, 大宰管內諸國, 疫瘡時行, 百姓多死. 詔奉幣於部內諸社以祈禱焉. 又賑恤貧疫之家, 并給湯藥療之.

五月甲戌朔, 日有蝕之. 請僧六百人于宮中, 令讀大般若經焉. 壬辰, 詔曰, 四月以來, 疫旱並行田苗燋萎. 由是, 祈禱山川, 奠祭神祇, 未得効驗, 至今猶苦. 朕以不德實致茲災, 思布寬仁以救民患. 宜令國郡審錄寃獄, 掩骼埋胔, 禁酒斷屠. 高年之徒, 鰥寡惸獨,及京內僧尼男女, 臥疾不能自存者, 量加賑給. 又普賜文武職事以上物. 大赦天下. 自天平九年五月十九日昧爽以前死罪以下, 咸從原免. 其八虐劫賊, 官人受財枉法, 監臨主守自盜, 盜所監臨, 强盜竊盜, 故殺人, 私鑄錢, 常赦所不免者不在赦例.

六月甲辰朔, 廢朝. 以百官官人患疫也. 癸丑, 散位從四位下大宅朝臣大國卒. 甲寅, 大宰大貳從四位下小野朝臣老卒. 辛酉, 散位正四位下長田王卒. 丙寅, 中納言正三位多治比眞人縣守薨. 左大臣正二位嶋之子也.

秋七月丁丑, 賑給大倭, 伊豆, 若狹三國飢疫百姓. 散位從四位下大野王卒. 壬午, 賑給伊賀, 駿河, 長門三國疫飢之民. 乙酉, 參議兵部卿從三位藤原朝臣麻呂薨. 贈太政大臣不比等之第四子也. 己丑, 散位從四位下百濟王郎虞卒. 乙未, 大赦天下. 詔曰, 比來, 緣有疫氣多發, 祈祭神祇, 猶未得可. 而今右大臣, 身體有勞, 寢膳不穩, 朕以惻隱. 可大赦天下救此病苦. 自天平九年七月廿二日昧爽以前大辟罪已下咸赦除之. 其犯八虐,私鑄錢, 及强竊二盜, 常赦所不免者, 並不在赦限. 丁酉, 勅遣左大弁從三位橘宿禰諸兄, 右大弁正四位下紀朝臣男人, 就右大臣第. 授正一位拜左大臣. 卽日薨. 遣從四位下中臣朝臣名代等監護喪事, 所須官給. 武智麻呂贈太政大臣不比等之第一子也.

八月壬寅朔, 中宮大夫兼右兵衛率正四位下橘宿禰佐爲卒. 癸卯, 命四畿內二監及七道諸國, 僧尼清淨沐浴, 一月之內二三度令讀最勝王經. 又月六齋日禁斷殺生. 丙午, 參議式部卿兼大宰帥正三位藤原朝臣宇合薨. 贈太政大臣不比等之第三子也. 甲寅, 詔曰, 朕君臨宇內稍歷多年. 而風化尙擁, 黎庶未安. 通旦忘寐, 憂勞在玆. 又自春已來災氣遽發, 天下百姓死亡實多, 百官人等闕卒不少. 良由朕之不德致此災殃. 仰天慚惶, 不敢寧處. 故可優復百姓使得存濟. 免天下今年租賦及百姓宿負公私稻. 公稻限八年以前, 私稻七年以前. 其在諸國能起風雨爲國家有驗神未預幣帛者, 悉入供幣之例. 給大宮主御巫, 坐摩御巫, 生嶋御巫及諸神祝部等爵. 丙辰, 爲天下太平國土安寧, 於宮中一十五處. 請僧七百人, 令轉大般若經, 最勝王經, 度四百人, 四畿內七道諸國五百七十八人. 庚申, 以正四位上多治比眞人廣成爲參議. 辛酉, 三品水主內親王薨. 天智天皇之皇女也. 甲子, 正五位下巨勢朝臣奈弖麻呂爲造佛像司長官. 丁卯, 以玄昉法師爲僧正, 良敏法師爲大僧都.

九月癸巳, 詔曰, 如聞, 臣家之稻貯蓄諸國, 出擧百姓, 求利交關, 無知愚民不顧後害, 迷安乞食忘此農務, 遂逼乏困逃亡他所, 父子流離, 夫婦相失. 百姓弊窮因斯彌甚, 實是國司教喩乖方之所致也. 朕甚愍焉, 濟民之道豈合如此. 自今以後, 悉皆禁斷. 催課百姓, 一赴産業, 必使不失地宜. 人皐家瞻, 如有違者, 以違勅論, 其物沒官. 國郡官人, 卽解見任. 是日, 停筑紫防人歸于本鄕. 差筑紫人令戍壹伎對馬. 己亥, 以從三位鈴鹿王爲知太政官事, 從三位橘宿禰諸兄爲大納言, 正四位上多治比眞人廣成爲中納言. 廣成及百濟王南典並授從三位, 從四位下高安王從四位上, 無位諱〈天宗高紹天皇也.〉道祖王並從四位下, 無位倉橋王, 明石王, 宇治王, 神前王, 久勢王, 河內王, 尾張王, 古市王, 大井王, 安宿王並從五位下, 正五位下巨勢朝臣奈弖麻呂, 正五位上藤原朝臣豊成並從四位下, 正五位下大伴宿禰牛養, 高橋朝臣安麻呂, 石上朝臣乙麻呂並正五位上, 從五位上縣犬養宿禰石次, 吉田連宜並正五位下, 從五位下石河朝臣麻呂從五位上, 正六位上阿倍朝臣吾人, 石川朝臣牛養, 多治比眞人牛養, 阿倍朝臣佐美麻呂, 從六位下巨勢朝臣淨成, 從六位上藤原朝臣乙麻呂, 藤原朝臣永手, 藤原朝臣廣嗣並從五位下, 正六位上爲奈眞人馬養, 紀朝臣鹿人, 賀茂朝臣高麻呂, 路眞人宮守, 波多朝臣孫足, 從六位下佐伯宿禰常人, 正六位上平羣朝臣廣成〈在唐未歸〉, 大宅朝臣君子, 穗積朝臣老人, 從六位上大伴宿禰祜信備, 正六位上柿本朝臣濱名, 太朝臣國吉, 正六位下巨勢斐太朝臣嶋村, 菅生朝臣古麻呂, 正六位上小野朝臣東人, 正六位下中臣熊凝朝臣五百嶋, 正七位上阿倍朝臣虫麻呂, 從七位上縣犬養宿禰大國, 正六位上土師宿禰御目, 高麥太, 民忌寸大梶, 於忌寸人主, 文忌寸馬養, 大津連船人並外從五位下. 因施兩京四畿二監僧正以下沙彌尼已上, 惣二千三百七十六人綿并鹽各有差.

冬十月壬寅, 令左右京職停收傜錢. 丁未, 停額外散位輸續勞錢. 贈民部卿正三位藤原朝臣房前正一位左大臣, 并賜食封二千戶於其家,限以廿年. 己未, 地震. 庚申, 天皇御南苑. 授從五位下安宿王從四位下, 無位黃文王, 從五位下圓方女王, 紀女王, 忍海部女王並從四位下. 甲子, 令百官人等貢薪一千荷, 從三位鈴鹿王已下, 文官番上已上, 躬擔進于中宮供養院. 丙寅, 講金光明最勝王經于大極殿, 朝廷之儀一同元日, 請律師道慈爲講師, 堅藏爲讀師, 聽衆一百, 沙彌一百.

十一月癸酉, 遣使于畿內及七道, 令造諸神社. 甲戌, 加置鑄錢司史生六員, 通前十六員. 己丑, 以從四位下石川王爲宮內卿. 壬辰, 宴群臣中宮. 散位正六位上大倭忌寸小東人, 大外記從六位下大倭忌寸水守二人, 賜姓宿禰, 自餘族人連姓. 爲有神宣也. 又授小東人外從五位下, 宴訖五位已上賜物有差. 但大倭宿禰小東人, 水守, 賜絁各廿疋.

十二月辛亥, 以兵部卿從四位下藤原朝臣豊成爲參議. 壬戌, 外從五位下菅生朝臣古麻呂爲神祇大副, 外從五位下阿倍朝臣虫麻呂爲皇后宮亮, 外從五位下中臣熊凝朝臣五百嶋爲員外亮, 從五位下池邊王爲內匠頭, 外從五位上秦忌寸朝元爲圖書頭, 從五位下宇治王爲內藏頭, 外從五位下高麥太爲陰陽頭兼陰陽師, 外從五位下小治田朝臣諸人爲散位頭, 從五位下神前王爲治部大輔, 外從五位下大倭宿禰淸國爲玄蕃頭, 外從五位下土師宿禰三目爲諸陵頭, 從五位下阿倍朝臣吾人爲主計頭, 從五位下大伴宿禰兄麻呂爲主稅頭, 從五位下石川朝臣牛養爲大藏少輔, 外從五位下紀朝臣鹿人爲主殿頭, 從四位上御原王爲彈正尹, 外從五位下穗積朝臣老人爲左京亮, 從四位下門部王爲右京大夫, 外從五位下太朝臣國吉爲亮. 丙寅, 改大倭國, 爲大養德國. 是日, 皇太夫人藤原氏就皇后宮見僧正玄昉法師, 天皇亦幸皇后宮, 皇太夫人爲沈幽憂久廢人事, 自誕天皇未曾相見. 法師一看, 惠然開晤, 至是適與天皇相見. 天下莫不慶賀, 卽施法師絁一千疋, 綿一千屯, 絲一千絇, 布一千端. 又賜中宮職官人六人位各有差. 亮從五位下下道朝臣眞備授從五位上, 少進外從五位下阿倍朝臣虫麻呂從五位下, 外從五位下文忌寸馬養外從五位上. 是年春, 疫瘡大發, 初自筑紫來, 經夏涉秋, 公卿以下天下百姓, 相繼沒死不可勝計, 近代以來未之有也.

續日本紀卷第十二

『속일본기』 권제13

〈天平 10년(738) 정월부터 12년(740) 12월까지〉

종4위하 行民部大輔 겸 左兵衛督 황태자학사
신 菅野朝臣眞道 등이 칙을 받들어 편찬하다.

天璽國押開豊櫻彦天皇[1]

○ 天平 10년(738) 춘정월 경오삭(1일), 천황이 중궁에 임하여 근시하는 신하에게 연회를 베풀고, 5위 이상에게는 조당에서 향응하였다. 信濃國에서 신마를 바쳤다. 몸은 흑색이고 갈기와 꼬리는 흰색이었다.

임오(13일), 阿倍內親王[2]을 황태자로 삼았다. 천하에 대사면을 내렸다. 다만 살인을 모의해 죽인 자, 사주전,[3] 강도, 절도는 사면의 범위에 포함하지 않았다. 만약 죄가 사형에 상당하면 1등을 감하였다. 6위 이하는 관위 1계를 올렸다. 고령으로 궁핍하고 효의[4]가 있는 자들은 헤아려 물품을 내렸다. 또 상서를 바친 사람에게는 작위 및 물품을 지급하였다. 아울러 상서가 출현한 군의 당해년의 庸을 면제하였다.

이날, 대납언 종3위 橘宿禰諸兄에게 정3위를 내리고 우대신에 보임하였다. 종3위 鈴鹿王에게 정3위를 내리고, 정5위상 大伴宿禰牛養·高橋朝臣安麻呂·石上朝臣乙麻呂에게 함께 종4위하를 내렸다.

병술(17일), 황제가 송림[5]에 행차하여 문무관 주전 이상에게 연회를 베풀고

---

1) 聖武天皇.
2) 聖武天皇의 딸. 모친은 藤原光明子로 光明皇后이다. 阿倍內親王의 당시 나이는 21세이다. 후에 孝謙天皇으로 즉위하고 重祚하여 稱德天皇이 된다.
3) 私鑄錢은 和銅 4년 10월 갑자의 詔에서 참형으로 정해졌는데, 동 5년 9월 대사면에서는 죄 1등을 감형하는 조치가 내려졌다. 그러나 동 7년 이후 대사면에서 제외되었다.
4) 「職員令」21에 民部卿의 직장에 孝義가 있는데, 孝子, 順孫, 義婦, 節女 등을 말한다.

차등있게 녹을 내렸다.

을미(26일), 종4위하 石上朝臣乙麻呂를 좌대변으로 삼고, 중납언 종3위 多治比眞人廣成에게 식부경을 겸직시켰다. 종4위하 巨勢朝臣奈弖麻呂를 민부경으로 삼았다.

이달 대재부에서 "신라사 급찬 金想純 등 147인이 내조했다"라고 주상하였다.

2월 정사(19일), 筑紫의 宗形神主 외종5위하 宗形朝臣鳥麻呂에게 외종5위상을 내리고, 出雲國造 외정6위상 出雲臣廣嶋에게 외종5위하를 내렸다.

3월 신미(3일), 종6위상 背奈公福信[6]에게 외종5위하를 내렸다.

병신(28일), 山階寺[7]에 식봉 1천호를 시주하고, 鵤寺[8]에는 식봉 200호를, 隅院[9]에는 식봉 100호를 시주하였다. 또 5년간 觀世音寺에 식봉 100호를

---

5) 평성궁 북쪽에 조영된 정원을 갖춘 궁. 聖武天皇은 이곳에서 연회, 騎射, 曲水의 연회 등을 열었다. 정원시설을 갖추고 각종 창고도 설치되었고, 松林苑, 北松林, 松林宮 등으로도 표기되었다.

6) 延曆 8년(789)조에 背奈王福信의 개성 이후 이름인 高倉朝臣福信으로 薨傳 기사가 나온다. 여기에는 福信의 본관, 조상 내력, 씨명 변화, 관직에 오르는 과정 등이 기록되어 있다. 그는 무장국 고려군 사람으로, 본성은 背奈이고 조부인 福德이 당나라 장군 이세적이 평양성을 함락했을 때 일본에 귀화하여 무장에 살게 되었다고 한다. 복신이 사망한 연력 8년(789)에 나이가 81세였다고 하니 그의 출생 연도는 고구려 멸망 후 30년이 지난 화동 2년(708)이다. 즉, 고구려 유민의 3세에 해당된다. 이 씨족의 본성인 背奈는 고구려 5부의 消奴部에서 유래한 '肖奈'에서 온 것으로 고구려 5부 중 소노부 출신으로 생각된다. 背奈氏는 양로 5년(721)을 하한으로 하는 시기에 背奈公으로 바뀌고, 천평 19년(747) 背奈王으로 개성되었으며, 천평승보 2년(750) 高麗朝臣으로, 寶龜 10년(779)에 다시 高倉朝臣으로 개성되었다. 『신찬성씨록』 좌경제번 「고려」조에는 "高麗朝臣은 고구려왕 好台 7세손 延典王으로부터 나왔다"라고 기록되어 있다. 福信薨傳에 따르면 그는 백부 背奈公行文의 도움을 받아 궁중의 內竪所에서 정8위에 상당하는 右衛士大志로 출발하였고, 천평 연간에는 외종5위하를 받고 春宮亮에 임명되었다. 성무천황의 총애를 받아 천평승보(749~757) 초에 종4위 紫微少弼에 이르렀고, 神護 원년(765)에 종3위로 造宮卿에 임명되어 武藏守, 近江守를 겸임하였다. 또한 천평승보 8년(756), 보귀 원년(770), 연력 2년(783) 등 세 번에 걸쳐 무장국 장관인 무장수를 겸임하였다. 이와 같이 복신 일족은 무장국을 사실상 관할구역으로 삼았는데, 망명 초기 背奈氏에서 시작하여 背奈公, 背奈王, 高麗朝臣, 高倉朝臣으로의 씨성 변천을 거치면서 거의 독점적으로 지배하였다.

7) 藤原氏의 氏寺인 興福寺의 별칭으로 소재지에 의한 사찰명이다.

8) 法隆寺의 별칭으로 소재지에 의한 사찰명이다.

9) 海龍王寺. 光明皇后가 玄昉의 入唐 시에 발원해서 세웠다고 한다.

시주하였다.

하4월 을묘(17일), 조를 내려 국가가 융성하고 평안하기를 기원하여 경기, 7도 제국에 명하여 3일간 (금광명)최승왕경[10]을 전경하게 하였다.

경신(22일), 종5위하 佐伯宿禰淨麻呂를 좌위사독으로 삼고, 종5위하 藤原朝臣廣嗣를 大養德守[11]로 삼고 식부소보는 그대로 유지하였다. 종5위하 百濟王孝忠[12]을 遠江守로 삼고, 외종5위하 佐伯宿禰常人을 丹波守로 삼고, 종5위하 大伴宿禰兄麻呂를 美作守로 삼고, 외종5위하 柿本朝臣濱名을 備前守로 삼고, 외종5위하 大宅朝臣君子를 筑前守로 삼고, 외종5위하 田中朝臣三上을 肥後守로 삼고, 외종5위하 陽侯史眞身[13]을 豊後守로 삼았다.

5월 경오(3일), 東海, 東山, 山陰, 山陽, 西海 등 제도의 국들의 건아[14]를 정지하였다.

신묘(24일), 우대신 정3위 橘宿禰諸兄, 神祇伯 종4위하 中臣朝臣名代, 우소변 종5위하 紀朝臣宇美, 음양두 외종5위하 高麥太[15]를 보내어 신보[16]를 갖고 이세대신궁에 올리게 하였다.

6월 무술삭(1일), 武藏守 종4위하 粟田朝臣人上이 죽었다.

신유(24일), 대재부에 사자를 보내 신라사 金想純 등에게 향응을 베풀고 곧 귀국시켰다.[17]

---

10) 8세기 唐의 義淨이 인도에서 가져온 경전을 한역한 것이 金光明最勝王經인데, 聖武天皇이 이를 사경시켜 전국에 배포하고 天平 13년(741)에는 전국에 國分寺를 세워 金光明四天王護國之寺라고 칭하였다.

11) 大倭國의 장관.

12) 攝津亮 百濟王郎虞의 아들. 天平 8년(736) 종5위하에 서위되었고, 동 10년 遠江守, 동 15년 橘諸兄의 좌대신 임관과 동시에 종5위상으로 승진하였다. 天平 16년 정5위하, 동 19년 정5위상, 천평 20년에 종4위하로 승진하였다. 天平勝寶 2년(750) 出雲守, 동 4년의 東大寺 대불개안회 때는 鎭裏京使에 임명되어 內裏와 平城京 경호를 담당하였다.

13) 권12 天平 7년 4월조 442쪽 각주 7) 참조.

14) 『일본서기』 皇極紀 원년 7월조, 天知紀 2년 8월조에 따르면 健兒의 훈독은 '힘이 센 사람'으로 武勇있는 자를 말한다. 절도사의 관내에 배치되었다.

15) 고구려계 후예씨족인 高氏. 일본성으로 개성하지 않고 본국의 성을 유지하고 있다.

16) 『延喜式』 권제4, 伊勢太神宮에 金銅多多利, 金銅麻笥, 金銅賀世比, 金銅鏄二枚, 銀銅多多利, 銀銅麻笥, 銀銅賀世比, 銀銅鏄 등 神寶 21종을 기록하고 있다.

17) 전년도 天平 9년 2월 을미조에 신라가 상례를 어기고 사절의 취지를 받아들이지 않았다고 하여 대응책을 논한 기사가 나온다. 이번의 신라사에 대한 귀국조치는

추7월 계유(7일), 천황이 대장성에 임하여 씨름[18]을 관람하였다. 날이 저물자 장소를 옮겨 西池宮[19]에 임하였다. 궁전 앞의 매화나무를 가리키며 右衛士督 下道朝臣眞備 및 문사들에게 칙을 내려 말하기를, “사람들은 모두 각자의 생각이 있지만 좋아하는 것은 같지 않다. 짐은 지난 봄에 이 나무의 아름다운 정취를 느끼고자 했지만 미치지 못했다. 꽃잎이 갑자기 떨어져 심히 안타까운 마음이다. 각자 봄의 정취를 시로 지어 이 매화나무를 읊도록 한다”라고 하였다. 문인 30인이 칙을 받들어 시를 지었다. 이에 5위 이상에게 비단 20필, 6위 이하에게 각각 6필을 내렸다.

병자(10일), 좌병고 少屬 종8위하 大伴宿禰子虫이 칼을 휘둘러 右兵庫頭[20] 외종5위하 中臣宮處連東人을 베어 죽였다. 처음에 子虫은 長屋王에게 봉사하며 자못 은혜를 입었다. 이에 이르러 東人과 유관 직무의 관사에 근무하게 되었다. 정무의 시간을 틈타서 함께 바둑을 두게 되었다. (子虫은) 말이 長屋王에게 미치자 분노가 폭발하여 (東人에게) 욕을 하고 드디어 칼을 빼 베어 죽었다. 東人은 長屋王의 일에 대해 무고하게 고발한 사람이다.

윤7월 계묘(7일), 종5위하 阿倍朝臣沙彌麻呂를 소납언으로 삼고, 종5위하 紀朝臣宇美를 우중변으로 삼고, 종5위하 多治比眞人牛養을 少弁으로 삼고, 종5위하 石川朝臣加美를 중무대보로 삼고, 종5위하 阿倍朝臣虫麻呂를 중무소보로 삼고, 종5위하 大井王을 左大舍人頭로 삼고, 종5위하 久世王을 內藏頭로 삼고, 종4위하 道祖王을 산위두로 삼고, 종5위하 阿倍朝臣吾人을 치부소보로 삼고, 종4위하 安宿王을 현번두로 삼고, 종5위하 多治比眞人國人을 민부소보로 삼고, 종5위하 石川朝臣牛養을 주계두로 삼고, 외종5위상 文忌寸馬養[21]을

그 연장선으로 보는 견해도 있다. 그러나 실제로는 왕경, 畿內 지역을 비롯한 전국에서 역병이 발병하는 등 재난이 심화되자 외국사절을 받아들이기 어려운 상황이었다. 특히 신라에 파견된 사절이 귀국 도중 대마에서 사망하는 등 역병에 걸린 사람이 많아 신라사가 筑紫에 도착한 후, 조정에서 사자를 보내 제반 사정을 설명하고 이해를 구한 후 귀국시켰던 것으로 생각된다. 한편으로는 신라사 일행이 축자에 도착한 것은 정월이고 그로부터 6개월 동안 147인의 사절단이 그곳에 머물렀던 것을 보면 교역단의 성격이 강했다고 할 수 있다.

18) 7월 7일의 相撲의 節.

19) 평성궁 서쪽의 못 근처의 궁.

20) 병기와 의식용 무기를 관리하는 관사. 장관인 頭는 左右兵庫 각각 1인.

21) 권12 天平 9년 9월조 463쪽 각주 113) 참조.

주세두로 삼고, 종5위상 石川朝臣麻呂를 병부대보로 삼고, 외종5위하 大伴宿禰百世를 병부소보로 삼고, 종5위하 宇治王을 형부대보로 삼고, 외종5위하 大養德宿禰小東人을 형부소보로 삼고, 종5위하 小田王을 대장대보로 삼고, 종5위하 路眞人虫麻呂를 대장소보로 삼고, 정5위하 吉田連宜[22]를 전약두로 삼고, 외종5위하 大伴宿禰麻呂를 우경량으로 삼고, 종4위하 大伴宿禰牛養을 섭진대부로 삼고, 외종5위하 中臣熊凝朝臣五百嶋를 섭진량으로 삼았다.

을사(9일), 行達法師, 榮弁法師를 소승도로 삼고, 行信法師를 율사로 삼았다.

정사(21일), 외종5위하 引田朝臣虫麻呂를 齋宮의 장관으로 삼고, 외종5위하 小野朝臣東人을 左兵衛佐로 삼았다.

8월 을해(10일), 외종5위하 中臣熊凝朝臣五百嶋를 황후궁량으로 삼고, 외종5위하 於忌寸人主를 섭진량으로 삼고, 정5위하 多治比眞人廣足을 武藏守로 삼고, 종5위하 當麻眞人鏡麻呂를 因幡守로 삼고, 종5위하 息長眞人名代를 備中守로 삼고, 외종5위하 大伴直蜷淵麻呂를 伊豫守로 삼고, 외종5위하 小治田朝臣諸人을 豊後守로 삼았다.

갑신(19일), 山陽道 제국의 借貸[23]를 정지하였다. 대세의 출거는 그대로 하였다.

신묘(26일), 천하 제국에 명하여 국, 군의 지도를 진상하도록 하였다.[24]

9월 병신삭(1일), 일식이 있었다.

경자(5일), 內禮司[25]의 主禮 6인에게 처음으로 把笏[26]을 들게 하였다.

신축(6일), 지진이 있었다.

갑인(19일), 伊勢國의 飯高郡 사람 무위 伊勢直族大江에게 외종5위하를 내렸다.

---

22) 권9 神龜 원년 5월조 343쪽 각주 112) 참조.

23) 무이자로 백성들에게 官稻를 대출하는 것. 天平 7년에서 天平 9년의 역병으로 실시된 조치를 山陽道 제국에 대해 정지한 것이다.

24) 延曆 15년 8월 기묘조에도 제국 지도를 새로 만들게 했다는 기록이 보인다.

25) 中務省 산하 관사. 「職員令」12 「內禮司」조에 "內礼司, 正一人.〈掌, 宮內禮儀, 禁察非違〉"이라고 하여 예의와 비위의 감찰을 담당하고 있다.

26) 職事官에게 주어지는 것으로, 위엄과 예의를 갖추기 위해 오른손에 드는 좁고 긴 판형의 의례 도구이다. 간단히 笏이라고도 하며, 笏法에는 持笏, 懷笏, 置笏, 把笏, 正笏의 5法이 있다.

동10월 정묘(3일), 왕경, 기내와 芳野, 和泉 2監의 금년도 전조를 면제하였다.

기축(25일), 7도 제국에 순찰사를 파견하여 국사의 정무의 실태, 백성들의 생활상을 조사시켰다.

갑오(30일), 大宰大貳 정4위하 紀朝臣男人이 죽었다.[27)]

12월 정묘(4일), 종5위하 宇治王을 中務大輔로 삼고, 종4위하 高橋朝臣安麻呂를 大宰大貳로 삼고, 종5위하 藤原朝臣廣嗣[28)]를 少貳로 삼았다.

무인(15일), 仕丁이 노역의 기간을 마치고 귀향할 때에 처음으로 도중의 식량을 지급하였다.

◯ 天平 11년(739) 춘정월 갑오삭(1일), 出雲國에서 붉은 까마귀를 바치고, 越中國에서 흰 까마귀를 바쳤다.[29)]

병오(13일), 천황이 중궁에 임하였다. 정3위 橘宿禰諸兄에게 종2위를, 종4위상 大石王에게 정4위하를, 종5위하 黃文王, 무위 大市王에게 함께 종4위하를, 무위 茨田王에게 종5위하를, 종4위하 藤原朝臣豊成에게 정4위하를, 정5위하 縣犬養宿禰石次에게 종4위하를, 종5위상 賀茂朝臣助에게 정5위상을, 종5위상 多治比眞人占部에게 정5위하를, 종5위하 石川朝臣加美·紀朝臣宇美·藤原朝臣仲麻呂에게 함께 종5위상을, 외종5위하 小治田朝臣廣耳·大伴宿禰祜信備·佐伯宿禰常人에게 함께 종5위하를, 외종5위하 坂上伊美伎犬養에게 외종5위상을, 정6위상 倭武助·麻田連陽春[30)]·鹽屋連古麻呂·物部依羅朝臣人會·紀朝臣豊川·村

27) 天平 10년 周防國 正稅帳에 "九日向京大宰故大貳貳正四位下紀朝臣骨送使"(『大日本古文書』 2-130)라고 하여 紀朝臣骨의 유해를 송사한 기록이 나온다.

28) 藤原朝臣廣嗣는 大養德守 겸 式部少輔(天平 10년 4월조)에서 大宰少貳로 좌천되었다.

29) 『延喜式』 21 式部省에 赤烏는 上瑞, 白烏는 中瑞로 나온다. 「儀制令」8에는 上瑞는 즉시 주상하고, 上瑞 이하는 관할 관사에 알려 元日에 주상하도록 규정하고 있다.

30) 麻田連陽春은 天智 2년(663) 백강전투에서 패배해 일본으로 망명한 백제의 달솔 答㶱春初의 후손이며, 아들일 가능성이 있다. 答㶱春初는 天智 4년 長門國에 산성을 축조하고 황태자 大友皇子와 학사로서 교유하는 등 문무에 걸친 재사로 알려져 있다. 그의 후손인 정7위상 答㶱陽春은 神龜 원년(724)에 麻田連으로 개성하여 麻田連陽春이 되었다. 天平 연간 초기에 大宰大典으로 근무하였고, 天平 17년(745) 이래 近江守를 역임하였다. 한편 天平 2년(730)에 大宰帥 大伴旅人이 大納言에 보임되어 귀경할 때에 열린 연회에서 단가 2수 등 모두 4수를 지었고(『萬葉集』 5-884, 885), 『懷風藻』에도 "外從五位下石見守麻田連陽春 一首 年五十二"라고 나이 52세 때인 石見守 재직 당시 漢詩 1수를 남기고 있다.

國連子虫에게 함께 외종5위하를, 정4위하 竹野女王, 종4위하 無漏女王에게 함께 종3위를, 정4위하 多伎女王에게 정4위상을, 종4위하 大和女王·廣湍女王·日置女王·粟田女王·河內女王·丹生女王에게 함께 종4위상을, 종5위하 春日女王, 무위 小長谷女王·坂合部女王·高橋女王·茨田女王·陽胡女王, 종5위하 藤原朝臣吉日, 정5위하 大宅朝臣諸姉에게 함께 종4위하를, 종5위하 宇遲女王, 무위 中臣殖栗連豊日에게 함께 종5위상을, 무위 紀朝臣意美奈·采女朝臣首名·采女朝臣若·岡連君子에게 함께 종5위하를 내렸다.

2월 무자(26일), 조를 내려 "황후의 건강이 악화되어 피로가 더욱 깊어지고 있다. 짐은 이 고통을 보고 있으면 대단히 마음이 아프다. 천하에 대사면을 내려 병의 고통에서 구제하고자 한다. 天平 11년 2월 26일 술시[31] 이전의 사형죄 이하 및 팔학, 통상의 사면에서 면제되지 않는 자도 모두 사면한다. 중환자로 자활할 수 없는 자는 헤아려 진휼한다. 이에 장관이 직접 위문하고 탕약을 지급한다. 승니에 대해서도 또한 동일하게 한다"라고 하였다.

임진(30일), 칙을 내려 2월 26일 사면의 조서에서 "억지로 사면이 발효되기 전의 일을 고발한 자는 그 죄로서 처벌받지만,[32] 이는 잠시 정지하도록 한다. 만약 백성이 마음에 사적인 걱정을 진술하고자 하면 순찰사는 의사에 따라 듣고 그 내용을 자세히 기록하여 주상하도록 한다. 사면의 조서에 따라 고발인을 처벌하지 않도록 한다"라고 하였다.

3월 갑오(2일), 천황이 甕原 이궁으로 순행하였다.

정유(5일), 순행에서 환궁하였다.

계축(21일), (천황이) 조를 내려, "짐은 황공하게도 천명을 받고 천하에 군림하고 있다. 해가 뜨기 전에 의복을 입고, 해가 질 때까지 식사하는 것을 잊어버릴 정도이다. 종4위상 치부경 茅野王 등이 주상한 것을 보니, 大宰少貳 종5위하 多治比眞人伯 등이 올린 문서에 對馬嶋目 정8위상 養德馬飼連乙麻呂가 포획한 신마는 몸은 청색이고 갈기와 꼬리는 백색이라고 한다.

---

31) 오후 8시. 사면의 조가 내려지고 실행되는 시점은 보통 子時 혹은 새벽, 통트기 이전으로 나와 있으나, 이 경우는 戌時로서 이례적이다.

32) 이 내용은 사면대상이 되는 자의 죄를 고소, 고발하면 고발자에게 그에 상당하는 죄를 묻는다는 의미.

삼가 符瑞圖를 검토해 보니 '靑馬白髦尾는 신마이다. 성인이 정치를 행하고 (인민이) 재물을 쌓고 복장에 절도가 있으면 신마가 출현한다고 한다. 또 왕자가 백성을 소중히 여기고 덕이 구릉에 미치면 신마가 연못으로부터 나타난다고 한다. 실로 大瑞에 합당하는 것이다'라고 하였다. 이것은 종묘[33]가 도운 것이고 사직[34]이 내린 것이다. 짐이 부덕한데 어떻게 감히 (이러한 祥瑞를) 홀로 받을 수 있겠는가. 천하가 함께 기뻐하는 일은 도리로서 변하지 않는 이치이다. 마땅히 효자, 순손, 고령자, 홀아비, 과부, 고아, 독거노인 및 자활하기 어려운 자들을 진휼하도록 한다.[35] 말을 바친 사람에게는 위계 5계를 올려주고 물품을 내린다. 말이 출현한 군의 금년도 용, 조를 면제하고 그 외의 군은 용을 면제한다. 국사의 史生 이상에게도 각각 물품을 차등있게 내린다. 이 마음을 잘 새겨 짐의 뜻에 따르도록 한다"라고 하였다.

을묘(23일), 천황 및 태상천황이 甕原 이궁으로 순행하였다. 외종5위상 坂上伊美吉犬養에게 종5위하를 내렸다.

무오(26일), 천황이 환궁하였다.

경신(28일), 石上朝臣乙麻呂[36]가 久米連若賣[37]를 범한 죄로 土左國으로 유배되고, 若賣는 下總國으로 유배되었다.

---

33) 선조의 영령.
34) 토지의 신과 오곡의 신.
35) 권3 慶雲 2년 8월조 137쪽 각주 87) 참조.
36) 좌대신 石上麻呂의 아들. 神龜 원년(724) 2월 聖武天皇 즉위 후 종5위하에 서위되었고, 天平 4년(732) 1월 종5위상, 동년 9월 丹波守, 天平 8년 정5위하, 天平 9년 정5위상, 天平 10년에 종4위하로 左大弁의 요직에 이른다. 그러나 天平 11년 3월 故藤原宇合의 처 久米連若賣와의 간통사건으로 유배형에 처해진다. 이 유배사건을 읊은 노래가 『萬葉集』(1019~1023)에 실려 있다. 이 가운데 2수는 石上乙麻呂 자신의 작품이다. 또 『懷風藻』에도 "五言, 秋夜閨情, 一首" 등 4수가 남아 있는데, 유배지 土佐에서 지은 단가이다. 天平 13년 9월에 사면되어 입경하였다. 天平 15년(743) 5월 종4위상, 이듬해 9월에 西海道 순찰사로 임명되었다. 또 天平 18년 4월 常陸守에 임명되었고, 동년 9월 右大弁이 되었고, 天平 20년 종3위로 參議에 이른다. 天平勝宝 원년 7월에는 中納言으로 승진하였다. 『懷風藻』에서는 그의 재능과 풍채를 예찬하고 있다.
37) 藤原宇合의 妻로, 藤原百川의 모친이다. 天平 12년(740) 6월 대사면 때에 유배지 下總國에서 입경하였다. 神護景雲 원년(767) 무위에서 종5위하에 서위되었다. 한편 神龜 원년(724) 5월 신미조에 정6위상 久米奈保麻呂에게 久米連의 성을 내리고 있다. 이때 사성받은 씨족은 모두 도래계이다. 『新撰姓氏錄』 河內諸蕃에 佐佐良連의 출자를 백제국인 久米都彦에서 나왔다고 하듯이 久米連氏는 백제계 도래씨족일 가능성이 높다.

하4월 갑자(3일), (천황이) 조를 내려 “종4위하 高安王 등이 작년 10월 29일 상표한 것을 보니, 자세히 그 취지를 알았다. 왕 등은 겸양의 마음에서 황족으로부터 물러나려고 깊이 생각하고 있다. 이것은 충성에 이르고 두터운 진심을 담고 있다. 주장하는 바를 생각해 보면, 그 뜻을 접을 수 없다. 지금 청한 바대로 大原眞人의 성을 내린다. 子子 대대로 이어져 만대가 지나도 끊어짐이 없고, 孫孫 영원히 계승되어 천년이 지나도 다하지 않기를 바란다”라고 하였다.

무진(7일), 중납언 종3위 多治比眞人廣成이 죽었다. 좌대신 정2위 多治比嶋의 제5자이다.

을해(14일), 천하 제국에 명하여 짐을 싣는 말 1필이 지는 무게는 大 200근[38]을 고쳐서 150근을 한도로 하였다.

무인(17일), 정6위상 百濟王敬福[39]에게 종5위하를, 정6위상 田邊史難波[40]에게 외종5위하를 내렸다.

임오(21일), 육오국안찰사, 진수부장군 및 大養德守[41]를 겸직한 종5위상 훈4등 大野朝臣東人, 民部卿 및 춘궁대부를 겸직한 종위하 巨勢朝臣奈弖麻呂, 攝津大夫 종4위하 大伴宿禰牛養, 式部大輔 종4위하 縣犬養宿禰石次를 참의로 삼았다.

---

38) 무게 단위인 斤에는 大斤, 小斤의 2종류가 있고, 그 비율은 3 : 1이다. 大 200근은 약 134kg, 大 150근은 100kg이다. 『延喜式』 권제26 主稅寮上에는 “凡一駄荷率, 絹七十疋, 絁五十疋, 絲三百絇, 綿三百屯, 調布三十端, 庸布四十段, 商布五十段, 銅一百斤, 鐵三十廷, 鍬七十口”라고 하여 말 1필이 등에 싣는 무게의 사례를 기록하고 있다.

39) 백제 의자왕의 아들인 百濟王善光의 후손. 天平 15년(743)에 陸奧守가 되고, 天平 21년(749)에 陸奧國 小田郡에서 산출한 황금 900량을 헌상하여 東大寺 대불을 완성하는 데 공헌하였다. 이 공로로 종5위상에서 7단계를 뛰어넘는 종3위에 서위되었다. 天平勝寶 2년(750) 宮內卿이 되고, 같은 시기 河內國 交野郡에 百濟寺를 건립하였다. 天平勝寶 4년 常陸守, 左大弁을 거쳐 동 9년에 出雲守에 보임되었다. 天平寶字 3년(759)에 伊予守에 보임되고, 동 5년 南海道節度使에 임명되어 紀伊, 阿波, 讚岐, 伊予, 土佐, 播磨, 美作, 備前, 備中, 備後, 安藝, 周防 등 12국의 군사권을 장악하는 직무를 맡았다. 天平神護 원년(765) 刑部卿을 끝으로 이듬해 사망하였다. 권27 천평신호 2년 6월 정유조 薨年에 상세하다.

40) 백제계 도래씨족으로 天平 9년 4월 정6위하 出羽守가 되었고, 동 16년 11월에 종5위하, 天平勝寶 2년 3월에 천황의 신변에서 경호를 담당하는 中衛部의 中衛員外少將將으로 上毛野君을 사성받았다. 동 6년 정월 종5위상으로 승진하였다.

41) 大倭國 장관.

5월 갑인(23일), (천황이) 조를 내려 "제국의 郡司는 헛되게 정원이 과다하다. 임용해도 이익이 없고, 백성들을 착취하여 피해를 주는 일이 참으로 심하다. 이에 구 (대보령의) 정원을 살펴서 개정한다. 大郡의 大領, 少領, 主政 각 1인, 主帳 2인, 상군의 대령, 소령, 주정, 주장 각 1인, 중군의 대령, 소령, 주장 각 1인이고 下郡도 동일하다. 小郡의 領主, 帳은 각 1인으로 한다"라고 하였다.

신유(30일), 조를 내려 "천하 제국의 금년도 대여한 正税의 이자는 모두 면제한다. 諸家의 봉호의 전조는 슈에 따라 2분하여 1분은 관에 보내고, 1분은 봉주에게 납입했는데, 지금 이후로는 모두 그 봉주에게 납입한다. 운송하는 인부의 식량은 그 전조에서 할당한다"라고 하였다.

6월 무인(17일), 제국에 명하여 驛起稻는 모두 정세에 합쳐 출거하도록 하였다.

계미(22일), (군단의) 병사를 정지했기 때문에 國府의 兵庫는 白丁[42] 중에서 징발하여 교대로 근무하도록 하였다.

갑신(23일), 出雲守 종5위하 石川朝臣年足에게 비단 30필, 삼베 60단, 정세의 벼 3만속을 내렸다. 선정에 대한 포상이다.

추7월 을미(5일), 외종5위하 背奈公福信[43]에게 종5위하를, 정6위상 新城連吉足[44]에게 외종5위하를 내렸다.

계묘(13일), 발해사 부사 雲麾將軍 己珍蒙[45] 등이 내조하였다.

갑진(14일), 조를 내려 "바야흐로 지금 초가을이다. 곡식이 풍성이 자라고

---

42) 관위가 없는 일반 백성.

43) 상기 天平 10년 3월 신미조 각주 6) 참조.

44) 『新撰姓氏錄』 좌경제번하에 "新城連은 高麗國人 高福裕로부터 나왔다"라는 출자를 밝히고 있다. 『삼국사기』 고구려본기 봉산왕 2년조에는 "新城宰北部小兄高奴子"라고 하여 신성태수인 북부 소형 高奴子가 나온다. 新城은 고구려의 북방을 지키는 요충지로 일찍이 선비족 모용씨의 침공을 막아낸 신성태수 高奴子의 居城이었다. 이 성은 고노자 일족의 생활권이자 거점이었으며 고구려 전쟁사에서 영웅적 전승담이 전해져 신성이라는 본관은 후예씨족들의 기억 속에 계승되었을 것이다. 요컨대 고복유는 고노자의 후예이므로 그의 선조가 신성태수로 있던 新城이라는 지명을 관칭했다고 생각된다.

45) 두 번째 발해사절. 발해의 대사가 탄 선박은 해상에서 조난되었지만, 일찍이 견당사로 파견되었다가 발이 묶인 平郡朝臣廣成 등은 발해를 거쳐 이 사절단의 배에 동승해서 귀국할 수 있게 된다. 발해사절은 동년 10월에 입경하여 이듬해 정월 원단의식에 참여하고 2월에 귀국하였다.

있다. 풍우의 조화로 금년도 곡물이 잘 익었다. 천하 제사찰에 명하여 오곡성숙경[46]을 전독시키고 아울러 7일 7야 회과[47]하도록 한다"라고 하였다.

8월 병자(16일), 태정관이 처분하기를, 식부성의 음의 자손[48] 및 위자[49] 등은 나이에 제한없이 모두 대학에 입학시켜 오로지 학문에 힘쓰도록 하였다.[50]

9월 경인삭(1일), 일식이 있었다.

동10월 갑자(5일), 종4위하 小野朝臣牛養이 죽었다.

병자(17일), 소승도 行達을 대승도로 삼았다.

병술(27일), 입당사 판관 외종5위하 平郡朝臣廣成이 발해객 등과 같이 입경하였다.

11월 신묘(3일), 平郡朝臣廣成이 배조하였다. 처음에 (평군조신)광성은 天平 5년 대사 多治比眞人廣成을 따라 입당하였다. 동 6년 10월에 일을 마치고 귀국할 때에 4척의 배가 같이 출발하여 蘇州에서 바다로 출항하였다. 돌연 거센 바람이 일어나 피차 서로를 잃어버렸다. 廣成이 탄 배의 115인은 崑崙國[51]에 표착하였다. 적병이 와서 포위하고 드디어 구금하였다. 배에 탔던 사람들은 혹은 살해당하고 혹은 흩어져 도망쳤다. 그 외의 90여 인은 도착한 후

---

46) 五穀成熟經의 경전은 오곡의 풍요를 기원하는 내용으로 생각되지만, 어디에 실려 있는지는 알 수 없다.

47) 悔過는 예불을 통해 죄과를 참회하는 일.

48) 蔭의 범위는 3위 이상의 子와 孫, 4위, 5위의 子이고, 蔭子孫은 5위 이상의 子孫을 말한다.

49) 位子는 內位의 6위 이하 8위 이상의 적자.

50) 「軍防令」46에는 5위 이상의 子, 孫으로 나이 21세 이상의 임관되지 않은 자들에 대해 왕경, 제국의 관사에서 매년 조사하여 式部省에 보내고, 식부성에서는 이들의 능력, 용모를 심사하여 內舍人 혹은 大舍人, 東宮舍人으로 임용한다고 규정되어 있다. 또 同令47에는 內6위 이하 8위 이상의 嫡子, 나이 21세 이상으로 임관되지 않은 자들에 대해 왕경, 제국의 관사에서 매년 조사하여 그 능력에 따라 3등급으로 나누어 상등과 하등은 式部省으로, 중등은 兵部省으로 보낸다고 되어 있다. 式部省에서는 간단한 시험절차를 거친 후 상등은 大舍人, 하등은 使部로 임용한다. 兵部省에서도 兵衛로 채용한다. 상기의 태정관처분은 式部省에 머물고 있는 蔭子孫, 位子 등을 임용하지 않고 대학에 입학하게 한 것이다. 이는 「學令」2에 규정된 13세 이상 16세 이하의 나이제한을 무시하고 추진한 것이다.

51) 崑崙은 『구당서』 南蠻傳에 나오는 林邑 이남지역의 총칭으로, 현재의 인도지나반도 메콩강 유역의 캄보디아 영역.

풍토병으로 사망하였다. 廣成 등 4인은 겨우 죽음을 면하고 곤륜왕을 배견할 수 있었다. 겨우 식량을 주고 열악한 곳에 머물게 하였다. (天平) 7년(745)에 이르러 당의 欽州[52]에 귀순한 곤륜인이 그 지역에 도착하였다. 이에 몰래 그들의 배를 타고 탈출하여 당으로 돌아왔다. 본조의 유학생 阿倍仲滿[53]을 만나 그를 통해 상주하고 당 조정에 들어가 발해로를 취해 귀국하기를 청하자 천자가 허락하고 배와 식량을 지급하고 떠나게 하였다. (天平) 10년 3월 등주에서 출항하여 5월에 발해의 국경에 도착하였다. 마침 그 국왕 大欽茂[54]가 일본에 사자를 파견하려는 기회를 만나 바로 그 사절에 동행하여 출발하였다. 거친 바다를 건너는 도중에 발해의 1선이 파도에 기울어져 전복되어 대사 胥要德 등 40인이 몰사하고 廣成 등이 남은 사람들을 데리고 出羽國에 도착하였다.

12월 무진(10일), 발해사 己珍蒙 등이 배조하였다. 그 王啓[55] 및 방물을 바쳤다. 그 국서에서 말하기를, "欽茂가 말씀드린다. 산하로 멀리 단절되어 있고, 국토는 아득하게 멀다. 가만히 이곳에서 (천황의) 훌륭하게 백성을 교화하는 모습을 바라보면 단지 마음을 기울여 우러러봄이 더할 뿐이다. 삼가 생각하오니, 천황의 성스러운 인품과 고매한 덕은 멀리까지 펼쳐지고, 대대로 훌륭한 정치를 거듭하여 은택은 만백성에게 이른다. 欽茂는 황송하게도 선조의 업을 계승하여 나라를 통치하는 일은 처음과 변함이 없다. 의는 두루 미치고 정은 깊어 항상 인국과 우호를 닦고 있다. 지금 그 국의 사신 (平郡)朝臣廣業 등은 바람과 조류의 길을 잃어버리고 표류하여 여기에 이르렀다. 매양 후하게 대접하고 돌아오는 봄을 기다려 돌려보내고자 하였다. (그러나) 사신들은 앞서 가기를 바라여 이 해에 돌아가기를 간청하였고, 호소의 말은 매우 무거웠고 인국과의 의리는 가볍게 할 수 없었다. 이에 행장을 갖추고 바로 출발하게 하였다. 若忽州都督[56] 胥要德 등을 사자로

52) 현재의 廣西省 莊族자치구인 欽州縣.

53) 阿倍仲麻呂.

54) 발해의 제3대 왕으로 武王의 子. 貞孝公主 묘비에 大興寶曆金輪聖法大王이라고 하여 大興이라는 연호를 冠稱한 존호를 사용하였다.

55) 발해왕의 國書.

56) 발해의 62州의 하나라고 생각되지만, 『신당서』 발해전에는 보이지 않는다.

하여 廣業 등을 데리고 그 국에 보내게 하였다. 아울러 호랑이 가죽,[57] 곰 가죽 각각 8장, 표범 가죽 6장, 인삼 30근, 꿀 3곡을 올린다. 그 국에 도착하면 살펴 받으시기 바란다"라고 하였다.

기묘(21일), 외종5위하 平郡朝臣廣成에게 정5위하를 내리고 그 외에 수부 이상에게도 각각 등급에 따라 위계가 있었다. 정6위상 禰仁傑[58]에게 외종5위하를 내렸다.

○ 天平 12년(740) 춘정월 무자삭(1일), 천황이 대극전에서 신년하례를 받았다. 발해군의 사절, 신라학어[59] 등도 함께 열석하였다. 다만 새의 깃으로 만든 장식물을 든 여성 관인[60]은 새롭게 남자 관인의 복장을 하고 있었다. 飛驒國에서 흰 여우와 흰 꿩을 바쳤다.

갑오(7일), 발해군의 부사 雲麾將軍 己珍蒙 등에게 신분에 따라 각각 위계를 내리고, 곧 조당에서 연회를 베풀었다. 발해군왕에게 미농산[61] 비단 30필, 명주 30필, 명주실 150구, 목면 300둔을 내리고, 己珍蒙에게는 미농산 비단 20필, 명주 10필, 명주실 50구, 목면 200둔을, 그 외에는 각각 차등있게 지급하였다.

경자(13일), 천황이 중궁에 임하여 종5위하 鹽燒王에게 종4위상을, 무위 奈良王·守部王에게 함께 종4위하를, 정5위하 多治比眞人廣足에게 종5위상을, 종5위상 紀朝臣麻路·石川朝臣加美·藤原朝臣仲麻呂에게 함께 정5위하를, 종5위

57) 본문의 大虫皮는 虎皮의 이칭. 『三代實錄』 貞觀 14년 5월 18일조에도 "其信物大虫皮七張, 豹皮六張, 熊皮七張, 蜜五斛"이라고 하여 발해에서 大虫皮 등을 보냈다는 기록이 나온다.

58) 禰氏는 백제의 성씨이다. 『舊唐書』 蘇定方傳에 禰植, 『삼국사기』 신라본기 문무왕 12년 9월조에 司馬禰植, 중국에서 발견된 백제유민 묘지명에서도 禰植, 禰寔進 등의 이름이 나온다. 『善隣國寶記』 소인의 「海外國記」에 천지 4년(664) 百濟佐平 禰軍이 대마도에 도착한 기록이 보이고 『日本書紀』 天智紀 4년 9월조에도 당의 劉德高 등과 함께 왜국에 파견된 기록이 나온다. 禰仁傑은 백제 패망 후 망명한 후예일 것으로 생각된다.

59) 이때의 新羅學語는 일본어를 습득하기 위해 신라에서 파견되어 체재중인 신라학생이다. 신년하례에 발해사와 함께 열석하고 있는데 이는 신라의 사절로서 이른바 번국사의 일원으로 참석시킨 것으로, 일본국 천황의 중화의식을 만족시켰을 것이다.

60) 본문에서는 美人. 唐制에서 美人은 정3품의 女官이지만, 일본에서는 後宮의 內侍司에서 봉사하는 女孺.

61) 美濃國에서 산출된 絹. 외교 贈物, 천황의 御服 제작에 사용된 고급직물이다.

하 石川朝臣年足·佐伯宿禰淨麻呂에게 함께 종5위상을, 정6위상 藤原朝臣巨勢麻呂·藤原朝臣八束·安倍朝臣嶋麻呂·多治比眞人土作에게 함께 종5위하를, 정6위상 大伴宿禰三中·宗形朝臣赤麻呂·紀朝臣可比佐·大伴宿禰犬養·車持朝臣國人에게 함께 외종5위하를 내렸다. 또 외종5위하 大伴宿禰犬養[62)]을 견발해대사로 삼았다.

계묘(16일), 천황이 남쪽 뜰에 임하여 근시하는 신에게 연회를 베풀고, 백관 및 발해사에게 조당에서 향응하였다. 5위 이상에게 접의[63)]를 지급하였다.

갑진(17일), 천황이 대극전 남문에서 대사[64)]를 관람하였다. 5위 이상의 궁술이 끝나자 발해사 己珍蒙 등에게 활을 쏘도록 하도록 하였다.

병진(29일), 객관에 사자를 보내 발해대사 忠武將軍 胥要德에게 종2위를, 수령 무위 己闕棄蒙에게 종5위하를 내리고[65)] 아울러 調로 바친 삼베 150단, 庸으로 바친 삼베 60단을 내렸다.

정사(30일), 천황이 중궁의 합문[66)]에 임하였다. 기진몽 등이 본국의 음악을 연주하였다. 신분에 따라 각각 목면을 내렸다.

2월 기미(2일), 기진몽 등이 귀국하였다.

갑자(7일), (천황이) 난파궁으로 순행하였다. 知太政官事 정3위 鈴鹿王, 정4위하 병부경 藤原朝臣豊成을 유수[67)]로 삼았다.

경오(13일), 攝津國 백성에게 도곡을 각각 차등있게 내렸다.

---

62) 播磨少掾. 式部大丞을 역임한 후 天平 12년(740) 정월 정6위상에서 외종5위하에 서위되고 견발해대사에 임명되었다. 동년 4월 20일에 출발하여 10월 5일에 귀국하였다. 天平 18년 종5위하 式部少輔가 되었고, 天平 19년에 少納言으로 승진하였다. 天平勝寶 원년(749) 孝謙天皇 즉위 시에 종5위상이 되었고 이후 天平寶字 2년(758)에 이르기까지 10여 년간 山背守, 播磨守, 美濃守 등지의 지방장관을 역임하였다. 天平寶字 2년 右衛士督, 동 3년 종4위하 左中弁, 이어 右大弁에 서임되는 등 淳仁朝에서는 요직에 중용되었다.

63) 摺衣는 초목과 화조 등의 문양을 넣고 염색한 의복.

64) 射禮. 천황의 군신 활궁을 관람하는 의식으로 매년 정월 17일에 연중행사로 진행되었다.

65) 胥要德, 己闕棄蒙 2인의 발해사는 일본으로 오는 도중에 해상에서 사망하여 추증한 것이다.

66) 中宮院 남문의 정문.

67) 留守. 천황이 상주하는 왕도를 떠나 陪都(副都)에 일시적으로 체재할 경우, 천황이 부재하는 왕도에서 대리로 국정을 담당하는 직을 留守官이라고 한다. 일반적으로 천황의 신임이 두터운 중신이 임명된다. 태자가 임명될 경우에는 留守官이 아닌 太子監國이라고 한다.

병자(19일), 백제왕이 풍속악[68]을 연주하였다. 종5위하 百濟王慈敬[69]에게 종5위상을 내렸다. 정6위상 百濟王全福[70]에게 종5위하를 내렸다. 이날 천황이 환궁하였다.

신사(24일), 수행한 우대신 이하 5위 이상에게 신분에 따라 녹을 내렸다.

3월 신축(15일), 외종5위하 紀朝臣必登[71]을 견신라대사로 삼았다.

하4월 무오(2일), 견신라사가 출발인사를 하였다.

병자(20일), 견발해사 등이 출발인사를 하였다.

5월 을미(10일), 천황이 우대신[72]의 상락[73] 별장에 행차하였다. 주연이 무르익자 대신의 아들 무위 奈良麻呂[74]에게 종5위하를 내렸다.

정유(12일), 천황이 환궁하였다.

6월 경오(15일), 칙을 내려 "짐은 팔방에 군림하여 만백성의 위에 있다. 살얼음 위를 밟고 썩은 고삐로 말을 모는 것과 같지만, 마음은 (백성들을) 깊이 보살피고자 아침 일찍 옷을 입고 밤에 잠자리에 드는 것도 잊고 있으며,

---

68) 백제의 음악. 천황 순행 때 백제왕씨가 樂舞를 연주한 것은 天平 16년 2월 병진조, 天平神護 원년 10월 무자조, 延曆 10년 10월 기해조에도 보인다.

69) 左衛士督 百濟王遠宝의 子. 天平 13년(741) 宮內大輔에 보임되었고, 天平 16년 聖武天皇이 安曇江에 순행했을 때도 백제악을 연주하여 정5위하에 서위되었다.

70) 攝津亮 百濟王郎虞의 子. 天平 12년 11월에 종5위하에 서위되었고, 天平 16년 정5위하로 승진하였다. 동년 9월 山陰道巡察使가 되었고, 天平 17년(745)에 尾張守에 보임되었다.

71) 天平 8년(736) 외종5위하에 서위되었다. 동년 伊予介로서 正税帳使로 근무하였다(『大日本古文書』 2-5). 正税帳使는 正税帳, 義倉帳, 官田地子帳 등의 공문서를 태정관에 진상하기 위해 제국에서 파견되는 사자를 말한다. 天平 12년 3월 견신라대사로 신라에 갔다가 동년 10월에 귀국하였다. 天平 18년에 內位 종5위하에 서임되었다.

72) 황족으로 初名은 葛城王. 臣籍으로 내려가 橘宿禰를 받았고 후에 橘朝臣으로 개성하였다. 敏達天皇의 후예이며, 母는 橘三千代로 光明皇后의 異父妹에 해당한다. 최종관위는 정1위 좌대신이다.

73) 山背國 相樂郡.

74) 橘宿禰奈良麻呂의 父는 橘諸兄, 母는 藤原不比等의 딸 多比能. 天平 12년(740) 5월 종5위하에 서위된 후 동년 11월에 종5위상으로 승진하고, 이듬해 大學頭를 거쳐 攝津大夫, 民部大輔, 侍從을 역임하고, 天平勝寶 원년(749) 參議가 되었고 동 2년에 朝臣의 성을 받았다. 동 7년에 兵部卿(『萬葉集』 4449, 4454), 天平寶字 원년 6월에 右大弁이 되었다. 동년 7월, 藤原仲麻呂와의 대립으로 모반사건에 연루되어 체포, 구금당해 고문으로 37세의 나이로 사망하였다. 후에 아들 橘朝臣淸友의 딸인 嘉智子가 嵯峨皇后가 되고 仁明天皇의 생모가 되자 承和 10년(843) 8월에 종3위로 추증되었고, 동 14년 10월에는 종3위 大納言, 정1위 太政大臣으로 추증되었다.

도랑에 빠진듯이 고통받고 있는 자들을 절실히 생각하고 있다. 언제나 생각하거니와 어떻게 천제에 답하여 백성이 평안하게 쉬고 즐거움을 느낄 수 있는지, 능히 천명에 따라 국가가 평안하고 풍요롭게 번영을 이룩할 수 있는지를 생각하고 있다. 실로 너그럽고 어진 정치가 두루 미친다면, 법의 그물망에 걸린 사람들도 몸과 목숨을 보존하고 장수할 수 있으며, 크게 은혜를 베푼다면 궁핍한 사람들은 세금, 빚으로부터 벗어나 편안해질 수 있다. 마땅히 천하에 대사면을 내린다. 天平 12년 6월 15일 술시[75] 이전에 범한 사형죄 이하는 모두 사면한다. 아울러 天平 11년 이전에 공사로 빌린 벼[76]는 모두 다 면제한다. 물품관리의 책임자가 스스로 관물을 훔치거나 관할 지역의 물품을 훔친 자, 고의 살인, 살인을 모의하여 죽인 자, 사주전을 계획한 자, 강도와 절도, 남의 부인을 강간한 자[77] 및 中衛舍人, 左右兵衛, 左右衛士, 衛門府의 衛士·門部·主帥·使部 등은 사면의 범위에 포함하지 않는다. 유배형에 처해진 穗積朝臣老, 多治比眞人祖人, 名負東人, 久米連若女 등 5인을 불러 입경하도록 하였다. 大原采女[78] 勝部鳥女는 본향으로 돌려보냈다. 小野王, 日奉弟日女, 石上乙麻呂, 牟礼大野, 中臣宅守, 飽海古良比는 사면의 대상이 되지 않는다"라고 하였다.

갑술(19일), 천하 제국에 명하여 국마다 법화경을 10부씩 필사하고 아울러 7중탑을 세우게 하였다.[79]

추8월 갑술(20일), 和泉監을 河內國에 합병하였다.

계미(29일), 大宰少貳 종5위하 藤原朝臣廣嗣가 상표하여 때의 정치의 득실을 지적하면서 천지의 재해와 이변에 대해 진술하였다. 이에 승정 玄昉法師와 우위사독 종5위상 下道朝臣眞備를 해임할 것을 언급하였다.

9월 정해(3일), (藤原朝臣)廣嗣가 드디어 병력을 움직여 반란을 일으켰다. 칙을 내려 종4위상 大野朝臣東人을 대장군으로 삼고, 종5위하 紀朝臣飯麻呂를

75) 오후 8시. 天平 11년 2월 무자조의 대사면 조서에서도 戌時로 지정되어 있다.

76) 公出擧와 私出擧의 원금[本稻]과 이자[利稻].

77) 「名例律」上19에 "姧〈謂姧, 他妻妾及與和者〉"이라고 하여, 남의 처첩과 화간하는 경우를 말한다. 「雜律」22의 逸文에, "凡姦者, 徒一年, 有夫者, 徒二年"이라고 하여, 간통의 경우 도형 1년이지만, 남편이 있는 경우에는 2년형을 내린다고 한다.

78) 본관이 出雲國 大原郡에서 공상된 采女.

79) 國分寺 건립의 일환. 天平 13년 3월 을사조 조서에서도 동일한 내용의 法華經 필사와 七重塔 조영을 명하고 있다.

부장군으로 삼고, 군감, 군조 각 4인씩 임명하였다. 東海, 東山, 山陰, 山陽, 南海 5도의 군 17,000인을 징발하고 東人 등에게 위임하여 절도를 주어 토벌하게 하였다.

무자(4일), 隼人 24인을 御在所로 불러, 우대신 橘宿禰諸兄이 칙을 받들어 각각 차등있게 관위를 내리고 아울러 위계에 상응하는 의복을 주고 (토벌에) 파견하였다.

기축(5일), 종5위상 佐伯宿禰常人, 종5위하 阿倍朝臣虫麻呂 등에게 칙을 내려 또한 군사를 맡겨 파견하였다. 종5위하 神前王에게 甘南備眞人의 성을 내리고, 攝津亮에 보임하였다.

을미(11일), 치부경 종4위상 三原王 등이 이세대신궁에 폐백을 올렸다.

기해(15일), 기내 4국, 7도 제국에 칙을 내려 "최근에 筑紫 지역에 무도한 신하가 나타나 군에 토벌을 명하였다. 부처의 도움으로 백성들을 평안하기를 기원하고자 한다. 따라서 국별로 7척 크기의 관세음보살상 1체를 만들고 아울러 관세음경 10권을 필사하도록 하였다.

을사(21일), 대장군 大野朝臣東人 등에게 칙을 내려 "주상한 내용[80]을 보니 견신라사의 배가 長門國에 내착하였음을 알았다.[81] 그 배에 있는 물건은 편의에 따라 해당국에 보관한다. 사자 중에 채용할 만한 자가 있으면 장군은 마땅히 임용하도록 한다[82]"라고 하였다.

무신(24일), 대장군 東人 등이 아뢰기를 "적의 무리인 豊前國 京都郡의 鎭長인 大宰史生 종8위상 小長谷常人, 企救郡 板櫃鎭의 小長인 凡河內田道를 살해하여 잡았다. 다만 大長인 三田鹽籠은 화살 2발을 맞은 채 들판 속으로 도망쳤다. 登美, 板櫃, 京都 3곳의 병영에 있는 병사 1,767인을 생포하였고 무기는 17종이었다. 이에 長門國 豊浦郡의 소령 외정8위상 額田部廣麻呂에게 명하여 정병 40인을 이끌고 이번 달 21일에 발진하였고, 또 칙사 종5위상

80) 大野朝臣東人이 올린 상주문.

81) 天平 12년 3월에 임명되고, 동 4월에 배조하여 신라에 파견된 사절이다. 이때의 견신라사 귀국선을 長門國에서 하선시켜 육로로 입경하게 하고, 선박과 사신 중의 일부, 물자 등도 藤原廣嗣의 정토에 이용하였을 것으로 보인다.

82) 신라에 파견되어 귀국한 사절단 중에서 반란을 진압하는 정토군에 발탁했다는 것은 그만큼 사태가 긴박했음을 말해준다.

佐伯宿禰常人, 종5위하 安倍朝臣虫麻呂 등에게 명하여 隼人 24인 및 군사 4천인을 이끌고 이번 달 22일에 발진하여 板櫃의 병영을 진압하였다. 東人 등은 뒤에 도착한 병력을 이끌고 이어서 출발시켜 도해할 예정이다.[83] 또 간첩의 말에 의하면, 廣嗣가 遠珂郡家에 군영을 짓고 쇠뇌의 무기를 갖추고 봉화를 이용하여 국내의 병을 징발하고 있다"라고 하였다.

기유(25일), 대장군 東人 등이 말하기를, "豊前國 京都郡의 대령 외종7위상 楉田勢麻呂가 기병 500인을, 仲津郡擬 소령 무위 膳東人은 병 80인을, 下毛郡의 소령[84] 무위 勇山伎美麻呂, 築城郡 擬少領 외대초위상 佐伯豊石이 병사 70인을 이끌고 관군에 귀순하였다. 또 豊前國 백성 豊國秋山 등이 역적 三田塩籠을 죽였다. 또 上毛郡의 의대령 紀宇麻呂 등 3인이 함께 모의하여 적도 4명의 목을 베었다"라고 하였다.

계축(29일), (천황은) 축자부의 관내 제국의 관인, 백성들에게 칙을 내려, "반역자 (藤原)廣嗣는 어려서부터 흉악하고 성인이 되어서는 간사함이 더하여 그의 아버지 고 식부경[85]은 항상 배제하려고 했으나 짐은 허락하지 않고 지금에 이르기까지 배려해 왔다. 근자에 경내의 친족을 비방하여 먼 곳으로 보내 그의 마음을 돌려보고자 하였다. 지금 들으니 멋대로 미쳐 날뛰고 백성들을 어지럽히고 있다. 불효, 불충이고 천지에 위배되고 신도 받아들이지 않는 일이다. 멸망은 조석에 있다. 앞서 이미 칙서를 보내 그 국에 고지하였다. 또 듣건대, 반역자가 있어 칙서를 전하러 간 사람을 살해하고 이를 널리 알려지지 않게 하였다. 이에 다시 사자를 보내 칙서 수천통을 제국에 살포하였다. 이를 본 백성은 조속히 알도록 하였다. 만약 원래부터 광사와 마음을 같이해서 모반을 일으킨 사람이라도 지금 마음을 고쳐 참회하고 광사를 죽여 백성을 안심하게 한다면, 무관의 백성은 5위 이상을 내리고, 관인은 등급에 따라 위계를 추가한다. 만약 자신이 죽음을 당했다면 자손에게 내린다. 충신, 의사는 조속히 시행하도록 한다. 대군은 계속해서 발진해 들어갈

83) 대장군 大野朝臣東人의 보고에 의하면, 5도 제국에서 징발한 1만 7천 명의 병사들은 長門國에 집결한 후 순차적으로 병선을 타고 九州에 상륙하여 전투를 벌였다.

84) 擬少領은 郡領의 후보자.

85) 藤原宇合.

것이니 반드시 이 상황을 알도록 한다"라고 하였다.

동10월 무오(5일), 遣渤海郡使[86] 외종5위하 大伴宿禰犬養[87] 등이 귀국하였다.

임술(9일), 대장군 東人에게 조서를 내려 팔번신[88]의 가호를 빌도록 하였다. 대장군 東人 등이 말하기를 "역적 藤原廣嗣가 1만여기의 무리를 이끌고 板櫃河에 이르렀다. 광사는 스스로 隼人軍을 선봉으로 삼아 즉시 나무로 짠 배로 도하 준비를 하였다. 때에 佐伯宿禰常人, 安倍朝臣虫麻呂가 弩弓을 발사하여 광사의 무리들을 격퇴하여 강 서안으로 몰아내었다. 常人 등은 군사 6천여 인을 이끌고 강 동쪽에서 진을 쳤다. 바로 隼人[89] 등에게 명하여 '반역자 광사를 따라 관군에게 대항하는 자는 단지 그 몸은 죽을지라도 죄는 처자, 친족에게 미친다'라고 하였다. 이에 광사에게 통솔되던 隼人 및 병사들은 감히 활을 쏘지 못하였다. 때에 (佐伯宿禰)常人 등이 광사를 10번 불렀으나 역시 응답이 없었다. 조금 지나 광사가 말을 타고 와서 '칙사가 왔다고 들었다. 그 칙사는 누구인가'라고 말하자, 常人 등이 답하여 '칙사는 위문독 佐伯大夫,[90] 식부소보 安倍大夫이고 지금 이곳에 있다'고 하였다. 광사는 말하기를 '지금 칙사를 알았다. 말에서 내려 2회씩 2번 배례한 후, 광사는 조정의 명을 감히 거부하는 것이 아니다. 단지 조정을 어지럽히는 2인을

---

86) 동년 정월에 견발해사로 임명되고 4월에 출발인사를 하였다.

87) 天平 18년(746)에 종5위하 式部少輔, 天平 19년에 少納言에 서임되었다. 天平勝寶 원년(749) 孝謙天皇 즉위 시에 종5위상이 되었고, 이후 山背守, 播磨守, 美濃守를 역임하였다. 天平寶字 원년(757)에 정5위하로 승진하였고, 동 3년에 종4위하 左中弁, 이어 右大弁에 보임되었다. 그의 딸이 藤原仲麻呂의 부인 중 한 명인데, 藤原仲麻呂의 난 후에 그의 처자들이 살해되면서 그 딸도 죽음을 당했을 것이다.

88) 宇佐八幡. 『延喜式』 권제10 神名帳下 豊前國 宇佐郡에 "八幡大菩薩宇佐宮〈名神大〉"이라고 기록되어 있다. 현재의 大分縣 宇佐市 南宇佐에 鎭座, 祭神은 譽田別尊(應神天皇)이 主神이고 比賣大神, 神功皇后를 모시고 있다. 天平勝寶 원년 12월에 이 신에게 품계가 내려진다. 원래 팔번신은 九州의 지방신이었으나 藤原廣嗣의 반란 이후 신앙의 대상이 되고, 東大寺 대불조영, 道鏡事件 등으로 중앙과의 관계가 깊어지면서 진호국가의 신으로서 전국적으로 중시되었다.

89) 官軍을 따라 정토군 편에 선 隼人. 동족인 상대측 隼人에게 전하는 메시지.

90) 大夫는 관위 4위, 5위를 말한다. 佐伯大夫는 佐伯宿禰常人, 安倍大夫는 安倍朝臣虫麻呂이고 모두 5위. 安倍朝臣虫麻呂는 天平 10년 12월에 大宰少貳로 좌천된 藤原廣嗣의 후임이다.

(제거하기를) 청할 뿐이다. 광사가 감히 조정을 거역한다면[91] 천신지기가 주살할 것이다'라고 하였다. 常人 등이 칙부[92]를 주기 위해 大宰典[93] 이상을 불렀는데 병을 발하여 압박하는 것은 무슨 이유인가라고 말하자, 광사가 답변을 하지 못하고 말을 타고 퇴각해 버렸다. 때에 준인 3인이 바로 강으로 헤엄쳐 와서 항복하였다. 조정에서 보낸 준인들이 돕는다는 설득에 드디어 이쪽 강안으로 올 수 있었다. 이에 준인 20인이 항복하였다. 광사의 무리 기병 10기가 관군에 투항하였다. 포로와 무기는 별기한 바와 같다. 또 항복한 준인 贈唹君多理志佐[94]가 말하기를 '역적 광사가 모의하여 3도[95]로 나누어 나가자고 하고 광사 스스로가 大隅, 薩摩, 筑前, 豊後 등의 제국의 군사 도합 5천인을 이끌고 鞍手道로부터 나가고, 綱手[96]는 筑後, 肥前 등의 제국의 군사 도합 5천여 인을 이끌고 豊國後으로부터 출발하고, 多胡古麻呂〈통솔한 병력수는 알지 못한다.〉는 田河道로부터 나가자고 했다'고 한다. 다만 광사의 무리들은 진영에 도착했지만, 綱手와 多胡古麻呂는 아직 도착하지 않았다"라고 하였다.

무진(15일), 견신라국사 외종5위하 紀朝臣必登[97] 등이 귀국하였다.

임신(19일), 造伊勢國行宮司를 임명하였다.

병자(23일), 次第司[98]를 임명하였다. 종4위상 鹽燒王을 御前長官으로 삼고, 종4위하 石川王을 御後長官으로 삼고, 정5위하 藤原朝臣仲麻呂를 前騎兵大將軍

---

91) 조정의 명령을 거역하는 '捍'은 「職制律」32에 "對捍詔使, 而無人臣之禮者絞"라고 하여 絞殺한다고 규정하고, 「名例律」6에는 八虐의 대불경죄로 간주하였다.

92) 勅符는 천황의 칙서.

93) 당시 大宰府의 장차관에 해당하는 帥, 大貳는 在京 고위관인이 겸직하였고, 少貳, 大少監, 大少典이 관할하고 있었다.

94) 贈唹君多理志佐는 曾乃君多理志佐로도 표기하며 贈唹君은 大隅國 贈唹郡을 본거로 하는 隼人系 호족이다. 그는 大隅隼人의 지휘관으로 廣嗣軍의 중추였다고 보인다. 즉 양자는 중앙정부에 대해 독립하려는 공동 인식이 있었고 藤原廣嗣는 이를 교묘히 이용하였던 것이다.

95) 3개의 길을 나누어 關門海峽에 집결하자는 계획.

96) 藤原宇合의 제4자인 藤原綱手. 藤廣原嗣의 弟.

97) 聖武朝 天平 8년(736)에 외종5위하에 서위되고 동년 伊予介로서 正税帳使로 근무하였다. 天平 12년(740) 3월에 견신라대사에 임명되었고, 天平 18년에 종5위하로 승진하였다.

98) 순행 시 행렬의 지휘관. 천황의 앞뒤에서 수행하며 御前次第司와 御後次第司로 나누어 행렬을 이룬다.

으로 삼고, 정5위하 紀朝臣麻路를 後騎兵大將軍으로 삼고, 騎兵, 東西史部, 秦忌寸 등 총 400인을 징발하였다.

기묘(26일), 대장군 大野朝臣東人 등에게 칙을 내려 "짐이 생각하는 바가 있어 이번 달 말에 잠시 關東에 가려고 한다.[99] 적절한 시기가 아니지만 불가피한 일이다. 장군은 이 일을 알아도 놀라거나 이상하게 생각하지 않도록 한다"라고 하였다.

임오(29일), 伊勢國으로 순행하였다. 知太政官事 겸 식부경 정2위 鈴鹿王, 병부경 겸 중위대장 정4위하 藤原朝臣豊成을 유수관으로 삼았다. 이날 (천황이) 山邊郡 竹谿村 堀越의 頓宮[100]에 도착하였다.

계미(30일), 천황이 伊賀國 名張郡에 도착하였다.

11월 갑신삭(1일), (천황이) 伊賀郡 安保頓宮에 숙박하였다. 큰 비가 와서 도로가 진흙탕이 되어 사람과 말이 지치고 혼잡해졌다.

을유(2일), 伊勢國 壹志郡 河口頓宮에 도착하였다. 이를 關宮[101]이라고 한다.

병술(3일), 소납언 종5위하 大井王 및 中臣忌部 등을 대신궁에 보내 폐백을 바쳤다. 천황이 관궁에서 10일간 머물렀다. 이날 대장군 東人 등이 "進士[102] 무위 安倍朝臣黑麻呂가 금월(10월) 23일 병자의 날에 역적 (藤原)廣嗣를 肥前國 松浦郡 値嘉嶋의 長野村에서 사로잡았다"라고 하였다. (천황은) 이에 답하여 "지금 10월 29일 주상한 것을 보니, 역적 광사를 생포했다는 것을 알았다. 그 죄는 명백히 드러났고 의심할 여지가 없다. 마땅히 법에 따라 처벌하고 그런 연후에 주상하도록 한다"라고 하였다.

정해(4일), (천황이) 和遲野에 사냥을 즐겼다. 해당국의 금년도 전조를 면제하였다.

---

99) 藤原廣嗣는 이미 3일 전에 체포되었는데, 아직 이 사실이 조정에 전달되지 않아 왕경에서 멀리 떨어진 북방 관동지역으로 피신하려는 의도였다고 보인다.

100) 기존의 숙사를 이용한 임시 행궁.

101) 河口頓宮은 河口關 부근에 있었으며 聖武天皇이 10일간이나 묵었기 때문에 關宮이라고도 불렀다. 川口關은 三關과 같이 반역자가 伊賀國에서 伊勢國으로 탈출하는 것을 차단할 목적이 있었다고 보인다. 平城宮木簡에도 '川口關務所'가 설치되었던 사실이 확인되고 있다.

102) 式部省에서 행하는 관리등용 시험에 합격한 자. 甲第에 합격하면 종8위하, 乙第에 합격하면 대초위상에 서위된다.

무자(5일), 대장군 東人 등이 말하기를, "금월 1일에 肥前國 松浦郡에서 廣嗣, 綱手를 참형으로 이미 끝냈다. 菅成 이하 종자 이상 및 승 2인은 신병을 구금하고 대재부에 두었다. 그 명부는 별기한 바와 같다. 또 금월 3일 軍曹[103] 海犬養五百依를 출동시켜 반역자 광사의 종자 三田兄人 등 20여 인을 데리고 왔다. 이들이 말하기를, '광사가 탄 배는 知駕嶋[104]에서 출발하여 동풍을 받아 4일을 가다가 섬을 발견하고, 선상의 사람들은 저것은 耽羅嶋라고 생각하였다. 이때 여전히 동풍이 불어 배는 해상에 머물러서 어떻게 해도 나아가지 못하고 표류한 지 1주야가 지났다. 그러나 갑자기 서풍이 불어 다시 배를 되돌렸다. 이에 광사가 직접 驛鈴 1개를 꺼내 들면서, 나는 대충신이다. 신령이 나를 버리겠는가. 신력에 의지하며 풍파를 잠시 진정시켜 달라고 빌면서 鈴을 바다에 던졌다. 그러나 오히려 풍파는 더욱 심해지고 끝내 等保知駕嶋[105]의 色都嶋에 도착했다'고 한다"라고 하였다. 광사는 식부경 (藤原朝臣)馬養의 제1자이다.

을미(12일), 천황이 河口를 출발하여 壹志郡에 도착하여 숙박하였다.

정유(14일), 순행을 계속하여 鈴鹿郡 赤坂頓宮에 도착하였다.

갑진(21일), 조를 내려 수행한 문무관 아울러 기병 및 자제 등에게 관위 1급을 올려주었다. 다만 기병의 父는 비록 수행하지 않았어도 관위 2급을 주었다. 종2위 橘宿禰諸兄에게 정2위를, 종4위상 智努王·鹽燒王에게 함께 정4위하를, 종4위하 石川王·長田王·守部王·道祖王·安宿王·黃文王에게 함께 종4위상을, 무위 山背王에게 종4위하를, 종5위하 矢釣王·大井王·茨田王에게 종5위상을, 종4위상 大原眞人高安에게 정4위하를, 정5위하 紀朝臣麻呂·藤原朝臣仲麻呂에게 함께 정5위상을, 종5위상 下道朝臣眞備·佐伯宿禰清麻呂·佐伯宿祢常人에게 함께 정5위하를, 종5위하 多治比眞人家主·阿倍朝臣吾人·多治比眞人牛養·大伴宿禰弖信備·百濟王全福·阿倍朝臣佐美麻呂·阿倍朝臣虫麻呂·藤原朝臣八束·橘宿禰奈良麻呂에게 함께 종5위상을, 정6위상 多治比眞人木人·藤原朝臣清河, 외종5위하 民忌寸大楫에게 함께 종5위하를, 외종5위하 菅生朝臣古麻呂·紀

103) 정토군의 제4등관으로 앞의 9월 정해조에 나오는 軍曹 4인 중의 1인.
104) 앞 문장에 나오는 肥前國 松浦郡의 値嘉嶋.
105) 五島列島의 福江島 혹은 小値嘉島.

朝臣鹿人·宗形朝臣赤麻呂·引田朝臣虫麻呂·物部依羅朝臣人會·高麥太·大藏忌寸廣足·倭武助·村國連子虫에게 함께 외종5위상을, 정6위상 當麻眞人廣名·紀朝臣廣名·笠朝臣蓑麻呂·小野朝臣綱手·枚田忌寸安麻呂·秦前大魚·文忌寸黑麻呂·日根造大田·守部連牛養·酒波人麻呂, 외소초위상 壹師君族古麻呂에게 함께 외종5위하를 내렸다.

을사(22일), 5위 이상에게 차등있게 각각 비단을 지급하였다.

병오(23일), (천황이) 赤坂을 출발하여 朝明郡에 도착하였다.

무신(25일), 桑名郡 石占頓宮에 도착하였다.

기유(26일), 美濃國 當伎郡에 도착하였다.

경술(27일), 伊勢國의 고령의 백성 중에서 100세 이하 80세 이상인 자에게 대세[106]를 각각 차등있게 지급하였다.

12월 계축삭(1일), (천황이) 不破郡 不破頓宮에 도착하였다.

갑인(2일), 宮處寺 및 曳常泉으로 순행하였다.

병진(4일), 騎兵司[107]를 해체하고 왕경으로 돌아가게 하였다. 皇帝[108]가 國城[109]을 순시하고 저녁에 신라악[110]과 飛彈樂을 연주하게 하였다.

정사(5일), 美濃國의 국사, 군사 및 백성 중 (순행시에) 봉사한 자에게 관위 1급씩 올려주었다. 정5위상 賀茂朝臣助에게 종4위하를 내렸다.

무오(6일), 不破를 출발하여 坂田郡 横川頓宮에 이르렀다. 이날 우대신 橘宿禰諸兄이 먼저 출발하여 山背國 相樂郡 恭仁鄕을 정비하였다.[111] 천도를

---

106) 지방의 國, 郡에 보관된 田租의 稻.

107) 외국사의 입경, 천황의 순행, 경호를 위해 제국으로부터 징발된 기병대를 이끄는 지휘관. 이를 관장하는 관사가 騎兵司이다. 慶雲 2년(705) 11월 을축조에 신라사를 맞이할 때 紀古麻呂가 임명된 것이 초견이고, 天平 12년(740) 10월 병자조에 정5위하 藤原朝臣仲麻呂를 前騎兵大將軍으로 삼고, 정5위하 紀朝臣麻路를 後騎兵大將軍으로 삼았다는 기록이 있고, 天平神護 원년(765)에 稱德天皇이 河內國 弓削에 순행할 때 藤原繩麻呂, 百濟王敬福이 각각 騎兵大將軍에 임명되었다.

108) 원문에는 天皇이 아닌 皇帝로 표기.

109) 美濃國府와 不破關.

110) 신라악을 연주했다는 사실은 美濃國에 신라계 도래인이 다수 거주하고 있었음을 말한다. 天平寶字 5년 정월에도 美濃과 武藏 지역의 소년에게 新羅譯語를 학습시켰다는 기록이 있어 신라계 집단거주를 뒷받침하고 있다.

111) 相樂郡이 천도지역으로 선정된 것은 우대신 橘宿禰諸兄의 본거지이기 때문이라는 사실이 지적되고 있다.

추진하기 위해서였다.

기미(7일), 橫川을 출발하여 犬上頓宮에 도착하였다.

병인(14일), 외종6위상 調連馬養에게 외종5위하를 내렸다.

신유(9일), 犬上을 출발하여 蒲生郡에 도착하여 숙박하였다.

임술(10일), 포생군의 숙소를 출발하여 野洲頓宮에 도착하였다.

계해(11일), 野洲를 출발하여 志賀郡 禾津頓宮에 도착하였다.

을축(13일), 志賀山寺[112]에 행차하여 예불하였다.

병인(14일), 近江國의 국사, 군사에게 관위 1급을 올려주었다. 禾津을 출발하여 山背國 相樂郡 玉井頓宮에 도착하였다.

정묘(15일), 황제가 먼저 恭仁宮에 행차하고 비로소 경도를 조영하였다.[113] 태상천황[114]과 황후[115]는 뒤에 도착하였다.

『속일본기』 권제13

112) 崇福寺.

113) 天平 12년(740) 九州에서 藤原廣嗣의 난이 일어난 것을 계기로 聖武天皇은 平城京을 떠나 伊賀國, 伊勢國, 美濃國, 近江國 등의 지역을 돌아다녔다. 난이 수습된 후에도 평성경으로 돌아오지 않고 山背國 남단의 久仁鄕에 恭仁京 조영에 착수하였으며 天平 13년 11월 21일 칙으로 大養德恭仁大宮이라는 정식명칭을 부여하였다. 이와 병행하여 3년이 지난 743년 말에는 紫香樂宮이 조영되기 시작했으나 비용문제로 중지되고 天平 16년(744) 2월 難波로 천도하면서 廢都되었다. 天平 17년 5월에 平城京으로 되돌아왔다.

114) 元正上皇.

115) 光明皇后.

續日本紀卷第十三

〈起天平十年正月, 盡十二年十二月〉

從四位下行民部大輔兼左兵衛督皇太子學士臣菅野朝臣眞道等奉勅撰

天璽國押開豊櫻彦天皇〈聖武天皇〉

◯ **十年**春正月庚午朔, 天皇御中宮, 宴侍臣, 饗五位已上於朝堂. 信濃國獻神馬, 黑身白髦尾. 壬午, 立阿倍內親王爲皇太子. 大赦天下. 但謀殺殺訖, 私鑄錢, 强竊二盜不在赦限. 若罪至死降一等, 其六位已下進位一階. 高年窮乏孝義人等, 量加賑恤. 又貢瑞人賜爵及物, 并免出瑞郡當年之庸. 是日, 授大納言從三位橘宿禰諸兄正三位, 拜右大臣, 從三位鈴鹿王授正三位, 正五位上大伴宿禰牛養, 高橋朝臣安麻呂, 石上朝臣乙麻呂並從四位下. 丙戌, 皇帝幸松林, 賜宴於文武官主典已上, 賚祿有差. 乙未, 以從四位下石上朝臣乙麻呂爲左大辨, 中納言從三位多治比眞人廣成爲兼式部卿, 從四位下巨勢朝臣奈弖麻呂爲民部卿. 正月是月, 大宰府奏, 新羅使級湌金想純等一百四十七人來朝.

二月丁巳, 筑紫宗形神主外從五位下宗形朝臣鳥麻呂授外從五位上, 出雲國造外正六位上出雲臣廣嶋外從五位下.

三月辛未, 從六位上背奈公福信授外從五位下. 丙申, 施山階寺食封一千戶, 鵤寺食封二百戶, 隅院食封一百戶, 又限五年施觀世音寺食封一百戶.

夏四月乙卯, 詔, 爲令國家隆平宜令京畿內七道諸國三日內轉讀最勝王經. 庚申, 從五位下佐伯宿禰淨麻呂爲左衛士督, 從五位下藤原朝臣廣嗣爲大養德守, 式部少輔如故. 從五位下百濟王孝忠爲遠江守, 外從五位下佐伯宿禰常人爲丹波守, 從五位下大伴宿禰兄麻呂爲美作守, 外從五位下柿本朝臣濱名爲備前守, 外從五位下大宅朝臣君子爲筑前守, 外從五位下田中朝臣三上爲肥後守, 外從五位下陽侯史眞身爲豊後守.

五月庚午, 停東海, 東山, 山陰, 山陽, 西海等道諸國健兒. 辛卯, 使右大臣正三位橘宿禰諸兄, 神祇伯從四位下中臣朝臣名代, 右少弁從五位下紀朝臣宇美, 陰陽頭外從五位下高麥太, 齎神寶奉于伊勢大神宮.

六月戊戌朔, 武藏守從四位下粟田朝臣人上卒. 辛酉, 遣使大宰賜饗於新羅使金想純等, 便卽放還.

秋七月癸酉, 天皇御大藏省覽相撲, 晩頭轉御西池宮, 因指殿前梅樹. 勅右衛士督下道朝臣眞備及諸才子曰, 人皆有志, 所好不同. 朕去春欲翫此樹, 而未及賞翫, 花葉遽落, 意甚惜焉. 宜各賦春意詠此梅樹, 文人卅人奉詔賦之. 因賜五位已上絁廿疋, 六位已下各六疋. 丙子, 左兵庫少屬從八位下大伴宿禰子虫, 以刀斫殺右兵庫頭外從五位下中臣宮處連東人, 初子虫事長屋王頗蒙恩遇, 至是適與東人任於比寮, 政事之隙相共圍碁. 語及長屋王, 憤發而罵. 遂引劒斫而殺之. 東人卽誣告長屋王事之人也.

閏七月癸卯, 以從五位下阿倍朝臣沙彌麻呂爲少納言, 從五位下紀朝臣宇美爲右中弁, 從五位下多治比眞人牛養爲少弁, 從五位下石川朝臣加美爲中務大輔, 從五位下阿倍朝臣虫麻呂爲少輔, 從五位下大井王爲左大舍人頭, 從五位下久世王爲內藏頭, 從四位下道祖王爲散位頭, 從五位下阿倍朝臣吾人爲治部少輔, 從四位下安宿王爲玄蕃頭, 從五位下多治比眞人國人爲民部少輔, 從五位下石川朝臣牛養爲主計頭, 外從五位上文忌寸馬養爲主稅頭, 從五位上石川朝臣麻呂爲兵部大輔, 外從五位下大伴宿禰百世爲少輔, 從五位下宇治王爲刑部大輔, 外從五位下大養德宿禰小東人爲少輔, 從五位下小田王爲大藏大輔, 從五位下路眞人虫麻呂爲少輔, 正五位下吉田連宜爲典藥頭, 外從五位下大伴宿禰麻呂爲右京亮, 從四位下大伴宿禰牛養爲攝津大夫, 外從五位下中臣熊凝朝臣五百嶋爲亮. 乙巳, 以行達法師, 榮弁法師, 爲少僧都, 行信法師爲律. 丁巳, 外從五位下引田朝臣虫麻呂爲齋宮長官, 外從五位下小野朝臣東人爲左兵衛佐.

八月乙亥, 外從五位下中臣熊凝朝臣五百嶋爲皇后宮亮, 外從五位下於忌寸人主爲攝津亮, 正五位下多治比眞人廣足爲武藏守, 從五位下當麻眞人鏡麻呂爲因幡守, 從五位下息長眞人名代爲備中守, 外從五位下大伴直蜷淵麻呂爲伊豫守, 外從五位下小治田朝臣諸人爲豊後守. 甲申, 停山陽道諸國借貸, 大稅出擧如舊. 卯, 令天下諸國造國郡圖進.

九月丙申朔, 日有蝕之, 庚子, 內禮司主禮六人, 始令把笏, 辛丑, 地震, 甲寅, 伊勢國飯高郡人無位伊勢直族大江授外從五位下.

冬十月丁卯, 免京畿內芳野和泉監今年田租. 己丑, 遣巡察使於七道諸國, 採訪國宰政迹黎民勞逸. 甲午, 大宰大貳正四位下紀朝臣男人卒.

十二月丁卯, 從五位下宇治王爲中務大輔, 從四位下高橋朝臣安麻呂爲大宰大貳, 從五位下藤原朝臣廣嗣爲少貳. 戊寅, 仕丁役畢還鄕, 始給程粮.

○ **十一年**春正月甲午朔, 出雲國獻赤烏, 越中國獻白烏. 丙午, 天皇御中宮. 授正三位橘宿禰諸兄從二位, 從四位上大石王正四位下, 從五位下黃文王, 無位大市王並從四位下, 無位茨田王從五位下, 從四位下藤原朝臣豊成正四位下, 正五位下縣犬養宿禰石次從四位下, 從五位上賀茂朝臣助正五位上, 從五位上多治比眞人占部正五位下, 從五位下石川朝臣加美, 紀朝臣宇美, 藤原朝臣仲麻呂並從五位上, 外從五位下小治田朝臣廣耳, 大伴宿禰祜信備, 佐伯宿禰常人並從五位下, 外從五位下坂上伊美伎犬養外從五位上, 正六位上倭武助, 麻呂田連陽春, 鹽屋連古麻呂, 物部依羅朝臣人會, 紀朝臣豊川, 村國連子虫並外從五位下, 正四位下竹野女王, 從四位下無漏女王並從三位, 正四位下多伎女王正四位上, 從四位下大和女王, 廣湍女王, 日置女王, 粟田女王, 河內女王, 丹生女王並從四位上, 從五位下春日女王, 無位小長谷女王, 坂合部女王, 高橋女王, 茨田女王, 陽胡女王, 從五位下藤原朝臣吉日, 正五位下大宅朝臣諸姉並從四位下, 從五位下宇遲女王, 無位中臣殖栗連豊日並從五位上, 無位紀朝臣意美奈, 采女朝臣首名, 采女朝臣若, 岡連君子並從五位下.

二月戊子, 詔曰, 皇后寢膳不安, 彌益疲勞. 朕見此苦情甚惻隱. 宜大赦天下救濟病患. 自天平十一年二月廿六日戌時以前, 大辟罪以下及八虐, 常赦所不免者, 咸赦除之. 其癈疾之徒不能自存者, 量加賑恤. 仍令長官親自慰問量給湯藥, 僧尼亦同. 壬辰, 勅, 二月廿六日赦書云, 敢以赦前事告言者以其罪罪之. 宜暫可停. 若百姓心懷私愁欲披陳者恣聽之. 巡察使宜隨事問知, 具狀錄奏. 勿依赦書罪告人.

三月甲午, 天皇行幸甕原離宮. 丁酉, 車駕還宮. 癸丑, 詔曰, 朕恭膺寶命, 君臨區宇, 未明求衣, 日昃忘膳. 卽得從四位上治部卿茅野王等奏稱, 得大宰少貳從五位下多治比眞人伯等解稱, 對馬嶋目正八位上養德馬飼連乙麻呂所獲神馬, 青身白髦尾. 謹檢符瑞圖曰, 青馬白髦尾者神馬也. 聖人爲政, 資服有制, 則神馬出. 又曰, 王者事百姓德至丘陵, 則澤出神馬, 實合大瑞者. 斯乃宗廟所祐, 社稷所貺. 朕以不德, 何堪獨受. 天下共悅, 理允恒典. 宜賑給孝子順孫高年鰥寡惸獨, 及不能自存者. 其進馬人賜爵五級幷物. 免出馬郡今年庸調, 自餘郡之. 國司史生以上, 亦各賜物. 宜體此懷聿遵朕志焉. 乙卯, 天皇及太上天皇行幸甕原離宮. 授外從五位上坂上伊美吉犬養從五位下. 戊午, 車駕還宮. 庚申, 石上朝臣乙麻呂坐姦久米連若賣, 配流土左國, 若賣配下總國焉.

夏四月甲子, 詔曰, 省從四位上高安王等去年十月廿九日表, 具知意趣. 王等謙沖之情, 深懷辭族, 忠誠之至, 厚在慇懃. 顧思所執, 志不可奪, 今依所請賜大原眞人之姓, 子子相承, 歷萬代而無絶, 孫孫永繼冠千秋以不窮. 戊辰, 中納言從三位多治比眞人廣成薨, 左大臣正二位嶋之第五子也. 乙亥, 令天下諸國改駄馬一疋所負之重大二百斤, 以百五十斤爲限. 戊寅, 正六位上百濟王敬福授從五位下, 正六位上田邊史難波外從五位下. 壬午, 陸奧國按察使兼鎭守府將軍大養德守從四位上勳四等大野朝臣東人, 民部卿兼春宮大夫從四位下巨勢朝臣奈弖麻呂, 攝津大夫從四位下大伴宿禰牛養, 式部大輔從四位下縣犬養宿禰石次爲參議.

五月甲寅, 詔曰, 諸國郡司, 徒多員數, 無益任用, 侵損百姓爲蠹實深. 仍省舊員改定, 大郡大領少領主政各一人, 主帳二人, 上郡大領少領主政主帳各一人, 中郡大領少領主帳各一人, 下郡亦同, 小郡領主帳各一人. 辛酉, 詔曰, 天下諸國, 今年出擧正稅之利皆免之. 諸家封戶之租, 依令二分, 一分入官, 一分給主者. 自今以後全賜其主, 運送傭食割取其租.

六月戊寅, 令諸國驛起稻咸悉混合正稅. 癸未, 緣停兵士. 國府兵庫點白丁, 作番令守之. 甲申, 賜出雲守從五位下石川朝臣年足, 絁卅疋, 布六十端, 正稅三萬束, 賞善政也.

秋七月乙未, 授外從五位下背奈公福信從五位下, 正六位上新城連吉足外從五位下. 癸卯, 渤海使副使雲麾將軍己珍蒙等來朝. 甲辰, 詔曰, 方今孟秋, 苗子盛秀, 欲令風雨調和年穀成熟. 宜令天下諸寺轉讀五穀成熟經, 幷悔過七日七夜焉.

八月丙子, 太政官處分, 式部省蔭子孫幷位子等不限年之高下, 皆下大學一向學問焉.

九月庚寅朔, 日有蝕之.

冬十月甲子, 從四位下小野朝臣牛養卒. 丙子, 少僧都行達爲大僧都. 丙戌, 入唐使判官外從五位下平郡朝臣廣成, 幷渤海客等入京.

十一月辛卯, 平郡朝臣廣成拜朝. 初廣成, 天平五年隨大使多治比眞人廣成入唐. 六年十月事畢却歸. 四船同發從蘇州入海, 惡風忽起彼此相失. 廣成之船一百一十五人漂着崑崙國, 有賊兵來圍遂被拘執, 船人或被殺或迸散, 自餘九十余人着瘴死亡. 廣成等四人, 僅免死得見崑崙王, 仍給升糧安置惡處. 至七年, 有唐國欽州熟崑崙到彼, 便被偷載, 出來旣歸唐國. 逢本朝學生阿倍仲滿, 便奏得入朝. 請取渤海路歸朝. 天子許之. 給船粮發遣. 十年三月, 從登州入海. 五月到渤海界. 適遇其王大欽茂差使, 欲聘我朝, 卽時同發. 及渡沸海, 渤海一船遇浪傾覆. 大使胥要德等四十人沒死. 廣成等率遺衆, 到著出羽國.

十二月戊辰, 渤海使己珍蒙等拜朝. 上其王啓并方物. 其詞曰, 欽茂啓, 山河杳絶,國土夐遙. 佇望風猷, 唯增傾仰. 伏惟, 天皇聖叡, 至德遐暢, 奕葉重光, 澤流萬姓. 欽茂忝繼祖業, 濫惣如始, 義洽情深, 每脩隣好. 今彼國使朝臣廣業等, 風潮失便, 漂落投此. 每加優賞, 欲待來春放廻. 使等貪前, 苦請乃年歸去. 訴詞至重, 隣義非輕. 因備行資, 卽爲發遣. 仍差若忽州都督胥要德等充使, 領廣業等令送彼國. 并附大虫皮羆皮各七張, 豹皮六張, 人參三十斤, 密三斛進上. 至彼請檢領. 己卯, 外從五位下平郡朝臣廣成授正五位上, 自餘水手已上. 亦各有級. 正六位上爾仁傑外從五位下.

○ **十二年**春正月戊子朔, 天皇御大極殿受朝賀, 渤海郡使新羅學語等同亦在列. 但奉翳美人更着袍袴. 飛騨國獻白狐白雉. 甲午, 渤海郡副使雲麾將軍己珍蒙等, 授位各有差. 卽賜宴於朝堂. 賜渤海郡王美濃絁卅疋, 絹卅疋, 絲一百五十絇, 調綿三百屯, 己珍蒙美濃絁廿疋, 絹十疋, 絲五十絇, 調綿二百屯, 自餘各有差. 庚子, 天皇御中宮, 授從四位下塩燒王從四位上, 無位奈良王, 守部王並從四位下, 正五位下多治比眞人廣足正五位上, 從五位上紀朝臣麻路, 石川朝臣加美, 藤原朝臣仲麻呂並正五位下, 從五位下石川朝臣年足, 佐伯宿禰淨麻呂並從五位上, 正六位上藤原朝臣巨勢麻呂, 藤原朝臣八束, 安倍朝臣嶋麻呂, 多治比眞人土作並從五位下, 正六位上大伴宿禰三中, 宗形朝臣赤麻呂, 紀朝臣可比佐, 大伴宿禰犬養, 車持朝臣國人並外從五位下. 又以外從五位下大伴宿禰犬養爲遣渤海大使. 癸卯, 天皇御南苑宴侍臣, 饗百官及渤海客於朝堂. 五位已上賜摺衣. 甲辰, 天皇御大極殿南門觀大射, 五位已上射了. 乃命渤海使己珍蒙等射焉. 丙辰, 遣使就客館, 贈渤海大使忠武將軍胥要德從二位, 首領無位己閼棄蒙從五位下, 并賻調布一百十五端, 庸布六十段. 丁巳, 天皇御中宮閤門, 己珍蒙等奏本國樂, 賜帛綿各有差.

二月己未, 己珍蒙等還國. 甲子, 行幸難波宮. 以知太政官事正三位鈴鹿王, 正四位下兵部卿藤原朝臣豊成爲留守. 庚午, 給攝津國百姓稻粮各有差. 丙子, 百濟王等奏風俗樂. 授從五位下百濟王慈敬從五位上, 正六位上百濟王全福從五位下. 是日, 車駕還宮. 辛巳, 賜陪從右大臣已下五位已上祿各有差.

三月辛丑, 以外從五位下紀朝臣必登爲遣新羅大使.

夏四月戊午, 遣新羅使等拜辭. 丙子, 遣渤海使等辭見.

五月乙未, 天皇幸右大臣相樂別業. 宴飮酣暢, 授大臣男無位奈良麻呂從五位下. 丁酉, 車駕還宮.

六月庚午, 勅曰, 朕君臨八荒, 奄有萬姓, 履薄馭朽, 情深覆育, 求衣忘寢, 思切納隍. 恒念何答上玄. 人民有休平之樂, 能稱明命, 國家致寧泰之榮者. 信是被於寬仁, 挂網之徒, 保身命而得壽, 布於鴻恩, 窮乏之類, 脫乞微而有息. 宜大赦天下. 自天平十二年六月十五日戌時以前大辟以下, 咸赦除之. 兼天平十一年以前公私所負之稻, 悉皆原免. 其監臨主守自盜, 盜所監臨, 故殺人謀殺人殺訖, 私鑄錢作具旣備, 强盜竊盜, 姦他妻. 及中衛舍人, 左右兵衛, 左右衛士, 衛門府衛士, 門部, 主帥, 使部等不在赦限. 其流人穗積朝臣老, 多治比眞人祖人, 名負東人, 久米連若女等五人, 召令入京. 大原采女勝部鳥女還本鄕. 小野王, 日奉弟日女, 石上乙麻呂, 牟禮大野, 中臣宅守, 飽海古良比, 不在赦限. 甲戌, 令天下諸國每國寫法華經十部, 幷建七重塔焉.

秋八月甲戌, 和泉監幷河內國焉. 癸未, 大宰少貳從五位下藤原朝臣廣嗣上表, 指時政之得失, 陳天地之災異, 因以除僧正玄昉法師, 右衛士督從五位上下道朝臣眞備爲言.

九月丁亥, 廣嗣遂起兵反. 勅以從四位上大野朝臣東人爲大將軍, 從五位上紀朝臣飯麻呂爲副將軍, 軍監軍曹各四人, 徵發東海, 東山, 山陰, 山陽, 南海五道軍一萬七千人, 委東人等持節討之. 戊子, 召隼人卄四人於御在所. 右大臣橘宿禰諸兄宣勅授位各有差. 幷賜當色服發遣. 己丑, 勅從五位上佐伯宿禰常人, 從五位下阿倍朝臣虫麻呂等, 亦發遣任用軍事. 五位下神前王賜姓甘南備眞人, 補攝津亮. 乙未, 遣治部卿從四位上三原王等奉幣帛于伊勢大神宮. 己亥, 勅四畿內七道諸國曰, 比來緣筑紫境有不軌之臣, 命軍討伐, 願依聖祐欲安百姓. 故今國別造觀世音菩薩像壹軀高七尺, 幷寫觀世音經一十卷. 乙巳, 勅大將軍大野朝臣東人等曰, 得奏狀知遣新羅使船來泊長門國, 其船上物者便藏當國, 使中有人可採用者, 將軍宜任用之. 戊申, 大將軍東人等言, 殺獲賊徒豊前國京都郡鎭長大宰史生從八位上小長谷常人, 企救郡板櫃鎭小長凡河內田道. 但大長三田塩籠者, 着箭二隻逃竄野裏, 生虜登美板櫃. 京都三處營兵一千七百六十七人, 器仗十七事, 仍差長門國豊浦郡少領外正八位上額田部廣麻呂, 將精兵四十人,以今月廿一日發渡. 又差勅使從五位上佐伯宿禰常人, 從五位下安倍朝臣虫麻呂等, 將隼人廿四人并軍士四千人, 以今月廿二日發渡, 令鎭板櫃營, 東人等將後到兵,尋應發渡. 又間諜申云, 廣嗣於遠珂郡家, 造軍營儲兵弩, 而擧烽火徵發, 國內兵矣. 己酉, 大將軍東人等言, 豊前國京都郡大領外從七位上楉田勢麻呂, 將兵五百騎, 仲津郡擬少領無位膳東人, 兵八十人, 下毛郡擬少領無位勇山伎美麻呂, 築城郡擬少領外大初位上佐伯豊石, 兵七十人, 來歸官軍. 又豊前國百姓豊國秋山等殺逆賊三田鹽籠. 又上毛郡擬大領紀宇麻呂等三人, 共謀斬賊徒首四級. 癸丑, 勅筑紫府管內諸國官人百姓等曰, 逆人廣嗣小來凶惡, 長益詐姦, 其父故式部卿常欲除弃. 朕不能許. 掩藏至今. 比在京中讒發親族, 故令遷遠, 冀其改心. 今聞, 擅爲狂逆, 擾發人民. 不孝不忠, 違天背地. 神明所弃, 滅在朝夕, 前已遣勅符, 報知彼國. 又聞, 或有逆人, 捉害送人, 不令遍見. 故更遣勅符數十條, 散擲諸國, 百姓見者, 早宜承知, 如有人雖本與廣嗣同心起謀. 今能改心悔過, 斬殺廣嗣而息百姓者, 白丁賜五位已上, 官人隨等加給. 若身被殺者賜其子孫. 忠臣義士, 宜速施行, 大軍續須發入, 宜知此狀.

冬十月戊午, 遣渤海郡使外從五位下大伴宿禰犬養等來歸. 壬戌, 詔大將軍東人令祈請八幡神焉. 大將軍東人等言, 逆賊藤原廣嗣率衆一萬許騎, 到板櫃河. 廣嗣親自率隼人軍爲前鋒, 卽編木爲船, 將渡河. 于時佐伯宿禰常人. 安倍朝臣虫麻呂, 發弩射之. 廣嗣衆却到於河西. 常人等率軍士六千餘人陳于河東. 卽令隼人等呼云, 隨逆人廣嗣拒捍官軍者, 非直滅其身, 罪及妻子親族者. 則廣嗣所率隼人并兵等, 不敢發箭, 于時常人等呼廣嗣十度, 而猶不答. 良久廣嗣乘馬出來云, 承勅使到來. 其勅使者爲誰, 常人等答云, 勅使衛門督佐伯大夫, 式部少輔安倍大夫. 今在此間者. 廣嗣云, 而今知勅使,卽下馬, 兩段再拜申云, 廣嗣不敢捍朝命. 但請朝廷發人二人耳, 廣嗣敢捍朝廷者, 天神地祇罰殺. 常人等云, 爲賜勅符喚大宰典已上, 何故發兵押來. 廣嗣不能辨答, 乘馬却還. 時隼人三人直從河中泳來降服. 則朝廷所遣隼人等, 扶救遂得着岸. 仍降服隼人二十人, 廣嗣之衆十許騎來歸官軍, 獲虜器械如別. 又降服隼人贈唹君多理志佐申云, 逆賊廣嗣謀云, 從三道往, 卽廣嗣自率大隅, 薩摩, 筑前, 豊後等國軍合五千人許, 從鞍手道往. 綱手率筑後, 肥前等國軍合五千人許人, 從豊後國往. 多胡古麻呂〈不知所率軍數.〉從田河道往. 但廣嗣之衆到來鎭所, 綱手多胡古麻呂未到. 戊辰, 遣新羅國使外從五位下紀朝臣必登等還歸. 壬申, 任造伊勢國行宮司. 丙子, 任次第司, 以從四位上鹽燒王爲御前長官, 從四位下石川王爲御後長官, 正五位下藤原朝臣仲麻呂爲前騎兵大將軍, 正五位下紀朝臣麻路爲後騎兵大將軍, 徵發騎兵, 東西史部, 秦忌寸等惣四百人. 己卯, 勅大將軍大野朝臣東人等曰, 朕緣有所意, 今月之末, 暫往關東, 雖非其時, 事不能已, 將軍知之不須驚怪. 壬午, 行幸伊勢國, 以知太政官事兼式部卿正二位鈴鹿王, 兵部卿兼中衛大將正四位下藤原朝臣豊成爲留守. 是日, 到山邊郡竹谿村堀越頓宮. 癸未, 車駕到伊賀國名張郡.

十一月甲申朔, 到伊賀郡安保頓宮宿. 大雨. 途泥人馬疲煩. 乙酉, 到伊勢國壹志郡河口頓宮, 謂之關宮也. 丙戌, 遣少納言從五位下大井王, 幷中臣忌部等, 奉幣帛於大神宮, 車駕停御關宮十箇日. 是日, 大將軍東人等言, 進士無位安倍朝臣黑麻呂以今月廿三日丙子, 捕獲逆賊廣嗣於肥前國松浦郡値嘉嶋長野村. 詔報曰, 今覽十月廿九日奏, 知捕得逆賊廣嗣, 其罪顯露不在可疑. 宜依法處決. 然後奏聞. 丁亥, 遊獵于和遲野, 免當國今年租. 戊子, 大將軍東人等言, 以今月一日, 於肥前國松浦郡, 斬廣嗣綱手已訖. 菅成以下從人已上, 及僧二人者, 禁正身置大宰府, 其歷名如別. 又以今月三日, 差軍曹海犬養五百依,發遣, 令迎逆人廣嗣之從三田兄人等廿餘人. 申云, 廣嗣之船從知駕嶋發, 得東風往四ヶ日, 行見嶋,船上人云, 是耽羅嶋也. 于時東風猶扇,船留海中, 不肯進行. 漂蕩已經一日一夜. 而西風卒起, 更吹還船. 於是, 廣嗣自捧驛鈴一口云, 我是大忠臣也. 神靈弃我哉. 乞賴神力, 風波暫靜. 以鈴投海. 然猶風波彌甚. 遂着等保知駕嶋色都嶋矣. 廣嗣式部卿馬養之第一子也. 乙未, 車駕從河口發, 到壹志郡宿. 丁酉, 進至鈴鹿郡赤坂頓宮. 甲辰, 詔陪從文武官, 幷騎兵及子弟等, 賜爵人一級. 但騎兵父者, 雖不在陪從, 賜爵二級, 授從二位橘宿禰諸兄正二位, 從四位上智努王, 鹽燒王並正四位下, 從四位下石川王, 長田王, 守部王, 道祖王, 安宿王, 黃文王並從四位上, 無位山背王從四位下, 從五位下矢釣王, 大井王, 茨田王並從五位上, 從四位上大原眞人高安正四位下, 正五位下紀朝臣麻呂, 藤原朝臣仲麻呂並正五位上, 從五位上下道朝臣眞備, 佐伯宿禰淸麻呂, 佐伯宿禰常人並正五位下, 從五位下多治比眞人家主, 阿倍朝臣吾人, 多治比眞人牛養, 大伴宿禰枯信備, 百濟王全福, 阿倍朝臣佐美麻呂, 阿倍朝臣虫麻呂, 藤原朝臣八束, 橘宿禰奈良麻呂並從五位上, 正六位上多治比眞人木人, 藤原朝臣淸河, 外從五位下民忌寸大楫並從五位下, 外從五位下菅生朝臣古麻呂, 紀朝臣鹿人, 宗形朝臣赤麻呂, 引田朝臣虫麻呂, 物部依羅朝臣人會, 高麥太, 大藏忌寸廣足, 倭武助, 村國連子虫並外從五位上, 正六位上當麻眞人廣名, 紀朝臣廣名,笠朝臣蓑麻呂, 小野朝臣綱手, 枚田忌寸安麻呂, 秦前大魚, 文忌寸黑麻呂,日根造大田,守部連牛養, 酒波人麻呂, 外少初位上壹師君族古麻呂並外從五位下. 乙巳, 賜五位已上絁各有差. 丙午, 從赤坂發到朝明郡. 戊申, 至桑名郡石占頓宮. 己酉, 到美濃國當伎郡. 庚戌, 賜伊勢國高年百姓百歲已下八十歲已上者大税各有差.

十二月癸丑朔, 到不破郡不破頓宮. 甲寅, 幸宮處寺及曳常泉. 丙辰, 解騎兵司, 令還入京, 皇帝巡觀國城, 晩頭奏新羅樂飛驒樂. 丁巳, 賜美濃國郡司及百姓有勞勤者位一級, 正五位上賀茂朝臣助授從四位下. 戊午, 從不破發至坂田郡横川頓宮. 是日, 右大臣橘宿禰諸兄在前而發, 經略山背國相樂郡恭仁鄕, 以擬遷都故也. 己未, 從横川發到犬上頓宮. 丙寅, 外從六位上調連馬養授外從五位下. 辛酉, 從犬上發到蒲生郡宿. 壬戌, 從蒲生郡宿發到野洲頓宮. 癸亥, 從野洲發到志賀郡禾津頓宮. 乙丑, 幸志賀山寺禮佛. 丙寅, 賜近江國郡司位一級, 從禾津發到山背國相樂郡玉井頓宮. 丁卯, 皇帝在前幸恭仁宮, 始作京都矣. 太上天皇皇后在後而至.

續日本紀卷第十三

『속일본기』 권제14

〈天平 13년(741) 정월부터 14년(742) 12월까지〉

종4위하 行民部大輔 겸 左兵衛督 황태자학사
신 菅野朝臣眞道 등이 칙을 받들어 편찬하다.

天璽國押開豊櫻彦天皇[1)]

◯ 天平 13년(741), 춘정월 계미삭(1일), 천황이 처음으로 恭仁宮에서 신년하례를 받았다. 이날, 내리에서 5위 이상에게 연회를 베풀었다. 궁의 담장이 완성되지 않아서 장막으로 둘렀다.

계사(11일), 이세대신궁 및 7도 제국에 사자를 보내 신경으로 천도한 상황을 고하고 봉폐하였다.

정유(15일), 고 태정대신 藤原朝臣家에서 식봉 5천호를 반환하였다.[2)] 2천호는 원래대로 그 집안에 되돌려주고, 3천호는 제국의 국분사에 시주하여 장육불상을 조영하는 비용에 충당하였다. 대사 의식을 중지하였다.[3)]

무술(16일), 천황이 대극전에서 백관의 주전 이상에게 연회를 베풀고 차등 있게 따라 녹을 내렸다.

갑진(22일), 반역자 (藤原)廣嗣와 그 일당으로 생포된 자는 사형죄 26인, 몰관 5인, 유형죄 47인, 도형죄 32인, 장죄[4)] 177인이고, 소관 관사에 보내

1) 聖武天皇.
2) 藤原廣嗣의 난에 책임을 느낀 藤原家가 藤原不比等 가문이 받은 식봉을 국가에 반납한 것. 이에 조정에서는 2천 호는 되돌려주고, 3천 호는 國分寺 건립비용으로 사용하게 하였다. 이러한 사례로서 天平神護 원년 4월, 大同 3년, 弘仁 6년에도 藤原氏 家門에서 封戶를 반납하였다.
3) 새로 조영한 恭仁京의 미완성으로 大射 의식을 중지한 것이다.
4) 杖罪의 형은 杖 60대에서 100대이고, 그 아래인 笞刑은 태 10대에서 50대이다.

법에 따라 처벌하도록 하였다. 종4위하 中臣朝臣名代, 외종5위하 鹽屋連古麻呂·大養德宿禰小東人 등 43인을 유배시켰다.

2월 무오(7일), (천황이) 조를 내려, "말, 소는 사람을 대신하여 일하고 사람을 먹여 살린다. 이에 따라 이전에 명확하게 제도를 세워 도살을 금지하였다.[5] 지금 듣는 바에 의하면, 국, 군이 아직 금지하지 아니하고 백성이 여전히 도살하고 있다고 한다. 이를 어기는 자가 있다면, 蔭贖[6]을 불문하고 먼저 장 100대에 처한 후에 죄과를 묻도록 한다. 또 듣건대, 국사, 군사 등이 공무와 관계없이 사람을 모아 수렵을 행하고 백성의 생업을 방해하고 있어 손해가 대단히 많다고 한다. 지금 이후로는 엄단하고 재차 어긴 자가 있다면 반드시 중죄에 처한다"라고 하였다.

3월 임오삭(1일), 일식이 있었다.

기축(8일), 외종5위하 小野朝臣東人을 구금하고 平城京의 감옥에 투옥하였다.[7]

경인(9일), 동서의 2市에서 각각 장 50대의 처벌을 받고 伊豆의 三嶋로 유배하였다.

신축(20일), 攝津職이 언상하기를, "금월 14일부터 18일까지 108마리의 학이 궁[8] 내전 위에 모여들었다. 혹은 누각 위에 모이기도 하고 혹은 태정관의 뜰에 머물기도 하였다. 매일 진시[9]에 와서 미시[10]에 흩어져 날아갔다. 이에 사자를 보내 진정시키는 의식을 행하였다."[11]라고 하였다.

을사(24일), (천황이) 조를 내려, "짐은 덕이 부족한데도 송구하게도 막중한

---

5) 『日本書紀』 天武 4년 4월조에도 도살하여 식용으로 쓰는 것을 금지하였다. 「廐庫律」8에 "凡故殺官私馬牛者, 徒一年", 「賊盜律」32에도 "凡盜官私馬牛而殺者, 徒二年半"이라고 규정되어 있다.

6) 蔭은 형을 면제, 감면받는 것이고, 贖은 일정액의 贖銅을 내고 실형을 면제받는 것이다. 蔭, 贖에 대한 규정은 「名例律」에 명시되어 있다.

7) 天平 12년의 藤原廣嗣의 난에 연좌된 것 같다. 그 후 사면되어 天平 19년 治部少輔가 되고, 天平勝寶 6년(754)에 備前守에 보임되었다. 동 9년에는 皇太子 大炊王과 藤原仲麻呂를 살해할 책모를 기획했다가 발각되어 옥사하였다.

8) 難波宮.

9) 오전 8시 전후.

10) 오후 2시 전후.

11) 재난을 불러오는 신에게 봉폐하여 학의 소요를 진정시켰다는 것.

임무를 이어왔다. 아직 덕화의 정치를 펼치지도 못하여 자나 깨나 부끄러움이 많다. 옛 명군들은 모두 선제의 업을 잘 이어서 국가는 평안하고 백성은 기뻐하여 재해를 없애고 복을 가져왔다. 어떻게 정치를 펼쳐야 이러한 길에 이를 수 있겠는가. 근자에 그 해의 곡물이 풍작이 아니고[12] 역병이 빈번히 일어났다.[13] 부끄럽고 두려움이 교차되어 오직 마음이 아프고 자신을 질책하고 있다. 이에 널리 백성을 위해 두루 큰 복을 구하고자 한다. 이에 전년[14]에는 역마로 사자를 보내 천하에 신궁을 수리하고, 지난 해[15]에는 천하 제국에 크기 1장 6척의 석가모니불존상을 1개씩 만들게 하고 대반야경 1부씩을 필사시켰다. 이번 봄부터 가을 추수에 이르기까지 풍우가 순조롭고 오곡이 풍성하게 결실을 맺었다. 이것은 진심이 통하여 바라는 바가 이루어진 것으로 신령이 답한 것과 같다. 두렵기도 하고 놀라워 나 자신도 편하지가 않다. 경문[16]을 생각해 보면, '만약 이 국토에 경을 강의하고 독송하기도 하고, 공손히 삼가 공양하여 이 경을 널리 알리는 왕이 있다면 우리 사천왕이 항상 와서 옹호할 것이다. 일체의 재난과 장애를 모두 소멸시키고, 근심과 역병도 또한 없애고 치유할 것이다. 원하는 바도 이루고, 언제나 즐거움이 생길 것이다'라고 말하고 있다. 이에 천하 제국에 7중탑 1기를 각각 세우고 아울러 금광명최승왕경과 묘법연화경 각 1부를 필사하도록 한다. 짐은 또 별도로 금으로 새긴 금광명최승왕경을 탑마다 1부씩 두도록 한다. 성스러운 불법의 융성은 천지와 함께 영원히 전해지고, 옹호의 은혜는 내세와 현세에 미쳐 항상 충만하기를 바라고 있다. 탑을 세우는 절은 아울러 그 국의 정화이기도 하다. 반드시 좋은 곳을 택하여 실로 영구히 지속되어야 할 것이다. 인가에 가까워 (속세의) 냄새가 나서는 안 되고, 인가에서 멀어 사람들이 모이는데에 어려움이 있으면 좋지 않다. 국사들은 각각 힘써 장엄하게 만들고 아울러 청결하게 해야 한다. 머지않아 제천[17]이 감동하여 내려와 가호하기를 바라는 것이다. 가까운 곳에서부터

---

12) 天平 7년, 8년에 특히 농작물의 흉작이 심하여, 근년의 피해 상황을 말한 것이다.

13) 天平 7년, 9년의 역병의 대유행을 말한다.

14) 天平 9년 11월에 畿內, 7도에 사자를 보내 신사를 조영하게 한 일.

15) 天平 9년 3월에 제국에 석가불상, 협시보살을 만들게 하고 대반야경을 필사시킨 일.

16) 金光明最勝王經.

멀리까지 짐의 뜻을 알리도록 한다. 또 國僧寺[18]마다 봉호 50호, 수전 10정을, 尼寺에는 수전 10정을 시주하도록 한다. 僧寺에는 반드시 승 20인을 두고, 사명은 금광명사천왕호국지사로 한다. 尼寺는 비구니 10인, 사명은 法華滅罪之寺로 한다. 양사는 모두 불교의 계를 받아야 하고, 만약 궐원이 생기면 즉시 보충하여 채워야 한다. 승니는 매월 8일 반드시 최승왕경을 전독하고, 월의 반이 될 때마다 수계의 갈마[19]를 암송하고, 매월 6재일에는 공사에 걸쳐 어렵과 살생을 해서는 안 된다. 국사들은 항상 조사에 힘써야 한다"라고 하였다.

기유(28일), 3품 長谷部內親王이 죽었다. 천무천황의 황녀이다.

윤3월 을묘(5일), 천황이 조정에 임하여, 종4위상 大野朝臣東人에게 종3위를, 종5위상 大井王에게 정5위하를, 종4위하 巨勢朝臣奈弖麻呂에게 종4위상을, 정5위상 藤原朝臣仲麻呂, 종5위상 紀朝臣飯麻呂에게 함께 종5위하를, 정5위하 佐伯宿禰常人에게 정5위상을, 종5위하 大伴宿禰兄麻呂, 종5위상 阿倍朝臣虫麻呂에게 함께 정5위하를, 정6위상 多治比眞人犢養·阿倍朝臣子嶋에게 함께 종5위하를, 정6위상 馬史比奈麻呂, 외정6위상 曾乃君多理志佐, 외종7위상 椋田勝麻呂, 외정8위상 額田部直廣麻呂에게 함께 외종5위하를 내렸다.

기미(9일), 사자를 보내 평성궁의 병기를 甕原宮으로 옮겼다.

을축(15일), (천황이) 조를 내려, "유수관[20] 종3위 大養德國守 大野朝臣東人, 병부경 정4위하 藤原朝臣豊成 등에게 말하기를 "지금 이후로는 5위 이상은 임의로 평성경에 있어서는 안 된다. 만약 일이 있어 (평성경에) 돌아가지 않으면 안될 때에는(태정)관부를 받은 연후에 이를 허락한다. 평성경에 있는 자들은 금일 중에 모두 서둘러 출발시킨다. 그 외 다른 곳에 산재해 있는 자도 역시 빨리 나가도록 한다"[21]라고 하였다.

기사(19일), 難波宮에 괴이를 가라앉히는 제사를 지냈다. 정원 안에 몸통이

17) 諸天은 四天王.
18) 國分僧寺 즉 國分寺를 말하며, 國分尼寺를 포괄해서 國分寺라고 칭하기도 한다.
19) 羯磨는 玄奘이 한역한 菩薩戒羯磨文 1권. 수계와 참회의 작법을 설한 것.
20) 平城京의 留守官.
21) 평성경 및 기타 지역에 있는 5위 이상 관인들에게 천도한 恭仁京으로 소환 조치한 것. 천도가 시행된 이후에도 평성경 등지에 체류하는 관인이 적지 않았던 것으로 보인다.

없이 목이 잘려있는 여우가 있었기 때문이다. 단지 털과 똥 등이 머리 주변에 흩어져 있었다.

갑술(24일), 팔번신궁에 秘錦의 冠[22] 1개, 金泥로 쓴 최승왕경, 법화경 각 1부, 득도자 10인, 봉호, 말 5필을 바쳤다. 또 3중탑 1기를 만들게 하였다. 기도에 대한 보답이다.[23]

을해(25일), 칙을 내려 백관의 주전 및 중위, 병위 등에게 신분에 따라 동전을 지급하였다.

하4월 신축(22일), 종4위상 巨勢朝臣奈弖麻呂, 종4위하 藤原朝臣仲麻呂, 종5위하 民忌寸大楫, 외종5위하 陽侯史眞身[24] 등에게 河內國과 攝津國이 하천의 제방을 두고 다투는 장소를 조사하게 하였다.[25]

5월 을묘(6일), 천황이 (泉)河의 남쪽으로 순행하여 책을 설치해 사냥하는 모습을 관람하였다.

경신(11일), 제국에 명하여 정원 외에 좌우(위사부의) 위사 각 400인, 위문부의 위사 200인을 징발하여 바쳤다.

병자(27일), 讚岐國介 정6위상 村國連子老, 越後國掾 정7위하 錦部連男笠[26] 등이 장관에게 예의를 잃고 순종하지 않아 현직에서 해임하였다.

추7월 신해(3일), 종4위상 훈12등 巨勢朝臣奈氐麻呂를 좌대변 및 신기백, 춘궁대부로 삼고, 종4위하 紀朝臣飯麻呂를 우대변으로 삼고, 종5위하 藤原朝臣清河를 중무소보로 삼고, 종5위상 橘宿禰奈良麻呂[27]를 대학두로 삼고, 종4위상 黃文王을 산위두로 삼고, 종5위상 紀朝臣淨人을 치부대보 겸 문장박사로 삼고, 외종5위하 猪名眞人馬養을 아악두로 삼고, 종5위하 藤原朝臣仲麻呂를 민부경으로 삼고, 외종5위하 文忌寸黑麻呂[28]를 주세두[29]로 삼고, 정5위하 下道朝臣眞

22) 秘錦은 신라의 궁정공방에서 직조한 왕실용 비단으로 만든 冠.

23) 藤原廣嗣의 난 때에 八幡神에 전승을 기원한 것에 대한 은혜를 베푼 것이다.

24) 권12 天平 7년 4월조 442쪽 각주 7) 참조.

25) 河內國과 攝津國의 경계인 淀川의 제방 축조를 둘러싼 싸움으로 보인다. 『三代實錄』 貞觀 4년 3월조에도 양국이 伎人堤를 두고 다툼을 벌인 사실이 있다.

26) 錦部連은 『新撰姓氏錄』 河內國諸蕃, 和泉國諸蕃의 「錦部連」조에 百濟國 速古大王의 후손으로 나오듯이 백제계 씨족이다. 錦織連으로도 표기하는 데서 알 수 있듯이 비단 직조와 관련된 伴造 씨족이다.

27) 권13, 天平 12년 5월조 489쪽 각주 74) 참조.

備[30]를 동궁학사로 삼았다.

무오(10일), 태상천황[31]이 신궁[32]으로 이주하였다. 천황이 河口[33]에서 맞이하였다.

신유(13일), 신궁에서 군신들에게 연회를 베풀었다. 女樂,[34] 고려악[35]을 연주하고 5위 이상에게 신분에 따라 녹을 내렸다. 이날, 좌대변 종4위상 巨勢朝臣奈弖麻呂에게 정4위상을 내리고 아울러 金牙餝斑竹御杖[36]을 지급하였다.

신미(23일), 정5위상 紀朝臣麻路를 식부대보로 삼았다.

8월 정해(9일), 종5위하 多治比眞人木人을 병부소보로 삼고, 종4위상 長田王을 형부경으로 삼고, 외종5위하 大伴宿禰御中을 형부소보 겸 대판사로 삼고, 종5위상 百濟王慈敬[37]을 궁내대보로 삼고, 정4위하 智努王을 목공두로 삼고, 외종5위상 紀朝臣鹿人을 大炊頭로 삼고, 외종5위하 車持朝臣國人을 主殿頭[38]로 삼고, 종5위상 多治比眞人家主를 주전장관으로 삼고, 종5위하 小治田朝臣廣千을 尾張守로 삼고, 종5위하 百濟王孝忠[39]을 遠江守로 삼고, 외종5위하 陽侯史眞

---

28) 백제계 후예씨족. 『속일본기』 연력 10년 4월조 文忌寸最弟 등의 상표문에 따르면, 한 고조의 후손인 王狗가 백제로 이주해 왔는데, 久素王 때 성조에서 사신을 보내 문인을 찾으니 구소왕이 왕구의 손자인 왕인을 바쳤으며 이것이 文·武生 등의 선조라는 전승이 있다. 백제 王仁을 시조로 하는 계보를 갖는 이 씨족은 天武 12년 書直에서 書連으로, 동 14년에는 文忌寸으로 개성되었다.

29) 主稅寮의 장관. 제국의 田租, 미곡류 등의 창고 출납을 담당.

30) 吉備朝臣眞備. 권12 天平 7년 4월조 442쪽 각주 8) 참조.

31) 元正天皇.

32) 恭仁京.

33) 恭仁宮의 남쪽을 흐르는 泉河(木津川).

34) 女樂. 여성이 연주하는 음악. 「職員令」17에 보면 아악료에 歌女 100인이 소속되어 있다.

35) 恭仁京이 있는 山背國 남부에는 고구려계 도래씨족이 많이 거주하고 있었다. 『일본서기』 흠명 26년(548)에 고구려인 頭霧唎耶陛 등을 山背國에 안치하고, 지금의 畝原, 奈羅, 山村의 고구려인의 선조라고 하는 전승이 있고, 『신찬성씨록』 山城國 諸蕃에도 黃文連, 桑原史, 高井造, 狛造, 八坂造 등의 고구려계 씨족이 나온다.

36) 금과 상아를 입힌 얼굴무늬 모양의 竹 지팡이.

37) 天平 7년에 종5위하에, 天平12년에 종5위상에 서위되었고, 동 天平 16년에 聖武天皇이 安曇江에 순행했을 때도 백제악을 연주하여 정5위하에 서위되었다.

38) 宮內省 소속 主殿寮의 장관. 직무는 內裏에서의 소모품의 관리, 공급을 담당하고 大同 3년(808)에는 官奴司를 병합하여 官奴婢, 官戶의 관리도 담당하였다.

身[40]을 但馬守로 삼고, 정5위하 阿倍朝臣虫麻呂를 播磨守로 삼고, 외종5위하 大伴宿禰百世를 美作守로 삼았다.

계사(15일), 佐渡國이 지난 6월부터 금월까지 장맛비가 그치질 않아 백성의 생업에 피해가 있었다. 당해년의 전조, 조, 용를 면제하였다.

병오(28일), 恭仁京에 평성경의 2市[41]를 이전하였다.

9월 신해(4일), 좌우경[42]의 백성의 調와 租, 기내 4국의 전조를 면제하였다. 천도에 따른 조치였다.

을묘(8일), (천황이) 칙을 내려, "경도[43]를 새로 천도하여 천하에 대사면을 내린다. 天平 13년 9월 8일 오시[44] 이전에 범한 천하의 죄인은 사형죄 이하, 이미 발각되었거나 발각되지 않았거나, 이미 판결이 났거나 심리중이거나, 경중을 묻지 않고 모두 석방한다. 유형을 받은 사람이 아직 유배지에 도착하지 않았거나 이미 도착했거나, 이미 유형의 기한을 채워 (그 지역의) 호적에 편입되어 백성이 된 자[45] 역시 모두 석방하여 돌려보낸다. 유배지에서 태어난 자손으로 부모가 이미 죽어 따라갈 수 없는 자는[46] 연한에 관계없이 돌아가기를 원하면 모두 명부를 기록하여 주상한다. 다만 돌아가기를 원하지 않는 자는 뜻대로 허락한다. 또 반역자 廣繼[47]의 죄에 연루된 자도 모두 사면한다. 또 養德, 伊賀, 伊勢, 美濃, 近江, 山背 등 제국에서 行宮[48]에 봉사한 郡의

---

39) 권12, 天平 8년 춘정월조 449쪽 각주 57) 참조.

40) 犯流應配者, 三流俱役一年.

41) 東市와 西市.

42) 恭仁京의 左京과 右京.

43) 王京.

44) 午時. 정오 12시 전후.

45) 「名例律」24에 "凡犯流應配者, 三流俱役一年〈本條稱加役流者, 配遠處, 役三年. …役滿, 及會赦免役者, 卽於配處, 從戶口例〉"이라고 하여 형이 확정되어 유형지에서 만기를 채우거나 사면된 자는 유배지 현지에서 일반주민과 동일하게 취급되어 호적에 편입된다고 규정되어 있다.

46) 유형에 처해진 자의 妻妾은 강제로 유형지에 동반하고, 부, 조부, 자손은 본인의 희망에 따라 처리한다. 「名例律」24에는 "流移人身喪, 家口雖經附籍, 六年內願還者, 放還"이라고 하여 유형자가 사망하고 가족이 현지 호적에 편입된 지 6년이 경과하면 본인 의사에 따라 고향으로 돌아갈 수 있다고 되어 있다. 상기 대사면에서는 이러한 연한에 관계없이 돌아갈 수 있게 한 조치이다.

47) 藤原朝臣廣嗣. 廣嗣는 廣繼라고도 쓴다.

48) 순행 시에 임시 조영하는 行宮에 노역과 천황 일행의 식사를 봉사한 郡.

금년도 調를 수취하지 않는다"라고 하였다. 정4위하 智努王, 정4위상 巨勢朝臣奈弖麻呂 2인을 造宮卿으로 삼았다.

병진(9일), 宮의 조영에 충당하기 위해 大養德, 河內, 攝津, 山背 4국의 역부 5,800인을 징발하였다.

기미(12일), 목공두 정4위하 智努王, 민부경 종4위하 藤原朝臣仲麻呂, 산위 외종5위하 高岳連河內,[49] 주세두 외종5위하 文忌寸黑麻呂 4인 등을 보내 경도의 백성의 택지를 나눠 주었다. 賀世山[50] 西道로부터 동쪽을 좌경으로 삼고, 서쪽을 우경으로 삼았다.

정축(30일), 宇治 및 山科에 순행하였다. 5위 이상 모두 순행에 수행하였다. 奈良의 유수관인 병부경 정4위하 藤原朝臣豊成을 (恭仁京의) 유수관으로 삼았다.

동10월 기묘(2일), 천황이 환궁하였다.

신묘(14일), 칙을 내려 "5위 이상의 예복,[51] 冠[52]은 원래 관에서 만들어 지급하였으나,[53] 지금 이후로는 개인이 만들어 갖추도록 한다. 내명부[54]도 역시 동일하게 한다"라고 하였다.

계사(16일), 賀世山의 동쪽 강에 다리를 설치하였다. 7월부터 시작하여 금월에 이르러 완성하였다. 기내 및 제국의 우바새[55] 등을 사역시키고, 완성함에 따라 득도시켰다. 총 750인이었다.

---

49) 高丘連河內. 天智 2년(663)에 백제 멸망 후 망명한 백제관인 沙門詠의 아들. 和銅 5년(712) 播磨大目 재임 시에 正倉을 세운 공적으로 종8위상에서 정8위하로 승진하고, 養老 5년(721)에 황태자인 首皇子에 근시하여 학문을 가르쳤고, 文章道에 뛰어난 관인으로 포상받았다. 神龜 원년(724)에 樂浪河內에서 高丘連으로 개성하고, 天平 3년(73)에 외종5위하 右京亮에 보임되었다. 天平 18년에는 종5위하, 天平勝寶 3년(751)에 종5위상, 동 6년에 정5위하로 승진하면서 곧 大學頭가 되었다. 『萬葉集』(1038, 1039) 단가 2수를 남기고 있다.

50) 현재의 京都府 相樂郡 加茂町 鹿背山. 賀世山의 西道는 木津川의 左岸을 따라 加務町과 木津町을 잇는 길.

51) 예복은 大祀, 大嘗, 元日에 皇太子, 內命婦, 親王, 諸王, 諸臣의 5위 이상, 內親王, 女王 및 衛府의 督佐이 착용한다.

52) 禮冠. 禮服冠으로 「衣服令」에 자세한 규정이 있다.

53) 『속일본기』 文武 4년(700) 10월 임자조에 "始置製衣冠司"라고 하여 의관을 만드는 관사가 설치되었다.

54) 5위 이상의 관위가 있는 부인.

55) 優婆塞. 속세에서 승이 되려고 경전을 공부하고 수행하는 남자.

무술(21일), 제를 내려 내외 종5위 이상에게 지금 이후로는 내리에서 근시하며 봉사하도록 하였다.

11월 무진(21일), 우대신 橘宿禰諸兄이 "이 조정을 어떤 명칭으로 만대에 전하면 좋은가"라고 주상하자, 천황이 칙을 내려 大養德恭仁大宮이라고 호칭을 붙이라고 하였다.

경오(23일), 처음으로 赤幡을 大藏, 內藏, 大膳, 大炊, 造酒, 主醬 등의 제관사에 분배하고 천황에게 올리는 물품 앞에 세워 표식으로 삼았다.[56)]

12월 병술(10일), 외종5위하 秦前大魚[57)]를 參河守로 삼고, 외종5위하 馬史比奈麻呂[58)]를 甲斐守로 삼고, 외종5위하 紀朝臣廣名을 上總守로 삼고, 외종5위하 守部連牛養을 下總守로 삼고, 종5위하 阿倍朝臣子嶋를 肥後守로 삼았다. 安房國을 上總國에 합병하고, 能登國을 越中國에 합병하였다.

기해(23일), 외종5위하 引田朝臣虫麻呂를 攝津亮으로 삼고, 종5위하 甘南備眞人神前을 近江守로 삼고, 종5위하 大伴宿禰稻君을 因幡守로 삼고, 종5위상 藤原朝臣八束을 右衛士督으로 삼았다.

◯ 天平 14년(742), 춘정월 정미삭(1일), 백관이 신년하례를 하였다. 대극전이 아직 완성되지 않아 임시로 四阿殿[59)]을 만들어 여기에서 신년하례를 받았다. 石上, 榎井 양씨가 처음으로 큰 방패와 창을 세웠다.

신해(5일), 대재부를 폐지하였다.[60)] 우대변 종4위하 紀朝臣飯麻呂[61)] 등

56) 천황에게 올리는 물품에는 赤幡의 깃발을 세워 기타의 것과 구별하도록 한 것. 『延喜式』 권제31 宮內省 조문에도 색깔 별로 표식을 한 기록이 있다.

57) 신라계 도래씨족인 秦河勝의 증손으로 天平 2년(730) 12월 종7위하 尾張少目이 되었고, 天平 12년 정6위상에서 외종5위하로, 동 13년 12월에 三河守, 동 18년 9월에 下野守에 보임되었다. 秦前大魚의 씨성은 三河守 재임 시에는 秦前(忌寸)이었는데 下野守 시절에는 秦(忌寸)이어서 이 사이에 개성된 것으로 보인다. 이 씨족은 山城國을 본거지로 하고 廣隆寺는 秦氏의 氏寺이다.

58) 馬史夷麻呂라고도 표기한다. 淳仁朝인 天平寶字 3년(759) 5월에 典藥頭에 임명되었고, 이듬해 정월에는 南海道巡察使로 근무하였다. 馬史는 馬毗登으로도 표기한다. 河內國을 본관으로 하고 문필을 직무로 하는 백제계 씨족이다.

59) 지붕 사방에 처마가 설치된 벽이 없는 임시 관사.

60) 藤原廣嗣의 난 때 대재부의 기구를 이용했기 때문에 폐지되었다. 天平 15년 12월 鎭西府가 설치되었고, 동 17년 6월에 이르러 大宰府로 復置되었다.

61) 天平 12년 藤原廣嗣의 난 때 持節大將軍 大野東人 휘하에서 征討副將軍으로 활약한

4인을 보내 폐지된 대재부의 관물을 축전국사로 이전시켰다.

계축(7일), 천황이 恭仁宮 北苑으로 행차하여 5위 이상에게 연회를 베풀고 신분에 따라 각각 녹을 내렸다. 특별히 造宮卿 정4위하 智努王에게 동국산 비단 60필, 목면 300둔을 내렸는데, 궁전의 조영에 힘썼기 때문이다. 외종5위하 巨勢朝臣堺麻呂·上毛野朝臣今具麻呂에게 함께 종5위하를 내렸다.

병진(10일), 무관[62]에게 술과 음식을 내렸다. 이에 따라 5위 이상의 무관에게 이불을 내리고, 주전 이상은 支子袍帛袴,[63] 府生[64] 이하 衛士 이상에게는 비단과 목면을 각각 차등있게 지급하였다.

임술(16일), 천황이 대안전[65]에 임하여 군신들에게 연회를 베풀고, 주연이 무르익었을 때 5절의 田舞를 선보이게 하고, 이것이 끝나자 또 소년, 동녀에게 답가를 하게 하였다. 또 천하의 유위자 및 제관사의 史生에게 연회를 베풀었다. 여기에 6위 이하의 사람들이 거문고를 연주하면서 "새해의 초에 이와 같이 춤을 추고 노래를 불러 만대까지 봉사하고자 한다"라고 노래하였다. 연회가 끝나자 신분에 따라 각각 녹을 내렸다. 또 집이 대궁[66]에 들어간 백성 20인에게 관위 1급을 내리고, 왕경 내에 들어가 사람에게는 남녀를 불문하고 모두 물품을 내렸다.

기사(23일), 陸奥國에서 언상하기를 "관할 하에 있는 黑川郡 이북 10개군에 赤雪[67]이 내려 2촌이나 쌓였다"라고 하였다.

2월 병자삭(1일), (천황이) 황후궁[68]에 행차하여 군신들에게 연회를 베풀었다. 천황이 크게 기뻐하여 정4위상 巨勢朝臣奈弖麻呂에게 종3위를, 종5위상

경력으로 현지에 파견된 것으로 보인다. 이 공로로 일거에 3단계 승진을 하여 右大弁에 임명되었다. 이후 天平 13년(744)부터 天平寶字 6년(762)까지 畿內巡察使, 常陸守, 大倭守, 大宰大貳, 大藏卿, 右京大夫, 西海道巡察使, 右京大夫, 參議, 河內守, 美作守 등 중앙과 지방의 요직을 거치고, 天平寶字 6년 7월 종3위로 사망하였다.

62) 천황의 신변을 경호하는 衛府, 馬寮 소속의 관인.

63) 支子는 치자나무로, 이 나무의 열매로 염색한 황색 상의[袍]와 하의[袴]를 가리킨다.

64) 衛府, 馬寮에 소속된 4등관 이외의 하급관인.

65) 恭仁京 內裏의 正殿.

66) 恭仁宮에 집이 편입되어 있는 사람. 慶雲 원년 11월조에도 집이 藤原宮 안으로 들어간 백성 15,00인에게 삼베를 차등있게 지급한 기록이 나온다.

67) 한랭지역에서 雪上에 적색 藻類가 번식하는 현상.

68) 光明皇后의 거소.

坂上忌寸犬養에게 정5위하를, 정8위상 縣犬養宿禰八重[69]에게 외종5위하를 내리고, 연회가 마치고 각각 차등있게 녹을 하사하였다.

무인(3일), 중궁직의 官奴인 廣庭을 해방시키고 大養德忌寸[70]의 성을 내렸다. 대재부에서 신라사 사찬 金欽英 등 187인이 내조했다고 언상하였다.

경진(5일), 조를 내려 新京이 조영되는 시기로 아직 궁실이 완성되지 않아서 우대변 紀朝臣飯麻呂[71] 등을 보내 대재부에 향응을 베풀고 그곳에서 귀국하도록 하였다. 이날 처음으로 恭仁京의 동북도를 열어 近江國 甲賀郡으로 통하게 하였다.

3월 기사(24일), 지진이 있었다.

하4월 갑신(10일), 伊勢國 飯高郡의 채녀 정8위하 飯高君笠目[72]의 친족 (飯高)縣造 등에게 모두 飯高君의 성을 내렸다. 외종7위하 日下部直益人 伊豆國造에게 伊豆直의 성을 내렸다.

갑오(20일), 천황이 황후궁에 임하여 5위 이상에게 연회를 베풀고 신분에 따라 각각 녹을 내렸다. 河內守 종5위상 大伴宿禰祜志備에게 정5위하를, 황후궁량 외종5위하 中臣熊凝朝臣五百嶋에게 종5위하를 내렸다.

무술(24일), 종4위하 大原眞人門部에게 종4위상을 내렸다.

5월 병오(3일), 畿內에 사자를 보내 장마에 피해입은 백성의 생업을 살펴보게 하였다.

계축(10일), 越智山陵[73]이 무너져 내렸다. 길이 11장, 폭 5장 2척이다.

---

69) 백제계 도래씨족인 葛井連廣成의 처. 葛井連은 白猪史에서 개성된 씨성이다. 天平 20년(748) 8월 聖武天皇이 葛井連廣成의 집에서 숙박한 후, 이 부부에게 정5위상을 내렸다. 천황으로부터 두터운 신임을 받았다고 보인다. 이때의 관위도 정8위상에서 외종5위하로 무려 9단계나 승서되었다.

70) 大倭忌寸氏의 이전 성은 倭直. 天武 12년에 連, 동 14년에 忌寸이 되었다. 天平 9년 11월에 大倭忌寸小東人 등에게 宿禰의 성을 내렸다. 『新撰姓氏錄』에도 大和宿禰(倭宿禰)는 大和神別에 그 시조전승이 실려 있다. 中宮職에 소속된 官奴 廣庭이 大養德忌寸의 성을 받았다는 것은 원래의 성으로 복귀한 것이었을 가능성이 있다. 官奴가 된 사정에 대해서는 불명이다.

71) 앞의 정월 5일에도 대재부 폐지와 筑紫國司에게 관물을 이전시키기 위해 파견된 일이 있다.

72) 采女는 후궁에서 종사하는 여관으로 「君防令」38에도 郡 단위에서 공상하는 규정이 있어 郡名을 관칭하는 사례가 많다.

73) 皇極天皇陵.

병진(13일), 知太政官事 정3위 鈴鹿王 등 10인을 보내 잡공을 데리고 수리하였다. 또 采女, 女孺 등을 보내 그 일에 봉사하게 하였다.

경신(17일), 內藏頭[74] 외종5위하 路眞人宮守 등에게 산릉에 바칠 여러 물품을 가져오게 하였다.

경오(27일), (천황이) 제를 내려 "무릇 郡司의 소령 이상인 자를 충원할 때에는 국사의 史生 이상에게도 함께 알려 선발하도록 한다. 반드시 그 군에서 함께 추천하고 이웃 군에서도 (능력이) 알려진 자를 취해서 각 군사마다 정원에 따라 (式部省에) 추천하도록 한다. 만약 안면이 있어 마음대로 추천하는 일이 있으면, 당시의 국사는 사안에 따라 죄과를 묻는다. 또 채녀는 지금 이후로는 군마다 1인을 바치도록 한다[75]"라고 하였다.

6월 정축(4일), 上毛野朝臣宿奈麻呂[76]에게 원래의 관위 외종5위하로 복귀시켰다.

무인(5일), 밤에 왕경 내에 곳곳에 밥과 같은 이물질이 내렸다.

추7월 계묘삭(1일), 일식이 있었다.

8월 갑술(2일), 좌우경, 기내 4국, 7도의 국사 등에게 효자, 순손,[77] 의부, 절부, 역전인[78]의 명부를 올리도록 하였다.

정축(5일), 조를 내려 造宮錄[79] 정8위하 秦下嶋麻呂[80]에게 종4위하를 내리

---

74) 內藏頭는 中務省 산하의 內藏寮 장관. 內藏寮의 직무는 매년 납입되는 金, 銀, 絹 등 황실재산의 관리, 보물의 보관, 관인에 대한 하사품 등 황실 관련 물품의 출납을 담당하고, 외국과의 교역품도 관리하는 것이었다. 또 자체 관영공방에서 장식품 등을 만들기도 하였다.

75) 「軍防令」38에는 1國 내의 郡을 3분해서 3분의 2는 兵衛, 3분의 1은 채녀를 공상하라는 규정이 있지만, 여기서는 모든 군에서 1인씩 바치라고 한 것이다. 「後宮職員令」에 규정된 채녀의 수는 水司에 6인, 膳司에 60인으로 합계 66인이다.

76) 藤原廣嗣의 난에 연루되어 유배되었다가 사면조치로 원래의 신분으로 되돌아온 것이다.

77) 順孫. 조부모에게 효성을 다하여 모시는 孫.

78) 力田人. 농사에 힘쓰는 사람.

79) 造宮省의 4등관. 造宮省은 平城宮을 조영하기 위해 설치한 임시관사이다. 平城京을 조영하기 위한 관사는 造平城京司라고 한다.

80) 秦下嶋麻呂의 秦下는 秦氏의 複姓. 秦河勝의 증손으로 葛野郡 大領 秦牛万呂의 子이다. 증조부 秦河勝은 葛野大堰의 축조로 잘 알려져 있다. 그의 후손인 秦下嶋麻呂는 恭仁宮 담장을 조영한 공으로 정8위하에서 무려 13단계를 뛰어넘은 종4위하에 서위되었다. 天平 19년(747) 3월 長門守에 임명되고. 동년 6월에 사망하였다. 최종 관위는 종4위하 長門國守. 그의 일족인 山背國 葛野郡의 秦忌寸足長은 延曆 3년(784) 長岡京의 궁성을

고 太秦公[81]의 성을 하사하였다. 아울러 동전 100관, 비단 100필, 삼베 200단, 목면 200둔을 내렸다. 대궁의 담을 축조했기 때문이다.

계미(11일), 조를 내려, 짐이 장차 近江國 甲賀郡의 紫香樂村에 순행할 예정이다. 이에 造宮卿 정4위하 智努王, (造宮)輔 외종5위하 高岡連河內[82] 등 4인을 造離宮司[83]로 삼았다.

갑신(12일), 천황이 石原宮으로 순행하였다.

을유(13일), 궁성 이남의 대로 서쪽과 甕原宮 동쪽 사이에 대교를 가설하도록 명하였다. 제국사는 국의 대소에 따라 동전 10관 이하 1관 이상을 바치도록 하였다. 대교의 설치 용도에 충당하기 위해서이다.

계사(21일), 민부대보 종5위상 多治比眞人牛養 등을 裝束司[84]로 삼았다. 이날, (순행에) 수행한 자들에게 신분에 따라 각각 녹을 내렸다.

갑오(22일), 중무경 정4위하 鹽燒王, 좌중변 종5위상 阿倍朝臣沙彌麻呂 등 6인을 前次第司[85]로 삼고, 宮內卿 종4위상 石川王, 民部大輔 종5위상 多治比眞人牛養 등 6인을 後次第司로 삼았다.

정유(25일), 制를 내려 "大隅, 薩摩, 壹岐, 對馬, 多褹 등의 제국의 관인의 녹은 筑前國司에게 폐지된 대재부의 물자[86]로서 지급한다.[87] 公廨에 대해서

축조한 공적으로 외정8위하에서 內位 종5위상에 서위되었다. 이듬해에는 太秦公忌寸宅守가 太政官院의 담장을 축조한 공로로 종7위상에서 종5위하에 서위되었다. 진씨 일족의 토목, 건축 기술은 가문의 전통이었다.

81) 大秦은 일반적으로 太秦이라고 쓴다. 太秦의 씨명에 대해『일본서기』雄略紀 15년(471) 조에 천황이 秦民을 모아 秦酒公에게 주었다는 전승이 나온다. 그가 180씨족을 통솔하여 비단을 조정에 바쳐 가득 쌓아두어 禹豆麻佐의 성을 받았다는 유래가 기록되어 있다. 禹都는 존귀하다는 뜻이고, '우즈마사'는 족장을 의미하는 말에서 유래했다는 설이 있다.『신찬성씨록』좌경제번상에, 太秦公宿禰는 秦始皇帝의 3세손 孝武王으로부터 나왔다는 전승이 있다.

82) 高岡連河內는 天智 2년(663) 백제 멸망 후 망명한 백제관인 沙門詠의 아들이다. 樂浪河內, 高丘連河內, 高岡連河內로 씨성이 변화하였다.

83) 紫香樂宮 조영을 위해 설치한 임시관사.

84) 紫香樂宮 순행 시에 調度品 준비를 담당한 관사.

85) 천황 순행 시 천황이 탄 거마의 앞과 뒤에서 행렬을 이끌면서 위용을 과시하는 경호 및 의장대 역할을 한다.

86) 大宰府에 보관되어 있는 調, 庸 등의 관물. 이 관물은 筑前國司에게 위임되어 있었다.

87) 이들 2국 3도 지역은 公田이 적고 국사에게 지급되는 公廨田이 설정되지 않은 것으로 보인다.

도 또 편의의 국의 官稻로 통상과 같이 지급하게 하였다.[88] 그 3도[89]의 擬郡司[90] 및 서위 조건을 채운 자는 몸은 그 섬에 머물지만 이름은 筑前國을 통해 상신하고, 仕丁은 국마다 3인씩 선발하여 모두 왕경으로 보내도록 한다"라고 하였다.

기해(27일), (천황이) 紫香樂宮에 순행하였다. 知太政官事 정3위 鈴鹿王, 좌대변 종3위 巨勢朝臣奈弖麻呂, 우대변 종4위하 紀朝臣飯麻呂를 유수관으로 삼았다. 섭진대부 종4위하 大伴宿禰牛養, 민부경 종4위하 藤原朝臣仲麻呂를 평성경의 유수관으로 삼았다. 그날 천황이 자향락궁에 도착하였다.

9월 임인삭(1일), 刺松原으로 순행하였다.

을사(4일), 천황이 恭仁京으로 돌아왔다.

계축(12일), 큰 풍우가 있었다. 궁중의 건물과 담장 및 백성의 가옥이 무너졌다.

무오(17일), 7도 제국에 순찰사를 파견하였다. 또 좌우경, 기내의 班田使[91]를 임명하였다.

기사(28일), 정5위상 紀朝臣麻路에게 종4위하를 내렸다.

동10월 계미(12일), 정4위하 鹽燒王[92] 및 女孺 4인을 구금하고 평성경의 옥으로 이송하였다.

---

88) 종래 大宰府를 통해 지급되던 2국 3도의 公廨를 신속하게 편리하게 제공할 수 있는 주변의 국에 할당하여 지급하도록 한 것이다.

89) 壹岐, 對馬, 多褹의 3개 섬.

90) 郡司의 후보자로서 國司에 의해 전형을 받은 자.

91) 왕경과 畿內 지역에 班田을 위해 파견된 사절.

92) 天武天皇의 孫으로 1품 新田部親王의 子. 天平 5년(732) 2세왕의 음위로 무위에서 종4위하에 서위되었고, 天平 12년 정월에 종4위상, 동년 10월에 御前長官으로 聖武天皇의 伊勢 순행을 수행하여 정4위상으로 승서되었다. 특히 聖武天皇의 딸과 결혼하여 순조롭게 中務卿으로 승진한다. 그러나 天平 14년 10월 平城獄에 투옥되는데, 그 이유로 황위 계승문제나 紫香樂宮으로의 천도 반대 등이 언급되고 있으나 명확하지 않다. 天平 17년에 사면되어 이듬해 정4위하에 서위되었다. 天平勝寶 9년(757) 3월에 동생 道祖王이 황태자에서 폐위되자 후보자로 올랐으나 聖武天皇에게 무례했다는 질책을 받고 孝謙天皇의 반대로 실현되지 못했다. 후에 氷上眞人의 성을 받아 臣籍으로 내려갔다. 天平寶字 8년(764) 9월 孝謙上皇과의 권력투쟁으로 반란을 일으킨 藤原仲麻呂에 의해 천황에 옹립되었으나 토벌군에게 패하는 바람에 近江國에서 藤原仲麻呂 일족과 함께 살해당했다.

을유(14일), 참의 겸 좌경대부 종4위하 縣犬養宿禰石次가 죽었다.

무자(17일), 鹽燒王을 伊豆國 三嶋로 유배보냈다. 子部宿禰小宅女를 上總國으로, 下村主白女를 常陸國으로, 川邊朝臣東女를 佐渡國으로 名草直高根女를 隱岐國으로 春日朝臣家繼女를 土左國으로 유배보냈다.

11월 계묘(2일), 참의 종3위 大野朝臣東人이 죽었다. 飛鳥朝廷[93] 糺職大夫[94] 直廣肆 (大野)果安의 아들이다.

병오(5일), 좌우경, 기내의 금년 전조를 면제하였다.

임자(11일), 大隅國司가 언상하기를, "금월 23일 미시[95]에서 28일까지 공중에서 소리가 났는데, 큰 북소리 같았다[96]. 들판의 꿩들이 서로 놀라 흩어졌고, 땅이 크게 진동하였다"고 하였다.

병인(25일), 大隅國에 사자를 보내 조사하고 아울러 神의 말씀을 청하여 들도록 하였다.[97]

12월 정해(16일), 지진이 있었다.

무자(17일), 近江國司에 명하여 오직 권세가 있는 가문이 철광석 채굴을 독점하고, 빈천한 백성은 채굴하여 이용할 수 없는 상황을 금지하였다.[98]

경인(19일), 정4위하 大原眞人高安이 죽었다.

경자(29일), 紫香樂宮으로 순행하였다. 知太政官事 정3위 鈴鹿王, 좌대변 종3위 巨勢朝臣奈弖麻呂, 우대변 종4위하 紀朝臣飯麻呂, 민부경 藤原朝臣仲麻呂 등 4인을 유수관으로 삼았다.

『속일본기』 권제14

---

93) 天武, 持統朝.

94) 糺職은 彈正台의 전신 기구.

95) 오후 2시 전후.

96) 화산활동에 의한 현상. 이와 동일한 사례가 『속일본기』 天平寶字 8년 12월조, 天平神護 2년 6월 기축조, 延曆 7년 7월 기유조에도 보인다.

97) 실체는 불명이지만, 大隅國에 있는 신사에 가서 신명을 듣는 행위라고 생각된다.

98) 「雜令」9, 「國內」조에 "凡國內有出銅鐵處, 官未採者, 聽百姓私採, 若納銅鐵折, 充庸調者聽, 自余非禁處者, 山川藪澤之利, 公私共之"라고 하여 관에서 동철광을 채굴하지 않으면 일반 백성들이 채굴하는 것을 허용하고 있다. 권세가의 채굴 독점을 방지하기 위한 조치이다.

續日本紀卷第十四

〈起天平十三年正月, 盡十四年十二月〉

從四位下行民部大輔兼左兵衛督皇太子學士臣菅野朝臣眞道等奉勅撰,

天璽國押開豊櫻彦天皇 聖武天皇

◯ **天平十三年**春正月癸未朔, 天皇始御恭仁宮受朝. 宮垣未就, 繞以帷帳. 是日, 宴五位已上於內裏. 賜祿有差. 癸巳, 遣使於伊勢大神宮及七道諸社, 奉幣以告遷新京之狀也. 丁酉, 故太政大臣藤原朝臣家返上食封五千戶. 二千戶依舊返賜其家, 三千戶施入諸國國分寺. 以充造丈六佛像之料. 停大射. 戊戌, 御大極殿賜宴百官主典已上. 祿有差. 甲辰, 逆人廣嗣與黨且所捉獲死罪二十六人. 沒官五人, 流罪四十七人, 徒罪三十二人, 杖罪一百七十七人. 下之所司, 據法處焉. 徵從四位下中臣朝臣名代, 外從五位下鹽屋連古麻呂, 大養德宿禰小東人等三十四人於配處,

二月戊午, 詔曰, 馬牛代人, 勤勞養人, 因茲, 先有明制, 不許屠殺. 今聞, 國郡未能禁止. 百姓猶有屠殺, 宜其有犯者, 不問蔭贖, 先決杖一百, 然後科罪. 又聞, 國郡司等非緣公事, 聚人田獵, 妨民産業, 損害實多. 自今以後, 宜令禁斷. 更有犯者必擬重科.

三月壬午朔, 日有蝕之. 己丑, 禁外從五位下小野朝臣東人下平城獄. 庚寅, 東西兩市決杖各五十, 配流伊豆三嶋, 辛丑, 攝津職言, 自今月十四日始至十八日, 有鸛一百八, 來集宮內殿上, 或集樓閣之上, 或止太政官之庭, 每日辰時始來, 未時散去. 仍遣使鎭謝焉. 乙巳, 詔曰, 朕以薄德, 忝承重任, 未弘政化, 寤寐多慚. 古之明主皆能先業, 國泰人樂, 災除福至, 修何政化, 能臻此道. 頃者年穀不豊, 疫癘頻至, 慙懼交集. 唯勞罪己, 是以廣爲蒼生遍求景福. 故前年馳驛增飾天下神宮. 去歲普令天下造釋迦牟尼佛尊像高一丈六尺者各一鋪. 并寫大般若經各一部. 自今春已來, 至于秋稼, 風雨順序, 五穀豊穰, 此乃徵誠啓願, 靈貺如答. 載惶載懼無以自寧. 案經云, 若有國土講宣讀誦, 恭敬供養, 流通此經王者, 我等四王, 常來擁護, 一切災障, 皆使消殄, 憂愁疾疫.

亦令除差, 所願遂心, 恒生歡喜者. 宜令天下諸國各敬造七重塔一區, 幷寫金光明最勝王經, 妙法蓮華經各一部. 朕又別擬寫金字金光明最勝王經, 每塔各令置一部. 所冀, 聖法之盛, 與天地而永流, 擁護之恩, 被幽明而恒滿, 其造塔之寺, 兼爲國華, 必擇好處, 實可長久, 近人則不欲薰臭所及, 遠人則不欲勞衆歸集, 國司等各宜務存嚴飾, 兼盡潔淸, 近感諸天, 庶幾臨護, 布告遐邇, 令知朕意. 又每國僧寺, 施封五十戶, 水田十町, 尼寺水田十町, 僧寺必令有二十僧, 其寺名爲金光明四天王護國之寺, 尼寺一十尼, 其寺名爲法華滅罪之寺, 兩寺相共宜受教戒. 若有闕者, 卽須補滿. 其僧尼, 每月八日, 必應轉讀最勝王經, 每至月半, 誦戒羯磨, 每月六齋日, 公私不得漁獵殺生, 國司等宜恒加檢校. 己酉, 三品長谷部內親王薨. 天武天皇之皇女也.

閏三月乙卯, 天皇臨朝. 授從四位上大野朝臣東人從三位, 從五位上大井王正五位下, 從四位下巨勢朝臣奈氐麻呂從四位上, 正五位上藤原朝臣仲麻呂, 從五位上紀朝臣飯麻呂並從四位下, 正五位下佐伯宿禰常人正五位上, 從五位下大伴宿禰兄麻呂, 從五位上阿倍朝臣虫麻呂並正五位下, 正六位上多治比眞人犢養, 阿倍朝臣子嶋並從五位下, 正六位上馬史比奈麻呂, 外正六位上曾乃君多理志佐, 外從七位上楉田勝麻呂, 外正八位上額田部直廣麻呂並外從五位下, 己未, 遣使運平城宮兵器於甕原宮. 乙丑, 詔留守從三位大養德國守大野朝臣東人. 兵部卿正四位下藤原朝臣豊成等曰, 自今以後, 五位以上不得任意住於平城, 如有事故應須退歸, 被賜官符然後聽之. 其見在平城者, 限今日內悉皆催發. 自餘散在他所者亦宜急追. 己巳, 難波宮鎭怪. 庭中有狐頭斷絶而無其身. 但毛屎等散落頭傍. 甲戌, 奉八幡神宮秘錦冠一頭, 金字最勝王經, 法華經各一部. 度者十人, 封戶馬五疋. 又令造三重塔一區, 賽宿禱也. 乙亥, 勅賜百官主典已上幷中衛兵衛等錢各有差.

四月辛丑, 遣從四位上巨勢朝臣奈氐麻呂, 從四位下藤原朝臣仲麻呂, 從五位下民忌寸大楫, 外從五位下陽侯史眞身等檢校河內與攝津相爭河堤所.

五月乙卯, 天皇幸河南觀校獵. 庚申, 令諸國常額之外差加左右衛士各四百人, 衛門衛士二百人貢之. 丙子, 讚岐國介正六位上村國連子老, 越後國掾正七位下錦部連男笠等, 與官長失禮不相和順. 仍解却見任.

秋七月辛亥, 從四位上勳十二等巨勢朝臣奈氐麻呂爲左大辨兼神祇伯春宮大夫, 從四位下紀朝臣飯麻呂爲右大弁, 從五位下藤原朝臣淸河爲中務少輔, 從五位上橘宿禰奈良麻呂爲大學頭, 從四位上黃文王爲散位頭, 從五位上紀朝臣淨人爲治部大輔兼文章博士, 外從五位下猪名眞人馬養爲雅樂頭, 從四位下藤原朝臣仲麻呂爲民部卿, 外從五位下文忌寸黑麻呂爲主稅頭, 正五位下下道朝臣眞備爲東宮學士. 戊午, 太上天皇移御新宮. 天皇奉迎河頭. 辛酉, 宴群臣于新宮. 奏女樂高麗樂. 五位已上賜祿有差. 是日, 授左大弁從四位上巨勢朝臣奈氐麻呂正四位上, 幷賜以金牙餝斑竹御杖. 辛未, 正五位上紀朝臣麻路爲式部大輔.

八月丁亥, 從五位下多治比眞人木人爲兵部少輔, 從四位上長田王爲刑部卿, 外從五位下大伴宿禰御中爲少輔兼大判事, 從五位上百濟王慈敬爲宮內大輔, 正四位下智努王爲木工頭, 外從五位上紀朝臣鹿人爲大炊頭, 外從五位下車持朝臣國人爲主殿頭, 從五位上多治比眞人家主爲鑄錢長官, 從五位下小治田朝臣廣千爲尾張守, 從五位下百濟王孝忠爲遠江守, 外從五位下陽侯史眞身爲但馬守, 正五位下阿倍朝臣虫麻呂爲播磨守, 外從五位下大伴宿禰百世爲美作守. 癸巳, 佐渡國自去六月至今月, 霖雨不止, 有傷民産. 免當年田租調庸. 丙午, 遷平城二市於恭仁京.

九月辛亥, 免左右京百姓調租, 四畿內田租, 緣遷都也. 乙卯, 勅, 以京都新遷大赦天下. 天平十三年九月八日午時以前天下罪人, 大辟已下, 已發覺, 未發覺, 已結正, 未結正, 無問輕重, 咸釋放却. 其流人未達前所, 已達前所, 及年滿已編付爲百姓, 亦咸釋放還. 其在流所生子孫, 父母已亡, 無可隨還者, 亦不限年之遠近, 情願還. 皆錄名聞奏. 但不願還者恣聽之. 又緣逆人廣繼入罪者咸從原免. 又大養德, 伊賀, 伊勢, 美濃, 近江, 山背等國供奉行宮之郡, 勿收今年之調. 以正四位下智努王, 正四位上巨勢朝臣奈氐麻呂二人爲造宮卿. 丙辰, 爲供造宮, 差發大養德, 河內, 攝津, 山背四國役夫五千五百人. 己未, 遣木工頭正四位下智努王, 民部卿從四位下藤原朝臣仲麻呂, 散位外從五位下高岳連河內, 主稅頭外從五位下文忌寸黑麻呂四人, 班給京都百姓宅地, 從賀世山西道以東爲左京, 以西爲右京. 丁丑, 行幸宇治及山科. 五位已上皆悉從駕. 追奈良留守兵部卿正四位下藤原朝臣豊成爲留守.

冬十月己卯, 車駕還宮. 辛卯, 勅, 五位已上禮服冠者, 元來官作賜之. 自今以後, 令私作備, 內命婦亦同. 癸巳, 賀世山東河造橋. 始自七月, 至今月乃成. 召畿內及諸國優婆塞等役之. 隨成令得度, 惣七百五十人. 戊戌, 制, 令內外從五位已上自今以後, 侍中供奉.

十一月戊辰, 右大臣橘宿禰諸兄奏, 此間朝廷以何名號傳於萬代. 天皇勅曰, 號爲大養德恭仁大宮也. 庚午, 始以赤幡班給大藏, 內藏, 大膳, 大炊, 造酒, 主醬等司, 供御物前建以爲標.

十二月丙戌, 外從五位下秦前大魚爲參河守, 外從五位下馬史比奈麻呂爲甲斐守, 外從五位下紀朝臣廣名爲上總守, 外從五位下守部連牛養爲下總守, 從五位下阿倍朝臣子嶋爲肥後守. 安房國弁上總國, 能登國弁越中國. 己亥, 外從五位下引田朝臣虫麻呂爲攝津亮, 從五位下甘南備眞人神前爲近江守, 從五位下大伴宿禰稻君爲因幡守, 從五位上藤原朝臣八束爲右衛士督.

◯ **十四年**, 春正月丁未朔, 百官朝賀. 爲大極殿未成, 權造四阿殿, 於此受朝焉. 石上榎井兩氏始樹大楯槍. 辛亥, 廢大宰府. 遣右大弁從四位下紀朝臣飯麻呂等四人, 以廢府官物付筑前國司. 癸丑, 天皇幸城北苑. 宴五位已上, 賜祿有差. 特賚造宮卿正四位下智努王東絁六十疋, 綿三百屯, 以勤造宮殿也. 外從五位下巨勢朝臣堺麻呂, 上毛野朝臣今具麻呂並授從五位下. 丙辰, 賜武官酒食. 仍賚五位已上被, 主典已上支子袍帛袴, 府生已下衛士已上絁綿各有差. 壬戌, 天皇御大安殿. 宴群臣, 酒酣奏五節田舞, 訖更令少年童女踏歌. 又賜宴天下有位人并諸司史生. 於是六位以下人等鼓琴. 歌曰, 新年始邇, 何久志社, 供奉良米, 萬代摩提丹, 宴訖賜祿有差. 又賜家入大宮百姓二十人爵一級. 入都內者, 無問男女並賚物. 己巳, 陸奥國言, 部下黑川郡以北十一郡, 雨赤雪平地二寸.

二月丙子朔, 幸皇后宮宴群臣. 天皇歡甚. 授正四位上巨勢朝臣奈氐麻呂從三位, 從五位上坂上忌寸犬養正五位下, 正八位上縣犬養宿禰八重外從五位下. 宴訖賜祿有差. 戊寅, 免中宮職奴廣庭, 賜大養德忌寸姓. 大宰府言, 新羅使沙湌金欽英等一百八十七人來朝. 庚辰, 詔以新京草創宮室未成. 便令右大弁紀朝臣飯麻呂等饗金欽英等於大宰, 自彼放還. 是日, 始開恭仁京東北道. 通近江國甲賀郡.

三月己巳, 地震.

夏四月甲申, 伊勢國飯高郡釆女正八位下飯高君笠目之親族縣造等, 皆賜飯高君姓, 賜外從七位下日下部直益人伊豆國造伊豆直姓. 甲午, 天皇御皇后宮宴五位以上, 賜祿有差. 授河內守從五位上大伴宿禰祜志備正五位下, 皇后宮亮外從五位下中臣熊凝朝臣五百嶋從五位下. 戊戌, 授從四位下大原眞人門部從四位上.

五月丙午, 遣使畿內, 檢校遭澇百姓産業. 癸丑, 越智山陵崩壞, 長一十一丈, 廣五丈二尺. 丙辰, 遣知太政官事正三位鈴鹿王等十人, 率雜工修緝之. 又遣釆女女孺等供奉其事. 庚申, 遣內藏頭外從五位下路眞人宮守等, 齎種種獻物奉山陵. 庚午, 制, 凡擬郡司少領已上者, 國司史生已上共知簡定, 必取當郡推服, 比都知聞者, 每司依員貢擧. 如有顔面濫擧者, 當時國司隨事科決. 又采女者, 自今以後, 每郡一人貢進之.

六月丁丑, 上毛野朝臣宿奈麻呂復本位外從五位下. 戊寅, 夜京中往往雨飯.

七月癸卯朔, 日有蝕之.

八月甲戌, 令左右京四畿內七道諸國司等上孝子, 順孫, 義夫, 節婦, 力田人之名. 丁丑, 詔授造宮錄正八位下秦下嶋麻呂從四位下, 賜太秦公之姓, 并錢一百貫, 絁一百疋, 布二百端, 綿二百屯, 以築大宮垣也. 癸未, 詔曰, 朕將行幸近江國甲賀郡紫香樂村, 卽以造宮卿正四位下智努王, 輔外從五位下高岡連河內等四人, 爲造離宮司. 甲申, 車駕幸石原宮. 乙酉, 宮城以南大路西頭, 與甕原宮以東之間, 令造大橋. 令諸國司隨國大小, 輸錢十貫以下一貫以上, 以充造橋用度. 癸巳, 以民部大輔從五位上多治比眞人牛養等爲裝束司. 是日, 賜陪從人等祿各有差. 甲午, 以中務卿正四位下鹽燒王, 左中弁從五位上阿倍朝臣沙彌麻呂等六人, 爲前次第司, 宮內卿從四位上石川王, 民部大輔從五位上多治比眞人牛養等六人爲後次第司. 丁酉, 制, 大隅, 薩摩, 壹岐, 對馬, 多褹等國官人祿者, 令筑前國司以廢府物給. 公廨又以便國稻依常給之. 其三嶋擬郡司, 并成選人等, 身留當嶋, 名附筑前國申上. 仕丁國別點三人, 皆悉進京. 己亥, 行幸紫香樂宮, 以知太政官事正三位鈴鹿王, 左大弁從三位巨勢朝臣奈氐麻呂, 右大弁從四位下紀朝臣飯麻呂, 爲留守. 攝津大夫從四位下大伴宿禰牛養, 民部卿從四位下藤原朝臣仲麻呂爲平城留守. 卽日, 車駕至紫香樂宮.

九月壬寅朔, 幸剌松原. 乙巳, 車駕還恭仁京. 癸丑, 大風雨, 壞宮中屋墻及百姓廬舍. 戊午, 遣巡察使於七道諸國. 又任左右京畿內班田使. 己巳, 授正五位上紀朝臣麻路從四位下.

冬十月癸未, 禁正四位下鹽燒王并女孺四人, 下平城獄. 乙酉, 參議左京大夫從四位下縣犬養宿禰石次卒. 戊子, 鹽燒王配流於伊豆國三嶋, 子部宿禰小宅女於上總國, 下村主白女於常陸國, 川邊朝臣東女於佐渡國, 名草直高根女於隱岐國, 春日朝臣家繼女於土左國.

十一月癸卯, 參議從三位大野朝臣東人薨. 飛鳥朝廷糺職大夫直廣肆果安之子也. 丙午, 免左右京畿內今年田租. 壬子, 大隅國司言, 從今月二十三日未時, 至二十八日, 空中有聲, 如大鼓. 野雉相驚, 地大震動. 丙寅, 遣使於大隅國檢問, 并請聞神命.

十二月丁亥, 地震. 戊子, 令近江國司禁斷有勢之家專貪鐵穴, 貧賤之民不得採用. 庚寅, 正四位下大原眞人高安卒. 庚子, 行幸紫香樂宮. 知太政官事正三位鈴鹿王, 左大弁從三位巨勢朝臣奈氏麻呂, 右大辨從四位下紀朝臣飯麻呂, 民部卿藤原朝臣仲麻呂等四人爲留守.

續日本紀卷第十四